La table en Fête

Les Cercles de Fermières du Québec expriment leur reconnaissance au Mouvement Desjardins pour sa collaboration à la réalisation de cet ouvrage et lui rendent hommage pour l'appui manifesté depuis plusieurs décennies au développement et au rayonnement des Cercles de Fermières du Québec.

La table en fête

Les Cercles de Fermières du Québec

Concept et réalisation:
Communiplex Marketing Inc.

Graphisme et mise en page:
Publicola

Stylisme et photographie:
Bodson Gauthier et Associés

Sélection des recettes:
Lorraine Fortin
Claire Hébert

Préparation et normalisation des recettes:
Chef Michel Simonet

L'éditeur remercie les boutiques *Arthur Quentin, Cache-pot, Essence du papier, les Ateliers Arc-en-ciel et Cuisinonde* pour leur amicale collaboration.

Dépôt légal, quatrième trimestre 1987
Bibliothèque nationale du Québec
Bibliothèque nationale du Canada

Publié par Les Cercles de Fermières du Québec

ISBN: 2-920908-01-4

Avant-propos

Les Cercles de Fermières du Québec mijotaient depuis longtemps le projet de faire paraître un nouveau recueil des réussites culinaires de leurs membres. La publication de LA TABLE EN FÊTE constitue l'occasion et le moyen pour toutes celles qui ont appuyé la réalisation de cet ouvrage de partager leurs secrets et leur pratique quotidienne de l'art culinaire. Projet avant tout collectif, cette édition porte en elle le reflet de notre cuisine québécoise, gage de la vitalité et de la continuité du patrimoine sur lequel nous veillons depuis si longtemps.

LA TABLE EN FÊTE répond à un besoin des temps modernes. Le travail à l'extérieur du foyer, les engagements sociaux, les trépidations de la vie actuelle font que nous trouvons moins de temps pour cuisiner. Les occasions de célébrer ne sont pas pour autant moins nombreuses; en réalité, elles sont maintenant multipliées et étendues sur toute l'année. Mais n'est-ce pas autour de la table que se scellent les amitiés et que naissent les grands projets.

LA TABLE EN FÊTE se propose d'être un merveilleux atout pour réussir vos réceptions et perpétuer ainsi votre proverbiale hospitalité.

À chacun et chacune nous souhaitons d'heureux moments de réjouissance et de partage autour de votre table en fête.

Noëlla Huot

NOËLLA HUOT
Présidente provinciale
Les Cercles de Fermières du Québec

Avertissement

L'équivalence des poids et mesures entre le système métrique et le système impérial des ingrédients qui entrent dans la composition des recettes du présent ouvrage a été établie à partir du tableau d'équivalences publié dans «La cuisine Five Roses» par les Minoteries Lake of the Woods Ltée.

Les recettes et les conseils pratiques pour la cuisson aux micro-ondes ont été éprouvés dans des fours de 650/700 watts.
- pour un four de 600 watts, ajouter 20 secondes pour chaque minute de cuisson recommandée;
- pour un four de 500 watts, ajouter jusqu'à 40 secondes pour chaque minute de cuisson si la recette contient des ingrédients frais et commande l'allure MAX; dans tous les autres cas, faire cuire moins longtemps qu'indiqué ci-dessus et vérifier les résultats après avoir, s'il y a lieu, observé le temps de repos.

Les Fermières qui ont participé à l'élaboration des menus, le chef et l'éditeur de ce livre considèrent que son contenu est véridique et que leurs recommandations sont faites au meilleur de leur connaissance. L'éditeur ne peut toutefois garantir l'usage qui sera fait des indications fournies.

Table des matières

Les fêtes traditionnelles

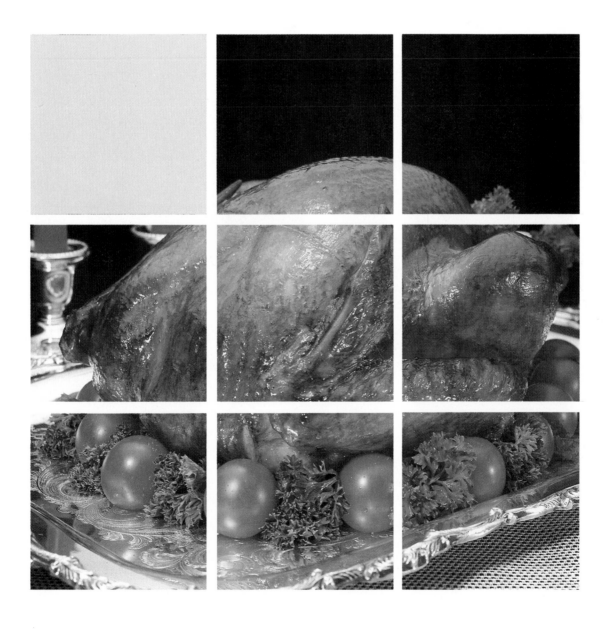

RÉVEILLON DE NOËL

Vin blanc demi-sec, vin mousseux ou champagne

Pour 8 à 10 personnes

ASPIC DE LÉGUMES

Métrique	Impérial
150 ml de gelée en poudre au citron	3/4 tasse de gelée en poudre au citron
650 ml d'eau bouillante	2-3/4 tasses d'eau bouillante
45 ml de jus de citron	3 c. à s. de jus de citron
150 ml de céleri	3/4 tasse de céleri
125 ml de carottes râpées	1/2 tasse de carottes râpées
125 ml de poivron vert	1/2 tasse de poivron vert
125 ml de poivron rouge	1/2 tasse de poivron rouge
250 ml de laitue coupée en lanières	1 tasse de laitue coupée en lanières
125 ml de chou	1/2 tasse de chou
125 ml d'olives farcies	1/2 tasse d'olives farcies
Copeaux de carottes	Copeaux de carottes
Sel et poivre	Sel et poivre

Faire fondre la gelée en poudre dans de l'eau bouillante. Déposer dans un moule à aspic. Ajouter le jus de citron, le sel et le poivre. Ajouter les légumes. Décorer de copeaux de carottes. Laisser prendre au réfrigérateur.

CIPÂTE

Métrique	Impérial
1 poulet désossé	1 poulet désossé
1 kg de porc, fesse ou épaule	2 lb de porc, fesse ou épaule
1 kg de boeuf en cubes	2 lb de boeuf en cubes
500 g de veau ou de lapin	1 lb de veau ou de lapin
1 morceau de lard salé	1 morceau de lard salé
1 oignon	1 oignon
1,5 kg de pommes de terre coupées en dés	3 lb de pommes de terre coupées en dés
Sel, poivre et épices mélangées	Sel, poivre et épices mélangées
Pâte à tarte	Pâte à tarte

Cipâte

Faire chauffer le four à 180°C (350°F). Couper toutes les viandes en cubes. Ajouter l'oignon et les épices.

Foncer une rôtissoire de lard salé. Disposer ensuite une couche de pommes de terre, puis une couche de viande. Recouvrir d'une rangée de petits carrés de pâte à tarte. (voir page 26, pâte à pâté, Pâté de Noël).

Superposer ainsi plusieurs couches de pommes de terre et de viande. Terminer par une rangée de petits carrés de pâte à tarte.

Mouiller d'eau à égalité du mélange si le plat de cuisson est mince ou diminuer la quantité d'eau si le plat de cuisson est épais. Recouvrir d'une abaisse de pâte et couvrir.

Faire cuire jusqu'à ce que la pâte du dessus ait absorbé un peu de gras; ôter le couvercle pendant une heure afin de laisser dorer la pâte.

Remettre le couvercle et réduire la chaleur du four à 150°C (300°F). Laisser cuire pendant 6 à 8 heures.

TOURTIÈRE DU LAC SAINT-JEAN

Métrique	Impérial
750 g de porc	1-1/2 lb de porc
500 g de boeuf	1 lb de boeuf
500 g de veau	1 lb de veau
1/2 poulet	1/2 poulet
3 oignons tranchés	3 oignons tranchés
1 lapin	1 lapin
1 lièvre	1 lièvre
500 g de chevreuil	1 lb de chevreuil
500 g de caribou	1 lb de caribou
125 g de lard salé	1/4 lb de lard salé
Sel et poivre	Sel et poivre
Pommes de terre	Pommes de terre
2 abaisses de 5mm d'épaisseur	2 abaisses de 1/4 de po d'épaisseur

Laisser reposer les viandes pendant environ 12 heures. Éplucher et couper en gros dés une quantité de pommes de terre à peu près égale à la quantité de viande. Ajouter le lard salé.

Foncer une cocotte en fonte avec l'abaisse (voir page 26, pâte à pâté, Pâté de Noël). Bien mélanger la viande, les pommes de terre et le lard salé et les déposer sur la pâte. Verser suffisamment d'eau pour couvrir tous les ingrédients et recouvrir de pâte.

Mettre au four à 180°C (350°F) pendant environ 2 heures. Continuer la cuisson à 100°C (200°F) pendant 10 heures.

Servir dans la cocotte.

Tourtière du Lac St-Jean

Galantine de poulet

GALANTINE DE POULET

Métrique	Impérial
150 ml de poulet	3/4 tasse de poulet
250 ml de bouillon de poulet maison	1 tasse de bouillon de poulet maison
2 ml de sel	1/2 c. à t. de sel
0,5 ml de poivre	1/8 c. à t. de poivre
8 tomates cerises	8 tomates cerises
15 ml de carottes râpées	1 c. à s. de carottes râpées
15 ml de panais râpé	1 c. à s. de panais râpé
15 ml d'oignon râpé	1 c. à s. d'oignon râpé
15 ml de céleri râpé	1 c. à s. de céleri râpé
0,5 ml de sarriette ou de thym	1/8 c. à t. de sarriette ou de thym
15 ml de gélatine	1 c. à s. de gélatine

Faire bouillir le bouillon de poulet et y ajouter tous les ingrédients, sauf le poulet et les tomates. Couvrir. Laisser mijoter à feu doux jusqu'à ce que les légumes soient cuits.

Disposer les tomates dans un moule préalablement huilé. Défaire le poulet en morceaux et les disposer dans le moule. Verser le bouillon sur la viande. Couvrir et mettre au réfrigérateur pendant 12 heures.

SALADE DE CHOU ET DE CAROTTES AU CORIANDRE

Métrique	Impérial
1 chou râpé	1 chou râpé
3 carottes râpées	3 carottes râpées
15 ml de graines de coriandre écrasées	1 c. à s. de graines de coriandre écrasées
15 ml de moutarde de Dijon	1 c. à s. de moutarde de Dijon
60 ml de vinaigre de vin	4 c. à s. de vinaigre de vin
125 ml d'huile végétale	1/2 tasse d'huile végétale
15 ml de sel	1 c. à s. de sel
15 ml de sucre	1 c. à s. de sucre

Préparer la vinaigrette et l'ajouter aux carottes et au chou râpés. Dresser la salade sur des feuilles de laitue. Servir.

GÂTEAU AUX FRUITS

Métrique	Impérial
125 ml de sucre blanc	1/2 tasse de sucre blanc
125 ml de mélasse	1/2 tasse de mélasse
125 ml de graisse végétale	1/2 tasse de graisse végétale
250 ml de lait sur	1 tasse de lait sur
5 ml de soda à pâte (si le lait est très sur)	1 c. à t. de soda à pâte (si le lait est très sur)
5 ml de poudre à pâte	1 c. à t. de poudre à pâte
500 ml de farine à pâtisserie	2 tasses de farine à pâtisserie
250 ml de raisins	1 tasse de raisins
125 ml de raisins de corinthe	1/2 tasse de raisins de corinthe
125 ml de dattes	1/2 tasse de dattes
125 ml d'amandes	1/2 tasse d'amandes
125 ml de fruits confits	1/2 tasse de fruits confits
Citron au goût	Citron au goût
2 ml de cannelle	1/2 c. à t. de cannelle
2 ml de clous de girofle	1/2 c. à t. de clous de girofle
2 ml de quatre-épices	1/2 c. à t. de quatre-épices
2 ml de sel	1/2 c. à t. de sel
2 ml de muscade	1/2 c. à t. de muscade

Mélanger tous les ingrédients. Les verser dans un moule à gâteau. Faire cuire au four à 180°C (350°F) pendant environ 1 heure.

GÂTEAU MOKA AU BEURRE CHOCOLATÉ

Métrique	Impérial
250 ml de farine à pâtisserie	1 tasse de farine à pâtisserie
5 ml de poudre à pâte	1 c. à t. de poudre à pâte
1 ml de sel	1/4 c. à t. de sel
2 jaunes d'oeufs battus	2 jaunes d'oeufs battus
125 ml d'eau froide	1/2 tasse d'eau froide
5 ml de zeste d'orange	1 c. à t. de zeste d'orange
150 ml de sucre	3/4 tasse de sucre
2 blancs d'oeufs battus en neige	2 blancs d'oeufs battus en neige
15 ml de jus d'orange	1 c. à s. de jus d'orange
30 ml de sucre	2 c. à s. de sucre

Tamiser 3 fois la farine, le sel et la poudre à pâte. Réserver. Battre les jaunes d'oeufs et le sucre pendant 5 minutes au malaxeur à vitesse moyenne. Ajouter progressivement la farine à ce mélange.

Fouetter les blancs d'oeufs en neige. Dès que les blancs commencent à monter, y ajouter 30 ml (2 c. à s.) de sucre. Incorporer délicatement au premier mélange.

Verser le mélange dans 2 assiettes en aluminium de 20 cm (8 po) bien graissées. Faire cuire au four à 180°C (350°F) pendant 25 minutes. Dans une casserole, faire bouillir le jus d'orange et le sucre et imbiber les gâteaux de ce sirop.

Laisser refroidir. Démouler le gâteau. Garnir l'intérieur et l'extérieur du gâteau de crème au beurre chocolatée.

Crème au beurre chocolatée

Métrique	Impérial
3 jaunes d'oeufs	3 jaunes d'oeufs
250 ml de sucre	1 tasse de sucre
2 ml de crème de tartre	1/2 c. à t. de crème de tartre
125 ml d'eau	1/2 tasse d'eau
250 g de beurre non salé	1/2 lb de beurre non salé
250 g de graisse végétale	1/2 lb de graisse végétale
250 g de chocolat sucré	1/2 lb de chocolat sucré
30 ml de café instantané	2 c. à s. de café instantané
30 ml de rhum brun	2 c. à s. de rhum brun
Pincée de sel	Pincée de sel

Battre les jaunes d'oeufs jusqu'à consistance d'une mousse légère. Dans une casserole, verser l'eau, le sucre et la crème de tartre; faire bouillir jusqu'à consistance d'un sirop épais. Retirer du feu. Ajouter le café. Mélanger.

Verser doucement le sirop chaud non brûlant sur les jaunes d'oeufs en fouettant sans arrêt au malaxeur jusqu'à ce que le mélange soit assez épais et tiède.

Ajouter progressivement le beurre et la graisse végétale et fouetter jusqu'à l'obtention d'une crème très lisse.

Incorporer finalement le chocolat fondu. Fouetter de nouveau.

Gâteau moka au beurre chocolaté

DÉJEUNER DE NOËL

Rosé, vin mousseux

Pour 6 à 8 personnes

MENU

Paniers de fruits surprise
Pain doré au four
Omelette délicieuse
Pain aux abricots
Raisins au yogourt
Banquise de fraises aux sept
crêpes meringuées
Vin mousseux avec jus d'orange
Café brûlot

PANIERS DE FRUITS SURPRISE

Couper des pamplemousses en deux, enlever la chair en prenant soin de ne pas déchirer la pelure. Couper la chair en morceaux, ajouter des tranches d'orange et des raisins verts.

Remplir les paniers de ce mélange, saupoudrer de sucre à fruits. Faire refroidir.

Au moment de servir, saupoudrer un peu de sucre à glacer sur le mélange de fruits et disposer le tout sur des feuilles de laitue.

Paniers de fruits surprise

PAIN DORÉ AU FOUR

Métrique	Impérial
Beurre	Beurre
4 oeufs	4 oeufs
250 ml de lait	1 tasse de lait
15 ml de sucre	1 c. à s. de sucre
5 ml de vanille	1 c. à t. de vanille
1 ml de muscade	1/4 c. à t. de muscade
Sirop d'érable	Sirop d'érable
Tranches de pain croûté	Tranches de pain croûté

Mélanger tous les ingrédients, sauf le sirop d'érable. Verser lentement le mélange sur les tranches de pain croûté, et placer sur une plaque à rebords.

Tourner les tranches après quelques minutes, jusqu'à ce que le mélange des oeufs soit entièrement absorbé par le pain.

Déposer les tranches de pain aux oeufs sur une plaque à biscuits, les badigeonner de beurre fondu et les faire dorer au four à 190°C (375°F). Retourner. Badigeonner. Faire dorer pendant 10 minutes. Dans une casserole, faire chauffer le sirop d'érable et le beurre. Servir avec le pain doré.

OMELETTE DÉLICIEUSE

Métrique	Impérial
12 tranches de bacon	12 tranches de bacon
12 oeufs	12 oeufs
500 ml de lait	2 tasses de lait
Sel et poivre	Sel et poivre

Faire revenir le bacon. Enlever le surplus de gras au fond de la poêle. Fouetter les blancs d'oeufs en neige. Fouetter les jaunes d'oeufs avec le lait, le sel et le poivre. Lier aux blancs d'oeufs. Étendre sur le bacon et faire dorer au four à 180°C (350°F).

PAIN AUX ABRICOTS

Métrique	Impérial
125 ml d'abricots coupés en dés	1/2 tasse d'abricots coupés en dés
750 ml de farine tout usage (ou une partie de farine de blé entier)	3 tasses de farine tout usage (ou une partie de farine de blé entier)
15 ml de poudre à pâte	1 c. à s. de poudre à pâte
1 ml de soda à pâte	1/4 c. à t. de soda à pâte
5 ml de sel	1 c. à t. de sel
250 ml de cassonade	1 tasse de cassonade
125 ml de dattes hachées	1/2 tasse de dattes hachées
250 ml de noix hachées	1 tasse de noix hachées
1 oeuf bien battu	1 oeuf bien battu
250 ml de lait	1 tasse de lait
125 ml de sirop d'érable	1/2 tasse de sirop d'érable

Pain doré au four, omelette délicieuse, pain aux abricots et vin mousseux avec jus d'orange

Couvrir les abricots d'eau bouillante et les laisser tremper pendant 15 minutes. Égoutter.

Tamiser ensemble la farine, la poudre à pâte, le soda à pâte et le sel. Incorporer la cassonade, les dattes, les abricots et les noix. Mélanger le lait, l'oeuf battu et le sirop d'érable. Incorporer au mélange de farine. Verser dans un moule à pain beurré et laisser reposer pendant environ 20 minutes. Faire cuire au four à 180°C (350°F) pendant environ 1 heure 15 minutes ou jusqu'à ce qu'un cure-dents inséré dans le centre en ressorte sec.

Laisser refroidir. Garnir de fromage à la crème et parsemer de noix hachées.

RAISINS AU YOGOURT

Métrique	Impérial
1 litre de raisins sans pépins, coupés en deux	4 tasses de raisins sans pépins, coupés en deux
250 ml de yogourt nature	1 tasse de yogourt nature
15 ml de gingembre	1 c. à s. de gingembre

Mélanger tous les ingrédients; mettre au réfrigérateur.

VIN MOUSSEUX AVEC JUS D'ORANGE

Métrique	Impérial
2 bouteilles de vin mousseux	2 bouteilles de vin mousseux
750 ml de jus d'orange	3 tasses de jus d'orange

Faire refroidir le vin au réfrigérateur pendant 3 à 4 heures avant de le mélanger au jus d'orange.

Avant de servir, déposer une branchette de sapin au fond de chaque coupe.

Verser un peu de jus d'orange et remplir de vin.

Note: On peut aussi «cardinaliser» le vin mousseux en remplaçant le jus d'orange par un coulis de framboises (faire bouillir des framboises congelées avec un peu de sucre pendant 1 minute. Passer le mélange au robot culinaire, puis au tamis). Verser doucement le vin sur le coulis en évitant de faire mousser le mélange.

Café brûlot

Métrique	Impérial
1-1/2 bâton de cannelle coupé en morceaux	1-1/2 bâton de cannelle coupé en morceaux
Pelure d'un demi-citron	Pelure d'un demi-citron
2 ml de quatre-épices	1/2 c. à t. de quatre-épices
Pelure de 2 oranges	Pelure de 2 oranges
20 ml de sucre	4 c. à t. de sucre
125 ml de cognac	1/2 tasse de cognac
750 ml de café noir très fort	3 tasses de café noir très fort

Placer un morceau de cannelle dans chaque tasse. Dans une poêle, mélanger les épices, les pelures d'oranges et le sucre. Ajouter le cognac et faire chauffer. Flamber et laisser brûler pendant 1 minute. Souffler la flamme et ajouter le café tout en remuant.

Filtrer le café et le verser dans des petites tasses. Servir très chaud.

Variantes :

café mexicain : aromatisé à la Tia Maria ou autre liqueur de café.

café des Antilles : parfumé au rhum

café à la liqueur et aux épices : parfumé à la liqueur d'orange; ajouter une pincée de clous de girofle moulus et de cannelle.

Banquise de fraises aux sept crêpes meringuées

Banquise de fraises aux sept crêpes meringuées

Métrique	Impérial
7 crêpes grandes d'environ 20 cm chacune	7 crêpes grandes d'environ 8 po chacune
Confiture de fraises	Confiture de fraises
Blancs d'oeufs	Blancs d'oeufs
Sucre à glacer	Sucre à glacer

Pâte à crêpes

Métrique	Impérial
250 ml de farine tout usage	1 tasse de farine tout usage
1 ml de sel	1/4 c. à t. de sel
15 ml de sucre	1 c. à s. de sucre
2 gros oeufs	2 gros oeufs
375 ml de lait	1-1/2 tasse de lait
5 ml de rhum	1 c. à t. de rhum
5 ml de vanille	1 c. à t. de vanille
15 ml de beurre fondu	1 c. à s. de beurre fondu

Dans un bol, tamiser la farine, le sel et le sucre. Former un puits et y casser les oeufs; battre au fouet en incorporant progressivement la farine. Ajouter le lait tout en mélangeant jusqu'à l'obtention d'une pâte lisse. Ajouter le rhum, la vanille et le beurre fondu. Laisser reposer pendant 1 heure à la température de la pièce. S'il y a des grumeaux dans la pâte, la passer au tamis.

Cuisson des crêpes

Faire chauffer la poêle et la badigeonner d'huile avec un essuie-tout. Verser suffisamment de pâte pour recouvrir toute la surface. Retourner la crêpe lorsqu'elle est bien dorée. Faire glisser sur une assiette.

Meringue

Métrique	Impérial
105 ml de blancs d'oeufs	7 c. à s. de blancs d'oeufs
250 ml de sucre à glacer	1 tasse de sucre à glacer

Fouetter les blancs d'oeufs et le sucre avec un malaxeur ou un fouet jusqu'à ce que les blancs soient bien fermes.

Montage de la banquise

Étendre une mince couche de confiture aux fraises sur la première crêpe. Recouvrir d'une autre crêpe. Continuer à superposer ainsi les 7 crêpes. Remplir de meringue une poche à pâtisserie munie d'une grosse douille cannelée et décorer de rosaces de meringue. Passer au gril pour dorer. Surveiller attentivement afin de ne pas laisser brûler. Garnir de fraises fraîches. Couper en pointes et servir.

Préparation de la banquise

1   Tamiser la farine, le sel et le sucre.

2   Former un puits et y casser les oeufs.

3   Battre au fouet en incorporant progressivement la farine.

4   Ajouter le lait, le rhum, la vanille, le beurre fondu et passer au tamis.

5   Chauffer et badigeonner la poêle avec un essuie-tout.

6   Verser suffisamment de pâte pour couvrir toute la surface.

7   Retourner la crêpe lorsqu'elle est bien dorée.

8   Fouetter les blancs d'oeufs et le sucre avec un malaxeur

9   ... jusqu'à consistance ferme.

10   Étendre une mince couche de confiture de fraises sur la première crêpe.

11   Couvrir cette crêpe d'une autre crêpe et répéter l'opération jusqu'à la 7e crêpe.

12   Remplir une poche à pâtisserie munie d'une grosse douille cannelée et couvrir de rosaces de meringue.

13   Passer au gril pour colorer.

Attention :

la coloration au gril doit se faire à four ouvert. Surveiller attentivement car l'opération est très rapide.

Garniture :

décorer si possible de fraises fraîches. Couper en pointes et servir.

Brunch de Noël

Vin rosé, vin blanc demi-sec et vin mousseux

Pour 8 à 10 personnes

PAMPLEMOUSSES CHAUDS AU COGNAC

Métrique	Impérial
1/2 pamplemousse par personne	1/2 pamplemousse par personne
1 pincée de cassonade	1 pincée de cassonade
15 ml de cognac par pamplemousse	1 c. à s. de cognac par pamplemousse

Trancher les pamplemousses en deux. Saupoudrer un peu de cassonade sur chaque moitié. Garnir d'une cerise. Arroser de cognac.

Placer sous le gril («broil») au four pendant quelques minutes.

OEUFS POCHÉS BÉNÉDICTINE

10 oeufs pochés
10 tranches minces de jambon cuit
5 muffins anglais coupés en deux

Dans une grande casserole peu profonde, verser 3 ml (3/4 c. à t.) de vinaigre par litre (4 tasses) d'eau. Ne pas saler. L'eau doit seulement frémir sinon l'oeuf se brisera. Casser les oeufs dans des tasses et les faire doucement glisser un à un dans l'eau.

Avec une cuillère, façonner le blanc en le repoussant vers le jaune. Laisser cuire pendant 2 à 3 minutes. Déposer dans de l'eau glacée pour arrêter la cuisson. (Le jaune d'oeuf ne doit pas être trop cuit). Égoutter sur une serviette et leur donner une belle forme à l'aide de ciseaux.

Faire légèrement griller les demi-muffins, les beurrer. Garnir d'une tranche de jambon sautée au beurre. Réchauffer les oeufs pochés pendant 30 secondes à l'eau frémissante. Les déposer sur les tranches de jambon. Couvrir de sauce hollandaise. Servir.

SAUCE HOLLANDAISE

Métrique	Impérial
125 ml de beurre en morceaux et très froid	1/2 tasse de beurre en morceaux et très froid
4 jaunes d'oeufs	4 jaunes d'oeufs
30 ml de jus de citron	2 c. à s. de jus de citron
1 pincée de sel	1 pincée de sel
1 pincée de poivre de cayenne	1 pincée de poivre de cayenne

Mettre tous les ingrédients dans une petite casserole en fonte émaillée. Faire chauffer à feu très doux. Fouetter sans arrêt à l'aide d'un fouet jusqu'à ce que la sauce ait la même consistance qu'une mayonnaise.

1° Si la sauce tourne, ajouter 2 glaçons et fouetter jusqu'à ce qu'elle reprenne sa consistance.

2° Si la sauce devient trop claire, mettre un jaune d'oeuf dans un bol propre et y incorporer la sauce, presque goutte à goutte. Fouetter sans arrêt.

MICRO-ONDES

Cuisson des oeufs pochés

Dans un ramequin, verser 30 ml (2 c. à s.) d'eau et 1 ml (1/4 c. à t.) de vinaigre.

Couvrir d'une pellicule de plastique. Faire chauffer pendant 30 à 40 secondes à MAX. jusqu'à ébullition.

Casser les oeufs et les faire glisser doucement dans l'eau. Percer les jaunes 2 fois, couvrir.

Faire cuire à MED. pendant 45 secondes à 1 minute 15 secondes ou jusqu'à ce qu'ils soient presque cuits. (Pour deux oeufs, faire cuire pendant 1 minute 15 secondes à 1 minute 30 secondes. Pour trois oeufs, faire cuire pendant 2 minutes 30 secondes à 3 minutes. Pour 4 oeufs, faire cuire 3 minutes 30 secondes à 4 minutes. Disposer les ramequins en cercle et tourner toutes les 45 secondes.)

Laisser reposer 2 à 3 minutes. Remuer 1 ou 2 fois pour aider les blancs à prendre. Ne découvrir qu'une fois le temps d'attente complété.

Égoutter l'oeuf à l'aide d'une écumoire. Si le dessous n'est pas cuit au goût, transférer l'oeuf dans une tasse et faire cuire quelques secondes de plus.

À gauche: oeufs pochés bénédictine.
Ci-dessus : jambon glacé au kiwi et à l'orange.

SALADE D'ÉPINARDS MINCEUR

Métrique	Impérial
250 ml d'épinards déchiquetés	1 tasse d'épinards déchiquetés
3 tomates tranchées	3 tomates tranchées
4 oeufs durs	4 oeufs durs
50 ml de yogourt nature	1/4 tasse de yogourt nature
10 ml de jus de citron	2 c. à t. de jus de citron
4 échalotes hachées ou des rondelles d'oignons	4 échalotes hachées ou des rondelles d'oignons
Poivre	Poivre
Marjolaine	Marjolaine

Dans un saladier, mélanger le yogourt, le jus de citron, les échalotes et les épinards. Saupoudrer de morceaux d'oeufs hachés et décorer de tranches de tomates.

MUFFINS AU PARMESAN

Métrique	Impérial
1 oeuf	1 oeuf
250 ml de yogourt nature	1 tasse de yogourt nature
125 ml de lait	1/2 tasse de lait
60 ml de beurre fondu	4 c. à s. de beurre fondu
1 ml de romarin	1/4 c. à t. de romarin
500 ml de farine	2 tasses de farine
15 ml de poudre à pâte	1 c. à s. de poudre à pâte
15 ml de sucre	1 c. à s. de sucre
2 ml de sel	1/2 c. à t. de sel
60 ml de farine de maïs dorée	4 c. à s. de farine de maïs dorée
125 ml de parmesan	1/2 tasse de parmesan

Dans un bol, mélanger l'oeuf, le yogourt, le lait et le beurre. Incorporer le romarin. Réserver.

Mélanger la farine, la poudre à pâte, le sucre, le sel, la farine de maïs et le parmesan dans un autre bol.

Incorporer rapidement les ingrédients secs aux ingrédients liquides, sans trop mélanger.

Déposer la pâte dans 12 moules à muffins bien beurrés et mettre au four à 200°C (400°F) pendant environ 20 à 25 minutes (jusqu'à ce que le dessus des muffins reprenne sa forme après une légère pression du doigt). Servir chaud.

JAMBON GLACÉ AU KIWI ET À L'ORANGE

Métrique	Impérial
1 jambon de 4 à 6 kg	1 jambon de 8 à 12 lb
375 ml de marmelade d'orange	1-1/2 tasse de marmelade d'orange
125 ml de jus d'orange	1/2 tasse de jus d'orange
5 ml d'essence de rhum ou de brandy	1 c. à t. d'essence de rhum ou de brandy
2 kiwis pelés et tranchés	2 kiwis pelés et tranchés
2 oranges pelées et tranchées	2 oranges pelées et tranchées

Faire cuire le jambon à 160°C (325°F) pendant 10 à 15 minutes par kg (2 lb), s'il s'agit d'un jambon complètement cuit.

Entre-temps, dans une casserole, faire mijoter la marmelade et le jus d'orange pendant 2 ou 3 minutes. Ajouter les essences. Laisser refroidir.

Une demi-heure avant la fin de la cuisson, disposer les tranches de kiwis et d'oranges sur le jambon et les fixer avec des cure-dents. Verser le sirop d'orange à la cuillère sur le jambon.

Continuer la cuisson au four en arrosant une ou deux fois avec le sirop.

Réchauffer le reste du sirop avec de petits morceaux de fruits et le servir dans une saucière.

MICRO-ONDES

Cuisson des muffins

Déposer dans un moule à muffins une double épaisseur de caissettes de papier. Remplir les moules à moitié. Disposer au four et faire cuire à Max. pendant 2 minutes ou 2 minutes 30 secondes, en tournant et en déplaçant les moules à mi-temps.

Laisser reposer 3 à 4 minutes, puis laisser refroidir. Répéter avec le reste du mélange.

Beignes

Métrique	Impérial
625 ml de farine tout usage, tamisée	2-1/2 tasses de farine tout usage, tamisée
1 ml de muscade	1/4 c. à t. de muscade
250 ml de sucre	1 tasse de sucre
5 ml de vanille	1 c. à t. de vanille
150 ml de lait	3/4 tasse de lait
20 ml de poudre à pâte	4 c. à t. de poudre à pâte
2 ml de sel	1/2 c. à t. de sel
50 ml de beurre ou de graisse végétale	1/4 tasse de beurre ou de graisse végétale
2 jaunes d'oeufs	2 jaunes d'oeufs
2 blancs d'oeufs	2 blancs d'oeufs

Fouetter les jaunes d'oeufs; incorporer peu à peu le sucre, le beurre défait en crème, le sel, la muscade, la vanille et 30 ml (2 c. à s.) de lait. Réserver.

Fouetter les blancs d'oeufs; y verser le premier mélange.

Tamiser la farine et la poudre à pâte plusieurs fois; mêler à la première préparation en versant alternativement avec la farine et le lait. Commencer et finir par les ingrédients secs.

Fraiser la pâte pour ne pas la durcir. Rouler la pâte pour former une abaisse d'environ 1,25 cm (1/2 po) d'épaisseur. Couper à l'emporte-pièce. Cuire en grande friture à 185°C (360°F) pendant 3 minutes. Tourner une fois durant la cuisson. (La graisse de cuisson a atteint sa chaleur quand un cube de pain en ressort bruni après 1 minute). Laisser égoutter sur un papier brun, non ciré, et saupoudrer de sucre à glacer.

Donne 3 douzaines de beignes.

Gâteau brioché à l'érable et aux noix

Métrique	Impérial
500 ml de farine	2 tasses de farine
10 ml de sel	2 c. à t. de sel
15 ml de levure fraîche	1 c. à s. de levure fraîche
30 ml de sucre	2 c. à s. de sucre
75 ml de lait	1/3 tasse de lait
7 oeufs	7 oeufs
300 ml de beurre fondu	1 1/4 tasse de beurre fondu

Garniture

Métrique	Impérial
250 ml de sirop d'érable	1 tasse de sirop d'érable
250 ml de sucre	1 tasse de sucre
250 ml de crème épaisse (35%)	1 tasse de crème épaisse (35%)

Délayer le sucre et le sel dans le lait froid et mélanger pendant 1 minute. Ajouter la farine et la levure. Ajouter les oeufs deux par deux et bien mélanger entre chaque addition. Ajouter un oeuf ou deux, si la pâte n'est pas suffisamment homogène. Travailller la pâte jusqu'à ce qu'elle devienne élastique. Y incorporer en 3 étapes le beurre ramolli.

La mettre dans un bol. Couvrir. Laisser toute la nuit au réfrigérateur.

Le lendemain, beurrer un moule à gâteau rond et former de petites boules avec la pâte. Les disposer côte à côte dans le moule. (Elles doivent atteindre le tiers de la hauteur du moule). Couvrir. Mettre dans un endroit chaud (pas au four). Laisser lever jusqu'à ce que la pâte dépasse la moitié du moule.

Badigeonner doucement à l'oeuf battu et faire cuire à 190°C (375°F) pendant environ 40 minutes.

Faire bouillir le sirop d'érable et le sucre pendant 4 à 5 minutes et en couvrir la brioche. Laisser le sirop se figer. Décorer de rosaces de crème fouettée et de noix hachées.

Micro-ondes

Faire lever la pâte

Mettre la pâte dans un bol préalablement graissé. Couvrir de papier ciré ou d'une pellicule de plastique percée.

Mettre au four à la plus faible température et laisser reposer pendant 15 minutes.

Procéder ainsi jusqu'à ce que la pâte ait doublé de volume.

Gâteau brioché à l'érable et aux noix

Brunch de Noël

Vin rouge léger, bordeaux rouge, rosé pétillant

Pour 6 à 8 personnes

Menu

Terrine maison
Pain aux fines herbes
Crudités et trempette à l'avocat
Tomates farcies à la courgette
Pâté de Noël
Salade de fruits au Grand Marnier
Carrés de chocolat aux amandes

Terrine maison

Terrine maison

Suffisamment de lard ou de bacon tranché mince pour tapisser l'intérieur du plat de cuisson.

Métrique	Impérial
250 g de porc maigre, dans l'épaule ou le filet	1/2 lb de porc maigre, dans l'épaule ou le filet
250 g de veau maigre, dans l'épaule	1/2 lb de veau maigre, dans l'épaule
250 g de foie de porc, de veau ou de poulet	1/2 lb de foie de porc, de veau ou de poulet
250 g de lard frais	1/2 lb de lard frais
125 g de jambon fumé, en cubes ou haché (pas au moulin)	1/4 lb de jambon fumé, en cubes ou haché (pas au moulin)
5 ml de brandy	1 c. à t. de brandy
4 oeufs	4 oeufs
1 oignon moyen ou 3 échalotes hachées fin et revenues dans le beurre	1 oignon moyen ou 3 échalotes, hachées fin et revenues dans le beurre
5 ml de quatre-épices	1 c. à t. de quatre-épices
5 ml de sel et de poivre	1 c. à t. de sel et de poivre
1 feuille de laurier pulvérisée	1 feuille de laurier pulvérisée
1 ml de thym	1/4 c. à t. de thym
1 gousse d'ail émincée	1 gousse d'ail émincée
1 feuille de laurier entière pour décorer	1 feuille de laurier entière pour décorer

Foncer un moule à pain de 10 x 20 cm (4 x 8 po), ou un plat de faïence de 1,5 litre (6 tasses) avec des bardes de lard ou des tranches de bacon ébouillanté (ramolli), en laissant pendre le bout des tranches par-dessus les bords d'environ 2,5 à 5 cm (1 ou 2 po).

Faire chauffer le four à 180°C (350°F) et y placer une rôtissoire à demi-pleine d'eau.

Hacher fin la viande, soit à la main soit avec un hachoir.

Dans un grand bol, mélanger les viandes, les épices, les herbes, le brandy, les oeufs et l'oignon. Remplir le moule en donnant à la terrine la forme d'un pain légèrement soulevé au centre.

Ramener les bardes de lard ou les tranches de bacon qui pendent sur les rebords pour recouvrir le dessus du mélange. Si nécessaire, ajouter des bardes de lard ou des tranches de bacon afin que le mélange de viande soit entièrement recouvert de gras.

Déposer une feuille de laurier sur le dessus, envelopper le tout dans une double épaisseur de papier aluminium, et sceller hermétiquement.

Placer la terrine dans l'eau chaude de la rôtissoire et faire cuire pendant 2 heures ou jusqu'à ce qu'une broche enfoncée dans le mélange en ressorte propre et que le jus s'écoule clair et de couleur ambrée.

Laisser refroidir le pâté et le mettre au réfrigérateur pendant un jour ou deux sous un poids (une brique, par exemple) pour en raffermir la texture.

Démouler ou trancher directement dans le moule.

À gauche : pâté de Noël et tomates farcies à la courgette
Ci-dessus : crudités et trempette à l'avocat

TOMATES FARCIES À LA COURGETTE

Métrique	**Impérial**
6 tomates moyennes	6 tomates moyennes
30 ml de beurre	2 c. à s. de beurre
1 courgette hachée fin	1 courgette hachée fin
20 ml d'oignon haché	4 c. à t. d'oignon haché
1 gousse d'ail émincée	1 gousse d'ail émincée
2 ml de basilic séché	1/2 c. à t. de basilic séché
250 ml de petits croûtons grillés	1 tasse de petits croûtons grillés
Sel et poivre	Sel et poivre

Prélever une fine tranche en dessous de chaque tomate. Évider, en laissant 5 mm (1/4 po) de chair sur le pourtour intérieur des tomates. Hacher la pulpe, l'égoutter et la réserver. Mélanger le beurre, la courgette hachée, l'oignon, l'ail, le basilic, la pulpe des tomates et les croûtons dans un plat profond de 2 litres (8 tasses), puis saler et poivrer.

Faire cuire le mélange dans une casserole pendant 7 à 8 minutes. Farcir les tomates. Les déposer dans un plat et les faire cuire à 200°C (400°F) pendant 10 minutes.

MICRO-ONDES

Cuisson de la courgette et des tomates

Couvrir et faire cuire le mélange à MAX. pendant 3 à 4 minutes, ou jusqu'à ce que la courgette soit tendre. Farcir les tomates. Les déposer dans un plat et faire cuire, à MAX. pendant 2 à 3 minutes avant de servir.

CRUDITÉS ET TREMPETTE À L'AVOCAT

2 carottes coupées en bâtonnets ou en biais
4 branches de céleri coupées en biais
15 radis entiers
1 chou-fleur en bouquets
15 tomates cerises
2 poivrons verts en bâtonnets

Disposer les crudités dans un plat de service, sur un lit de laitue, en faisant alterner les couleurs.

Trempette à l'avocat

Métrique	**Impérial**
125 ml de fromage à la crème	1/2 tasse de fromage à la crème
125 ml de lait ou de crème épaisse (35%)	1/2 tasse de lait ou de crème épaisse (35%)
Sel et poivre	Sel et poivre
30 ml d'échalotes françaises hachées	2 c. à s. d'échalotes françaises hachées
2 avocats mûrs	2 avocats mûrs
Le jus d'un citron	Le jus d'un citron
30 ml de persil haché	2 c. à s. de persil haché
30 ml de ciboulette émincée	2 c. à s. de ciboulette émincée
1 pincée de poivre de cayenne	1 pincée de poivre de cayenne

Dans un robot culinaire, mélanger tous les ingrédients et assaisonner au goût. Couper l'avocat en petits morceaux avant de le mettre dans le robot culinaire. Veiller à ce que le fromage à la crème soit demeuré pendant 24 heures à la température de la pièce avant de l'utiliser.

PAIN AUX FINES HERBES

Métrique	**Impérial**
1 grosse miche de pain de campagne (ou autre pain croûté)	1 grosse miche de pain de campagne (ou autre pain croûté)
8 échalotes françaises hachées	8 échalotes françaises hachées
1 grosse botte de persil haché	1 grosse botte de persil haché
30 ml d'estragon frais ou séché	2 c. à s. d'estragon frais ou séché
5 ml de thym	1 c. à t. de thym
5 ml de glutamate de sodium	1 c. à t. de glutamate de sodium
30 ml de cerfeuil	2 c. à s. de cerfeuil
Sel et poivre	Sel et poivre
Beurre	Beurre

Découper de grandes tranches de pain, les beurrer. Mélanger tous les ingrédients et saupoudrer de fines herbes. Servir dans un panier d'osier ou sur un plat de service. Ce pain est idéal avec le pâté, la mousse de foies et les moules marinière. On peut choisir ses herbes préférées.

Pâté de Noël

Métrique / Impérial

Métrique	Impérial
1 oignon haché	1 oignon haché
15 ml de beurre	1 c. à s. de beurre
2 sacs d'épinards	2 sacs d'épinards
250 g de jambon tranché	1/2 lb de jambon tranché
500 g de fromage mozza-rella tranché	1 lb de fromage mozza-rella tranché
1 poivron rouge coupé en lanières fines	1 poivron rouge coupé en lanières fines
6 oeufs (bien battus)	6 oeufs (bien battus)

Faire revenir l'oignon dans le beurre. Ajouter les épinards et laisser cuire jusqu'à ce qu'ils commencent à ramollir. Bien égoutter.

Couvrir le fond du moule d'une abaisse de pâte à pâté de 5mm (1/4 po) d'épaisseur.

Superposer dans l'abaisse la moitié du jambon, la moitié du fromage, la moitié du mélange d'épinards et la moitié des poivrons rouges. Y verser la moitié des oeufs battus.

Recommencer avec le reste des ingrédients de la même façon. Verser l'autre moitié des oeufs.

Recouvrir d'une autre abaisse de pâte à pâté de 5 mm (1/4 po) d'épaisseur.

Badigeonner délicatement la croûte avec un peu de crème légère. Faire cuire au four à 200°C (400°F) pendant 40 à 45 minutes. Laisser refroidir avant de servir.

Pâte à pâté

Métrique	Impérial
500 ml de farine à pain	2 tasses de farine à pain
150 ml de saindoux	3/4 tasse de saindoux
2 oeufs	2 oeufs
2 ml de sel	1/2 c. à t. de sel
250 ml d'eau tiède	1 tasse d'eau tiède

Dans un bol, fouetter les oeufs, le sel et l'eau tiède. Réserver.

«Sabler» la farine et le gras en frottant entre ses mains jusqu'à ce que le mélange ait la consistance d'une chapelure.

Former un puits et y ajouter le mélange eau, oeufs, sel. Incorporer en coupant au couteau. (Ainsi, la pâte ne sera jamais élastique.) Si la pâte colle trop, ajouter de la farine par petites quantités. Arrêter de travailler quand la pâte «boule» bien. Couvrir et mettre au réfrigérateur pendant 1 heure avant de l'utiliser.

Note: on peut remplacer le saindoux par du beurre ou de la margarine. Recette pour 1 pâté.

Préparation de la pâte à pâté

1 Mélanger au fouet l'eau, le sel et les oeufs.

2 «Sabler» la farine et le gras entre les mains

3 ...jusqu'à consistance d'une chapelure.

4 Former un puits.

5 Ajouter le mélange eau, oeufs, sel.

6 Incorporer en «coupant» au couteau.

7 Arrêter de travailler la pâte quand elle «boule» bien.

8 Couvrir et mettre au réfrigérateur pendant 1 heure. (Peut aussi se congéler.)

Salade de fruits au Grand Marnier et carrés de chocolat aux amandes

SALADE DE FRUITS AU GRAND MARNIER

Métrique	Impérial
1 ananas frais broyé	1 ananas frais broyé
1/2 cantaloup coupé en morceaux	1/2 cantaloup coupé en morceaux
2 poires	2 poires
15 raisins rouges épépinés, coupés en deux	15 raisins rouges épépinés, coupés en deux
2 oranges en morceaux	2 oranges en morceaux
1 grosse pomme coupée en dés	1 grosse pomme coupée en dés
1 banane tranchée mince	1 banane tranchée mince
75 ml de sucre	1/3 tasse de sucre
125 ml de jus d'orange ou de Seven-Up	1/2 tasse de jus d'orange ou de Seven-Up
30 ml de Grand Marnier (ou de cognac)	2 c. à s. de Grand Marnier (ou de cognac)
Quelques cerises au marasquin pour la couleur	Quelques cerises au marasquin pour la couleur

Faire un sirop clair avec le sucre, de l'eau et un peu de sirop des cerises. Y ajouter le Grand Marnier ou le cognac. Bien mélanger le tout. Incorporer au mélange de fruits frais. Préparer une journée à l'avance afin que les saveurs se mélangent bien.

CARRÉS DE CHOCOLAT AUX AMANDES

Métrique	Impérial
75 ml d'huile végétale	1/3 tasse d'huile végétale
2 carrés de chocolat non sucré	2 carrés de chocolat non sucré
150 ml d'eau	3/4 tasse d'eau
250 ml de sucre	1 tasse de sucre
300 ml de farine	1-1/4 tasse de farine
1 oeuf	1 oeuf
2 ml de sel	1/2 c. à t. de sel
2 ml de soda à pâte	1/2 c. à t. de soda à pâte
5 ml d'extrait d'amandes	1 c. à t. d'extrait d'amandes
1 paquet de grains de chocolat mi-sucré	1 paquet de grains de chocolat mi-sucré
75 ml d'amandes effilées	1/3 tasse d'amandes effilées

Faire chauffer le four à 180°C (350°F) et faire réchauffer l'huile végétale et les carrés de chocolat pendant environ 4 minutes. Retirer ensuite du four et ajouter les autres ingrédients. Battre à l'aide d'une fourchette pendant environ 2 minutes jusqu'à consistance lisse.

Étendre la préparation uniformément dans un moule beurré et enfariné. Parsemer de grains de chocolat mi-sucré et d'amandes effilées.

Faire cuire au four pendant 40 minutes ou jusqu'à ce qu'une tige de métal plongée au centre en ressorte propre.

Souper de Noël

Bordeaux blanc, bordeaux rouge, cognac

Pour 8 à 10 personnes

Soupe à la tomate et au gin
Pâté de campagne au poivre rose
Dinde rôtie aux deux farces
Tourtière à «la québécoise»
Pommes de terre duchesse
Purée de navets amandine
Salade aux betteraves et aux oignons
Gâteau au rhum ou au cognac

Soupe à la tomate et au gin

SOUPE À LA TOMATE ET AU GIN

Métrique	Impérial
5 tomates fraîches, pelées	5 tomates fraîches, pelées
2 gousses d'ail hachées	2 gousses d'ail hachées
500 ml de bouillon de boeuf	2 tasses de bouillon de boeuf
5 ml de thym	1 c. à t. de thym
Sel et poivre frais moulu	Sel et poivre frais moulu
4 tranches de bacon	4 tranches de bacon
50 ml de beurre	1/4 tasse de beurre
250 g de champignons	1/2 lb de champignons
75 ml de dry gin	1/3 tasse de dry gin
250 ml de crème épaisse (35%)	1 tasse de crème épaisse (35%)

Dans un poêlon, faire fondre le beurre et ajouter le bacon, les champignons, une gousse d'ail et le poivre frais moulu. Faire frire et égoutter. Mettre les tomates, l'autre gousse d'ail, le bouillon, le thym, le sel, le poivre, le bacon et les champignons frits dans un robot culinaire et mélanger à vitesse moyenne.

Dans un chaudron à soupe, mettre le mélange de tomates et ajouter le gin. Faire cuire pendant 8 minutes. Ajouter la crème au moment de servir.

PÂTÉ DE CAMPAGNE AU POIVRE ROSE

Métrique	Impérial
500 g de foie de porc haché	1 lb de foie de porc haché
1,5 kg de porc frais haché	3 lb de porc frais haché
6 échalotes hachées fin	6 échalotes hachées fin
250 ml de crème épaisse (35%)	1 tasse de crème épaisse (35%)
4 oeufs	4 oeufs
5 ml de sel	1 c. à t. de sel
5 ml de cassonade	1 c. à t. de cassonade
15 ml de poivre rose en grains, écrasé	1 c. à s. de poivre rose en grains, écrasé
2 ml de marjolaine	1/2 c. à t. de marjolaine
1 ml de macis	1/4 c. à t. de macis
1 ml de gingembre	1/4 c. à t. de gingembre
1 ml de cardamome moulue	1/4 c. à t. de cardamome moulue
250 g de bardes de lard minces	1/2 lb de bardes de lard minces
2 tranches de bacon	2 tranches de bacon

Combiner le foie de porc, le porc frais et les échalotes. Ajouter tous les autres ingrédients, sauf le lard et le bacon, et passer au robot culinaire (en utilisant les lames de plastique) ou au malaxeur électrique.

Tapisser un moule à pâté avec les bardes de lard. Ajouter le mélange de pâté et lui donner la forme désirée dans le moule. Disposer les tranches de bacon sur le dessus. Couvrir le pâté de papier aluminium et insérer au centre un thermomètre à viande.

Verser 7,5 cm (3 po) d'eau dans une grande lèchefrite. Déposer le moule dans la lèchefrite et faire cuire au four à 160°C (325°F) pendant 1 heure ou jusqu'à ce que le thermomètre marque 50°C à 60°C (130°F à 140°F). Égoutter l'excès de gras et presser le pâté avec un objet lourd (une brique par exemple) pendant toute une nuit.

Cette recette donne 1,75 kg à 2,25kg (2-3/4 à 4-1/4 lb) de pâté. Il se conserve au réfrigérateur pendant 3 ou 4 semaines. On peut même congeler le pâté avant la cuisson.

DINDE RÔTIE AUX DEUX FARCES

Pour 8 à 12 personnes, il faut une dinde de 6,75 kg à 9 kg (13-1/2 à 18 lb). Essuyer la dinde (intérieur et extérieur) avec du papier essuie-tout. Frotter l'intérieur de la cavité avec un peu de sel.

Par l'ouverture du cou, insérer la farce au riz sauvage et par l'autre ouverture, la farce aux saucisses et champignons. Coudre les ouvertures ou les fermer avec des brochettes. Attacher les ailes contre le corps de la volaille. Badigeonner ensuite toute la dinde avec du beurre et la placer dans une rôtissoire. On suggère de recouvrir la dinde d'un papier brun (cela évite d'arroser souvent, car le papier brun épais recueille la graisse et semble arroser la dinde de façon continue, sans lui donner ce goût et cette texture «bouillie» que lui laisse le papier aluminium ou même le couvercle de rôtissoire).

Faire rôtir la dinde pendant 20 à 25 minutes par 500 g (par livre) dans un four préalablement chauffé à 130°C à 150°C (275°F à 300°F).

Pour parer la dinde d'une allure de fête, disposer à sa base de belles petites tomates cerises espacées de bouquets de persil frais.

Farce aux saucisses et aux champignons

Métrique	Impérial
50 ml de beurre ou de margarine	1/4 tasse de beurre ou de margarine
1 gros oignon émincé	1 gros oignon émincé
125 ml de champignons hachés	1/2 tasse de champignons hachés
375 g de viande de porc à saucisse	3/4 lb de viande de porc à saucisse
250 ml de jambon haché	1 tasse de jambon haché
375 g de foies de poulet coupés en dés	3/4 lb de foies de poulet coupés en dés
3 oeufs légèrement battus	3 oeufs légèrement battus
250 ml de chapelure	1 tasse de chapelure
150 ml de bouillon de poulet ou de vin blanc sec	3/4 tasse de bouillon de poulet ou de vin blanc sec
50 ml de persil haché	1/4 tasse de persil haché
5 ml de sauge	1 c. à thé de sauge
5 ml de sel	1 c. à thé de sel
Poivre noir frais moulu	Poivre noir frais moulu

(Suite à la page 30)

Dinde rôtie aux deux farces

Faire revenir les oignons et les champignons dans le beurre. Ajouter le porc et faire revenir jusqu'à ce que la viande soit presque cuite. Ajouter le jambon et les foies et laisser cuire pendant quelques minutes. Laisser refroidir. Ajouter les autres ingrédients et bien mélanger.

Donne environ 5 tasses.

Farce au riz sauvage

Métrique	Impérial
125 ml de riz sauvage	1/2 tasse de riz sauvage
2 cubes de bouillon de poulet	2 cubes de bouillon de poulet
Abats de dinde	Abats de dinde
50 ml de beurre	1/4 tasse de beurre
1 petit oignon haché	1 petit oignon haché
250 g champignons hachés fin	1/2 lb de champignons hachés fin
2 ml de thym	1/2 c. à t. de thym
1 ml de romarin	1/4 c. à t. de romarin
Une pincée de muscade	Une pincée de muscade
Sel et poivre	Sel et poivre
50 ml de brandy	1/4 tasse de brandy

Rincer le riz plusieurs fois. Égoutter et mettre dans une casserole avec 1 litre (4 tasses) d'eau et les cubes de bouillon. Porter à ébullition et laisser mijoter à demi-couvert pendant 1 heure ou jusqu'à ce que le riz soit tendre et que le liquide se soit évaporé.

Entre-temps, faire fondre le beurre dans une poêle à frire épaisse et y faire revenir l'oignon et les champignons avec le gésier et le foie de la dinde en brassant souvent.

Verser le brandy et faire flamber. Une fois la flamme éteinte, en retirer les abats, ajouter les assaisonnements, puis verser ce mélange sur le riz cuit.

MICRO-ONDES

Cuisson d'une dinde de 6,75 kg (15 livres)

Badigeonner la dinde d'une sauce à brunir. Faire cuire à MAX. pendant 26 minutes. Retourner l'oiseau sur un côté, badigeonner de sauce et de jus de cuisson et laisser cuire pendant 26 minutes. Retourner l'oiseau sur l'autre côté et faire cuire encore pendant 26 minutes. Retourner la dinde, la poitrine en dessus. Badigeonner et faire cuire pendant 27 minutes. Laisser reposer pendant 25 minutes.

POMMES DE TERRE DUCHESSE

Métrique	Impérial
1 kg de pommes de terre épluchées coupées en gros dés	2 lb de pommes de terre épluchées, coupées en gros dés
4 jaunes d'oeufs	4 jaunes d'oeufs
45 ml de beurre	3 c. à s. de beurre
Sel et poivre	Sel et poivre
1 pincée de muscade	1 pincée de muscade
1 pincée de paprika	1 pincée de paprika

Faire cuire les pommes de terre à l'eau salée et arrêter la cuisson aussitôt qu'elles sont cuites pour éviter qu'elles n'absorbent trop d'eau. Égoutter et assécher complètement au four sur une plaque. Remuer de temps en temps.

Passer au hachoir à légumes, ramener sur le feu dans une casserole et incorporer vivement à la cuillère de bois les jaunes d'oeufs et le beurre. Remplir une poche à pâtisserie munie d'une douille cannelée et dresser en dômes sur une plaque beurrée. Verser un peu de beurre fondu sur chaque dôme et saupoudrer de paprika. Faire cuire à 160°C (325°F) pendant environ 15 minutes.

PURÉE DE NAVETS AMANDINE

Métrique	Impérial
375 ml de purée de pommes de terre	1-1/2 tasse de purée de pommes de terre
500 ml de purée de navets	2 tasses de purée de navets
90 ml de crème épaisse (35%)	6 c. à s. de crème épaisse (35%)
45 ml de beurre	3 c. à s. de beurre
20 ml d'amandes en poudre	4 c. à t. d'amandes en poudre
30 ml de persil frais haché très fin	2 c. à s. de persil frais haché très fin
1 ml de muscade	1/4 c. à t. de muscade
Sel et poivre au goût	Sel et poivre au goût

Faire cuire suffisamment de navets et de pommes de terre à l'eau bouillante salée pour obtenir au moins 875 ml (3-1/2 tasses) de purée. Ajouter les autres ingrédients; mélanger.

TOURTIÈRE À «LA QUÉBÉCOISE»

Métrique	Impérial
1 recette de pâte pour une tarte à deux croûtes	1 recette de pâte pour une tarte à deux croûtes
250 g de veau haché	1/2 lb veau haché
250 g de porc haché	1/2 lb porc haché
1 oignon moyen	1 oignon moyen
50 ml d'eau	1/4 tasse d'eau
4 ml de sel	3/4 c. à t. de sel
1 ml de poivre	1/4 c. à t. de poivre
1 pincée de clous de girofle moulu	1 pincée de clous de girofle moulu
1 pincée de cannelle	1 pincée de cannelle
1 pincée de sarriette	1 pincée de sarriette

Faire chauffer le four à 230°C (450°F). Préparer la pâte. Foncer l'assiette avec la première abaisse. Mélanger les autres ingrédients dans une casserole. Faire cuire à feu moyen jusqu'à ce que la viande soit cuite sans être sèche. Rectifier l'assaisonnement. Laisser refroidir et verser dans l'abaisse de tarte non cuite. Recouvrir de la seconde abaisse incisée pour laisser s'échapper la vapeur. Sceller le rebord et canneler.

Badigeonner la croûte d'un mélange de jaune d'oeuf et de lait. Faire cuire au four pendant 20 à 25 minutes ou jusqu'à ce que la croûte soit bien dorée.

Gâteau au rhum ou au cognac

Salade aux betteraves et aux oignons

Fouetter la crème jusqu'à ce qu'elle devienne épaisse; y ajouter graduellement le sucre à glacer. Verser le mélange de café et de cognac (ou de rhum) à la crème jusqu'à l'obtention d'une crème homogène.

SALADE AUX BETTERAVES ET AUX OIGNONS

Métrique	Impérial
500 g de betteraves	1 lb de betteraves
5 ml de moutarde	1 c. à t. de moutarde
15 ml de vinaigre de vin	1 c. à s. de vinaigre de vin
1 ou 2 gouttes de tabasco	1 ou 2 gouttes de tabasco
Sel et poivre	Sel et poivre
45 ml d'huile d'olive	3 c. à s. d'huile d'olive
3 petits oignons	3 petits oignons
1 laitue	1 laitue
30 ml de persil	2 c. à s. de persil

Éplucher et trancher les betteraves en rondelles. Les disposer dans un plat creux. Dans un bol, mélanger la moutarde, le vinaigre et le tabasco. Saler et poivrer. Ajouter l'huile d'olive. Bien mélanger. Verser la sauce sur les betteraves et laisser macérer pendant 2 heures.

Entre-temps, peler les oignons et les trancher en rondelles fines. Les défaire en anneaux. Les ajouter aux betteraves. Lier délicatement le mélange et le disposer sur un lit de laitue. Saupoudrer de persil haché.

GÂTEAU AU RHUM OU AU COGNAC

Métrique	Impérial
6 oeufs	6 oeufs
250 ml de sucre à glacer	1 tasse de sucre à glacer
250 ml de farine	1 tasse de farine
5 ml de café instantané	1 c. à t. de café instantané
2 ml de poudre à pâte	1/2 c. à t. de poudre à pâte
125 ml de noix hachées	1/2 tasse de noix hachées

Casser les oeufs, les ajouter au sucre et mélanger au malaxeur pendant 6 à 7 minutes et incorporer tous les autres ingrédients à la spatule.

Verser dans 2 moules beurrés de 22 cm (9 po) dont le fond sera tapissé de papier ciré. Faire cuire à 160°C (325°F) pendant 20 minutes. Démouler. Avec un pinceau à pâtisserie, étendre la glace au rhum ou au cognac sur le gâteau. Décorer de coquilles de noix évidées, remplies de sirop d'érable.

Glaçage

Métrique	Impérial
250 ml de crème épaisse (35%)	1 tasse de crème épaisse (35%)
150 ml de sucre à glacer	3/4 tasse de sucre à glacer
5 ml de café dilué dans	1 c. à t. de café dilué dans
15 ml de cognac ou de rhum	1 c. à s. de cognac ou de rhum

MICRO-ONDES

Cuisson du gâteau au rhum ou au cognac

Modifier les ingrédients de la recette pour obtenir:

Métrique	Impérial
150 ml de beurre	3/4 tasse de beurre
250 ml de sucre à glacer	1 tasse de sucre à glacer
250 ml de farine	1 tasse de farine
5 ml de café instantané	1 c. à t. de café instantané
5 ml de poudre à pâte	1 c. à t. de poudre à pâte
5 oeufs	5 oeufs
30 ml de lait	2 c. à s. de lait
125 ml de noix hachées	1/2 tasse de noix hachées

Battre le beurre et le sucre en crème, puis incorporer le reste des ingrédients du gâteau.

Verser la préparation dans un moule. Mettre au four à MAX. pendant 6 à 8 minutes en tournant le moule du quart à 4 reprises pendant la cuisson. Laisser reposer pendant 15 minutes. Démouler.

Souper de Noël

Rosé, bordeaux blanc, vin mousseux ou champagne

Pour 6 à 8 personnes

Chowder aux huîtres

Métrique	Impérial
8 tranches de bacon coupé en petits morceaux	8 tranches de bacon coupé en petits morceaux
4 oignons coupés en petits morceaux	4 oignons coupés en petits morceaux
5 pommes de terre moyennes coupées en dés	5 pommes de terre moyennes coupées en dés
50 ml de poivron vert coupé en dés	1/4 tasse de poivron vert coupé en dés
1 branche de céleri coupée en dés	1 branche de céleri coupée en dés
1 gousse d'ail hachée fin	1 gousse d'ail hachée fin
2 boîtes d'huîtres égouttées (conserver le jus et compléter avec du lait pour faire 750 ml de liquide)	2 boîtes d'huîtres égouttées (conserver le jus et compléter avec du lait pour faire 3 tasses de liquide)
10 ml de sel	2 c. à t. de sel
1 carotte coupée en dés	1 carotte coupée en dés
5 ml de poivre	1 c. à t. de poivre
5 ml de sauce Worcestershire	1 c. à t. de sauce Worcestershire
4 gouttes de tabasco	4 gouttes de tabasco

Faire sauter le bacon jusqu'à ce qu'il soit croustillant. Ajouter tous les ingrédients sauf les huîtres égouttées. Laisser mijoter jusqu'à ce que les légumes soient tendres. Mettre en purée. Ajouter les huîtres; laisser mijoter pendant 2 minutes à feu doux. Passer rapidement au mélangeur de façon à ce qu'il reste des petits morceaux d'huîtres. Si le mélange est trop épais, éclaircir avec du lait ou de la crème.

Mousse de foies de poulet au porto

Métrique	Impérial
500 g de foies de poulet	1 lb de foies de poulet
60 ml d'oignon râpé	4 c. à s. d'oignon râpé
2 gousses d'ail hachées	2 gousses d'ail hachées
30 ml de persil frais haché	2 c. à s. de persil frais haché
5 ml de sucre	1 c. à t. de sucre
50 ml de porto	1/4 tasse de porto
Sel et poivre	Sel et poivre
250 g de beurre ou de saindoux	1/2 lb de beurre ou de saindoux

Retirer les membranes et les filaments des foies, les laver et les faire cuire dans une casserole avec un peu de beurre, à feu doux jusqu'à cuisson rosée. Retirer les foies. Ajouter l'oignon, l'ail, le persil, le sucre, le sel et le poivre et faire cuire encore pendant 5 minutes. Égoutter et passer le tout au robot culinaire jusqu'à l'obtention d'une mousse. Quand le mélange est tiède, ajouter le porto et le beurre légèrement ramolli. Mettre la mousse dans un bol, couvrir et mettre au réfrigérateur pendant au moins 2 heures. Servir accompagnée de fines tranches de pain croûté, grillé aux fines herbes. Cette mousse se congèle.

Chowder aux huîtres

33

CHOUX DE BRUXELLES
AMANDINE

Métrique	Impérial
750 g de choux de Bruxelles	1-1/2 lb de choux de Bruxelles
75 ml de beurre	1/3 tasse de beurre
625 ml de bouillon de poulet	2-1/2 tasses de bouillon de poulet
125 ml d'amandes tranchées et grillées	1/2 tasse d'amandes tranchées et grillées
Le jus d'un citron	Le jus d'un citron
50 ml de persil frais	1/4 tasse de persil frais

Couper les choux et les faire cuire pendant 8 minutes dans le bouillon de poulet. Dans une casserole, faire fondre le beurre et y faire blondir les amandes; ajouter les choux de Bruxelles égouttés. Verser le jus de citron et le persil.

BROCOLIS AUX POIRES

Métrique	Impérial
2 brocolis	2 brocolis
45 ml de beurre	3 c. à s. de beurre
5 demi-poires au sirop, égouttées	5 demi-poires au sirop, égouttées

Couper les brocolis en bouquets et les faire cuire pendant 7 minutes à découvert dans de l'eau bouillante salée. Émincer les demi-poires et les faire fondre doucement au beurre dans une casserole. Égoutter les brocolis et les mettre un instant à chauffer avec les poires sans trop remuer pour ne pas abîmer les fruits.

SALADE DE FLEURS DE TOMATES EN ÉVENTAIL

Métrique	Impérial
1 tomate par personne	1 tomate par personne
1 boîte de petits pois	1 boîte de petits pois
1 poivron vert coupé en dés	1 poivron vert coupé en dés
5 ml de mayonnaise par tomate	1 c. à t. de mayonnaise par tomate
Vinaigrette commerciale (ou vinaigrette maison)	Vinaigrette commerciale (ou vinaigrette maison)
Bouquet de persil	Bouquet de persil
1/2 tranche de fromage blanc par personne	1/2 tranche de fromage blanc par personne

Laver et essuyer les tomates, couper la tête de la tomate pour qu'elle reste stable. Pratiquer des incisions et confectionner l'éventail. Disposer dans un plat de service rond et garnir le centre du plat de petits pois verts et de poivrons marinés dans la vinaigrette. Garnir de demi-tranches de fromage blanc.

Préparation des tomates

1 Ingrédients nécessaires à la préparation de la salade.

2 Couper la tête de la tomate pour pouvoir la déposer de façon stable.

3 Pratiquer une première incision en «v» et détacher sans retirer.

4 Pratiquer une deuxième incision, toujours en «v», et détacher sans retirer.

5 Pratiquer de même une troisième incision

6 ... ainsi qu'une quatrième.

7 Déployer l'éventail en décalant légèrement chacune des incisions.

8 On peut faire de même avec une pomme, une carotte ou autres.

CAILLES FARCIES FRANCILLON

Métrique	Impérial
20 petites cailles vidées	20 petites cailles vidées
1 petit chou blanc râpé	1 petit chou blanc râpé
250 ml de riz cuit, légèrement beurré	1 tasse de riz cuit, légèrement beurré
Sel, poivre et thym	Sel, poivre et thym
105 ml de beurre et d'huile (moitié, moitié)	7 c. à s. de beurre et d'huile (moitié, moitié)
10 tranches de bacon	10 tranches de bacon
125 ml de vin blanc sec	1/2 tasse de vin blanc sec
1 chou rouge émincé	1 chou rouge émincé
125 ml de crème épaisse (35%)	1/2 tasse de crème épaisse (35%)

Laver les cailles, les vider et en assaisonner légèrement l'intérieur de sel, de poivre et de thym. Réserver.

Faire cuire le chou blanc dans de l'eau bouillante salée pendant 5 minutes; égoutter et mettre à fondre doucement avec le bacon coupé en petits morceaux pendant 15 minutes, à couvert. Faire cuire le riz et le mélanger au chou. Réserver.

Farcir les cailles du mélange en pressant bien. Pour fermer les cailles, pratiquer une petite incision dans la cuisse à l'aide d'un couteau et glisser l'autre cuisse dans l'incision. Mettre ensuite les cailles à rôtir sur une plaque avec le beurre et l'huile. Assaisonner et faire cuire au four chauffé à 190°C (375°F) pendant environ 25 minutes.

Entre-temps, faire cuire le chou rouge émincé dans de l'eau bouillante salée pendant 10 minutes. Égoutter et le faire fondre au beurre pendant 10 minutes. Réserver au chaud.

Quand les cailles sont cuites, dresser le chou rouge sur un grand plat de service; disposer les cailles sur le chou et garder au chaud.

Dégraisser la plaque de cuisson et y verser le vin blanc. Mettre ce jus à bouillir pendant 3 minutes et y ajouter 375 ml (1-1/2 tasse) de vinaigrette et 125 ml (1/2 tasse) de crème épaisse (35%). Verser ce bouillon sur les cailles.

MICRO-ONDES

Cuisson des cailles

Préparer les cailles de la même façon qu'en cuisson conventionnelle. Napper de beurre les poitrines et les pattes.

Faire chauffer à MAX. un plat à brunir pendant 5 minutes, ou selon les instructions du fabricant. Faire brunir les cailles sur chaque face. Disposer les cailles poitrine en dessous, par groupe de quatre.

Couvrir de papier absorbant et faire chauffer à MAX. pendant 5 à 6 minutes. Tourner les cailles sur le dos et vérifier la cuisson en incisant la cuisse avec la pointe d'un couteau. Un peu de jus devrait apparaître. Si tel est le cas, poursuivre la cuisson pendant 2 minutes et retourner de nouveau les cailles. Faire cuire un autre 2 minutes et vérifier la cuisson. La peau devrait être légèrement sèche.

Cailles farcies Francillon

Préparation des cailles

1 Farcir les cailles avec le chou et le riz.

2 Pratiquer une petite incision dans la cuisse à l'aide d'un couteau.

3 Glisser l'autre cuisse dans l'incision.

4 Mettre les cailles à rôtir sur une plaque avec le beurre et l'huile.

ROULÉ AUX FRAISES ET AUX AMANDES

Métrique	Impérial
6 blancs d'oeufs	6 blancs doeufs
6 jaunes d'oeufs	6 jaunes d'oeufs
250 ml de sucre	1 tasse de sucre
2 ml de vanille	1/2 c. à t. de vanille
250 ml de farine à pâtisserie	1 tasse de farine à pâtisserie
5 ml de poudre à pâte	1 c. à t. de poudre à pâte
5 ml d'amidon	1 c. à t. d'amidon
1 ml de sel	1/4 c. à t. de sel
250 ml de confiture de fraises	1 tasse de confiture de fraises
375 ml de crème fouettée	1-1/2 tasse de crème fouettée
125 ml d'amandes émincées, grillées au four	1/2 tasse d'amandes émincées, grillées au four

Monter les blancs d'oeufs en neige ferme en ajoutant progressivement la moitié du sucre.

Battre les jaunes avec le reste du sucre jusqu'à ce que le mélange soit très épais. Ajouter la vanille. Incorporer les jaunes aux blancs.

Tamiser ensemble les ingrédients secs et les mélanger soigneusement à la pâte.

Dans un moule à gâteau roulé tapissé d'un papier ciré graissé, faire cuire à 190°C (375°F) pendant 12 minutes.

Démouler le gâteau sur une serviette sèche. Retirer le papier ciré et rouler le gâteau dans une serviette pour retirer l'excès d'humidité.

Dérouler, étendre la confiture de fraises et rouler de nouveau. Laisser refroidir et couvrir de crème fouettée. Décorer de fraises fraîches ou napper légèrement d'un coulis de fraises (fraises congelées, sucrées et passées au mélangeur); disposer des amandes émincées grillées tout autour du gâteau.

Bûche de Noël au café

BÛCHE DE NOËL AU CAFÉ

Confection du biscuit roulé

Métrique	Impérial
125 ml de sucre	1/2 tasse de sucre
125 ml de farine à pâtisserie	1/2 tasse de farine à pâtisserie
30 ml de beurre doux fondu	2 c. à s. de beurre doux fondu
4 blancs d'oeufs	4 blancs d'oeufs
5 jaunes d'oeufs	5 jaunes d'oeufs

Faire chauffer le four à 180° C (350° F). Faire fondre le beurre dans une casserole. Réserver.

Fouetter les jaunes d'oeufs et le sucre au malaxeur à vitesse moyenne pendant 5 minutes. Incorporer la farine sans trop la travailler. Fouetter les blancs d'oeufs en neige. Dès que les oeufs commencent à monter, ajouter 5 ml (1 c. à t.) de sucre. Verser les blancs montés ferme et le beurre fondu sur le mélange de jaunes d'oeufs et de sucre. Plier le tout délicatement à la spatule de caoutchouc.

Étaler le mélange sur une plaque couverte d'un papier ciré graissé, sur une épaisseur d'environ 2 cm (3/4 po). Étendre uniformément pour éviter qu'après la cuisson, il y ait des parties sèches. Faire cuire pendant 7 à 10 minutes.

Retirer du four; détacher les bords et démouler sur un linge généreusement saupoudré de sucre à glacer. Enlever le papier, couper les croûtes et rouler dans le linge. Refroidir pour l'utilisation.

Note: on peut rouler le biscuit dans une pellicule de plastique et le congeler tel quel.

Confection de la crème au beurre au café

Métrique	Impérial
500 ml de lait homogénéisé (de préférence)	2 tasses de lait homogénéisé (de préférence)
5 ml de vanille	1 c. à t. de vanille
5 jaunes d'oeufs	5 jaunes d'oeufs
150 ml de sucre	3/4 tasse de sucre
50 ml de farine à pâtisserie	1/4 tasse de farine à pâtisserie
15 ml de café instantané	1 c. à s. de café instantané
300 ml de beurre ramolli	1-1/4 tasse de beurre ramolli

Dans une casserole, verser le lait, le café, la vanille et porter à ébullition. Entre-temps, battre au malaxeur les jaunes d'oeufs et le sucre pendant 5 minutes, à vitesse moyenne. Ajouter ensuite la farine en continuant de battre.

Quand le lait bouillonne, verser la moitié du lait sur le mélange de jaunes d'oeufs, de sucre et de farine et fouetter vivement. Verser ce mélange dans le lait et faire bouillir pendant 3 minutes en fouettant de temps en temps.

Retirer la casserole. Lorsque la crème est presque froide, incorporer le beurre ramolli par petits morceaux, en fouettant bien.

Si on fait la bûche immédiatement, ne pas réserver ce mélange au froid. Sinon mettre au réfrigérateur et laisser à la température de la pièce pendant 2 heures avant d'utiliser.

Montage de la bûche

Dérouler le biscuit. Étendre sur toute sa surface une mince couche de crème au beurre au café et rouler à nouveau le biscuit. Couper 2 tranches de 2,5 cm (1 po) d'épaisseur en biais et déposer sur la bûche en les soudant avec un peu de crème, pour obtenir l'impression d'une branche coupée.

Couvrir toute la bûche de crème au beurre au café à l'aide d'une poche à pâtisserie munie d'une douille cannelée ou tracer des sillons à la fourchette pour imiter l'écorce. Ne pas masquer de crème le dessus de la branche coupée.

Saupoudrer de sucre en poudre et disposer des feuilles de houx ainsi que de petites boules de bonbons rouges.

Confectionner un bonhomme de neige en pâte d'amandes. Coller les bras avec du miel. Fixer le chapeau, la tête et le corps avec un cure-dents.

Préparation de la bûche et du bonhomme de neige

1 Étaler le mélange sur une plaque couverte de papier ciré graissé.

2 Étendre uniformément, à une épaisseur de 2 cm (3/4 po) et faire cuire pendant 7 à 10 minutes.

3 Recouvrir d'un linge saupoudré de sucre à glacer. Retourner la plaque. Retirer le papier.

4 Couper les croûtes et rouler lentement en se servant du linge, afin que le biscuit prenne sa forme.

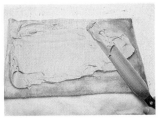

5 Dérouler le biscuit. Étendre une mince couche de crème.

6 Rouler à nouveau à l'aide du linge.

7 Couper en biais deux tranches de 2,5 cm (1 po) d'épaisseur et les déposer sur la bûche pour créer l'effet d'une branche coupée.

8 Couvrir la bûche de crème à l'aide d'une poche à pâtisserie ou d'une spatule. Tracer des sillons pour imiter l'écorce.

9 Former à la main deux boules d'inégale grosseur. Former deux tiges pour les bras.

10 Faire un chapeau en formant une boule dont la base sera légèrement enfoncée avec la lame d'un couteau.

11 Un cure-dents permettra de fixer ensemble le chapeau, la tête et le corps.

12 Former les yeux et la bouche avec le chocolat, tel qu'illustré.

RÉVEILLON DU JOUR DE L'AN

Bourgogne blanc, bordeaux rouge, vin Fou mousseux

Pour 8 à 10 personnes

MENU

Punch au rhum

Soupe aux pois gourmande

Aspic aux carottes citronnelle

Pâté au poulet du cultivateur

Pâtés de jambon

Ragoût de boulettes à la patte

**Chou rouge et chou-fleur à
la vinaigrette tiède**

Tarte à la farlouche

PUNCH AU RHUM

Métrique	Impérial
6 litres de cidre de pomme	24 tasses de cidre de pomme
250 ml de rhum brun	1 tasse de rhum brun
250 ml de brandy	1 tasse de brandy
2 ml de macis	1/2 c. à t. de macis
2 ml de quatre-épices	1/2 c. à t. de quatre-épices
Quelques bâtons de cannelle	Quelques bâtons de cannelle

Combiner tous les ingrédients, laisser mijoter pendant 30 minutes et servir chaud ou froid avec de la glace.

SOUPE AUX POIS GOURMANDE

Métrique	Impérial
500 g de pois jaunes secs	1 lb de pois jaunes secs
125 g de lard salé ou de bacon	1/4 lb de lard salé ou de bacon
ou	ou
1 os de jambon	1 os de jambon
3,5 litres d'eau	14 tasses d'eau
3 oignons moyens émincés	3 oignons moyens émincés
2 carottes en dés	2 carottes en dés
2 feuilles de laurier	2 feuilles de laurier
1 poignée de feuilles de céleri hachées	1 poignée de feuilles de céleri hachées
15 ml de sarriette	1 c. à s. de sarriette
Herbes salées au goût	Herbes salées au goût

Laver et bien égoutter les pois; les faire tremper pendant 12 à 24 heures. Les verser dans une grande casserole avec tous les ingrédients. Porter le tout à ébullition et laisser bouillir pendant 2 minutes.

Retirer du feu et laisser reposer pendant 1 heure.

Remettre sur le feu et porter à ébullition. Baisser le feu, couvrir et laisser mijoter pendant 1 heure ou jusqu'à ce que les pois soient bien cuits. Assaisonner de sel et de poivre.

Servir telle quelle ou en purée (passer au tamis ou au robot culinaire).

Remarque: les pois pour la soupe cuiront mieux si on ajoute 2 ml (1/2 c. à t.) de soda à pâte à l'eau de trempage.

Soupe aux pois gourmande

ASPIC AUX CAROTTES
CITRONNELLE

Métrique
3 carottes moyennes
déchiquetées
1 paquet de gelée en poudre
au citron
250 ml d'eau bouillante
250 ml d'eau froide
1 pincée de sel
1 boîte d'ananas broyés
avec leur jus

Impérial
3 carottes moyennes
déchiquetées
1 paquet de gelée en poudre
au citron
1 tasse d'eau bouillante
1 tasse d'eau froide
1 pincée de sel
1 boîte d'ananas broyés
avec leur jus

Faire dissoudre la gélatine dans de l'eau bouillante. Ajouter l'eau froide, le sel et l'ananas avec le jus. Mettre au réfrigérateur jusqu'à ce que la gélatine épaississe légèrement. Déchiqueter les carottes et les incorporer à la gelée.

Verser dans un moule à couronne de 1 litre (4 tasses) ou dans 6 moules individuels. Mettre au réfrigérateur jusqu'à consistance ferme.

Pour la décoration : tremper une dizaine de feuilles d'ananas de 10 cm (4 po) de longueur dans du blanc d'oeufs, puis dans de la gelée en poudre aux cerises et les disposer autour de la couronne.

PÂTÉ AU POULET
DU CULTIVATEUR

Métrique
Pâte à tarte
500 ml de poulet coupé en
cubes
250 ml de haricots jaunes
coupés
250 ml de carottes coupées
en dés
250 ml de céleri coupé en
dés
250 ml de navet coupé en
dés
250 ml de chou coupé en
dés
250 ml d'oignon coupé en
dés
250 ml de champignons
coupés
1 boîte de crème de
champignons non diluée
1 boîte de crème de céleri
non diluée

Impérial
Pâte à tarte
2 tasses de poulet coupé en
cubes
1 tasse de haricots jaunes
coupés
1 tasse de carottes coupées
en dés
1 tasse de céleri coupé en
dés
1 tasse de navet coupé en
dés
1 tasse de chou coupé en
dés
1 tasse d'oignon coupé en
dés
1 tasse de champignons
coupés
1 boîte de crème de
champignons non diluée
1 boîte de crème de céleri
non diluée

Préparer suffisamment de pâte à tarte pour façonner une abaisse et une croûte pour couvrir entièrement le pâté.

Mettre tous les ingrédients dans un chaudron. Faire mijoter pendant 15 minutes la crème de céleri et la crème de champignons avec les légumes et le poulet.

Laisser refroidir et verser le tout dans la tarte. Couvrir d'une croûte. Bien sceller. Faire cuire au four à 180°C (350°F) pendant environ 20 minutes.

Aspic aux carottes citronnelle

PÂTÉS DE JAMBON

Métrique
1,25 litre de farine
5 ml de cassonade
5 ml de sel
5 ml de poudre à pâte
500 g de saindoux
ou
575 ml de graisse
150 ml d'eau froide
1 oeuf
10 ml de vinaigre

Impérial
5 tasses de farine
1 c. à t. de cassonade
1 c. à t. de sel
1 c. à t. de poudre à pâte
1 lb de saindoux
ou
2-1/3 tasses de graisse
3/4 tasse d'eau froide
1 oeuf
2 c. à t. de vinaigre

Garniture

Métrique
750 g de jambon cuit,
haché
30 ml de poivron vert
30 ml de poivron rouge
15 ml d'oignon haché
1 boîte de crème de
champignons
ou
1 boîte de crème de céleri
1 pincée de sel d'ail
Graines de sésame ou de
pavot

Impérial
1-1/2 lb de jambon cuit,
haché
2 c. à s. de poivron vert
2 c. à s. de poivron rouge
1 c. à s. d'oignon haché
1 boîte de crème de
champignons
ou
1 boîte de crème de céleri
1 pincée de sel d'ail
Graines de sésame ou de
pavot

Déposer la farine dans un grand bol, ajouter la cassonade, le sel, la poudre à pâte et bien mélanger. Ajouter la moitié du saindoux et mélanger le tout; ajouter le reste du saindoux jusqu'à ce que le mélange forme des morceaux de la grosseur de petits pois. Mélanger l'eau, l'oeuf et le vinaigre et ajouter à la préparation de pâte. Refroidir cette préparation.

Abaisser la pâte et découper des rondelles de 10 ou 15 cm (4 ou 6 po) de diamètre.

Dépecer l'os du jambon ou tailler le jambon cuit en petits morceaux et passer au hachoir à viande, si désiré. Ajouter les poivrons et les autres ingrédients de la garniture. Déposer le tout dans les abaisses de pâte. Humecter les bords de la pâte et replier. Presser le tour avec une fourchette. Badigeonner avec l'oeuf.

Saupoudrer de graines de sésame ou de pavot. Percer des petits trous pour permettre une cuisson uniforme.

Faire cuire au four à 200°C (400°F) pendant 15 à 20 minutes.

Donne environ 50 petits pâtés. Facile à congeler.

RAGOÛT DE BOULETTES À LA PATTE

Métrique	Impérial
2 pattes de porc	2 pattes de porc
1 kg de porc haché	2 lb de porc haché
1 oignon	1 oignon
1 branche de céleri	1 branche de céleri
5 ml d'épices mélangées	1 c. à t. d'épices mélangées
3 clous de girofle	3 clous de girofle
Eau froide	Eau froide
Farine grillée	Farine grillée
Sel et poivre	Sel et poivre

Ragoût de boulettes à la patte

Dans le porc haché, ajouter:

Métrique	Impérial
1 oignon haché très fin	1 oignon haché très fin
50 ml de céleri haché très fin	1/4 tasse de céleri haché très fin
1 oeuf défait à la fourchette	1 oeuf défait à la fourchette
1 ml de muscade	1/4 c. à t. de muscade
2 ml de clous de girofle moulu	1/2 c. à t. de clous de girofle moulu
2 ml de cannelle	1/2 c. à t. de cannelle
Sel et poivre	Sel et poivre

Faire cuire les pattes de porc dans une marmite remplie d'eau froide. Ajouter l'oignon, le céleri, les épices, le sel et le poivre. Laisser mijoter pendant 4 heures ou jusqu'à ce que la viande soit cuite à point.

Bien mélanger la viande hachée et les épices. Façonner en petites boulettes.

Lorsque les pattes de porc sont cuites, les retirer et les déposer dans un plat. Filtrer le bouillon à l'aide d'une passoire et le remettre dans la marmite. Faire bouillir à nouveau à gros bouillons et ajouter les boulettes, une à une.

Réduire le feu et laisser mijoter pendant 1 heure et demie. Saupoudrer, au travers un tamis, 150 à 250 ml (3/4 à 1 tasse) de farine grillée, selon le besoin.

Laisser mijoter une autre demi-heure.

Ajouter les pattes de porc et faire cuire jusqu'au moment de servir.

Tarte à la farlouche

CHOU ROUGE
ET CHOU-FLEUR
À LA VINAIGRETTE TIÈDE

Métrique	Impérial
1 chou rouge (1 kg), émincé	1 chou rouge (2 lb), émincé
5 ml de sel	1 c. à t. de sel
750 ml d'eau bouillante	3 tasses d'eau bouillante
75 ml de jus de citron	1/3 tasse de jus de citron
125 ml d'huile	1/2 tasse d'huile
30 ml de sucre	2 c. à s. de sucre
1 ml de poivre	1/4 c. à t. de poivre
375 ml de pommes	1-1/2 tasse de pommes
vertes, coupées en dés	vertes, coupées en dés
50 ml d'oignon haché	1/4 tasse d'oignon haché
1 chou-fleur	1 chou-fleur
1 laitue	1 laitue

Mettre le chou et le sel dans de l'eau bouillante. Laisser reposer pendant 10 minutes. Égoutter.

Mélanger le jus de citron, l'huile, le sucre et le poivre. Verser sur les pommes. Mélanger le chou, les pommes, les oignons et la vinaigrette. Bien mélanger. Laisser reposer pendant 30 minutes au réfrigérateur.

Servir sur un nid de laitue. Décorer avec des bouquets de chou-fleur blanchis.

Pour modifier le goût, faire chauffer la vinaigrette avant de la verser sur la salade.

TARTE À LA FARLOUCHE

Métrique	Impérial
250 ml de mélasse	1 tasse de mélasse
250 ml de cassonade	1 tasse de cassonade
3 oeufs battus	3 oeufs battus
30 ml de beurre	2 c. à s. de beurre
250 ml de lait	1 tasse de lait
30 ml de fécule de maïs	2 c. à s. de fécule de maïs
5 ml de jus de citron	1 c. à t. de jus de citron
250 ml de raisins secs	1 tasse de raisins secs

Faire chauffer, à feu moyen, la mélasse, la cassonade, les oeufs, le lait, le beurre. Épaissir avec la fécule de maïs.

Ajouter les raisins. Vider le tout dans une pâte à tarte non cuite. Faire cuire au four à 180°C (350°F) pendant 35 à 40 minutes.

(Voir page 75, pâte brisée, Tarte pascaline.)

DÉJEUNER DU JOUR DE L'AN

Bordeaux blanc sucré, vin d'Alsace fruité, vin mousseux

Pour 6 à 8 personnes

MENU

Lait de poule aux fraises

Paillassons d'oranges et de pamplemousses
au sirop chaud

Crêpes légères à la compote de
pommes et noix

Brioche au coulis de framboises

Compote de fruits avec crème fraîche

Brioche au café

Café au rhum

LAIT DE POULE AUX FRAISES

Métrique	Impérial
4 oeufs	4 oeufs
750 ml de lait froid	3 tasses de lait froid
30 grosses fraises	30 grosses fraises
75 ml de miel	1/3 tasse de miel

Fouetter ensemble tous les ingrédients au robot culinaire et verser dans de grands verres. Mettre au réfrigérateur. Servir froid. Conserver les plus belles fraises pour décorer le bord du verre et les poudrer légèrement de sucre à glacer. On peut remplacer les fraises par des framboises congelées.

PAILLASSONS D'ORANGES ET DE PAMPLEMOUSSES AU SIROP CHAUD

Métrique	Impérial
6 oranges sans pépins	6 oranges sans pépins
6 pamplemousses (3 roses, 3 blancs, si possible)	6 pamplemousses (3 roses, 3 blancs, si possible)
250 ml de sirop de maïs ou d'érable	1 tasse de sirop de maïs ou d'érable
125 ml d'amandes grillées	1/2 tasse d'amandes grillées

Peler les oranges et les pamplemousses à vif et enlever la membrane blanche qui entoure les quartiers. Récupérer le jus et le porter à ébullition avec le sirop.

Entre-temps, disposer dans de petites assiettes les quartiers en faisant alterner oranges et pamplemousses. Parsemer d'amandes grillées et verser le sirop chaud sur chaque assiette. Décorer d'une feuille de menthe fraîche.

CRÊPES LÉGÈRES À LA COMPOTE DE POMMES ET NOIX

Métrique	Impérial
500 ml de farine tamisée	2 tasses de farine tamisée
5 ml de soda à pâte	1 c. à t. de soda à pâte
50 ml de sucre	1/4 tasse de sucre
4 ml de sel	3/4 c. à t. de sel
2 oeufs battus	2 oeufs battus
50 ml de vinaigre	1/4 tasse de vinaigre
400 ml de lait frais	1-3/4 tasse de lait frais
50 ml de graisse fondue	1/4 tasse de graisse fondue

Tamiser la farine, le soda à pâte et le sel; ajouter le sucre et mélanger. Dans un autre bol, combiner les oeufs, le vinaigre, le lait et la graisse. Bien mélanger. Incorporer petit à petit les ingrédients secs aux ingrédients liquides tout en remuant, jusqu'à l'obtention d'une pâte lisse.

Verser une petite quantité de pâte et la répartir au fond de la poêle en penchant cette dernière dans tous les sens. Laisser cuire à feu moyen jusqu'à ce que la crêpe soit couverte de bulles et que le dessous soit doré; retourner et faire cuire de la même façon.

Compote de pommes et noix

Métrique	Impérial
6 pommes épluchées, en quartiers	6 pommes épluchées, en quartiers
125 ml de sucre	1/2 tasse de sucre
125 ml de noix hachées	1/2 tasse de noix hachées
5 ml de cannelle	1 c. à t. de cannelle
30 ml de beurre	2 c. à s. de beurre

Mélanger le tout et faire cuire à feu doux dans une casserole jusqu'à l'obtention d'une belle compote, soit pendant 15 minutes. Passer au robot culinaire rapidement et mettre un peu de compote dans chaque crêpe et sur chacune d'elles. Saupoudrer de noix hachées.

MICRO-ONDES

Cuisson d'une compote aux pommes

Éplucher les pommes, enlever les coeurs et couper en quartiers. Ajouter le sucre, la cannelle et le beurre. Couvrir d'une pellicule de plastique entrouverte. Faire cuire à MAX. pendant 5 à 7 minutes jusqu'à tendreté. Laisser reposer pendant 2 minutes.

Lait de poule aux fraises

BRIOCHE AU COULIS DE FRAMBOISES

Préparation de la brioche

Métrique	Impérial
150 ml d'eau tiède	3/4 tasse d'eau tiède
10 ml de sucre	2 c. à t. de sucre
2 sachets de levure sèche	2 sachets de levure sèche
250 ml de lait	1 tasse de lait
50 ml de margarine	1/4 tasse de margarine
125 ml de sucre	1/2 tasse de sucre
5 ml de sel	1 c. à t. de sel
1 oeuf battu	1 oeuf battu
875 ml à 1,125 litre de farine tout usage ou moitié farine de blé entier et moitié farine tout usage bien mélangées	3-1/2 à 4-1/2 tasses de farine tout usage ou moitié farine de blé entier et moitié farine tout usage bien mélangées

Verser l'eau tiède dans un grand bol. Ajouter tout en remuant 10 ml (2 c. à t.) de sucre. Y saupoudrer la levure. Laisser reposer pendant 10 minutes.

Entre-temps, mettre le lait et la margarine dans une casserole, faire tiédir le lait et faire fondre la margarine à feu doux. Ajouter 125 ml (1/2 tasse) de sucre et le sel, remuer. Verser dans la levure délayée.

Ajouter l'oeuf battu et 375 ml (1-1/2 tasse) de farine. Battre jusqu'à l'obtention d'une pâte lisse. Ajouter, en remuant, 625 ml (2-1/2 tasses) de farine (environ) pour obtenir une pâte compacte.

Couvrir et laisser lever au double du volume pendant environ 1 heure dans un endroit à l'abri des courants d'air (par exemple le four de la cuisinière dont on aura allumé la lumière).

Dégonfler la pâte en donnant un coup de poing au milieu. Verser sur une surface enfarinée. La pétrir légèrement et la façonner en forme de rouleau.

Déposer le rouleau de pâte dans un moule à pain haut de 10 cm (4 po). Laisser lever pendant 45 à 60 minutes environ ou jusqu'à ce que la pâte ait doublé de volume. Dorer à l'oeuf battu sans écraser la pâte levée.

Faire cuire à four modéré, soit 180°C (350°F) pendant

Brioche au coulis de framboises

1 Le lait ayant été incorporé à la levure, y casser un oeuf et ajouter progressivement la farine.

2 Battre jusqu'à l'obtention d'une pâte lisse.

3 Au malaxeur, ajouter le reste de la farine pour obtenir une pâte compacte.

4 Couvrir et laisser lever au double du volume (1 heure).

5 Dégonfler la pâte d'un coup de poing.

6 Laisser lever pendant 45 à 60 minutes dans le moule. Enfourner.

40 à 45 minutes. Démouler, laisser refroidir.

Pour abricoter, faire bouillir de la confiture d'abricots avec de l'eau et lustrer au pinceau. Décorer de crème fouettée.

Coulis de framboises

Faire bouillir un paquet de framboises congelées pendant 2 minutes avec un dixième de leur poids en sucre. Passer au mélangeur pour liquéfier. Napper la tranche de brioche au moment de servir.

BRIOCHE AU CAFÉ

Premier mélange

Métrique	Impérial
75 ml de graisse	1/3 tasse de graisse
75 ml de sucre	1/3 tasse de sucre
2 oeufs	2 oeufs
2 ml de vanille	1/2 c. à t. de vanille
400 ml de farine	1-3/4 tasse de farine
15 ml de poudre à pâte	1 c. à s. de poudre à pâte
2 ml de sel	1/2 c. à t. de sel
30 ml de café	2 c. à s. de café
75 ml de lait	1/3 tasse de lait

Deuxième mélange

Métrique	Impérial
75 ml de beurre ramolli	1/3 tasse de beurre ramolli
125 ml de cassonade	1/2 tasse de cassonade
150 ml de noix	3/4 tasse de noix

Faire chauffer le four à 180°C (350°F). Graisser un moule à couronne. Bien battre dans un bol la graisse, les oeufs, le sucre et la vanille.

Tamiser ensemble la farine, la poudre à pâte, le sel et le café. Ajouter au premier mélange en alternant avec le lait.

Mélanger le beurre, la cassonade et les noix à la fourchette. Mettre la moitié du premier mélange dans le fond du moule et y verser le deuxième mélange au complet. Incorporer le reste du premier mélange.

Faire cuire pendant 25 à 30 minutes.

CAFÉ AU RHUM

Métrique	Impérial
2 litres de café	8 tasses de café
250 ml de rhum brun	1 tasse de rhum brun
250 ml de crème épaisse (35%) fouettée	1 tasse de crème épaisse (35%) fouettée
45 ml de sucre (blanc ou brun)	3 c. à s. de sucre (blanc ou brun)
15 ml de cacao ou de chocolat râpé	1 c. à s. de cacao ou de chocolat râpé

Quand le café est prêt, verser dans des tasses ou dans des verres, puis y déposer à l'aide d'une poche à pâtisserie munie d'une douille cannelée, une rosace de crème fouettée. Verser ensuite 30 ml (2 c. à s.) de rhum brun sur chaque rosace et saupoudrer de cacao ou de chocolat râpé.

COMPOTE DE FRUITS AVEC CRÈME FRAÎCHE

Métrique	Impérial
16 pruneaux moyens	16 pruneaux moyens
24 abricots séchés	24 abricots séchés
125 ml de vin blanc sucré	1/2 tasse de vin blanc sucré
5 pommes à cuire	5 pommes à cuire
5 poires fraîches	5 poires fraîches
6 clous de girofle	6 clous de girofle
1 pincée de muscade	1 pincée de muscade
150 ml d'amandes en bâtonnets	3/4 tasse d'amandes en bâtonnets
150 ml de sucre	3/4 tasse de sucre
Eau	Eau

Faire tremper les pruneaux et les abricots dans le vin blanc pendant 8 heures ou toute une nuit. Peler les pommes et les poires, les couper en huit et enlever les coeurs. Les placer dans une casserole épaisse en fonte émaillée avec les clous de girofle, la muscade, les amandes et le sucre.

Ajouter juste assez d'eau pour couvrir à peine les fruits. Faire pocher les fruits à feu doux jusqu'à ce qu'ils soient tout juste attendris. Ajouter les pruneaux, les abricots ainsi que le vin et faire chauffer.

Laisser refroidir et servir avec de la crème fraîche.

Crème fraîche

Métrique	Impérial
500 ml de crème fouettée en pics mous	2 tasses de crème fouettée en pics mous
500 ml de crème sure	2 tasses de crème sure
50 ml de cassonade	1/4 tasse de cassonade
5 ml de vanille	1 c. à t. de vanille

Mélanger les deux crèmes et incorporer doucement la cassonade et la vanille. Verser dans un bol.

Servir très froid.

Café au rhum

BRUNCH DU JOUR DE L'AN

Bourgogne blanc, bourgogne rouge, vin blanc sec, rosé pétillant

Pour 6 à 8 personnes

OEUFS FARCIS AUX CREVETTES ROSES DE MATANE

Métrique	Impérial
16 oeufs durs	16 oeufs durs
125 ml de crevettes de Matane, hachées	1/2 tasse de crevettes de Matane, hachées
2 ml de moutarde sèche	1/2 c. à t. de moutarde sèche
50 ml de céleri haché	1/4 tasse de céleri haché
50 ml de mayonnaise	1/4 tasse de mayonnaise
Sel et poivre	Sel et poivre
15 ml de poivron haché	1 c. à s. de poivron haché

Trancher les oeufs en deux dans le sens de la longueur. Retirer le jaune, le passer au tamis, y ajouter les autres ingrédients et assaisonner. Farcir les blancs d'oeufs de cette préparation. Décorer chaque oeuf d'un petit cube de poivron et d'une ou deux crevettes entières.

TARTELETTES AUX ÉPINARDS ET AUX LARDONS

Métrique	Impérial
4 oeufs	4 oeufs
125 ml de yogourt nature	1/2 tasse de yogourt nature
125 ml de lait	1/2 tasse de lait
2 ml de moutarde sèche	1/2 c. à t. de moutarde sèche
2 ml d'estragon	1/2 c. à t. d'estragon
Pincée de muscade	Pincée de muscade
375 ml d'épinards hachés, cuits et égouttés	1-1/2 tasse d'épinards hachés, cuits et égouttés
125 ml de fromage feta émietté	1/2 tasse de fromage feta émietté

Faire chauffer le four à 190°C (375°F). Battre les oeufs jusqu'à ce qu'ils soient bien mélangés et y ajouter le yogourt, le lait, le sel, la moutarde, l'estragon, la muscade, les épinards et le fromage feta. Avec une cuillère, transvider le mélange dans des petits moules à tartelettes en aluminium. Faire cuire au four pendant 25 minutes ou jusqu'à consistance désirée.

POMMES DE TERRE EN ESCALOPES

Métrique	Impérial
1 litre de pommes de terre tranchées mince	4 tasses de pommes de terre tranchées mince
15 ml de farine	1 c. à s. de farine
5 ml de sel et de poivre	1 c. à t. de sel et de poivre
15 ml de beurre	1 c. à s. de beurre
375 ml de lait	1-1/2 tasse de lait
1 ml de moutarde	1/4 c. à t. de moutarde
250 ml de fromage râpé	1 tasse de fromage râpé

Faire fondre le beurre, ajouter la farine puis le lait. Porter à ébullition. Retirer du feu, ajouter les assaisonnements et la moitié du fromage.

Dans un plat graissé allant au four, faire alterner les couches de pommes de terre et de sauce. Saupoudrer le reste de fromage sur le tout.

Faire cuire à 180°C (350°F) pendant 60 à 90 minutes.

Note : ne pas laisser tremper les pommes de terre dans l'eau car elles perdraient leur amidon.

MICRO-ONDES

Cuisson des pommes de terre en escalopes

Dans une tasse à mesurer de 500 ml (2 tasses), faire fondre le beurre à MAX. pendant 5 secondes.

Ajouter la farine et bien remuer. Ajouter le lait et faire chauffer à MAX. pendant 2 minutes sans couvrir. Remuer à mi-temps.

Ajouter les assaisonnements et la moitié du fromage. Remuer jusqu'à consistance d'une sauce.

Dans un plat graissé, faire alterner les couches de pommes de terre et la sauce. Saupoudrer le reste du fromage sur le tout. Faire cuire à MAX. pendant 13 à 15 minutes sans couvrir. Laisser reposer pendant 10 minutes.

Oeufs farcis aux crevettes roses de Matane

Mimosa de saumon poché et sauce veloutée aux câpres

Préparation du saumon et de la sauce aux câpres

Métrique	Impérial
175 g de saumon sans arêtes coupé en tranches (par personne)	6 oz de saumon sans arêtes coupé en tranches (par personne)
8 oeufs durs	8 oeufs durs
1 botte de persil haché	1 botte de persil haché
45 ml d'échalotes françaises	3 c. à s. d'échalotes françaises
45 ml de beurre	3 c. à s. de beurre
125 ml de vin blanc	1/2 tasse de vin blanc

Passer les oeufs à la moulinette ou rapidement au robot culinaire. Ajouter le persil et mélanger. Tremper les tranches de saumon dans ce mélange comme pour les paner.

Beurrer une plaque allant au four, saupoudrer d'échalotes, y déposer les tranches de saumon, verser le vin blanc sur le tout et faire cuire à 180°C (350°F) pendant environ 8 à 10 minutes. Réserver les tranches de saumon et récupérer le jus pour confectionner la sauce veloutée aux câpres.

Sauce veloutée aux câpres

Métrique	Impérial
30 ml de beurre	2 c. à s. de beurre
125 ml de câpres	1/2 tasse de câpres
15 ml de farine	1 c. à s. de farine
250 ml de crème épaisse (35%)	1 tasse de crème épaisse (35%)
2 jaunes d'oeufs	2 jaunes d'oeufs
Sel et poivre au goût	Sel et poivre au goût

Faire suer les câpres au beurre pendant 3 minutes. Ajouter la farine et mélanger pendant 30 secondes. Ajouter le jus de cuisson des saumons qu'on aura passé au tamis fin.

Faire cuire pendant 1 à 2 minutes, puis ajouter la crème et continuer la cuisson jusqu'à consistance crémeuse. Retirer du feu, attendre que le bouillon cesse et ajouter les jaunes d'oeufs en fouettant.

MICRO-ONDES

Cuisson du saumon

Vérifier que le poisson soit complètement décongelé. Enlever l'excès d'eau avant de le faire cuire. Dans un plat, disposer les tranches de saumon en prenant soin de placer les parties les plus petites au centre. Couvrir. Faire cuire à MAX. pendant 3 minutes ou jusqu'à ce que la chair du poisson devienne opaque et se détache aisément.

1 Passer les oeufs à la moulinette et ajouter le persil.

2 Bien enrober les tranches de saumon de ce mélange.

3 Beurrer et saupoudrer d'échalotes une plaque et y déposer les tranches de saumon.

4 Napper de vin blanc et passer au four.

5 Faire suer les câpres à feu moyen dans le beurre pendant 3 minutes.

6 Ajouter la farine et mélanger pendant 30 secondes.

7 Ajouter le jus de cuisson des saumons préalablement passé au tamis fin et réduire à feu vif.

8 Ajouter la crème, continuer la cuisson en battant au fouet, puis retirer du feu. Ajouter les jaunes d'oeufs.

Mimosa de saumon poché et sauce veloutée aux câpres

TARTE DES FÊTES
AUX PACANES

Métrique	Impérial
375 ml de sucre	1-1/2 tasse de sucre
2 ml de sel	1/2 c. à t. de sel
2 ml de cannelle	1/2 c. à t. de cannelle
2 ml de muscade moulue	1/2 c. à t. de muscade moulue
1 ml de poivre de la Jamaïque	1/4 c. à t. de poivre de la Jamaïque
1 grosse pomme pelée et hachée	1 grosse pomme pelée et hachée
3 clémentines	3 clémentines
250 ml de raisins sans pépins	1 tasse de raisins sans pépins
125 ml de pacanes hachées	1/2 tasse de pacanes hachées
250 ml de canneberges	1 tasse de canneberges
2 abaisses	2 abaisses

Préparer la pâte et la mettre au réfrigérateur jusqu'au moment de la rouler. Mélanger le sucre, le sel, les épices et la pomme hachée dans une casserole épaisse.

Laver les clémentines, en retirer la queue et les couper en deux. Retirer les pépins, s'il y en a. Hacher les clémentines non pelées dans un mélangeur ou un robot culinaire (avec la lame de métal). Les ajouter au mélange dans la casserole avec les pacanes et les canneberges.

Faire cuire à feu moyen jusqu'à ce que les canneberges éclatent. Laisser refroidir.

Déposer l'abaisse dans une assiette à tarte de 22 cm (9 po). Y verser la garniture refroidie et couvrir de bandes de pâtes disposées en treillis.

Faire cuire à 200°C (400°F) pendant 30 ou 35 minutes. Servir avec de la crème glacée à la vanille, si désiré.

CARRÉS AUX ANANAS

Métrique	Impérial
1 boîte d'ananas	1 boîte d'ananas
50 ml de sucre	1/4 tasse de sucre
30 ml de fécule de maïs	2 c. à s. de fécule de maïs
1 boîte de biscuits «Graham»	1 boîte de biscuits «Graham»
250 ml de crème épaisse (35%)	1 tasse de crème épaisse (35%)

Tapisser le fond de l'assiette avec les biscuits «Graham». Faire cuire les ananas, le sucre et la fécule de maïs. Verser ce mélange sur les biscuits. Recouvrir d'une couche de biscuits «Graham».

On peut ajouter de la crème fouettée et des cerises confites comme décoration. Mettre au réfrigérateur.

BUFFET DU JOUR DE L'AN

Vin blanc fruité, bordeaux blanc ou vin blanc demi-sec, rosé pétillant

Pour 6 à 8 personnes

MENU

Punch aux canneberges et mini brochettes de fruits
Coeurs d'artichauts et olives marinés
Vol-au vent à la dinde
Rôti de porc glacé avec pommes de terre piquées à l'ail
Salade de chou et de pommes
Salade de riz au cari
Tartelettes au mincemeat
Gâteau aux fruits au fromage Oka

PUNCH AUX CANNEBERGES ET MINI BROCHETTES DE FRUITS

Métrique	Impérial
1,75 litre de jus de canne-berges	7 tasses de jus de canne-berges
50 ml de jus de citron	1/4 tasse de jus de citron
50 ml de sirop de grenadine	1/4 tasse de sirop de grenadine
250 ml de vodka, de vin rosé ou de cidre mousseux	1 tasse de vodka, de vin rosé ou de cidre mousseux

Mélanger tous les ingrédients, couvrir et mettre au froid. Au moment de servir, ajouter de la glace et des mini brochettes composées de fraises, de melon et d'oranges et piquer dans un melon ou un ananas dont on aura coupé le bas pour le stabiliser.

COEURS D'ARTICHAUTS ET OLIVES MARINÉS

Métrique	Impérial
400 ml de coeurs d'artichauts	1-3/4 tasse de coeurs d'artichauts
150 ml d'olives noires sans noyaux	3/4 tasse d'olives noires sans noyaux
1 petit oignon rouge	1 petit oignon rouge
45 ml de jus de citron	3 c. à s. de jus de citron
45 ml de persil haché	3 c. à s. de persil haché
2 gousses d'ail hachées	2 gousses d'ail hachées
1 ml de poivre de cayenne	1/4 c. à t. de poivre de cayenne
150 ml d'huile d'olive	3/4 tasse d'huile d'olive
15 ml de cari	1 c. à s. de cari
15 ml de paprika	1 c. à s. de paprika
Sel et poivre	Sel et poivre
5 ml de thym	1 c. à t. de thym

Égoutter les artichauts et les olives et les réserver dans un bol. Passer tous les autres ingrédients au robot culinaire jusqu'à l'obtention d'une purée. Mélanger aux olives et aux artichauts. Couvrir et laisser mariner de 24 à 48 heures avant de servir.

SALADE DE CHOU ET DE POMMES

Métrique	Impérial
125 ml de mayonnaise	1/2 tasse de mayonnaise
2 ml de graines de céleri	1/2 c. à t. de graines de céleri
0,5 ml de moutarde sèche	1/8 c. à t. de moutarde sèche
2 pommes moyennes hachées, sans le coeur	2 pommes moyennes hachées, sans le coeur
30 ml de jus de citron	2 c. à s. de jus de citron
125 ml de carottes râpées	1/2 tasse de carottes râpées
1 litre de chou râpé	4 tasses de chou râpé

Dans un petit bol, mélanger la mayonnaise et les assaisonnements et mettre au réfrigérateur.

Asperger les pommes hachées de jus de citron. Ajouter les carottes et le chou; bien mélanger. Au moment de servir, ajouter le mélange de mayonnaise.

Punch aux canneberges et mini brochettes de fruits.

RÔTI DE PORC GLACÉ AVEC POMMES DE TERRE PIQUÉES À L'AIL

Métrique	Impérial
2 kg de longe de porc désossée non roulée	4 lb de longe de porc désossée non roulée
60 ml de romarin frais	4 c. à s. de romarin frais
250 ml de cidre sec	1 tasse de cidre sec
Poivre frais moulu	Poivre frais moulu
60 ml de sucre à fruits	4 c. à s. de sucre à fruits
75 ml de jus de citron	1/3 tasse de jus de citron
45 à 60 ml de calvados	3 à 4 c. à s. de calvados

Faire des incisions à plusieurs endroits dans la viande désossée, dans le sens des fibres. Hacher le romarin très fin et en introduire les trois quarts dans les incisions. Étendre la viande dans un plat, l'arroser de cidre et la saupoudrer avec le reste de romarin; la poivrer généreusement et la laisser mariner pendant au moins deux heures en la retournant à quelques reprises.

Faire chauffer le four à 220°C (425°F).

Retirer la viande de la marinade, l'éponger, la rouler et la ficeler. Dans une lèchefrite, placer le rôti roulé au four chaud et le laisser cuire pendant 15 minutes, puis réduire la chaleur à 180°C (350°F) et continuer la cuisson. Après 30 minutes de cuisson, commencer à arroser avec le gras qui s'échappe de la viande.

Mélanger les trois derniers ingrédients et bien remuer pour faire dissoudre le sucre.

Après une heure de cuisson, retirer la viande du four, extraire le gras au fond de la casserole. Badigeonner avec le mélange citron-calvados et remettre au four pendant 30 minutes. Arroser avec le mélange toutes les 10 minutes. Le rôti sera brillant et bien doré. Laisser reposer 10 minutes avant de découper.

Pommes de terre piquées à l'ail

Métrique	Impérial
6 pommes de terre	6 pommes de terre
4 gousses d'ail émincées	4 gousses d'ail émincées
30 ml de beurre	2 c. à s. de beurre
30 ml d'huile	2 c. à s. d'huile

Éplucher les pommes de terre et tailler des rectangles de 2,5 cm (1 po) de largeur par 5 cm (2 po) de longueur et les faire cuire pendant 7 minutes dans de l'eau bouillante salée. Laisser refroidir et faire égoutter. Pratiquer une incision dans chaque pomme de terre et y glisser une lamelle d'ail.

Faire cuire les pommes de terre à la poêle dans le beurre et l'ail, en colorant tous les côtés. On peut faire cuire ces pommes de terre durant les 20 dernières minutes de cuisson du rôti (*voir les étapes de préparation à la page suivante*).

Rôti de porc glacé avec pommes de terre piquées à l'ail

Préparation des pommes de terre piquées à l'ail

1 Tailler des rectangles de pommes de terre et les faire cuire 7 minutes dans de l'eau bouillante salée.

2 Pratiquer sur 2 côtés opposés une incision assez profonde.

3 Introduire complètement dans chaque incision une lamelle d'ail et faire cuire à la poêle ou au four.

4 Pour décorer, réintroduire une fine lamelle d'ail brunie à la poêle, dans l'incision supérieure.

SALADE DE RIZ AU CARI

Métrique	Impérial
375 ml de riz cru	1-1/2 tasse de riz cru
125 ml de poivron vert haché	1/2 tasse de poivron vert haché
125 ml d'échalotes hachées	1/2 tasse d'échalotes hachées
125 ml de céleri haché	1/2 tasse de céleri haché
125 ml de radis tranchés mince	1/2 tasse de radis tranchés mince
30 ml de persil haché fin	2 c. à s. de persil haché fin
50 ml de vinaigrette à l'italienne	1/4 tasse de vinaigrette à l'italienne
Sel et poivre au goût	Sel et poivre au goût
50 ml de cari	1/4 tasse de cari

Vinaigrette

Métrique	Impérial
250 ml d'huile végétale	1 tasse d'huile végétale
75 ml de vinaigre	1/3 tasse de vinaigre
2 ml de sel	1/2 c. à t. de sel
1 ml de moutarde en poudre	1/4 c. à t. de moutarde en poudre
1 ml de poivre	1/4 c. à t. de poivre
1 ml de poivre de cayenne	1/4 c. à t. de poivre de cayenne
1 gousse d'ail hachée fin	1 gousse d'ail hachée fin
Quelques gouttes de tabasco	Quelques gouttes de tabasco

Faire cuire le riz selon le mode d'emploi sur l'empaquetage. Égoutter, rincer à l'eau froide et bien égoutter une seconde fois. Ajouter le poivron, les échalotes, le céleri, les radis, le persil, la vinaigrette, le sel et le poivre. Bien mélanger avec le cari.

Laisser refroidir pendant au moins 1 heure.

VOL-AU-VENT À LA DINDE

Métrique	Impérial
1 litre de dinde coupée en dés	4 tasses de dinde coupée en dés
750 ml de bouillon de poulet concentré	3 tasses de bouillon de poulet concentré
500 ml de champignons en lamelles	2 tasses de champignons en lamelles
75 ml de poivron vert coupé en dés	1/3 tasse de poivron vert coupé en dés
75 ml de poivron rouge coupé en dés	1/3 tasse de poivron rouge coupé en dés
250 ml de crème épaisse (35%) ou de lait	1 tasse de crème épaisse (35%) ou de lait
105 ml de beurre	7 c. à s. de beurre
105 ml de farine	7 c. à s. de farine
30 ml de gras de dinde ou de beurre	2 c. à s. de gras de dinde ou de beurre

Faire chauffer 30 ml (2 c. à s.) de gras de dinde ou de beurre. Ajouter les champignons et laisser cuire pendant 3 minutes à feu vif en remuant.

Faire fondre 105 ml (7 c. à s.) de beurre dans un bain-marie, ajouter la farine et bien mélanger.

Ajouter le bouillon de dinde et faire cuire en remuant, jusqu'à épaississement. Laisser mijoter pendant 10 minutes.

Ajouter la crème, la dinde, les champignons et les poivrons en remuant constamment. Assaisonner au goût.

Si la sauce est trop épaisse, ajouter de la crème en petites quantités.

Servir dans les vol-au-vent préalablement chauffés au four à 160°C (325°F). Décorer de persil ou de cresson.

Tartelettes au mincemeat

Pâte feuilletée

Métrique	Impérial
500 ml de farine	2 tasses de farine
150 ml de beurre froid	3/4 tasse de beurre froid
30 ml de graisse végétale	2 c. à s. de graisse végétale
Pincée de sel	Pincée de sel
15 ml de jus de citron	1 c. à s. de jus de citron
50 ml d'eau	1/4 tasse d'eau

Placer les lames de plastique dans le robot culinaire, ajouter la farine, le beurre en morceaux, la graisse végétale et le sel. Mélanger brièvement. Ajouter le jus de citron et mélanger encore brièvement. Ajouter de l'eau, un peu à la fois, et mélanger jusqu'à ce que la pâte forme une boule (il ne sera peut-être pas nécessaire de mettre toute l'eau). Réfrigérer dans du papier ciré pendant au moins 1 heure.

Rouler ensuite la pâte à 3 mm (1/8 po) d'épaisseur. Beurrer un moule à muffins. Découper des rondelles de pâte assez grandes pour tapisser chacun des moules, puis remplir aux trois quarts avec le mincemeat.

Découper des rondelles dans le reste de la pâte pour recouvrir les tartelettes. Presser ces rondelles pour qu'elles adhèrent bien. Pratiquer des ouvertures en surface avec une fourchette et faire cuire au four à 200°C (400°F) pendant environ 25 minutes. Servir chaud.

Donne une douzaine de tartelettes.

Mincemeat

Métrique	Impérial
1,5 kg de pommes, pelées et hachées	3 lb de pommes, pelées et hachées
2 kg de poires mûres, pelées et hachées	4 lb de poires mûres, pelées et hachées
2 gros citrons	2 gros citrons
500 g de raisins	1 lb de raisins
500 g de dattes sans noyaux, hachées	1 lb de dattes sans noyaux, hachées
250 g de figues sèches coupées en dés	1/2 lb de figues sèches coupées en dés
1,5 litre de sucre	6 tasses de sucre
250 ml de vinaigre	1 tasse de vinaigre
15 ml de poudre de clous de girofle	1 c. à s. de poudre de clous de girofle
15 ml de muscade	1 c. à s. de muscade
15 ml de toute-épice	1 c. à s. de toute-épice
15 ml de cannelle	1 c. à s. de cannelle
5 ml de gingembre	1 c. à t. de gingembre
Brandy, rhum ou whisky	Brandy, rhum ou whisky

Évider les pommes et les poires, les couper en quatre puis les hacher. Couper les citrons en deux et enlever les pépins; hacher en petits morceaux et ajouter aux pommes et aux poires. Ajouter les raisins, les dattes et les figues sèches, et mélanger tous les ingrédients.

Mettre ce mélange dans un grand chaudron et ajouter le sucre, le vinaigre et les épices, en remuant bien. Faire cuire à feu moyen et porter à ébullition. Laisser mijoter, en remuant de temps en temps, de 45 minutes à 1 heure.

Verser dans des contenants et ajouter 30 ml à 50 ml (2 c. à s. à 1/4 tasse) de brandy, de rhum ou de whisky pour chaque 250 ml (1 tasse) de mincemeat. Mettre au réfrigérateur ou congeler.

Donne environ 3 litres (12 tasses).

Gâteau aux fruits au fromage Oka

Métrique	Impérial
250 ml de fromage Oka râpé	1 tasse de fromage Oka râpé
4 jaunes d'oeufs	4 jaunes d'oeufs
4 blancs d'oeufs	4 blancs d'oeufs
250 ml de sucre à glacer	1 tasse de sucre à glacer
250 ml de crème légère (15%)	1 tasse de crème légère (15%)
Jus de citron	Jus de citron
Vanille	Vanille
50 ml de vin blanc	1/4 tasse de vin blanc
250 ml de farine tout usage	1 tasse de farine tout usage
10 ml de poudre à pâte	2 c. à t. de poudre à pâte
2 ml d'essence d'amandes	1/2 c. à t. d'essence d'amandes
150 ml de fruits confits	3/4 tasse de fruits confits
Sucre à glacer	Sucre à glacer
Cerises confites (rouges et vertes)	Cerises confites (rouges et vertes)

Mélanger les jaunes d'oeufs et le sucre à glacer; ajouter le fromage et la crème. Bien mélanger. Incorporer délicatement la farine et la poudre à pâte à ce mélange. Verser le vin, l'essence d'amandes, la vanille, le jus de citron et les fruits confits et bien mélanger le tout. Incorporer délicatement les blancs d'oeufs battus en neige très ferme.

Verser le tout dans un moule rond graissé et enfariné. Faire cuire au four à 180°C (350°F) pendant 30 minutes. Réduire la chaleur à 170°C (340°F) et faire cuire encore 25 minutes.

Laisser refroidir. Glacer à la confiture d'abricots chaude. Garnir de fruits frais au moment de servir.

Gâteau aux fruits au fromage Oka

Souper du Jour de l'An

Vin blanc demi-sec, bourgogne rouge, champagne ou vin mousseux

Pour 6 à 8 personnes

Menu

Consommé chaud au porto
Tomates chapeaux rouges farcies aux noix avelines
Rosbif festin du roi
Sauce béarnaise
Haricots verts à la vapeur
Salade de cresson et d'endives aux croûtons
Tulipes d'oranges et d'ananas au sherry

Consommé chaud au porto

Métrique	Impérial
5 litres d'eau froide	20 tasses d'eau froide
2 kg d'os bien viandés	4 lb d'os bien viandés
1 oignon non épluché	1 oignon non épluché
1 clou de girofle	1 clou de girofle
4 gousses d'ail non épluchées	4 gousses d'ail non épluchées
10 branches de persil	10 branches de persil
2 carottes	2 carottes
1 branche de céleri avec feuilles	1 branche de céleri avec feuilles
1 feuille de laurier	1 feuille de laurier
1 pincée de thym	1 pincée de thym
5 grains de poivre	5 grains de poivre
5 ml de sel	1 c. à t. de sel
1 poireau	1 poireau
125 ml de porto	1/2 tasse de porto

Dans une plaque, mettre les os à colorer sans corps gras à four chaud. Placer les os dans une marmite. Ajouter l'eau froide et porter à ébullition le plus doucement possible. Écumer la mousse qui remonte à la surface. Quand toute l'écume est remontée, ajouter tous les autres ingrédients et faire cuire pendant 3 heures à découvert. Couler au travers un linge et mettre au refrigérateur.

Il faut clarifier le bouillon si l'on désire un consommé transparent. Pour ce faire, dégraisser d'abord le bouillon alors qu'il est froid et lui ajouter 1 blanc d'oeuf par 1,5 litre (6 tasses) de bouillon. Mélanger et porter à ébullition en remuant sans arrêt. Laisse bouillir à feu très doux pendant 20 minutes.

Passer au linge coton fromagé à double épaisseur.

Pour corser le goût, faire réduire et ajouter le porto juste au moment de servir, sans le laisser bouillir, pour qu'il conserve sa saveur.

Tomates chapeaux rouges farcies aux noix avelines

Métrique	Impérial
2 tomates fermes	2 tomates fermes
15 ml de beurre	1 c. à s. de beurre
15 ml d'oignon haché fin	1 c. à s. d'oignon haché fin
75 ml de chapelure	1/3 tasse de chapelure
75 ml d'avelines hachées	1/3 tasse d'avelines hachées
Sel et poivre	Sel et poivre
5 ml de jus de citron	1 c. à t. de jus de citron

Faire chauffer le four à 180°C (350°F). Couper la base de la tomate pour la stabiliser et réserver pour faire le chapeau. Évider les tomates en laissant l'extérieur intact.

Dans une poêle, faire chauffer le beurre, ajouter l'oignon et faire cuire à feu doux pendant 5 minutes. Ajouter le reste des ingrédients et bien mélanger.

Farcir les tomates de ce mélange. Parsemer de noisettes de beurre et faire cuire jusqu'à ce que le dessus soit doré soit pendant 10 à 15 minutes.

Pour 2 personnes. Cette recette peut être augmentée ou diminuée selon le nombre de personnes.

Tomates chapeaux rouges farcies aux noix avelines

ROSBIF FESTIN DU ROI

Métrique	Impérial
1 rôti de boeuf «du roi» (extérieur de ronde de 1,5 kg passé à l'aiguille)	1 rôti de boeuf «du roi» (extérieur de ronde de 3 lb passé à l'aiguille)
15 ml de graisse végétale	1 c. à s. de graisse végétale
5 ml de moutarde sèche	1 c. à t. de moutarde sèche
5 ml de poivre frais moulu	1 c. à t. de poivre frais moulu
1 gousse d'ail hachée	1 gousse d'ail hachée
125 ml de carottes en dés	1/2 tasse de carottes en dés
125 ml d'oignons en dés	1/2 tasse d'oignons en dés
750 ml de fond brun	3 tasses de fond brun

Faire chauffer la graisse dans une rôtissoire appropriée. Ajouter la pièce de viande assaisonnée de moutarde, de poivre et d'ail.

Faire cuire au four à 230°C (450°F) pendant 20 minutes.

Réduire la chaleur à 160°C (325°F) pendant environ 25 minutes ou jusqu'à ce que le thermomètre de cuisson indique:
  60°C (140°F) - saignant
  70°C (160°F) - médium
  75°C (170°F) - bien cuit

SAUCE BÉARNAISE

Métrique	Impérial
125 ml de vinaigre de vin	1 tasse de vinaigre de vin
60 ml d'estragon frais ou séché	4 c. à s. d'estragon frais ou séché
30 ml d'échalotes françaises hachées	2 c. à s. d'échalotes françaises hachées
15 ml de grains de poivre écrasés	1 c. à s. de grains de poivre écrasés
30 ml de persil frais haché	2 c. à s. de persil frais haché
6 jaunes d'oeufs	6 jaunes d'oeufs
250 ml de beurre doux	1 tasse de beurre doux
Sel et poivre	Sel et poivre
1 pincée de poivre de cayenne	1 pincée de poivre de cayenne
Le jus d'un citron	Le jus d'un citron

Porter à ébullition le vinaigre, l'estragon, l'échalote, le poivre et faire réduire jusqu'à ce qu'il reste environ 75 ml (1/3 tasse) de liquide. Retirer du feu. Mettre dans le robot culinaire ou le mélangeur; ajouter les jaunes d'oeufs et mélanger pendant 5 secondes.

Faire fondre le beurre dans une petite casserole.

Dès que le beurre est fondu, ajouter au mélange en filet continu. Arrêter le robot quand tout le beurre est incorporé. Saler, poivrer, ajouter le poivre de cayenne, le persil et le jus de citron et mélanger pendant 5 secondes.

Servir à la température de la pièce.

HARICOTS VERTS À LA VAPEUR

Métrique	Impérial
1 kg de haricots verts	2 lb de haricots verts
45 ml de beurre	3 c. à s. de beurre
45 ml de persil haché	3 c. à s. de persil haché
30 ml d'échalotes hachées	2 c. à s. d'échalotes hachées
5 ml d'ail haché	1 c. à t. d'ail haché

Choisir les haricots de grosseur uniforme et sans taches de rouille. Laisser entiers ou couper après avoir retiré les fils.

Faire cuire à la vapeur jusqu'à ce que les haricots soient tout juste tendres.

Mettre le beurre à fondre et faire suer pendant une minute l'échalote, le persil et l'ail. Ajouter les haricots cuits, mélanger et servir.

S'il en reste le lendemain, ajouter un peu de vinaigrette et servir en salade.

Rosbif festin du roi

SALADE DE CRESSON ET D'ENDIVES AUX CROÛTONS

Métrique	Impérial
4 bottes de cresson	4 bottes de cresson
4 endives	4 endives
2 oeufs durs hachés	2 oeufs durs hachés
250 ml de croûtons	1 tasse de croûtons

Émincer les endives et couper les bottes de cresson en réservant les queues pour un potage (on peut les congeler).

Les déposer dans un bol et ajouter les oeufs hachés et les croûtons. Assaisonner avec la vinaigrette suivante.

Vinaigrette

Métrique	Impérial
5 ml de moutarde de Dijon	1 c. à t. de moutarde de Dijon
15 ml de sel	1 c. à s. de sel
2 ml de poivre	1/2 c. à t. de poivre
60 ml de vinaigre	4 c. à s. de vinaigre
125 ml d'huile végétale	1/2 tasse d'huile végétale

Mélanger tous les ingrédients au robot culinaire.

On peut utiliser les croûtons déjà préparés qu'on trouve sur le marché. Sinon, tailler les croûtons dans de la mie de pain et les faire sauter au beurre et à l'huile, les déposer ensuite sur un papier absorbant.

Tulipes d'oranges et d'ananas au sherry

TULIPES D'ORANGES ET D'ANANAS AU SHERRY

Métrique	Impérial
10 oranges sans pépins	10 oranges sans pépins
500 ml d'eau	2 tasses d'eau
500 ml de sucre	2 tasses de sucre
1 ananas	1 ananas
375 ml de sherry	1-1/2 tasse de sherry

Peler les oranges à vif en ôtant la peau blanche et retirer les quartiers sans la membrane qui les retient les uns aux autres et déposer dans un bol. Verser le sherry sur les oranges. Laisser refroidir puis mettre au réfrigérateur pendant 24 heures.

Confection des tulipes aux amandes

Métrique	Impérial
50 ml d'amandes effilées	1/4 tasse d'amandes effilées
50 ml de blancs d'oeufs	1/4 tasse de blancs d'oeufs
50 ml de sucre	1/4 tasse de sucre
150 ml de farine	3/4 tasse de farine
40 g de beurre fondu	1-1/2 oz de beurre fondu
5 ml de vanille	1 c. à t. de vanille
10 ml de rhum brun	2 c. à t. de rhum brun

Mélanger tous les ingrédients au malaxeur.

Sur une plaque généreusement graissée, déposer 30 ml (2 c. à s.) de ce mélange et aplatir le plus fin possible avec une fourchette trempée dans le lait; donner une forme ronde d'environ 17 cm (7 po) de diamètre. Faire dorer dans un four chauffé à 180°C (350°F).

Utiliser 2 petits moules d'environ 7,5 cm (3 po) de largeur et en mettre un à l'envers sur le comptoir.

Déposer la tulipe dorée encore chaude sur le moule inversé et couvrir de l'autre moule pour lui donner la forme. Ne pas trop presser, sinon le fond de la tulipe se déchirerait.

Laisser refroidir ainsi, placer délicatement la tulipe dans l'assiette et la remplir d'oranges et d'ananas.

Préparation des tulipes

1 Façonner la pâte à la fourchette pour donner une forme ronde de 17 cm (7 po) de diamètre.

2 Déposer la pâte encore chaude sur le moule inversé et couvrir de l'autre moule.

Souper du Jour de l'An

Bourgogne rouge, rosé pétillant

Pour 6 à 8 personnes

Menu

Consommé au poulet

Aspic délicieux

Cari d'agneau

Chutney aux dattes

Riz pilaf

Salade verte

Babas au rhum

Consommé au poulet

Métrique

2 litres de bouillon de poulet
250 ml de carottes en dés
Quelques feuilles de céleri
125 ml de poulet cuit, coupé en cubes
Poivre

Impérial

8 tasses de bouillon de poulet
1 tasse de carottes en dés
Quelques feuilles de céleri
1/2 tasse de poulet cuit, coupé en cubes
Poivre

Faire cuire les carottes et les feuilles de céleri dans le bouillon de poulet. Ajouter le poulet et poivrer. Continuer la cuisson à feu doux pendant 30 minutes. Servir immédiatement.

Aspic délicieux

Métrique

1 paquet de gelée en poudre au citron
150 ml d'eau bouillante
250 ml de jus d'ananas
250 ml d'ananas coupés en morceaux
250 ml de carottes râpées
75 ml de noix hachées
1 ml de sel
30 ml de vinaigre

Impérial

1 paquet de gelée en poudre au citron
3/4 tasse d'eau bouillante
1 tasse de jus d'ananas
1 tasse d'ananas coupés en morceaux
1 tasse de carottes râpées
1/3 tasse de noix hachées
1/4 c. à t. de sel
2 c. à s. de vinaigre

Faire dissoudre la gelée en poudre dans de l'eau bouillante. Ajouter le jus de fruit, le sel et le vinaigre. Laisser refroidir. Quand le mélange est presque pris, incorporer les fruits et les légumes. Verser dans des moules individuels préalablement passés sous l'eau froide. Laisser prendre.

Démouler et servir sur une feuille de laitue. Décorer de boules de fromage à la crème et de mayonnaise.

Cari d'agneau

Cari d'agneau

Métrique

2,25 kg d'agneau maigre, coupé en cubes
250 ml de beurre
6 oignons moyens, hachés
12 gousses d'ail hachées
5 ml de poivre frais moulu
5 ml de paprika
2 ml de cannelle
2 ml de clous de girofle
5 ml de gingembre frais haché ou
2 ml de gingembre en poudre
2 ml de thym
2 ml de curcuma
5 ml de sel
8 tomates, pelées et hachées
625 ml d'eau
15 ml de poudre de cari

Impérial

5 lb d'agneau maigre, coupé en cubes
1 tasse de beurre
6 oignons moyens, hachés
12 gousses d'ail hachées
1 c. à t. de poivre frais moulu
1 c. à t. de paprika
1/2 c. à t. de cannelle
1/2 c. à t. de clous de girofle
1 c. à t. de gingembre frais haché ou
1/2 c. à t. de gingembre en poudre
1/2 c. à t. de thym
1/2 c. à t. de curcuma
1 c. à t. de sel
8 tomates, pelées et hachées
2-1/2 tasses d'eau
1 c. à s. de poudre de cari

Faire chauffer le beurre dans une marmite épaisse qui ferme hermétiquement. Ajouter les oignons et l'ail et faire cuire doucement pendant plusieurs minutes. Ajouter les épices et l'agneau et laisser cuire à feu doux, en remuant bien, pendant 10 minutes. Ajouter les tomates et continuer la cuisson pendant 10 minutes.

Ajouter 250 ml (1 tasse) d'eau. Couvrir et laisser cuire

pendant environ 1 heure et demie, jusqu'à ce que la viande soit tendre. Si le cari est trop liquide, laisser à découvert pendant les dernières minutes de cuisson.

CHUTNEY AUX DATTES

Métrique	Impérial
1 kg de dattes dénoyautées	2 lb de dattes dénoyautées
500 g d'oignons coupés en quatre	1 lb d'oignons coupés en quatre
5 ml de gingembre moulu	1 c. à t. de gingembre moulu
2 ml de poivre de cayenne	1/2 c. à t. de poivre de cayenne
30 ml de gros sel	2 c. à s. de gros sel
15 ml de quatre-épices	1 c. à s. de quatre-épices
5 ml de poivre en grains	1 c. à s. de poivre en grains
500 ml de sucre	2 tasses de sucre
30 ml de graines de moutarde	2 c. à s. de graines de moutarde
250 ml de vinaigre de vin ou vinaigre de cidre	1 tasse de vinaigre de vin ou vinaigre de cidre.

Enfermer dans un sac de toile les quatre-épices, le poivre et les graines de moutarde. Hacher les dattes et les oignons et les mettre dans une casserole à fond épais. Ajouter le vinaigre et les épices dans la casserole, faire mijoter le tout jusqu'à ce que le mélange épaississe.

Ajouter le sucre, le gros sel, le gingembre et le poivre de cayenne. Continuer la cuisson jusqu'à ce que le mélange épaississe à nouveau. Remuer souvent pour éviter que le chutney colle au fond de la casserole.

Conserver dans un bocal couvert.

RIZ PILAF

Métrique	Impérial
500 ml de riz	2 tasses de riz
1 gros oignon haché	1 gros oignon haché
60 ml de beurre	4 c. à s. de beurre
1,5 litre de consommé ou d'eau	6 tasses de consommé ou d'eau
Sel et poivre	Sel et poivre

Faire fondre l'oignon dans le beurre sans le colorer pendant environ 4 minutes.

Ajouter le riz et le faire revenir pendant 2 minutes. Ajouter le consommé ou l'eau. Saler et poivrer. Porter à ébullition. Couvrir et faire cuire au four à 200°C (400°F) pendant 20 à 30 minutes.

SALADE VERTE

3 laitues Boston
3 tomates
Vinaigrette

Effeuiller et laver la laitue. La couper grossièrement et arroser de vinaigrette (voir page 56, Salade d'endives et cresson aux croûtons). Placer les tomates en quartiers sur la salade et servir.

Babas au rhum

BABAS AU RHUM

Métrique	Impérial
4 jaunes d'oeufs	4 jaunes d'oeufs
250 ml de sucre	1 tasse de sucre
125ml d'eau bouillante	1/2 tasse d'eau bouillante
375 ml de farine à pâtisserie	1-1/2 tasse de farine à pâtisserie
5 ml de poudre à pâte	1 c. à t. de poudre à pâte
4 blancs d'oeufs battus	4 blancs d'oeufs battus

Sucre au rhum

Métrique	Impérial
375 ml de sucre	1-1/2 tasse de sucre
150 ml d'eau	3/4 tasse d'eau
150 ml de rhum brun	3/4 tasse de rhum brun
125 ml de jus d'orange	1/2 tasse de jus d'orange
50 ml de jus de citron	1/4 tasse de jus de citron

Garniture

Métrique	Impérial
2 boîtes d'abricots	2 boîtes d'abricots
Cerises marasquin	Cerises marasquin
125 ml de gelée d'abricots	1/2 tasse de gelée d'abricots
125 ml de crème fouettée	1/2 tasse de crème fouettée

Fouetter les jaunes d'oeufs. Incorporer 125 ml (1/2 tasse) de sucre. Ajouter l'eau bouillante et le reste du sucre, la farine, la poudre à pâte, les blancs d'oeufs montés en neige, en pliant la pâte délicatement à l'aide d'une spatule. Verser dans un moule en couronne beurré et enfariné. Faire cuire au four à 160°C (325°F) pendant une heure. Laisser refroidir pendant 5 minutes. Démouler.

Faire bouillir le sucre et l'eau pendant 5 minutes. Ajouter le rhum. Piquer le baba avec une broche et l'imbiber de sauce.

Pour la garniture, disposer les abricots égouttés sur le baba. Glacer avec la gelée préalablement chauffée, puis tiédie. Sur le baba et autour du baba, former une couronne de crème fouettée. Garnir de cerises.

BRUNCH DE PÂQUES

Vin blanc sec, vin mousseux

Pour 6 à 8 personnes

MENU

Fèves au sirop d'érable
Omelette soufflée au sirop d'érable
Jambon glacé aux poires et à l'érable
Asperges blanches de St-Amable au gratin
Salade des mendiants
Bouchées aux fruits

OMELETTE SOUFFLÉE AU SIROP D'ÉRABLE

Métrique	Impérial
12 oeufs	12 oeufs
150 ml de sirop d'érable	3/4 tasse de sirop d'érable
2 ml de vanille	1/2 c. à t. de vanille
1 pincée de sel	1 pincée de sel
105 ml de beurre	7 c. à s. de beurre
150 ml d'amandes effilées	1/2 tasse d'amandes effilées
105 ml de sucre	7 c. à s. de sucre

Battre en mousse épaisse les jaunes d'oeufs, le sirop d'érable, la vanille et le sel. Fouetter les blancs d'oeufs en neige, ajouter 15 ml (1 c. à s.) de sucre dès que les blancs commencent à monter et incorporer aux jaunes d'oeufs. Faire fondre le beurre à feu moyen dans un poêlon de 20 à 22,5 cm (8 à 9 po). Parsemer les amandes dans la poêle, verser les oeufs et diminuer le feu. Faire cuire doucement pendant 8 à 10 minutes. Lorsque le fond commence à brunir, faire cuire pendant 8 minutes au four à 180°C (350°F). Plier l'omelette et la faire glisser dans un plat de service chaud. Napper de sirop d'érable chaud. Servir immédiatement.

ASPERGES BLANCHES DE ST-AMABLE AU GRATIN

Métrique	Impérial
1 kg d'asperges	2 lb d'asperges
500 ml de sauce blanche au fromage	2 tasses de sauce blanche au fromage
250 ml de fromage râpé	1 tasse de fromage râpé
30 ml de beurre fondu	2 c. à s. de beurre fondu

Disposer les asperges cuites dans un plat à gratin beurré. Recouvrir les pointes d'asperges de sauce blanche au fromage. Placer un papier beurré sur les queues des asperges et arroser les têtes de fromage râpé et de beurre fondu. Faire dorer au four à 200°C (400°F). Retirer le papier et servir.

FÈVES AU SIROP D'ÉRABLE

Métrique	Impérial
1 litre de fèves blanches sèches	4 tasses de fèves blanches sèches
1 petit oignon	1 petit oignon
5 tranches de bacon coupé en morceaux de 2,5 cm, ou plusieurs morceaux de lard salé, coupé en cubes de 2,5 cm	5 tranches de bacon coupé en morceaux de 1 po, ou plusieurs morceaux de lard salé, coupé en cubes de 1 po
125 ml de sauce chili	1/2 tasse de sauce chili
250 ml de sirop d'érable	1 tasse de sirop d'érable
10 ml de moutarde sèche	1 c. à t. de moutarde sèche
10 ml de sel	2 c. à t. de sel

Faire tremper les fèves toute la nuit dans de l'eau froide. Le matin, les faire bouillir pendant 1 minute, les écumer et les laisser mijoter pendant 1/2 heure. Mettre les fèves dans un pot de grès, ou dans une casserole profonde et épaisse. Enfouir l'oignon et le bacon ou le porc dans les fèves. Combiner le sirop d'érable, la sauce chili, la moutarde et le sel, et verser sur les fèves. Ajouter de l'eau bouillante de façon à ce qu'elle recouvre le mélange de 2,5 cm (1 po) de liquide. Couvrir le pot hermétiquement (si nécessaire étendre du papier aluminium sous le couvercle pour le fermer hermétiquement). Faire cuire au four à 130°C (275°F) pendant 5 heures ou plus, selon le goût. Vérifier la cuisson de temps en temps et ajouter de l'eau si nécessaire. Retirer et jeter l'oignon. Servir.

Asperges blanches de St-Amable au gratin

JAMBON GLACÉ AUX POIRES ET À L'ÉRABLE

Métrique	Impérial
3 kg de jambon à l'os cuit	6 lb de jambon à l'os cuit
1 boîte de demi-poires et leur jus	1 boîte de demi-poires et leur jus
250 ml de sirop d'érable	1 tasse de sirop d'érable
40 cerises marasquin	40 cerises marasquin
Clous de girofle	Clous de girofle
1 orange	1 orange
1 citron ou vinaigre	1 citron ou vinaigre
250 ml de cassonade ou de miel doré	1 tasse de cassonade ou de miel doré
1 ml de cannelle	1/4 c. à t. de cannelle
1 ml de gingembre moulu	1/4 c. à t. de gingembre moulu
Huile végétale	Huile végétale

Placer le jambon dans un plat, le côté gras sur le dessus et le badigeonner d'huile. Faire cuire au four à 160°C (325°F) pendant 45 minutes. Retirer le jambon et enlever le gras du plat. Remettre le jambon dans le plat et entailler le gras du dessus en losanges d'environ 2,5 cm (1 po) de largeur et 5 mm (1/4 po) de profondeur. Piquer de clous de girofle.

Préparer la glace aux poires avant de le remettre dans le four.

Glace aux poires

Mélanger le jus des poires, le jus de citron et d'orange, le vinaigre, la cassonade, la cannelle, le gingembre et le sirop d'érable. Napper le jambon et le chauffer au four à 160°C (325°F) pendant 45 minutes. Arroser souvent pour qu'il soit bien glacé. Ajouter les demi-poires dans le plat. Continuer la cuisson pendant environ 10 minutes.

Décoration du jambon

Enfiler sur un fil, une à une, les cerises et les déposer sur le jambon en les fixant à chaque extrémité à l'aide d'un cure-dents. Disposer les demi-poires autour du jambon et les décorer chacune de trois clous de girofle et d'une brisure de cerise. Napper le jambon et les poires du reste de la glace. Servir.

Jambon glacé aux poires et à l'érable

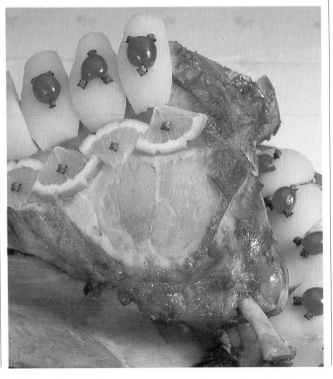

SALADE DES MENDIANTS

Métrique	Impérial
3 bananes	3 bananes
5 oranges	5 oranges
200 ml de figues	1-1/3 tasse de figues
400 ml de raisins secs	1-3/4 tasse de raisins secs
125 ml de noix	1/2 tasse de noix
125 ml d'amandes	1/2 tasse d'amandes
150 ml de sucre cristallisé (sucre à fruits)	3/4 tasse de sucre cristallisé (sucre à fruits)
75 ml de rhum	5 c. à s. de rhum
75 ml d'eau froide	5 c. à s. d'eau froide
125 ml de sucre	1/2 tasse de sucre
Le jus de 2 citrons	Le jus de 2 citrons

Faire macérer, au frais, pendant 12 heures, les raisins, les figues, les noix, le sucre, le rhum et l'eau. Peler les bananes, les découper en rondelles. Peler 3 oranges et les détailler en tranches fines. Presser les 2 autres oranges et les citrons. Disposer dans un compotier, les fruits, les jus de fruit et le sucre. Mélanger délicatement. Servir très frais.

BOUCHÉES AUX FRUITS

Métrique	Impérial
150 ml de graisse végétale	3/4 tasse de graisse végétale
250 ml de cassonade	1 tasse de cassonade
2 oeufs	2 oeufs
30 ml de lait	2 c. à s. de lait
500 ml de farine	2 tasses de farine
5 ml de poudre à pâte	1 c. à t. de poudre à pâte
1 ml de soda à pâte	1/4 c. à t. de soda à pâte
1 ml de sel	1/4 c. à t. de sel
5 ml de vanille	1 c. à t. de vanille
125 ml de dattes hachées	1/2 tasse de dattes hachées
125 ml de raisins	1/2 tasse de raisins
125 ml de noix hachées	1/2 tasse de noix hachées
6 cerises coupées en morceaux	6 cerises coupées en morceaux

Préparer les fruits et les noix en les mélangeant bien ensemble. Réserver. Défaire la graisse végétale en crème, ajouter la cassonade et les oeufs battus. Tamiser la farine avec la poudre à pâte, le soda à pâte et le sel. Ajouter au mélange précédent. Verser le lait, ajouter les fruits et les noix. Bien mélanger. Déposer par cuillerées sur une plaque à biscuits graissée. Faire cuire à 180°C (350°F) pendant 10 à 12 minutes.

BRUNCH DE PÂQUES

Bordeaux blanc, Grand Marnier sur glace

Pour 6 à 8 personnes

Dans un grand bol, mélanger les ingrédients secs. Dans un autre bol battre 2 oeufs. Ajouter le lait, l'huile, les raisins et les noix et bien mélanger. Incorporer ce mélange aux ingrédients secs. Remuer jusqu'à ce que le mélange soit homogène. Le déposer à la cuillère dans 18 moules à muffins garnis de moules en papier. Placer 1 oeuf sur chaque muffin (oeuf dans sa coquille). Faire cuire au four à 200°C (400°F) pendant 20 minutes ou jusqu'à ce que les muffins soient dorés.

MUFFINS COQUETIERS

Métrique	Impérial
500 ml de farine de blé entier	2 tasses de farine de blé entier
500 ml de farine d'avoine ou de son	2 tasses de farine d'avoine ou de son
125 ml de sucre	1/2 tasse de sucre
25 ml de poudre à pâte	5 c. à t. de poudre à pâte
7 ml de sel	1-1/2 c. à t. de sel
2 oeufs	2 oeufs
375 ml de lait	1-1/2 tasse de lait
150 ml d'huile végétale	3/4 tasse d'huile végétale
1 tasse de raisins secs	1 tasse de raisins secs
125 ml de noix	1/2 tasse de noix
18 oeufs	18 oeufs

PAIN D'ÉPICE PETIT MATIN

Métrique	Impérial
125 ml de beurre fondu	1/2 tasse de beurre fondu
1 oeuf battu	1 oeuf battu
125 ml de sucre	1/2 tasse de sucre
625 ml de farine tamisée	2-1/2 tasses de farine tamisée
7 ml de soda à pâte	1-1/2 c. à t. de soda à pâte
5 ml de cannelle	1 c. à t. de cannelle
5 ml de gingembre	1 c. à t. de gingembre
2 ml de sel	1/2 c. à t. de sel
15 ml de zeste d'orange	1 c. à s. de zeste d'orange
125 ml de mélasse	1/2 tasse de mélasse
125 ml de miel	1/2 tasse de miel
250 ml d'eau chaude	1 tasse d'eau chaude

Faire fondre le beurre et laisser refroidir. Mélanger l'oeuf et le sucre. Réserver. Tamiser la farine, le soda à pâte, la cannelle, le gingembre et le sel. Ajouter le zeste d'orange. Réserver. Mélanger la mélasse, le miel et l'eau chaude. Ajouter en alternant la farine et le liquide, au mélange de beurre. Bien mélanger. Faire cuire dans une lèchefrite de 23 x 23 x 5 cm (9 x 9 x 2 po) préalablement graissée à 180°C (350°F) pendant environ une heure.

Muffins coquetiers

Terrine de jambon et d'épinards

Mélange au jambon

Métrique	Impérial
5 ml de moutarde de Dijon	1 c. à t. de moutarde de Dijon
500 g de jambon haché	1 lb de jambon haché
1 petit oignon haché	1 petit oignon haché
2 oeufs	2 oeufs
Sel et poivre	Sel et poivre
250 ml de crème épaisse (35%)	1 tasse de crème épaisse (35%)
375 ml de macédoine surgelée	1-1/2 tasse de macédoine surgelée

Panade

Métrique	Impérial
1,125 litre de chapelure	4-1/2 tasses de chapelure
150 ml de bouillon de poulet	3/4 tasse de bouillon de poulet

Épinards

Métrique	Impérial
2 paquets d'épinards	2 paquets d'épinards
5 ml de sucre	1 c. à t. de sucre

Garniture

Métrique	Impérial
5 oeufs durs coupés en deux	5 oeufs durs coupés en deux
250 g d'asperges fraîches, cuites, ou en boîte	1/2 lb d'asperges fraîches, cuites, ou en boîte

Passer au robot culinaire le jambon, l'oignon, la moutarde et les 2 oeufs jusqu'à l'obtention d'une pâte. Ajouter alors la crème par petite quantité sans arrêter le robot culinaire. Mettre ensuite dans un bol et mélanger la macédoine à la cuillère. Réserver au frais. Faire boullir le bouillon de poulet et ajouter la chapelure en mélangeant. Ajouter la panade au mélange de jambon. Faire cuire les épinards avec le sucre et égoutter. Réserver.

Graisser un moule à pain de 25 x 12,5 cm (10 x 5 po), y verser la moitié du mélange au jambon et la moitié des épinards légèrement hachés. Faire ensuite une couche d'oeufs. Les masquer d'une fine couche de mélange au jambon. Mettre une couche d'asperges et masquer encore avec le reste du mélange au jambon. Terminer par une dernière couche d'épinards.

Placer la terrine dans un grand plat profond; remplir ce dernier d'eau chaude jusqu'à environ 2,5 cm (1 po) du bord. Couvrir d'une feuille de papier aluminium et bien sceller. Faire cuire au four à 190°C (375°F) pendant 45 minutes jusqu'à ce que la terrine ait pris et se détache des bords. Réfrigérer une nuit entière.

Pour servir, démouler sur un plat de service. Garnir de mayonnaise et de brins d'aneth frais.

Soufflé au fromage

Métrique	Impérial
8 oeufs (séparer les blancs des jaunes)	8 oeufs (séparer les blancs des jaunes)
90 ml de farine tout usage	6 c. à s. de farine tout usage
500 ml de lait froid	2 tasses de lait froid
250 ml de fromage râpé	1 tasse de fromage râpé
90 ml de beurre	6 c. à s. de beurre
Sel et muscade	Sel et muscade

Dans une casserole, faire fondre le beurre et ajouter la farine. Remuer avec la cuillère de bois. Verser doucement le lait, continuer la cuisson en remuant jusqu'à ce que la sauce épaississe.

Ajouter lentement 4 jaunes d'oeufs légèrement battus. Incorporer le fromage râpé au mélange. Bien mélanger.

Laisser tiédir. Fouetter les blancs d'oeufs en neige. Incorporer au premier mélange en les pliant délicatement.

Remplir à moitié 4 moules beurrés et légèrement enfarinés. Placer les moules dans une lèchefrite contenant 2,5 cm (1 po) d'eau. Faire cuire au four à 190°C (375°F) pendant 10 minutes.

Retirer l'eau. Déposer les moules sur une plaque et les replacer au four. Continuer la cuisson pendant 10 à 15 minutes. Servir immédiatement.

Soufflé au fromage

Préparation du soufflé

1 Ajouter graduellement la farine au beurre fondu.

2 Rendre le mélange homogène.

3 Verser doucement le lait en remuant jusqu'à ce que la sauce épaississe.

4 Ajouter lentement les jaunes d'oeufs.

5 Incorporer le fromage râpé et bien mélanger.

6 Plier délicatement dans le mélange les blancs d'oeufs en neige.

TARTELETTES AU BLANC DE POULET ET AUX CANNEBERGES

Métrique	Impérial
Pâte brisée	Pâte brisée
1 boîte de sauce de canneberges	1 boîte de sauce de canneberges
4 poitrines de volaille désossées	4 poitrines de volaille désossées
Le jus d'une orange	Le jus d'une orange
10 ml de zeste d'orange	2 c. à t. de zeste d'orange
125 ml de bouillon de volaille	1/2 tasse de bouillon de volaille

Faire chauffer le four à 135°C (300°F). Préparer la pâte brisée (voir page 75, Tarte pascaline). Découper et foncer les moules à tartelettes. Couper le reste de la pâte en minces languettes. Réserver.

Aplatir les poitrines de volaille assez mince et faire cuire au four avec le bouillon dans une plaque légèrement graissée pendant environ 15 minutes. Ne pas saler les poitrines. Dans une petite casserole, mettre la sauce aux canneberges, le jus d'orange, le zeste d'orange et le bouillon de cuisson des poitrines. Faire bouillir pendant 4 minutes à feu vif. Couper les poitrines en petits cubes et les placer dans les tartelettes. Couvrir de sauce aux canneberges. Torsader légèrement les languettes de pâte et disposer sur le dessus. Faire cuire au four à 190°C (375°F) pendant 20 à 25 minutes. Servir froid.

CRÊPES SUZETTE

Métrique	Impérial
8 gros oeufs	8 gros oeufs
900 ml de farine	3-3/4 tasses de farine
750 ml de lait chaud	3 tasses de lait chaud
150 ml de sucre	3/4 tasse de sucre
5 ml de sel	1 c. à t. de sel
5 ml de levure sèche	1 c. à t. de levure sèche
60 ml de brandy	4 c. à s. de brandy
30 ml d'eau de fleur d'oranger ou 30 ml de lait additionné de zeste d'orange	2 c. à s. d'eau de fleur d'oranger ou 30 ml de lait additionné de zeste d'orange
Beurre doux	Beurre doux

La veille préparer la pâte. Séparer les blancs des jaunes et fouetter les blancs en neige ferme. Mélanger ensemble la farine et les jaunes d'oeufs. Réserver. Faire chauffer le lait. Y faire fondre le sucre et la levure. Incorporer à la farine et aux jaunes d'oeufs. Ajouter le brandy, l'eau de fleur d'oranger. Bien mélanger. Incorporer les blancs d'oeufs fouettés en neige. La pâte doit être assez claire. Réfrigérer. Fouetter la pâte à nouveau avant de l'utiliser. Beurrer légèrement un poêlon de fonte ou une plaque à crêpes. Verser une petite quantité de pâte sur la plaque et étendre rapidement, en penchant la plaque ou le poêlon pour que la pâte soit aussi mince que possible. Dès qu'un côté de la crêpe est cuit, la retourner.

Sauce

Métrique	Impérial
250 ml + 45 ml de beurre doux	1 tasse + 3 c. à s. de beurre doux
200 ml de sucre	1/2 tasse de sucre
Zeste de 4 oranges	Zeste de 4 oranges
250 ml de brandy et une goutte de curaçao	1 tasse de brandy et une goutte de curaçao

Faire fondre le beurre dans une poêle à frire épaisse, à feu vif; ajouter le sucre qui a d'abord été frotté dans le zeste d'oranges. Brasser jusqu'à ce que le sucre soit dissous et légèrement caramélisé. Ajouter environ la moitié du brandy et du curaçao. Rouler ou plier les crêpes en quatre et les placer dans le mélange de beurre pour les réchauffer. Ajouter ensuite le reste du brandy et faire chauffer pendant quelques minutes. Mettre le feu au brandy et faire flamber les crêpes.

MIDI DE PÂQUES

Bordeaux rouge, vin blanc demi-sec, vin mousseux

Pour 6 à 8 personnes

MENU

Soupe aux tomates et au céleri

Entrée de zucchini

Agneau à la provençale

Flans à la crème d'ail doux

Carottes et céleri au four

Salade de champignons à la crème

Gâteau nid de Pâques

SOUPE AUX TOMATES ET AU CÉLERI

Métrique	Impérial
500 ml de céleri haché	2 tasses de céleri haché
1,5 litre d'eau	6 tasses d'eau
1 boîte de tomates étuvées	1 boîte de tomates étuvées
15 ml de beurre	1 c. à s. de beurre
ou de graisse	ou de graisse
Sel et poivre	Sel et poivre
30 ml de riz	2 c. à s. de riz

Hacher fin l'oignon et le céleri. Faire fondre le beurre.Y faire blondir l'oignon. Ajouter le céleri, les tomates et l'eau. Laisser cuire pendant 45 minutes. Laver le riz, et le jeter dans la soupe. Continuer la cuisson pendant 30 minutes.

ENTRÉE DE ZUCCHINI

Métrique	Impérial
750 ml de courgettes,	3 tasses de courgettes,
tranchées avec la pelure	tranchées avec la pelure
250 ml de «Bisquick»	1 tasse de «Bisquick»
125 ml d'oignon émincé	1/2 tasse d'oignon émincé
125 ml de fromage	1/2 tasse de fromage
mozarella râpé	mozarella râpé
30 ml de persil frais	2 c. à s. de persil frais
Sel et poivre	Sel et poivre
2 ml d'origan	1/2 c. à t. d'origan
125 ml d'huile	1/2 tasse d'huile
4 oeufs battus	4 oeufs battus

Préparer les légumes. Mélanger tous les ingrédients. Disposer dans un plat graissé de 34 x 22 x 4 cm (13 x 9 x 2 po). Faire cuire à 180°C (350°F) pendant 25 minutes. Servir chaud.

CAROTTES ET CÉLERI AU FOUR

Métrique	Impérial
750 ml de carottes	3 tasses de carottes
tranchées	tranchées
en biais (1,5 cm)	en biais (1/2 po)
500 ml de céleri tranché	2 tasses de céleri tranché
en biais (5 mm)	en biais (1/4 po)
50 ml de beurre fondu	1/4 tasse de beurre fondu
15 ml de persil	1 c. à t. de persil
0,5 ml de poivre	1/8 c. à t. de poivre

Préchauffer le four à 180°C (350°F). Mêler les carottes et le céleri dans une casserole de 2 litres (4 tasses). Ajouter le reste des ingrédients et 50 ml (1/4 tasse) d'eau.

Laisser cuire à couvert pendant 45 minutes ou jusqu'à ce que les légumes soient tendres.

Entrée de zucchini

Agneau à la provençale

AGNEAU À LA PROVENÇALE

Métrique
1 gigot d'agneau dégraissé
375 ml de bouillon de
boeuf instantané
3 gousses d'ail écrasées
125 ml de persil haché et
mélangé
5 ml de romarin séché, de
thym, et de laurier écrasé
Sel et poivre
2 petits poivrons rouges ou
des tomates mariné(e)s dans
l'eau ou le vinaigre

Impérial
1 gigot d'agneau dégraissé
1-1/2 tasse de bouillon de
boeuf instantané
3 gousses d'ail écrasées
1/2 tasse de persil haché et
mélangé
1 c. à t. de romarin séché,
de thym, et de laurier écrasé
Sel et poivre
2 petits poivrons rouges ou
des tomates mariné(e)s dans
l'eau ou le vinaigre

Faire chauffer le four à 160°C (325°F). Dans un plat allant au four, verser 50 ml (1/4 tasse) de bouillon. Frotter la viande avec l'ail et les herbes, le sel et le poivre. Faire cuire au four à 180°C (350°F), en prenant soin d'arroser à l'occasion avec le bouillon de boeuf. Calculer la cuisson selon la grosseur du gigot. L'agneau est à son meilleur quand il est cuit rosé. Dégraisser le jus du gigot. Servir.

FLANS À LA CRÈME D'AIL DOUX

Métrique
375 ml de crème épaisse
(35%)
15 gousses d'ail entières
3 oeufs
Sel et poivre

Impérial
1-1/2 tasse de crème épaisse
(35%)
15 gousses d'ail entières
3 oeufs
Sel et poivre

Faire doucement cuire l'ail dans la crème à petit bouillon. La cuisson terminée, passer le mélange au robot culinaire. Saler et poivrer. Laisser tiédir et ajouter les oeufs. Laisser refroidir.

Beurrer généreusement 6 à 8 moules à tartelettes en aluminium et les remplir. Les poser sur une plaque contenant environ 2,5 cm (1 po) d'eau. Faire cuire à 180°C (350°F) pendant 25 minutes. Piquer au centre des flans avec un cure-dents pour vérifier la cuisson.

Salade de champignons à la crème

Métrique	Impérial
500 g de champignons	1 lb de champignons
375 ml de crème sure	1-1/2 tasse de crème sure
2 citrons coupés en deux	2 citrons coupés en deux
Persil haché	Persil haché
Cheddar doux	Cheddar doux

Laver les champignons et les plonger dans de l'eau bouillante salée pendant 2 ou 3 minutes. Égoutter et laisser refroidir. Couper en fines lamelles. Dresser sur un plat, arroser du jus de la moitié d'un citron. Couvrir de crème et mélanger délicatement. Décorer de persil haché, de fromage coupé en fines languettes et de tranches de citron. Servir.

Gâteau nid de Pâques

Métrique	Impérial
90 ml de graisse végétale	6 c. à s. de graisse végétale
250 ml de sucre	1 tasse de sucre
500 ml de farine à pâtisserie (tamisée)	2 tasses de farine à pâtisserie (tamisée)
3 oeufs	3 oeufs
1/2 tasse de fruits confits	1/2 tasse de fruits confits
1 ml de sel	1/4 c. à t. de sel
10 ml de poudre à pâte	2 c. à t. de poudre à pâte
125 ml de lait	1/2 tasse de lait
2 ml de vanille	1/2 c. à t. de vanille
1/4 melon cantaloup	1/4 melon cantaloup

Défaire la graisse végétale en crème, ajouter le sucre, les jaunes d'oeufs et bien battre le mélange pour le rendre mousseux.

Tamiser la farine avec la poudre à pâte et le sel. L'ajouter à la première préparation en alternant avec le lait.

Monter les blancs en neige et les faire entrer dans le mélange. Ajouter la vanille. Verser la pâte dans un moule à gâteau beurré et enfariné. Mettre à cuire au four à 180°C (350°F) pendant 45 minutes. Démouler et laisser refroidir.

Badigeonner le gâteau de sirop de maïs chauffé et saupoudrer immédiatement de noix de coco râpé.

Creuser un petit trou au bord du gâteau pour loger 2 ou 3 petits oeufs de Pâques en chocolat. Entourer le tour du nid d'une bordure de noix de coco râpée et entourer cette bordure d'un ruban de melon (cantaloup) taillé à l'aide d'un couteau éplucheur. Décorer de fruits confits et d'amandes émincées grillées.

Micro-ondes

Cuisson du gâteau

Cuire un étage à la fois. Verser la pâte dans le moule en ne remplissant qu'à moitié pour éviter tout débordement au cours de la cuisson. Régler à MED. pour les 6 premières minutes et ensuite à MAX. pour les 3 minutes suivantes jusqu'à ce que gâteau commence à se détacher des parois. Attendre 5 minutes avant de démouler.

Gâteau nid de Pâques

MIDI DE PÂQUES

Bordeaux rouge, rosé

Pour 6 à 8 personnes

MENU

Crème de carottes
Jambon à l'ananas
Pommes de terre en croquettes
Petits pois au fenouil
Verdure de mandarines
Tarte au sirop d'érable

CRÈME DE CAROTTES

Métrique	Impérial
500 ml de carottes	2 tasses de carottes
1 oignon	1 oignon
15 ml de beurre	1 c. à s. de beurre
125 ml de crème fraîche	1/2 tasse de crème fraîche
15 ml de persil haché	1 c. à s. de persil haché
Sel et poivre	Sel et poivre
15 ml de sucre	1 c. à s. de sucre

Éplucher les carottes et peler les oignons. Les couper en dés. Faire fondre le beurre dans une grande casserole et y faire à l'étuvée l'oignon pendant 2 minutes, puis les carottes pendant 2 autres minutes.

Ajouter 1 litre (4 tasses) d'eau bouillante. Saler, poivrer et faire cuire pendant 30 minutes. Ajouter le sucre. Passer

Crème de carottes

le tout au mélangeur pour liquéfier et reverser le potage dans la casserole. Ajouter la crème. Porter à ébullition en remuant sans arrêt. Parsemer de persil, décorer de copeaux de carottes blanchis. Servir.

JAMBON À L'ANANAS

Métrique	Impérial
1 jambon de 1,75 à 2,25 kg bien fumé	1 jambon de 4 à 5 lb bien fumé
3 litres d'eau	12 tasses d'eau
3 litres de bière	12 tasses de bière
375 ml de jus d'ananas	1-1/2 tasse de jus d'ananas
1 oignon moyen coupé en morceaux	1 oignon moyen coupé en morceaux
6 clous de girofle	6 clous de girofle
250 ml de mélasse	1 tasse de mélasse
5 ml de poivre	1 c. à t. de poivre
1 carotte	1 carotte
1 feuille de laurier	1 feuille de laurier
1 branche de céleri	1 branche de céleri
125 ml de cassonade	1/2 tasse de cassonade
125 ml de chapelure	1/2 tasse de chapelure
15 ml de moutarde sèche	1 c. à s. de moutarde sèche
Quelques tranches d'ananas	Quelques tranches d'ananas
Quelques cerises confites	Quelques cerises confites

Déposer le jambon dans une marmite assez grande avec l'eau, la bière, le jus d'ananas, le céleri, le laurier, l'oignon, la mélasse, la carotte et le poivre. Laisser cuire à feu doux pendant 45 minutes par kilo (2 livres). Retirer du feu et enlever la couenne sans retirer le gras. Faire des incisions sur la surface du jambon de façon à former des petits carrés; piquer un clou de girofle dans le centre de chacun de ces carrés. Mélanger la cassonade avec la chapelure et la moutarde sèche. Glacer toute la surface grasse du jambon avec ce mélange. Faire dorer au four à 200°C (400°F) pendant environ une vingtaine de minutes. Avant la fin de la cuisson, ajouter des tranches d'ananas et quelques cerises rouges pour garnir.

Truc décoration : se procurer une douzaine de feuilles d'ananas de 3 po de long; les tremper dans le blanc d'oeuf et dans la gelée en poudre aux cerises. Disposer autour du jambon.

POMMES DE TERRE EN CROQUETTES

Métrique	Impérial
6 pommes de terre pelées	6 pommes de terre pelées
6 jaunes d'oeufs	6 jaunes d'oeufs
50 ml de beurre	1/4 tasse de beurre

Couper les pommes de terre en gros morceaux. Les faire cuire à l'eau salée. Arrêter la cuisson dès qu' elles sont cuites. Égoutter et assécher à feu doux pendant 10 minutes. Évaser et lier avec les jaunes d'oeufs en remuant vivement à la cuillère de bois sur le feu. Ajouter le beurre. Former des galettes et paner à l'anglaise.

Mélange à paner

Métrique	Impérial
500 ml de lait	2 tasses de lait
3 oeufs	3 oeufs
5 ml de sel	1 c. à t. de sel
15 ml d'huile	1 c. à s. d'huile
Chapelure	Chapelure

Passer les galettes dans la farine, dans le mélange à paner et dans la chapelure. Faire cuire à chaude friture.

PETITS POIS AU FENOUIL

Métrique	Impérial
1 kg de petits pois surgelés	2 lb de petits pois surgelés
15 ml de sucre	1 c. à s. de sucre
1 bulbe de fenouil râpé	1 bulbe de fenouil râpé
45 ml de beurre	3 c. à s. de beurre
Sel et poivre	Sel et poivre
Feuilles de fenouil pour garnir	Feuilles de fenouil pour garnir

Mélanger les pois, le sucre et le fenouil. Couvrir d'eau et faire bouillir pendant 10 à 12 minutes. Égoutter et passer dans le beurre fondu. Servir dans un plat chaud. Parsemer les petits pois de feuilles de fenouil.

VERDURE DE MANDARINES

Métrique	Impérial
2 endives	2 endives
2 petites laitues rouges	2 petites laitues rouges
2 petites laitues mâches ou frisées	2 petites laitues mâches ou frisées
2 bottes de cresson	2 bottes de cresson
150 ml de quartiers de mandarines	3/4 tasse de quartiers de mandarines

Déchirer toutes les laitues et émincer les endives. Mettre dans un saladier les laitues et les mandarines. Verser du sel, du poivre, du vinaigre et de l'huile sur la salade. Mélanger.

TARTE AU SIROP D'ÉRABLE

Pâte à tarte à l'ancienne

Métrique	Impérial
500 ml de farine à pâtisserie	2 tasses de farine à pâtisserie
5 ml de sel	1 c. à t. de sel
375 ml de farine d'avoine	1-1/2 tasse de farine d'avoine
150 ml de graisse végétale froide	3/4 tasse de graisse végétale froide

Dans un bol, tamiser la farine et le sel. Ajouter la farine d'avoine. Couper la graisse végétale dans la farine à l'aide d'une fourchette. Bien fraiser. Ajouter l'eau glacée et mélanger doucement avec les pointes de la fourchette; la pâte ne doit pas être élastique. Utiliser juste la quantité d'eau nécessaire pour que la boule de pâte se tienne et se décolle bien du bol. Faire cuire au four à 190°C (375°F) pendant 25 à 30 minutes. Laisser refroidir.

Garniture

Métrique	Impérial
250 ml de lait	1 tasse de lait
50 ml de farine	1/4 tasse de farine
0,5 ml de sel	1/8 c. à t. de sel
500 ml de sirop d'érable	2 tasses de sirop d'érable
2 jaunes d'oeufs	2 jaunes d'oeufs
15 ml de beurre	1 c. à s. de beurre
2 blancs d'oeufs	2 blancs d'oeufs
1 pincée de sel	1 pincée de sel
50 ml de sucre	1/4 tasse de sucre

Faire chauffer le lait. Mêler la farine et le sel, puis ajouter graduellement au sirop d'érable. Verser dans le lait chaud. Faire cuire à feu lent en remuant constamment jusqu'à épaississement. Réchauffer les jaunes d'oeufs d'un peu de cette sauce; puis incorporer au reste de la sauce. Faire cuire pendant 3 à 4 minutes en remuant. Retirer du feu, incorporer le beurre et laisser tiédir un peu. Verser dans la croûte cuite et garnir de meringue. Faire cuire à 230°C (450°F) pendant environ 5 minutes jusqu'à ce que la meringue soit légèrement dorée. Décorer de grappes de raisins trempées dans du caramel.

Tarte au sirop d'érable

SOUPER DE PÂQUES

Vin blanc demi-sec, vin mousseux

Pour 6 à 8 personnes

MOUSSE AUX CREVETTES

Métrique	Impérial
1 petite boîte de crème de tomates	1 petite boîte de crème de tomates
1 petite boîte de petites crevettes	1 petite boîte de petites crevettes
250 g de fromage «Philadelphia», saveur nature	1 tasse de fromage «Philadelphia», saveur nature
1 enveloppe de gélatine sans saveur	1 enveloppe de gélatine sans saveur
250 ml de mayonnaise	1 tasse de mayonnaise
125 ml de céleri	1/2 tasse de céleri
125 ml d'échalotes	1/2 tasse d'échalotes

Mettre la crème de tomates dans un bain-marie. Laisser chauffer jusqu'à ce qu'il se forme des bulles à la surface. Ajouter le fromage et bien mélanger au malaxeur. Ajouter les crevettes, le céleri, les échalotes et la gélatine.

Retirer du feu et laisser tiédir. Ajouter la mayonnaise (voir page 75, Salade aux pommes et aux noix). Mélanger et mettre le tout dans un moule. Réfrigérer pendant au moins 4 heures.

ROULÉS AUX ASPERGES

Enrouler selon leur grosseur 2 à 3 asperges dans une tranche de jambon cuit (viande froide). Déposer dans un plat allant au four. Garnir de fromage emmenthal râpé. Faire cuire au four à 180°C (350°F) jusqu'à ce que le fromage soit fondu et légèrement bruni. Servir au sortir du four.

Saumon frais mariné

SAUMON FRAIS MARINÉ

Métrique	Impérial
1 kg de saumon frais	2 lb de saumon frais
2 gros oignons espagnols tranchés	2 gros oignons espagnols tranchés
125 ml de sucre	1/2 tasse de sucre
150 ml de vinaigre	3/4 tasse de vinaigre
125 ml d'eau	1/2 tasse d'eau
15 ml de sel	1 c. à s. de sel
Poivre	Poivre
5 ml d'épices à marinades	1 c. à t. d'épices à marinades

Sauce aigrette

Métrique	Impérial
250 ml de yogourt nature	1 tasse de yogourt nature
15 ml de moutarde de Dijon	1 c. à s. de moutarde de Dijon
30 ml de ciboulette hachée	2 c. à s. de ciboulette hachée
Le jus d'un citron	Le jus d'un citron
Sel et poivre	Sel et poivre
45 ml de porto	3 c. à s. de porto
50 ml de marinade	1/4 tasse de marinade

Laver le saumon, le couper en tranches et le déposer sur les oignons dans un plat. Ajouter le reste des ingrédients. Le faire mariner au réfrigérateur pendant 2 heures. Bien éponger le saumon et le faire cuire au beurre dans une poêle. Servir chaud ou froid avec la sauce aigrette.

Savarin de pommes de terre

SAVARIN DE POMMES DE TERRE

Métrique

1 pomme de terre par
personne
60 ml de beurre fondu
250 ml de crème légère
(15%)
1 pincée de paprika
1 pincée de fromage râpé
Farine
1 oeuf

Impérial

1 pomme de terre par
personne
4 c. à s. de beurre fondu
1 tasse de crème légère
(15%)
1 pincée de paprika
1 pincée de fromage râpé
Farine
1 oeuf

Couper les pommes de terre en fines juliennes, les mettre dans une poêle beurrée. Bien les tasser et les arroser de beurre. Les faire cuire au four à environ 215°C (425°F) pendant 20 à 25 minutes. Les démouler et verser au milieu une béchamel fromagée (voir le chapitre sur les sauces; préparer la moitié de la recette). Le plat peut aussi être servi sans sauce.

HARICOTS VERTS AU BEURRE CITRONNÉ

Métrique

500 g de haricots verts
15 ml de sel
45 ml de beurre fondu
Le jus d'un citron
60 ml de persil haché
1 gousse d'ail hachée

Impérial

1 lb de haricots verts
1 c. à s. de sel
3 c. à s. de beurre fondu
Le jus d'un citron
4 c. à s. de persil haché
1 gousse d'ail hachée

Équeuter les haricots et enlever les fils. Couper si désiré. Faire cuire à l'eau bouillante salée sans couvrir pendant environ 7 minutes. Les rafraîchir sous l'eau froide, les égoutter et les réserver. Dans une casserole, mettre le beurre et le jus de citron. Ajouter les haricots et faire chauffer.

SALADE WALDORF

Métrique

6 pommes rouges acidulées
5 ml de jus de citron
250 ml de raisins verts sans
pépins coupés en deux
500 ml de céleri coupé en
dés
250 ml de noix de pacanes
hachées
1 boîte de mandarines en
tranches
2 bananes tranchées
Mayonnaise

Impérial

6 pommes rouges acidulées
1 c. à t. de jus de citron
1 tasse de raisins verts sans
pépins coupés en deux
2 tasses de céleri coupé en
dés
1 tasse de noix de pacanes
hachées
1 boîte de mandarines en
tranches
2 bananes tranchées
Mayonnaise

Lier les fruits avec la mayonnaise en mélangeant délicatement (voir page 75, Salade aux pommes et aux noix). Décorer de noix de coco râpée. Servir sur des feuille de laitue.

ANANAS FLAMBÉ

Métrique

16 tranches d'ananas
125 ml de sucre
60 ml de beurre
Le jus de 2 oranges
Le jus d'un citron
30 ml de cognac
15 ml de rhum
8 petites prunes ou cerises
8 boules de crème glacée
à la vanille

Impérial

16 tranches d'ananas
1/2 tasse de sucre
4 c. à s. de beurre
Le jus de 2 oranges
Le jus d'un citron
2 c. à s. de cognac
1 c. à s. de rhum
8 petites prunes ou cerises
8 boules de crème glacée
à la vanille

Faire chauffer le sucre dans un poêlon épais, jusqu'à ce qu'il soit caramélisé. Ajouter le beurre et les jus de fruit, et laisser mijoter. Disposer les tranches d'ananas dans le poêlon. Les faire revenir des deux côtés. Ajouter le cognac et le rhum et faire flamber. Ajouter les prunes ou les cerises et faire mijoter pendant quelques minutes. Disposer une tranche d'ananas dans chaque assiette. Placer une boule de crème glacée au centre et recouvrir d'une autre tranche d'ananas Garnir avec une cerise ou une prune. Napper de sauce.

Salade Waldorf

SOUPER DE PÂQUES

Bordeaux blanc, bourgogne rouge, rosé pétillant

Pour 6 à 8 personnes

MENU

Soupe aux poireaux et aux pommes de terre
Terrine à l'orange sauce soleil
Demi-pêches farcies minceur
Petits cochons de Pâques en papillotes
Poitrines de volaille farcies aux crevettes
Pommes de terre au four délicieuses
Carottes glacées au romarin
Salade aux pommes et aux noix
Tarte pascaline

SOUPE AUX POIREAUX ET AUX POMMES DE TERRE

Métrique
4 blancs de poireaux
(réserver le vert)
5 pommes de terre
50 ml de beurre
2 litres de bouillon de
volaille
Cerfeuil
Sel et poivre
75 ml de crème épaisse
(35%)

Impérial
4 blancs de poireaux
(réserver le vert)
5 pommes de terre
1/4 tasse de beurre
8 tasses de bouillon de
volaille
Cerfeuil
Sel et poivre
6 c. à s de crème épaisse
(35%)

Éplucher et laver les poireaux et les pommes de terre, les couper en dés. Faire fondre du beurre dans une grande casserole. Ajouter les légumes, couvrir et faire mijoter à feu doux pendant 5 à l0 minutes. Ajouter le bouillon (ou l'eau), le sel et le poivre. Faire cuire pendant 20 minutes et passer la soupe au mélangeur. Ajouter la crème, réchauffer et parsemer de cerfeuil haché.

Couper les verts des poireaux en très petits dés et les faire suer au beurre sans couvrir, pendant 7 minutes. Verser dans la soupe avant de servir.

DEMI-PÊCHES FARCIES MINCEUR

Métrique
2 boîtes de moitiés de
pêches égouttées
200 g de fromage à la
crème
2 tranches de jambon
maigre coupé en petits
cubes
5 ml d'estragon séché ou
2 ml d'estragon frais
60 ml de céleri haché fin
Sel et poivre
Feuilles de céleri pour
décorer

Impérial
2 boîtes de moitiés de
pêches égouttées
8 oz de fromage à la
crème
2 tranches de jambon
maigre coupé en petits
cubes
1 c. à t. d'estragon séché ou
1/2 c. à t. d'estragon frais
4 c. à s. de céleri haché fin
Sel et poivre
Feuilles de céleri pour
décorer

Disposer l6 demi-pêches dans un plat peu profond allant au four. Hacher fin le reste des pêches. Mettre dans le robot culinaire le fromage pour le ramollir. Le retirer. Y incorporer le jambon, l'estragon, les pêches hachées et le céleri. Assaisonner au goût et mettre au réfrigérateur pendant 30 minutes. Juste avant de servir passer les pêches au four pendant une dizaine de minutes en les remuant après 5 minutes. Les remplir de préparation au fromage. Garnir le plat de feuilles de céleri. Servir aussitôt.

Demi-pêches farcies minceur

Terrine à l'orange
Sauce soleil

Métrique
24 oranges sans pépin
150 ml de sucre
l25 ml d'eau
250 ml de jus d'orange
750 ml de vin blanc sec
120 ml de Grand Marnier
(ou Triple Sec)
4 enveloppes de gélatine
sans saveur
Le jus d'un citron
30 ml de zeste d'orange

Impérial
24 oranges sans pépin
3/4 tasse. de sucre
1/2 tasse d'eau
1 tasse de jus d'orange
3 tasses de vin blanc sec
8 c. à s. de Grand Marnier
(ou Triple Sec)
4 enveloppes de gélatine
sans saveur
Le jus d'un citron
2 c. à s. de zeste d'orange

Peler les oranges à vif et les défaire en quartiers au-dessus d'un bol. Réserver le jus. Arroser les quartiers d'oranges avec 60 ml (4 c. à s.) de Grand Marnier. Les disposer côte à côte sur un linge et les mettre au réfrigérateur pendant 1 heure. Faire bouillir pendant 2 minutes l'eau et le sucre. Retirer du feu et ajouter le zeste d'orange râpé. Couvrir. Laisser infuser pendant 10 minutes. Ajouter au sirop le vin blanc et les 60 ml (4 c. à s.) de Grand Marnier. Faire gonfler la gélatine dans la tasse de jus d'orange et l'ajouter au mélange de sirop, vin blanc et Grand Marnier. Si la gélatine ne fond pas suffisamment, la faire chauffer doucement. Mettre au réfrigérateur jusqu'à ce que le mélange commence à peine à prendre.

Montage de la terrine

Verser environ le quart de la gélatine dans le moule et laisser prendre. (Si la gélatine ne prend pas assez, ajouter un peu de poudre). Disposer les quartiers d'oranges sur la gelée, dans le même sens, en les superposant légèrement. Couvrir les quartiers avec la gélatine et mettre au réfrigérateur. Lorsque la gélatine est prise, superposer une autre couche de quartiers d'oranges, et ainsi de suite jusqu'à épuisement des oranges. Terminer par une couche de gelée d'environ 1,25 cm (1/2 po). Laisser prendre pendant 4 à 5 heures. Démouler délicatement et trancher avec un couteau électrique ou avec un couteau à lame très fine passée sous l'eau chaude.

Sauce soleil

Métrique
375 ml de crème épaisse
(35%)
75 ml de sucre
250 ml de jus d'orange frais

Impérial
1-1/2 tasse de crème épaisse
(35%)
5 c. à .s. de sucre
1 tasse de jus d'orange frais

Fouetter la crème et ajouter le sucre dès qu'elle commence à monter. Terminer de fouetter et ajouter le jus d'orange. Si la sauce n'est pas servie immédiatement, la fouetter à nouveau au moment de napper les tranches de la terrine.

Poitrines de volaille
farcies aux crevettes

Métrique
8 poitrines de volaille
désossées
500 ml de crevettes de
Matane
30 ml de pâte de tomates
30 ml d'échalotes
françaises hachées
l gousse d'ail hachée
250 ml de crème épaisse
(35%)
250 ml de bouillon de
volaille
2 oeufs
45 ml de chapelure
l pincée de poivre de
cayenne
45 ml de persil haché
Sel et poivre

Impérial
8 poitrines de volaille
désossées
2 tasses de crevettes de
Matane
2 c. à s. de pâte de tomates
2 c. à s. d'échalotes
françaises hachées
l gousse d'ail hachée
l tasse de crème épaisse
(35%)
1 tasse de bouillon de
volaille
2 oeufs
3 c. à s de chapelure
l pincée de poivre de
cayenne
3 c. à s de persil haché
Sel et poivre

Déposer dans le robot culinaire, les crevettes et les 8 petits filets attachés sous les poitrines de volaille, 15 ml (1 c. à s.) de pâte de tomates, l'échalote, le persil, la chapelure, le poivre de cayenne, le sel et le poivre. Mélanger jusqu'à l'obtention d'une pâte collante. Ajouter alors 1 oeuf, mélanger pendant 30 secondes, puis ajouter l'autre oeuf et mélanger encore 30 secondes. Verser en filet 125 ml *(Suite à la page 74)*

Micro-ondes

Cuisson du poulet

Disposer les poitrines dans un plat en verre peu profond en plaçant la peau du poulet en dessous. Recouvrir d'un papier ciré.

Cuire à MAX. pendant 6 minutes. Retourner. Laisser cuire pendant 6 minutes ou jusqu'à ce que le poulet soit tendre lorsque piqué à la fourchette.

Retirer du four et attendre de 5 à 10 minutes avant de servir. Couper les poitrines et les dresser en étoile dans l'assiette.

Poitrines de volaille farcies aux crevettes

(1/2 tasse) de crème. Réserver au réfrigérateur. Fendre les poitrines de façon à les ouvrir comme un papillon. Les farcir de mousse et les refermer. Les déposer sur un plat beurré allant au four, mouiller de bouillon de volaille et faire cuire à 180°C (350°F) en les couvrant d'un papier aluminium pendant 20 à 25 minutes. On vérifie la cuisson en piquant un cure-dents qui doit ressortir propre. Pour servir, couper les poitrines et les dresser en étoile dans l'assiette.

Préparation de la sauce

Récupérer le bouillon de cuisson et le faire réduire de moitié. Ajouter le dernier 15 ml (1 c. à s.) de pâte de tomates et la tasse de crème. Faire cuire jusqu'à l'obtention d'une consistance onctueuse. Napper les poitrines de sauce. S'il manque de la sauce, faire suer au beurre 45 ml (3 c. à s.) de crevettes, ajouter 15 ml (1 c. à s.) de farine, faire cuire à feu très doux. Mélanger pendant 1 minute sans coloration et intégrer la sauce déjà faite à ce mélange, l'allonger de bouillon si elle est trop épaisse.

Préparation des poitrines

1 Fendre les poitrines sans détacher et ouvrir.

2 Garnir de mousse la face interne.

3 Replier délicatement sans appuyer.

4 Déposer sur un plat beurré et mouiller de bouillon.

CAROTTES GLACÉES AU ROMARIN

Métrique	Impérial
1 kg de carottes émincées	2 lb de carottes émincées
50 ml de concentré de bouillon de poulet	1/4 tasse de concentré de bouillon de poulet
30 ml de cassonade dorée	2 c. à s. de cassonade dorée
15 ml de ciboulette hachée	1 c. à s. de ciboulette hachée
5 ml de romarin	1 c. à t. de romarin
30 ml de beurre	2 c. à s. de beurre

Mettre les carottes dans une casserole. Mélanger tout le reste des ingrédients (sauf la ciboulette) et les verser sur les carottes. Mélanger bien le tout. Couvrir et faire cuire à feu vif pendant 8 à 10 minutes, ou jusqu'à ce que le liquide se soit évaporé et que les carottes commencent à briller. Baisser le feu en fin de cuisson. Ne pas laisser colorer.

PETITS COCHONS DE PÂQUES EN PAPILLOTES

Métrique	Impérial
500 g de saucisses cocktail au porc	1 lb de saucisses cocktail au porc
170 ml de sirop d'érable	3/4 tasse de sirop d'érable
Pâte à tarte	Pâte à tarte
Moutarde et relish	Moutarde et relish

Faire mariner les saucisses dans le sirop d'érable pendant 3 heures. Abaisser la pâte à tarte en un rectangle de 30 x 44 cm (12 x 18 po). Couper sur la longueur en 3 lisières de 10 cm (4 po) et sur la largeur en lisières de 5 cm (2 po). Étendre un mélange de moutarde et de relish au centre de chaque morceau de pâte. Déposer une saucisse à une extrémité de la pâte et rouler. Placer sur une plaque à biscuits. Badigeonner le dessus avec un oeuf dilué dans 15 ml (1 c. à s.) d'eau. Faire cuire à 225°C (450°F) pendant 15 à 20 minutes. Servir chaud.

POMMES DE TERRE AU FOUR DÉLICIEUSES

Métrique	Impérial
8 pommes de terre	8 pommes de terre
60 ml de beurre ramolli	4 c. à s. de beurre ramolli
4 gousses d'ail hachées	4 gousses d'ail hachées
1 pincée de thym	1 pincée de thym
45 ml persil haché	3 c. à s. de persil haché
Le jus d'un citron	Le jus d'un citron

Envelopper les pommes de terre lavées dans du papier aluminium et faire cuire au four à 180-190°C (350-375°F) jusqu'à ce que la fourchette pénètre bien jusqu'au centre de la pomme de terre. Préparer le beurre à l'ail en mélangeant bien le beurre, les gousses d'ail, le thym, le persil et le jus de citron. Mettre au réfrigérateur. Pratiquer une incision en forme de croix sur la pomme de terre, l'entrouvrir d'une légère pression du pouce et de l'index. Déposer une noisette de beurre à l'ail sur chaque pomme de terre. Servir.

SALADE AUX POMMES ET AUX NOIX

Métrique	Impérial
1 botte de cresson	l botte de cresson
4 grosses pommes	4 grosses pommes
30 ml de jus de citron	2 c. à s. de jus de citron
150 ml de noix hachées	3/4 tasse de noix hachées
150 ml de céleri éminçé	3/4 tasse de céleri éminçé
30 ml de ciboule éminçée	2 c. à s. de ciboule éminçée
(échalote verte)	(échalote verte)
150 ml de mayonnaise	3/4 tasse de mayonnaise
50 ml de crème sure	1/4 tasse de crème sure
l ml de sel	1/4 c. à t. de sel
Poivre au goût	Poivre au goût

Enlever les coeurs des pommes, couper celles-ci en petits cubes puis les mélanger avec le jus de citron dans un bol. Dans un petit bol, mettre les noix, le céleri et la ciboule. Mélanger la mayonnaise, la crème sure, le sel et le poivre. Verser sur les pommes et mélanger pour enrober la salade uniformément. Couvrir et laisser au réfrigérateur pendant 2 heures ou plus.

Parer le cresson et en garnir le fond d'un saladier puis déposer la salade de pommes sur ce lit de verdure.

Il est conseillé d'utiliser de belles pommes rouges Cortland, leur chair noircit moins vite que celle des autres.

Mayonnaise

Métrique	Impérial
1 ou 2 jaunes d'oeufs	1 ou 2 jaunes d'oeufs
2 ml de moutarde sèche ou de Dijon	1/2 c. à t. de moutarde sèche ou de Dijon
2 ml de sel	1/2 c. à t. de sel
1 pincée de poivre blanc	1 pincée de poivre blanc
15 ml de vinaigre	1 c. à s. de vinaigre
15 ml de jus de citron	1 c. à s. de jus de citron
250 ml d'huile végétale	1 tasse d'huile végétale

Mélanger au fouet, au malaxeur ou au robot culinaire: le jaune d'oeuf, le sel, la moutarde et le poivre. Ajouter le vinaigre et le jus de citron et mélanger. Ajouter l'huile en mince filet en battant constamment. Quand la mayonnaise commence à épaissir, on peut verser l'huile plus rapidement. Conserver au réfrigérateur couvert d'une pellicule de plastique pour éviter la formation d'une croûte. Voici trois façons de récupérer la mayonnaise: 1) casser les jaunes d'oeufs et dans un bol verser petit à petit la mayonnaise en battant. 2) même procédé mais avec un peu de moutarde. 3) même procédé avec 40 à 60 ml (3 à 4 c. à s.) d'eau bouillie.

TARTE PASCALINE

Pâte brisée

Métrique	Impérial
800 ml de farine à pâtisserie	3-1/4 tasses de farine à pâtisserie
5 ml de sel	1 c. à t. de sel
250 ml de graisse végétale	1 tasse de graisse végétale
Eau glacée	Eau glacée

Tamiser la farine et le sel. Couper la graisse en petits morceaux à l'aide d'un couteau enfariné et continuer de mélanger en coupant (ainsi la pâte ne deviendra pas élastique). Arroser d'eau et continuer de couper jusqu'à ce que la pâte «boule bien», sans coller aux doigts.

Garniture

Métrique	Impérial
l25 ml de sucre	1/2 tasse de sucre
l25 ml de farine à pain	1/2 tasse de farine à pain
0,5 ml de sel	1/8 c. à t. de sel
500 ml de lait chaud	2 tasses de lait chaud
5 ml de vanille	l c. à t. de vanille
2 oeufs	2 oeufs
Sucre à glacer	Sucre à glacer

Mélanger les ingrédients secs. Ajouter graduellement le lait chaud. Faire cuire au bain-marie, en remuant constamment jusqu'à ce que le mélange épaississe. Ajouter les jaunes d'oeufs battus, remettre le tout au bain-marie et faire cuire pendant 2 à 3 minutes. Refroidir et ajouter l'essence. Verser dans une croûte cuite. Saupoudrer de sucre à glacer.

Variante : mélanger 5 pommes coupées en cubes, 250 ml (1 tasse) de sucre, 125 ml (1/2 tasse) de noix de Grenoble, le jus d'un citron et verser dans une croûte non cuite. Couvrir de 250 ml (1 tasse) d'amandes en poudre mélangée à 250 ml (1 tasse) de sucre. Faire cuire au four à 180°C (350°F) pendant 45 minutes.

Tarte pascaline

Les réjouissances populaires

Souper de la Saint-Valentin

Vin d'Alsace, vin Fou

Pour 6 à 8 personnes

Menu

Crème de coeurs de palmiers
Cuisses de grenouilles amoureuses
Filets d'esturgeon au poivre vert et
au bouillon de poisson
Brocolis et carottes au beurre
Laitue Boston et vinaigrette mimosa
Croustade aux fraises

Cuisses de grenouilles amoureuses

Métrique	Impérial
6 cuisses de grenouilles	6 cuisses de grenouilles
45 ml de beurre	3 c. à s. de beurre
30 ml d'échalotes	2 c. à s. d'échalotes
30 ml de persil haché	2 c. à s. de persil haché
1 poivron rouge coupé en petits dés	1 poivron rouge coupé en petits dés
1 poivron vert coupé en petits dés	1 poivron vert coupé en petits dés
250 ml de Clamato	1 tasse de Clamato
250 ml de crème épaisse (35%)	1 tasse de crème épaisse (35%)
15 ml de farine tout usage	1 c. à s. de farine tout usage
30 ml de Pernod (facultatif)	2 c. à s. de Pernod (facultatif)

Entrecroiser chaque paire de cuisses de grenouilles et les passer délicatement dans la farine assaisonnée de sel et de poivre. Les faire cuire doucement dans une poêle dans 15 ml (1 c. à s.) de beurre jusqu'à ce qu'elles soient bien dorées en les retournant de temps à autre. Retirer du feu et réserver au chaud sur un plat de service. Jeter le beurre usé et faire fondre le reste du beurre dans la poêle. Faire suer les échalotes et les poivrons pendant 2 minutes. Ajouter la farine et mélanger pendant 30 secondes. Verser le Clamato, mélanger et faire cuire à gros bouillon pendant 2 minutes. Ajouter la crème, le persil haché et le Pernod et faire cuire doucement jusqu'à consistance crémeuse. Éponger les cuisses de grenouilles avec du papier absorbant et napper de sauce. Garnir de bouquets de persil.

Cuisses de grenouilles amoureuses

Crème de coeurs de palmiers

Métrique	Impérial
750 ml de coeurs de palmiers	3 tasses de coeurs de palmiers
30 ml de beurre	2 c. à s. de beurre
1 pincée de poivre de cayenne	1 pincée de poivre de cayenne
250 ml de fromage gruyère râpé	1 tasse de fromage gruyère râpé
125 ml de crème épaisse (35%) (facultatif)	1/2 tasse de crème épaisse (35%) (facultatif)

Faire une soupe aux poireaux (voir page 98) et liquéfier au mélangeur. Faire chauffer dans le beurre les coeurs de palmiers coupés en morceaux et ajouter le poivre de cayenne. Liquéfier ce mélange et l'incorporer à la soupe aux poireaux. Ce potage doit être assez relevé, surtout s'il est servi glacé. Verser la crème de coeurs de palmiers dans les bols à soupe. Ajouter environ 15 ml (1 c. à s.) de gruyère râpé dans chacun des bols et servir.

Filets d'esturgeon au poivre vert et au bouillon de poisson

FILETS D'ESTURGEON AU POIVRE VERT ET AU BOUILLON DE POISSON

Métrique	Impérial
1,5 kg d'esturgeon	3 lb d'esturgeon
50 ml de beurre	1/4 tasse de beurre
45 ml d'échalotes hachées	3 c. à s. d'échalotes hachées
250 ml de bouillon de poisson	1 tasse de bouillon de poisson
250 ml de crème épaisse (35%)	1 tasse de crème épaisse (35%)
45 ml de poivre vert	3 c. à s. de poivre vert
50 ml de brandy	1/4 tasse de brandy
30 ml de farine	2 c. à s. de farine

Enfariner les filets d'esturgeon et les faire cuire au beurre dans une poêle. Réserver au chaud sur un plat de service. Dans la même poêle, faire revenir pendant 2 minutes dans du beurre frais, les échalotes et le poivre vert (rincé et égoutté). Ajouter la farine et faire rissoler pendant 1 minute. Flamber au brandy. Ajouter la crème et le bouillon de poisson. Faire cuire jusqu'à consistance crémeuse. Rectifier l'assaisonnement. Éponger les filets d'esturgeon et les napper de sauce.

Bouillon de poisson

Métrique	Impérial
500 g d'arêtes de poisson	1 lb d'arêtes de poisson
1 oignon	1 oignon
1 branche de céleri	1 branche de céleri
30 ml de beurre	2 c. à s. de beurre
1 pincée de thym	1 pincée de thym
1 feuille de laurier	1 feuille de laurier
15 ml de poivre noir entier	1 c. à s. de poivre noir entier
3 branches de persil	3 branches de persil
125 ml de vin blanc sec	1/2 tasse de vin blanc sec
1 litre d'eau	4 tasses d'eau

Faire fondre le beurre. Y ajouter les légumes coupés en petits dés et laisser cuire jusqu'à ce que toute l'eau rendue par les légumes se soit évaporée. Verser ensuite l'eau, le vin blanc et les épices. Continuer la cuisson à feu doux pendant 25 minutes. Filtrer le bouillon à travers une mousseline à fromage (coton fromage) et réserver. Congeler le bouillon non utilisé.

MICRO-ONDES

Cuisson des filets d'esturgeon

Enlever l'excès d'eau et vérifier que l'esturgeon soit complètement décongelé. Disposer les filets en une seule couche en plaçant les parties les plus petites et les plus minces au centre. Éviter le chevauchement. Faire cuire à MAX. pendant 10 à 12 minutes jusqu'à ce que la chair du poisson devienne opaque et se détache aisément. Tourner le plat en cours de cuisson.

BROCOLI ET CAROTTES AU BEURRE

Métrique	Impérial
4 carottes moyennes	4 carottes moyennes
1 brocoli moyen coupé en bouquets	1 brocoli moyen coupé en bouquets
Sel et poivre	Sel et poivre
Beurre	Beurre

Faire cuire les carottes coupées en biais dans de l'eau bouillante salée pendant environ 5 minutes. Ajouter les bouquets de brocoli, les faire cuire jusqu'à ce qu'ils soient tendres. Égoutter. Ajouter le sel, le poivre et un peu de beurre.

LAITUE BOSTON ET VINAIGRETTE MIMOSA

Métrique
2 ou 3 laitues Boston
4 oeufs durs
75 ml de persil haché
Le jus d'une orange
Vinaigrette

Impérial
2 ou 3 laitues Boston
4 oeufs durs
5 c. à s. de persil haché
Le jus d'une orange
Vinaigrette

Parer les laitues en conservant les feuilles extérieures pour garnir la paroi intérieure du saladier. Couper le reste de la laitue en morceaux et mettre dans un bol.

Faire cuire les oeufs, les hacher avec le moulin à légumes et les ajouter à la laitue. Parsemer de persil haché.

Ajouter la vinaigrette et le jus d'orange à la salade et bien remuer. Déposer la salade sur le lit de laitue. Décorer de quartiers d'orange et de rondelles d'oeufs durs.

MICRO-ONDES

Cuisson des fraises

Répartir uniformément dans un plat de service en verre. Ajouter le sucre, l'eau et le jus de citron. Faire cuire à MAX. à découvert pendant 3 minutes.

CROUSTADE AUX FRAISES

Métrique
125 ml de sucre
150 ml d'eau
15 ml de jus de citron
750 ml de fraises
lavées et égouttées
45 ml de tapioca
125 ml de beurre
150 ml de cassonade
250 ml de farine tout usage
250 ml de gruau
1 ml de cannelle
1 ml de muscade
Pâte feuilletée

Impérial
1/2 tasse de sucre
3/4 tasse d'eau
1 c. à s. de jus de citron
3 tasses de fraises
lavées et égouttées
3 c. à s. de tapioca
1/2 tasse de beurre
3/4 tasse de cassonade
1 tasse de farine tout usage
1 tasse de gruau
1/4 c. à t. de cannelle
1/4 c. à t. de muscade
Pâte feuilletée

Faire chauffer le four à 190°C (375°F). Dans une casserole, mélanger le sucre, l'eau et le jus de citron et porter à ébullition. Ajouter les fraises coupées en deux et laisser mijoter pendant 3 à 4 minutes.

Saupoudrer de tapioca, mélanger le beurre, la cassonade, la farine, le gruau, la cannelle et la muscade. Laisser refroidir.

Abaisser la pâte feuilletée au rouleau à pâtisserie. La découper en forme de coeur. Déposer le coeur sur une plaque à biscuits graissée et le badigeonner de jaune d'oeuf. Mettre au four et faire cuire pendant 20 minutes. Laisser refroidir.

Évider le coeur, le remplir du mélange aux fraises et remettre le capuchon. Servir.

Croustade aux fraises

SOUPER DE LA SAINT-VALENTIN

Vin d'Alsace, bourgogne rouge, porto, champagne

Pour 6 à 8 personnes

MENU

Crème de champignons
Cupidons de langoustines au ragoût de palourdes
Entrecôtes au poivre
Pommes de terre boulangère
Cocktails de melon au porto
Gâteau velours Valentino

CUPIDONS DE LANGOUSTINES AU RAGOÛT DE PALOURDES

Métrique	Impérial
30 langoustines	30 langoustines
45 ml de beurre	3 c. à s. de beurre
6 coeurs en pâte feuilletée	6 coeurs en pâte feuilletée
2 jaunes d'oeufs	2 jaunes d'oeufs
45 ml de persil haché	3 c. à s. de persil haché
5 ml d'ail haché	1 c. à t. d'ail haché
10 ml d'échalotes hachées	2 c. à t. d'échalotes hachées
250 ml de palourdes	1 tasse de palourdes
250 ml de vin blanc sec	1 tasse de vin blanc sec
250 ml de crème épaisse (35%)	1 tasse de crème épaisse (35%)
Sel et poivre	Sel et poivre

Abaisser la pâte feuilletée à 3 mm (1/8 po) d'épaisseur et la découper en forme de coeur; badigeonner chacun des coeurs de jaunes d'oeufs. Prendre soin de ne laisser couler aucune goutte de jaune d'oeuf sur le bord des cupidons, car elle empêcherait la pâte feuilletée de lever à cet endroit. Faire cuire à 180°C (350°F) pendant 15 minutes.

Décortiquer les langoustines et les faire sauter dans le beurre pendant 2 minutes. Réserver au chaud. Dans la même poêle, ajouter les échalotes, l'ail, le persil et les palourdes. Faire cuire pendant 3 minutes. Ajouter le vin blanc et faire réduire de moitié. Ajouter la crème et laisser bouillir jusqu'à consistance désirée.

Présentation : couper le coeur en deux. Disposer les queues de langoustines à demi sur le feuilletage et mettre le ragoût de palourdes au centre. Couvrir de l'autre demi-coeur. Servir chaud.

Cupidons de langoustines au ragoût de palourdes

CRÈME DE CHAMPIGNONS

Métrique	Impérial
30 ml de beurre	2 c. à s. de beurre
30 ml de farine	2 c. à s. de farine
1 gros oignon	1 gros oignon
1 blanc de poireau	1 blanc de poireau
500 g de champignons	16 oz de champignons
1 litre de bouillon de poulet	4 tasses de bouillon de poulet
150 ml de crème épaisse (35%)	3/4 tasse de crème épaisse (35%)
Sel et poivre blanc	Sel et poivre blanc

Dans le beurre, faire suer sans colorer, les oignons, les poireaux et les champignons émincés. Quand les légumes ont perdu toute leur eau, ajouter la farine et faire cuire pendant 30 secondes en remuant. Ajouter le bouillon de poulet et continuer la cuisson pendant 35 minutes. Ajouter la crème et liquéfier au mélangeur. Servir avec des croûtons au beurre.

ENTRECÔTES AU POIVRE

Métrique	Impérial
2 kg d'entrecôtes de boeuf désossées	4 lb d'entrecôtes de boeuf désossées
30 ml de grains de poivre écrasés	2 c. à s. de grains de poivre écrasés
30 ml de beurre	2 c. à s. de beurre
50 ml de cognac (Courvoisier)	1/4 tasse de cognac (Courvoisier)
125 ml de vin rouge sec	1/2 tasse de vin rouge sec
50 ml de crème épaisse (35%)	1/4 tasse de crème épaisse (35%)
Beurre manié (5 ml de beurre mélangé à 5 ml de farine)	Beurre manié (1 c. à t. de beurre mélangé à 1 c. à t. de farine)
Sel et poivre	Sel et poivre
10 ml de persil haché	2 c. à t. de persil haché
15 ml de beurre	1 c. à s. de beurre

Enfoncer les grains de poivre écrasés dans les entrecôtes. Faire fondre le beurre à feu vif, y faire revenir les entrecôtes et les faire cuire de chaque côté jusqu'à la cuisson désirée. Saler au goût. Verser le cognac sur les entrecôtes et faire flamber. Déposer sur un plat de service chaud.

Verser le vin dans la sauteuse et le faire réduire au deux tiers. Avec un fouet, incorporer le beurre manié, puis la crème. Napper les entrecôtes de sauce.

POMMES DE TERRE BOULANGÈRE

Métrique	Impérial
10 pommes de terre	10 pommes de terre
4 oignons émincés	4 oignons émincés
15 ml de thym	1 c. à s. de thym
15 ml de sel	1 c. à s. de sel
5 ml de poivre	1 c. à t. de poivre
3/4 litre de bouillon de volaille	3 tasses de bouillon de volaille

Couper les pommes de terre en fines rondelles et émincer les oignons. Mettre les pommes de terre et les oignons dans un grand bol et ajouter le sel, le thym et le poivre. Mélanger à la main.

Beurrer un grand moule à gratin et le remplir de pommes de terre en les aplatissant bien. Mouiller de bouillon de volaille et faire cuire jusqu'à ce que le bouillon se soit évaporé et que les pommes de terre prennent de la couleur.

COCKTAILS DE MELONS AU PORTO

Métrique	Impérial
3 melons (cantaloup)	3 melons (cantaloup)
250 ml de porto	1 tasse de porto
2 citrons	2 citrons
Feuilles de menthe	Feuilles de menthe

Gâteau velours Valentino

Couper les melons en deux et extraire de petites boules à l'aide d'une cuillère à parisienne. Faire macérer dans le porto, au réfrigérateur, pendant 24 heures. Passer le bord de la coupe au citron et le tremper dans le sucre. Remplir les coupes et décorer d'une feuille de menthe.

GÂTEAU VELOURS VALENTINO

Métrique	Impérial
1 sachet de mélange à gâteau aux fraises, cuit dans 2 moules:	1 sachet de mélange à gâteau aux fraises, cuit dans 2 moules:
1 moule en pyrex carré de 20 cm;	1 moule en pyrex carré de 8 po;
1 moule en pyrex rond de 20 cm	1 moule en pyrex rond de 8 po

Faire cuire les gâteaux et les laisser refroidir. Couper le gâteau rond en deux demi-lunes et les coller sur les côtés du gâteau carré de façon à former un coeur. Ce gâteau se glace sur le plat de service puisqu'il ne peut être déplacé.

Glaçage

Métrique	Impérial
2 blancs d'oeufs	2 blancs d'oeufs
60 ml de sucre	4 c. à s. de sucre
150 ml de sirop de maïs	3/4 tasse de sirop de maïs
Colorant rouge	Colorant rouge

Fouetter les blancs d'oeufs en neige en incorporant peu à peu le sucre. Entre-temps, faire bouillir le sirop de maïs pendant 1 à 2 minutes. Verser le sirop chaud en filet sur les blancs d'oeufs en continuant de fouetter sans arrêt jusqu'à consistance ferme. Ajouter le colorant rouge pour obtenir une jolie teinte rosée. Glacer le gâteau et le décorer d'une rose naturelle.

BOÎTE À LUNCH DE LA SAINT-VALENTIN

Par enfant

CRUDITÉS

Couper quelques bâtonnets de carottes, de céleri, quelques radis ou quelques tomates cerises.

SANDWICHES EN FORME DE COEUR

Utiliser 1 tranche de pain brun entier et 1 tranche de pain blanc. Les garnir de poulet, d'oeufs durs hachés, de tomates, etc. et couper à l'aide d'un emporte-pièce en forme de coeur.

PUNCH AUX FRUITS

Utiliser un produit commercial ou confectionner un punch maison en y ajoutant quelques fruits frais coupés en petits dés.

Crudités, sandwiches en forme de coeur, punch aux fruits

SOUPER DE LA SAINT-PATRICE

Vin d'Alsace, bourgogne blanc, champagne brut

Pour 6 à 8 personnes

MENU

Soupe veloutée aux
tomates et aux croûtons
Avocats farcis au crabe
Veau printanier aux
légumes
Salade de poivrons grillés
au four
Fondant au chocolat

SOUPE VELOUTÉE AUX TOMATES ET AUX CROÛTONS

Métrique	Impérial
1 kg de tomates	2 lb de tomates
30 ml de beurre	2 c. à s. de beurre
1 carotte	1 carotte
1 oignon	1 oignon
60 ml de persil	4 c. à s. de persil
1 gousse d'ail	1 gousse d'ail
15 ml de sucre	1 c. à s. de sucre
1 feuille de laurier	1 feuille de laurier
1 pincée de thym	1 pincée de thym
1 pincée de basilic	1 pincée de basilic
30 ml de farine tout usage	2 c. à s. de farine tout usage
1 litre de lait froid	4 tasses de lait froid
45 ml de pâte de tomates	3 c. à s. de pâte de tomates

Hacher la carotte, l'oignon, le persil et l'ail et les faire cuire dans une casserole avec du beurre jusqu'à ce que les légumes aient rendu toute leur eau. Ajouter alors les tomates coupées en morceaux, le sucre, les herbes, la pâte de tomates et faire cuire à feu vif pendant 5 minutes. Ajouter la farine, mélanger et ajouter le lait froid. Faire cuire pendant environ 20 minutes. Retirer la feuille de laurier et liquéfier au mélangeur.

Servir la soupe garnie de croûtons colorés au beurre, dans des bols à soupe.

On peut aussi mouiller la soupe avec du bouillon de poulet et lui incorporer 250 ml (1 tasse) de sauce blanche pour la velouter.

AVOCATS FARCIS AU CRABE

Métrique	Impérial
4 avocats bien mûrs	4 avocats bien mûrs
120 ml de chair de crabe	8 c. à s. de chair de crabe
1 oignon haché	1 oignon haché
50 ml de persil haché	1/4 tasse de persil haché
Rondelles d'oignons	Rondelles d'oignons
Rondelles de citron	Rondelles de citron
1 tomate coupée en quartiers	1 tomate coupée en quartiers
150 ml de mayonnaise	3/4 tasse de mayonnaise
Feuilles de laitue	Feuilles de laitue
Sel de céleri	Sel de céleri
Poivre	Poivre

Couper les avocats en deux et les évider avec une cuillère à soupe en laissant une mince couche de pulpe à l'intérieur de l'avocat. Couper le dessous pour qu'il reste stable. Couper la pulpe de l'avocat et la chair de crabe en petits dés. Mélanger le tout dans un bol et en farcir les avocats.

Décorer d'un beau morceau de crabe, de tomates en quartiers, de rondelles d'oignons, de tranches de citron et d'un bouquet de persil.

Dresser sur des feuilles de laitue.

VEAU PRINTANIER AUX LÉGUMES

Métrique	Impérial
1,5 kg d'épaule de veau coupée en gros cubes	3 lb d'épaule de veau coupée en gros cubes
50 ml de beurre ou de gras de veau fondu	1/4 tasse de beurre ou de gras de veau fondu
1 litre de sauce blanche légère	4 tasses de sauce blanche légère
1 pincée de thym	1 pincée de thym
1 pincée de laurier	1 pincée de laurier
1 pincée de marjolaine	1 pincée de marjolaine
250 ml de champignons, coupés en tranches	1 tasse de champignons coupés en tranches
12 petits oignons entiers	12 petits oignons entiers
2 carottes coupées en dés	2 carottes coupées en dés
375 ml de pois verts	1-1/2 tasse de pois verts

Faire dorer les cubes de veau dans le beurre fondu. Ajouter la sauce blanche et les herbes aromatiques. Couvrir et faire mijoter le tout pendant 1 heure en remuant de temps à autre.

Ajouter ensuite tous les légumes et continuer la cuisson pendant encore 30 minutes de plus ou jusqu'à ce que les légumes soient bien tendres.

Veau printanier aux légumes

SALADE DE POIVRONS GRILLÉS AU FOUR

Métrique	Impérial
6 poivrons verts	6 poivrons verts
6 poivrons rouges	6 poivrons rouges
90 ml d'huile d'olive	6 c. à s. d'huile d'olive
1 pincée de thym	1 pincée de thym
5 ml de graines de coriandre	1 c. à t. de graines de coriandre
1 gros oignon émincé	1 gros oignon émincé
75 ml de vinaigre de vin	5 c. à s. de vinaigre de vin
Sel et poivre	Sel et poivre

Couper les poivrons en deux et les passer sous le gril jusqu'à ce que la peau noircisse. Enlever la peau noircie, émincer les poivrons et les réserver dans un saladier.

Faire suer pendant 7 minutes l'oignon émincé dans du beurre et l'ajouter aux poivrons. Assaisonner et ajouter tous les autres ingrédients. En garnir les demi-poivrons.

Servir tiède sur une feuille de laitue.

Note : pour ôter plus facilement la peau des poivrons, les déposer dans un bol et couvrir d'une pellicule de plastique. Retirer les poivrons un à la fois pour les éplucher. Laisser les poivrons non épluchés toujours bien couverts afin de garder leur humidité.

FONDANT AU CHOCOLAT

Métrique	Impérial
3 paquets de chocolat semi-sucré	3 paquets de chocolat semi-sucré
1 boîte de lait condensé sucré	1 boîte de lait condensé sucré
1 pincée de sel	1 pincée de sel
5 ml de vanille	1 c. à t. de vanille
125 ml de noix hachées (facultatif)	1/2 tasse de noix hachées (facultatif)

Faire fondre le chocolat au bain-marie. Retirer la casserole du feu et incorporer le reste des ingrédients. Laisser refroidir pendant quelques heures ou toute une nuit avant de couper le fondant en carrés.

MICRO-ONDES

Cuisson du chocolat

Dans un grand bol à mélanger en verre, faire cuire le chocolat à MAX. pendant 2 à 3 minutes ou jusqu'à ce qu'il soit fondu. Incorporer les autres ingrédients. Faire cuire à MED. pendant 4 à 6 minutes.

Préparation des poivrons

1 Passer les poivrons sous le gril à environ 8 cm (3 po) de l'élément.

2 Retirer dès que la peau aura noirci.

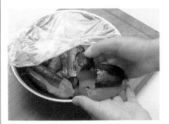

3 Une fois refroidie mais toujours humide, retirer la peau noircie.

4 Émincer et réserver dans un saladier.

Salade de poivrons grillés au four

SOUPER DE LA SAINT-PATRICE

Vin blanc sec ou bordeaux rouge, menthe glacée

Pour 6 à 8 personnes

MENU

Crème d'artichauts
Ragoût d'agneau irlandais
Grands-pères
Pois des neiges farcis au fromage blanc
Salade de chou rouge
Tarte fromagée à la crème de menthe

CRÈME D'ARTICHAUTS

Métrique	Impérial
750 g d'artichauts en boîte	1-1/2 lb d'artichauts en boîte
1 blanc de poireau	1 blanc de poireau
1 oignon	1 oignon
30 ml de beurre	2 c. à s. de beurre
30 ml de farine tout usage	2 c. à s. de farine tout usage
1,5 litre de bouillon de poulet	6 tasses de bouillon de poulet
250 ml de crème épaisse (35%)	1 tasse de crème épaisse (35%)
Sel et poivre	Sel et poivre

Laver et égoutter les artichauts. Les couper en morceaux. Dans une casserole les faire cuire pendant 7 à 8 minutes dans du beurre fondu avec le poireau et l'oignon. Ajouter la farine et bien mélanger pendant 1 minute. Verser le bouillon de poulet. Assaisonner et laisser cuire pendant 30 minutes. Liquéfier au mélangeur. Remettre dans la casserole avec la crème et faire bouillir pendant 5 minutes.

Servir et garnir, si désiré, de petits dés de tomates sautés au beurre pendant 5 minutes.

RAGOÛT D'AGNEAU IRLANDAIS

Métrique	Impérial
1,5 kg d'agneau en morceaux	3 lb d'agneau en morceaux
125 ml de carottes coupées en dés	1/2 tasse de carottes coupées en dés
125 ml de navets coupés en dés	1/2 tasse de navets coupés en dés
1 oignon émincé	1 oignon émincé
1 litre de pommes de terre coupées en tranches de 5 mm	4 tasses de pommes de terre coupées en tranches de 1/4 po
Sel et poivre	Sel et poivre

Ragoût d'agneau irlandais

Placer la viande dans un chaudron, couvrir d'eau bouillante et faire cuire à petit feu pendant 2 heures ou plus. Après 1 heure de cuisson, ajouter les carottes, les navets et les oignons. Aromatiser au goût.

Une demi-heure avant de servir, ajouter les pommes de terre. Épaissir avec de la farine mélangée à 50 ml (1/4 tasse) d'eau froide. Saler et poivrer.

GRANDS-PÈRES

Métrique	Impérial
500 ml de farine tout usage	2 tasses de farine tout usage
20 ml de poudre à pâte	4 c. à t. de poudre à pâte
2 ml de sel	1/2 c. à t. de sel
150 ml de lait, ou un peu plus si on les fait à la cuillère	3/4 tasse de lait, ou un peu plus si on les fait à la cuillère

Mélanger et tamiser les ingrédients secs. Ajouter le lait peu à peu. Abaisser la pâte à 1,25 cm (1/2 po) d'épaisseur et la découper comme des biscuits. Placer la pâte dans le ragoût; bien couvrir et faire cuire pendant 12 minutes. (Donne 12 à 15 grands-pères).

De préférence placer la pâte sur la viande ou sur les pommes de terre. Si nécessaire, enlever un peu de sauce.

POIS DES NEIGES FARCIS AU FROMAGE BLANC

Métrique	Impérial
36 pois des neiges	36 pois des neiges
150 ml de fromage «Philadelphia»	3/4 tasse de fromage «Philadelphia»
50 ml de crème épaisse (35%) ou 50 ml de lait	1/4 tasse de crème épaisse (35%) ou 1/4 tasse de lait
45 ml de ciboulette	3 c. à s. de ciboulette
Le jus d'un citron	Le jus d'un citron
5 ml de pâte de tomates	1 c. à t. de pâte de tomates
Sel et poivre	Sel et poivre

Retirer le fil des pois des neiges. Faire cuire les pois dans de l'eau bouillante pendant 1 minute. Les passer sous l'eau froide. Égoutter. Ouvrir les pois des neiges à l'aide de la pointe d'un petit couteau. Réserver. Travailler au malaxeur le fromage, la crème, le jus de citron et la pâte de tomates. Assaisonner.

Remplir de ce mélange une poche à pâtisserie munie d'une petite douille et farcir les pois des neiges.

Dresser en éventail sur un plat de service.

TARTE FROMAGÉE À LA CRÈME DE MENTHE

Métrique	Impérial
Pâte brisée	Pâte brisée
250 ml de fromage «Philadelphia»	1 tasse fromage« Philadelphia»
125 ml de farine tout usage	1/2 tasse de farine tout usage
1 pincée de cannelle	1 pincée de cannelle
375 ml de sucre	1-1/2 tasse de sucre
2 oeufs	2 oeufs
125 ml de lait	1/2 tasse de lait
1 pincée de sel	1 pincée de sel
50 ml de crème de menthe	1/4 tasse de crème de menthe

Dans un bol, travailler au malaxeur le fromage, le sucre et la farine, puis ajouter 1 pincée de sel, la cannelle, les oeufs, un après l'autre, et finalement le lait. Bien mélanger. Ajouter la crème de menthe. Garnir une assiette en aluminium ou un autre moule à tarte d'une abaisse de pâte brisée (voir page 75, pâte brisée, Tarte pascaline) et verser le mélange dans la pâte.

Battre un oeuf avec 30 ml (2 c. à s.) de sucre et en badigeonner le mélange. Faire cuire au four à 150°C (300°F) pendant environ 40 minutes.

Garnir de feuilles de menthe.

Variante : ajouter quelques gouttes de colorant vert au premier mélange pour rappeler la couleur de la menthe.

Tarte fromagée à la crème de menthe

Préparation des pois des neiges

1 Retirer le fil qui longe la cosse.

2 Passer à l'eau bouillante pendant 1 minute.

3 Ouvrir doucement la cosse sans séparer.

4 Farcir et replier légèrement la cossse.

SALADE DE CHOU ROUGE

Métrique	Impérial
500 ml de chou rouge râpé	2 tasses de chou rouge râpé
30 ml de lait	2 c. à s. de lait
30 ml de mayonnaise	2 c. à s. de mayonnaise
30 ml de vinaigre	2 c. à s. de vinaigre
30 à 60 ml de sucre	2 à 4 c. à s. de sucre
Sel et poivre	Sel et poivre

Mélanger tous les ingrédients et ajouter 30 à 60 ml (2 à 4 c. à s.) de sucre. Laisser reposer pendant 2 heures.

Dresser dans une coupe à cocktail garnie d'une petite feuille de chou rouge. Servir.

Souper du Mardi gras

Vin blanc demi-sec, bordeaux rouge, vin Fou

Pour 6 à 8 personnes

Menu

Soupe à la chinoise
Brie aux noisettes fondu au four
Carottes glacées à la menthe citronnée
Salade César
Côtelettes de porc aux pommes
Gâteau Reine Élisabeth

Soupe à la chinoise

Métrique	Impérial
30 ml de beurre	2 c. à s. de beurre
3 carottes coupées en biais	3 carottes coupées en biais
4 branches de céleri coupées en biais	4 branches de céleri coupées en biais
1 brocoli coupé en bouquets	1 brocoli coupé en bouquets
20 pois des neiges coupés en biais	20 pois des neiges coupés en biais
6 branches de persil	6 branches de persil
5 ml de gingembre	1 c. à t. de gingembre
375 ml de nouilles chinoises ou des rotini	1-1/2 tasse de nouilles chinoises ou des rotini
4 litres de bouillon de boeuf ou de poulet	16 tasses de bouillon de boeuf ou de poulet
1 pincée de thym	1 pincée de thym
15 ml de sauce soja	1 c. à s. de sauce soja
Sel et poivre	Sel et poivre

Faire fondre le beurre dans une casserole et y faire suer doucement les carottes et le céleri pendant 7 minutes. Ajouter le bouillon , le thym, le persil, le gingembre, la sauce soja et les nouilles. Faire cuire à feu moyen jusqu'à ce que les nouilles soient cuites. Assaisonner. Ajouter les bouquets de brocolis et les pois des neiges et laisser cuire encore pendant 3 minutes. Servir.

Brie aux noisettes fondu au four

Métrique	Impérial
50 ml d'huile d'olive	1/4 tasse d'huile d'olive
125 ml de chapelure de pain brun	1/2 tasse de chapelure de pain brun
50 ml de persil haché	1/4 tasse de persil haché
50 ml de noisettes hachées fin	1/4 tasse de noisettes hachées fin
750 g de brie	1-1/2 lb de brie
Cresson ou feuilles de laitue	Cresson ou feuilles de laitue
2 pommes vertes taillées en éventail	2 pommes vertes taillées en éventail
2 pommes rouges taillées en éventail	2 pommes rouges taillées en éventail
Toasts en triangles	Toasts en triangles

Verser l'huile dans un petit bol peu profond. Réserver.

Dans un autre bol, mélanger la chapelure, le persil et les noisettes. Réserver.

Couper le brie en quartiers et le tremper d'abord dans l'huile d'olive, puis dans la chapelure aux noisettes en pressant bien. Déposer les quartiers de brie sur une plaque allant au four en les espaçant de 2,5 cm (1 po) les uns des autres. Arroser le brie du reste d'huile d'olive. Mettre au réfrigérateur pendant 1 heure. Faire cuire au four à 180°C (350°F) pendant 10 à 15 minutes.

Pendant ce temps, déposer le cresson dans les assiettes et tailler les pommes en éventail (voir page 34, Préparation des tomates en éventail.) Faire réchauffer les toasts en triangles et servir.

Brie aux noisettes fondu au four

Carottes glacées à la menthe citronnée

Métrique	Impérial
750 g de carottes coupées en fines juliennes	1-1/2 lb de carottes coupées en fines juliennes
1 oignon haché	1 oignon haché
1 gousse d'ail	1 gousse d'ail
30 ml de beurre	2 c. à s. de beurre
45 ml de sucre	3 c. à s. de sucre
Le jus d'un citron	Le jus d'un citron
12 feuilles de menthe fraîche	12 feuilles de menthe fraîche
ou	ou
15 ml de menthe sèche	1 c. à s. de menthe sèche
125 ml d'eau	1/2 tasse d'eau
1 pincée de sel	1 pincée de sel

Dans une casserole à fond épais, mettre le beurre et faire suer l'oignon haché, sans le colorer, pendant 3 minutes. Ajouter les carottes, le sucre, le jus de citron, l'eau et le sel. Couvrir et faire cuire jusqu'à ce que l'eau se soit évaporée et que le sucre enrobe les carottes d'un lustre. Ajouter les feuilles de menthe au moment de servir.

Salade César

Métrique	Impérial
2 laitues romaines	2 laitues romaines
15 ml d'ail haché	1 c. à s. d'ail haché
125 ml d'huile d'olive	1/2 tasse d'huile d'olive
40 croûtons de 1,25 cm	40 croûtons de 1/2 po
Pincée de sel	Pincée de sel
Pincée de poivre	Pincée de poivre
125 ml d'huile d'olive	1/2 tasse d'huile d'olive
4 jaunes d'oeufs	4 jaunes d'oeufs
Le jus de 2 citrons	Le jus de 2 citrons
300 ml de parmesan râpé	1-1/4 tasse de parmesan râpé
45 ml de câpres	3 c. à s. de câpres
Rondelles d'oignons	Rondelles d'oignons
12 filets d'anchois	12 filets d'anchois
(facultatif)	(facultatif)

Mettre 125 ml (1/2 tasse) d'huile à chauffer dans une poêle et y faire dorer les croûtons en les remuant. Ajouter de l'huile si nécessaire. Retirer du feu. Ajouter l'ail, mélanger, et égoutter sur du papier absorbant. Réserver.

Dans un grand bol à salade, mettre la laitue coupée en morceaux. Ajouter le sel, le poivre, les jaunes d'oeufs, le jus de citron, les câpres, le parmesan, les croûtons et le reste de l'huile d'olive. Bien mélanger et garnir de rondelles d'oignons et d'anchois.

Côtelettes de porc aux pommes

Métrique	Impérial
6 à 8 côtelettes de porc	6 à 8 côtelettes de porc
500 ml de jus de pomme	2 tasses de jus de pomme
Sel, poivre et sel de céleri	Sel, poivre et sel de céleri
90 ml de beurre	6 c. à s. de beurre
90 ml de farine tout usage	6 c. à s. de farine tout usage
3 pommes	3 pommes

Assaisonner de sel, de poivre et de thym les côtelettes et les faire dorer dans une poêle épaisse. Ajouter le jus de pomme et les faire cuire à feu doux jusqu'à ce qu'elles soient tendres.

Mettre les côtelettes sur un plat de service. Épaissir le jus avec le beurre et la farine travaillés ensemble (beurre manié). Laisser mijoter pendant quelques minutes. Ajouter une pincée de sel de céleri et vérifier l'assaisonnement.

Décorer chaque côtelette de porc de persil et de quartiers très minces de pommes sautées au beurre avec un peu de sucre ou saupoudrées de sucre et passées sous le gril pour les glacer.

Gâteau Reine Élisabeth

Métrique	Impérial
250 ml de sucre brun	1 tasse de sucre brun
1 oeuf	1 oeuf
125 ml de beurre	1/2 tasse de beurre
5 ml de vanille	1 c. à t. de vanille
375 ml de farine tout usage	1-1/2 tasse de farine tout usage
5 ml de poudre à pâte	1 c. à t. de poudre à pâte
5 ml de soda à pâte	1 c. à t. de soda à pâte
1 ml de sel	1/4 c. à t. de sel
150 ml d'eau bouillante	3/4 tasse d'eau bouillante
250 ml de noix hachées	1 tasse de noix hachées
250 ml de cerises hachées	1 tasse de cerises hachées
250 ml de dattes hachées	1 tasse de dattes hachées

Travailler en crème le beurre, le sucre brun et l'oeuf. Ajouter la vanille. Tamiser ensemble la farine, la poudre à pâte, le soda à pâte et le sel. Mélanger, puis ajouter les noix, les cerises, les dattes et l'eau bouillante.

Faire cuire dans un moule de 23 x 23 cm (9 x 9 po) au four à 180°C (350°F) pendant 45 minutes.

Garniture

Métrique	Impérial
60 ml de beurre	4 c. à s. de beurre
45 ml de crème	3 c. à s. de crème
75 ml de sucre brun	5 c. à s. de sucre brun
125 ml de noix de coco	1/2 tasse de noix de coco

Bien mélanger et faire cuire pendant 1 à 2 minutes le beurre, la crème et le sucre brun jusqu'à ce que le mélange soit crémeux. Ajouter la noix de coco et verser le mélange sur le gâteau chaud. Remettre au four pendant quelques minutes.

Côtelettes de porc aux pommes avec carottes glacées à la menthe citronnée

Souper du Mardi gras

Bourgogne rouge, vin mousseux

Pour 6 à 8 personnes

MENU

Soupe à l'oignon gratinée

Escargots à la bourguignonne

Steak émincé à la suisse

Oignons farcis aux petits pois crémeux

Poireaux à la grecque

Gâteau aux carottes

Escargots à la bourguignonne

ESCARGOTS À LA BOURGUIGNONNE

Métrique	Impérial
2 boîtes de 24 escargots	2 boîtes de 24 escargots
250 ml de beurre	1 tasse de beurre
125 ml de persil haché	1/2 tasse de persil haché
45 ml d'échalotes hachées	3 c. à s. d'échalotes hachées
15 ml d'ail haché	1 c. à s. d'ail haché
Le jus de 2 citrons	Le jus de 2 citrons
Sel et poivre	Sel et poivre

Faire ramollir le beurre en pommade à la main et lui incorporer le persil, l'ail, l'échalote, le jus de citron, le sel et le poivre. Déposer les escargots dans chacune des cavités de l'escargotière. Les recouvrir de beurre à l'aide d'une poche à pâtisserie. Faire cuire au four à 190°- 200°C (375°- 400°F) jusqu'à ce que le beurre soit très chaud.

À défaut d'escargotière, déposer chacun des escargots sur un petit croûton non cuit frotté d'ail. Couvrir d'une noisette de beurre à l'ail. Déposer sur une plaque huilée et faire cuire.

SOUPE À L'OIGNON GRATINÉE

Métrique	Impérial
1,25 litre de bouillon de volaille ou de boeuf	5 tasses de bouillon de volaille ou de boeuf
60 ml de beurre	4 c. à s. de beurre
30 ml d'huile végétale	2 c. à s. d'huile végétale
1,25 kg d'oignons émincés fin	2-1/2 lb d'oignons émincés fin
5 ml de sel	1 c. à t. de sel
15 ml de farine	1 c. à s. de farine
15 ml de pâte de tomates	1 c. à s. de pâte de tomates
1 pincée de thym	1 pincée de thym
375 ml de gruyère râpé	1-1/2 tasse de gruyère râpé
Croûtons frottés à l'ail	Croûtons frottés à l'ail

Dans une casserole, faire chauffer le beurre et l'huile. Y ajouter les oignons et laisser cuire tout doucement pendant 20 minutes. Remuer de temps à autre. Quand les oignons sont bien colorés, ajouter la farine et la pâte de tomates et bien mélanger à la cuillère de bois. Verser le bouillon et laisser cuire pendant 30 à 35 minutes à feu moyen.

Entre-temps, couper de fines tranches de pain croûté et les faire cuire au four sur une plaque à biscuits. Quand elles sont bien dorées, les frotter avec une gousse d'ail.

Râper le gruyère.

Remplir les bols de soupe chaude et y faire flotter les croûtons. Couvrir généreusement de gruyère râpé et saupoudrer de paprika.

Mettre sous le gril pendant 2 ou 3 minutes en surveillant bien le gratin.

Variante : ajouter 1 verre de vin blanc sec dans la soupe en même temps que le bouillon de boeuf.

MICRO-ONDES

Cuisson de la soupe à l'oignon

Dans un bol en verre, faire revenir le beurre et l'huile à MAX. pendant 1 minute et demie. Ajouter les oignons. Couvrir. Faire cuire à MAX. pendant environ 20 minutes ou jusqu'à ce que les oignons soient complètement tendres. Remuer 2 fois en cours de cuisson. Ajouter les autres ingrédients. Couvrir. Faire cuire à MAX. pendant 10 minutes ou jusqu'à ébullition. Verser dans des bols individuels. Garnir de quelques croûtons et saupoudrer le fromage. Faire cuire à RÔTIR (ROAST) par groupe de 3 ou 4 portions pendant 6 minutes ou jusqu'à ce que le fromage soit fondu.

Steak émincé à la suisse et oignons farcis aux petits pois crémeux

STEAK ÉMINCÉ À LA SUISSE

Métrique	Impérial
750 g à 1 kg de bifteck dans la ronde, coupé en lanières	1-3/4 à 2 lb de bifteck dans la ronde, coupé en lanières
Farine, sel et poivre	Farine, sel et poivre
30 ml de graisse	2 c. à s. de graisse
500 ml de tomates en conserve ou de jus de tomates	2 tasses de tomates en conserve ou de jus de tomates
3 oignons émincés	3 oignons émincés
5 ml de moutarde sèche	1 c. à t. de moutarde sèche
2 ml de poudre chili	1/2 c. à t. de poudre chili
1 feuille de laurier	1 feuille de laurier
10 ml de sauce Worcestershire	2 c. à t. de sauce Worcestershire

Mélanger la farine, le sel et le poivre et enfariner les lanières de viande en les pressant bien.

Faire fondre la graisse dans une poêle. Y faire revenir la viande jusqu'à ce qu'elle soit bien saisie. Couvrir d'oignons émincés. Assaisonner les tomates et les verser sur la viande. Couvrir et faire cuire lentement à feu doux pendant environ 10 minutes jusqu'à ce que la viande soit tendre.

Ajouter d'autres tomates ou de l'eau, si nécessaire. Dégraisser. Servir avec la sauce.

OIGNONS FARCIS AUX PETITS POIS CRÉMEUX

Métrique	Impérial
6 oignons moyens	6 oignons moyens
50 ml de beurre	1/4 tasse de beurre
500 ml de petits pois	2 tasses de petits pois
50 ml de persil haché	1/4 tasse de persil haché
60 ml beurre	4 c. à s. de beurre
15 ml de farine tout usage	1 c. à s. de farine tout usage
250 ml de lait	1 tasse de lait
5 ml de sucre	1 c. à t. de sucre

Couper les oignons en deux et les évider soigneusement. Réserver la pulpe. Faire fondre le beurre dans une poêle, y déposer les moitiés d'oignons et les faire dorer au beurre pendant environ 5 minutes. Ajouter de l'eau à mi-hauteur et faire bouillir au four pendant 10 à 15 minutes.

Entre-temps, hacher fin la pulpe des oignons et la faire cuire doucement dans une poêle avec du beurre pendant 3 minutes. Ajouter les petits pois, le persil, le sucre et la farine. Bien mélanger et ajouter le lait. Laisser cuire jusqu'à consistance crémeuse.

Sortir les oignons du four et les remplir de petits pois crémeux. On peut également couvrir les oignons de cheddar et les passer au four pour faire fondre le fromage.

Poireaux à la grecque

Métrique	Impérial
8 poireaux	8 poireaux
75 ml d'huile d'olive	1/3 tasse d'huile d'olive
Le jus de 2 citrons	Le jus de 2 citrons
150 ml de vin blanc sec	3/4 tasse de vin blanc sec
75 ml d'eau	1/3 tasse d'eau
5 ml de sel	1 c. à t. de sel
5 ml de poivre blanc	1 c. à t. de poivre blanc
1 pincée de thym	1 pincée de thym
30 ml de persil	2 c. à s. de persil
1 feuille de laurier	1 feuille de laurier
15 ml de graines de coriandre	1 c. à s. de graines de coriandre

Nettoyer les poireaux et les tailler à 20 cm (8 po). Faire chauffer l'huile d'olive et y faire fondre les poireaux pendant 7 minutes sans les colorer. Ajouter tous les autres ingrédients et faire cuire à feu vif pendant 10 à 12 minutes. Dresser sur un plat de service avec tout le jus de cuisson. Décorer de bagues de poireaux.

Gâteau aux carottes

Métrique	Impérial
500 ml de sucre	2 tasses de sucre
4 oeufs	4 oeufs
375 ml d'huile	1-1/2 tasse d'huile
1 boîte d'ananas haché, égoutté	1 boîte d'ananas haché, égoutté
750 ml de carottes râpées	3 tasses de carottes râpées
500 ml de noix hachées	2 tasses de noix hachées
500 ml de farine tout usage	2 tasses de farine tout usage
10 ml de poudre à pâte	2 c. à t. de poudre à pâte
10 ml de soda à pâte	2 c. à t. de soda à pâte
5 ml de sel	1 c. à t. de sel
10 ml de cannelle	2 c. à t. de cannelle
5 ml de vanille	1 c. à t. de vanille

MICRO-ONDES

Cuisson du gâteau aux carottes

Garnir, si possible, les plats de cuisson de papier ciré plutôt que de les graisser ou de les parsemer de farine. Remplir le moule à moitié pour éviter tout débordement lors de la cuisson. Faire cuire à MAX. pendant 14 à 16 minutes pour un plat en verre et de 10 à 12 minutes pour les moules cannelés ou en couronne. Le gâteau se décolle des parois lorsqu'il est cuit. Tourner après 7 minutes. Laisser refroidir le gâteau sur une surface plate pendant 5 minutes avant de le démouler.

Gâteau aux carottes

Mélanger la farine, la poudre à pâte, le soda à pâte, le sel, la cannelle et la vanille. Ajouter le sucre, l'huile et l'oeuf battu. Ajouter les carottes, l'ananas, les noix et bien mélanger. Faire cuire à 180°C (350°F) pendant 50 minutes.

Glaçage

Métrique	Impérial
625 ml de sucre à glacer	2-1/2 tasses de sucre à glacer
125 ml de beurre mou	1/2 tasse de beurre mou
105 ml de fromage à la crème	7 c. à s. de fromage à la crème
5 ml de vanille	1 c. à t. de vanille

Travailler en crème le fromage et le beurre. Ajouter la vanille et, graduellement, le sucre à glacer. Battre jusqu'à consistance crémeuse. Couvrir le gâteau de glaçage et le mettre au réfrigérateur.

Décoration

1) Avec un couteau, éplucher de minces bandelettes de carottes et les faire cuire doucement pendant 10 minutes dans de l'eau sucrée et vanillée. Rouler ensuite les bandelettes et les placer tout autour du gâteau en les remplissant de noix hachées et de glaçage.
2) Tailler des mini-carottes au couteau et les faire cuire dans de l'eau sucrée. Disposer autour du gâteau et les garnir de bouquets de persil pour suggérer les feuilles de la carotte.
3) Tremper des feuilles d'ananas taillées au couteau à 7,5 cm (3 po) de longueur dans de la gelée en poudre aux cerises ou à une autre saveur, puis dans un blanc d'oeuf.

SOUPER DE LA FÊTE DES MÈRES

Bourgogne blanc, vin mousseux

Pour 6 à 8 personnes

MENU

Soupe de saumon au cari
Paillassons de pétoncles vinaigrette
Escalope de veau cordon bleu
Rotini et petits pois au beurre
Ratatouille
Tarte à la banane et aux framboises

SOUPE DE SAUMON AU CARI

Métrique	Impérial
15 ml de cari	1 c. à s. de cari
250 ml de saumon coupé en lanières	1 tasse de saumon coupé en lanières
45 ml de beurre	3 c. à s. de beurre
30 ml d'échalotes hachées	2 c. à s. d'échalotes hachées
1 carotte coupée en dés	1 carotte coupée en dés
2 blancs de poireaux émincés	2 blancs de poireaux émincés
2 branches de céleri émincées	2 branches de céleri émincées
125 ml de vin blanc sec	1/2 tasse de vin blanc sec
1 gousse d'ail hachée	1 gousse d'ail hachée
2 tomates	2 tomates
Le jus d'un citron	Le jus d'un citron
45 ml de ciboulette hachée	3 c. à s. de ciboulette hachée
1,5 litre d'eau	6 tasses d'eau

Passer les tomates dans de l'eau bouillante, les éplucher, enlever les pépins et les couper en dés.

Faire fondre du beurre dans une casserole et y faire suer les légumes pendant 3 minutes ou jusqu'à ce qu'ils aient rendu toute leur eau. Ajouter l'eau, le jus de citron, le vin blanc; assaisonner et laisser cuire pendant 15 minutes.

Entre-temps, mettre les lanières de saumon dans un petit bol et les saupoudrer de cari. Faire fondre 30 ml (2 c. à s.) de beurre. Y faire revenir les lanières de saumon sans trop remuer. Mettre le saumon dans des bols à soupe et le couvrir de soupe chaude. Saupoudrer de ciboulette. Servir immédiatement.

PAILLASSONS DE PÉTONCLES VINAIGRETTE

Métrique	Impérial
500 g de pâte feuilletée	1 lb de pâte feuilletée
6 cornichons à l'aneth	6 cornichons à l'aneth
250 g de pétoncles	1/2 lb de pétoncles
45 ml d'huile d'olive	3 c. à s. d'huile d'olive
30 ml d'échalotes hachées	2 c. à s. d'échalotes hachées
30 ml de persil haché	2 c. à s. de persil haché
Le jus de 3 citrons	Le jus de 3 citrons

Abaisser la pâte feuilletée à 3 mm (1/8 po) d'épaisseur. Poser un bol à l'envers sur la pâte feuilletée et la découper pour faire des ronds de 7,5 cm à 10 cm (3 po à 6 po) de diamètre. Piquer les ronds à la fourchette.

Émincer les cornichons en rondelles de 3 mm (1/8 po) d'épaisseur. Couper les pétoncles de la même façon.

Mettre sur les ronds de pâte un peu d'échalote et de persil. Disposer, en partant du centre, les pétoncles et les cornichons en les faisant se chevaucher jusqu'à ce que la pâte soit entièrement couverte.

Verser de l'huile d'olive sur les paillassons et les faire cuire au four à 180°C (350°F) pendant environ 15 minutes. Servir les paillassons chauds ou froids, nappés d'un peu de vinaigrette.

Paillassons de pétoncles vinaigrette

ESCALOPES DE VEAU
CORDON BLEU

Métrique	Impérial
6 grandes escalopes de veau	6 grandes escalopes de veau
6 tranches de jambon cuit	6 tranches de jambon cuit
150 ml de gruyère râpé	3/4 tasse de gruyère râpé
3 oeufs	3 oeufs
125 ml de lait	1/2 tasse de lait
Farine assaisonnée	Farine assaisonnée
250 ml de chapelure	1 tasse de chapelure
125 ml de beurre	1/2 tasse de beurre
375 ml de champignons émincés	1-1/2 tasse de champignons émincés
15 ml de farine tout usage	1 c. à s. de farine tout usage
125 ml de crème épaisse (35%)	1/2 tasse de crème épaisse (35%)
50 ml de vin blanc sec	1/4 tasse de vin blanc sec

Couper les tranches de jambon en deux. Couvrir les escalopes de tranches de jambon, puis de gruyère râpé. Plier l'escalope en deux en l'aplatissant bien. Passer chaque escalope dans la farine assaisonnée de sel et de poivre, puis dans les oeufs, dans le lait battu et finalement dans la chapelure.

Dans une poêle, faire fondre 125 ml (1/2 tasse) de beurre et faire cuire les escalopes pendant 1 minute. Les passer ensuite au four à 180°C (350°F) pendant 15 minutes. Retourner les escalopes à mi-cuisson.

Éponger les escalopes avec du papier absorbant.

Sauce

Dans une autre poêle, faire sauter vivement les champignons au beurre jusqu'à ce qu'ils soient bien dorés. Ajouter alors 15 ml (1 c. à s.) de farine. Mélanger et ajouter le vin blanc. Laisser bouillir un peu et verser la crème. Assaisonner et napper les escalopes.

RATATOUILLE

Métrique	Impérial
1 grosse aubergine	1 grosse aubergine
2 courgettes	2 courgettes
2 oignons	2 oignons
2 poivrons verts	2 poivrons verts
1 poivron rouge	1 poivron rouge
4 tomates	4 tomates
15 ml de pâte de tomates	1 c. à s. de pâte de tomates
1 pincée de thym	1 pincée de thym
2 gousses d'ail hachées	2 gousses d'ail hachées
60 ml d'huile d'olive ou de beurre	4 c. à s. d'huile d'olive ou de beurre
250 ml de jus de tomate	1 tasse de jus de tomate
1 feuille de laurier	1 feuille de laurier
15 ml de sucre	1 c. à s. de sucre

Couper les légumes en dés de 2,5 cm (1 po). Mettre tous les ingrédients dans une casserole et faire cuire pendant 20 minutes à feu vif.

Ce plat se mange chaud ou froid.

ROTINI ET PETITS POIS
AU BEURRE

Métrique	Impérial
1 litre de rotini	4 tasses de rotini
375 ml de petits pois surgelés	1-1/2 tasse de petits pois surgelés
50 ml de beurre	1/4 tasse de beurre
45 ml de tomates coupées en dés	3 c. à s. de tomates coupées en dés
Eau	Eau
Sel	Sel

Faire cuire les rotini et les petits pois dans de l'eau bouillante salée pendant environ 15 minutes.

Égoutter et mettre sur le plat de service. Ajouter les tomates et le beurre. Assaisonner.

TARTE À LA BANANE ET
AUX FRAMBOISES

Métrique	Impérial
5 bananes	5 bananes
2 paquets de framboises surgelées	2 paquets de framboises surgelées
1 petit pot de confiture d'abricots	1 petit pot de confiture d'abricots
45 ml de sucre à glacer	3 c. à s. de sucre à glacer

Pâte sucrée

Métrique	Impérial
500 ml de farine tout usage	2 tasses de farine tout usage
150 ml de sucre	3/4 tasse de sucre
150 ml de beurre ramolli	3/4 tasse de beurre ramolli
3 oeufs	3 oeufs
5 ml de sel	1 c. à t. de sel
50 ml d'amandes en poudre	1/4 tasse d'amandes en poudre

Dans un bol, mélanger pendant deux minutes au malaxeur à vitesse moyenne les oeufs, le beurre ramolli et le sucre. Incorporer la farine, le sel et les amandes en poudre jusqu'à ce que la pâte «boule» bien (mélanger en coupant au couteau sur la table; la pâte ne doit pas être élastique).

Abaisser la pâte au rouleau (congeler le reste de la pâte) et piquer à la fourchette. Faire cuire au four à 180°C (350°F) pendant 15 à 20 minutes. Cette pâte ne doit pas devenir dorée.

Couper des rondelles de bananes de 5 mm (1/4 po) d'épaisseur et les disposer sur tout le fond de la pâte à tarte refroidie. Couvrir avec le coulis de framboises refroidi (voir page 100, Omelette norvégienne cardinale).

Mettre au réfrigérateur pendant 1 heure.

Faire bouillir la confiture d'abricots avec 125 ml (1/2 tasse) d'eau en remuant constamment et délicatement à la cuillère de bois. Quand la confiture a la consistance d'un sirop épais, en badigeonner le dessus de la tarte à l'aide d'un pinceau. Décorer de rosaces de crème fouettée.

Escalopes de veau cordon bleu, rotini et petits pois au beurre

SOUPER DE LA FÊTE DES MÈRES

Bourgogne blanc, champagne ou vin mousseux

Pour 6 à 8 personnes

MENU

Soupe aux poireaux et aux pommes de terre
Tourangelle de tomates fondantes
Poitrines de poulet aux épinards
Jardinière de légumes bonne femme
Cocktails de brocolis au roquefort
Omelette norvégienne cardinale

TOURANGELLE DE TOMATES FONDANTES

Métrique	Impérial
10 tomates bien mûres	10 tomates bien mûres
45 ml de beurre	3 c. à s. de beurre
Pâte brisée ou feuilletée	Pâte brisée ou feuilletée
15 ml de pâte de tomates	1 c. à s. de pâte de tomates
15 ml de moutarde de Dijon	1 c. à s. de moutarde de Dijon
1 pincée de poivre de cayenne	1 pincée de poivre de cayenne
1 gros oignon haché	1 gros oignon haché
3 gousses d'ail écrasées	3 gousses d'ail écrasées
45 ml de persil frais	3 c. à s. de persil frais
45 ml de sucre	3 c. à s. de sucre
5 ml de basilic	1 c. à t. de basilic
1 pincée de thym	1 pincée de thym
Sel et poivre	Sel et poivre

Passer les tomates à l'eau bouillante pendant 1 minute et les éplucher. Les trancher en deux et les épépiner. Récupérer le jus. Couper la chair des tomates en gros dés.

Faire fondre le beurre dans une casserole et ajouter les tomates, l'oignon haché, le poivre de cayenne, l'ail, le persil, le thym, le basilic, le sucre, le sel et le poivre. Faire cuire à couvert tout doucement jusqu'à ce que les tomates aient rendu toute leur eau. Ajouter alors la pâte de tomates et la moutarde de Dijon. Mélanger, retirer du feu et laisser refroidir.

Utiliser un moule à muffins et foncer celui-ci de pâte brisée ou feuilletée. Bien remplir la pâte de mélange de tomates et recouvrir d'un papier aluminium. Faire cuire à 180°C (350°F) pendant environ 35 minutes.

Pour démouler, glisser une fourchette entre la pâte et le moule. Servir avec un coulis de courgettes en faisant cuire au beurre 2 courgettes coupées en rondelles, salées et poivrées. Les passer ensuite au robot culinaire avec un peu de jus de tomates. Napper le fond de l'assiette de service de coulis de courgettes et de sauce tomate et y déposer la tourangelle de tomates.

SOUPE AUX POIREAUX ET AUX POMMES DE TERRE

Métrique	Impérial
7 poireaux moyens	7 poireaux moyens
375 ml de pommes de terre	1-1/2 tasse de pommes de terre
50 ml de beurre	1/4 tasse de beurre
1,75 litre de bouillon de volaille ou d'eau	7 tasses de bouillon de volaille ou d'eau
Sel et poivre	Sel et poivre

Parer et nettoyer soigneusement les poireaux et les couper en morceaux de 1,5 cm (1/2 po) de longueur. Éplucher et laver les pommes de terre et les couper en dés de 1,25 cm (1/2 po).

Dans une casserole, faire fondre du beurre et y ajouter les poireaux. Les faire cuire doucement jusqu'à ce qu'ils aient rendu toute leur eau. Ajouter le bouillon de volaille ou l'eau puis, les pommes de terre. Saler, poivrer et faire cuire pendant 20 minutes. Servir.

Variante : ajouter au bouillon, en même temps que les pommes de terre, des morceaux de poitrine de porc fumé.

Tourangelle de tomates fondantes

Poitrines de poulet et jardinière de légumes bonne femme

POITRINES DE POULET AUX ÉPINARDS

Métrique	Impérial
4 poitrines de poulet désossées et sans la peau	4 poitrines de poulet désossées et sans la peau
250 ml d'eau froide	1 tasse d'eau froide
45 ml de beurre	3 c. à s. de beurre
45 ml de farine	3 c. à s. de farine
1 échalote sèche, hachée	1 échalote sèche, hachée
300 ml de champignons frais, lavés et émincés	1-1/4 tasse de champignons frais, lavés et émincés
2 sacs d'épinards frais et lavés	2 sacs d'épinards frais et lavés
500 ml de bouillon de poulet chaud	2 tasses de bouillon de poulet chaud
2 ml de muscade	1/2 c. à t. de muscade
50 ml de crème épaisse (35%)	1/4 tasse de crème épaisse (35%)
15 ml de persil haché	1 c. à s. de persil haché
Paprika	Paprika
Sel et poivre	Sel et poivre

Verser l'eau froide dans une casserole, saler et ajouter les épinards. Couvrir et faire cuire à feu vif pendant 3 à 4 minutes. Égoutter les épinards et les placer dans une passoire. À l'aide d'une cuillère, les presser pour en retirer l'excès d'eau. Les tenir au chaud.

Couper les poitrines de poulet en deux et les mettre dans une sauteuse. Ajouter l'échalote et les champignons. Saler, poivrer. Ajouter le bouillon de poulet chaud et porter le tout à ébullition. Couvrir et faire cuire à feu doux pendant 18 à 20 minutes, selon la grosseur des poitrines. Retirer et tenir au

chaud. Amener le liquide de cuisson à ébullition. Faire cuire pendant 5 à 6 minutes.

Faire fondre le beurre dans une casserole. Ajouter la farine, mélanger et laisser cuire pendant 2 minutes. Ajouter le liquide de cuisson, la muscade et la crème épaisse.

Assaisonner au goût.

Disposer les épinards dans le fond d'un plat. Y déposer les poitrines et les napper de sauce. Saupoudrer de paprika.

JARDINIÈRE DE LÉGUMES BONNE FEMME

Métrique	Impérial
650 ml de pommes de terre	2-3/4 tasses de pommes de terre
500 ml de carottes	2 tasses de carottes
12 petits oignons blancs	12 petits oignons blancs
250 ml de petits pois surgelés	1 tasse de petits pois surgelés
125 ml de haricots verts	1/2 tasse de haricots verts
1 navet jaune	1 navet jaune
10 feuilles de laitue	10 feuilles de laitue
1 feuille de laurier	1 feuille de laurier
125 ml de beurre	1/2 tasse de beurre
Thym	Thym

Couper les pommes de terre, les carottes et le navet en petits dés de 1,25 cm (1/2 po). Les faire cuire dans de l'eau bouillante salée. Après 10 minutes de cuisson, ajouter les petits oignons blancs, les haricots coupés à 1,25 cm (1/2 po) de longueur ainsi que les petits pois. Faire cuire encore pendant 10 minutes et retirer du feu. Égoutter. Disposer dans un plat de service.

Cocktail de brocolis au roquefort

COCKTAILS DE BROCOLIS AU ROQUEFORT

Métrique	Impérial
2 beaux brocolis coupés en bouquets	2 beaux brocolis coupés en bouquets
125 ml de roquefort ou de bleu danois	1/2 tasse de roquefort ou de bleu danois
45 ml de ciboulette	3 c. à s. de ciboulette
125 ml de crème épaisse (35%)	1/2 tasse de crème épaisse (35%)
15 ml de moutarde de Dijon	1 c. à s. de moutarde de Dijon
60 ml de vinaigre de vin	4 c. à s. de vinaigre de vin
Sel et poivre	Sel et poivre

Faire cuire les bouquets de brocolis pendant 6 minutes dans de l'eau bouillante salée. Passer sous l'eau froide et égoutter. Déposer dans un saladier.

Dans le mélangeur, mettre la crème, la moutarde, le vinaigre, le sel et le poivre et faire bouillir pendant 10 secondes dans une petite casserole. Napper les brocolis de sauce. Émietter le roquefort ou le bleu danois. Bien mélanger et rectifier l'assaisonnement. Parsemer de ciboulette hachée et disposer dans des coupes.

OMELETTE NORVÉGIENNE CARDINALE

Métrique	Impérial
300 ml de cerises noires	1-1/4 tasse de cerises noires
Sucre	Sucre
125 ml de kirsch	1/2 tasse de kirsch
4 blancs d'oeufs	4 blancs d'oeufs
150 ml de sucre à fruits	3/4 tasse de sucre à fruits
1 gâteau éponge de forme rectangulaire	1 gâteau éponge de forme rectangulaire
1 litre de crème glacée aux framboises	4 tasses de crème glacée aux framboises

Égoutter les cerises, les trancher en deux, les saupoudrer de sucre, ajouter le kirsch. Fouetter les blancs d'oeufs en neige ferme en ajoutant graduellement le sucre.

Recouvrir une planche à pain d'un papier aluminium et y déposer le gâteau éponge. Couvrir ce gâteau d'une partie des cerises. Étendre la crème glacée aux framboises sur les cerises en laissant une bordure de 2,5 cm (1 po) autour du gâteau. Couvrir entièrement de meringue.

Mettre au four à 230°C (450°F) pendant 3 à 5 minutes ou jusqu'à ce que la meringue soit dorée.

Garnir du reste de cerises. Servir immédiatement en nappant chaque tranche d'un peu de coulis de framboises.

Coulis de framboises

Métrique	Impérial
300 ml de framboises surgelées	1-1/2 tasse de framboises surgelées
Sucre: 1/10 du poids des framboises	Sucre: 1/10 du poids des framboises
Le jus d'une orange	Le jus d'une orange
Le jus d'un demi-citron	Le jus d'un demi-citron
5 ml de vanille	1 c. à t. de vanille

Faire bouillir tous les ingrédients pendant 3 minutes et les liquéfier au mélangeur. Passer au tamis pour ôter les petites graines de framboises. Remplir des demi-coquilles d'oeufs de coulis de framboises et poser ces coquilles sur le dessus de l'omelette.

Omelette norvégienne cardinale

Souper de la Fête des pères

Bourgogne blanc, bordeaux rouge, vin mousseux

Pour 6 à 8 personnes

Menu

Soupe glacée aux concombres

Entrée de fettuccine aux moules

Brochettes d'agneau

Pommes de terre au four

Légumes verts en trempette aux fines herbes

Tarte à la rhubarbe et aux fraises

Entrée de fettuccine aux moules

Métrique	Impérial
2 kg de moules	4 lb de moules
125 ml de vin blanc sec	1/2 tasse de vin blanc sec
45 ml d'échalotes hachées	3 c. à s. d'échalotes hachées
45 ml de persil haché	3 c. à s. de persil haché
15 ml de poivre noir écrasé	1 c. à s. de poivre noir écrasé
250 ml de crème épaisse (35%)	1 tasse de crème épaisse (35%)
15 ml de beurre	1 c. à s. de beurre
15 ml de farine	1 c. à s. de farine
150 ml de petits pois en boîte	3/4 tasse de petits pois en boîte
750 ml de fettuccine	3 tasses de fettuccine
125 ml de fromage râpé	1/2 tasse de fromage râpé

Dans une grande casserole, mettre les moules, le vin blanc, les échalotes, le persil et le poivre écrasé. Couvrir et faire cuire à feu vif jusqu'à ce que les moules s'ouvrent et soient cuites. Décortiquer les moules et réserver au chaud.

Passer le jus des moules à travers une double épaisseur de mousseline à fromage (coton fromage) et réserver.

Dans une casserole, faire fondre le beurre et y faire rissoler la farine pendant 2 minutes.

Ajouter le jus des moules et la crème et laisser cuire jusqu'à consistance crémeuse. Réserver.

Faire cuire les fettuccine dans de l'eau bouillante salée; les égoutter et les mélanger aux petits pois légèrement chauffés.

Placer les fettuccine dans un plat de service et les couvrir d'une couche de moules. Napper de sauce. Ajouter le fromage râpé et mettre au four à 230°C (450°F) pendant 5 minutes.

Soupe glacée aux concombres

Métrique	Impérial
5 concombres	5 concombres
Le jus d'un citron	Le jus d'un citron
1 oignon	1 oignon
1 laitue	1 laitue
750 ml de bouillon de poulet	3 tasses de bouillon de poulet
1 pincée de muscade	1 pincée de muscade
1 pincée de poivre de cayenne	1 pincée de poivre de cayenne
15 ml de menthe	1 c. à s. de menthe
250 ml de crème épaisse (35%)	1 tasse de crème épaisse (35%)
45 ml de ciboulette hachée	3 c. à s. de ciboulette hachée

Peler et évider les concombres et les mettre dans une casserole avec l'oignon et la laitue effeuillée, la muscade, le poivre de cayenne et la menthe.

Faire cuire pendant 30 minutes. Liquéfier au mélangeur. Si la soupe est trop claire, la faire bouillir avec la crème jusqu'à consistance désirée.

Mettre au réfrigérateur. Ajouter le jus de citron et servir dans des bols préalablement mis au congélateur. Parsemer de ciboulette au moment de servir.

Entrée de fettuccine aux moules

Tarte à la rhubarbe et aux fraises

BROCHETTES D'AGNEAU

Métrique	Impérial
2 brochettes par personne	2 brochettes par personne
3 cubes d'agneau par brochette	3 cubes d'agneau par brochette
3 poivrons rouges	3 poivrons rouges
3 poivrons verts	3 poivrons verts
3 oignons	3 oignons
1 gros champignon par brochette	1 gros champignon par brochette
1 tranche de bacon coupé en morceaux, par brochette	1 tranche de bacon coupé en morceaux, par brochette

Couper les poivrons et le bacon en carrés de même dimension que les cubes d'agneau. Couper les oignons en quartiers. Garnir les brochettes en commençant par le champignon.

On peut accompagner les brochettes d'agneau de quelques brochettes de tomates et d'oignons coupés en quartiers, assaisonnées de thym et de sel de céleri.

Badigeonner légèrement de marinade aux fines herbes avant de les faire cuire.

Marinade aux fines herbes

Déposer les brochettes dans un plat et les saupoudrer de thym, de romarin, de menthe, de basilic, de paprika. Saler et poivrer. Verser un peu d'huile végétale sur les brochettes et les retourner plusieurs fois sur elles-mêmes, avant de couvrir le plat d'une pellicule de plastique.

Placer au réfrigérateur et laisser mariner pendant environ 2 à 3 heures en les retournant de temps à autre pour bien imprégner les cubes des arômes de la marinade.

Bien égoutter les brochettes. Les faire cuire à feu vif sur la grille du barbecue. Les retourner souvent pendant la cuisson pour éviter qu'elles ne brûlent.

POMMES DE TERRE AU FOUR

Métrique	Impérial
6 pommes de terre bien lavées	6 pommes de terre bien lavées
15 ml d'huile de maïs	1 c. à s. d'huile de maïs
Poudre d'ail	Poudre d'ail
Poivre et paprika	Poivre et paprika

Couper les pommes de terre en deux dans le sens de la longueur, faire des incisions et badigeonner légèrement d'huile. Assaisonner de poudre d'ail, de poivre et de paprika. Placer sur une lèchefrite et faire cuire au four à 200°C (400°F) pendant environ 1 heure.

LÉGUMES VERTS EN TREMPETTE AUX FINES HERBES

Métrique	Impérial
750 ml de chou-fleur en bouquets	3 tasses de chou-fleur en bouquets
500 ml de brocoli en bouquets	2 tasses de brocoli en bouquets
4 branches de céleri coupées en morceaux de 6,25 cm	4 branches de céleri coupées en morceaux de 2-1/2 po
10 radis	10 radis
10 petites échalotes	10 petites échalotes

Vinaigrette et trempette aux fines herbes

Métrique	Impérial
250 ml de yogourt nature	1 tasse de yogourt nature
250 ml de lait partiellement écrémé 2%	1 tasse de lait partiellement écrémé 2%
150 ml de mayonnaise	3/4 de tasse de mayonnaise
60 ml de fines herbes hachées	4 c. à s. de fines herbes hachées

Mélanger tous les ingrédients. Saler et poivrer. Conserver au réfrigérateur jusqu'au moment de servir.

TARTE À LA RHUBARBE ET AUX FRAISES

Métrique	Impérial
2 abaisses de pâte brisée de 22 cm	2 abaisses de pâte brisée de 9 po
250 ml de sucre	1 tasse de sucre
125 ml de cassonade	1/2 tasse de cassonade
75 ml de farine tout usage	1/3 tasse de farine tout usage
750 ml de rhubarbe coupée en morceaux de 2,5 cm	3 tasses de rhubarbe coupée en morceaux de 1 po
250 ml de fraises	1 tasse de fraises

Faire chauffer le four à 230°C (450°F). Foncer une assiette à tarte de 22 cm (9 po) avec une abaisse (voir page 75, pâte brisée, Tarte pascaline).

Dans un bol, combiner le sucre, la cassonade et la farine. Ajouter la rhubarbe et les fraises. Verser ce mélange dans l'abaisse et parsemer de beurre. Recouvrir avec l'autre abaisse. Faire un trou de la grosseur d'une pièce de 25 cents au centre de la tarte. Sceller et flûter les bords. Faire cuire à 230°C (450°F) pendant 15 minutes. Réduire le feu et continuer la cuisson pendant 40 à 45 minutes.

Retirer la tarte du four et en saupoudrer le dessus de sucre à glacer.

SOUPER DE LA FÊTE DES PÈRES

Vin d'Alsace, vin blanc sec, champagne

Pour 6 à 8 personnes

MENU

Soupe aux huîtres
Mini quiches au saumon fumé
Truite au four en papillote
Tian de courgettes et de tomates au four
Gâteau forêt noire
Mousse aux fraises

Mini quiches au saumon fumé

SOUPE AUX HUÎTRES

Métrique	Impérial
36 huîtres fraîches, écaillées	36 huîtres fraîches, écaillées
75 ml de beurre	1/3 tasse de beurre
2 ml de poivre de cayenne	1/2 c. à t. de poivre de cayenne
150 ml de jus de pétoncles	3/4 tasse de jus pétoncles
625 ml de lait	2-1/2 tasses de lait
150 ml de crème légère (15%)	3/4 tasse de crème légère (15%)
Sel et poivre frais moulu	Sel et poivre frais moulu

Faire fondre 15 ml (1 c. à s.) de beurre dans une casserole. Ajouter le poivre de cayenne et le jus d'huîtres et amener à ébullition. Réduire le feu, ajouter les huîtres. Couvrir et laisser mijoter jusqu'à ce que les bords des huîtres commencent à se relever. Ajouter les autres ingrédients et faire cuire juste assez pour réchauffer le lait et la crème. Ne pas faire bouillir. Verser la soupe dans des bols et déposer une noix de beurre sur le dessus.

MINI QUICHES AU SAUMON FUMÉ

Métrique	Impérial
375 ml de fromage râpé	1-1/2 tasse de fromage râpé
250 ml de saumon fumé, haché	1 tasse de saumon fumé, haché
30 ml d'oignon haché fin	2 c. à s. d'oignon haché fin
30 ml de céleri haché fin	2 c. à s. de céleri haché fin
30 ml de persil haché fin	2 c. à s. de persil haché fin
15 ml de farine	1 c. à s. de farine
2 ml de sel	1/2 c. à t. de sel
3 oeufs battus	3 oeufs battus
250 ml de crème légère (15%)	1 tasse de crème légère (15%)

Pâte

Métrique	Impérial
750 ml de farine	3 tasses de farine
1 ml de sel	1/4 c. à t. de sel
250 ml de graisse végétale	1 tasse de graisse végétale
30 ml de jus de citron	2 c. à s. de jus de citron
Eau glacée	Eau glacée

Faire la pâte en suivant la recette de la pâte brisée (voir page 75, Tarte pascaline). Mettre au réfrigérateur.

Abaisser la pâte et la couper en rondelles de 10 cm à 12,5 cm (4 po à 5 po) de diamètre. Déposer chaque rondelle de pâte, sans presser, dans des moules à muffins de 7,5 cm (3 po).

Mélanger le fromage, le saumon, l'oignon, le céleri, le persil, la farine et le sel. Disposer dans les abaisses. Battre les oeufs et la crème. Verser sur la préparation. Faire cuire au four à 190°C (375°F) pendant 30 à 35 minutes. Garnir de saumon fumé.

TIAN DE COURGETTES ET DE TOMATES AU FOUR

Métrique	Impérial
3 courgettes	3 courgettes
3 oignons	3 oignons
3 tomates	3 tomates
3 gousses d'ail hachées	3 gousses d'ail hachées
1 pincée de thym	1 pincée de thym
75 ml d'huile d'olive	1/3 tasse d'huile d'olive
Sel et poivre	Sel et poivre

Couper tous les légumes en tranches très fines. Huiler légèrement le fond d'un moule ovale et y disposer une rangée de courgettes. Disposer ensuite une rangée de tomates qui chevaucheront les courgettes et finalement une rangée d'oignons. Continuer de façon à couvrir tout le plat. Saupoudrer de thym, d'ail et assaisonner. Verser l'huile d'olive et faire cuire au four à 200°C (400°F) pendant 20 minutes.

TRUITE AU FOUR EN PAPILLOTE

Quelques tranches de bacon
Sel, poivre et persil
Le jus d'un demi-citron
1 grosse truite
Julienne de poireaux
Julienne de carottes
Julienne de céleri

Placer des tranches de bacon sur un papier aluminium. Déposer la truite, saler et poivrer. Ajouter le persil, le jus de citron, la julienne de légumes et garnir de quelques tranches de bacon.

Envelopper hermétiquement dans le papier aluminium.

Faire cuire au four à 180°C (350°F) pendant 45 minutes.

Truite au four en papillote

MOUSSE AUX FRAISES

Métrique	Impérial
1,5 litre de fraises fraîches	6 tasses de fraises fraîches
3 blancs d'oeufs	3 blancs d'oeufs
250 ml de sucre	1 tasse de sucre
500 ml de crème épaisse (35%) ou légère (15%)	2 tasses de crème épaisse (35%) ou légère (15%)
30 ml de jus de citron	2 c. à s. de jus de citron
10 ml d'essence d'amandes	2 c. à t. d'essence d'amandes
0,5 ml de sel	1/8 c. à t. de sel
Fraises entières	Fraises entières

Laver et égoutter les fraises, les équeuter seulement après les avoir lavées. Les écraser à la fourchette. Ajouter les blancs d'oeufs et battre le tout jusqu'à ce que le mélange soit mousseux et ferme (5 minutes à grande vitesse).

Fouetter la crème jusqu'à ce qu'elle commence à épaissir. Ajouter le jus de citron, l'essence d'amandes et le sel. Continuer à battre jusqu'à ce que la crème soit ferme. Incorporer au premier mélange. Verser dans un moule. Congeler jusqu'à ce que le mélange soit pris.

GÂTEAU FORÊT NOIRE

Métrique	Impérial
6 blancs d'oeufs	6 blancs d'oeufs
2 ml de crème de tartre	1/2 c. à t. de crème de tartre
6 jaunes d'oeufs	6 jaunes d'oeufs
125 ml de sucre	1/2 tasse de sucre
150 ml d'eau	3/4 tasse d'eau
150 ml farine tout usage	3/4 tasse farine tout usage
125 ml de cacao	1/2 tasse de cacao
5 ml de poudre à pâte	1 c. à t. de poudre à pâte

Sirop au kirsch

Métrique	Impérial
125 ml de sucre	1/2 tasse de sucre
50 ml d'eau	1/4 tasse d'eau
30 ml de kirsch	2 c. à s. de kirsch

Faire bouillir tous les ingrédients pendant environ 1 minute. Laisser tiédir.

Crème fouettée

Métrique	Impérial
500 ml de crème épaisse (35%)	2 tasses de crème épaisse (35%)
50 ml de sucre à glacer	1/4 tasse de sucre à glacer
15 ml de kirsch	1 c. à s. de kirsch

Fouetter les blancs d'oeuf avec la crème de tartre jusqu'à ce qu'ils forment des pics fermes et humides. Ajouter graduellement 125 ml (1/2 tasse) de sucre en battant jusqu'à ce que le mélange soit ferme et brillant.

Dans un autre bol, battre les jaunes et 125 ml (1/2 tasse) de sucre à grande vitesse pendant environ 5 minutes jusqu'à ce que le mélange épaississe. Ajouter l'eau.

Tamiser la farine, le cacao et la poudre à pâte. Incorporer doucement au mélange des jaunes d'oeufs en quatre fois. Verser cette préparation dans un grand bol et y incorporer, en pliant, le quart des blancs d'oeufs fouettés en neige. Incorporer doucement toujours en pliant le reste des blancs d'oeufs.

Déposer une feuille de papier ciré dans 3 moules de 20 cm (8 po) de diamètre, non graissés. Verser le mélange dans les moules. Faire cuire à 180°C (350°F) pendant 15 minutes. Laisser refroidir pendant 5 minutes.

Démouler. Piquer le gâteau et le badigeonner avec le sirop au kirsch. Étendre la crème fouettée, disposer les cerises et garnir le tout de chocolat râpé.

Gâteau forêt noire

SOUPER DE LA SAINT-JEAN

Rosé, bourgogne rouge, vin mousseux

Pour 6 à 8 personnes

MENU

Potage Saint-Germain
Poires farcies aux abricots épicés
Civet de lièvre mariné
Riz sauvage
Salade de pétoncles «Doria»
Carrés aux pommes et à la noix de coco

POTAGE SAINT-GERMAIN

Métrique	Impérial
250 g de pois verts secs	1/2 lb de pois verts secs
2 blancs de poireaux	2 blancs de poireaux
1 oignon	1 oignon
45 ml de beurre	3 c. à s. de beurre
50 ml de lard salé	1/4 tasse de lard salé
1,5 litre d'eau	6 tasses d'eau
1/2 feuille de laurier	1/2 feuille de laurier
50 ml de crème épaisse (35%)	1/4 tasse de crème épaisse (35%)
75 ml de croûtons sautés au beurre et à l'huile	1/3 tasse de croûtons sautés au beurre et à l'huile

Laver les pois verts, couper les poireaux et l'oignon en dés moyens. Couper le lard en petits morceaux (lardons).

Dans une casserole, mettre le beurre à fondre avec les lardons. Ajouter les petits pois et les légumes. Faire cuire pendant 3 minutes à feu moyen. Ajouter l'eau et la feuille de laurier. Assaisonner et faire cuire jusqu'à ce que les petits pois éclatent.

Retirer la feuille de laurier et liquéfier au mélangeur. Remettre dans la casserole. Ajouter la crème et servir avec les croûtons sautés au beurre.

RIZ SAUVAGE

Métrique	Impérial
250 ml de riz sauvage	1 tasse de riz sauvage
750 ml d'eau	3 tasses d'eau
50 ml de beurre	1/4 tasse de beurre
Sel et poivre	Sel et poivre

Laver soigneusement le riz à grande eau. Le faire cuire dans de l'eau salée. Couvrir et laisser mijoter jusqu'à ce que le riz soit tendre, pendant environ 45 minutes. Égoutter. Ajouter le beurre et servir très chaud.

POIRES FARCIES AUX ABRICOTS ÉPICÉS

Métrique	Impérial
4 poires très fermes	4 poires très fermes
12 abricots séchés	12 abricots séchés
1 bouteille de vin rouge	1 bouteille de vin rouge
250 ml de sucre	1 tasse de sucre
2 clous de girofle	2 clous de girofle
10 grains de poivre	10 grains de poivre
5 ml de cannelle	1 c. à t. de cannelle

Éplucher les poires en laissant la queue. Les déposer dans une casserole et ajouter tous les autres ingrédients. Faire cuire pendant 10 minutes.

Passer les abricots au robot culinaire avec un peu de vin de cuisson pour faire une purée consistante.

Continuer la cuisson des poires, en les gardant un peu fermes. Laisser refroidir dans le vin. Retirer les poires. Couper le dessus de chaque poire et réserver.

À l'aide d'un vide-pomme, ôter le coeur des poires et les remplir de purée d'abricots encore tiède à l'aide d'une poche à pâtisserie. Mettre au réfrigérateur pendant 1 heure. Couper en 3 rondelles.

Saupoudrer de sucre une plaque à biscuits recouverte d'un papier ciré et y déposer les tranches de poires farcies. Mettre au four à 230°C (450°F) pendant 7 minutes.

Passer le vin au tamis et le conserver pour une éventuelle sangria ou un punch.

CIVET DE LIÈVRE MARINÉ

Métrique	Impérial
50 ml d'huile	1/4 tasse d'huile
125 ml de vinaigre	1/2 tasse de vinaigre
2 ml de thym	1/4 c. à t. de thym
2 ml de clous de girofle	1/4 c. à t. de clous de girofle
125 ml de carottes coupées en rondelles	1/2 tasse de carottes coupées en rondelles
1 feuille de laurier	1 feuille de laurier
1 oignon moyen, coupé	1 oignon moyen, coupé
1 lièvre	1 lièvre
500 g de porc haché	1 lb de porc haché

Laisser macérer le lièvre coupé en morceaux, dans les 7 premiers ingrédients pendant au moins 24 heures.

Retirer les morceaux de lièvre, les essuyer et les faire dorer dans un poêlon. Les retirer et les placer dans une cocotte. Ajouter de l'eau et le jus des ingrédients.

Façonner de petites boulettes de porc et les faire dorer. Les ajouter au lièvre avec l'oignon et laisser mijoter au four à 180°C (350°F) pendant 2 heures.

SALADE DE PÉTONCLES «DORIA»

Métrique
500 ml de pétoncles crus
1-1/2 concombre anglais
2 oranges
1 laitue Boston
Le jus de 3 limettes
150 ml d'huile d'olive
50 ml d'échalotes hachées
1 gousse d'ail hachée
50 ml de persil haché
Quelques petits oignons
Sel et poivre

Impérial
2 tasses de pétoncles crus
1-1/2 concombre anglais
2 oranges
1 laitue Boston
Le jus de 3 limettes
3/4 tasse d'huile d'olive
1/4 tasse d'échalotes hachées
1 gousse d'ail hachée
1/4 tasse de persil haché
Quelques petits oignons
Sel et poivre

Couper les pétoncles en morceaux de 3 mm (1/8 po) d'épaisseur et les mettre dans un petit bol. Ajouter le jus de limette, l'huile d'olive, l'échalote, l'ail et 30 ml (2 c. à s.) de persil. Saler et poivrer. Laisser macérer pendant 2 heures.

Canneler le concombre et le couper en biais de la même épaisseur que les pétoncles. Mettre dans de l'eau bouillante salée pendant 1 minute et demie. Passer sous l'eau froide.

Disposer les tranches de concombres autour d'un plat de service et déposer 1 pétoncle sur chacune d'elles.

Rouler les petits oignons dans le persil et en déposer un sur chaque pétoncle.

Laver la laitue Boston et la mélanger avec la marinade. Disposer au centre du plat de service. Décorer de tranches d'oranges.

CARRÉS AUX POMMES ET À LA NOIX DE COCO

Métrique
125 ml de beurre ramolli
125 ml de cassonade
5 ml d'essence de vanille
375 ml de farine tout usage
375 ml de noix de coco
1 boîte de garniture pour tarte aux pommes
2 ml de cannelle
1 ml de sel
Crème glacée à la vanille

Impérial
1/2 tasse de beurre ramolli
1/2 tasse de cassonade
1 c. à t. d'essence de vanille
1-1/2 tasse de farine tout usage
1-1/2 tasse de noix de coco
1 boîte de garniture pour tarte aux pommes
1/2 c. à t. de cannelle
1/4 c. à t. de sel
Crème glacée à la vanille

Faire chauffer le four à 190°C (375°F).

Défaire le beurre ramolli en crème et y incorporer graduellement la cassonade et la vanille. Réserver.

Tamiser la farine et le sel et incorporer au mélange précédent à l'aide d'une cuillère de bois. Ajouter alors la noix de coco et bien mélanger. Verser la moitié de cette préparation dans un moule de 20 x 20 cm (8 x 8 po) préalablement beurré. Réserver.

Mélanger la garniture pour tarte aux pommes et la cannelle, puis étaler cette garniture sur la pâte. Couvrir du reste de la préparation de pâte réservée.

Mettre au four et faire cuire pendant 25 à 30 minutes. Retirer du four et couper en carrés.

Servir chaud avec de la crème glacée à la vanille.

Salade de pétoncles «Doria»

SOUPER DE L'ACTION DE GRÂCE

Vin blanc demi-sec, rhum

Pour 6 à 8 personnes

MENU

Soupe aux lentilles

Petits chaussons d'escargots à la crème d'ail doux

Dinde rôtie aux abricots

Galettes de pommes de terre à la suisse

Beignets d'épinards

Salade de juliennes de légumes

Tarte au rhum

SOUPE AUX LENTILLES

Métrique	Impérial
500 ml de lentilles	2 tasses de lentilles
60 ml de beurre	4 c. à s. de beurre
1 carotte	1 carotte
1 oignon	1 oignon
2 branches de céleri	2 branches de céleri
2 gousses d'ail	2 gousses d'ail
5 branches de persil	5 branches de persil
1 pincée de thym	1 pincée de thym
1 feuille de laurier	1 feuille de laurier
10 ml de pâte de tomates	2 c. à t. de pâte de tomates
15 ml de sauce soja	1 c. à s. de sauce soja
1 pincée de poivre de cayenne	1 pincée de poivre de cayenne
8 tranches de bacon	8 tranches de bacon
Sel et poivre	Sel et poivre
2 litres de bouillon de poulet	8 tasses de bouillon de poulet

Laver les lentilles et les faire tremper dans de l'eau froide pendant au moins 5 heures. À l'aide du robot culinaire, hacher la carotte, le céleri, l'oignon et l'ail.

Dans une grande casserole faire fondre le beurre et le bacon coupé en morceaux. Ajouter les légumes hachés et faire revenir à feu vif pendant 3 minutes. Ajouter les lentilles et tous les autres ingrédients. Faire cuire pendant environ 2 heures ou jusqu'à ce que les lentilles soient tendres.

Rectifier l'assaisonnement et ajouter du bouillon, si nécessaire.

GALETTES DE POMMES DE TERRE À LA SUISSE

Métrique	Impérial
6 à 8 grosses pommes de terre non épluchées	6 à 8 grosses pommes de terre non épluchées
250 ml de crème épaisse (35%)	1 tasse de crème épaisse (35%)
45 ml de beurre	3 c. à s. de beurre
60 ml d'huile	4 c. à s. d'huile
Sel et poivre	Sel et poivre
3 oeufs	3 oeufs

Faire cuire les pommes de terre à moitié de façon à ce que leur centre reste encore ferme. Les faire refroidir au réfrigérateur. Les éplucher et les couper en rondelles.

Dans un poêlon, faire fondre le beurre. Ajouter l'huile et faire chauffer. Ajouter les pommes de terre, les assaisonner et les faire dorer des deux côtés. S'assurer que les pommes de terre ne collent pas au fond de la poêle. Déposer les pommes de terre dorées dans un plat allant au four.

Dans un bol, mélanger la crème et les oeufs. Verser sur les pommes de terre. Mettre au four à 180°C (350°F) pendant 20 à 25 minutes.

Préparation de la galette

1 Émincer les pommes de terre cuites en minces rondelles.

2 Déposer les rondelles de pommes de terre en couronne dans le poêlon.

3 Verser le mélange d'oeufs et de crème.

4 Cuire au four.

Galette de pommes de terre à la suisse

PETITS CHAUSSONS D'ESCARGOTS À LA CRÈME D'AIL DOUX

Métrique	Impérial
36 escargots	36 escargots
45 ml de beurre	3 c. à s. de beurre
6 cercles de pâte feuilletée ou de pâte brisée de 12,5 cm de diamètre	6 cercles de pâte feuilletée ou de pâte brisée de 5 po de diamètre
250 ml de crème épaisse (35%)	1 tasse de crème épaisse (35%)
15 gousses d'ail épluchées	15 gousses d'ail épluchées
2 blancs de poireaux émincés fin	2 blancs de poireaux émincés fin
Sel et poivre	Sel et poivre
2 jaunes d'oeufs	2 jaunes d'oeufs

Dans une casserole, faire bouillir la crème, l'ail épluché et les poireaux et laisser cuire jusqu'à la consistance d'une sauce épaisse. Passer au robot culinaire. On obtient ainsi la crème d'ail. Réserver dans une petite casserole.

Faire sauter les escargots au beurre chaud pendant environ 2 minutes. Les égoutter et incorporer à la crème d'ail. Faire bouillir pendant 1 minute. Assaisonner et mettre au réfrigérateur jusqu'à ce que le mélange soit assez ferme.

Déposer 6 escargots sur les ronds de pâte feuilletée ou de pâte brisée. Napper de crème d'ail. Badigeonner les bords du feuilletage avec les jaunes d'oeufs pour souder la pâte en rabattant les chaussons en forme de demi-lunes.

Badigeonner le dessus des chaussons de jaunes d'oeufs et, avec le côté non-coupant d'une lame de couteau, dessiner des carreaux.

Disposer les chaussons sur une plaque à biscuits. Faire cuire au four à 190°C (375°F) pendant 15 minutes. Le dessous des chaussons ne doit pas noircir. Peut se servir avec une sauce tomate. Décorer d'un bouquet de persil.

Petits chaussons d'escargots à la crème d'ail doux

Préparation des chaussons

1 Couper les cercles de pâte feuilletée.

2 Déposer le mélange au centre des ronds de pâte.

3 Badigeonner les bords de jaunes d'oeufs.

4 Souder les bords avec la pointe d'un couteau.

5 Dorer au jaune d'oeuf.

6 Dessiner les carreaux avec le côté non-coupant d'une lame de couteau.

Dinde rôtie aux abricots

DINDE RÔTIE AUX ABRICOTS

Métrique	Impérial
1,5 litre de pain grillé coupé en dés	6 tasses de pain grillé coupé en dés
375 ml d'abricots séchés, hachés	1-1/2 tasse d'abricots séchés, hachés
2 ml de sel	1/2 c. à t. de sel
2 ml de poivre blanc	1/2 c. à t. de poivre blanc
2 ml de thym	1/2 c. à t. de thym
2 ml de muscade	1/2 c. à t. de muscade
2 ml de clous de girofle moulus	1/2 c. à t. de clous de girofle moulus
50 ml de beurre fondu	1/4 tasse de beurre fondu
2 oeufs battus	2 oeufs battus
1 dinde de 4 kg	1 dinde de 9 lb
125 ml de beurre	1/2 tasse de beurre
1 petite boîte de sauce aux canneberges en gelée	1 petite boîte de sauce aux canneberges en gelée
5 ml de sauce Worcestershire	1 c. à t. de sauce Worcestershire
2 ml de marjolaine	1/2 c. à t. de marjolaine

Dans un grand bol, bien mélanger les sept premiers ingrédients.

Dans un petit bol, mélanger le beurre et les oeufs. Verser sur le premier mélange. Bien incorporer.

Farcir la dinde et la brider ou la refermer avec des brochettes de bois. Placer la dinde sur la grille de la lèchefrite. Badigeonner de beurre mou. Faire rôtir à 160°C (325° F) pendant environ 3 heures et demie en arrosant souvent avec le jus de cuisson.

Verser tout le jus de cuisson dans un petit bol et le dégraisser. En déposer 60 ml (4 c. à s.) dans une petite casserole et ajouter le reste des ingrédients. Faire chauffer en re-muant constamment jusqu'au point d'ébullition. Verser une partie de ce mélange sur la dinde et l'étaler à l'aide d'un pinceau. Continuer à faire rôtir la dinde pendant 30 minutes en arrosant souvent avec le reste du mélange à base de canneberges. Retirer la dinde du four et la déposer sur un plat réchauffé.

BEIGNETS D'ÉPINARDS

Métrique	Impérial
1 kg d'épinards	2 lb d'épinards
30 ml de beurre	2 c. à s. de beurre
Sel et poivre	Sel et poivre
15 ml de beurre	1 c. à s. de beurre
15 ml de farine tout usage	1 c. à s. de farine tout usage
150 ml de lait	3/4 tasse de lait
2 oeufs	2 oeufs
125 ml de fromage cheddar râpé	1/2 tasse de fromage cheddar râpé
Huile	Huile

Laver, équeuter et égoutter les épinards. Faire fondre 30 ml (2 c. à s.) de beurre dans une casserole et faire cuire les épinards à feu modéré en les remuant jusqu'à ce que toute leur eau se soit évaporée. Hacher grossièrement au couteau. Réserver.

Dans une autre casserole, faire fondre 15 ml (1 c. à s.) de beurre. Ajouter la farine et faire rissoler pendant quelques minutes. Verser le lait, mélanger et laisser cuire pendant 5 minutes. Assaisonner. Retirer du feu et mélanger.

Ajouter les oeufs, les épinards et le fromage râpé à la sauce blanche. Bien mélanger et mettre au réfrigérateur.

Prélever des morceaux de ce mélange et, à l'aide d'une cuillère à soupe, les faire glisser dans la friteuse. Laisser frire pendant quelques minutes puis les retourner.

Servir avec du yogourt nature ou une sauce tomate.

Salade de juliennes de légumes

Métrique	Impérial
1 laitue Boston	1 laitue Boston
125 ml de julienne de carottes	1/2 tasse de julienne de carottes
125 ml de julienne de concombres épépinés,	1/2 tasse de julienne de concombres épépinés,
125 ml de julienne de navet blanc	1/2 tasse de julienne de navet blanc
125 ml de julienne de céleri	1/2 tasse de julienne de céleri
6 olives noires	6 olives noires
125 ml de champignons frais tranchés mince	1/2 tasse de champignons frais tranchés mince
2 échalotes hachées	2 échalotes hachées

Vinaigrette citronnée

Métrique	Impérial
60 ml de jus de citron	4 c. à s. de jus de citron
15 ml de moutarde de Dijon	1 c. à s. de moutarde de Dijon
250 ml d'huile végétale	1 tasse d'huile végétale
15 ml de sucre	1 c. à s. de sucre
Sel et poivre	Sel et poivre

Tarte au rhum

Préparer la vinaigrette en mélangeant bien le jus de citron, la moutarde, le sucre, le sel et le poivre. Ajouter l'huile tout doucement en remuant bien. Laisser refroidir.

Déchiqueter la laitue Boston dans un grand saladier. Mélanger tous les autres légumes, sauf les olives. Disposer le mélange de légumes sur la laitue. Napper de vinaigrette citronnée et décorer d'olives noires.

Tarte au rhum

Métrique	Impérial
15 ml de graisse végétale	1 c. à s. de graisse végétale
20 ml de brisures de chocolat semi-sucré	4 c. à t. de brisures de chocolat semi-sucré
6 jaunes d'oeufs	6 jaunes d'oeufs
250 ml de sucre	1 tasse de sucre
15 ml de gélatine en poudre sans saveur	1 c. à s. de gélatine en poudre sans saveur
125 ml d'eau froide	1/2 tasse d'eau froide
250 ml de crème épaisse (35%)	1 tasse de crème épaisse (35%)
150 ml de rhum brun	3/4 tasse de rhum brun
30 ml de fruits confits	2 c. à s. de fruits confits

Tapisser une assiette à tarte de papier aluminium et bien lisser. Verser la graisse végétale et les brisures de chocolat dans l'assiette et mettre au four à 160°C (325° F) pendant 10 minutes.

Retirer du four. À l'aide d'une spatule, étendre le mélange de chocolat fondu et de graisse sur le fond et sur les parois intérieures de l'assiette pour former le fond de tarte.

Placer au réfrigérateur. Lorsque le fond est bien glacé, retirer le papier aluminium avec soin. Déposer le fond de tarte dans une assiette à tarte ou sur un plat de service froid.

Battre les 6 jaunes d'oeufs jusqu'à ce qu'ils soient mousseux. Ajouter le sucre et mélanger.

Faire dissoudre la gélatine dans 125 ml (1/2 tasse) d'eau froide et faire fondre à feu doux. Dans le haut d'un bain-marie, verser les jaunes d'oeufs puis la gélatine, en remuant rapidement; laisser refroidir. Incorporer la crème fouettée, puis le rhum.

Verser dans le fond de tarte en chocolat froid et garnir de pistaches hachées. Mettre au réfrigérateur.

Micro-ondes

Pour faire fondre le chocolat

Dans un bol en verre, mettre les brisures de chocolat, la graisse végétale. Faire chauffer à découvert à MAX. pendant 1 minute et demie en remuant une fois à mi-temps.

Souper d'Halloween

Rosé, rosé pétillant

Pour 6 personnes

Menu

Crème de carottes
Entrée de poireaux
Citrouille farcie
Salade de tomates au parmesan et aux fines herbes
Tarte aux raisins
Biscuits à la citrouille

Crème de carottes

Métrique	Impérial
6 à 8 carottes coupées en rondelles	6 à 8 carottes coupées en rondelles
1 gros oignon haché	1 gros oignon haché
5 ml de beurre	1 c. à t. de beurre
500 ml de bouillon de poulet	2 tasses de bouillon de poulet
500 ml de lait	2 tasses de lait
Poivre	Poivre
15 ml de persil	1 c. à s. de persil

Faire revenir les carottes et l'oignon dans 5 ml (1 c. à t.) de beurre. Ajouter le bouillon et faire cuire jusqu'à ce que les carottes soient tendres. Passer au mélangeur. Remettre dans la casserole, ajouter le lait. Rectifier l'assaisonnement.

Servir avec des croûtons et décorer de copeaux de carottes préalablement cuits dans de l'eau bouillante pendant 2 minutes et enroulés .

Micro-ondes

Cuisson des carottes

Répartir les rondelles de carottes le plus uniformément possible dans un plat en verre. Ajouter 50 ml (1/4 tasse) d'eau. Couvrir. Faire cuire à MAX. pendant 10 minutes en faisant une pose après 6 minutes. Les carottes conservent ainsi leur couleur, leur saveur et leurs vitamines naturelles.

Entrée de poireaux

Métrique	Impérial
3 poireaux coupés en morceaux de 2,5 cm	3 poireaux coupés en morceaux de 1 po
Eau salée	Eau salée
45 ml de yogourt	3 c. à s. de yogourt
45 ml de mayonnaise	3 c. à s. de mayonnaise
Sel et poivre	Sel et poivre
Basilic	Basilic
Persil frais haché	Persil frais haché

Bien laver les poireaux et les faire cuire dans de l'eau salée. Bien égoutter. Réserver. Mélanger le yogourt, la mayonnaise et les épices. Napper les poireaux de sauce. Saupoudrer de persil.

Citrouille farcie

Métrique	Impérial
1 petite citrouille	1 petite citrouille
30 ml de beurre	2 c. à s. de beurre
250 ml d'oignons hachés	1 tasse d'oignons hachés
250 ml de céleri haché	1 tasse de céleri haché
125 ml de poivron vert haché	1/2 tasse de poivron vert haché
2 gousses d'ail	2 gousses d'ail
750 g de boeuf haché	1-1/2 lb de boeuf haché
3 tomates fraîches ou en conserve	3 tomates fraîches ou en conserve
6 carottes tranchées en rondelles	6 carottes tranchées en rondelles
5 pommes de terre coupées en dés de 1,25 cm	5 pommes de terre coupées en dés de 1/2 po
5 ml d'origan	1 c. à t. d'origan
5 ml de persil	1 c. à t. de persil
15 ml de sauce Worcestershire	1 c. à s. de sauce Worcestershire
250 ml de fromage cheddar râpé	1 tasse de fromage cheddar râpé
Sel ou poivre	Sel ou poivre

Faire chauffer le four à 180°C (350°F). Laver la citrouille, découper une calotte sur le dessus et bien la vider. Faire de petites incisions à l'intérieur de la citrouille. Éviter de la transpercer. Faire cuire pendant 30 minutes.

Faire revenir les légumes dans le beurre et les laisser cuire jusqu'à ce qu'ils soient tendres. Ajouter la viande, les tomates, les carottes et les pommes de terre. Assaisonner d'origan, de persil, de poivre et de sauce Worcestershire. Laisser mijoter pendant 15 minutes.

Farcir la citrouille de ce mélange. Mettre au four à 180°C (350°F) pendant 15 minutes. Saupoudrer d'une tasse de fromage râpé. Continuer la cuisson pendant 5 minutes.

Salade de tomates au parmesan et aux fines herbes

SALADE DE TOMATES AU PARMESAN ET AUX FINES HERBES

Métrique	Impérial
6 tomates tranchées	6 tomates tranchées
125 ml d'huile d'olive	1/2 tasse d'huile d'olive
75 g de vinaigre	5 c. à s. de vinaigre
Sel et poivre	Sel et poivre
Sel de céleri	Sel de céleri
125 ml de parmesan	1/2 tasse de parmesan
15 ml d'ail haché	1 c. à s. d'ail haché
30 ml d'échalotes hachées	2 c. à s. d'échalotes hachées
15 ml de basilic	1 c. à s. de basilic
15 ml d'origan	1 c. à s. d'origan
45 ml de persil haché	3 c. à s. de persil haché

Dans un grand plat de service, disposer les tranches fines de tomates.

Dans un bol, mélanger tous les autres ingrédients (sauf le parmesan) et les verser sur les tomates.

Saupoudrer de parmesan et servir.

BISCUITS À LA CITROUILLE

Métrique	Impérial
125 ml de graisse	1/2 tasse de graisse
300 ml de cassonade	1-1/4 tasse de cassonade
250 ml de purée de citrouille	1 tasse de purée de citrouille
2 oeufs	2 oeufs
500 ml de farine tout usage	2 tasses de farine tout usage
10 ml de poudre à pâte	2 c. à t. de poudre à pâte
2 ml de sel fin	1/2 c. à t. de sel fin
2 ml de gingembre	1/2 c. à t. de gingembre
5 ml de cannelle	1 c. à t. de cannelle
5 ml de muscade	1 c. à thé de muscade
250 ml de de raisins secs	1 tasse de raisins secs
125 ml de noix hachées	1/2 tasse de noix hachées

Dans un bol, mélanger tous les ingrédients secs.

Dans un autre bol, défaire la graisse en crème et ajouter la cassonade et les oeufs. Bien mélanger.

Ajouter la purée de citrouille et mélanger à nouveau. Incorporer progressivement les raisins secs et les noix. Ajouter les autres ingrédients secs en remuant lentement pour bien mélanger. Déposer à l'aide d'une cuillère sur une plaque à biscuits non graissée. Mettre au four à 180°C (375°F) pendant environ 10 à 15 minutes.

TARTE AUX RAISINS

Métrique	Impérial
250 ml de raisins	1 tasse de raisins
250 ml de sucre	1 tasse de sucre
15 ml de beurre fondu	1 c. à s. de beurre fondu
45 ml de chapelure	3 c. à s. de chapelure
Le jus d'un citron avec zeste	Le jus d'un citron avec zeste
1 oeuf battu	1 oeuf battu
1 pincée de sel	1 pincée de sel
1 abaisse de pâte brisée	1 abaisse de pâte brisée

Mélanger tous les ingrédients en suivant l'ordre donné. Verser le mélange dans l'abaisse. La couvrir d'un treillis de pâte brisée. Faire cuire au four à 230°C (450°F).

Tarte aux raisins

Souper d'Halloween

Bourgogne rouge, rosé pétillant

Pour 6 à 8 personnes

Soupe à la citrouille

Métrique	Impérial
50 ml d'huile ou de beurre	1/4 tasse d'huile ou de beurre
1 oignon tranché	1 oignon tranché
2 branches de céleri tranchées	2 branches de céleri tranchées
4 blancs de poireaux, tranchés fin	4 blancs de poireaux, tranchés fin
1 litre de citrouille crue, coupée en dés	4 tasses de citrouille crue, coupée en dés
500 ml de pommes de terre crues, coupées en dés	2 tasses de pommes de terre crues, coupées en dés
500 ml de bouillon de poulet	2 tasses de bouillon de poulet
5 ml de cassonade	1 c. à t. de cassonade
250 ml de lait	1 tasse de lait
Sel et poivre	Sel et poivre
30 ml de beurre	2 c. à s. de beurre
1 citrouille évidée	1 citrouille évidée
Croûtons ou graines de citrouille rôties	Croûtons ou graines de citrouille rôties

Faire chauffer 30 ml (2 c. à s.) d'huile ou de beurre et y faire revenir l'oignon, le céleri et le poireau, jusqu'à ce que ces légumes soient tendres. Ajouter la citrouille et les pommes de terre. Couvrir et laisser cuire pendant 10 minutes.

Ajouter le bouillon et la cassonade et faire mijoter jusqu'à ce que les pommes de terre et la citrouille soient tendres. Passer au mélangeur par petites quantités. Remettre dans la marmite et réchauffer à feu doux. Ajouter le lait, le sel, le poivre et 30 ml (2 c. à s.) de beurre.

Servir, si désiré, dans une citrouille évidée. Garnir de croûtons de pains ou de graines de citrouille rôties.

Champignons farcis tante Émilie

Métrique	Impérial
24 gros champignons	24 gros champignons
50 ml d'huile végétale	1/4 tasse d'huile végétale
1 courgette	1 courgette
45 ml d'échalotes hachées	3 c. à s. d'échalotes hachées
4 gousses d'ail hachées	4 gousses d'ail hachées
45 ml de persil haché	3 c. à s. persil haché
45 ml de beurre	3 c. à s. de beurre
1 pincée de thym	1 pincée de thym
Chapelure	Chapelure
Sel et poivre	Sel et poivre

Enlever les pieds des champignons et réserver.

Mettre l'huile dans une poêle et faire sauter les têtes de champignons à feu vif pendant 2 à 3 minutes. Égoutter et réserver.

Hacher finement les pieds de champignons, la courgette, l'ail, le persil et l'échalote. Faire cuire dans le beurre à feu doux pendant environ 8 à 10 minutes. Assaisonner et ajouter le thym. Remplir les têtes de champignons de ce mélange, saupoudrer de chapelure et mettre au four chaud pendant environ 5 minutes.

Champignons farcis tante Émilie

Casserole de boeuf et aubergines et riz au paprika

CASSEROLE DE BOEUF ET D'AUBERGINES

Métrique	Impérial
1 kg de boeuf haché maigre	2 lb de boeuf haché maigre
1 gros oignon haché	1 gros oignon haché
1/2 poivron vert haché	1/2 poivron vert haché
1 boîte de sauce tomate	1 boîte de sauce tomate
5 ml de sel	1 c. à t. de sel
2 ml d'origan séché	1/2 c. à t. d'origan séché
2 ml de basilic séché	1/2 c. à t. de basilic séché
1 ml de poivre noir	1/4 c. à t. de poivre noir
1 aubergine moyenne, coupée en gros dés de 5 cm	1 aubergine moyenne, coupée en gros dés de 2 po
125 g de fromage mozzarella tranché	1/4 lb de fromage mozzarella tranché

Faire rissoler la viande dans un poêlon épais. Ajouter l'oignon et le poivron. Faire cuire pendant environ 2 minutes en remuant fréquemment. Ajouter la sauce tomate, le sel, l'origan, le basilic et le poivre noir. Bien mélanger et faire cuire pendant 5 à 10 minutes.

Mettre l'aubergine dans un plat beurré allant au four.

Répandre le mélange de viande sur les aubergines. Faire cuire au four à 180°C (350°F) pendant 20 à 25 minutes.

Disposer les tranches de fromage sur la viande. Continuer la cuisson pendant 5 à 10 minutes jusqu'à ce que le fromage soit fondu.

RIZ AU PAPRIKA

Métrique	Impérial
500 ml de riz	2 tasses de riz
75 ml d'huile végétale	5 c. à s. d'huile végétale
1 oignon haché	1 oignon haché
10 ml de pâte de tomates	2 c. à t. de pâte de tomates
5 ml de paprika	1 c. à t. de paprika
1 feuille de laurier	1 feuille de laurier
15 ml de sel	1 c. à s. de sel
1 pincée de thym	1 pincée de thym

Faire chauffer l'huile dans une casserole. Ajouter le riz et l'oignon et laisser dorer en remuant constamment. Ajouter la pâte de tomates, le thym et le paprika et bien mélanger.

Mouiller le riz avec 500 ml (2 tasses) d'eau. Assaisonner. Ajouter la feuille de laurier et laisser bouillir pendant 20 minutes.

SALADE DE HARICOTS

Métrique	Impérial
500 ml de haricots jaunes cuits	2 tasses de haricots jaunes cuits
500 ml de haricots verts cuits	2 tasses de haricots verts cuits
1 boîte de fèves rouges égouttées	1 boîte de fèves rouges égouttées
1 boîte de fèves de lima égouttées	1 boite de fèves de lima égouttées
250 ml de céleri coupé en dés	1 tasse de céleri coupé en dés
125 ml d'oignon en rondelles	1/2 tasse d'oignon en rondelles
250 ml de champignons tranchés	1 tasse de champignons tranchés
2 ml de sel	1/2 c. à t. de sel
1 ml de poivre	1/4 c. à t. de poivre
1 poivron vert coupé en dés	1 poivron vert coupé en dés
1 poivron rouge coupé en dés	1 poivron rouge coupé en dés

Sauce

Métrique	Impérial
50 ml de vinaigre	1/4 tasse de vinaigre
125 ml d'huile végétale	1/2 tasse d'huile végétale
5 ml de moutarde sèche	1 c. à t. de moutarde sèche
5 ml de thym	1 c. à t. de thym
5 ml de sucre	1 c. à t. de sucre
Une pincée d'ail en poudre	Une pincée d'ail en poudre

Dans un grand saladier, mélanger tous les légumes. Dans un bol, mélanger les ingrédients de la sauce. Verser la sauce sur la salade et bien mélanger de nouveau. Garnir chaque assiette d'une feuille de laitue et y disposer la salade.

GÂTEAU À LA CITROUILLE

Métrique	Impérial
4 oeufs	4 oeufs
500 ml de sucre	2 tasses de sucre
500 ml de citrouille cuite	2 tasses de citrouille cuite
250 ml d'huile	1 tasse d'huile
750 ml de farine tout usage	3 tasses de farine tout usage
5 ml de sel	1 c. à t. de sel
10 ml de soda à pâte	2 c. à t. de soda à pâte
10 ml de poudre à pâte	2 c. à t. de poudre à pâte
10 ml de cannelle	2 c. à t. de cannelle
250 ml de noix ou de raisins	1 tasse de noix ou de raisins

Travailler au malaxeur les oeufs et le sucre jusqu'à l'obtention d'un mélange homogène. Ajouter la farine, le sel, le soda à pâte, la poudre à pâte, la cannelle et les raisins ou les noix. Ajouter à ce mélange la citrouille cuite et légèrement écrasée.

Verser la pâte dans deux moules bombés, beurrés et légèrement enfarinés. Faire cuire au four à 180°C (350°F) pendant environ 40 minutes. Démouler les gâteaux. Les poser l'un sur l'autre. Couvrir avec un glaçage teinté d'orange.

TARTE À LA CITROUILLE À L'ANCIENNE

Métrique	Impérial
500 ml de pulpe de citrouille égouttée et cuite au four ou à la vapeur	2 tasses de pulpe de citrouille égouttée et cuite au four ou à la vapeur
2 ml de sel	1/2 c. à t. de sel
60 ml de cassonade	4 c. à s. de cassonade
5 ml de gingembre	1 c. à t. de gingembre
2 ml de cannelle	1/2 c. à t. de cannelle
60 ml de mélasse	4 c. à s. de mélasse
2 oeufs battus	2 oeufs battus
500 ml de lait	2 tasses de lait
0,5 ml de macis	1/8 c. à t. de macis
1 abaisse de pâte à l'ancienne (voir page 68, pâte à tarte à l'ancienne, Tarte au sirop d'érable)	1 abaisse de pâte à l'ancienne (voir page 68, pâte à tarte à l'ancienne, Tarte au sirop d'érable)

Couper la citrouille en gros morceaux et faire cuire au four ou à la vapeur jusqu'à ce qu'elle soit bien tendre. Égoutter dans une passoire et réduire en purée. Ajouter les oeufs battus au lait. Mélanger le tout avec la pulpe de citrouille et la mélasse.

Incorporer en remuant le sucre mélangé aux épices et verser dans l'abaisse. Faire cuire au four à 160°C (325°F) jusqu'à ce que le centre soit ferme.

Gâteau à la citrouille

Boîte à lunch d'Halloween

Par enfant

MENU

Sandwiches demi-lunes

Céleris farcis au fromage et au poivron rouge

Pommes au caramel

Croustilles au fromage

Tire Sainte-Catherine tradition

Verre de lait

Céleris farcis au fromage et au poivron rouge

Métrique	Impérial
2 branches de céleri coupées en biais en morceaux de 5 cm de long	2 branches de céleri coupées en biais en morceaux de 2 po de long
250 ml de fromage «Philadelphia»	1 tasse de fromage «Philadelphia»
1/2 poivron rouge	1/2 poivron rouge
Sel et poivre	Sel et poivre

Couper les branches de céleri. Dans le robot culinaire, mélanger le fromage à la crème et le demi-poivron. En farcir les céleris avec une poche à pâtisserie. Décorer d'une feuille de céleri.

Pommes au caramel

Métrique	Impérial
6 pommes	6 pommes
500 ml de sucre	2 tasses de sucre
50 ml d'eau	1/4 tasse d'eau
50 ml de beurre	1/4 tasse de beurre

Mettre les pommes au réfrigérateur. Dans une casserole à fond épais, faire bouillir 250 ml (1 tasse) d'eau et le sucre jusqu'à l'obtention d'un caramel de couleur dorée. Retirer du feu et attendre pendant 2 à 3 minutes avant d'ajouter 50 ml (1/4 tasse) d'eau.

Remettre sur le feu et ajouter le beurre en remuant avec une cuillère de bois. Sortir les pommes du réfrigérateur, les piquer sur un bâton et les rouler dans le caramel. Si le caramel n'enveloppe pas les pommes et glisse, c'est qu'il est encore trop chaud.

Huiler généreusement une assiette et y déposer les pommes au caramel. Mettre au réfrigérateur.

Sandwiches demi-lunes

Préparer les sandwiches préférés des enfants et les découper en demi-lunes.

Tire Sainte-Catherine tradition

Voir recette page 122

Sandwiches demi-lunes, céleris farcis au fromage et au poivron rouge, pommes au caramel et tire Sainte-Catherine tradition

Souper de la Sainte-Catherine

Bordeaux blanc, rosé

Pour 6 à 8 personnes

Soupe juliennes de légumes

Métrique	Impérial
15 ml d'huile	1 c. à s. d'huile
125 ml de navet	1/2 tasse de navet
250 ml de carottes	1 tasse de carottes
1 poireau	1 poireau
250 ml de céleri	1 tasse de céleri
125 ml de chou	1/2 tasse de chou
1 oignon	1 oignon
Sel, poivre et persil	Sel, poivre et persil
Sarriette au goût	Sarriette au goût
3 litres de bouillon de volaille	12 tasses de bouillon de volaille

Émincer les légumes en fines juliennes. Faire chauffer l'huile. Y faire revenir l'oignon à feu doux, sans le laisser brunir. Ajouter les autres légumes et le bouillon de volaille. Laisser cuire jusqu'à ce que les légumes soient tendres.

Bouchées à la reine aux petits pois et jambon

Métrique	Impérial
8 vol-au-vent déjà cuits	8 vol-au-vent déjà cuits
500 g de jambon cuit	1 lb de jambon cuit
500 ml de petits pois surgelés	2 tasses de petits pois surgelés
2 petits oignons hachés	2 petits oignons hachés
2 petites carottes	2 petites carottes
45 ml de beurre	3 c. à s. de beurre
30 ml de farine tout usage	2 c. à s. de farine tout usage
250 ml de crème épaisse (35%)	1 tasse de crème épaisse (35%)
500 ml de bouillon de poulet	2 tasses de bouillon de poulet
45 ml de persil haché	3 c. à s. de persil haché
Sel et poivre	Sel et poivre

Vider les vol-au-vent et les réserver au chaud, sur un plat de service.

Couper le jambon en cubes, hacher les oignons et trancher les carottes en biais. Faire cuire les carottes dans de l'eau bouillante pendant 5 minutes. Égoutter et réserver.

Dans une grande casserole à fond épais, faire fondre le beurre et y faire revenir le jambon, les carottes et les petits pois pendant environ 7 minutes en remuant constamment. Ajouter la farine et mélanger. Ajouter le bouillon de poulet et la crème. Assaisonner et faire cuire jusqu'à ce que le mélange ait l'apparence d'une sauce crémeuse. Ajouter le persil haché.

Rectifier l'assaisonnement et remplir généreusement les vol-au-vent en faisant déborder un peu le mélange.

Bouchées à la reine aux petits pois et jambon

Pain à la dinde moelleux différent et petits bouquets de légumes

PAIN À LA DINDE MOELLEUX DIFFÉRENT

Métrique	**Impérial**
625 ml de dinde cuite hachée	2-1/2 tasses de dinde cuite hachée
375 ml de chapelure	1-1/2 tasse de chapelure
150 ml de bouillon de dinde	3/4 tasse de bouillon de dinde
125 ml de céleri coupé en dés	1/2 tasse de céleri coupé en dés
15 ml de persil frais	1 c. à s. de persil frais
10 ml d'oignon râpé	2 c. à t. d'oignon râpé
2 ml de sauce Worcestershire	1/2 c. à t. de sauce Worcestershire
2 ml de sel	1/2 c. à t. de sel
0,5 ml de poivre	1/8 c. à t. de poivre
10 ml de jus de citron	2 c. à t. de jus de citron
4 gros oeufs ou	4 gros oeufs ou
6 petits oeufs	6 petits oeufs
250 ml de lait condensé	1 tasse de lait condensé

Mélanger la dinde, la chapelure, le bouillon, le céleri, le persil et les assaisonnements. Ajouter les oeufs battus et le lait. Bien incorporer au mélange. Verser dans un moule à pain de 20 x 13 x 7,5 cm (8 x 5 x 3 po).

Déposer le moule dans un plat d'eau chaude et faire cuire à four modéré, soit 180°C (350°F), pendant environ 1 heure ou jusqu'à ce que la consistance soit ferme et la surface légèrement dorée. Démouler et servir.

PETITS BOUQUETS DE LÉGUMES

2 gros navets jaunes
6 navets blancs moyens
3 grosses carottes
1 poireau avec beaucoup de vert

Tailler les légumes en bâtonnets de 2,5 x 7,5 cm (1 x 3 po) et les faire cuire dans de l'eau salée. Tailler dans chaque bâtonnet, 9 petits bâtonnets et les mettre de côté. Plonger le vert de poireau pendant 1 minute dans de l'eau bouillante salée. Les passer ensuite sous l'eau froide pour les rafraîchir. Détailler le vert du poireau en fines lanières. Nouer chacun des paquets de légumes avec une lanière de poireau. Réchauffer à la vapeur. Servir.

Préparation des bouquets

1 Couper des rectangles de 2,5 x 7,5 cm (1 x 3 po).

2 Tailler dans chacun 9 petits bâtonnets.

3 Blanchir le vert du poireau.

4 Détailler en fines lanières.

5 Ficeler les bouquets de légumes.

6 Réchauffer à la vapeur.

Salade de pommes de terre «Mère Poulaille»

Métrique

7 pommes de terre non épluchées
45 ml de ciboulette hachée
45 ml de persil haché
3 oeufs durs hachés au couteau
1 gros oignon haché
15 ml d'ail haché
250 ml de mayonnaise
Sel et poivre
7 feuilles de laitue

Impérial

7 pommes de terre non épluchées
3 c. à s. de ciboulette hachée
3 c. à s. de persil haché
3 oeufs durs hachés au couteau
1 gros oignon haché
1 c. à s. d'ail haché
1 tasse de mayonnaise
Sel et poivre
7 feuilles de laitue

Faire cuire les pommes de terre dans de l'eau salée. Les laisser refroidir. Les éplucher et les couper en gros cubes.

Dans un grand saladier, mélanger tous les autres ingrédients. Y ajouter les pommes de terre et rectifier l'assaisonnement. Mettre le mélange sur une belle feuille de laitue. Garnir de rondelles d'oeufs durs et de bouquets de persil.

Gâteau à la mélasse

Métrique

15 ml de graisse
250 ml de sirop de table
250 ml de cassonade
250 ml de lait
2 oeufs
400 ml de farine tout usage
0,5 ml de sel
10 ml de poudre à pâte
1 ml de muscade
5 ml de gingembre
Crème fouettée
50 ml de mélasse

Impérial

1 c. à s. graisse
1 tasse de sirop de table
1 tasse de cassonade
1 tasse de lait
2 oeufs
1-3/4 tasse de farine tout usage
1/8 c. à t. de sel
2 c. à t. de poudre à pâte
1/4 c. à t. de muscade
1 c. à t. de gingembre
Crème fouettée
1/4 tasse de mélasse

Combiner la graisse, la cassonade, le sirop et les oeufs. Mélanger les ingrédients secs et les verser dans le mélange liquide. Remuer avec une cuillère. Verser dans un moule à gâteau et faire cuire au four à 200°C (400°F) pendant 10 minutes, puis à 180°C (350°F) pendant 20 minutes.

Servir avec de la crème fouettée additionnée de mélasse.

Variante : creuser des trous à la surface du gâteau et les remplir de glaçage.

Gâteau à la mélasse

COLLATIONS DE LA SAINTE-CATHERINE

POMMES GLACÉES AU SIROP

Métrique
6 à 8 pommes bien rouges, non pelées
250 ml de sucre
125 ml de sirop de maïs
1 boîte de lait condensé sucré
5 ml de vanille
Tiges de bois

Impérial
6 à 8 pommes bien rouges, non pelées
1 tasse de sucre
1/2 tasse de sirop de maïs
1 boîte de lait condensé sucré
1 c. à t. de vanille
Tiges de bois

Insérer la tige de bois dans chaque pomme et mettre au réfrigérateur.

Mettre le sucre, le sirop de maïs, le lait condensé et la vanille dans une casserole de fonte émaillée. Faire cuire à feu doux en remuant sans arrêt, jusqu'à 120°C (250°F) au thermomètre à bonbons ou jusqu'à ce qu'une goutte versée dans l'eau froide forme une boule dure.

Retirer du feu, tremper chaque pomme très froide (pour donner du lustre au sirop) dans ce mélange en la faisant tourner à l'aide de la tige de bois. Déposer sur une grille à gâteau beurrée. Laisser refroidir en évitant les courants d'air.

SUCRE À LA CRÈME À LA NOIX DE COCO

Métrique
250 ml de sucre
125 ml d'eau froide
250 ml de noix de coco froide râpée
2 ml de vanille
250 ml de crème épaisse (35%)

Impérial
1 tasse de sucre
1/2 tasse d'eau froide
1 tasse de noix de coco froide râpée
1/2 c. à t. de vanille
1 tasse de crème épaisse (35%)

Mettre le sucre et l'eau dans une casserole. Faire cuire à feu doux tout en remuant jusqu'à ce que le sucre demeure au fond. Ajouter la noix de coco et laisser mijoter sans remuer jusqu'à 115°C (235°F) au thermomètre à bonbons ou jusqu'à ce qu'une goutte versée dans l'eau glacée forme une boule molle.

Retirer du feu et ajouter la vanille. Battre jusqu'à ce que le mélange soit crémeux.

Verser le mélange sur une plaque beurrée. À l'aide d'une cuillère, former de petites boules et les disposer à 2,5 cm (1 po) de distance les unes des autres. Garnir d'amandes grillées. Laisser refroidir.

Pommes glacées au sirop

BISCUITS À LA MÉLASSE

Métrique	Impérial
150 ml de graisse	3/4 tasse de graisse
150 ml cassonade	3/4 tasse cassonade
1 oeuf	1 oeuf
150 ml de mélasse claire	3/4 tasse de mélasse claire
150 ml de lait sur	3/4 tasse de lait sur
875 ml de farine	3-1/2 tasses de farine
5 ml de poudre à pâte	1 c. à t. de poudre à pâte
5 ml de soda à pâte	1 c. à t. de soda à pâte
5 ml de sel	1 c. à t. de sel
10 ml de cannelle	2 c. à t. de cannelle
10 ml de gingembre	2 c. à t. de gingembre
2 ml de clous de girofle	1/2 c. à t. de clous de girofle

Réduire en crème la graisse et la cassonade.

Battre l'oeuf pendant 2 minutes et l'ajouter au premier mélange. Incorporer la mélasse et le lait sur. Tamiser ensemble la farine et les 6 autres ingrédients. Les ajouter graduellement au mélange en crème et bien remuer pour obtenir un mélange homogène. Placer par cuillerées sur une plaque à biscuits bien graissée.

Faire cuire au four à 230°C (450°F) pendant 8 à 10 minutes.

TIRE À LA MÉLASSE

Métrique	Impérial
500 ml de cassonade	2 tasses de cassonade
125 ml d'eau	1/2 tasse d'eau
15 ml de sirop de maïs	1 c. à s. de sirop de maïs
250 ml de mélasse	1 tasse de mélasse
75 ml de beurre	1/3 tasse de beurre
Vanille	Vanille

Dans une casserole, combiner la cassonade, l'eau, le sirop de maïs, la mélasse et le beurre. Remuer pour bien mélanger et faire cuire à 120°C (260°F) au thermomètre à bonbons ou jusqu'à ce qu'une goutte jetée dans l'eau froide forme une boule dure. Parfumer à la vanille. Verser dans un moule carré et beurré. Laisser refroidir. Étirer, couper et envelopper.

TIRE SAINTE-CATHERINE
TRADITION

Métrique	Impérial
125 ml de sucre blanc	1/2 tasse de sucre blanc
125 ml de cassonade	1/2 tasse de cassonade
125 ml de mélasse	1/2 tasse de mélasse
50 ml de sirop de maïs	1/4 tasse de sirop de maïs
50 ml d'eau	1/4 tasse d'eau
5 ml de vinaigre	1 c. à t. de vinaigre
10 ml de beurre	2 c. à t. de beurre
2 ml de soda à pâte	1/2 c. à t. de soda à pâte

Dans un grand chaudron, verser tous les ingrédients sauf le soda à pâte. Faire cuire à feu moyen jusqu'à 125°C (265°F) au thermomètre à bonbons ou jusqu'à ce qu'une goutte du mélange forme une boule dure dans l'eau froide.

Retirer du feu. Ajouter le soda à pâte et remuer vivement. Verser dans un plat beurré et laisser refroidir.

Étirer, couper et envelopper.

TARTE À LA MÉLASSE

Métrique	Impérial
300 ml de farine tout usage	1-1/4 tasse de farine tout usage
125 ml de sucre	1/2 tasse de sucre
75 ml de margarine	1/3 tasse de margarine
2 ml de muscade	1/2 c. à t. de muscade
1 ml de cannelle	1/4 c. à t. de cannelle
150 ml de mélasse	3/4 tasse de mélasse
150 ml d'eau	3/4 tasse d'eau
2 ml de soda à pâte	1/2 c. à t. de soda à pâte
1 abaisse de pâte brisée	1 abaisse de pâte brisée

Placer l'abaisse de pâte brisée dans une assiette de 22 cm (9 po). Façonner les bords épais.

Tamiser ensemble les 5 premiers ingrédients. Ajouter le gras et fraiser la pâte pour obtenir une apparence de chapelure.

Mélanger ensemble le reste des ingrédients. Verser ce mélange dans l'abaisse non cuite. Saupoudrer le premier mélange sur le liquide. Faire cuire la tarte au four à 200°C (400°F) pendant 15 minutes. Réduire la chaleur à 180°C (350°F) et continuer la cuisson pendant 15 à 20 minutes.

GALETTES À LA MÉLASSE

Métrique	Impérial
250 ml de mélasse	1 tasse de mélasse
250 ml de sucre	1 tasse de sucre
250 ml de graisse fondue	1 tasse de graisse fondue
250 ml de lait sur	1 tasse de lait sur
2 oeufs	2 oeufs
375 ml de raisins secs	1-1/2 tasse de raisins secs
1 litre de farine à pâtisserie	4 tasses de farine à pâtisserie
5 ml de gingembre	1 c. à t. de gingembre
5 ml de cannelle	1 c. à t. de cannelle
5 ml de soda à pâte	1 c. à t. de soda à pâte
2 ml de sel	1/2 c. à t. de sel
15 ml de poudre à pâte	1 c. à s. de poudre à pâte

Mélanger la mélasse, le sucre et la graisse fondue. Ajouter les épices, le sel et le soda à pâte dissous dans 15 ml d'eau (1 c. à s.) froide, les oeufs, les raisins et le lait sur.

Ajouter la farine et la poudre à pâte. Mélanger. Laisser tomber par cuillerées sur une plaque à biscuits et faire cuire au four à 200°C (400°F) pendant 10 à 15 minutes.

Pommes au caramel (voir page 117), sucre à la crème à la noix de coco, biscuits à la mélasse et tire Sainte-Catherine tradition

122

Les réceptions

Brunch de Baptême

Bordeaux blanc, bourgogne blanc ou vin d'Alsace, vin mousseux

Pour 6 à 8 personnes

MENU

Pain surprise au fromage
Pain aux noix et à l'orange
Salade de fettuccine
Quiche aux fruits de mer
Tomates au four
Asperges relevées aux champignons
Aspic aux cerises fromagé

PAIN SURPRISE AU FROMAGE

8 petits pains ronds
8 oeufs
8 tranches de fromage
Beurre

Couper le dessus des pains et enlever la mie. Beurrer l'intérieur. Casser un oeuf dans chaque pain.

Déposer les pains sur une plaque à biscuits. Faire chauffer au four à 160°C (325°F) pendant environ 25 minutes. Recouvrir les pains d'une tranche de fromage et les remettre au four pendant 5 minutes.

QUICHE AUX FRUITS DE MER

Métrique	Impérial
125 ml de mayonnaise	1/2 tasse de mayonnaise
15 ml de farine tout usage	1 c. à s. de farine tout usage
2 oeufs	2 oeufs
50 ml de vin blanc sec	1/4 tasse de vin blanc sec
1 boîte de crabe	1 boîte de crabe
1 boîte de crevettes	1 boîte de crevettes
150 ml de fromage gruyère râpé	3/4 tasse de fromage gruyère râpé
50 ml de céleri haché	1/4 tasse de céleri haché
50 ml d'échalotes hachées	1/4 tasse d'échalotes hachées
1 abaisse de 22 cm non cuite	1 abaisse de 9 po non cuite

Mélanger tous les ingrédients et les verser dans l'abaisse non cuite. Faire cuire au four à 180°C (350°F) pendant 30 minutes.

PAIN AUX NOIX ET À L'ORANGE

Métrique	Impérial
375 ml farine tout usage	1-1/2 tasse farine tout usage
5 ml de poudre à pâte	1 c. à t. de poudre à pâte
5 ml de sel	1 c. à t. de sel
75 ml de beurre ou de margarine	1/3 tasse de beurre ou de margarine
400 ml de sucre	1-3/4 tasse de sucre
2 oeufs	2 oeufs
15 ml de zeste d'orange râpé	1 c. à s. de zeste d'orange râpé
125 ml de noix hachées	1/2 tasse de noix hachées
125 ml de lait	1/2 tasse de lait
15 ml de jus d'orange	1 c. à s. de jus d'orange
15 ml de miel	1 c. à s. de miel

Mélanger la farine, la poudre à pâte et le sel. Défaire le beurre en crème, ajouter le sucre graduellement et bien mélanger après chaque addition. Incorporer les oeufs un à un; bien battre chaque fois. Ajouter le zeste d'orange et les noix.

Incorporer graduellement les ingrédients secs en alternant avec le lait. Bien mélanger après chaque addition.

Beurrer un moule à pain en métal, y verser le mélange et faire cuire à 180°C (350°F) pendant environ 1 heure.

SALADE DE FETTUCCINE

Métrique	Impérial
750 ml de fettuccine coupés	3 tasses de fettuccine coupés
30 ml d'huile d'olive	2 c. à s. d'huile d'olive
60 ml de mayonnaise	4 c. à s. de mayonnaise
1 boîte de thon émietté	1 boîte de thon émietté
2 oeufs durs, coupés en morceaux	2 oeufs durs, coupés en morceaux
2 tomates pelées et coupées en dés	2 tomates pelées et coupées en dés
5 ml de cari	1 c. à t. de cari
45 ml de fromage râpé	3 c. à s. de fromage râpé
Sel et poivre	Sel et poivre

Faire cuire les fettuccine et bien les égoutter. Ajouter l'huile d'olive tandis qu'ils sont encore chauds. Laisser refroidir et ajouter la mayonnaise. Remuer à nouveau.

Mélanger le reste des ingrédients. Ajouter les fettuccine. Bien mélanger avec une fourchette.

Servir sur un lit de laitue.

Salade de fettuccine

ASPERGES RELEVÉES AUX CHAMPIGNONS

Métrique	Impérial
1 kg d'asperges fraîches	2 lb d'asperges fraîches
75 ml d'huile	1/3 tasse d'huile
125 ml d'eau	1/2 tasse d'eau
50 ml d'échalotes hachées	1/4 tasse d'échalotes hachées
250 ml de champignons frais, tranchés	1 tasse de champignons frais, tranchés
5 ml de sel	1 c. à t. de sel
250 ml de crème légère (15%)	1 tasse de crème légère (15%)
Poivre fraîchement moulu	Poivre fraîchement moulu

Couper et jeter l'extrémité dure des asperges. Les trancher en biais, en morceaux de 1 cm (1/2 po).

Verser l'huile et l'eau dans un grand poêlon épais. Faire chauffer jusqu'à ébullition et ajouter les asperges, les échalotes, les champignons et le sel. Couvrir hermétiquement (utiliser du papier aluminium au besoin) et faire cuire, à feu vif, en secouant souvent le poêlon, pendant 4 minutes ou jusqu'à ce que les asperges soient tendres, mais encore un peu croquantes. Surveiller attentivement la cuisson et ajouter un peu d'eau, si nécessaire.

Ajouter la crème et un peu de poivre. Chauffer.

MICRO-ONDES

Cuisson des tomates

Couper les tomates en deux et les disposer en cercle dans un plat en verre en prenant soin de les espacer. Couvrir. Faire cuire à MAX. pendant 4 minutes ou jusqu'à ce que les tomates soient tendres, mais encore fermes. Tourner le plat une fois pendant la cuisson. Laisser reposer quelques minutes avant de servir.

TOMATES AU FOUR

Métrique	Impérial
6 tomates coupées en deux	6 tomates coupées en deux
10 ml de parmesan râpé	2 c. à t. de parmesan râpé
Basilic	Basilic
Poivre	Poivre

Saupoudrer les tomates de basilic, de poivre et de parmesan. Placer sur une plaque à biscuits et faire gratiner au four.

Aspic aux cerises fromagé

ASPIC AUX CERISES FROMAGÉ

Métrique	Impérial
1 paquet de gelée en poudre aux cerises	1 paquet de gelée en poudre aux cerises
250 ml d'eau bouillante	1 tasse d'eau bouillante
250 ml de jus de cerises	1 tasse de jus de cerises
625 ml de grosses cerises dénoyautées, coupées en deux	2-1/2 tasses de grosses cerises dénoyautées, coupées en deux
1 paquet de gelée en poudre à la limette	1 paquet de gelée en poudre à la limette
2 ml de sel	1/2 c. à t. de sel
250 ml d'eau bouillante	1 tasse d'eau bouillante
250 ml d'eau froide	1 tasse d'eau froide
2 paquets de fromage à la crème	2 paquets de fromage à la crème

Dissoudre la gelée en poudre aux cerises dans 250 ml (1 tasse) d'eau bouillante. Ajouter le jus de cerises et faire refroidir le mélange jusqu'à ce qu'il soit légèrement pris. Incorporer les cerises. Verser le mélange dans une lèchefrite de 22 x 22 x 7,5 cm (9 x 5 x 3 po). Laisser prendre au réfrigérateur. Conserver le reste à la température de la pièce.

Entre-temps, dissoudre la gelée en poudre à la limette avec du sel, dans 250 ml (1 tasse) d'eau bouillante. Ajouter l'eau froide et laisser prendre à demi.

Ramollir le fromage à la crème à la fourchette et l'incorporer à la gelée à demi prise, à l'aide d'un fouet. Verser sur la gelée aux cerises et faire refroidir le tout au réfrigérateur jusqu'à ce que la gelée de limette soit bien ferme.

Démouler. Garnir de feuilles de menthe.

BUFFET DE BAPTÊME

Bordeaux blanc, bourgogne blanc, vin blanc sec, vin mousseux ou champagne

Pour 6 à 8 personnes

MENU

Cocktails de pois des neiges à l'ananas
Sandwiches aux oeufs et au bacon
Homard à la crème sur pain de seigle
Vol-au-vent Neptune
Quiche à la suisse
Salade de coeurs de palmiers
Bavaroise aux poires

COCKTAILS DE POIS DES NEIGES À L'ANANAS

Métrique	Impérial
500 g de pois des neiges	1 lb de pois des neiges
1 tranche de jambon cuit bien maigre	1 tranche de jambon cuit bien maigre
2 tranches d'ananas frais	2 tranches d'ananas frais
4 feuilles de laitue	4 feuilles de laitue
250 ml de mayonnaise	1 tasse de mayonnaise
Quelques gouttes de cognac ou de whisky	Quelques gouttes de cognac ou de whisky
1 citron	1 citron
2 tomates fermes	2 tomates fermes
1 ou 2 oeufs durs	1 ou 2 oeufs durs
Persil	Persil
1 pincée de poivre de cayenne	1 pincée de poivre de cayenne

Retirer les fils des pois des neiges et les faire cuire pendant 1 minute dans de l'eau bouillante salée. Les passer sous l'eau froide, les égoutter et réserver.

Couper le jambon et les tranches d'ananas en dés. Mélanger tous les ingrédients. Répartir dans des coupes ou dans des grands verres déjà garnis de feuilles de laitue. Napper de mayonnaise relevée de quelques gouttes de cognac ou de whisky, de jus de citron et de poivre de cayenne.

Décorer de rondelles de tomates et d'oeufs durs. Parsemer de persil haché et servir.

SANDWICHES AUX OEUFS ET AU BACON

Métrique	Impérial
5 oeufs durs, hachés	5 oeufs durs, hachés
5 tranches de bacon frit et émietté	5 tranches de bacon frit et émietté
20 ml de persil	4 c. à t. de persil
45 ml de mayonnaise	3 c. à s. de mayonnaise
5 à 10 ml de moutarde préparée	1 à 2 c. à t. de moutarde préparée

Mélanger tous les ingrédients et les tartiner sur le pain. Couper les croûtes. Décorer chaque sandwich de persil et de rondelles de radis.

HOMARD À LA CRÈME SUR PAIN DE SEIGLE

Métrique	Impérial
1 oignon émincé	1 oignon émincé
1 gousse d'ail émincée	1 gousse d'ail émincée
125 ml de champignons	1/2 tasse de champignons
45 ml de beurre	3 c. à s. de beurre
45 ml de farine tout usage	3 c. à s. de farine tout usage
375 ml de crème (15%)	1-1/2 tasse de crème (15%)
350 g de chair de homard en boîte	3/4 lb de chair de homard en boîte
1 jaune d'oeuf légèrement battu	1 jaune d'oeuf légèrement battu
Pain de seigle	Pain de seigle
Quelques morceaux de homard cuit, revenus dans du beurre	Quelques morceaux de homard cuit, revenus dans du beurre
Persil	Persil

Homard à la crème sur pain de seigle

Faire revenir l'oignon, l'ail et les champignons dans le beurre. Saupoudrer de farine et bien mélanger. Ajouter la crème et faire cuire en remuant jusqu'à épaississement.

Saler et poivrer. Ajouter le homard et laisser chauffer pendant 2 à 3 minutes. Ajouter le jaune d'oeuf et continuer la cuisson pendant 1 minute sans faire bouillir. Servir sur du pain de seigle et garnir de morceaux de homard et de persil. Le homard peut être remplacé par des crevettes, si désiré.

VOL-AU-VENT NEPTUNE

Métrique	Impérial
125 ml de beurre	1/2 tasse de beurre
125 ml de poivron vert coupé en dés	1/2 tasse de poivron vert coupé en dés
150 ml de céleri coupé en dés	3/4 tasse de céleri coupé en dés
125 ml d'oignon coupé en dés	1/2 tasse d'oignon coupé en dés
250 ml de champignons tranchés	1 tasse de champignons tranchés
125 ml de farine tout usage	1/2 tasse de farine tout usage
750 ml de lait	3 tasses de lait
500 g de homard décongelé, coupé en morceaux	1 lb de homard décongelé, coupé en morceaux
250 g de pétoncles bouillis	1/2 lb de pétoncles bouillis
250 g de grosses crevettes congelées	1/2 lb de grosses crevettes congelées
3 oeufs durs, hachés	3 oeufs durs, hachés
Sel et poivre	Sel et poivre
Ciboulette hachée	Ciboulette hachée
Persil haché	Persil haché
6 vol-au-vent	6 vol-au-vent

Faire fondre le beurre dans une casserole et y faire revenir le poivron, le céleri, les oignons et les champignons.

Lorsque ces légumes sont à demi cuits, ajouter la farine, puis incorporer graduellement le lait en remuant jusqu'à consistance légèrement épaisse.

Laisser mijoter pendant environ 10 minutes. Ajouter ensuite le homard, les pétoncles, les crevettes et les oeufs.

Assaisonner et saupoudrer de ciboulette et de persil. Laisser mijoter pendant quelques minutes en remuant constamment. Garnir les vol-au-vent de ce mélange. Servir chaud.

QUICHE À LA SUISSE

Métrique	Impérial
375 ml de jambon cuit, haché fin	1-1/2 tasse de jambon cuit, haché fin
1 abaisse de 22 cm non cuite	1 abaisse de 9 po non cuite
500 ml de fromage gruyère râpé	2 tasses de fromage gruyère râpé
3 oeufs battus	3 oeufs battus
30 ml d'oignon haché fin	2 c. à s. d'oignon haché fin
15 ml de moutarde de Dijon	1 c. à s. de moutarde de Dijon
1 ml de sel	1/4 c. à t. de sel
250 ml de crème légère (15%)	1 tasse de crème légère (15%)
15 ml de fromage Parmesan	1 c. à s. de fromage Parmesan

Déposer le jambon dans l'abaisse; presser légèrement. Ajouter le fromage gruyère.

Battre ensemble les oeufs, l'oignon, la moutarde et le sel. Incorporer graduellement la crème. Verser sur le jambon et le fromage.

Saupoudrer de fromage parmesan. Faire cuire à 190°C (375°F) pendant 30 à 35 minutes ou jusqu'à ce que la préparation soit ferme.

Vol-au-vent Neptune

Salade de coeurs de palmiers

SALADE DE COEURS DE PALMIERS

2 carottes coupées en biais
8 feuilles de laitue
3 oeufs durs coupés en quartiers
3 boîtes de coeurs de palmiers

Vinaigrette

Métrique	Impérial
10 ml de moutarde	2 c. à t. de moutarde
15 ml de jus de citron	1 c. à s. de jus de citron
15 ml de vinaigre blanc	1 c. à s de vinaigre blanc
75 ml d'huile d'olive	5 c. à s. d'huile d'olive
10 ml de persil frais	2 c. à t. de persil frais
Sel et poivre	Sel et poivre

Mettre dans un bol la moutarde, le sel, le poivre, le jus de citron et le vinaigre. Bien mélanger. Verser l'huile petit à petit, et ajouter le persil. Laisser reposer.

Faire cuire les carottes pendant 3 minutes dans de l'eau bouillante. Passer sous l'eau froide et égoutter.

Disposer les coeurs de palmiers dans un grand plat de service. Alterner avec les carottes et les oeufs. Émincer la laitue en chiffonnade et la placer au centre ou autour du plat.

Napper de vinaigrette.

BAVAROISE AUX POIRES

Métrique	Impérial
30 ml de gélatine sans saveur	2 c. à s. de gélatine sans saveur
125 ml d'eau froide	1/2 tasse d'eau froide
250 ml de jus de poires	1 tasse de jus de poires
250 ml de poires en boîte, broyées	1 tasse de poires en boîte, broyées
15 ml de jus de citron	1 c. à s. de jus de citron
500 ml de lait évaporé (2%)	2 tasses de lait évaporé (2%)
9 fraises coupées	9 fraises coupées
30 ml de noix hachées	2 c. à s. de noix hachées

Faire chauffer le jus de poires. Verser le lait dans une casserole et mettre au congélateur pendant environ 30 minutes, jusqu'à ce que des cristaux se forment sur les rebords de la casserole.

Mettre la gélatine dans un grand bol et la faire gonfler dans l'eau froide pendant 5 minutes. Ajouter le jus de poires et remuer pour dissoudre. Laisser prendre jusqu'à consistance de blancs d'oeufs non battus.

Ajouter les poires, les noix et les fraises.

Fouetter le lait avec le jus de citron et ajouter au mélange de gélatine, en pliant délicatement.

Verser dans des coupes à dessert et laisser prendre au réfrigérateur.

Pour décorer, disposer des quartiers de poires sur une plaque beurrée et sucrée, avec le jus de 1 citron. Faire cuire à 230°C (450°F) pendant 7 minutes. Laisser refroidir puis déposer sur la bavaroise.

BRUNCH DE PREMIÈRE COMMUNION

Rosé, bordeaux blanc, vin mousseux

Pour 6 à 8 personnes

GÂTEAU D'OMELETTE PANACHÉ

Métrique	Impérial
14 oeufs	14 oeufs
125 ml de jambon coupé en dés	1/2 tasse de jambon coupé en dés
125 ml d'oignons émincés	1/2 tasse d'oignons émincés
125 ml de poivron rouge coupé en dés	1/2 tasse de poivron rouge coupé en dés
125 ml de champignons émincés	1/2 tasse de champignons émincés
125 ml de fromage râpé	1/2 tasse de fromage râpé
125 ml de tomates en boîte en morceaux	1/2 tasse de tomates en boîte en morceaux
125 ml de petits bouquets de chou-fleur cuit	1/2 tasse de petits bouquets de chou-fleur cuit

Faire cuire séparément tous les ingrédients (sauf le fromage) dans une petite poêle avec un peu de beurre, jusqu'à évaporation du liquide. Réserver le tout séparément dans des petits bols. Casser 2 oeufs dans chaque bol, mélanger et assaisonner.

Faire cuire les omelettes séparément dans une petite poêle de 15 cm (6 po) à revêtement anti-adhésif.

Au fur et à mesure qu'elles sont cuites, les mettre les unes sur les autres.

Laisser refroidir. Couper des pointes et servir avec une sauce tomate bien épaisse.

Gâteau d'omelette panaché

PAIN DORÉ AU MIEL ET À LA NOIX DE COCO

Métrique	Impérial
3 oeufs	3 oeufs
2 ml de sel	1/2 c. à t. de sel
30 ml de sucre	2 c. à s. de sucre
250 ml de lait	1 tasse de lait
6 tranches de pain	6 tranches de pain
50 ml de noix de coco râpée	1/4 de tasse de noix de coco râpée

Fouetter les oeufs. Ajouter le sel, le sucre et le lait. Verser dans un plat profond et faire tremper le pain dans ce mélange jusqu'à ce qu'il soit bien imbibé. Faire cuire les tranches de pain dans un poêlon chaud bien graissé et faire brunir les deux côtés. Saupoudrer de noix de coco. Servir avec du miel.

SALADE ROSE

Métrique	Impérial
750 ml de jambon cuit, coupé en dés	3 tasses de jambon cuit, coupé en dés
500 ml de pommes de terre cuites, coupées en dés	2 tasses de pommes de terre cuites, coupées en dés
250 ml de concombre coupé en dés	1 tasse de concombre coupé en dés
125 ml de céleri	1/2 tasse de céleri
125 ml d'échalotes	1/2 tasse d'échalotes
500 ml de laitue hachée	2 tasses de laitue hachée

Vinaigrette

Métrique	Impérial
90 ml d'huile d'olive	6 c. à s. d'huile d'olive
30 ml de vinaigre de cidre	2 c. à s. de vinaigre de cidre
1 gousse d'ail broyée	1 gousse d'ail broyée
Persil haché	Persil haché
1 pincée de thym	1 pincée de thym
2 ml de moutarde forte	1/2 c. à t. de moutarde forte
5 ml de coriandre haché	1 c. à t. de coriandre haché
5 ml de paprika	1 c. à t. de paprika
Sel et poivre	Sel et poivre

Préparer la vinaigrette en mélangeant tous les ingrédients qui la composent et en remuant bien. Laisser reposer pendant quelques minutes. Dans un grand saladier, mélanger tous les ingrédients de la salade. Verser la vinaigrette sur la salade, remuer et servir.

POULET AUX PÊCHES

Métrique	Impérial
6 poitrines de poulet désossées et aplaties	6 poitrines de poulet désossées et aplaties
60 ml de beurre	4 c. à s. de beurre
4 pêches pelées et coupées en quartiers	4 pêches pelées et coupées en quartiers
30 ml de farine tout usage	2 c. à s. de farine tout usage
250 ml de crème épaisse (35%)	1 tasse de crème épaisse (35%)
Sel et poivre	Sel et poivre
125 ml d'amandes émincées	1/2 tasse d'amandes émincées

Mettre les poitrines de poulet, une à la fois, entre deux feuilles de papier ciré et les aplatir avec le rouleau à pâte pour obtenir des filets de 5 mm (1/4 de pouce) d'épaisseur.

Faire revenir dans le beurre pendant 5 minutes de chaque côté. Ajouter les pêches et continuer de faire dorer jusqu'à ce que le poulet soit cuit, pendant environ 10 minutes. Retirer le poulet et les pêches, les placer sur un plat allant au four et les conserver au chaud.

Ajouter la farine au jus de cuisson du poêlon et mélanger avec un fouet. Faire cuire à feu moyen en remuant jusqu'à ce que la sauce commence à épaissir. Assaisonner au goût. Verser sur le poulet et sur les pêches.

Parsemer d'amandes grillées. Servir avec des pâtes.

On peut diminuer la quantité de crème en ajoutant un peu plus de farine, 375 ml (1-1/2 tasse) de bouillon de poulet et 125 ml (1/2 tasse) de crème.

Soufflé glacé au chocolat

ROTINI AUX FINES HERBES

Métrique	Impérial
500 g de nouilles aux oeufs rotini	1 lb de nouilles aux oeufs rotini
Eau bouillante salée	Eau bouillante salée
10 ml d'huile d'olive	2 c. à t. d'huile d'olive
10 ml de fines herbes	2 c. à t. de fines herbes
Sel et poivre	Sel et poivre

Faire cuire les nouilles *al dente* dans de l'eau bouillante salée. Égoutter et passer rapidement sous l'eau froide. Bien égoutter. Ajouter l'huile, les fines herbes et les autres assaisonnements. Mélanger. Servir immédiatement.

PETITS POIS ET CAROTTES À L'ESTRAGON

Métrique	Impérial
4 à 6 carottes	4 à 6 carottes
1 paquet de petits pois surgelés ou en conserve	1 paquet de petits pois surgelés ou en conserve
15 ml de sucre	1 c. à s. de sucre
15 ml d'estragon	1 c. à s. d'estragon

Couper les carottes en bâtonnets. Les faire cuire dans de l'eau bouillante salée. Faire cuire les petits pois congelés dans de l'eau bouillante ou faire égoutter une boîte de petits pois.

Mélanger les deux légumes, ajouter le sucre, l'estragon et quelques noisettes de beurre. Saupoudrer de persil et servir chaud.

SOUFFLÉS GLACÉS AU CHOCOLAT

Métrique	Impérial
300 ml de chocolat mi-sucré	1-1/4 tasse de chocolat mi-sucré
500 ml de crème épaisse (35%)	2 tasses de crème épaisse (35%)
4 oeufs entiers	4 oeufs entiers
15 ml de sucre	1 c. à s. de sucre
125 ml d'amandes grillées	1/2 tasse d'amandes grillées

Dans une casserole à fond épais, faire bouillir la crème pendant une minute. Retirer du feu, ajouter le chocolat coupé en petits morceaux et mélanger doucement à la cuillère de bois jusqu'à ce que tout le chocolat soit fondu. Laisser refroidir au réfrigérateur. Incorporer les jaunes d'oeufs au mélange crème-chocolat à l'aide d'un fouet.

Fouetter les blancs en neige très ferme en ajoutant 15 ml de sucre lorsqu'ils commencent à monter. Incorporer les blancs au mélange à la spatule, en pliant délicatement. Verser le mélange dans des petits moules à soufflé préalablement entourés d'une bande de papier ciré dépassant 3,75 cm (1-1/2 po) et fixée avec une ficelle. Mettre au congélateur pendant environ trois heures.

Servir après avoir enlevé la feuille de papier ciré. Le dessert donnera alors l'impression d'un petit soufflé. Décorer d'amandes effilées et grillées au four. Servir.

BUFFET DE PREMIÈRE COMMUNION

Rosé, bordeaux blanc, rosé pétillant

Pour 6 à 8 personnes

MENU

Potage au panais à l'orange
Sandwiches rubanés arlequin
Pain de viande rapide
Couronne de tomates
Asperges nature à la vinaigrette soleil
Salade nénuphar
Grands-pères au sirop d'érable

SANDWICHES RUBANÉS ARLEQUIN

1 pain blanc entier
1 pain brun entier
Beurres préparés au choix

Enlever la croûte des 2 pains à sandwiches; couper sur la longueur 2 tranches de pain blanc et 2 tranches de pain brun de 1,25 cm (1/2 po) d'épaisseur chacune.

Beurrer généreusement les tranches d'un seul côté et superposer en alternant les tranches de pain brun et les tranches de pain blanc.

Mettre au réfrigérateur sous une légère pesée pour faire durcir le beurre. Couper ce pain en tranches minces, de haut en bas. Donne environ 48 sandwiches.

Beurres préparés

Beurre aux olives : 50 ml (1/4 de tasse) de beurre défait en crème mélangé à 15 ml (1 c. à s.) d'olives et 2 ml (1/2 c. à t.) de jus de citron.

Beurre aux noix : 50 ml (1/4 de tasse) de beurre défait en crème mélangé à 30 ml (2 c. à s.) de noix hachées très fin, et du sel au goût.

Beurre à la tomate: 50 ml (1/4 de tasse) de beurre défait en crème mélangé à 30 ml (2 c. à s.) de purée de tomates épaisse ou de pâte de tomates.

Beurre au persil : 50 ml (1/4 de tasse) de beurre défait en crème, mélangé à 15 ml (1 c. à s.) de persil haché très fin et à 5 ml (1 c. à t.) de jus de citron.

Potage au panais à l'orange

POTAGE AU PANAIS À L'ORANGE

Métrique	Impérial
750 ml de panais	3 tasses de panais
250 ml de pommes de terre	1 tasse de pommes de terre
2 gros oignons	2 gros oignons
45 ml de beurre	3 c. à s. de beurre
Eau bouillante	Eau bouillante
250 ml de crème	1 tasse de crème
500 ml de lait	2 tasses de lait
45 ml de beurre	3 c. à s. de beurre
2 ml de sarriette	1/2 c. à t. de sarriette
2 ml de poivre	1/2 c. à t. de poivre
15 ml de zeste d'orange râpé	1 c. à s. de zeste d'orange râpé

Éplucher les panais et les pommes de terre, les couper en dés. Peler les oignons et les émincer. Dans une casserole, faire fondre le beurre. Ajouter les oignons, couvrir et laisser mijoter pendant 10 minutes à feu doux. Ajouter les légumes préparés. Les recouvrir d'eau bouillante. Saler. Couvrir et laisser cuire pendant 30 minutes à feu moyen jusqu'à ce que les légumes soient tendres. Ajouter le reste des ingrédients. Cuire à feu doux sans faire bouillir. Servir.

PAIN DE VIANDE RAPIDE

Métrique	Impérial
1,5 kg de veau haché	3 lb de veau haché
250 g de porc haché	1/2 lb de porc haché
2 oeufs	2 oeufs
250 ml de biscuits soda	1 tasse de biscuits soda
1 oignon haché	1 oignon haché
Sel et poivre	Sel et poivre

Mélanger tous les ingrédients et déposer dans un moule à pain beurré. Faire cuire au four à 160°C (325°F) pendant environ 1 heure.

MICRO-ONDES

Pain de viande aux légumes

Métrique	Impérial
750 g de boeuf haché	1-1/2 lb de boeuf haché
50 ml de chapelure	1/4 tasse de chapelure
2 oeufs	2 oeufs
5 ml de sauce Worces-tershire	1 c. à t. de sauce Worces-tershire
1 boîte de macédoine	1 boîte de macédoine
1 boîte de tomates	1 boîte de tomates

Mélanger le boeuf, la chapelure, les oeufs et la sauce, puis façonner, sur un papier ciré, un rectangle de 1,2 cm (1/2 po) d'épaisseur. Garnir de macédoine en laissant une bordure de 2,5 cm (1 po). Rouler en pressant les extrémités et déposer dans un moule en plaçant la partie scellée sur le dessous. Ajouter les tomates.

Faire cuire à MAX. pendant 5 minutes et ensuite à MED. pendant 22 minutes. Tourner une fois à mi-temps. Laisser reposer 5 minutes avant de servir.

COURONNE DE TOMATES

Métrique	Impérial
1 tomate par personne	1 tomate par personne
Sel fin	Sel fin
Farine tout usage	Farine tout usage
30 ml d'huile végétale	2 c. à s. d'huile végétale
Persil frais haché	Persil frais haché
Pommes de terre en ron-delles, frites	Pommes de terre en ron-delles, frites

Couper en deux de belles tomates, les saupoudrer de sel et les laisser dégorger. Égoutter et éponger. Passer chaque moitié dans la farine. Faire dorer dans l'huile chaude; assaisonner et saupoudrer de persil frais haché.

Disposer les tomates au centre d'une couronne de pommes de terre. Réchauffer quelques minutes au four à 160°C (325°F).

ASPERGES NATURE À LA VINAIGRETTE SOLEIL

Métrique	Impérial
24 asperges	24 asperges
Le jus de 2 citrons	Le jus de 2 citrons
375 ml de sauce vinaigrette	1-1/2 tasse de sauce vinai-grette
Le jus de 4 oranges	Le jus de 4 oranges
Zeste d'orange	Zeste d'orange

Laver les asperges avec soin. Enlever les parties ligneuses et tailler les asperges à la même longueur.

Réunir les asperges en bottes de 10 à 12 en les attachant avec une ficelle fine pour ne pas endommager les tiges.

Les faire cuire debout dans une grande marmite d'eau bouillante salée, les pointes à l'extérieur de l'eau. La durée de la cuisson varie selon l'âge et la grosseur des asperges. On calcule qu'elles sont cuites lorsque les pointes sont tendres au toucher.

Délier les bottes et égoutter les asperges avec soin pour ne pas briser les pointes. Disposer sur des assiettes individuelles. Incorporer le jus d'orange et de citron à une sauce vinaigrette. Napper les asperges de sauce.

Décorer de zeste d'orange.

Couronne de tomates

Grands-pères au sirop d'érable

SALADE NÉNUPHAR

Métrique	Impérial
6 oeufs durs	6 oeufs durs
375 ml de céleri	1-1/2 tasse de céleri
375 ml de carottes cuites, coupées en dés	1-1/2 tasse de carottes cuites, coupées en dés
375 ml de laitue	1-1/2 tasse de laitue
Mayonnaise	Mayonnaise

Mélanger le céleri, les carottes, et la laitue. Ajouter la mayonnaise. Assaisonner.

Disposer dans des assiettes. Garnir de persil ou de cresson et de nénuphars taillés dans les oeufs.

GRANDS-PÈRES AU SIROP D'ÉRABLE

Métrique	Impérial
500 ml d'eau	2 tasses d'eau
300 ml de sirop d'érable	1-1/4 tasse de sirop d'érable

Pâte

Métrique	Impérial
300 ml de farine tout usage	1-1/4 tasse de farine tout usage
15 ml de poudre à pâte	1 c. à s. de poudre à pâte
15 ml de sucre	1 c. à s. de sucre
2 ml de sel	1/2 c. à t. de sel
50 ml de beurre	1/4 tasse de beurre
125 ml de lait	1/2 tasse de lait

Mélanger tous les ingrédients, jeter cette pâte par cuillerées dans un sirop d'érable bouillant. Couvrir et laisser mijoter pendant environ 15 minutes.

BUFFET DE GRADUATION

Bourgogne blanc, bourgogne rouge, champagne

Pour 6 à 8 personnes

MENU

Canapés
Pâté de morue et d'huîtres
Duo de cailles à l'estragon
Pommes de terre amandine
Navets farcis à la fleur de carotte
Salade du marché
Bavaroise aux framboises

CANAPÉS

Garniture piquante aux oeufs

Métrique	Impérial
4 oeufs durs hachés	4 oeufs durs hachés
3 tranches de bacon croustillant, émietté	3 tranches de bacon croustillant, émietté
10 ml d'oignons émincés	2 c. à t. d'oignons émincés
50 ml de mayonnaise	1/4 tasse de mayonnaise
2 ml de sauce Worcestershire	1/2 c. à t. de sauce Worcestershire
Sel et poivre	Sel et poivre

Canapés

Garniture au fromage

Métrique	Impérial
125 ml de fromage cheddar fondu	1/2 tasse de fromage cheddar fondu
15 ml de poivron rouge haché fin	1 c. à s. de poivron rouge haché fin
30 ml de ciboulette hachée	2 c. à s. de ciboulette hachée

Garniture aux fruits de mer

Métrique	Impérial
125 ml de crevettes en boîte, égouttées	1/2 tasse de crevettes en boîte, égouttées
125 ml de thon égoutté et émietté	1/2 tasse de thon égoutté et émietté
50 ml de mayonnaise	1/4 tasse de mayonnaise
15 ml de jus de citron	1 c. à s. de jus de citron
10 ml d'oignon émincé	2 c. à t. d'oignon émincé

Mélanger les ingrédients de chacune de ces garnitures jusqu'à la consistance désirée et étendre sur des biscottes ou disposer chacune des garnitures dans un grand plateau de service pour en faire des trempettes.

PÂTÉ DE MORUE ET D'HUÎTRES

Métrique	Impérial
750 g de morue sans les arêtes et tranchée	1-1/2 lb de morue sans les arêtes et tranchée
2 ml de muscade râpée	1/2 c. à t. de muscade râpée
1 ml de macis	1/4 c. à t. de macis
Sel et poivre frais moulu	Sel et poivre frais moulu
45 ml de beurre	3 c. à s. de beurre
500 ml de bouillon de poisson (vendu dans certaines poissonneries) ou utiliser du jus de palourdes en bouteille	2 tasses de bouillon de poisson (vendu dans certaines poissonneries) ou utiliser du jus de palourdes en bouteille
1 abaisse de 25 cm non cuite	1 abaisse de 10 po non cuite
1 oeuf battu	1 oeuf battu
15 ml de bouillon de poisson	1 c. à s. de bouillon de poisson
125 ml de crème épaisse (35%)	1/2 tasse de crème épaisse (35%)
5 ml de beurre	1 c. à t. de beurre
5 ml de farine tout usage	1 c. à t. de farine tout usage
Sel et poivre	Sel et poivre
2 ml de zeste de citron râpé	1/2 c. à t. de zeste de citron râpé
12 huîtres crues	12 huîtres crues

Placer les tranches de morue dans une assiette. Assaisonner de muscade, de macis, de sel et de poivre. Ajouter le beurre et le bouillon.

Dans l'abaisse, découper une lanière de pâte et la placer autour de l'assiette à tarte préalablement humectée. Ne pas étendre de pâte au fond du moule. Humecter le bord supérieur de la lanière. Couvrir l'assiette de pâte à tarte. Presser les bords pour bien sceller. Faire un trou au centre et glacer le dessus avec de l'oeuf battu. Faire cuire au four à 220°C (425°F) pendant 15 minutes. Réduire la chaleur à 180°C (350°F) et laisser cuire encore pendant 30 minutes. Couvrir avec du papier aluminium si la pâte est trop brune.

Pour faire la sauce, faire chauffer ensemble le bouillon et la crème. Bien mélanger le beurre et la farine et ajouter graduellement le bouillon en remuant bien. Saler et poivrer. Ajouter le zeste de citron et les huîtres. Amener le tout à ébullition, puis retirer immédiatement du feu. Verser la sauce par le trou du pâté et servir.

Si nécessaire, agrandir le trou au centre du pâté.

DUO DE CAILLES À L'ESTRAGON

Métrique	Impérial
12 cailles nettoyées	12 cailles nettoyées
150 ml de farine tout usage	3/4 tasse de farine tout usage
125 ml de beurre doux	1/2 tasse de beurre doux
75 ml de Sauternes	1/3 tasse de Sauternes
75 ml de bouillon de volaille	1/3 tasse de bouillon de volaille
30 ml de feuilles d'estragon frais	2 c. à s. de feuilles d'estragon frais
30 ml de jus de citron	2 c. à s. de jus de citron
Sel et poivre	Sel et poivre

Enfariner les cailles. Dans un poêlon, faire chauffer 125 ml (1/2 tasse) de beurre et y faire revenir les cailles jusqu'à ce qu'elles soient dorées de tous les côtés.

Placer les cailles sur une grille dans une rôtissoire, et verser un peu de beurre à l'intérieur de chacune d'elles.

Déglacer le poêlon avec le Sauternes. Ajouter le bouillon et le reste des ingrédients. Verser cette sauce sur les cailles et faire braiser à 200°C (400°F) pendant 25 minutes, en les arrosant régulièrement avec cette sauce.

Servir avec du riz brun ou sauvage.

POMMES DE TERRE AMANDINE

Utiliser la recette de Pommes de terre duchesse (voir page 30). Façonner des petites boules, les tremper dans de l'oeuf battu puis les rouler dans les amandes effilées.

Faire frire dans l'huile jusqu'à ce qu'elles soient dorées.

Duo de cailles à l'estragon

NAVETS FARCIS À LA FLEUR DE CAROTTE

Éplucher des petits navets et les faire cuire dans de l'eau salée. Couper le haut et le bas de chacun d'eux et les creuser à l'aide d'une petite cuillère à parisienne (cuillère pour faire des boules). Remplir d'une sauce béchamel au fromage (voir chapitre des sauces), saupoudrer de paprika.

Émincer une petite carotte en tranches fines et en biais. Faire bouillir pendant 2 minutes dans de l'eau salée. Refroidir sous l'eau courante. Entailler le tour du navet et insérer les carottes dans les fentes. Mettre un peu d'eau au fond de la plaque, réchauffer au four et servir.

Préparation des navets

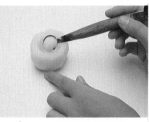

1 Creuser les navets à l'aide d'une petite cuillère.

2 Insérer les fines tranches de carottes dans les fentes.

Bavaroise aux framboises

SALADE DU MARCHÉ

Métrique	Impérial
1 laitue iceberg	1 laitue iceberg
1 chicorée	1 chicorée
1 laitue romaine	1 laitue romaine
1 bouquet de cresson	1 bouquet de cresson
1 oeuf râpé	1 oeuf râpé
125 ml de vinaigrette	1/2 tasse de vinaigrette
française	française
Persil ou ciboulette haché	Persil ou ciboulette haché

Laver les feuilles de laitue iceberg. Les envelopper dans un linge sans trop les essorer. Mettre au réfrigérateur pendant 2 à 3 heures au moins avant de les utiliser.

Retirer la partie verte de la chicorée. Laver la partie blanche, qui sera enveloppée de la même manière que la laitue iceberg.

Retirer le coeur de la laitue romaine. Briser les feuilles en deux avec les mains. Laver et envelopper comme la laitue iceberg.

Nettoyer et laver le cresson. Le mettre au réfrigérateur, dans un verre d'eau comme un bouquet de fleurs.

Écraser l'oeuf dur râpé avec une fourchette, ajouter la vinaigrette et le persil ou la ciboulette. Bien mélanger.

Verser la vinaigrette sur la salade disposée dans un saladier. Bien mélanger. Garnir de cresson. Servir.

Vinaigrette française

Métrique	Impérial
5 ml de moutarde de Dijon	1 c. à t. de moutarde de Dijon
15 ml de sel	1 c. à s. de sel
10 ml de poivre	2 c. à t. de poivre
60 ml de vinaigre de vin	4 c. à s. de vinaigre de vin
125 ml d'huile d'olive	1/2 tasse d'huile d'olive

Placer tous les ingrédients dans un bol. Battre jusqu'à l'obtention d'un mélange parfait. Verser sur les laitues.

BAVAROISE AUX FRAMBOISES

Métrique	Impérial
250 ml de framboises	1 tasse de framboises
125 ml de sucre	1/2 tasse de sucre
1 sachet de gélatine sans saveur diluée dans	1 sachet de gélatine sans saveur diluée dans
105 ml d'eau	7 c. à s. d'eau
Jus d'un demi citron	Jus d'un demi citron
250 ml de crème fouettée	1 tasse de crème fouettée
Sel	Sel

Faire dissoudre le sucre dans les framboises avec le jus de citron et le sel. Ajouter la gélatine dissoute. Laisser prendre légèrement. Mélanger avec la crème fouettée. Verser dans des coupes et mettre au réfrigérateur.

SOUPER DE GRADUATION

Bourgogne blanc, champagne

Pour 6 à 8 personnes

CRÈME FLORENTINE AU FROMAGE FONDU

Métrique	Impérial
1,5 kg d'épinards	3 lb d'épinards
60 ml de beurre	4 c. à s. de beurre
250 ml de fromage cheddar râpé	1 tasse de fromage cheddar râpé
1 gros oignon émincé	1 gros oignon émincé
60 ml de farine tout usage	4 c. à s. de farine tout usage
1 litre de bouillon de volaille	4 tasses de bouillon de volaille
250 ml de crème épaisse (35%)	1 tasse de crème épaisse (35%)
15 ml de sucre	1 c. à s. de sucre
2 jaunes d'oeufs	2 jaunes d'oeufs
Sel et poivre	Sel et poivre

Laver et égoutter les épinards. Dans une casserole, faire revenir l'oignon et ajouter progressivement les épinards. Cuire jusqu'à l'évaporation de l'eau.

Ajouter la farine, remuer et verser le bouillon. Assaisonner et faire cuire pendant 30 minutes.

Ajouter les trois quarts de la crème et faire cuire pendant 5 minutes. Retirer du feu.

Incorporer les deux jaunes d'oeufs au reste de la crème et verser dans le mélange du bouillon en mélangeant avec un fouet. Ne pas faire bouillir. Mélanger le fromage râpé à la soupe et servir.

BOULES AU FROMAGE

Métrique	Impérial
250 ml de fromage «Philadelphia»	1 tasse de fromage «Philadelphia»
15 ml de persil frais haché	1 c. à s. de persil frais haché
50 ml d'oignons verts hachés	1/4 tasse d'oignons verts hachés
2 gousses d'ail hachées	2 gousses d'ail hachées
30 ml de poivron vert haché	2 c. à s. de poivron vert haché
2 ml de sauce Worcestershire	1/4 c. à t. de sauce Worcestershire
2 ml de paprika	1/4 c. à t. de paprika
375 ml de fromage de lait écrémé râpé (jaune ou blanc)	1-1/2 tasse de fromage de lait écrémé râpé (jaune ou blanc)
125 ml de persil haché	1/2 tasse de persil haché
125 ml de noix de Grenoble	1/2 tasse de noix de Grenoble

Mettre les sept premiers ingrédients dans le bol du batteur électrique. Mélanger à petite vitesse pendant 3 minutes. Incorporer le fromage. Façonner des petites boules et les mettre au réfrigérateur pendant 15 minutes. Mélanger 125 ml (1/2 tasse) de persil haché et 125 ml (1/2 tasse) de noix de Grenoble, et y rouler les boules de fromage. On peut aussi y ajouter de fins morceaux de crevettes cuites ou de crabe des neiges cuit.

Servir sur un lit de laitue.

Crème florentine au fromage fondu

Brochettes de poulet

BROCHETTES DE POULET

Métrique	Impérial
250 ml d'huile végétale	1 tasse d'huile végétale
50 ml de sauce soja	1/4 tasse de sauce soja
50 ml de sucre	1/4 tasse de sucre
30 ml de jus de citron	2 c. à s. de jus de citron
Sel d'ail au goût	Sel d'ail au goût
6 poitrines de poulet désossées	6 poitrines de poulet désossées
Rondelles d'oignon	Rondelles d'oignon
Morceaux de poivron	Morceaux de poivron
Quartiers de tomates	Quartiers de tomates

Mélanger les cinq premiers ingrédients pour faire la marinade.

Tailler les poitrines de poulet en morceaux et les faire macérer dans la marinade pendant 2 heures en les retournant de temps à autre.

Enfiler les morceaux de poulet sur des broches en alternant avec les oignons, les poivrons et les quartiers de tomates. Faire cuire à 180°C (350°F) pendant 20 minutes. Après 10 minutes de cuisson, tourner les brochettes.

RIZ AUX FINES HERBES

Métrique	Impérial
50 ml de beurre	1/4 tasse de beurre
125 ml d'oignons hachés	1/2 tasse d'oignons hachés
375 ml de riz à grains longs	1-1/2 tasse de riz à grains longs
300 ml de bouillon de poulet	1-1/4 tasse de bouillon de poulet
625 ml d'eau	2-1/2 tasses d'eau
1 ml de feuilles de marjolaine	1/4 c. à t. de feuilles de marjolaine
1 ml de feuilles de thym	1/4 c. à t. de feuilles de thym
10 ml de sel	2 c. à t. de sel
1 ml de poivre	1/4 c. à t. de poivre

Dans une grande casserole, faire fondre le beurre et y ajouter l'oignon. Remuer à feu doux.

Ajouter le riz et continuer la cuisson en remuant jusqu'à ce qu'il soit bien doré.

Amener le bouillon de poulet et l'eau à ébullition; verser sur le riz et ajouter le thym, la marjolaine, le sel et le poivre. Faire chauffer encore jusqu'à ébullition. Réduire la chaleur au plus bas. Couvrir et laisser mijoter pendant 20 minutes, jusqu'à ce que le riz ait absorbé tout le liquide.

SALADE VERTE
VINAIGRETTE CITRONNELLE

1 laitue déchiquetée
1 concombre tranché
1 poivron vert tranché en
fines lamelles
1 échalote hachée fin
Persil frais haché fin

Vinaigrette

Métrique	Impérial
45 ml de jus de citron	3 c. à s. de jus de citron
30 ml d'huile d'olive	2 c. à s. d'huile d'olive
1 gousse d'ail écrasée	1 gousse d'ail écrasée
15 ml de mayonnaise	1 c. à s. de mayonnaise
Sel et poivre	Sel et poivre

Bien mélanger tous les ingrédients. Verser la quantité nécessaire sur la salade. Bien remuer.

FEUILLETÉS AUX POIRES ET AU
CARAMEL D'ORANGES

Métrique	Impérial
6 poires pelées	6 poires pelées
60 ml de beurre	4 c. à s. de beurre
6 carrés (7,5 x 7,5 cm) de pâte feuilletée cuits	6 carrés (3 x 3 po) de pâte feuilletée cuits
250 ml de sucre	1 tasse de sucre
250 ml de jus d'orange	1 tasse de jus d'orange
Le jus d'un citron	Le jus d'un citron
1 jaune d'oeuf	1 jaune d'oeuf

Peler les poires, les couper en quartiers et les émincer après avoir ôté les coeurs.

Faire fondre le beurre dans une poêle et faire revenir les poires émincées avec le sucre jusqu'à la formation d'un caramel. Ajouter alors le jus d'orange et le jus de citron, et laisser cuire jusqu'à l'obtention d'un sirop.

Badigeonner les feuilletés de jaunes d'oeufs, les faire dorer, les couper en deux et les garnir de poires.

Servir avec une boule de crème glacée garnie d'un coulis de framboises.

Feuilletés aux poires et au caramel d'oranges

BUFFET COCKTAIL DES FIANÇAILLES

Bordeaux blanc, vin blanc sec ou vin blanc suisse, Grand Marnier frappé

Pour 6 à 8 personnes

MENU

Canapés bagues de poireaux au poulet
Sandwiches damier
Fondue parmesan
Brocolis au beurre
Salade de chou-fleur et de pommes de terre
Soupe de fruits au Grand Marnier

CANAPÉS BAGUES DE POIREAUX AU POULET

Métrique	Impérial
Pâte feuilletée	Pâte feuilletée
18 bagues de blanc de poireaux de 1,25 cm de diamètre et de 2 cm de haut	18 bagues de blanc de poireaux de 1/2 po de diamètre et de 3/4 po de haut
1 poitrine de volaille désossée	1 poitrine de volaille désossée
125 ml de crème épaisse (35%)	1/2 tasse de crème épaisse (35%)
1 oeuf	1 oeuf
Sel et poivre	Sel et poivre

Abaisser la pâte au rouleau et couper à l'emporte-pièce 18 ronds de 2,5 cm (1 po) de diamètre.

Placer les bagues de poireaux au centre des ronds de pâte. Réserver.

Dans le robot culinaire, hacher la poitrine de volaille et assaisonner. Ajouter l'oeuf. Mélanger pendant 30 secondes. Verser la crème en filet en remuant constamment.

Remplir les bagues de poireaux de cette farce.

Faire cuire au four à 160°C (325°F) pendant15 minutes.

On peut aussi utiliser une pâte brisée. Si les canapés lèvent durant la cuisson, les replacer du bout du doigt. Une feuille de papier ciré posée sur les bagues empêchera la farce de déborder.

FONDUE PARMESAN

Métrique	Impérial
Huile de maïs	Huile de maïs
500 g de fromage gruyère	1 lb de fromage gruyère
4 oeufs	4 oeufs
Une pincée de poivre de cayenne	Une pincée de poivre de cayenne
375 ml de farine tout usage	1-1/2 tasse de farine tout usage
375 ml de chapelure	1-1/2 tasse de chapelure
Sel et poivre	Sel et poivre

Faire chauffer de l'huile de maïs dans une friteuse à 180°C (350°F).

Râper le fromage et le mettre dans un bol. Incorporer le sel, le poivre, le poivre de cayenne et 1 oeuf. Façonner des petites boules.

Dans trois bols différents, mettre l'oeuf, la farine et la chapelure. Battre l'oeuf.

Plonger d'abord les boules de fromage dans la farine, ensuite dans l'oeuf battu, puis dans la chapelure.

Faire frire pendant environ 2 minutes.

Servir avec une garniture de radis.

BROCOLIS AU BEURRE

Métrique	Impérial
2 brocolis coupés en bouquets	2 brocolis coupés en bouquets
Jus de citron	Jus de citron
60 ml de beurre ramolli	4 c. à s. de beurre ramolli
Sel et poivre	Sel et poivre

Placer les bouquets de brocoli dans une étuveuse (marguerite) et les faire cuire pendant 6 minutes à la vapeur. Saler et poivrer.

Disposer les bouquets de brocolis sur un plat de service. Arroser de jus de citron. Ajouter le beurre ramolli et garnir de rondelles de citron.

Canapés bagues de poireaux au poulet

SANDWICHES DAMIER

1 pain blanc
1 pain de blé entier
Beurre préparé (recette
ci-après)
Tranches de jambon

Première opération

Couper dans le sens de la longueur 2 tranches de pain
blanc et 2 tranches de pain de blé entier, de 1 cm (1/2 po)
d'épaisseur; les beurrer généreusement d'un seul côté. Les
superposer en alternant les tranches de pain blanc et de pain de
blé entier. Placer au froid jusqu'à ce que le beurre durcisse.

Deuxième opération

Égaliser les côtés du pain reconstitué. Couper dans le
sens contraire en tranches de 1 cm (1/2 po) d'épaisseur pour
obtenir un damier. Beurrer généreusement chaque tranche et
les superposer en alternant les carreaux. Presser légèrement et
conserver au froid. Quand le beurre est ferme, couper des tranches minces et servir.

Beurre préparé

Défaire en crème 50 ml (1/4 tasse) de beurre et y ajouter
les ingrédients suivants, au choix:
15 ml (1 c. à s.) de persil et 15 ml (1 c. à s.) de jus de
citron pour obtenir un beurre de persil
ou
15 ml (1 c. à s.) d'olives pilées ou hachées fin et 2,5 ml
(1/2 c. à t.) de jus de citron pour obtenir un beurre d'olives
ou
15 ml (1 c. à s.) de pâte de tomates ajoutée au 15ml
(1 c. à s.) de beurre pour obtenir un beurre de tomates.
On peut garnir le tout de tranches de jambon ou autre
viande froide, au goût.

Préparation des damiers

1 Couvrir les tranches de pain de fromage.

2 Superposer en alternant pain blanc et pain brun.

3 Couper les croûtes.

4 Presser légèrement et congeler.

5 Couper en tranches d'égale épaisseur.

6 Couvrir de fromage à nouveau.

7 Superposer en alternant les couleurs.

8 Trancher les damiers.

Sandwiches damier

SALADE DE CHOU-FLEUR ET DE POMMES DE TERRE

Métrique
1 chou-fleur coupé en bouquets
6 pommes de terre moyennes
50 ml de poireaux ou d'oignons
125 ml de céleri
125 ml de poivron vert
Quelques branches de céleri
6 oeufs durs
Mayonnaise

Impérial
1 chou-fleur coupé en bouquets
6 pommes de terre moyennes
1/4 tasse de poireaux ou d'oignons
1/2 tasse de céleri
1/2 tasse de poivron vert
Quelques branches de céleri
6 oeufs durs
Mayonnaise

Faire cuire les bouquets de chou-fleur dans de l'eau salée, puis les égoutter sans les rafraîchir. Éplucher les pommes de terre, les faire cuire et les couper en dés. Hacher fin les autres légumes.

Faire cuire les oeufs et les trancher. Incorporer la mayonnaise et assaisonner au goût.

Décorer de quelques tranches d'oeufs et de persil.

SOUPE DE FRUITS AU GRAND MARNIER

Métrique
625 ml de salade de fruits maison
500 ml de jus d'orange
Grand Marnier au goût
250 ml de crème épaisse (35%)
15 ml de vanille

Impérial
2-1/2 tasses de salade de fruits maison
2 tasses de jus d'orange
Grand Marnier au goût
1 tasse de crème épaisse (35%)
1 c. à s. de vanille

Confectionner une salade de fruits au goût, sucrer et ajouter du jus de citron, si désiré.

Ajouter le jus d'orange et le Grand Marnier. Mélanger.

Fouetter la crème jusqu'à ce qu'elle soit suffisamment ferme et l'incorporer à la salade de fruits.

Présenter dans une soupière.

Soupe de fruits au Grand Marnier

SOUPER DES FIANÇAILLES

Bourgogne blanc, champagne

Pour 6 à 8 personnes

MENU

Soupe de poisson océane

Coquilles Saint-Jacques

Tranches de saumon farcies

Riz printanier

Poireaux braisés à la tomate

Laitue chinoise aux champignons et aux lardons

Gâteau au fromage blanc sauce aux pêches

SOUPE DE POISSON OCÉANE

Métrique	Impérial
500 g de filets de poissons frais	1 lb de filets de poissons frais
30 ml de beurre	2 c. à s. de beurre
1 oignon moyen émincé	1 oignon moyen émincé
125 ml de céleri coupé en dés	1/2 tasse de céleri coupé en dés
500 ml de pommes de terre crues, coupées en dés	2 tasses de pommes de terre crues, coupées en dés
125 ml de carottes tranchées	1/2 tasse de carottes tranchées
500 ml d'eau bouillante	2 tasses d'eau bouillante
5 ml de sel	1 c. à t. de sel
0,5 ml de poivre	1/8 c. à t. de poivre
500 ml de lait	2 tasses de lait

Découper les filets de poisson en bouchées. Dans une casserole, faire fondre le beurre et y faire revenir l'oignon et le céleri. Ajouter les pommes de terre, les carottes, l'eau, le sel et le poivre. Couvrir et laisser mijoter pendant 10 à 15 minutes, jusqu'à ce que les légumes soient tendres.

Ajouter le poisson et continuer la cuisson pendant 10 minutes. Ajouter le lait. Réchauffer sans laisser bouillir.

Coquille Saint-Jacques

COQUILLES SAINT-JACQUES AU GRATIN

Métrique	Impérial
1 kg de pétoncles	2 lb de pétoncles
250 ml de champignons émincés	1 tasse de champignons émincés
125 ml de vin blanc sec	1/2 tasse de vin blanc sec
45 ml de beurre	3 c. à s. de beurre
45 ml de farine tout usage	3 c. à s. de farine tout usage
6 échalotes françaises hachées	6 échalotes françaises hachées
250 ml de crème épaisse (35%)	1 tasse de crème épaisse (35%)
500 ml de fromage gruyère râpé	2 tasses de fromage gruyère râpé
Sel et poivre	Sel et poivre
Paprika	Paprika

Dans une casserole, mettre à cuire les pétoncles, les champignons, les échalotes et le vin blanc. Faire bouillir pendant 6 à 7 minutes en remuant.

Retirer les pétoncles et les champignons, les égoutter et les réserver.

Faire bouillir le bouillon et la crème pendant environ 2 minutes.

Entre-temps, mélanger dans un petit bol la farine et le beurre. Incorporer graduellement ce mélange à la sauce et continuer la cuisson jusqu'à épaississement.

Retirer du feu. Ajouter les pétoncles et les champignons à la sauce. Assaisonner. Remplir les moules à coquilles Saint-Jacques ou des plats à gratin avec le mélange.

Couvrir de gruyère râpé, saupoudrer de paprika et faire cuire à 200°C (400°F) pendant 10 à 15 minutes.

TRANCHES DE SAUMON FARCIES

Métrique	Impérial
12 petites tranches de saumon	12 petites tranches de saumon
Farce aux champignons	Farce aux champignons
375 ml de crème légère (15 %)	1-1/2 tasse de crème légère (15 %)
Sel et poivre	Sel et poivre
Noisettes de beurre	Noisettes de beurre

Farce aux champignons

Métrique	Impérial
1 oignon haché fin	1 oignon haché fin
Beurre	Beurre
Huile	Huile
625 ml de mie de pain	2-1/2 tasses de mie de pain
Persil	Persil
Fines herbes	Fines herbes
500 g de champignons hachés	1 lb de champignons hachés
Quelques gouttes de jus de citron	Quelques gouttes de jus de citron
Crème légère (15%)	Crème légère (15%)
Sel et poivre	Sel et poivre

Dans un plat allant au four, déposer les tranches de saumon. Réserver.

Dans une casserole, faire chauffer le beurre et l'huile et y faire revenir l'oignon. Retirer du feu, ajouter la mie de pain, le persil, les champignons, le jus de citron et la crème. Saler et poivrer. Ajouter les fines herbes.

Farcir le centre des filets de poisson. Couvrir chacun d'eux d'une autre tranche de saumon. Napper de crème. Saler, poivrer et parsemer de noisettes de beurre. Faire cuire au four à 200°C (400°F) pendant 20 à 30 minutes. Arroser régulièrement avec la sauce pendant la cuisson.

RIZ PRINTANIER

Métrique	Impérial
250 ml de pois surgelés	1 tasse de pois surgelés
125 ml de céleri tranché	1/2 tasse de céleri tranché
375 ml d'eau	1-1/2 tasse d'eau
30 ml de beurre	2 c. à s. de beurre
5 ml de sel	1 c. à t. de sel
2 ml de poudre d'oignon	1/2 c. à t. de poudre d'oignon
ou	ou
1 échalote	1 échalote
375 ml de riz minute	1-1/2 tasse de riz minute
30 ml de poivron rouge ou vert haché	2 c. à s. de poivron rouge ou vert haché

Dans une casserole, mélanger les pois, le céleri, l'eau, le beurre, le sel et la poudre d'oignon. Amener à ébullition. Ajouter le riz en remuant.

Couvrir et retirer du feu. Laisser reposer pendant 5 minutes. Ajouter le poivron.

Tranches de saumon farcies

POIREAUX BRAISÉS À LA TOMATE

Métrique	Impérial
6 poireaux	6 poireaux
6 tomates	6 tomates
500 ml de bouillon de volaille	2 tasses de bouillon de volaille
45 ml de beurre	3 c. à s. de beurre
Fromage parmesan	Fromage parmesan
Sel et poivre	Sel et poivre

Couper les poireaux en 4 dans le sens de la longueur en les laissant attachés par le pied. Couper un peu de vert et bien les laver. Réserver.

Enlever le pédoncule des tomates, les épépiner et les couper en dés. Réserver.

Dans une poêle, faire fondre le beurre et y faire légèrement revenir les poireaux. Ajouter les tomates. Assaisonner. Faire cuire pendant 5 minutes à feu très doux.

Ajouter le bouillon. Disposer le tout dans un plat allant au four. Faire cuire à 180°C (350°F) jusqu'à ce qu'il ne reste plus que 125 ml (1/2 tasse) de bouillon.

Saupoudrer de parmesan et de persil haché et servir.

Laitue chinoise aux champignons et aux lardons

GÂTEAU AU FROMAGE BLANC SAUCE AUX PÊCHES

Métrique	Impérial
1 gâteau blanc	1 gâteau blanc
150 ml d'eau	3/4 tasse d'eau
325 ml de sucre à glacer	1-1/3 tasse de sucre à glacer
4 gouttes d'essence de vanille	4 gouttes d'essence de vanille
45 ml de kirsch	3 c. à s. de kirsch
250 ml de crème épaisse (35%)	1 tasse de crème épaisse (35%)
50 ml de confiture de framboises	1/4 tasse de confiture de framboises
125 ml de fromage cottage	1/2 tasse de fromage cottage
50 ml de framboises congelées ou fraîches	1/4 tasse de framboises congelées ou fraîches
1 grosse boîte de pêches en conserve	1 grosse boîte de pêches en conserve
125 ml de fromage à la crème	1/2 tasse de fromage à la crème

Faire cuire le gâteau la veille et le séparer en deux dans le sens de l'épaisseur. Préparer un sirop avec l'eau, le sucre, l'essence de vanille et le kirsch. Laisser refroidir et réserver.

Fouetter la crème et la garder au réfrigérateur.

À l'aide d'un pinceau à pâtisserie, imbiber chacune des moitiés du gâteau de sirop et d'une couche de fromage. Garnir la base du gâteau de confiture de framboises. Remettre la deuxième partie du gâteau sur la première. Recouvrir de crème fouettée.

Laisser refroidir pendant environ 2 heures.

Décorer de quelques framboises.

Sauce aux pêches et aux abricots

Égoutter des pêches en conserve (réserver le sirop), les passer au robot culinaire. Ajouter le fromage cottage et le sirop des pêches jusqu'à l'obtention d'une sauce onctueuse.

Pour servir, napper une assiette de sauce et y déposer une pointe de gâteau. Décorer de pêches.

LAITUE CHINOISE AUX CHAMPIGNONS ET AUX LARDONS

Métrique	Impérial
1 laitue chinoise ou romaine	1 laitue chinoise ou romaine
1 litre de champignons émincés	4 tasses de champignons émincés
12 tranches de bacon coupé en morceaux	12 tranches de bacon coupé en morceaux
125 ml d'huile végétale	1/2 tasse d'huile végétale
15 ml de moutarde de Dijon	1 c. à s. de moutarde de Dijon
75 ml de vinaigre de vin	5 c. à s. de vinaigre de vin
15 ml d'estragon	1 c. à s. d'estragon
Sel et poivre	Sel et poivre

Laver et couper la laitue chinoise. La mettre dans un grand saladier avec les champignons.

Dans une poêle, faire frire le bacon.

Égoutter le surplus de gras. Ajouter le bacon à la laitue. Mélanger tous les autres ingrédients dans un petit bol. Incorporer le tout à la laitue. Bien mélanger. Servir avec des croûtons à l'ail.

Gâteau au fromage blanc sauce aux pêches

BRUNCH DE MARIAGE

Rosé, bourgogne blanc, rosé pétillant

Pour 6 à 8 personnes

MENU

Croissants de brioche à la confiture
Pancakes à la poudre d'amandes et au miel
Quiche royale
Casserole de fruits de mer au
Grand Marnier et à l'orange
Salade verte aux rubans de melon
Salade de pommes de terre forestière
Gâteau des anges glacé à l'orange

PANCAKES À LA POUDRE D'AMANDES ET AU MIEL

Métrique	Impérial
300 ml de farine tout usage	1-1/4 tasse de farine tout usage
45 ml de sucre	3 c. à s. de sucre
20 ml de poudre à pâte	1 1/4 c. à s. de poudre à pâte
3 ml de sel	3/4 c. à t. de sel
60 ml de d'amandes en poudre	4 c. à s. d'amandes en poudre
1 poignée de raisins secs	1 poignée de raisins secs
1 oeuf battu	1 oeuf battu
300 ml de lait	1-1/4 tasse de lait
30 ml de beurre fondu	2 c. à s. de beurre fondu
1 ml de vanille	1/4 c. à t. de vanille
60 ml de miel	4 c. à s. de miel

Mélanger la farine, le sucre, la poudre à pâte, les amandes en poudre et le sel.

Dans un petit bol, mélanger l'oeuf battu, le lait, le beurre fondu, la vanille et le miel légèrement chauffé. Faire un puits au centre des ingrédients secs et y verser les ingrédients liquides; remuer vivement. Ajouter les raisins secs.

Faire cuire 4 crêpes à la fois, en utilisant environ 60 ml (4 c. à s.) de pâte pour chacune d'elles. Utiliser une poêle huilée (une couche d'huile seulement, en début de cuisson). Laisser cuire jusqu'à ce que le dessus de la crêpe forme des bulles et que le dessous soit légèrement doré. Retourner et laisser cuire l'autre côté.

Servir avec du sirop, du miel ou de la confiture.

Pancakes à la poudre d'amandes et au miel

CROISSANTS DE BRIOCHE À LA CONFITURE

Pâte à brioche (voir page 44,
Brioche au coulis de
framboises)
Confiture ou marmelade
2 jaunes d'oeufs battus dans
du lait
Sucre

Faire reposer la pâte pendant 24 heures au réfrigérateur. L'abaisser à environ 3 mm (1/8 po) d'épaisseur et la découper en triangles.

Disposer au centre de chaque triangle 15 ml (1 c. à s.) de confiture ou de marmelade et l'étaler légèrement. Rouler les triangles en poussant la base de la pâte vers le sommet de façon à ce que la pointe du triangle soit au-dessus du croissant.

Déposer les croissants sur une plaque recouverte de papier ciré légèrement beurré. Couvrir et laisser lever pendant 40 minutes. Badigeonner avec les jaunes d'oeufs battus dans le lait, sans écraser les croissants.

Saupoudrer légèrement de sucre et faire cuire au four à 180°C (350°F) pendant 35 à 40 minutes.

Donne 12 croissants.

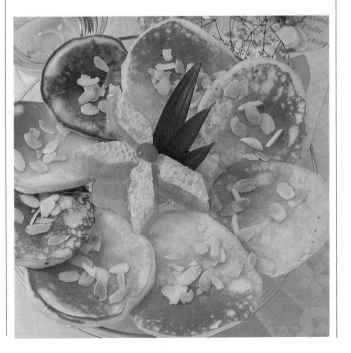

QUICHE ROYALE

Métrique	Impérial
1 abaisse de pâte brisée de 22 cm, froide	1 abaisse de pâte brisée de 9 po, froide
250 ml de fromage cheddar râpé ou de fromage mozzarella râpé	1 tasse de fromage cheddar râpé ou de fromage mozzarella râpé
250 ml de crème épaisse (35%)	1 tasse de crème épaisse (35%)
2 oeufs entiers	2 oeufs entiers
1 jaune d'oeuf	1 jaune d'oeuf
125 ml de champignons	1/2 tasse de champignons
125 ml de jambon coupé en cubes	1/2 tasse de jambon coupé en cubes
150 ml de poivrons ou d'olives	3/4 tasse de poivrons ou d'olives
2 échalotes émincées	2 échalotes émincées
Basilic, sel et poivre	Basilic, sel et poivre
15 ml d'huile	1 c. à s. d'huile

Faire chauffer le four à 190°C (375°F). Déposer l'abaisse dans une assiette à tarte. En couvrir le fond de 150 ml (3/4 tasse) de fromage.

Dans un bol, fouetter les oeufs entiers et le jaune d'oeuf. Ajouter la crème et mélanger de nouveau. Ajouter les assaisonnements. Faire revenir dans l'huile à feu vif pendant 3 minutes le jambon, les échalotes, les champignons et les poivrons.

Retirer du feu. Étaler sur la couche de fromage et verser ensuite le mélange oeufs et crème. Parsemer 50 ml (1/4 tasse) de fromage râpé.

Faire cuire au four pendant 25 minutes ou jusqu'à ce que la quiche soit bien dorée.

SALADE VERTE AUX RUBANS DE MELON

Métrique	Impérial
2 laitues Boston	2 laitues Boston
Le jus d'un citron	Le jus d'un citron
90 ml de crème sure	6 c. à s. de crème sure
45 ml de ciboulette hachée	3 c. à s. de ciboulette hachée
1 melon cantaloup	1 melon cantaloup
Sel et poivre	Sel et poivre

Déchiqueter délicatement les feuilles de laitue. Mélanger au fond d'un saladier le jus de citron, la crème sure, le sel, le poivre et la ciboulette. Ajouter les feuilles de laitue. Remuer soigneusement.

Couper le melon en deux, enlever les graines et les parties filandreuses et couper chaque demi-melon en 4. Peler et éplucher les légumes avec un couteau économe (à éplucher les légumes).

Disposer les rubans de melon sur la salade.

Quiche royale

CASSEROLE DE FRUITS DE MER AU GRAND MARNIER ET À L'ORANGE

Métrique	Impérial
125 ml de beurre	1/2 tasse de beurre
125 ml de farine tout usage	1/2 tasse de farine tout usage
500 ml de lait	2 tasses de lait
50 ml de jus d'orange	1/4 tasse de jus d'orange
500 g de crevettes cuites	1 lb de crevettes cuites
500 g de chair de crabe ou de homard	1 lb de chair de crabe ou de homard
60 ml de Grand Marnier	4 c. à s. de Grand Marnier
Fromage râpé	Fromage râpé

Faire fondre le beurre, ajouter la farine. Faire cuire pendant environ 5 minutes. Retirer du feu, ajouter le lait, mélanger parfaitement. Remettre sur le feu et laisser cuire jusqu'à épaississement.

Ajouter les fruits de mer, puis le Grand Marnier. Verser dans des plats individuels allant au four.

Saupoudrer de fromage et placer au four à 220°C (425°F) pendant quelques minutes. Décorer de quartiers d'orange.

SALADE DE POMMES DE TERRE FORESTIÈRE

Métrique	Impérial
8 pommes de terre non épluchées	8 pommes de terre non épluchées
250 g de poitrine de porc fumé coupée en lardons	1/2 lb de poitrine de porc fumé coupée en lardons
1 carotte râpée	1 carotte râpée
1 branche de céleri coupée en dés	1 branche de céleri coupée en dés
Quelques échalotes	Quelques échalotes
Poivron vert	Poivron vert
45 ml de persil haché	3 c. à s. de persil haché
2 ou 3 radis	2 ou 3 radis
45 ml de mayonnaise	3 ou 4 c. à s. de mayonnaise
Sel et poivre	Sel et poivre

Peler les pommes de terre et les faire cuire. Les laisser refroidir et les couper en petits dés. Ajouter la carotte, le céleri, les échalotes, le poivron vert, les radis, la mayonnaise et le persil haché. Saupoudrer de sel et de poivre.

Couper la poitrine fumée en petits bâtonnets de 2,5 cm x 5 mm (1 po x 1/4 po). Faire revenir à feu vif; égoutter et mélanger à la salade de pommes de terre.

Servir dans un saladier.

GÂTEAU DES ANGES GLACÉ À L'ORANGE

Métrique

250 ml de farine à pâtisserie
375 ml de sucre
375 ml de blancs d'oeufs à
la température de la pièce
5 ml de crème de tartre
1 ml de sel
5 ml d'essence d'orange
1 ml d'essence de
vanille
375 ml de sucre à glacer
2 ml de zeste d'orange
45 ml de jus d'orange

Impérial

1 tasse de farine à pâtisserie
1-1/2 tasse de sucre
1-1/2 tasse de blancs d'oeufs
à la température de la pièce
1 c. à t. de crème de tartre
1/4 c. à t. de sel
1 c. à t. d'essence d'orange
1/4 c. à t. d'essence de
vanille
1-1/2 tasse de sucre à glacer
1/2 c. à t. de zeste d'orange
3 c. à s. de jus d'orange

Tamiser la farine avec 150 ml (3/4 de tasse) de sucre.

Dans un grand bol, battre les blancs d'oeufs, la crème de tartre et le sel jusqu' à l'obtention d'une mousse. Ajouter le reste du sucre petit à petit en fouettant jusqu'à la formation de pics. Ajouter les essences en continuant de fouetter.

Incorporer le mélange farine et sucre. Verser dans un moule à cheminée de 25 cm (10 po). Faire cuire au four à 180°C (350°F) pendant 45 minutes.

Renverser le moule, laisser refroidir le gâteau et démouler. Mélanger le sucre à glacer, le jus d'orange et le zeste d'orange. Étendre le glaçage sur le gâteau refroidi. Garnir de fines rondelles d'orange coupées en deux.

Gâteau des anges glacé à l'orange

154

SOUPER DE MARIAGE

Bourgogne blanc, bourgogne rouge, champagne

Pour 6 à 8 personnes

MENU

Soupe à la tomate gratinée au cheddar
Fonds d'artichauts aux pétoncles marinière
Filet mignon aux pruneaux farcis
Pommes de terre maître d'hôtel
Tambourins de courgettes à la tomate
Salade Monique aux chapons
Gâteau enchanté

Fonds d'artichauts aux pétoncles marinière

SOUPE À LA TOMATE GRATINÉE AU CHEDDAR

Métrique	Impérial
15 ml de beurre	1 c. à s. de beurre
15 ml de farine tout usage	1 c. à s. de farine tout usage
125 ml d'eau	1/2 tasse d'eau
250 ml de tomates en boîte	1 tasse de tomates en boîte
1 ml de basilic	1/4 c. à t. de basilic
2 ml de sel de céleri	1/2 c. à t. de sel de céleri
5 ml de persil émincé	1 c. à t. de persil émincé
5 ml de sucre	1 c. à t. de sucre
1 boîte de consommé de boeuf	1 boîte de consommé de boeuf
375 ml d'eau	1-1/2 tasse d'eau
1 oeuf dur haché	1 oeuf dur haché
5 ml d'estragon	1 c. à t. d'estragon
2 ml de thym	1/2 c. à t. de thym
30 ml de câpres	2 c. à s. de câpres
12 petits cornichons	12 petits cornichons
30 ml de pâte de tomates	2 c. à s. de pâte de tomates
125 ml de fromage cheddar râpé	1/2 tasse de fromage cheddar râpé
Paprika	Paprika
Sel et poivre	Sel et poivre

Faire fondre le beurre. Ajouter la farine, bien mélanger. Ajouter l'eau, les tomates, le basilic, le thym, l'estragon, les câpres, les cornichons, le sel de céleri, le persil émincé, le sucre, le sel et le poivre.

Faire bouillir pendant 15 minutes et ajouter le consommé, la pâte de tomates, l'eau et l'oeuf dur haché. Laisser bouillir pendant 5 minutes.

Verser dans des bols à soupe. Couvrir de croûtons et de cheddar râpé. Saupoudrer de paprika et passer sous le gril pendant 1 minute.

FONDS D'ARTICHAUTS AUX PÉTONCLES MARINIÈRE

Métrique	Impérial
8 fonds d'artichauts moyens	8 fonds d'artichauts moyens
500 g de pétoncles émincés	1 lb de pétoncles émincés
8 échalotes françaises hachées	8 échalotes françaises hachées
60 ml de persil haché	4 c. à s. de persil haché
45 ml de beurre	3 c. à s. de beurre
250 ml de crème épaisse (35%)	1 tasse de crème épaisse (35%)
50 ml de vin blanc sec	1/4 tasse de vin blanc sec
Sel et poivre	Sel et poivre

Égoutter les fonds d'artichauts et les placer sur une plaque beurrée. Les mettre au four à 180°C (350°F) pendant 10 minutes. Assaisonner de sel et de poivre.

Entre-temps, émincer les pétoncles. Réserver.

Faire fondre le beurre dans une casserole. Y ajouter les pétoncles et tous les autres ingrédients. Quand les pétoncles sont cuits, les retirer du bouillon et les placer dans les fonds d'artichauts. Remettre au four à la chaleur minimum.

Faire réduire le bouillon à feu vif. Quand il reste juste un fond de liquide dans la casserole, ajouter la crème et laisser cuire jusqu'à la consistance désirée.

Disposer les fonds d'artichauts dans les assiettes et napper généreusement de sauce.

FILET MIGNON AUX PRUNEAUX FARCIS

Métrique	Impérial
1 filet mignon de 250 g par personne	1 filet mignon de 8 oz par personne
30 ml de beurre	2 c. à s. de beurre
3 pruneaux séchés	3 pruneaux séchés
15 ml de pâté de foie (préparation commerciale)	1 c. à s. de pâté de foie (préparation commerciale)
1 verre de porto	1 verre de porto
15 ml de farine tout usage	1 c. à s. de farine tout usage
Sel et poivre	Sel et poivre

Faire gonfler les pruneaux dans de l'eau chaude pendant quelques heures.

Dans une poêle, faire fondre le beurre et y faire dorer le filet mignon. Saler et poivrer. Saupoudrer légèrement le filet mignon de farine et ajouter le porto. Faire cuire doucement pendant environ 10 minutes.

Entre-temps, retirer les pruneaux de l'eau, les éponger et en extraire les noyaux avec la pointe d'un couteau. Les farcir de pâté de foie.

Disposer les pruneaux autour du filet mignon dans la poêle 5 minutes avant la fin de la cuisson, pour les réchauffer.

Dès que la sauce commence à épaissir, déposer chaque filet mignon dans une assiette, l'entourer de pruneaux, le napper de sauce et servir.

TAMBOURINS DE COURGETTES À LA TOMATE

Métrique	Impérial
4 courgettes	4 courgettes
2 tomates	2 tomates
1/2 oignon	1/2 oignon
15 ml de sucre	1 c. à s. de sucre
15 ml de persil haché	1 c. à s. de persil haché
1 pincée de thym	1 pincée de thym
15 ml de pâte de tomates	1 c. à s. de pâte de tomates
Sel et poivre	Sel et poivre

Laver et essuyer les courgettes. Couper les 2 extrémités. Couper en morceaux de 5 cm (2 po) de haut, les canneler et les faire bouillir pendant 4 minutes dans de l'eau salée. Les passer sous l'eau froide pour les rafraîchir.

Creuser les tambourins (morceaux de courgettes) avec une petite cuillère et mettre la pulpe dans le mélangeur avec tous les autres ingrédients pour liquéfier.

Faire ensuite bouillir cette sauce dans une petite casserole jusqu'à ce qu'elle épaississe.

Remplir les tambourins de sauce. Mettre au four chaud pendant 5 minutes. Faire gratiner, si désiré.

POMMES DE TERRE MAÎTRE D'HÔTEL

Métrique	Impérial
8 pommes de terre non épluchées	8 pommes de terre non épluchées
60 ml de beurre fondu	4 c. à s. de beurre fondu
15 ml de persil haché	1 c. à s. de persil haché
15 ml de ciboulette hachée	1 c. à s. de ciboulette hachée
Sel et poivre	Sel et poivre

Faire cuire les pommes de terre dans de l'eau bouillante jusqu'à ce qu'elles soient tendres. Les égoutter et les mettre dans une casserole épaisse, à feu moyen, pour bien les assécher.

Éplucher les pommes de terre et les disposer sur un plat de service. Parsemer de beurre fondu, de persil et de ciboulette. Assaisonner et servir.

SALADE MONIQUE AUX CHAPONS

Métrique	Impérial
1 laitue Boston déchiquetée	1 laitue Boston déchiquetée
4 échalotes hachées	4 échalotes hachées
60 ml de yogourt nature ou de mayonnaise	4 c. à s. de yogourt nature ou de mayonnaise
10 ml de jus de citron	2 c. à t. de jus de citron
45 ml de persil haché	3 c. à s. de persil haché
Sel et poivre	Sel et poivre

Chapons

Dans un grand saladier, bien mélanger tous les ingrédients. Prendre des tranches de pain rassis et les frotter avec des gousses d'ail quelques minutes avant de servir. Les badigeonner d'huile d'olive et de vinaigre. Servir avec la salade.

Salade Monique aux chapons

156

Filet mignon aux pruneaux farcis

GÂTEAU ENCHANTÉ

Métrique	Impérial
250 ml de farine à pâtisserie	1 tasse de farine à pâtisserie
5 ml de poudre à pâte	1 c. à t. de poudre à pâte
1 ml de sel	1/4 c. à t. de sel
2 jaunes d'oeufs battus	2 jaunes d'oeufs battus
125 ml d'eau froide	1/2 tasse d'eau froide
5 ml de zeste de citron râpé	1 c. à t. de zeste de citron râpé
150 ml de sucre	3/4 tasse de sucre
2 blancs d'oeufs battus	2 blancs d'oeufs battus
5 ml de jus de citron	1 c. à t. de jus de citron
30 ml de sucre	2 c. à s. de sucre

Tamiser 3 fois la farine, la poudre à pâte et le sel.

Fouetter les jaunes d'oeufs en mousse. Ajouter l'eau froide et le zeste de citron et continuer à fouetter jusqu'à l'obtention d'une belle mousse. Ajouter graduellement le sucre en remuant vivement après chaque addition. Ajouter la farine, environ 30 ml (2 c. à s.) à la fois.

Fouetter les blancs d'oeufs en neige. Y ajouter le jus de citron et les 30 ml (2 c. à s.) de sucre. Incorporer au premier mélange.

Verser dans 2 moules à gâteau de 20 cm (8 po), bien graissés et faire cuire au four à 180°C (350°F) pendant 25 minutes. Garnir de mousse au citron et servir avec la sauce.

Mousse au citron

Métrique	Impérial
250 ml de sucre	1 tasse de sucre
75 ml de farine à pâtisserie	5 c. à s. de farine à pâtisserie
1 oeuf battu	1 oeuf battu
75 ml de jus de citron (frais ou en bouteille)	1/3 tasse de jus de citron (frais ou en bouteille)
250 ml d'eau	1 tasse d'eau
5 ml de zeste de citron râpé	1 c. à t. de zeste de citron râpé
250 ml de crème épaisse (35%)	1 tasse de crème épaisse (35%)

Mélanger le sucre et la farine. Ajouter l'oeuf battu, le jus de citron, l'eau et le beurre. Bien mélanger et faire cuire au bain-marie pendant 10 minutes en remuant constamment. Laisser refroidir.

Incorporer le zeste de citron râpé et 50 ml (1/4 tasse) de crème fouettée.

Étendre la moitié de cette garniture entre les deux gâteaux. Incorporer les 150 ml (3/4 tasse) de crème fouettée à l'autre moitié et servir comme sauce.

SOUPER DE NOCES D'ARGENT

Bordeaux blanc, bourgogne rouge, rosé pétillant ou champagne

Pour 6 à 8 personnes

MENU

Consommé aux tomates
Courgettes farcies
Rôti de veau aux échalotes confites
Pommes de terre à la bière
Chou-fleur et brocoli au gratin
Gâteau au rhum
Île flottante aux fruits confits

CONSOMMÉ AUX TOMATES

Métrique	Impérial
1 litre de bouillon de poulet	4 tasses de bouillon de poulet
4 tomates fraîches ou en conserve	4 tomates fraîches ou en conserve
1 blanc d'oeuf légèrement battu	1 blanc d'oeuf légèrement battu
5 ml de jus de citron	1 c. à t. de jus de citron
Persil, thym	Persil, thym
1 feuille de laurier	1 feuille de laurier
Sel et poivre	Sel et poivre

Mélanger tous les ingrédients. Amener à ébullition en remuant. Faire mijoter pendant environ 1 heure à feu très doux, sans remuer. Passer au tamis en pressant les tomates.

Réchauffer de nouveau. Garnir le consommé de persil. Servir chaud, avec des biscottes.

MICRO-ONDES

Cuisson des courgettes farcies

Dans un plat en verre, disposer les courgettes tranchées sur le sens de la longueur. Couvrir. Faire cuire à MAX. pendant 4 à 6 minutes ou jusqu'à ce qu'elles soient tendres. Évider et mêler la chair avec l'oignon, le sel, les oeufs battus et la chapelure. Faire cuire à MAX. pendant 12 minutes en remuant trois fois pendant la cuisson. Remplir les courgettes évidées de cette farce. Parsemer de fromage et de chapelure. Faire cuire à MAX. pendant 1 à 2 minutes ou jusqu'à ce que le fromage soit fondu.

Consommé aux tomates

COURGETTES FARCIES

Métrique	Impérial
4 à 5 courgettes moyennes	4 à 5 courgettes moyennes
1 gros oignon haché	1 gros oignon haché
1 gousse d'ail hachée	1 gousse d'ail hachée
12 tiges de persil ou	12 tiges de persil ou
125 ml de flocons de persil	1/2 tasse de flocons de persil
10 ml d'huile d'olive ou autre	2 c. à t. d'huile d'olive ou autre
5 ml d'origan	1 c. à t. d'origan
5 ml de sel	1 c. à t. de sel
1 pincée de poivre	1 pincée de poivre
125 ml de fromage parmesan	1/2 tasse de fromage parmesan
3 oeufs battus	3 oeufs battus
75 ml de chapelure de pain de blé entier	1/3 tasse de chapelure de pain de blé entier

Laver les courgettes et les faire cuire entières dans un peu d'eau bouillante pendant 5 minutes. Les égoutter et les laisser refroidir. Les couper en deux dans le sens de la longueur et les évider en laissant 5mm (1/4 po) de chair.

Hacher la chair des courgettes, la faire dorer dans de l'huile avec l'ail, l'oignon, le sel, le poivre, le fromage, les oeufs et la chapelure. Saupoudrer de sel les courgettes évidées et les remplir de cette farce.

Saupoudrer d'un peu de chapelure et déposer dans un plat allant au four. Couvrir et laisser cuire à 180°C (350°F) pendant 45 minutes. Servir avec une sauce tomate.

Rôti de veau aux échalotes confites

POMMES DE TERRE À LA BIÈRE

Métrique
6 à 8 pommes de terre
nouvelles non épluchées
45 ml de beurre
45 ml de persil frais haché
1 pincée de thym
15 ml d'estragon
375 ml de bière
Le jus d'un citron
2 gousses d'ail hachées

Impérial
6 à 8 pommes de terre
nouvelles non épluchées
3 c. à s. de beurre
3 c. à s. de persil frais haché
1 pincée de thym
1 c. à s. d'estragon
1-1/2 tasse de bière
Le jus d'un citron
2 gousses d'ail hachées

Faire cuire à moitié les pommes de terre nouvelles dans de l'eau salée. Les éplucher et les couper en rondelles ou en dés. Les mettre dans une cocotte avec la bière, le beurre, le jus de citron, le thym et l'estragon.

Laisser cuire jusqu'à évaporation de la bière. Ajouter le persil et l'ail. Servir dans un légumier.

RÔTI DE VEAU AUX ÉCHALOTES CONFITES

Métrique
1 rôti de veau d'environ 2 kg
6 gousses d'ail
125 ml de beurre
30 ml de farine tout usage
30 échalotes françaises
entières et épluchées
15 ml de paprika
1 oignon émincé
375 ml de bouillon de
volaille
Sel et poivre

Impérial
1 rôti de veau d'environ 4 lb
6 gousses d'ail
1/2 tasse de beurre
2 c. à s. de farine tout usage
30 échalotes françaises
entières et épluchées
1 c. à s. de paprika
1 oignon émincé
1-1/2 tasse de bouillon de
volaille
Sel et poivre

Piquer le rôti de veau avec les gousses d'ail. Badigeonner avec la moitié du beurre et saupoudrer de paprika. Saler et poivrer. Mettre à rôtir au four dans une cocotte. Trente minutes avant la fin de la cuisson, ajouter l'oignon émincé et les échalotes. Quand le rôti est cuit, le retirer de la cocotte et le réserver au chaud.

Saupoudrer les échalotes et l'oignon de farine, bien mélanger et ajouter le bouillon. Laisser réduire sur le feu jusqu'à l'obtention d'une sauce épaisse.

Trancher le rôti et le napper de sauce.

CHOU-FLEUR ET BROCOLI AU GRATIN

Métrique
1 chou-fleur
1 brocoli
500 ml de lait
75 ml de beurre
45 ml de farine tout usage
250 ml de fromage râpé
Sel, poivre, muscade,
paprika et chapelure

Impérial
1 chou-fleur
1 brocoli
2 tasses de lait
5 c. à s. de beurre
3 c. à s. de farine tout usage
1 tasse de fromage râpé
Sel, poivre, muscade,
paprika et chapelure

Diviser le chou-fleur et le brocoli en bouquets. Faire cuire au bain-marie d'abord le chou-fleur, puis le brocoli. Les égoutter et les disposer dans un moule à gratin beurré en alternant les couleurs.

Dans une casserole, faire fondre le beurre. Ajouter la farine et laisser cuire pendant 5 minutes à feu doux en remuant constamment. Faire réduire jusqu'à la consistance désirée. Assaisonner.

Verser la sauce sur les légumes; saupoudrer de fromage râpé et de paprika. Faire gratiner.

GÂTEAU AU RHUM

Métrique	Impérial
30 biscuits Graham	30 biscuits Graham
10 ml de café fort	2 c. à t. de café fort
10 ml de sucre	2 c. à t. de sucre
45 ml de rhum	3 c. à s. de rhum
500 ml de crème épaisse (35%)	2 tasses de crème épaisse (35%)

Dans un plat de service, disposer une double couche de biscuits. Mélanger le rhum, le sucre et le café fort et en imbiber les biscuits.

Superposer ainsi 6 couches de biscuits et de crème. Recouvrir de crème fouettée.

Décorer le gâteau de cerises ou de noix broyées. Laisser refroidir au réfrigérateur avant de servir.

ÎLE FLOTTANTE AUX FRUITS CONFITS

Métrique	Impérial
8 blancs d'oeufs	8 blancs d'oeufs
125 ml de sucre	1/2 tasse de sucre
1 pincée de sel	1 pincée de sel
125 ml de fruits confits	1/2 tasse de fruits confits

Fouetter les blancs d'oeufs en neige ferme et, dès qu'ils commencent à monter, y ajouter le sel et le sucre.

Beurrer un moule à gâteau en pyrex et en garnir le fond de fruits confits.

Verser les blancs d'oeufs montés en neige dans le moule et faire cuire au four dans un bain-marie à 120°C-150°C (250°F-300°F) pendant 30 à 40 minutes. Vérifier la cuisson en enfonçant un cure-dents dans le mélange. Il doit en ressortir propre.

Démouler immédiatement et napper de sauce anglaise très froide ou d'un caramel.

Crème anglaise

Métrique	Impérial
8 jaunes d'oeufs	8 jaunes d'oeufs
150 ml de sucre	3/4 tasse de sucre
500 ml de lait	2 tasses de lait
2 ml de vanille	1/2 c. à t. de vanille

Mélanger les jaunes d'oeufs avec le sucre jusqu'à l'obtention d'une crème lisse.

Faire bouillir le lait avec la vanille. Retirer du feu. Verser la moitié du lait bouilli sur les jaunes d'oeufs et bien mélanger. Verser ce mélange dans la casserole contenant le reste du lait. Faire cuire à feu très doux en mélangeant. Veiller à ce que la sauce épaississe sans bouillir.

Retirer du feu. Laisser refroidir et verser sur l'île flottante.

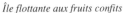

Île flottante aux fruits confits

SOUPER DE NOCES D'ARGENT

Bordeaux blanc, bordeaux rouge, champagne ou café espagnol

Pour 6 à 8 personnes

MENU

Potage Ali-Baba
Papillote de volaille aux pétoncles
Treillis de saumon et de sole au basilic
Pommes de terre vapeur
Endives braisées
Salade de légumes
Charlotte russe au café

POTAGE ALI-BABA

Métrique	Impérial
250 ml de nouilles fines	1 tasse de nouilles fines
1 litre de consommé de boeuf	4 tasses de consommé de boeuf
30 ml de beurre fondu	2 c. à s. de beurre fondu
15 ml de farine tout usage	1 c. à s. de farine tout usage
30 ml de fromage fort, râpé	2 c. à s. de fromage fort, râpé
2 jaunes d'oeufs	2 jaunes d'oeufs
250 ml de crème épaisse (35%)	1 tasse de crème épaisse (35%)
Sel et poivre	Sel et poivre

Faire cuire les nouilles dans le consommé.

Faire fondre le beurre et y ajouter la farine et le fromage râpé. Mélanger. Ajouter le consommé bouillant et laisser mijoter pendant 15 minutes, en remuant souvent.

Battre les jaunes d'oeufs avec la crème. Saler et poivrer. Ajouter au consommé chaud en remuant sans arrêt, sans laisser bouillir.

Servir accompagné d'un bol de fromage râpé.

MICRO-ONDES

Cuisson des nouilles

Faire chauffer l'eau, à couvert, à MAX. pendant 10 à 12 minutes en y incorporant 5 ml (1 c. à t.) de sel et 15 ml (1 c. à s.) d'huile végétale. Ajouter les nouilles. Faire cuire à couvert à LOW pendant 9 à 12 minutes.

Papillotes de volaille aux pétoncles

PAPILLOTE DE VOLAILLE AUX PÉTONCLES

Métrique	Impérial
4 poitrines de volaille désossées	4 poitrines de volaille désossées
375 ml de pétoncles	1-1/2 tasse de pétoncles
1 petite carotte	1 petite carotte
1 branche de céleri	1 branche de céleri
2 blancs de poireaux	2 blancs de poireaux
250 ml de champignons émincés	1 tasse de champignons émincés
250 ml de bouillon de poulet	1 tasse de bouillon de poulet
75 ml de persil haché	5 c. à s. de persil haché
Sel et poivre	Sel et poivre

Émincer fin les poitrines de volaille et les pétoncles, et les mettre dans un bol. Assaisonner et réserver.

Faire sauter les champignons dans du beurre et les ajouter aux poitrines de volaille et aux pétoncles. Tailler les légumes en fine julienne et les faire cuire pendant 2 minutes dans de l'eau bouillante. Les égoutter et les ajouter au mélange de champignons, de poitrines de volaille et de pétoncles.

Mélanger tous les ingrédients, les assaisonner et les enfermer dans une grande feuille de papier aluminium. Ajouter un peu de bouillon dans la papillote et fermer hermétiquement. Faire cuire la papillote au four à 200°C (400°F) pendant 20 à 30 minutes. Ouvrir la papillote avec des ciseaux.

TREILLIS DE SAUMON ET DE SOLE AU BASILIC

Métrique
3 filets de sole de 250 g
3 tranches de saumon de 175 g
50 ml d'échalote
375 ml de crème épaisse (35%)
50 ml de beurre
10 ml de basilic
150 ml de vin blanc sec
Le jus d'un demi-citron

Impérial
3 filets de sole de 8 à 10 oz
3 tranches de saumon de 6 oz
1/4 tasse d'échalote
1-1/2 tasse de crème épaisse (35%)
1/4 tasse de beurre
2 c. à t. de basilic
3/4 tasse de vin blanc sec
Le jus d'un demi-citron

Découper chacun des filets de poisson en 4 bandes.

Tresser les bandes, puis les couper pour obtenir 2 treillis.

Beurrer une plaque, la saupoudrer d'échalotes et y déposer les treillis et le vin blanc. Assaisonner et couvrir. Faire cuire au four à 180°C (350°F) pendant 10 minutes.

Réserver les treillis. Dans une casserole, faire bouillir le jus de citron. Ajouter la crème et le basilic; laisser cuire jusqu'à la consistance désirée.

Napper le fond d'une assiette de cette sauce et y déposer les treillis.

POMMES DE TERRE VAPEUR

Métrique
8 pommes de terre
Sel
50 ml de beurre
Le jus d'un citron
Ciboulette

Impérial
8 pommes de terre
Sel
1/4 tasse de beurre
Le jus d'un citron
Ciboulette

Éplucher les pommes de terre, les couper en quartiers et les faire cuire dans une étuveuse (marguerite). Assaisonner.

Déposer ensuite dans un plat de service et ajouter le jus de citron, le beurre fondu et la ciboulette. Mélanger délicatement. Se sert avec tous les poissons.

ENDIVES BRAISÉES

Métrique
8 endives
Le jus d'un citron
500 ml de bouillon de volaille
Sel et poivre

Impérial
8 endives
Le jus d'un citron
2 tasses de bouillon de volaille
Sel et poivre

Faire dorer les endives sur tous leurs côtés. Ajouter le jus de citron et le bouillon de volaille. Mettre le tout dans un plat allant au four et faire cuire à 180°C (350°F) pendant environ 45 minutes. Égoutter et servir avec un peu de jus de cuisson.

Treillis de saumon et de sole au basilic, pommes de terre vapeur et endives braisées

Salade de légumes

SALADE DE LÉGUMES

Métrique	Impérial
250 ml de haricots verts cuits	1/2 lb de haricots verts cuits
250 ml de haricots jaunes cuits	1/2 lb de haricots jaunes cuits
1 brocoli en bouquets cuits 3 minutes	1 brocoli en bouquets cuits 3 minutes
3 pommes de terre cuites, chaudes et pelées	3 pommes de terre cuites, chaudes et pelées
3 tomates coupées en quartiers	3 tomates coupées en quartiers
1 poivron rouge émincé	1 poivron rouge émincé
1 concombre évidé et émincé	1 concombre évidé et émincé
15 olives noires	15 olives noires
Feuilles de laitue romaine ou chinoise, lavées et essorées	Feuilles de laitue romaine ou chinoise, lavées et essorées
Sel et poivre	Sel et poivre

Sauce

Métrique	Impérial
15 ml de moutarde de Dijon	1 c. à s. de moutarde de Dijon
15 ml de persil haché	1 c. à s. de persil haché
1 gousse d'ail écrasée et hachée	1 gousse d'ail écrasée et hachée
50 ml de vinaigre de vin	1/4 tasse de vinaigre de vin
75 ml d'huile d'olive	3/4 tasse d'huile d'olive
Sel et poivre	Sel et poivre
Jus de citron	Jus de citron

Placer tous les légumes dans un grand saladier. Saler, poivrer et ajouter les olives. Réserver. Mettre la moutarde dans un bol. Ajouter le persil, l'ail et le vinaigre et bien mélanger. Saler, poivrer. Ajouter l'huile goutte à goutte en mélangeant constamment avec un fouet . Assaisonner au goût et arroser de jus de citron. Verser la vinaigrette sur les légumes; bien mélanger. Laisser mariner les légumes pendant 7 à 8 minutes. Disposer les feuilles de laitue sur le plat de service et les garnir de légumes.

CHARLOTTE RUSSE AU CAFÉ

Métrique	Impérial
1 enveloppe de gélatine sans saveur	1 enveloppe de gélatine sans saveur
125 ml de sucre	1/2 tasse de sucre
0,5 ml de sel	1/8 c. à t. de sel
30 ml de café instantané	2 c. à s. de café instantané
300 ml de lait	1-1/4 tasse de lait
2 jaunes d'oeufs	2 jaunes d'oeufs
2 blancs d'oeufs	2 blancs d'oeufs
2 ml de vanille	1/2 c. à t. de vanille
250 ml de crème épaisse (35%)	1 tasse de crème épaisse (35%)
8 à 12 doigts de dames	8 à 12 doigts de dames

Dans le haut d'un bain-marie, mélanger 50 ml (1/4 tasse) de sucre, la gélatine, le sel et le café. Battre le lait avec les jaunes d'oeufs et les ajouter au premier mélange. Faire cuire au bain-marie en remuant sans arrêt pendant 5 minutes ou jusqu'à ce que la gélatine soit fondue. Retirer du feu, ajouter la vanille. Mettre au réfrigérateur jusqu'à ce que le mélange soit à moitié figé.

Fouetter les blancs d'oeufs en neige avec 50 ml (1/4 tasse) de sucre. Incorporer très délicatement le mélange de lait et de café. Fouetter la crème et l'ajouter au premier mélange. Garnir le tour d'un moule à charlotte ou des moules individuels de doigts de dames et y verser le mélange.

Mettre au réfrigérateur pendant 4 à 12 heures. Garnir de crème fouettée et servir.

Buffet de noces d'or

Rosé, bordeaux blanc, mousseux

Pour 6 à 8 personnes

Sandwiches à la bûche de chez nous

Métrique	Impérial
1 pain blanc	1 pain blanc
250 g de jambon ou de poulet cuit, haché	1/2 lb de jambon ou de poulet cuit, haché
15 ml de moutarde préparée	1 c. à s. de moutarde préparée
60 ml de mayonnaise	4 c. à s. de mayonnaise
Assaisonnement au goût	Assaisonnement au goût

Mélanger le jambon ou le poulet, la moutarde et la mayonnaise. Assaisonner. Réserver. Couper le pain sur la longueur en 5 ou 7 tranches minces. Tartiner chacune des tranches du mélange.

Déposer le pain sur un linge humide; rouler les tranches de pain à la suite les unes des autres, pour former une bûche. Envelopper dans le linge humide et laisser reposer pendant 30 minutes.

Couper les extrémités en biais.

Recouvrir la bûche de fromage à la crème ramolli et mélangé avec un peu de mayonnaise. Décorer de poivrons rouge ou vert et saupoudrer de paprika.

Bombe au fromage au calvados

Métrique	Impérial
500 g de fromage à la crème «Philadelphia»	1 lb de fromage à la crème «Philadelphia»
500 g de gruyère râpé	1 lb de gruyère râpé
60 ml de calvados	4 c. à s. de calvados
1 sachet de gélatine sans saveur	1 sachet de gélatine sans saveur

Travailler au robot culinaire les 2 fromages et le calvados. Mettre au réfrigérateur. Sortir 2 heures avant d'utiliser.

Huiler le fond et les parois d'un moule en plastique, verser le mélange de fromages et mettre au réfrigérateur pendant 4 à 5 heures.

Pour démouler, tremper le moule dans de l'eau chaude. Remettre au réfrigérateur.

Préparer la gélatine, la mettre au réfrigérateur jusqu'à ce qu'elle soit légèrement prise et en couvrir le mélange de fromages.

Décorer la bombe de lamelles de carottes, de rondelles de poireaux et de bouquets de persil.

Boulettes de veau rosées

Métrique	Impérial
50 ml de lard salé, coupé en dés	1/4 tasse de lard salé, coupé en dés
250 g de veau	1/2 lb de veau
2 ml de sel	1/2 c. à t. de sel
15 ml de persil	1 c. à s. de persil
1 oeuf battu	1 oeuf battu
30 ml de lait	2 c. à s. de lait
Farine tout usage pour enrober les boulettes	Farine tout usage pour enrober les boulettes
1 oignon tranché	1 oignon tranché
50 ml de céleri	1/4 tasse de céleri
45 ml de farine tout usage	3 c. à s. de farine tout usage
375 ml de tomates	1-1/2 tasse de tomates
15 ml de sucre	1 c. à s. de sucre

Faire revenir le lard salé. Retirer les lardons et réserver le gras. Hacher le veau, ajouter le sel, le persil, l'oeuf battu, le lait et les lardons.

Mélanger et façonner de petites boules. Rouler celles-ci dans la farine et les faire revenir dans le gras du porc.

Ajouter l'oignon, le céleri et la farine. Bien mélanger et ajouter les tomates et le sucre. Faire cuire pendant environ 25 minutes à petit bouillon.

Bombe au fromage au calvados

Couronne de riz pilaf aux épinards crémeux

Métrique	Impérial
375 ml de riz à grains longs	1-1/2 tasse de riz à grains longs
30 ml de beurre	2 c. à s. de beurre
30 ml d'oignon haché fin	2 c. à s. d'oignon haché fin
500 ml de bouillon de poulet chaud	2 tasses de bouillon de poulet chaud
2 ml de cerfeuil	1/2 c. à t. de cerfeuil
1 pincée de thym	1 pincée de thym
1 feuille de laurier	1 feuille de laurier
Sel et poivre	Sel et poivre

Faire chauffer le four à 180°C (350°F). Placer le riz dans une passoire, le rincer à l'eau froide pendant quelques minutes. L'égoutter et le réserver.

Dans une cocotte épaisse, faire fondre la margarine ou le beurre à feu moyen et y ajouter l'oignon. Faire cuire pendant 2 à 3 minutes sans couvrir, en remuant fréquemment. Ajouter les herbes et le riz. Continuer la cuisson pendant 2 à 3 minutes, en remuant fréquemment. Ne pas laisser brunir.

Ajouter le bouillon de poulet, saler et poivrer. Porter à ébullition à feu vif. Couvrir la cocotte et faire cuire le riz au four pendant 18 à 20 minutes. Déposer le riz cuit dans un moule en couronne. Bien le tasser, puis le démouler sur un plat de service.

Garnir le centre d'épinards cuits au beurre et égouttés. Napper d'une béchamel au fromage (voir le chapitre des sauces).

Gâteau au chocolat blanc fleuri

Métrique	Impérial
6 jaunes d'oeufs	6 jaunes d'oeufs
6 blancs d'oeufs	6 blancs d'oeufs
15 ml de sucre	1 c. à s. de sucre
500 ml de chocolat blanc	2 tasses de chocolat blanc
150 ml de sucre	7 c. à s. de sucre
250 ml de beurre	1 tasse de beurre
1 pincée de sel	1 pincée de sel
45 ml de farine tout usage	3 c. à s. de farine tout usage
Copeaux de chocolat noir	Copeaux de chocolat noir
Crème anglaise	Crème anglaise

Mettre le beurre et le chocolat coupé en morceaux dans un bol. Faire fondre au bain-marie. Travailler le sucre et les jaunes d'oeufs au batteur pendant 6 minutes. Incorporer ensuite la farine et le chocolat fondu.

Fouetter les blancs d'oeufs en neige avec le sel en ajoutant 15 ml (1 c. à s.) de sucre lorsque les blancs commencent à monter. Incorporer ce mélange aux jaunes d'oeufs en pliant délicatement le tout.

Verser dans un moule beurré et enfariné. Faire cuire à 160°C (325°F) pendant 35 minutes. Décorer de copeaux de chocolat noir et de crème anglaise (voir page 160, crème anglaise, Île flottante aux fruits confits).

Salade mironton petit patapon

Métrique	Impérial
8 pommes de terre non épluchées	8 pommes de terre non épluchées
3 carottes coupées en dés	3 carottes coupées en dés
750 g de boeuf à bouillir, en cubes (palette)	1-1/2 lb de boeuf à bouillir, en cubes (palette)
50 ml de persil	1/4 tasse de persil
1 oignon haché	1 oignon haché
2 gousses d'ail hachées	2 gousses d'ail hachées
750 ml de bouillon de boeuf	3 tasses de bouillon de boeuf
50 ml de cornichons émincés	1/4 tasse de cornichons émincés
45 ml de moutarde de Dijon	3 c. à s. de moutarde de Dijon
150 ml d'huile	3/4 tasse d'huile
50 ml de vinaigre	1/4 tasse de vinaigre

Faire cuire les cubes de boeuf dans le bouillon de boeuf jusqu'à ce qu'ils soient bien cuits. Ajouter de l'eau en cours de cuisson. Faire cuire les pommes de terre dans de l'eau salée. Les éplucher, puis les couper en dés.

Faire cuire les carottes dans le reste du bouillon et les ajouter à la salade.

Défaire la viande en filaments et mélanger tous les ingrédients.

Gâteau au chocolat blanc fleuri

SOUPER DE NOCES D'OR

Bourgogne rouge, champagne

Pour 6 à 8 personnes

Bande feuilletée aux asperges

CRÈME DE COURGETTES VELOUTÉE

Métrique	Impérial
750 ml de courgettes coupées en dés	1-1/2 lb de courgettes coupées en dés
1 oignon émincé	1 oignon émincé
1 carotte coupée en dés	1 carotte coupée en dés
1 petite branche de céleri coupée en dés	1 petite branche de céleri coupée en dés
50 ml de persil haché	1/4 tasse de persil haché
30 ml de farine tout usage	2 c. à s.de farine tout usage
500 ml de lait froid	2 tasses de lait froid
250 ml de bouillon de poulet	1 tasse de bouillon de poulet
30 ml de beurre	2 c. à s. de beurre
Sel et poivre	Sel et poivre

Faire fondre le beurre dans une casserole. Ajouter l'oignon, la carotte, le céleri et les courgettes. Couvrir et faire cuire à feu doux pendant 7 minutes. Ajouter la farine et remuer pendant 1 minute. Verser le lait et le bouillon et remuer jusqu'à ébullition. Laisser mijoter pendant 30 minutes.

Passer au mélangeur pour liquéfier. Assaisonner. Ajouter le persil haché et servir.

POIS DES NEIGES AU MAÏS

Métrique	Impérial
350 g de pois des neiges	3 tasses de pois des neiges
125 g de maïs en boîte	1 tasse de maïs en boîte
1 oignon haché	1 oignon haché
50 ml de beurre	1/4 tasse de beurre

Faire cuire les pois des neiges à l'eau bouillante salée pendant 3 minutes. Les passer sous l'eau froide et les égoutter. Dans une casserole, faire fondre le beurre. Ajouter le maïs égoutté et l'oignon haché et faire cuire à feux doux pendant 5 minutes. Ajouter les pois des neiges et faire chauffer.

BANDE FEUILLETÉE AUX ASPERGES

Métrique	Impérial
500 g de pâte feuilletée	1 lb de pâte feuilletée
1 kg d'asperges fraîches	2 lb d'asperges fraîches
250 ml de mayonnaise	1 tasse de mayonnaise
45 ml de persil haché	3 c. à s. de persil haché

Couper et jeter l'extrémité dure des asperges. Faire cuire les asperges dans de l'eau bouillante salée, puis les passer sous l'eau froide. Les égoutter et réserver.

Abaisser la pâte feuilletée, découper une bande de 7,5 cm (3 po) de large et deux bandelettes de 1,25 cm (1/2 po) de large, ayant toutes la même longueur. Les piquer et les badigeonner de jaune d'oeuf. Déposer les bandelettes de pâte sur chaque côté de la bande. Faire cuire au four à 180°C (350°F) pendant 25 minutes.

Appuyer sur le centre de la pâte cuite pour pouvoir y déposer les asperges. Y étendre une couche de mayonnaise, puis les asperges. Parsemer de persil.

Faire refroidir pendant 2 heures et couper la bande en morceaux de 5 cm (2 po) de large.

On peut aussi utiliser de la pâte brisée.

ÉMINCÉ DE BOEUF STROGANOFF

Métrique	Impérial
750 g de ronde de boeuf, coupée en lanières	1-3/4 lb de ronde de boeuf, coupée en lanières
2 oignons émincés	2 oignons émincés
250 g de champignons	1/2 lb de champignons
50 ml de beurre	1/4 tasse de beurre
60 ml de cornichons hachés	4 c. à s. de cornichons hachés
4 tomates pelées et coupées en morceaux	4 tomates pelées et coupées en morceaux
30 ml de pâte de tomates	2 c. à s. de pâte de tomates
30 ml de ketchup	2 c. à s. de ketchup
15 ml de sauce Worcester-shire	1 c. à s. de sauce Worcester-shire
250 ml de crème légère	1 tasse de crème légère
125 ml de vin blanc sec	1/2 tasse de vin blanc sec
15 ml de paprika	1 c. à s. de paprika
15 ml de farine tout usage	1 c. à s. de farine tout usage
60 ml de persil	4 c. à s. de persil
15 ml de moutarde de Dijon	1 c. à s. de moutarde de Dijon

Faire fondre le beurre dans une poêle et y faire revenir, les oignons, les champignons, les tomates et les cornichons, jusqu'à ce que toute l'eau des légumes soit évaporée. Réserver.

Faire fondre du beurre dans une autre poêle. Y faire sauter à feu vif les lanières de boeuf. Assaisonner. Ajouter le paprika, la pâte de tomates, le persil, la sauce Worcestershire, la moutarde et bien mélanger. Ajouter le vin blanc. Faire cuire à feu vif pendant 1 minute et ajouter la crème.

Quand la sauce est à la consistance désirée, ajouter les oignons, les champignons, les tomates et les cornichons. Mélanger. Assaisonner. Servir.

PURÉE DE POMMES DE TERRE ENDIMANCHÉE

Métrique	Impérial
1 litre de purée de pommes de terre	4 tasses de purée de pommes de terre
75 ml de crème épaisse (35%)	5 c. à s. de crème épaisse (35%)
60 ml de beurre	4 c. à s. de beurre
15 ml de céleri haché très fin	1 c. à s.de céleri haché très fin
15 ml de persil haché très fin	1 c. à s. de persil haché très fin
15 ml d'échalotes hachées très fin	1 c. à s. d'échalotes hachées très fin
5 ml de poivron vert haché très fin	1 c. à t. de poivron vert haché très fin
15 ml de poivron rouge haché très fin	1 c. à s. de poivron rouge haché très fin
2 jaunes d'oeufs battus	2 jaunes d'oeufs battus
Sel et poivre	Sel et poivre

Faire cuire des pommes de terre dans de l'eau salée. Bien mélanger tous les ingrédients. Incorporer aux pommes de terre. Servir.

Émincé de boeuf Stroganoff

Salade de carottes au vinaigre épicé

Métrique	**Impérial**
6 carottes	6 carottes
1 oignon émincé	1 oignon émincé
2 tomates en quartiers	2 tomates en quartiers
50 ml de vinaigre de vin	1/4 tasse de vinaigre de vin
45 ml de sucre	3 c. à s. de sucre
5 ml de gingembre	1 c. à t. de gingembre
5 ml de paprika	1 c. à t. de paprika
15 ml de grains de poivre écrasés	1 c. à s. de grains de poivre écrasés
45 ml de persil haché	3 c. à s. de persil haché
125 ml d'huile d'olive	1/2 tasse d'huile d'olive

Émincer les carottes en biais le plus finement possible. Les faire cuire dans de l'eau bouillante pendant 3 minutes. Les égoutter et les mélanger aux autres ingrédients. Laisser mariner pendant au moins 1 heure en remuant de temps à autre.

Servir la salade garnie de quartiers de tomates.

Gâteau forêt noire au fromage

Métrique	**Impérial**
300 ml de miettes de gaufrettes au chocolat	1-1/4 tasse de miettes de gaufrettes au chocolat
75 ml de beurre fondu	1/3 tasse de beurre fondu
2 enveloppes de gélatine sans saveur	2 enveloppes de gélatine sans saveur
30 ml d'eau chaude	2 c. à s. d'eau chaude
1 boîte de garniture aux cerises	1 boîte de garniture aux cerises
5 ml d'amandes	1 c. à t. d'amandes
2 paquets de fromage à la crème ramolli	2 paquets de fromage à la crème ramolli
75 ml de sucre	1/3 tasse de sucre
3 carrés de chocolat mi-sucré	3 carrés de chocolat mi-sucré
30 ml d'eau chaude	2 c. à s. d'eau chaude
30 ml de cherry brandy	2 c. à s. de cherry brandy
250 ml de crème sure	1 tasse de crème sure

Garniture

Crème fouettée
Rosettes de chocolat
Cerises au marasquin

Mélanger les miettes de gaufrettes et le beurre. Bien tasser ce mélange dans un moule à parois amovibles. Faire refroidir.

Faire dissoudre 1 enveloppe de gélatine dans 30 ml (2 c. à s.) d'eau chaude. Mélanger la garniture aux cerises, l'extrait d'amandes et la gélatine dissoute. Remplir la croûte; laisser refroidir.

Faire fondre le chocolat au bain-marie. Battre ensemble le fromage à la crème et le sucre et incorporer le chocolat à ce mélange. Faire dissoudre l'autre enveloppe de gélatine dans 30 ml (2 c. à s.) d'eau chaude en remuant; ajouter la gélatine dissoute, le cherry brandy et la crème sure au mélange de fromage. Recouvrir la garniture aux cerises de ce mélange, à l'aide d'une cuillère.

Mettre le gâteau au réfrigérateur pendant 3 à 4 heures, jusqu'à ce qu'il soit ferme. Avant de servir, garnir de crème fouettée, de rosettes de chocolat et de cerises au marasquin.

Micro-ondes

Sauce d'accompagnement au chocolat

Métrique	*Impérial*
175 g de chocolat	*6 oz de chocolat*
50 ml de beurre	*1/4 tasse de beurre*
90 ml de crème légère (15%)	*6 c. à s. de crème légère (15%)*
90 ml de crème épaisse (35%)	*6 c. à s. de crème épaisse (35%)*

Dans un bol, émietter le chocolat. Ajouter le beurre. Faire chauffer à MED. pendant 5 minutes ou jusqu'à ce que le chocolat ait fondu. Incorporer graduellement la crème. Faire chauffer à MED. pendant 1 minute et demie. Remuer à mi-temps.

Gâteau forêt noire au fromage

Les anniversaires

ANNIVERSAIRE D'ENFANTS
5 À 8 ANS

Pour 6 à 8 enfants

LAIT FOU AUX FRAMBOISES

Métrique	Impérial
1,5 litre de lait	6 tasses de lait
250 ml de framboises fraîches ou surgelées	1 tasse de framboises fraîches ou surgelées
Le jus d'un citron	Le jus d'un citron
Le jus d'une orange	Le jus d'une orange
250 ml de miel	1 tasse de miel
10 ml de vanille	2 c. à t. de vanille
2 oeufs	2 oeufs

Mettre tous les ingrédients dans le mélangeur. Battre à grande vitesse pendant environ 3 minutes pour les liquéfier.

Servir dans des coupes ayant été mises au congélateur depuis au moins 1 heure.

Servir avec une paille.

BÂTONNETS AU BACON ET CROUSTILLES AU FROMAGE

Couper les tranches de bacon dans le sens de la longueur et enrouler chaque moitié autour des bâtonnets de pain en formant une spirale. Disposer sur une plaque à biscuits. Mettre au four préalablement chauffé à «broil» à environ 15 cm (6 po) de distance de l'élément chauffant jusqu'à ce que le bacon soit croustillant. Déposer sur un papier absorbant et disposer sur un plat de service en alternant avec des croustilles au fromage.

PETITS PAINS FARCIS

Pour 12 petits pains

Métrique	Impérial
500 g de boeuf haché maigre	1 lb de boeuf haché maigre
50 ml d'oignon émincé fin	1/4 tasse d'oignon émincé fin
50 ml de poivron vert émincé fin	1/4 tasse de poivron vert émincé fin
30 ml de sauce chili	2 c. à s. de sauce chili
15 ml de moutarde	1 c. à s. de moutarde
1 boîte de crème de poulet	1 boîte de crème de poulet
Sel et poivre	Sel et poivre

Faire rissoler la viande, l'oignon et le poivron vert. Poivrer et saler. À la fin de la cuisson, incorporer la moutarde, la crème de poulet et la sauce chili.

Couper les petits pains en deux et les garnir de cette farce.

CROQUE-LÉGUMES EN TREMPETTE

Métrique	Impérial
125 ml de mayonnaise	1/2 tasse de mayonnaise
125 ml de yogourt	1/2 tasse de yogourt
15 ml d'oignon haché	1 c. à s. d'oignon haché

Mélanger tous les ingrédients et servir avec des petits légumes préparés à l'avance : lanières de carottes taillées en biais, poivrons coupés en losanges, quartiers de tomates coupés en 2, rondelles de pommes de terre, etc.

MICRO-ONDES

Cuisson des bâtonnets au bacon

Foncer un plat en verre de 3 épaisseurs de papier essuie-tout. Disposer uniformément les bâtonnets. Couvrir d'un autre papier essuie-tout. Faire cuire à MAX. pendant 9 minutes ou jusqu'à ce que le tout soit croustillant.

Lait fou aux framboises, bâtonnets au bacon et croustilles au fromage, petits pains farcis et croque-légumes en trempette

Gâteau horloge anniversaire

GÂTEAU HORLOGE ANNIVERSAIRE

Métrique	Impérial
50 ml de beurre ou de margarine	1/4 tasse de beurre ou de margarine
150 ml de sirop de maïs	2/3 tasse de sirop de maïs
3 oeufs battus	3 oeufs battus
250 ml de bananes écrasées	1 tasse de bananes écrasées
75 ml de lait	1/3 tasse de lait
5 ml de vanille	1 c. à t. de vanille
5 ml de sel	1 c. à t. de sel
10 ml de poudre à pâte	2 c. à t. de poudre à pâte
5 ml de soda à pâte	1 c. à t. de soda à pâte
500 ml de farine de blé entier	2 tasses de farine de blé entier
250 ml de raisins secs	1 tasse de raisins secs

Faire chauffer le four à 175°C (325°F). Mettre le beurre et le sirop dans un bol. Bien mélanger jusqu'à ce que le mélange devienne crémeux. Incorporer les oeufs, les bananes, le lait et la vanille. Réserver.

Dans un autre bol, mélanger le sel, la poudre à pâte et le soda à pâte à la farine. Bien tamiser.

Incorporer les ingrédients secs au mélange de bananes et ajouter les raisins secs.

Verser le mélange dans un moule de 23 cm (9 po) beurré et légèrement enfariné. Faire cuire pendant environ 1 heure.

Glaçage au beurre

Métrique	Impérial
50 ml de beurre	1/4 tasse de beurre
625 ml de sucre à glacer tamisé	2-1/2 tasses de sucre à glacer tamisé
50 ml de lait	1/4 tasse de lait
2 ml de vanille	1/2 c. à t. de vanille

Défaire le beurre en crème. Ajouter progressivement le sucre en alternant avec le lait. Battre jusqu'à ce que le mélange soit lisse. Augmenter la quantité de sucre ou de lait, au besoin. Ajouter la vanille.

Décoration : réserver un peu de glaçage, y ajouter du colorant et tracer, avec une poche à pâtisserie munie d'une douille, les aiguilles d'une montre indiquant l'âge de l'enfant d'après les heures.

MICRO-ONDES

Pour faciliter la préparation du glaçage au beurre, mettre le beurre dans un petit bol en verre et le faire ramollir à MAX. pendant 30 secondes.

ANNIVERSAIRE D'ENFANTS
5 à 8 ANS

Pour 8 enfants

BARBOTINE

Métrique	Impérial
1,5 litre de jus d'ananas	6 tasses de jus d'ananas
625 ml de jus d'orange	2-1/2 tasses de jus d'orange
500 ml de limonade	2 tasses de limonade
500 ml de jus de pamplemousse	2 tasses de jus de pamplemousse
1,25 litre d'eau	5 tasses d'eau
250 ml de sucre	1 tasse de sucre

Verser tous les ingrédients dans un bol à «punch». Bien les mélanger. Mettre au congélateur jusqu'à prise de consistance. Remuer à l'occasion et juste avant de servir.

Préparer chaque verre en ajoutant à la demi-portion de barbotine un trait de Seven-Up. Ajouter quelques gouttes de grenadine.

Servir avec des pailles.

BOULES AU FROMAGE

Métrique	Impérial
300 ml de fromage «Philadelphia»	1-1/4 tasse de fromage «Philadelphia»
1 boîte de thon égoutté ou de jambon coupé en petits dés	1 boîte de thon égoutté ou de jambon coupé en petits dés
3 ml de sel	3/4 c. à t. de sel
45 ml de concentré de soupe à l'oignon	3 c. à s. de concentré de soupe à l'oignon
5 ml de sauce Worcester-shire	1 c. à t. de sauce Worcester-shire
Noix hachées	Noix hachées

Bien mélanger tous les ingrédients sauf les noix. Façonner les boules et les rouler dans les noix.

Servir avec des légumes coupés en bâton et avec des croustilles.

Barbotine et boules au fromage

Hamburgers garnis

HAMBURGERS GARNIS

Métrique	Impérial
15 ml de graisse végétale	1 c. à s. de graisse végétale
250 g de boeuf haché	1/2 lb de boeuf haché
1 boîte de sauce à la viande du commerce	1 boîte de sauce à la viande du commerce
50 ml de relish	1/4 tasse de relish
15 ml de vinaigre	1 c. à s. de vinaigre
1 boîte de pâte de tomates	1 boîte de pâte de tomates
0,5 ml de poivre	1/8 c. à t. de poivre
1 ml de sel	1/4 c. à t. de sel
8 pains à hamburgers	8 pains à hamburgers
125 ml de poivrons verts	1/2 tasse de poivrons verts

Faire chauffer l'huile. Y faire revenir le boeuf et le poivron vert. Ajouter le reste des ingrédients. Faire mijoter à découvert pendant 20 minutes.

Servir sur des petits pains à hamburgers.

SURPRISE ROSE

Métrique	Impérial
125 ml de yogourt nature	1/2 tasse de yogourt nature
50 ml de fraises écrasées non sucrées	1/4 tasse de fraises écrasées non sucrées
10 ml de miel (facultatif)	2 c. à t. de miel (facultatif)

Mélanger tous les ingrédients et servir. Préparer un mélange par enfant.

GÂTEAU GLACÉ À LA GUIMAUVE CITRONNÉE

Métrique	Impérial
3 oeufs	3 oeufs
250 ml de sucre	1 tasse de sucre
125 ml de beurre	1/2 tasse de beurre
125 ml de jus de citron	1/2 tasse de jus de citron
500 ml de guimauves miniatures	2 tasses de guimauves miniatures
250 ml de crème fouettée	1 tasse de crème fouettée
1 mélange à gâteau éponge cuit dans un moule rond	1 mélange à gâteau éponge cuit dans un moule rond

Bien battre les oeufs; y ajouter graduellement le sucre. Continuer de battre jusqu'à ce que le mélange épaississe.

Faire fondre le beurre au bain-marie; ajouter les oeufs et le jus de citron. Faire cuire pendant quelques minutes en remuant pour obtenir une crème épaisse et parfaitement lisse. Retirer du feu. Incorporer les guimauves. Laisser refroidir, puis incorporer la crème fouettée.

Diviser le gâteau en trois étages. Glacer entièrement de crème de guimauve et laisser au réfrigérateur pendant plusieurs heures.

Découper en pointes avec un couteau humide.

Gâteau glacé à la guimauve citronnée

ANNIVERSAIRE D'ENFANTS
9 À 14 ANS

Pour 6 à 8 enfants

Faire chauffer le beurre dans une casserole, à feu moyen. Y ajouter les oignons et le céleri. Couvrir et laisser cuire à feu doux pendant 3 à 4 minutes. Ajouter les tomates et l'origan. Saler et poivrer. Couvrir et continuer la cuisson pendant 3 minutes.

Ajouter le bouillon de poulet chaud et amener à ébullition.

Ajouter les nouilles et faire cuire pendant environ 12 minutes. Ajouter le fromage râpé et servir avec du pain à l'ail.

Variante: verser la soupe dans des bols, parsemer de fromage râpé et faire gratiner au four.

SOUPE DE COQUILLETTES AU FROMAGE

Métrique	Impérial
15 ml de beurre	1 c. à s. de beurre
45 ml d'oignons hachés	3 c. à s. d'oignons hachés
1 branche de céleri hachée fin	1 branche de céleri hachée fin
4 tomates pelées et hachées	4 tomates pelées et hachées
1,5 litre de bouillon de poulet chaud	6 tasses de bouillon de poulet chaud
1 ml d'origan	1/4 c. à t. d'origan
250 ml de nouilles (coquilles ou coquillettes)	1 tasse de nouilles (coquilles ou coquillettes)
Sel et poivre	Sel et poivre

PETITES BOUCHÉES QUATRE-SAISONS

Métrique	Impérial
40 raisins verts sans pépins	40 raisins verts sans pépins
500 ml de fromage à la crème	2 tasses de fromage à la crème
30 à 45 ml de crème épaisse (35%)	2 à 3 c. à s. de crème épaisse (35%)
Sel et poivre blanc	Sel et poivre blanc
Persil haché fin	Persil haché fin

Laver les raisins, les sécher et les détacher de leur grappe.

Passer le fromage à la crème au mélangeur ou au tamis afin de le rendre bien lisse. L'allonger avec la crème. Bien mélanger. À l'aide d'une poche à pâtisserie munie d'une douille, garnir le dessus de chaque raisin d'un petit chapeau de fromage. Décorer de persil. Garder au frais en attendant de servir.

Soupe de coquillettes au fromage

POULET À LA KING EN TIMBALES

Métrique	Impérial
1 litre de champignons tranchés	4 tasses de champignons tranchés
125 ml de poivrons verts hachés	1/2 tasse de poivrons verts hachés
125 ml de beurre	1/2 tasse de beurre
75 ml de farine tout usage	5 c. à s. de farine tout usage
1 pincée de poivre de cayenne	1 pincée de poivre de cayenne
625 ml de bouillon de poulet	2-1/2 tasses de bouillon de poulet
625 ml de lait	2-1/2 tasses de lait
125 ml de poivrons rouges hachés	1/2 tasse de poivrons rouges hachés
1,25 litre de poulet cuit, coupé en cubes	5 tasses de poulet cuit, coupé en cubes
Sel et poivre	Sel et poivre

Faire revenir les champignons et les poivrons verts dans le beurre jusqu'à ce que leur eau se soit évaporée. Ajouter la farine et les assaisonnements. Bien mélanger. Ajouter les liquides, les poivrons rouges et le poulet en tout dernier.

Remplir des vol-au-vent ou servir sur un lit de riz.

CAROTTES À LA POULETTE

Métrique	Impérial
10 carottes	10 carottes
250 ml d'eau	1 tasse d'eau
45 ml de beurre	3 c. à s. de beurre
10 ml de sucre	2 c. à t. de sucre
2 tomates fraîches épépinées	2 tomates fraîches épépinées
3 jaunes d'oeufs	3 jaunes d'oeufs
125 ml de lait	1/2 tasse de lait

Éplucher et trancher les carottes. Les mettre dans une casserole. Y ajouter l'eau, le beurre et le sucre. Couvrir et faire cuire à feu doux pendant 20 minutes. Vers la fin de la cuisson, enlever le couvercle pour permettre à l'eau de s'évaporer. Ajouter les tomates coupées en petits morceaux. Retirer du feu, attendre 30 secondes.

Entre-temps, mélanger les jaunes d'oeufs et le lait. Incorporer aux carottes. Bien mélanger. Servir chaud. Ne pas faire bouillir.

MICRO-ONDES

Cuisson des carottes

Disposer uniformément dans un plat en verre les tranches de carottes pour obtenir une cuisson égale. Ajouter 50 ml (1/4 tasse) d'eau. Couvrir. Faire cuire à MAX. pendant 10 minutes. Laisser reposer. Incorporer aux autres ingrédients de la recette.

Poulet à la king en timbales et carottes à la poulette

Gâteau million

SALADE BAGATELLE

Métrique	Impérial
4 carottes moyennes coupées en fins bâtonnets	4 carottes moyennes coupées en fins bâtonnets
500 ml de champignons émincés	2 tasses de champignons émincés
2 boîtes d'asperges ou	2 boîtes d'asperges ou
2 bottes d'asperges fraîches	2 bottes d'asperges fraîches
1 melon (cantaloup)	1 melon (cantaloup)

Dans des petites assiettes de service, disposer les carottes, les champignons mélangés à un peu de vinaigrette, les asperges et une tranche de melon.

Napper le tout d'un peu de vinaigrette à laquelle sera ajouté 15 ml (1 c. à s.) de sucre par 125 ml (1/2 tasse) de vinaigrette.

MICRO-ONDES

Pour faciliter la préparation du glaçage, faire ramollir le fromage à MED. pendant 3 à 4 minutes et demie.

GÂTEAU MILLION

Métrique	Impérial
400 ml d'ananas broyés, (réserver le jus)	14 oz d'ananas broyés, (réserver le jus)
500 ml de farine	2 tasses de farine
5 ml de soda à pâte	1 c. à t. de soda à pâte
500 ml de sucre	2 tasses de sucre
2 oeufs	2 oeufs

Mettre tous les ingrédients les uns à la suite des autres dans un bol et bien mélanger. Verser dans un moule graissé de 23 x 33 cm (9 x 13 po). Faire cuire au four à 180°C (350°F) pendant 35 à 40 minutes.

Glaçage

Métrique	Impérial
1 paquet de fromage «Philadelphia»	1 paquet de fromage «Philadelphia»
625 ml de sucre à glacer	2-1/2 tasses de sucre à glacer
5 ml de vanille	1 c. à t. de vanille
5 ml de beurre fondu	1 c. à t. de beurre fondu

Incorporer tous les ingrédients jusqu'à l'obtention d'un mélange homogène. Glacer le gâteau tandis qu'il est encore chaud.

Anniversaire d'enfants
9 à 14 ans

Pour 6 à 8 enfants

CLUB SANDWICH

6 tranches de bacon cuit
haché ou en morceaux
6 tranches de fromage blanc
6 tranches de poulet
6 feuilles de laitue
18 tranches de pain grillé,
tartinées de mayonnaise
2 tomates coupées en
rondelles

Sur une tranche de pain, disposer le bacon, la tomate, le fromage. Recouvrir d'une autre tranche de pain. Sur cette deuxième tranche de pain, disposer le poulet et la laitue. Recouvrir encore d'une tranche de pain.

Couper le club sandwich en quatre afin de former 4 triangles. Piquer un cure-dents au centre de chacun des triangles. Servir.

Club sandwich

BOUILLON DE POULET COMME ÇA ME PLAÎT

Métrique	Impérial
1 litre de bouillon de poulet	4 tasses de bouillon de poulet
2 carottes râpées	2 carottes râpées
150 ml de riz cuit	3/4 tasse de riz cuit
Persil	Persil

Porter le bouillon à ébullition. Ajouter les carottes et laisser bouillir encore pendant quelques minutes. Ajouter le riz préalablement cuit. Ajouter 250 ml (1 tasse) de lait chaud. Servir saupoudré de persil.

TREMPETTE AIGRE-DOUCE AUX LÉGUMES CRUS

Métrique	Impérial
150 ml de sucre à glacer	3/4 tasse de sucre à glacer
125 ml de vinaigre	1/2 tasse de vinaigre
1 oignon haché très fin	1 oignon haché très fin
2 ml de piment haché fin	1/2 c. à t. de piment haché fin
250 ml de ketchup	1 tasse de ketchup
125 ml d'huile végétale	1/2 tasse d'huile végétale
1 gousse d'ail hachée très fin	1 gousse d'ail hachée très fin
Sel et poivre	Sel et poivre

Mélanger tous les ingrédients. Servir avec des légumes crus : tomates cerises, radis, chou-fleur, brocoli, carottes, pois des neiges, céleri, etc .

Poutine aux saucisses cocktail

POUTINE AUX SAUCISSES COCKTAIL

Métrique	Impérial
8 pommes de terre coupées en frites	8 pommes de terre coupées en frites
18 saucisses cocktail coupées en 3 sur la longueur	18 saucisses cocktail coupées en 3 sur la longueur
375 ml de sauce tomate en conserve	1-1/2 tasse de sauce tomate en conserve
150 ml de parmesan ou de gruyère râpé	3/4 tasse de parmesan ou de gruyère râpé
Sel et poivre	Sel et poivre

Faire cuire les frites. Dans une poêle, colorer au beurre les morceaux de saucisses cocktail; les égoutter et les garder au chaud dans une casserole avec la sauce tomate préalablement réchauffée. Dans des petits bols à soupe, mettre les frites, les couvrir de sauce aux tomates, de saucisses et de parmesan ou de gruyère.

SALADE DE CHOU EN FEUILLES

Métrique	Impérial
30 ml de lait	2 c. à s. de lait
30 ml de vinaigre	2 c. à s. de vinaigre
30 ml de mayonnaise	2 c. à s. de mayonnaise
30 ml de sucre	2 c. à s. de sucre
1 chou haché ou émincé très fin	1 chou haché ou émincé très fin
1 oignon haché fin	1 oignon haché fin
Sel et poivre	Sel et poivre

Préparer la vinaigrette et réserver.

Mettre le chou et l'oignon dans un bol. Arroser de vinaigrette et lier. Dresser dans une belle feuille de chou.

PETIT GÂTEAU YOGOURT AUX FRUITS ROUGES

Métrique	Impérial
500 ml de farine tout usage	2 tasses de farine tout usage
5 ml de soda à pâte	1 c. à t. de soda à pâte
2 ml de poudre à pâte	1/2 c. à t. de poudre à pâte
125 ml de beurre ou de margarine	1/2 tasse de beurre ou de margarine
250 ml de cassonade	1 tasse de cassonade
1 oeuf	1 oeuf
5 ml de vanille	1 c. à t. de vanille
250 ml de yogourt aux fraises ou aux framboises	1 tasse de yogourt aux fraises ou aux framboises
Sucre à glacer	Sucre à glacer

Tamiser la farine; ajouter le soda à pâte et la poudre à pâte.

Fouetter le beurre ou la margarine jusqu'à consistance crémeuse. Ajouter graduellement la cassonade, l'oeuf, la vanille. Bien mélanger.

Ajouter la farine en alternant avec le yogourt.

Verser dans un moule rond de 23 cm (9 po), graissé.

Faire cuire au four à 180°C (350°F) pendant 50 minutes. Démouler, saupoudrer de sucre à glacer.

Petit gâteau yogourt aux fruits rouges

ANNIVERSAIRE DE JEUNES
15 À 18 ANS

Pour 6 adolescents

VELOUTÉ DE RADIS ROSES AU PERSIL

Métrique	Impérial
2 bottes de radis	2 bottes de radis
4 pommes de terre	4 pommes de terre
1 botte de persil haché	1 botte de persil haché
1 litre de bouillon de volaille	4 tasses de bouillon de volaille
45 ml de farine tout usage	3 c. à s. de farine tout usage
45 ml de beurre	3 c. à s. de beurre
15 ml de pâte de tomates	1 c. à s. de pâte de tomates
3 jaunes d'oeufs	3 jaunes d'oeufs
125 ml de crème épaisse (35%)	1/2 tasse de crème épaisse (35%)
Sel	Sel

Dans une casserole, faire fondre le beurre. Faire suer, à feu doux, les pommes de terre et les radis émincés jusqu'à ce qu'ils aient rendu toute leur eau.

Ajouter la farine et bien mélanger. Verser le bouillon de volaille et ajouter la pâte de tomates. Laisser cuire pendant 30 minutes.

Passer le tout dans le mélangeur pour liquéfier.

Remettre dans la casserole. Ajouter la crème et faire bouillir pendant quelques minutes. Retirer du feu.

Dans un petit bol, délayer les jaunes d'oeufs avec un peu de soupe. Tout en fouettant, verser le mélange en filet dans le velouté rosé. Ajouter le persil juste avant de servir. Ne pas poivrer.

SAUCE TREMPETTE «CAPRICE» POUR CRUDITÉS

Métrique	Impérial
250 ml de fromage cottage	1 tasse de fromage cottage
125 ml de crème sure	1/2 tasse de crème sure
250 ml de mayonnaise	1 tasse de mayonnaise
250 ml de jambon cuit, coupé en petits dés	1 tasse de jambon cuit, coupé en petits dés
30 ml d'oignon râpé	2 c. à s. d'oignon râpé
1 ml de sauce tabasco	1/4 c. à t. de sauce tabasco
2 ml de sauce Worcestershire	1/2 c. à t. de sauce Worcestershire
Sel et poivre	Sel et poivre

Battre le fromage et la crème avec le mélangeur ou à la main. Ajouter le reste des ingrédients. Disposer les légumes crus de votre choix dans un plat de service. Placer la sauce trempette au centre.

Velouté de radis roses au persil

Croque-mitaine au poulet et pommes de terre au four au beurre de tomate.

CROQUE-MITAINE AU POULET

Métrique
8 tranches de bacon cuit
8 tranches de pain
8 tranches de fromage blanc
750 ml de poulet cuit, défait en morceaux
2 tomates coupées en tranches fines
45 ml de beurre
375 ml de sauce blanche serrée (voir le chapitre des sauces)

Impérial
8 tranches de bacon cuit
8 tranches de pain
8 tranches de fromage blanc
3 tasses de poulet cuit, défait en morceaux
2 tomates coupées en tranches fines
3 c. à s. de beurre
1-1/2 tasse de sauce blanche serrée (voir le chapitre des sauces)

Beurrer légèrement les tranches de pain et ajouter dans l'ordre le poulet, les tomates coupées en tranches fines et assaisonnées, la sauce blanche refroidie, le bacon coupé en morceaux et les tranches de fromage.

Faire cuire au four à 180°C (350°F) pendant environ 20 minutes. Si le fromage commence à gratiner trop tôt, recouvrir le tout d'une feuille de papier aluminium.

VINAIGRETTE DU CHEF

Métrique
50 ml de vinaigre
250 ml de sucre
1 boîte de soupe aux tomates
5 ml de moutarde préparée
15 ml de sel fin
15 ml de poivre
250 ml d'huile végétale
30 ml de sauce HP
4 gousses d'ail

Impérial
1/4 tasse de vinaigre
1 tasse de sucre
1 boîte de soupe aux tomates
1 c. à t. de moutarde préparée
1 c. à s. de sel fin
1 c. à s. de poivre
1 tasse d'huile végétale
2 c. à s. de sauce HP
4 gousses d'ail

Bien mélanger tous les ingrédients. Garder au réfrigérateur dans une bouteille. Particulièrement recommandée avec la laitue romaine.

POMMES DE TERRE AU FOUR AU BEURRE DE TOMATE

6 pommes de terre
Pâte de tomates
Ciboulette

Laver les pommes de terre. Les envelopper dans du papier aluminium et les piquer à l'aide d'une fourchette. Les faire cuire au four à 160°C (325°F) pendant une heure.

Lorsque la cuisson est terminée, faire une incision en croix au centre de chacune des pommes de terre. Pincer de chaque côté pour ouvrir l'incision. Y déposer une noix de beurre travaillé avec un peu de pâte de tomates et de ciboulette hachée.

Gâteau volcan à la noix de coco

GÂTEAU VOLCAN À LA NOIX DE COCO

Métrique
2 jaunes d'oeufs
150 ml de sucre
30 ml de beurre
125 ml de lait
250 ml de farine tout usage
5 ml de poudre à pâte

Impérial
2 jaunes d'oeufs
3/4 tasse de sucre
2 c. à s. de beurre
1/2 tasse de lait
1 tasse de farine tout usage
1 c. à t. de poudre à pâte

Meringue

Métrique
2 blancs d'oeufs
500 ml de cassonade
Essence d'érable ou de vanille
Noix de coco

Impérial
2 blancs d'oeufs
2 tasses de cassonade
Essence d'érable ou de vanille
Noix de coco

Défaire le beurre en crème. Ajouter le sucre et les oeufs. Dans un bol, tamiser la farine et la poudre à pâte. Incorporer au premier mélange en alternant avec le lait.

Déposer cette pâte dans un moule rond pas trop haut. Faire cuire au four à 160°C (325°F) pendant 30 minutes. Fouetter les blancs d'oeufs en incorporant progressivement la cassonade et l'essence. Recouvrir le dessus du gâteau avec la meringue et saupoudrer de noix de coco. Faire glacer à «broil» pendant 2 minutes. Décorer d'une demi-noix de coco remplie de coulis de framboises.

ANNIVERSAIRE DE JEUNES
15 à 18 ANS

Pour 6 à 8 adolescents

POTAGE AURORE AUX AVOCATS

Métrique	Impérial
250 g d'oignons hachés	1/2 lb d'oignons hachés
4 gousses d'ail entières	4 gousses d'ail entières
5 jaunes d'oeufs	5 jaunes d'oeufs
3 avocats bien mûrs	3 avocats bien mûrs
6 tomates épépinées	6 tomates épépinées
75 ml de beurre	1/3 tasse de beurre
2 litres d'eau	8 tasses d'eau
Sel, poivre et poivre de cayenne	Sel, poivre et poivre de cayenne

Dans une casserole épaisse, faire cuire au beurre, à feu doux, l'oignon, l'ail et les tomates coupées en morceaux. Lorsque les légumes sont fondus, ajouter l'eau. Faire bouillir pendant environ 20 minutes. Assaisonner.

Entre-temps, éplucher les avocats et les passer au robot culinaire ou au moulin à légumes. Les mélanger avec les jaunes d'oeufs.

En fin de cuisson, passer la soupe au mélangeur. Remettre dans la casserole. Faire chauffer (sans faire bouillir).

Prélever un peu de cette soupe et mouiller le mélange d'avocat et de jaunes d'oeufs pour le rendre plus liquide.

Verser ensuite petit à petit ce dernier mélange dans la soupe en fouettant bien.

Servir ce potage le plus chaud possible, mais toujours sans faire bouillir.

MINI CROQUE-MONSIEUR AU BACON

Tartiner des carrés de pain avec de la mayonnaise. Recouvrir de fromage en tranche. Ajouter un morceau de bacon.

Mettre au four à 180°C (350°F) pendant 15 à 20 minutes. Servir.

Potage aurore aux avocats

RIZ AUX LÉGUMES

Métrique	Impérial
375 ml de riz cuit	1-1/2 tasse de riz cuit
50 ml d'huile végétale	1/4 tasse d'huile végétale
1 boîte de champignons tranchés avec le jus	1 boîte de champignons tranchés avec le jus
750 ml d'eau	3 tasses d'eau
250 ml de céleri coupé en dés	1 tasse de céleri coupé en dés
250 ml de carottes coupées en dés	1 tasse de carottes coupées en dés
250 ml de poivron vert coupé en dés	1 tasse de poivron vert coupé en dés
1 enveloppe de soupe à l'oignon	1 enveloppe de soupe à l'oignon
45 ml de sauce soja	3 c. à s. de sauce soja
30 ml de concentré de boeuf	2 c. à s. de concentré de boeuf

Bien mélanger tous les ingrédients. Faire cuire dans un plat allant au four à 180°C (350°F) pendant 1 heure et demie.

FONDUE CHINOISE

Métrique	Impérial
1,5 kg de boeuf ou de dinde, tranché mince	3 lb de boeuf ou de dinde, tranché mince
15 ml de base de soupe au boeuf	1 c. à s. de base de soupe au boeuf
5 ml de base de soupe au poulet	1 c. à t. de base de soupe au poulet
Quelques feuilles de laurier	Quelques feuilles de laurier
2 ml de thym	1/2 c. à t. de thym
2 ml de marjolaine	1/2 c. à t. de marjolaine
5 ml de «Kitchen Bouquet»	1 c. à t. de «Kitchen Bouquet»
Légumes crus au choix	Légumes crus au choix

1re étape - Préparation du bouillon

Mettre tous les ingrédients du bouillon à fondue dans le caquelon et les recouvrir aux trois quarts d'eau bouillante. Bien remuer. Laisser bouillir pendant quelques instants.

Attention : ne jamais ajouter de sel.

2e étape - Présentation

Disposer les tranches de boeuf ou de dinde sur un plat de service. Servir avec des légumes crus et diverses mayonnaises additionnées de curry, de ketchup, de paprika, d'ail haché, de sauce anglaise, etc.

Juste avant de servir, placer le caquelon à fondue sur le réchaud au centre de la table.

SALADE DE CONCOMBRES CRESSONNETTE

Métrique	Impérial
1 bouquet de cresson (les queues tranchées)	1 bouquet de cresson (les queues tranchées)
300 ml de crème sure ou de yogourt nature	1-1/4 tasse de crème sure ou de yogourt nature
20 ml de jus de citron	4 c. à t. de jus de citron
10 ml de moutarde de Dijon	2 c. à t. de moutarde de Dijon
2 concombres anglais, pelés et coupés en rondelles de 5 mm	2 concombres anglais, pelés et coupés en rondelles de 1/4 po
15 ml de sel	1 c. à s. de sel
5 radis moyens, nettoyés et hachés fin	5 radis moyens, nettoyés et hachés fin
2 petites échalotes hachées fin	2 petites échalotes hachées fin
Sel et poivre	Sel et poivre

Blanchir le cresson dans de l'eau bouillante pendant 30 secondes. Égoutter et passer sous l'eau froide. Sécher avec une serviette en papier et hacher grossièrement.

Combiner la crème sure, le jus de citron et la moutarde dans un grand bol. Saler et poivrer. Mettre au réfrigérateur pendant 30 minutes.

Mélanger les concombres à 15 ml (3 c. à t.) de sel. Laisser dégorger pendant 15 minutes.

Égoutter et mélanger à la crème sure. Ajouter le cresson, les radis et les échalotes.

Mettre au réfrigérateur ou servir immédiatement.

Salade de concombres cressonnette

Ananas Chantilly en panache

ANANAS CHANTILLY
EN PANACHE

Métrique	Impérial
1 à 2 ananas	1 à 2 ananas
Cerises au marasquin	Cerises au marasquin
375 ml de crème épaisse (35%)	1-1/2 tasse de crème épaisse (35%)
60 ml de sucre	4 c. à s. de sucre
5 ml de vanille	1 c. à t. de vanille

Fouetter la crème assez ferme en y incorporant le sucre et la vanille. Réserver au réfrigérateur.

Couper l'ananas en 6 dans le sens de la longueur en lui conservant ses feuilles. Glisser la pointe d'un couteau entre le coeur et la chair de l'ananas. Détacher soigneusement la chair de l'ananas (voir tours de main). Couper le quartier de chair d'ananas en 7 morceaux et les décaler légèrement les uns des autres.

Déposer une rosace de crème Chantilly à l'aide d'une poche à pâtisserie munie d'une douille cannelée.

Décorer de cerises au marasquin.

Disposer en étoile sur un grand plateau, les feuilles pointant vers l'extérieur du plat de service.

Préparation de l'ananas

1 Couper l'ananas en 6 sur le sens de la hauteur.

2 Détacher la chair de l'ananas avec un couteau.

3 Couper la chair en 7 morceaux.

4 Décaler les morceaux les uns des autres.

ANNIVERSAIRE D'ADULTES

Bordeaux blanc, bordeaux rouge, vin mousseux

Pour 6 à 8 personnes

MENU

Crème de pois verts aux chapons
Jambonnette aux asperges
Rôti de ronde français, sauce Albert
Pommes de terre frites en quartiers
Choux de Bruxelles à la créole
Salade Manon
Soupe de melon miel Romanoff

Jambonnette aux asperges

CRÈME DE POIS VERTS AUX CHAPONS

Métrique	Impérial
1 boîte de petits pois verts ou	1 boîte de petits pois verts ou
500 ml de petits pois frais ou surgelés	2 tasses de petits pois frais ou surgelés
500 ml d'eau	2 tasses d'eau
1 oignon	1 oignon
500 ml de lait	2 tasses de lait
10 ml de beurre ou de margarine	2 c. à t. de beurre ou de margarine
15 ml de farine tout usage	1 c. à s. de farine tout usage
Sel et poivre	Sel et poivre
Chapons	Chapons

Faire cuire les petits pois et l'oignon émincé dans l'eau jusqu'à évaporation complète du liquide. Ajouter le lait et laisser bouillir à petit feu.

Mélanger le beurre et la farine à l'aide d'une fourchette (beurre manié). L'incorporer au bouillon.

Passer au tamis ou au mélangeur. Remettre sur le feu. Assaisonner et servir avec des chapons (voir page156, Salade Monique aux chapons).

JAMBONNETTE AUX ASPERGES

Métrique	Impérial
1 boîte d'asperges, égouttées	1 boîte d'asperges, égouttées
375 ml de crème épaisse (35%)	1-1/2 tasse de crème épaisse (35%)
4 tranches de jambon cuit	4 tranches de jambon cuit
4 tranches de fromage mozzarella	4 tranches de fromage mozzarella
15 ml d'épices mélangées	1 c. à s. d'épices mélangées
Sel et poivre	Sel et poivre

Assaisonner la crème avec les épices, le sel et le poivre. Faire tremper pendant quelques instants les asperges dans cette préparation, puis les disposer dans un plat carré allant au four et préalablement beurré.

Disposer ensuite les tranches de jambon, puis étendre le fromage mozzarella en tranches. Faire gratiner au four à 200°C (400°F) jusqu'à ce que le fromage soit bien doré.

Saler et poivrer la crème et la fouetter au malaxeur pour la faire monter.

Servir avec des pommes de terre au four, ou comme sauce accompagnant des haricots verts.

RÔTI DE RONDE FRANÇAIS SAUCE ALBERT

Métrique

1 rôti de ronde de 1,5 kg
2 gousses d'ail coupées en
pointes
30 ml de moutarde de
Dijon
Beurre
1 oignon haché
15 ml de margarine
250 ml de bouillon de boeuf
chaud
Sel et poivre

Impérial

1 rôti de ronde de 3 lb
2 gousses d'ail coupées en
pointes
2 c. à s. de moutarde de
Dijon
Beurre
1 oignon haché
1 c. à s. de margarine
1 tasse de bouillon de boeuf
chaud
Sel et poivre

Faire chauffer le four à 230°C (450°F). Disposer le rôti dans un plat. Faire des incisions profondes dans le rôti et y introduire des pointes d'ail. Poivrer généreusement (ne pas saler la viande avant de l'avoir fait saisir). Badigeonner au beurre et à la moutarde de Dijon. Le faire saisir au four pendant 20 minutes. Saler. Continuer la cuisson à 180°C (350°F) à raison de 15 minutes par 500 g (1 lb) incluant dans ce calcul les 20 premières minutes de cuisson.

Disposer le rôti sur un plat de service et recouvrir de papier aluminium. Mettre le plat de cuisson sur votre cuisinière. Faire chauffer à feu vif. Ajouter l'oignon haché, la margarine, saler et poivrer. Ajouter le bouillon de boeuf chaud et le faire réduire aux deux tiers. Rectifier l'assaisonnement et servir dans une saucière pour accompagner le rôti.

Sauce Albert

Métrique

250 ml de mayonnaise mou-
tardée
250 ml d'artichauts
1 oignon haché
125 ml de persil haché
250 ml de bouillon de
volaille
Sel et poivre

Impérial

1 tasse de mayonnaise mou-
tardée
1 tasse d'artichauts
1 oignon haché
1/2 tasse de persil haché
1 tasse de bouillon de
volaille
Sel et poivre

Égoutter les artichauts et les faire cuire avec l'oignon et le bouillon de volaille pendant 20 minutes. Laisser refroidir. Assaisonner, passer au robot culinaire et incorporer la mayonnaise et le persil haché. Servir dans une saucière.

Rôti de ronde français sauce Albert

POMMES DE TERRE FRITES EN QUARTIERS

8 petites pommes de terre
Sel

Éplucher les pommes de terre et les couper en quartiers en maintenant la pomme de terre debout. Faire cuire comme les frites, c'est-à-dire faire cuire une première fois à 120°C (250°F) jusqu'à ce que les pommes de terre s'écrasent légèrement sous une pression du doigt. Laisser reposer quelques minutes.

Augmenter la température de la friteuse à 160°C (325°F) et y replonger les pommes de terre pour en terminer la cuisson. Faire égoutter dans une passoire. Saler au goût.

CHOUX DE BRUXELLES À LA CRÉOLE

Métrique	Impérial
750 g de choux de Bruxelles	1-1/2 lb de choux de Bruxelles
45 ml de beurre	3 c. à s. de beurre
1 gros oignon haché fin	1 gros oignon haché fin
1 gousse d'ail écrasée	1 gousse d'ail écrasée
1 poivron coupé en morceaux	1 poivron coupé en morceaux
500 g de tomates blanchies, pelées et hachées	1 lb de tomates blanchies, pelées et hachées
2 ml de poivre	1/2 c. à t. de poivre
1 ml de basilic sec	1/4 c. à t. de basilic sec
5 ml de sel	1 c. à t. de sel

Retirer les feuilles flétries des choux. Laver les choux à l'eau claire. Entailler la base en forme de croix.

Faire fondre le beurre et y ajouter l'oignon, l'ail et le poivron. Faire cuire pendant 8 minutes en remuant. Ajouter le reste des ingrédients. Réduire le feu et laisser cuire pendant 15 à 20 minutes, ou jusqu'à ce que les choux de Bruxelles soient tendres.

SALADE MANON

2 bottes de cresson
1 boîte de coeurs de palmiers
4 endives
4 tomates

Sur un grand plat de service, disposer des petits bouquets de cresson, des coeurs de palmiers en fleurs, des endives et des tomates coupées en quartiers. Napper légèrement de vinaigrette. C'est une salade amusante à faire. Le jeu consiste à tenter de réaliser un véritable tableau!

SOUPE DE MELON MIEL ROMANOFF

Métrique	Impérial
2 melons miel	2 melons miel
60 ml de jus de citron	4 c. à s. de jus de citron
60 ml de jus d'orange	4 c. à s. de jus d'orange
250 ml de crème épaisse (35%)	1 tasse de crème épaisse (35%)
60 ml de sucre à glacer	4 c. à s. de sucre à glacer
5 ml de vanille	1 c. à t. de vanille
75 ml de curaçao	1/3 tasse de curaçao

Trancher les melons miel en moitiés et enlever les pépins. Les évider et couper la chair en cubes. Placer tous les ingrédients dans le robot culinaire et mélanger. Servir dans des bols à soupe préalablement passés au congélateur.

Salade Manon

ANNIVERSAIRE D'ADULTES

Bordeaux blanc ou vin d'Alsace, vin espagnol, vin mousseux

Pour 6 à 8 personnes

COCKTAIL DE PÉTONCLES EN COQUILLES

Métrique	Impérial
500 g de pétoncles	1 lb de pétoncles
Sel	Sel
Tranches de bacon	Tranches de bacon

Saler les pétoncles. Couper les tranches de bacon en deux. Enrouler les pétoncles dans le bacon et les fixer avec des cure-dents. Faire cuire au four à 220°C (450°F) pendant 5 minutes.

Sauce cocktail

Métrique	Impérial
45 ml de ketchup ou de sauce chili	3 c. à s. de ketchup ou de sauce chili
Jus de citron	Jus de citron
250 ml de jus de tomates ou de légumes	1 tasse de jus de tomates ou de légumes
Sel et poivre	Sel et poivre
1 ml de sucre	1/4 c. à t. de sucre
15 ml de persil haché fin	1 c. à s. de persil haché fin
Quelques gouttes de tabasco	Quelques gouttes de tabasco

Dans un petit chaudron, bien mélanger tous les ingrédients servant à la sauce, sauf le persil. Réchauffer en remuant à l'occasion sans porter à ébullition. En napper les pétoncles, préalablement déposés dans des coquilles Saint-Jacques ou dans des coupes. Garnir de persil.

SOUPE AUX FLEURETTES DE CHOU-FLEUR

Métrique	Impérial
125 g de poitrine de porc salé, coupée en dés	1/4 lb de poitrine de porc salé, coupée en dés
1 oignon coupé en dés	1 oignon coupé en dés
2 branches de céleri coupées en dés	2 branches de céleri coupées en dés
2 pommes de terre coupées en dés	2 pommes de terre coupées en dés
1,5 litre de bouillon de poulet chaud	6 tasses de bouillon de poulet chaud
2 branches de persil	2 branches de persil
1 feuille de laurier	1 feuille de laurier
1/2 chou-fleur en fleurettes	1/2 chou-fleur en fleurettes
Sel et poivre	Sel et poivre

Mettre la poitrine de porc salé dans une grande casserole et faire revenir à feu moyen. Ajouter les oignons, le céleri et les pommes de terre. Saler et poivrer.

Couvrir et faire cuire pendant 4 à 5 minutes. Ajouter le bouillon de poulet chaud. Rectifier l'assaisonnement. Ajouter le persil et la feuille de laurier. Faire cuire à feu moyen pendant 30 minutes, sans couvrir. Ajouter le chou-fleur et continuer la cuisson pendant environ 10 minutes.

Servir avec des petits pains beurrés.

Soupe aux fleurettes de chou-fleur

Paëlla «Santa Fausta» aux légumes

PAËLLA «SANTA FAUSTA»
AUX LÉGUMES

Métrique

125 ml d'huile d'olive
2 gros oignons émincés
2 gousses d'ail écrasées
1 gros poivron rouge,
débarrassé des graines et des
parties blanches et émincé
500 ml de riz à grains longs,
lavé, trempé dans de l'eau
froide pendant 30 minutes et
égoutté
500 ml de bouillon de
légumes
4 grosses tomates blanchies,
pelées, débarrassées des
graines et hachées
15 ml de haricots verts
surgelés
125 ml de petits pois
surgelés
2 branches de céleri parées
et hachées
18 olives noires coupées en

Impérial

1/2 tasse d'huile d'olive
2 gros oignons émincés
2 gousses d'ail écrasées
1 gros poivron rouge,
débarrassé des graines et des
parties blanches et émincé
2 tasses de riz à grains longs,
lavé, trempé dans de l'eau
froide pendant 30 minutes et
égoutté
2 tasses de bouillon de
légumes
4 grosses tomates blanchies,
pelées, débarrassées des
graines et hachées
1 c. à s. de haricots verts
surgelés
1/2 tasse de petits pois
surgelés
2 branches de céleri parées
et hachées
18 olives noires coupées en

deux et dénoyautées
10 ml de sel
5 ml de poivre gris
5 ml de safran pilé, délayé
dans 10 ml d'eau chaude
125 ml d'amandes coupées
en bâtonnets
2 carottes cuites
10 choux de Bruxelles cuits
250 ml de champignons frits

deux et dénoyautées
2 c. à t. de sel
1 c. à t. de poivre gris
1 c. à t. de safran pilé, délayé
dans 2 c. à t. d'eau chaude
1/2 tasse d'amandes coupées
en bâtonnets
2 carottes cuites
10 choux de Bruxelles cuits
1 tasse de champignons frits

Dans une grande casserole, faire chauffer l'huile à feu moyen. Ajouter les oignons, l'ail et le poivron rouge. Faire sauter pendant 5 à 7 minutes, en remuant de temps à autre, jusqu'à ce que les oignons soient tendres et transparents, mais non dorés. Ajouter le riz en remuant de façon à ce qu'il soit bien enrobé d'huile et continuer la cuisson pendant 5 minutes en remuant de temps à autre. Mouiller avec le bouillon. Augmenter le feu. Amener à ébullition.

Diminuer le feu et ajouter les tomates, les haricots verts, les petits pois, le céleri, les olives, le sel, le poivre et le safran. Couvrir la casserole et laisser cuire tout doucement pendant 30 à 35 minutes, jusqu'à ce que le riz soit tendre et que le liquide soit entièrement absorbé.

Retirer la casserole du feu et verser la paëlla dans un plat de service chaud.

Parsemer de carottes, de choux de Bruxelles, de champignons et d'amandes préalablement réchauffés. Servir.

192

SALADE CRESSONNIÈRE

2 bottes de cresson
grossièrement hachées
Fromage parmesan râpé
1/4 de piment rouge, émincé
Quartiers de tomates
Olives noires

Dans un grand bol de service, incorporer le cresson, le piment rouge, les quartiers de tomates et les olives noires. Réserver.

Vinaigrette aux anchois

Métrique	Impérial
15 ml d'oignon râpé	1 c. à s. d'oignon râpé
5 ml de persil haché	1 c. à t. de persil haché
15 ml de moutarde de Dijon	1 c. à s. de moutarde de Dijon
50 ml d'anchois hachés	2 oz d'anchois hachés
45 ml de vinaigre de vin	3 c. à s. de vinaigre de vin
105 ml d'huile d'olive	7 c.à s. d'huile d'olive
15 ml de jus de citron	1 c. à s. de jus de citron
Sel et poivre	Sel et poivre

Combiner tous les ingrédients, sauf l'huile d'olive et le jus de citron. Verser l'huile en filets et fouetter constamment. Incorporer le jus de citron. Verser ensuite ce mélange sur la salade. Parsemer de parmesan et servir.

Coupe de pêches au lait d'amandes glacé

Salade cressonnière

FRAISES AU CHAMPAGNE

Métrique	Impérial
500 ml de fraises fraîches non sucrées	2 tasses de fraises fraîches non sucrées
1 bouteille de champagne, de vin blanc pétillant ou de rosé	1 bouteille de champagne, de vin blanc pétillant ou de rosé
Un peu de poivre	Un peu de poivre
5 ml de sucre	1 c. à t. de sucre

Nettoyer les fraises. Les piquer avec une fourchette. Les poivrer légèrement. Verser le champagne ou le vin pétillant dans un bocal qui ferme hermétiquement. Ajouter le sucre. Y mettre les fraises à mariner. Conserver au réfrigérateur.

Servir dans une coupe ou dans une flûte à champagne.

On peut boire le champagne ou encore y remettre de nouvelles fraises.

COUPE DE PÊCHES AU LAIT D'AMANDES GLACÉ

Métrique	Impérial
1 boîte de demi-pêches en conserve	1 boîte de demi-pêches en conserve
500 ml de lait	2 tasses de lait
250 ml de sucre	1 tasse de sucre
150 ml d'amandes en poudre	3/4 tasse d'amandes en poudre
5 ml de vanille	1 c. à t. de vanille

Égoutter les pêches, les déposer sur un essuie-tout dans un bol et les mettre au réfrigérateur. Dans une casserole, mélanger le lait, le sucre, la vanille et la poudre d'amandes et faire bouillir. Retirer du feu. Couvrir et laisser reposer pendant environ 20 minutes.

Passer le lait d'amandes à travers un linge en pressant bien pour exprimer tout le lait. Remettre dans la casserole. Cuire à feu très doux jusqu'à ce que le mélange épaississe très légèrement. Laisser refroidir le sirop.

Verser sur les demi-pêches en coupe ou encore coiffer les demi-pêches de crème glacée à la vanille et napper de sirop.

Les occasions
de rencontre

BRUNCH

Bordeaux blanc, bourgogne blanc, vin mousseux

Pour 6 à 8 personnes

Mélanger tous les ingrédients au robot culinaire jusqu'à obtenir une consistance onctueuse. Déposer la trempette au centre d'un grand bol et l'entourer de légumes coupés de diverses façons : julienne, dés, rondelles, etc.

ASPIC AUX FRUITS DE MER

Métrique	Impérial
500 ml de mayonnaise	2 tasses de mayonnaise
3 échalotes	3 échalotes
1 branche de céleri	1 branche de céleri
2 oeufs durs	2 oeufs durs
2 boîtes de fruits de mer (crevettes, homard ou crabe)	2 boîtes de fruits de mer (crevettes, homard ou crabe)
3 enveloppes de gélatine sans saveur	3 enveloppes de gélatine sans saveur
90 ml d'eau froide	6 c. à s. d'eau froide

Dans une casserole, faire chauffer la mayonnaise. Délayer la gélatine dans l'eau et l'incorporer à la mayonnaise. Retirer du feu et ajouter tous les autres ingrédients. Bien mélanger.

Déposer dans un plat à aspic et mettre au réfrigérateur pendant 6 à 12 heures. Servir avec une salade de riz.

TREMPETTE VÉGÉTARIENNE

Métrique	Impérial
1 paquet d'épinards décongelés égouttés et essorés	1 paquet d'épinards décongelés égouttés et essorés
250 ml de crème sure	1 tasse de crème sure
250 ml de mayonnaise	1 tasse de mayonnaise
1 sachet de soupe aux légumes	1 sachet de soupe aux légumes

Aspic aux fruits de mer

Ratatouille

PÂTÉ AU SAUMON

Métrique

1 boîte de saumon
3 à 4 pommes de terre cuites coupées en dés ou réduites en purée
125 ml de pois verts
3 oeufs durs
375 à 500 ml de sauce blanche
375 ml de farine tout usage
15 ml de poudre à pâte
Un peu de sel
90 ml de graisse ou de margarine fondue
125 ml de lait

Impérial

1 boîte de saumon
3 à 4 pommes de terre cuites coupées en dés ou réduites en purée
1/2 tasse de pois verts
3 oeufs durs
1-1/2 à 2 tasses de sauce blanche
1-1/2 tasse de farine tout usage
1 c. à s. de poudre à pâte
Un peu de sel
6 c. à s. de graisse ou de margarine fondue
1/2 tasse de lait

Égoutter le saumon et réserver le jus. Bien graisser un plat à gratin. Y déposer le saumon, puis ajouter successivement les pommes de terre, les pois et les oeufs durs tranchés.

Dans un bol, mélanger le jus du saumon et du lait pour obtenir environ 375 à 500 ml (1-1/2 à 2 tasses) de sauce blanche d'une consistance pas trop épaisse. Verser sur le saumon. Réserver.

Mélanger la farine, la poudre à pâte, le sel, la graisse et le restant du lait jusqu'à l'obtention d'une pâte assez ferme. Abaisser à 1,25 cm (1/2 po) d'épaisseur. Badigeonner la pâte de margarine fondue, étendre le mélange de saumon, sau-

poudrer de fromage râpé puis rouler la pâte sur elle-même (comme pour un gâteau roulé). Découper en rondelles de 2,5 cm (1 po). Saupoudrer de fromage.

Faire cuire au four à 220°C (425°F) jusqu'à ce que les tranches de pâté soient bien levées et dorées. Servir tiède.

RATATOUILLE

Métrique

4 tomates moyennes
1 aubergine moyenne coupée en dés de 2,5 cm
2 courgettes (ou zucchinis) coupées en dés de 2,5 cm
2 poivrons verts coupés en dés de 2,5 cm
2 gousses d'ail émincées
125 ml d'huile végétale
Sel, poivre, laurier et thym

Impérial

4 tomates moyennes
1 aubergine moyenne coupée en dés de 1 po
2 courgettes (ou zucchinis) coupées en dés de 1 po
2 poivrons verts coupés en dés de 1po
2 gousses d'ail émincées
1/2 tasse d'huile végétale
Sel, poivre, laurier et thym

Faire blanchir les tomates puis les éplucher et les épépiner.

Faire chauffer l'huile dans une casserole et y faire revenir l'ail et l'oignon. Ajouter les légumes, le sel, le poivre, le laurier, le thym. Bien remuer. Couvrir et mettre au four à 180°C (350°F) pendant environ 1 heure.

Servir chaud ou froid.

Salade de macaroni

SALADE DE MACARONI

Métrique	Impérial
500 ml de macaroni	2 tasses de macaroni
125 ml de mayonnaise	1/2 tasse de mayonnaise
125 ml d'échalotes hachées	1/2 tasse d'échalotes hachées
30 ml de persil haché fin	2 c. à s. de persil haché fin
125 ml de céleri haché	1/2 tasse de céleri haché
Sel et poivre	Sel et poivre

Faire cuire les pâtes selon le mode d'emploi. Égoutter, passer rapidement sous l'eau froide et bien égoutter de nouveau. Ajouter la mayonnaise, les échalotes, le persil, le céleri. Bien mélanger. Garnir un plat de service de feuilles de laitue et y déposer la salade.

GÂTEAU REINE ÉLISABETH

Métrique	Impérial
50 ml de beurre	1/4 tasse de beurre
250 ml de sucre	1 tasse de sucre
375 ml de farine tout usage	1-1/2 tasse de farine tout usage
1 oeuf	1 oeuf
3 ml de soda à pâte	3/4 c. à t. de soda à pâte
5 ml de vanille	1 c. à t. de vanille
1 ml de sel	1/4 c. à t. de sel
250 ml d'eau bouillante	1 tasse d'eau bouillante
250 ml de noix hachées	1 tasse de noix hachées
125 ml de noix de coco	1/2 tasse de noix de coco
250 ml de dattes	1 tasse de dattes

Faire tremper les dattes dans l'eau bouillante. Réserver. Mélanger tous les ingrédients du gâteau et remuer jusqu'à ce que le mélange devienne léger.

Ajouter les dattes et l'eau bouillante en alternant avec la farine. Faire cuire au four à 180°C (350°F) pendant 35 à 40 minutes.

Renverser sur une plaque à gâteau et laisser refroidir pendant environ 10 minutes.

Glaçage

Métrique	Impérial
45 ml de beurre	3 c. à s. de beurre
30 ml de crème légère (15%)	2 c. à s. de crème légère (15%)
75 ml de cassonade	5 c. à s. de cassonade
125 ml de noix de coco	1/2 tasse de noix de coco

Faire bouillir tous les ingrédients du glaçage pendant 3 minutes. Verser sur le gâteau refroidi. Remettre au four pendant encore 15 minutes.

BRUNCH

Rosé, vin d'Alsace, rosé

Pour 6 à 8 personnes

QUICHE AUX LÉGUMES

Métrique	Impérial
1 abaisse de pâte brisée non cuite de 25 cm	1 abaisse de pâte brisée non cuite de 10 po
375 ml de fromage râpé	1-1/2 tasse de fromage râpé
375 ml d'oignon haché	1-1/2 tasse d'oignon haché
375 ml de légumes coupés en dés (légumes au choix)	1-1/2 tasse de légumes coupés en dés (légumes au choix)
3 oeufs battus	3 oeufs battus
150 ml de lait	3/4 tasse de lait
30 ml de sauce soya	2 c. à s. de sauce soya
1 ml de thym	1/4 c. à t. de thym
1 ml de basilic	1/4 c. à t. de basilic
1 ml de sarriette	1/4 c. à t. de sarriette
1 ml de sel de mer	1/4 c. à t. de sel de mer
Poivre de cayenne	Poivre de cayenne

Faire cuire les légumes à la vapeur pendant environ 10 minutes.

Entre-temps, recouvrir l'abaisse de la moitié du fromage râpé. Mélanger les oignons crus à la macédoine de légumes cuits et étendre sur le fromage râpé. Recouvrir du reste de fromage râpé.

Fouetter les oeufs, le lait et les assaisonnements. Verser sur la tarte. Faire cuire au bas du four à 190°C (375°F) pendant environ 30 minutes, c'est-à-dire jusqu'à ce que le mélange soit ferme.

CROISSANTS AU CRABE

Métrique	Impérial
1 oeuf dur coupé en dés	1 oeuf dur coupé en dés
50 ml de mayonnaise	1/4 tasse de mayonnaise
125 ml de céleri	1/2 tasse de céleri
Poivron vert et poivron rouge au goût	Poivron vert et poivron rouge au goût
1 boîte de crabe	1 boîte de crabe
1 boîte de pâte à croissants du commerce	1 boîte de pâte à croissants du commerce
250 ml de fromage râpé mozzarella	1 tasse de fromage râpé mozzarella

Couper en dés l'oeuf dur et le céleri. Couper les poivrons en petits morceaux et défaire le crabe à la fourchette.

Placer la pâte à croissants dans des moules à muffins. Mélanger tous les ingrédients sauf le fromage et en garnir les croissants.

Déposer le fromage sur le dessus et faire cuire au four à 180°C (350°F) pendant 15 à 20 minutes.

Croissants au crabe

CRETONS

Métrique	Impérial
500 g de lard haché	1 lb de lard haché
3 tranches de pain émiettées	3 tranches de pain émiettées
1/2 oignon haché fin	1/2 oignon haché fin
2 ml de cannelle	1/2 c. à t. de cannelle
1 ml de clous de girofle	1/4 c. à t. de clous de girofle
1 ml de muscade	1/4 c. à t. de muscade
5 ml de sel	1 c. à t. de sel
Poivre	Poivre
150 ml de lait	3/4 tasse de lait

Bien mélanger tous les ingrédients, puis les mettre dans un plat allant au four.

Faire cuire au four à 150°C (300°F) pendant environ 1 heure. Laisser refroidir. Démouler et servir.

Cretons

SALADE DE CHOU ROUGE ET DE CHOU VERT

1 chou rouge râpé
1 chou vert râpé
1 oignon blanc, haché fin
3 carottes épluchées et râpées

Vinaigrette aux fines herbes

Métrique	Impérial
75 ml d'huile végétale	5 c. à s. d'huile végétale
5 ml de persil frais haché	1 c. à t. de persil frais haché
1 pincée de basilic	1 pincée de basilic
Sel et poivre	Sel et poivre
30 ml de vinaigre de vin	2 c. à s. de vinaigre de vin
5 ml de ciboulette hachée	1 c. à t. de ciboulette hachée
5 ml de moutarde préparée	1 c. à t. de moutarde préparée

Mélanger tous les légumes dans un grand saladier.

Dans un bol, ajouter le persil et la ciboulette à l'huile et au vinaigre. Remuer. Ajouter le basilic et la moutarde. Bien mélanger. Verser sur la salade de choux.

TÊTE FROMAGÉE

Métrique	Impérial
1,5 kg de jarret de porc	3 lb de jarret de porc
1,5 litre d'eau	6 tasses d'eau
125 ml de feuilles de céleri hachées	1/2 tasse de feuilles de céleri hachées
50 ml de persil	1/4 tasse de persil
2 oignons tranchés	2 oignons tranchés
1 carotte tranchée	1 carotte tranchée
2 gousses d'ail émincées	2 gousses d'ail émincées
1 ml de sel	1/4 c. à t. de sel
6 grains de poivre	6 grains de poivre
5 ml de quatre-épices	1 c. à t. de quatre-épices
5 ml de thym	1 c. à t. de thym
2 clous de girofle	2 clous de girofle
1 feuille de laurier	1 feuille de laurier
10 ml de graines de carvi	2 c. à t. de graines de carvi

Mélanger tous les ingrédients à l'exception des graines de carvi. Couvrir et laisser mijoter jusqu'à ce que la viande soit tendre, pendant environ 3 heures. Faire égoutter et conserver le bouillon. Hacher le jarret de porc. Jeter la peau et les os. Passer le bouillon au tamis. Ajouter les graines de carvi et laisser mijoter jusqu'à ce que le bouillon soit réduit à 500 ml (2 tasses).

Passer au tamis et dégraisser. Mélanger la viande et le bouillon et verser dans un moule à pain graissé.

Mettre au réfrigérateur pendant 4 heures avant de démouler.

MUFFINS AUX CAROTTES ET AUX AMANDES

Métrique	Impérial
75 ml de margarine	1/3 tasse de margarine
250 ml de sucre	1 tasse de sucre
2 oeufs	2 oeufs
250 ml de carottes râpées	1 tasse de carottes râpées
Jus de citron	Jus de citron
250 ml de raisins secs	1 tasse de raisins secs
375 ml de farine tout usage	1-1/2 tasse de farine tout usage
5 ml de soda à pâte	1 c. à t. de soda à pâte
10 ml de poudre à pâte	2 c. à t. de poudre à pâte
2 ml de sel	1/2 c. à t. de sel
125 ml d'amandes broyées	1/2 tasse d'amandes broyées

Dans un bol, défaire le beurre en crème, y ajouter la moitié du sucre et bien mélanger. Incorporer les oeufs un à un, puis le reste du sucre. Ajouter les carottes, les raisins secs, les amandes et le jus de citron. Bien mélanger.

Dans un autre bol, mélanger la farine, le soda à pâte, la poudre à pâte et le sel. Incorporer graduellement au premier mélange en remuant avec une cuillère de bois.

Faire cuire à 180°C (350°F) pendant 25 à 30 minutes.

Muffins aux carottes et aux amandes

BUFFET

Rosé, vin d'Alsace blanc, bordeaux rouge, vin mousseux

Pour 6 à 8 personnes

MENU

Aspic de tomates
Rouleaux au jambon
Salade de fruits de mer
Petits pains au jambon
Salade de légumes
Gâteau salade de fruits

ROULEAUX AU JAMBON

Métrique
6 tranches de jambon
50 ml de fromage à la crème
6 cornichons à l'aneth
6 olives
Sel et poivre
Bouquets de persil

Impérial
6 tranches de jambon
1/4 tasse de fromage à la crème
6 cornichons à l'aneth
6 olives
Sel et poivre
Bouquets de persil

Assaisonner le fromage à la crème de sel et de poivre. Tartiner les tranches de jambon d'une fine couche de fromage à la crème. Y déposer un cornichon. Rouler et fixer avec un cure-dents. Garnir d'une olive et d'un bouquet de persil.

ASPIC DE TOMATES

Métrique
500 ml de jus de tomates
1 ml de sel
1 boîte de gelée en poudre au citron
3 ml de cannelle
Pincée de poivre
1 ml de clous de girofle
1 ml d'oignon haché fin
15 ml d'olives hachées
15 ml de céleri haché
15 ml de cornichons sucrés

Impérial
2 tasses de jus de tomates
1/4 c. à t. de sel
1 boîte de gelée en poudre au citron
3/4 c. à s. de cannelle
Pincée de poivre
1/4 c. à t. de clous de girofle
1/4 c. à t. d'oignon haché fin
1 c. à s. d'olives hachées
1 c. à s. de céleri haché
1 c. à s. de cornichons sucrés

Faire chauffer le jus de tomates. Y ajouter la gelée au citron, le sel, le poivre, la cannelle et les clous de girofle.

Laisser refroidir le mélange jusqu'à la consistance d'un blanc d'oeuf non battu. Ajouter les légumes, les oignons, les olives, les cornichons et le céleri.

Verser dans un moule. Laisser prendre au réfrigérateur.

Démouler. Garnir d'olives et de feuilles de céleri.

Aspic de tomates

Petits pains au jambon

SALADE DE FRUITS DE MER

Métrique

500 ml de crevettes cuites ou en conserve

250 ml de céleri tranché

50 ml d'olives farcies, tranchées

50 ml de poivron vert, coupé en dés

125 ml de mayonnaise

ou

de sauce à salade

ou

de yogourt nature

15 ml de jus de citron

2 ml de sel d'oignon

Poivre

Aspic aux tomates en couronne

Impérial

2 tasses de crevettes cuites ou en conserve

1 tasse de céleri tranché

1/4 tasse d'olives farcies, tranchées

1/4 tasse de poivron vert, coupé en dés

1/2 tasse de mayonnaise

ou

de sauce à salade

ou

de yogourt nature

1 c. à s. de jus de citron

1/2 c. à t. de sel d'oignon

Poivre

Aspic aux tomates en couronne

Dans un saladier, mélanger les crevettes, le céleri, les olives et le poivron vert. Dans un petit bol, incorporer la mayonnaise (la sauce à salade ou le yogourt nature), le jus de citron, le sel d'oignon et le poivre.

Verser ce mélange sur la salade de crevettes et remuer délicatement.

Mettre au réfrigérateur.

Servir au centre d'un aspic de tomates. Garnir de quartiers d'oeufs durs et de cresson.

PETITS PAINS AU JAMBON

Métrique

125 g de fromage

1 oignon moyen haché

125 g de jambon

125 ml de ketchup

2 ml de sel

2 ml de sauce Worcester-shire

1 ml de poivre

50 ml d'huile végétale

10 ml de persil haché

8 petits pains ronds

Impérial

1/4 lb de fromage

1 oignon moyen haché

1/4 lb de jambon

1/4 tasse de ketchup

1/2 c. à t. de sel

1/2 c. à t. de sauce Worces-tershire

1/4 c. à t. de poivre

1/4 tasse d'huile végétale

2 c. à t. de persil haché

8 petits pains ronds

Hacher le jambon et le fromage avec un moulin à viande. Ajouter le reste des ingrédients. Mélanger et garnir les petits pains. Mettre au four à 180°C (350°F) pendant 15 à 20 minutes. Servir.

Gâteau salade de fruits

SALADE DE LÉGUMES

Métrique	Impérial
1 chou vert taillé en fines lanières	1 chou vert taillé en fines lanières
3 carottes râpées	3 carottes râpées
4 oeufs durs	4 oeufs durs
Sel et poivre	Sel et poivre
1 oignon moyen haché fin	1 oignon moyen haché fin
1 pomme rouge	1 pomme rouge
Quelques branches de persil	Quelques branches de persil
75 ml de sauce vinaigrette	1/3 tasse de sauce vinaigrette

Vinaigrette

Métrique	Impérial
150 ml d'huile végétale	3/4 tasse d'huile végétale
50 ml de vinaigre blanc	1/4 tasse de vinaigre blanc
15 ml de sucre	1 c. à s. de sucre
2 ml de thym	1/2 c. à t. de thym
2 ml d'origan	1/2 c. à t. d'origan
2 ml de paprika	1/2 c. à t. de paprika
1 ml de moutarde sèche	1/4 c. à t. de moutarde sèche
5 ml de sel d'ail	1 c. à t. de sel d'ail
5 ml de poudre d'ail	1 c. à t. de poudre d'ail

Mélanger les légumes dans un saladier. Les assaisonner de sel, de poivre et de vinaigrette. Garnir d'oeufs durs. Servir.

GÂTEAU SALADE DE FRUITS

Métrique	Impérial
500 ml de farine tout usage	2 tasses de farine tout usage
500 ml de sucre	2 tasses de sucre
10 ml de soda à pâte	2 c. à t. de soda à pâte
2 oeufs	2 oeufs
1 boîte de salade de fruits	1 boîte de salade de fruits

Glaçage

Métrique	Impérial
125 ml de beurre	1/2 tasse de beurre
125 ml de cassonade	1/2 tasse de cassonade
125 ml de lait condensé	1/2 tasse de lait condensé

Faire chauffer le four à 180°C (350°F). Dans un grand bol, mélanger la farine, le sucre et le soda à pâte. Dans un autre bol, mélanger les oeufs et la salade de fruits avec le jus, en ayant soin de bien écraser les fruits. Mélanger les deux préparations en pliant la pâte (ne pas utiliser le malaxeur). Verser dans un plat graissé et faire cuire au four pendant 45 à 50 minutes.

Mettre les ingrédients du glaçage dans une casserole, bien les mélanger et les amener à ébullition. Creuser un petit trou à la surface du gâteau encore chaud et y verser le glaçage. Laisser refroidir. Servir.

BUFFET

Bordeaux blanc, bordeaux rouge, vin d'Alsace, vin mousseux

Pour 10 personnes

MENU

Pizza de légumes

Pains fourrés

Coupes de crabe au fromage Edam

Tartelettes au jambon

Salade de poulet

Carrés aux fraises

Faire cuire les bouquets de brocoli et de chou-fleur dans de l'eau bouillante salée pendant 8 minutes. Laisser refroidir et les couper en fines tranches.

Faire cuire le céleri et l'oignon dans 15 ml (1 c. à s.) de beurre. Faire revenir les champignons pendant 3 minutes dans du beurre fondu. Étendre 30 ml (2 c. à s.) de crème de champignons sur chaque pâte à pizza. Garnir de légumes au choix. Recouvrir de piment et de 30 ml (2 c à s.) de carottes râpées. Parsemer de fromage râpé. Faire cuire au four à 230°C (450°F).

PAINS FOURRÉS

Métrique	Impérial
1 gousse d'ail	1 gousse d'ail
1 oignon	1 oignon
750 g de porc haché	1-1/2 lb de porc haché
5 ml de moutarde préparée sèche	1 c. à t. de moutarde préparée sèche
15 ml de sauce Worcester-shire	1 c. à s. de sauce Worcester-shire
1 boîte de soupe «Poulet et Gumbo»	1 boîte de soupe «Poulet et Gumbo»
30 ml de sauce chili	2 c. à s. de sauce chili

Dans une grande casserole, mélanger tous les ingrédients et les faire bouillir pendant 45 minutes. Laisser refroidir le mélange. Juste avant de servir, faire réchauffer le mélange au four à 180°C (350°F) pendant 5 minutes.

Farcir 4 douzaines de petits pains à salade. Servir.

Note: Ce mélange peut aussi se congeler.

PIZZA DE LÉGUMES

Métrique	Impérial
5 pâtes à pizza de 22 cm	5 pâtes à pizza de 9 po
1/2 boîte de crème de champignons ou de crème de céleri	1/2 boîte de crème de champignons ou de crème de céleri
6 bouquets de brocoli	6 bouquets de brocoli
6 bouquets de chou-fleur	6 bouquets de chou-fleur
250 ml de céleri émincé	1 tasse de céleri émincé
1 oignon émincé	1 oignon émincé
12 champignons frais ou en conserve	12 champignons frais ou en conserve
1 tomate	1 tomate
1/2 poivron tranché mince	1/2 poivron tranché mince
1 carotte râpée	1 carotte râpée
Fromage mozzarella	Fromage mozzarella

Pizza aux légumes

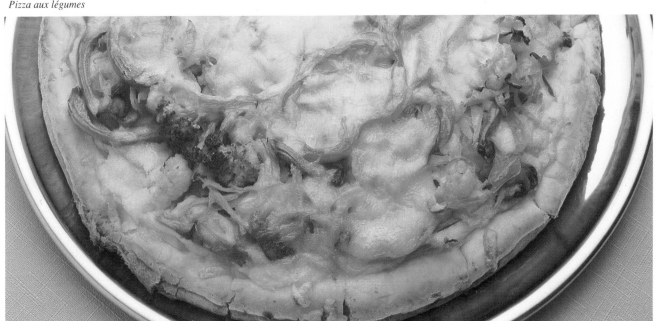

COUPES DE CRABE AU FROMAGE EDAM

Métrique

1 boîte de chair de crabe égouttée
125 ml de fromage râpé «Edam» hollandais
125 ml de carottes râpées
75 ml de mayonnaise
15 ml de jus de citron
1 ml de sucre
1 ml de poudre de cari
18 coupes de pain rôti

Impérial

1 boîte de chair de crabe égouttée
1/2 tasse de fromage râpé «Edam» hollandais
1/2 tasse de carottes râpées
1/3 tasse de mayonnaise
1 c. à s. de jus de citron
1/4 c. à t. de sucre
1/4 c. à t. de poudre de cari
18 coupes de pain rôti

Émietter la chair de crabe, la mélanger avec tous les autres ingrédients. Déposer une cuillerée de ce mélange dans chacune des coupes de pain rôti.

Servir tel quel, ou faire chauffer pendant environ 5 minutes au four à 180°C (350 °F). Donne 18 bouchées.

Pour faire les coupes de pain rôti, découper la croûte des tranches de pain. Mettre le pain dans des moules à muffins bien beurrés.

Badigeonner légèrement de beurre fondu. Faire cuire au four à 190°C (375 °F) pendant 10 minutes ou jusqu'à ce que les coupes soient bien dorées.

SALADE DE POULET

Métrique

1 litre de poulet cuit, coupé en dés
500 ml de céleri coupé en dés
125 ml d'olives émincées
50 ml de vinaigrette au citron
125 ml de mayonnaise
Laitue
Tomates
Persil

Impérial

4 tasses de poulet cuit, coupé en dés
2 tasses de céleri coupé en dés
1/2 tasse d'olives émincées
1/4 tasse de vinaigrette au citron
1/2 tasse de mayonnaise
Laitue
Tomates
Persil

Dans un saladier, mélanger les morceaux de poulet, le céleri et les olives. Arroser de vinaigrette au citron et laisser mariner pendant 1 heure. Déposer la salade sur un lit de laitue. Recouvrir de mayonnaise. Garnir de tomates coupées en quartiers. Parsemer de persil haché.

Vinaigrette au citron

Métrique

30 ml de jus de citron
15 ml d'huile d'olive
1 gousse d'ail écrasée
5 ml de mayonnaise
Sel et poivre
Persil haché

Impérial

2 c. à s. de jus de citron
1 c. à s. d'huile d'olive
1 gousse d'ail écrasée
1 c. à t. de mayonnaise
Sel et poivre
Persil haché

Dans un petit bol, mélanger progressivement tous les ingrédients afin d'obtenir une sauce onctueuse.

Coupes de crabe au fromage Edam

Tartelettes au jambon

TARTELETTES AU JAMBON

Métrique	Impérial
500 g de pâte brisée	1 lb de pâte brisée
45 ml de beurre	3 c. à s. de beurre
250 g de jambon cuit coupé en cubes	1/2 lb de jambon cuit coupé en cubes
12 petits cornichons surs, émincés	12 petits cornichons surs, émincés
50 ml de persil frais haché	1/4 tasse de persil frais haché
1 oignon émincé	1 oignon émincé
2 branches de céleri émincées	2 branches de céleri émincées
3 oeufs durs hachés	3 oeufs durs hachés
250 ml de lait	1 tasse de lait
3 oeufs	3 oeufs
125 ml de cheddar râpé	1/2 tasse de cheddar râpé
Sel et poivre	Sel et poivre

Foncer des moules à tartelettes de pâte brisée. Dans une casserole, faire fondre le beurre et y faire revenir à feu doux le jambon, les cornichons, l'oignon et le céleri pendant environ 5 minutes.

Ajouter le persil et les oeufs durs. Retirer du feu. Assaisonner et remplir les tartelettes aux trois quarts de leur capacité.

Dans un bol, battre les oeufs, le lait et le fromage râpé. Verser dans les tartelettes et faire cuire à 190°C (375°F) pendant 20 à 25 minutes.

CARRÉS AUX FRAISES

Métrique	Impérial
150 ml de farine à pâtisserie	3/4 tasse de farine à pâtisserie
0,5 ml de sel	1/8 c. à t. de sel
15 ml de sucre	1 c. à s. de sucre
50 ml de beurre	1/4 tasse de beurre
15 ml de lait	1 c. à s. de lait
1 oeuf	1 oeuf
125 ml de cassonade	1/2 tasse de cassonade
1 ml de poudre à pâte	1/4 c. à t. de poudre à pâte
5 ml de vanille	1 c. à t. de vanille
Confiture de fraises	Confiture de fraises
150 ml d'amandes	3/4 tasse d'amandes

Tamiser deux fois la farine, le sel, le sucre et la poudre à pâte. Ajouter le beurre et le lait. Bien mélanger. Étendre ce mélange dans un moule de 22 cm x 35 cm (9 po x 14 po) beurré. Faire cuire au four à 180°C (350°F) pendant environ 15 minutes.

Entre-temps, battre légèrement l'oeuf; y ajouter graduellement la cassonade, la vanille et les amandes. Étendre 250 ml (1 tasse) de confiture de fraises sur la pâte. Y ajouter le mélange.

Remettre au four et continuer la cuisson pendant 10 minutes. Si la surface brunit trop rapidement, couvrir d'un papier aluminium.

Laisser refroidir.

PARTIE D'HUÎTRES

Vin blanc demi-sec, vin mousseux

Pour 6 personnes

HUÎTRES AU GRATIN NOUVELLE MÉTHODE

Métrique	Impérial
3 douz. d'huîtres	3 douz. d'huîtres
250 ml de sauce blanche légère (voir le chapitre des sauces)	1 tasse de sauce blanche légère (voir le chapitre des sauces)
1 sac d'épinards égouttés et essorés	1 sac d'épinards égouttés et essorés
125 ml de fromage gruyère râpé	1/2 tasse de fromage gruyère râpé
3 jaunes d'oeufs	3 jaunes d'oeufs
Sel, poivre et muscade	Sel, poivre et muscade

Laver et brosser les huîtres. Les placer sur une plaque couverte de gros sel.

Faire la sauce blanche et la verser dans le robot culinaire. Ajouter les autres ingrédients et mélanger pendant 2 minutes.

Couvrir chaque huître de ce mélange et faire gratiner. Servir avec du pain de seigle.

SOUPE AUX HUÎTRES

Voir page103.

BOUCHÉES D'HUÎTRES AU PÂTÉ DE FOIE

Métrique	Impérial
24 mini vol-au-vent de 2,5 cm de large	24 mini vol-au-vent de 1 po de large
1 petite boîte de pâté de foie	1 petite boîte de pâté de foie
24 huîtres fraîches	24 huîtres fraîches
Poivre frais	Poivre frais

Faire chauffer les vol-au-vent et les farcir d'une petite quantité de pâté de foie.

Déposer une huître sur chacun d'eux. Poivrer et servir.

SAUCE À TREMPETTE AUX CONCOMBRES POUR HUÎTRES FRAÎCHES

Métrique	Impérial
250 ml de concombres tranchés	1 tasse de concombres tranchés
250 ml de crème sure ou de yogourt nature	1 tasse de crème sure ou de yogourt nature
45 ml de ciboulette ou d'échalotes	3 c. à s. de ciboulette ou d'échalotes

Mélanger tous les ingrédients et les passer au mélangeur. Mettre au réfrigérateur. Napper légèrement des huîtres fraîches de cette sauce et servir.

Soupe aux huîtres

Filet de doré farci aux huîtres

CHOU-FLEUR AU GRATIN

1 chou-fleur
Sauce béchamel
Chapelure ou panure

Défaire le chou-fleur en bouquets. Faire tremper les bouquets dans de l'eau froide salée. Faire cuire pendant 8 à 10 minutes dans de l'eau bouillante. Les égoutter et les déposer sur un plat allant au four.

Napper d'une sauce béchamel (voir le chapitre des sauces). Recouvrir de panure ou de chapelure. Faire gratiner au four pendant 15 à 20 minutes. Servir.

FILETS DE DORÉ FARCIS AUX HUÎTRES

Métrique	Impérial
1 kg de filets de doré	2 lb de filets de doré
250 ml d'huîtres	1 tasse d'huîtres
50 ml de beurre fondu	1/4 tasse de beurre fondu
500 ml de mie de pain grillée	2 tasses de mie de pain grillée
5 ml de jus de citron	1 c. à t. de jus de citron
1 oeuf légèrement battu	1 oeuf légèrement battu
30 ml de persil haché	2 c. à s. de persil haché
Sel et poivre	Sel et poivre

Saler et poivrer les filets de doré. En placer la moitié sur un plat allant au four et préalablement beurré.

Égoutter les huîtres et les hacher, si elles sont grosses. Incorporer aux autres ingrédients. Placer la moitié des filets de doré dans un plat allant au four. Étaler cette préparation sur les filets et recouvrir des autres filets.

Faire cuire au four à 230°C (450°F) en comptant 10 minutes de cuisson par 2,5 cm (1 po) d'épaisseur.

GÂTEAU AUX FRAMBOISES OU AUX BLEUETS

Métrique	Impérial
2 oeufs battus	2 oeufs battus
250 ml de sucre	1 tasse de sucre
125 ml d'huile végétale	1/2 tasse d'huile végétale
50 ml de jus d'orange	1/4 tasse de jus d'orange
400 ml de farine tout usage	1-3/4 tasse de farine tout usage
10 ml de poudre à pâte	2 c. à t. de poudre à pâte
5 ml de vanille	1 c. à t. de vanille
1 petite boîte de bleuets ou de framboises surgelés	1 petite boîte de bleuets ou de framboises surgelés

Mélanger les oeufs, 125 ml (1/2 tasse) de sucre, l'huile, et le jus d'orange. Tamiser la farine et la poudre à pâte. Ajouter au premier mélange avec les bleuets (ou les framboises). Incorporer la vanille.

Verser dans un moule en pyrex huilé de 22 x 34 cm (9 x 13 po). Mélanger 125 ml (1/2 tasse) de sucre et 1 ml (1/4 c. à t.) de cannelle. Saupoudrer la pâte de ce mélange et faire cuire à four modéré à 180°C (350°F) pendant environ 45 à 50 minutes.

PARTIE DE SUCRE

Bordeaux blanc demi-sec, rosé

Pour 6 à 8 personnes

MENU

Soupe aux pois

Fèves au lard au sirop d'érable

Omelette aux asperges

Côtelettes de porc glacées au sirop d'érable

Salade de chou avec sirop d'érable

Croustade de pommes à l'érable

SOUPE AUX POIS

Métrique	Impérial
375 ml de pois jaunes	1-1/2 tasse de pois jaunes
1,25 litre d'eau froide	5 tasses d'eau froide
2 oignons tranchés	2 oignons tranchés
1 morceau de lard salé	1 morceau de lard salé
Sel et poivre	Sel et poivre

Laisser tremper les pois jusqu'au lendemain (pendant environ 12 heures). Les égoutter et les placer dans une marmite. Ajouter l'eau, le sel, le poivre, les oignons et le lard salé.

Faire cuire à feu doux pendant 3 à 4 heures ou jusqu'à ce que les pois soient bien cuits. Au besoin, ajouter de l'eau pendant la cuisson.

FÈVES AU LARD AU SIROP D'ÉRABLE

Métrique	Impérial
1 litre de fèves blanches	4 tasses de fèves blanches
500 g de lard salé	1 lb de lard salé
2 gros oignons piqués de	2 gros oignons piqués de
4 clous de girofle	4 clous de girofle
1 gousse d'ail	1 gousse d'ail
1 feuille de laurier	1 feuille de laurier
125 ml de sirop d'érable	1/2 tasse de sirop d'érable
15 ml de moutarde sèche	1 c. à s. de moutarde sèche
Sel et poivre	Sel et poivre
Eau	Eau

Laisser tremper les fèves dans de l'eau froide jusqu'au lendemain. Les égoutter et les mettre dans une casserole. Les couvrir d'eau fraîche, porter à ébullition et laisser cuire pendant environ 1 heure à pleine ébullition. Retirer du feu et égoutter.

Trancher le lard. En déposer environ la moitié dans un fait-tout, puis disposer le reste du lard et les fèves en couches successives.

Mélanger le sirop d'érable et la moutarde sèche. Verser le mélange sur les fèves, saler et poivrer généreusement. Couvrir d'eau. Ajouter l'ail et la feuille de laurier. Couvrir et faire cuire au four à 130°C (275°F) pendant 8 heures.

Vérifier le volume d'eau pendant la cuisson. Retirer le couvercle pendant les 30 dernières minutes.

Côtelettes de porc glacées au sirop d'érable

Croustade de pommes à l'érable

OMELETTE AUX ASPERGES

Métrique	Impérial
1 botte d'asperges	1 botte d'asperges
5 ml de sel	1 c. à t. de sel
10 oeufs	10 oeufs
1 pincée de poivre	1 pincée de poivre
15 ml de beurre	1 c. à s. de beurre

Faire cuire les asperges dans de l'eau bouillante salée pendant environ 8 minutes. Les égoutter, les couper en morceaux de 1,5 cm (3/4 po). Mettre les pointes de 2,5 cm (1po) de côté. Battre les oeufs, saler et poivrer. Ajouter les morceaux d'asperges.

Dans un poêlon, faire blondir le beurre. Verser les oeufs battus et remuer avec une fourchette. Faire cuire pendant 1 à 2 minutes. Laisser prendre.

Replier l'omelette sur elle-même, la faire glisser dans une assiette et la garnir de pointes d'asperges. Servir.

CÔTELETTES DE PORC GLACÉES AU SIROP D'ÉRABLE

Métrique	Impérial
8 côtelettes désossées de 1,25 cm d'épaisseur	8 côtelettes désossées de 1/2 po d'épaisseur
150 ml de sirop d'érable	3/4 tasse de sirop d'érable
60 ml de pâte de tomates	4 c. à s. de pâte de tomates
30 ml de beurre	2 c. à s. de beurre
30 ml de moutarde préparée	2 c. à s. de moutarde préparée
45 ml de jus de citron	3 c. à s. de jus de citron
3 gousses d'ail	3 gousses d'ail
Sel et poivre	Sel et poivre
1 pincée de poivre de cayenne	1 pincée de poivre de cayenne

Faire chauffer le four à 180°C (350°F). Placer les côtelettes dans un poêlon contenant un peu d'eau. Porter à ébullition et laisser cuire pendant 10 minutes. Verser le bouillon dans un récipient. Ajouter le beurre dans le poêlon et faire rissoler rapidement les côtelettes sur leurs deux faces. Mettre les côtelettes de côté.

Dans un bol, mélanger le sirop d'érable, la pâte de tomates, le bouillon, la moutarde, les gousses d'ail émincées et le poivre de cayenne. Incorporer le jus de citron, saler et poivrer. Déposer les côtelettes dans un plat de 22 cm (9 po) allant au four et verser le mélange au sirop d'érable sur les côtelettes.

Faire cuire au four pendant 50 minutes. Servir avec un riz brun.

SALADE DE CHOU AVEC SIROP D'ÉRABLE

Métrique	Impérial
1 chou	1 chou
1 carotte	1 carotte
1 pomme	1 pomme
1 oignon	1 oignon
1 céleri	1 céleri
250 ml de ketchup	1 tasse de ketchup
250 ml d'huile	1 tasse d'huile
125 ml de sirop d'érable	1/2 tasse de sirop d'érable
5 ml de moutarde préparée	1 c. à t. de moutarde préparée
1 oignon	1 oignon
1 gousse d'ail	1 gousse d'ail
30 ml de relish	2 c. à s. de relish
30 ml de jus de citron	2 c. à s. de jus de citron

Hacher tous les légumes de la salade.

Mélanger les ingrédients de la sauce et verser sur la salade. Bien mélanger et servir.

CROUSTADE DE POMMES À L'ÉRABLE

Métrique	Impérial
5 ou 6 pommes pelées et tranchées	5 ou 6 pommes pelées et tranchées
150 ml de sirop d'érable	3/4 tasse de sirop d'érable
125 ml de farine tout usage	1/2 tasse de farine tout usage
125 ml de gruau	1/2 tasse de gruau
125 ml de cassonade	1/2 tasse de cassonade
125 ml de beurre	1/2 tasse de beurre
Sel	Sel

Disposer les pommes dans un plat de 20 x 20 cm (8x 8 po) allant au four. Verser le sirop d'érable sur les pommes.

Mélanger la farine, le gruau, la cassonade, le sel et le beurre jusqu'à ce que le mélange ait l'aspect d'une chapelure. Saupoudrer ce mélange sur les pommes. Faire cuire à 190°C (375°F) pendant 35 minutes.

PARTIE AU CHALET

Bordeaux blanc, rosé, rosé pétillant

Pour 6 à 8 personnes

MENU

Canapés de foie gras en gelée
Soupe au riz et aux tomates andalouse
Pain de viande du chasseur
Casserole de brocolis
Macédoine de légumes vinaigrette
Gâteau aux carottes et canneberges

Verser l'eau et le consommé dans une casserole et faire chauffer.

Délayer la gelée en poudre dans un peu d'eau et l'ajouter au consommé. Verser quelques gouttes de ce mélange dans des petits moules, juste pour en recouvrir le fond. Laisser prendre au réfrigérateur.

Dans chaque moule, déposer d'abord de minces tranches d'olives vertes farcies, puis une mince tranche de pâté de foie.

Verser le reste du consommé pour remplir les moules.

Mettre au réfrigérateur. Démouler et servir sur des rondelles de toast Melba.

Donne environ 24 canapés.

CANAPÉS DE FOIE GRAS EN GELÉE

Métrique	Impérial
1 boîte de consommé de boeuf	1 boîte de consommé de boeuf
175 ml d'eau	3/4 tasse d'eau
1 enveloppe de gélatine sans saveur	1 enveloppe de gélatine sans saveur
125 g de foie gras	1/4 lb de foie gras
Olives farcies	Olives farcies

Soupe au riz et aux tomates andalouse

SOUPE AU RIZ ET AUX TOMATES ANDALOUSE

Métrique	Impérial
750 ml de tomates	3 tasses de tomates
250 ml de poivrons verts coupés en dés	1 tasse de poivrons verts coupés en dés
5 ml de sucre	1 c. à t. de sucre
750 ml de bouillon de boeuf (base de soupe)	3 tasses de bouillon de boeuf (base de soupe)
50 ml de riz	1/4 tasse de riz
50 ml de persil haché	1/4 tasse de persil haché
50 ml de basilic haché	1/4 tasse de basilic haché
Sel et poivre	Sel et poivre

Faire chauffer les tomates avec le sucre. Laisser réduire pendant 2 heures. Ajouter le bouillon et porter à ébullition. Verser le riz en pluie. Assaisonner. Laisser cuire pendant environ 30 minutes.

Entre-temps, faire cuire les dés de poivrons verts dans de l'eau bouillante pendant 2 minutes. Incorporer au riz juste avant de servir.

MICRO-ONDES

Cuisson de la soupe au riz et aux tomates

Dans un bol, mélanger tous les ingrédients, sauf les poivrons. Défaire les tomates. Faire cuire à MAX. pendant 10 minutes. Incorporer les poivrons. Couvrir et faire cuire à MAX. pendant 3 minutes ou jusqu'à tendreté. Laisser reposer 5 minutes et servir.

Pain de viande du chasseur

PAIN DE VIANDE DU CHASSEUR

Métrique	Impérial
750 g d'orignal haché	1-1/2 lb d'orignal haché
250 g de porc maigre haché	1/2 lb de porc maigre haché
1 oeuf battu	1 oeuf battu
300 ml de lait	1-1/4 tasse de lait
1 oignon haché fin	1 oignon haché fin
125 g de lard salé	1/4 lb de lard salé
Sel et poivre	Sel et poivre

Faire chauffer le four à 190°C (375°F).

Mélanger les viandes hachées, y ajouter l'oeuf battu, le lait et le reste des ingrédients.

Couper le lard salé en morceaux. Mettre le pain de viande dans une casserole, puis répandre les morceaux de lard. Faire cuire à feu moyen pendant 1 heure 15 minutes. Servir avec une sauce aux tomates.

Sauce aux tomates

Métrique	Impérial
1 boîte de tomates pelées	1 boîte de tomates pelées
1 oignon émincé	1 oignon émincé
1 carotte émincée	1 carotte émincée
1 gousse d'ail hachée	1 gousse d'ail hachée
45 ml de persil	3 c. à s. de persil
45 ml de beurre	3 c. à s. de beurre

Dans une casserole, mettre un peu de beurre et y faire fondre l'oignon et la carotte. Incorporer l'ail et remuer pen-dant 30 secondes. Ajouter tous les autres ingrédients et faire cuire à l'étouffée, à feu doux, pendant 30 minutes.

Liquéfier au mélangeur et ajouter de la pâte de tomates au besoin.

CASSEROLE DE BROCOLIS

Métrique	Impérial
500 g de bouquets de brocoli	1 lb de bouquets de brocoli
20 ml de beurre	4 c. à t. de beurre
1/2 oignon haché	1/2 oignon haché
30 ml de farine tout usage	2 c. à s. de farine tout usage
250 ml de lait	1 tasse de lait
150 ml de mayonnaise	3/4 tasse de mayonnaise
2 oeufs battus	2 oeufs battus
Sel et poivre	Sel et poivre

Faire cuire le brocoli dans de l'eau bouillante. Le passer sous l'eau froide et l'égoutter.

Faire fondre le beurre. Y faire revenir l'oignon pendant 2 minutes, puis ajouter la farine. Laisser cuire. Retirer du feu, ajouter le lait et mélanger à fond. Remettre sur le feu et faire cuire en remuant jusqu'à ce que le mélange épaississe. Saler et poivrer. Retirer du feu, ajouter la mayonnaise et les oeufs. Ajouter délicatement le brocoli.

Verser dans un moule de 1,5 litre (6 tasses) allant au four. Faire cuire dans un bain-marie au four à 180°C (350°F) pen-dant environ 30 minutes.

Macédoine de légumes vinaigrette

GÂTEAU AUX CAROTTES ET AUX CANNEBERGES

Métrique	Impérial
375 ml de farine tout usage	1-1/2 tasse de farine tout usage
250 ml de cassonade	1 tasse de cassonade
5 ml de poudre à pâte	1 c. à t. de poudre à pâte
5 ml de soda à pâte	1 c. à t. de soda à pâte
2 ml de sel	1/2 c. à t. de sel
2 ml de cannelle	1/2 c. à t. de cannelle
2 ml de muscade	1/2 c. à t. de muscade
250 ml de carottes râpées	1 tasse de carottes râpées
250 ml de canneberges hachées	1 tasse de canneberges hachées
2 oeufs	2 oeufs
150 ml d'huile végétale	3/4 tasse d'huile végétale
Sucre à glacer	Sucre à glacer

Mélanger la farine, la cassonade, la poudre à pâte, le soda à pâte, le sel, la cannelle et la muscade. Ajouter les carottes et les canneberges. Bien mélanger.

Battre les oeufs et l'huile et les incorporer aux ingrédients secs. Remuer jusqu'à ce que le mélange soit homogène.

Verser la pâte dans un moule carré de 2,5 litres (10 tasses) bien graissé et enfariné. Faire cuire au four à 180°C (350°F) pendant 40 à 45 minutes ou jusqu'à ce qu'un cure-dents enfoncé au milieu du gâteau en ressorte propre. Laisser refroidir et saupoudrer de sucre à glacer.

MACÉDOINE DE LÉGUMES VINAIGRETTE

Métrique	Impérial
1 litre de macédoine	4 tasses de macédoine
3 oeufs durs coupés en quartiers	3 oeufs durs coupés en quartiers
5 ml de vinaigre	1 c. à t. de vinaigre
125 ml d'huile végétale	1/2 tasse d'huile végétale
15 ml de moutarde de Dijon	1 c. à s. de moutarde de Dijon
Sel et poivre	Sel et poivre
Persil haché	Persil haché

Mélanger tous les ingrédients. Disposer sur une belle feuille de laitue et servir.

PARTIE AU CHALET

Bordeaux blanc, bourgogne rouge, vin mousseux

Pour 6 à 8 personnes

MENU

Fondue parmesan
Soupe à l'orge
Boeuf bourguignon
Salade César à la tomate
Carrés aux ananas

SOUPE À L'ORGE

Métrique	Impérial
50 ml d'orge mondé	1/4 tasse d'orge mondé
250 ml de carottes coupées en dés	1 tasse de carottes coupées en dés
125 ml de céleri haché	1/2 tasse de céleri haché
50 ml d'oignon haché	1/4 tasse d'oignon haché
125 ml de chou de Siam coupé en dés	1/2 tasse de chou de Siam coupé en dés
125 ml de poireaux hachés	1/2 tasse de poireaux hachés
250 ml de pois verts frais ou surgelés	1 tasse de pois verts frais ou surgelés
30 ml d'huile	2 c. à s. d'huile
45 ml de sauce soya	3 c. à s. de sauce soya
Sel et thym	Sel et thym
Persil frais haché	Persil frais haché

Faire cuire l'orge dans 1,5 litre (6 tasses) d'eau pendant 1 heure. Ajouter le reste des ingrédients et laisser mijoter le tout jusqu'à ce que les légumes soient tendres. Assaisonner avec l'huile, la sauce soya, le sel et le thym. Garnir de persil.

FONDUE PARMESAN

Métrique	Impérial
125 ml de margarine	1/2 tasse de margarine
150 ml de farine tout usage	3/4 tasse de farine tout usage
2 ml de sel	1/2 c. à t. de sel
400 ml de lait	1-3/4 tasse de lait
150 ml de fromage parmesan râpé	3/4 tasse de fromage parmesan râpé
125 ml de fromage «Cracker Barrel»	1/2 tasse de fromage «Cracker Barrel»
2 oeufs battus	2 oeufs battus
250 ml de chapelure	1 tasse de chapelure
Huile de friture	Huile de friture

Dans une casserole moyenne, faire fondre la margarine. Ajouter la farine et le sel. Faire cuire pendant 3 à 5 minutes à feu moyen en remuant continuellement. Ajouter le lait graduellement, toujours en remuant.

Faire cuire jusqu'à ce que le mélange épaississe. Ajouter le fromage. Faire cuire en remuant jusqu'à ce qu'il soit fondu.

Verser dans un plat beurré de 20 cm (8 po). Couvrir de papier aluminium et congeler.

Au moment de servir, faire décongeler partiellement au réfrigérateur et couper en morceaux. Tremper les morceaux dans l'oeuf battu, les passer dans la chapelure et les mettre à frire dans l'huile.

Fondue parmesan

Boeuf bourguignon

BOEUF BOURGUIGNON

Métrique	Impérial
1 kg de boeuf coupé en cubes	2 lb de boeuf coupé en cubes
50 ml d'huile végétale	1/4 tasse d'huile végétale
60 ml de farine tout usage	4 c. à s. de farine tout usage
60 ml de beurre	4 c. à s. de beurre
4 à 5 carottes en rondelles	4 à 5 carottes en rondelles
12 petits oignons	12 petits oignons
1 gousse d'ail	1 gousse d'ail
2 branches de céleri coupées en dés	2 branches de céleri coupées en dés
Feuille de laurier	Feuille de laurier
2 ml de thym	1/2 c. à t. de thym
500 ml de vin rouge sec	2 tasses de vin rouge sec
500 ml de jus de pomme	2 tasses de jus de pomme
250 ml de lard salé	1/2 lb de lard salé
1 boîte de consommé de boeuf	1 boîte de consommé de boeuf
250 ml d'eau	1 tasse d'eau
30 ml de concentré de boeuf	2 c. à s. de concentré de boeuf
30 ml de purée de tomates	2 c. à s. de purée de tomates
1 poireau tranché en rondelles	1 poireau tranché en rondelles
Persil	Persil
250 ml de champignons frais, tranchés	1 tasse de champignons frais, tranchés

Dans un bol, verser tous les ingrédients liquides, à l'exception de la purée de tomates. Ajouter tous les légumes, à l'exception des champignons. Faire mariner les cubes de boeuf pendant 24 heures dans ce mélange.

Retirer la viande et les légumes séparément et réserver la marinade.

Dans une grande poêle, faire rissoler la viande dans l'huile. Dégraisser, ajouter la farine et bien mélanger.

Verser toute la marinade pour obtenir un bouillon. Transvaser dans une cocotte, puis ajouter la purée de tomates.

Dans une poêle, faire suer les légumes, puis les mettre dans la cocotte. Faire sauter les champignons, puis les ajouter. Laisser cuire à feu doux pendant environ 2 heures.

SALADE CÉSAR À LA TOMATE

Métrique	Impérial
125 ml d'huile d'olive	1/2 tasse d'huile d'olive
30 ml de pâte de tomates	2 c. à s. de pâte de tomates
24 croûtons de pain	24 croûtons de pain
5 ml d'ail haché fin	1 c. à t. d'ail haché fin
2 laitues romaines, parées	2 laitues romaines, parées
125 ml d'huile d'olive	1/2 tasse d'huile d'olive
2 oeufs	2 oeufs
50 ml de jus de citron	1/4 tasse de jus de citron
250 ml de fromage parmesan râpé	1 tasse de fromage parmesan râpé
6 à 8 filets d'anchois hachés	6 à 8 filets d'anchois hachés

Verser un peu d'huile d'olive dans un poêlon à frire et faire dorer les croûtons de pain sur les deux faces en ajoutant de l'huile au besoin. Retirer le poêlon du feu, ajouter immédiatement l'ail et le mélanger aux croûtons. Égoutter sur un papier absorbant.

Rompre les feuilles de laitue et les mettre dans un saladier. Mélanger la pâte de tomates, l'huile d'olive, le sel, le poivre. Verser dans le saladier, puis bien remuer.

Plonger les oeufs dans de l'eau bouillante pendant 10 secondes et les casser ensuite sur la laitue.

Ajouter le jus de citron. Remuer pour bien enrober les feuilles. Ajouter le fromage parmesan et les anchois. Remuer et ajouter les croûtons à l'ail. Servir.

CARRÉS AUX ANANAS

Métrique	Impérial
625 ml de biscuits «Graham» émiettés ou de biscuits à la vanille émiettés	2-1/2 tasses de biscuits «Graham» émiettés ou de biscuits à la vanille émiettés
250 ml de beurre	1 tasse de beurre
375 ml de sucre à glacer	1-1/2 tasse de sucre à glacer
2 oeufs	2 oeufs
1 boîte d'ananas broyés et égouttés	1 boîte d'ananas broyés et égouttés
250 ml de crème fouettée	1 tasse crème fouettée

Réserver quelques biscuits émiettés pour la garniture. Préparer la moitié du beurre et le reste des biscuits émiettés et tasser la pâte dans un moule de 20 x 20 cm (8 x 8 po).

Mélanger le reste du beurre, le sucre à glacer et les oeufs puis verser sur la pâte. Ajouter les ananas égouttés.

Étendre la crème fouettée sur les ananas. Décorer de biscuits et de petits morceaux de cerises. Mettre au réfrigérateur et couper en carrés.

Salade César à la tomate

Festival des fruits de mer

Vin d'Alsace, punch au rhum

Pour 6 à 8 personnes

Soupe aux gourganes

Métrique	Impérial
125 g de lard salé	1/4 lb de lard salé
1,5 litre d'eau froide	6 tasses d'eau froide
500 ml de gourganes	2 tasses de gourganes
45 ml de fines herbes	3 c. à s. de fines herbes
125 ml à 150 ml d'orge	1/2 à 3/4 tasse d'orge
1 carotte coupée en rondelles	1 carotte coupée en rondelles
8 à 10 haricots jaunes ou verts, coupés en dés	8 à 10 haricots jaunes ou verts, coupés en dés
1 oignon	1 oignon
Sel et poivre	Sel et poivre

Faire bouillir tous les ingrédients dans une marmite, à feu doux, pendant 4 à 5 heures.

Quiche au crabe des neiges

Métrique	Impérial
250 g de chair de crabe	1/2 lb de chair de crabe
30 ml de beurre	2 c. à s. de beurre
1 échalote verte émincée	1 échalote verte émincée
15 ml de fenouil haché (facultatif)	1 c. à s. de fenouil haché (facultatif)
500 ml de lait	2 tasses de lait
3 oeufs entiers	3 oeufs entiers
125 ml de gruyère râpé	1/2 tasse de gruyère râpé
0,5 ml de sel	1/8 c. à t. de sel
1 pincée de muscade râpée	1 pincée de muscade râpée
1 pincée de poudre de cari	1 pincée de poudre de cari
1 petite pincée de poivre de cayenne	1 petite pincée de poivre de cayenne
1 abaisse de 25 cm	1 abaisse de 10 po

Faire chauffer le four à 190°C (375°F). Placer l'abaisse dans une assiette à tarte. Faire fondre le beurre et y faire revenir l'échalote et le fenouil pendant environ une minute. Ajouter la chair de crabe et la faire réchauffer en prenant soin de ne pas trop l'émietter.

Dans un bol, mélanger, en remuant constamment, les oeufs, le lait, le fromage râpé et les assaisonnements. Verser sur la chair de crabe avant de mettre au four. Faire cuire pendant 30 à 40 minutes.

Servir très chaud accompagné d'une laitue Boston ou d'une laitue romaine à la crème légèrement citronnée.

Salade de homard aux avocats

Métrique	Impérial
4 homards de 750 g	4 homards de 1-1/2 lb
1 bouquet de persil	1 bouquet de persil
3 avocats	3 avocats
1 chou chinois	1 chou chinois
1 pincée de thym	1 pincée de thym
1 feuille de laurier	1 feuille de laurier

Faire cuire les homards dans de l'eau bouillante salée et vinaigrée pendant 15 à 18 minutes. Ajouter le thym, 1/2 bouquet de persil et le laurier.

Décortiquer les homards et couper la chair en morceaux. Éplucher les avocats et les couper en dés. Émincer le chou chinois. Mélanger tous les ingrédients dans un grand saladier. Ajouter la vinaigrette, remuer et parsemer de persil haché.

Vinaigrette

Métrique	Impérial
1 ml de poivre	1/4 c. à t. de poivre
2 ml de sel	1/2 c. à t. de sel
15 ml de paprika	1 c. à s. de paprika
30 ml de jus de citron ou de vinaigre	2 c. à s. de jus de citron ou de vinaigre
1 ml de sucre	1/4 c. à t. de sucre
60 ml d'huile d'olive	4 c. à s. d'huile d'olive

Mélanger tous les ingrédients et verser sur la salade de homard. Servir sur une feuille de laitue.

Variante : ajouter à la salade 2 mangues coupées en morceaux.

Salade de homard aux avocats

Brochettes de pétoncles et crevettes au riz citronné

BROCHETTES DE PÉTONCLES ET CREVETTES AU RIZ CITRONNÉ

Métrique	Impérial
250 g de pétoncles	1/2 lb de pétoncles
250 g de crevettes cuites et décortiquées	1/2 lb de crevettes cuites et décortiquées
2 citrons en quartiers	2 citrons en quartiers
8 quartiers de pamplemousse	8 quartiers de pamplemousse
250 ml de céleri coupé en dés de 2,5 cm	1 tasse de céleri coupé en dés de 1 po
8 champignons	8 champignons

Marinade

Métrique	Impérial
50 ml d'huile végétale	1/4 tasse d'huile végétale
15 ml de concentré de poulet	1 c. à s. de concentré de poulet
5ml de romarin	1 c. à t. de romarin
Sel et poivre	Sel et poivre

Laisser mariner les pétoncles et les crevettes dans l'huile avec le concentré de poulet, le romarin, le sel et le poivre. Garnir une brochette en alternant les crevettes, les pétoncles, les fruits et les légumes. Faire cuire sur le barbecue à feu moyen ou au four à 230°C (450°F) pendant environ 7 minutes.

Servir avec du riz parfumé au zeste de citron.

SALADE DE FRUITS MÉNAGÈRE

Métrique	Impérial
1 pamplemousse	1 pamplemousse
2 oranges	2 oranges
2 bananes coupées en morceaux de 1,25 cm	2 bananes coupées en morceaux de 1/2 po
1 ananas nature (conserver 250 ml de jus)	1 ananas nature (conserver 1 tasse de jus)
500 ml de raisins verts sans pépins coupés en deux	2 tasses de raisins verts sans pépins coupés en deux
2 pommes coupées en petits quartiers (arrosées de jus de citron)	2 pommes coupées en petits quartiers (arrosées de jus de citron)
2 poires	2 poires
2 pêches	2 pêches
2 abricots en conserve	2 abricots en conserve
125 ml de cerises bien égouttées	1/2 tasse de cerises bien égouttées
250 ml de jus de poire	1 tasse de jus de poire
250 ml de jus de pêche	1 tasse de jus de pêche

Parer, trancher et déposer les fruits dans un grand saladier. Ajouter le jus de l'ananas, le jus de poire et le jus de pêche. On peut également ajouter 250 ml (1 tasse) d'eau et 15 ml (1 c. à s.) de miel.

Laisser macérer pendant au moins 8 heures avant de servir.

Servir avec du fromage cottage ou de la crème sure.

FESTIVAL DES FRUITS DE MER

Blanc sec, vin mousseux

Pour 6 à 8 personnes

MENU

Crème de crabe des neiges
Cocktail de crevettes au melon
Ragoût de fruits de mer aux nouilles
Salade d'endives aux pétoncles
Mousse au citron et à l'ananas

CRÈME DE CRABE DES NEIGES

Métrique	Impérial
500 g de crabe décongelé	1 lb de crabe décongelé
1 oignon haché	1 oignon haché
3 gousses d'ail hachées	3 gousses d'ail hachées
45 ml de beurre	3 c. à s. de beurre
45 ml de farine tout usage	3 c. à s. de farine tout usage
30 ml de pâte de tomates	2 c. à s. de pâte de tomates
5 ml de poivre de cayenne	1 c. à t. de poivre de cayenne
30 ml de cognac	2 c. à s. de cognac
250 ml de crème	1 tasse de crème
1 litre de bouillon de volaille	4 tasses de bouillon de volaille
Sel et poivre	Sel et poivre

Dans une casserole, faire fondre le beurre. Faire suer le crabe et l'oignon pendant environ 5 minutes à feu doux. Ajouter l'ail et continuer la cuisson pendant 1 minute. Ajouter la farine et mélanger. Flamber au cognac.

Ajouter le bouillon de volaille, la crème, la pâte de tomates, le poivre de cayenne, le sel et le poivre. Faire cuire pendant environ 20 minutes. Liquéfier au mélangeur et rectifier l'assaisonnement, qui doit être assez relevé.

MICRO-ONDES

Décongélation du crabe

Pour une décongélation rapide et uniforme, conserver le crabe dans un emballage de polythène. Utiliser le niveau de puissance DÉCONGÉLATION (DEFROST) pour éviter que le crabe ne cuise. Laisser reposer pendant 2 minutes. Enlever l'excès d'eau et émietter avant d'utiliser.

COCKTAIL DE CREVETTES AU MELON

Métrique	Impérial
125 ml de mayonnaise	1/2 tasse de mayonnaise
125 ml de sauce chili	1/2 tasse de sauce chili
1 pincée de poudre d'ail	1 pincée de poudre d'ail
5 ml de cognac	1 c. à t. de cognac
5 grosses crevettes (par personne)	5 grosses crevettes (par personne)
1 citron	1 citron
1 orange	1 orange
5 boules de chair de cantaloup (façonnées à l'aide d'une cuillère à parisienne)	5 boules de chair de cantaloup (façonnées à l'aide d'une cuillère à parisienne)

Décortiquer les crevettes. Couper les oranges et les citrons en quartiers.

Mélanger la mayonnaise, la sauce chili, la poudre d'ail et le cognac.

Suspendre les crevettes sur le pourtour d'une coupe. Verser de la sauce dans le fond de la coupe.

Garnir de quartiers d'orange et de citron et d'une boule de cantaloup.

Cocktail de crevettes au melon

RAGOÛT DE FRUITS DE MER AUX NOUILLES

Métrique	Impérial
500 g de crevettes décortiquées	1 lb de crevettes décortiquées
500 g de pétoncles	1 lb de pétoncles
250 ml de morceaux de champignons en conserve, égouttés	1 tasse de morceaux de champignons en conserve, égouttés
50 ml de beurre	1/4 tasse de beurre
15 ml d'échalotes émincées	1 c. à s. d'échalotes émincées
5 ml de romarin	1 c. à t. de romarin
50 ml de farine tout usage	1/4 tasse de farine tout usage
1 litre de nouilles aux oeufs, cuites	4 tasses de nouilles aux oeufs, cuites
Sel et poivre	Sel et poivre

Dans une casserole allant au four, mélanger tous les ingrédients sauf les nouilles et la farine.

Faire cuire au four à 200°C (400°F) pendant 15 minutes. Retirer du four et saupoudrer uniformément de farine. Remuer jusqu'à ce que le mélange soit homogène.

Remettre au four pendant 15 minutes ou jusqu'à ce que la sauce soit plus épaisse.

Servir sur un lit de nouilles chaudes.

SALADE D'ENDIVES AUX PÉTONCLES

Métrique	Impérial
6 endives	6 endives
2 échalotes hachées	2 échalotes hachées
50 ml de persil haché	1/4 tasse de persil haché
1 petite pomme de laitue de Boston	1 petite pomme de laitue de Boston
50 ml de radis coupés en rondelles	1/4 tasse de radis coupés en rondelles
1 gousse d'ail émincée	1 gousse d'ail émincée
500 g de pétoncles émincés et sautés à la poêle	1 lb de pétoncles émincés et sautés à la poêle
125 ml de noisettes hachées	1/2 tasse de noisettes hachées

Vinaigrette

Métrique	Impérial
250 ml d'huile végétale	1 tasse d'huile végétale
50 ml de vinaigre	1/4 tasse de vinaigre
5 ml de sucre	1 c. à t. de sucre
5 ml de sel	1 c. à t. de sel
2 ml de paprika	1/2 c. à t. de paprika
2 ml de moutarde sèche	1/2 c. à t. de moutarde sèche
1 ml de poudre d'ail	1/4 c. à t. de poudre d'ail
1 ml de poivre	1/4 c. à t. de poivre
30 ml de jus de citron	2 c. à s. de jus de citron

Mousse au citron et à l'ananas

Mélanger tous les ingrédients de la vinaigrette dans un pot. Fermer hermétiquement et agiter. Laisser refroidir au réfrigérateur pendant quelques heures.

Entre-temps, nettoyer les endives. Les défaire en feuilles ou les couper en 4 sur le sens de la longueur, puis les couper en morceaux d'environ 2,5 cm (1po). Rompre les feuilles de laitue en gros morceaux. Les mettre dans un saladier assez profond, ajouter les endives, les échalotes, le persil, l'ail et les radis. Ajouter les pétoncles et les noisettes hachées.

Bien remuer la vinaigrette et la verser sur la salade.

MOUSSE AU CITRON ET À L'ANANAS

Métrique	Impérial
3 oeufs	3 oeufs
5 ml de zeste de citron râpé	1 c. à t. de zeste de citron râpé
90 ml de sucre	6 c. à s. de sucre
1 sachet de gélatine sans saveur	1 sachet de gélatine sans saveur
1 boîte d'ananas en morceaux (conserver 150 ml de jus d'ananas)	1 boîte d'ananas en morceaux (conserver 3/4 tasse de jus d'ananas)
45 ml de jus de citron	3 c. à s. de jus de citron
150 ml de crème épaisse (35%)	3/4 tasse de crème épaisse (35%)

Séparer les oeufs et réserver. Mettre les jaunes dans un bol, y ajouter le zeste de citron et le sucre. Remuer jusqu'à consistance épaisse et crémeuse.

Faire cuire le jus d'ananas au bain-marie et faire dissoudre la gélatine. Ajouter au premier mélange. Incorporer les morceaux d'ananas égouttés et hachés, ainsi que le jus de citron. Laisser le mélange refroidir et prendre légèrement.

Fouetter la crème et monter les blancs d'oeufs en neige. Incorporer graduellement au mélange.

Verser dans un moule à soufflé ou dans des coupes. Laisser refroidir pendant plusieurs heures.

Ragoût de fruits de mer aux nouilles

RENCONTRE APRÈS LE SPORT

Bordeaux rouge, vin mousseux

Pour 6 à 8 personnes

CIGARES AU CHOU

1 chou moyen

Sauce

Métrique	Impérial
750 ml de jus de tomates	3 tasses de jus de tomates
45 ml de jus de citron	3 c. à s. de jus de citron
50 ml de cassonade	1/4 tasse de cassonade
5 ml de sel	1 c. à t. de sel
0,5 ml de poivre	1/8 c. à t. de poivre
1 gousse d'ail broyée	1 gousse d'ail broyée

Garniture

Métrique	Impérial
250 g de porc haché	1/2 lb de porc haché
250 g d'agneau haché ou	1/2 lb d'agneau haché ou
250 g de veau haché	1/2 lb de veau haché
50 ml d'oignon râpé	1/4 tasse d'oignon râpé
50 ml de riz non cuit	1/4 tasse de riz non cuit
5 ml de sel	1 c. à t. de sel
0,5 ml de poivre	1/8 c. à t. de poivre
1 oeuf battu	1 oeuf battu
50 ml d'eau	1/4 tasse d'eau

Retirer les feuilles extérieures et le coeur du chou. Verser de l'eau bouillante sur le chou et laisser tremper pendant 15 à 20 minutes pour attendrir les feuilles. Égoutter et séparer les feuilles.

Dans une casserole, mélanger tous les ingrédients de la sauce et faire mijoter pendant 15 à 20 minutes. Mélanger à part les ingrédients de la garniture. Déposer 30 à 45 ml (2 ou 3 c. à s.) de garniture sur chaque feuille. Rouler les feuilles en repliant les extrémités pour garder la garniture à l'intérieur.

Disposer les cigares en rangs dans un plat préalablement graissé et napper de sauce. Couvrir et faire cuire au four à 160°C (325°F) pendant 2 heures et demie à 3 heures. Arroser régulièrement pendant la cuisson.

SOUPE À L'OIGNON ET AU JAMBON GRATINÉE

Métrique	Impérial
75 ml d'huile de maïs	1/3 tasse d'huile de maïs
6 oignons moyens, tranchés minces	6 oignons moyens, tranchés minces
375 ml de jambon cuit coupé en dés	1-1/2 tasse de jambon cuit coupé en dés
5 ml de sucre	1 c. à t. de sucre
2 ml de poivre	1/2 c. à t. de poivre
1,5 litre de bouillon de boeuf	6 tasses de bouillon de boeuf
6 tranches de pain minces et grillées	6 tranches de pain minces et grillées
125 ml de fromage gruyère ou parmesan râpé	1/2 tasse de fromage gruyère ou parmesan rapé

Dans une grande casserole épaisse, faire chauffer l'huile à feu moyen. Ajouter les oignons, les dés de jambon, le sucre et le poivre. Faire revenir pendant environ 20 minutes ou jusqu'à ce que les oignons soient bien dorés. Ajouter le bouillon de boeuf. Verser dans des bols à soupe allant au four. Y déposer des tranches de pain. Saupoudrer de fromage et faire gratiner.

Cigares au chou

224

Gâteau renversé aux abricots

GALETTE DE POMMES DE TERRE

Métrique	Impérial
500 ml de farine tout usage tamisée	2 tasses de farine tout usage tamisée
15 ml de poudre à pâte	1 c. à s. de poudre à pâte
5 ml de sel	1 c. à t. de sel
500 ml de purée de pommes de terre	2 tasses de purée de pommes de terre
150 ml de lait	3/4 tasse de lait

Mélanger les 4 premiers ingrédients. Ajouter le lait pour obtenir une pâte lisse. Étendre la pâte avec un rouleau à pâtisserie et la couper en carrés de 1,25 cm (1/2 po) d'épaisseur. Disposer sur une plaque beurrée. Faire cuire au four à 200°C (400 °F) pendant environ 10 minutes. Servir avec du beurre.

GÂTEAU RENVERSÉ AUX ABRICOTS

Métrique	Impérial
45 ml de beurre	3 c. à s. de beurre
1 boîte d'abricots tranchés	1 boîte d'abricots tranchés
50 ml de cerises	1/4 tasse de cerises
125 ml d'amandes	1/2 tasse d'amandes
125 ml de noix de coco	1/2 tasse de noix de coco
125 ml de cassonade	1/2 tasse de cassonade
45 ml de lait	3 c. à s. de lait
1 ml de gingembre	1/4 c. à t. de gingembre
75 ml de beurre	1/3 tasse de beurre
250 ml de sucre	1 tasse de sucre
2 oeufs	2 oeufs
500 ml de farine tout usage	2 tasses de farine tout usage
15 ml de poudre à pâte	1 c. à s. de poudre à pâte
1 pincée de sel	1 pincée de sel
150 ml de lait	3/4 tasse de lait

Faire fondre le beurre dans un moule et y placer les abricots, les cerises et les amandes. Mélanger la noix de coco, la cassonade, le lait et le gingembre. Verser le mélange sur les fruits. Réserver.

Défaire le beurre en crème. Ajouter graduellement le sucre. Incorporer les oeufs un à un et remuer entre chaque opération. Y ajouter la poudre à pâte et le sel. Incorporer au premier mélange en alternant avec le lait.

Verser la pâte sur les fruits. Placer au four à 180°C (350°F) pendant environ 50 minutes.

MICRO-ONDES

Gâteau Rolande à l'abricot

Métrique	Impérial
125 ml de beurre	1/2 tasse de beurre
125 ml de sucre	1/2 tasse de sucre
2 oeufs	2 oeufs
175 ml de farine tout usage	1-1/4 tasse de farine tout usage
2 ml de poudre à pâte	1/2 c. à t. poudre à pâte
45 ml de lait	3 c. à s. de lait
275 g de confiture d'abricots	10 oz de confiture d'abricots
15 ml de brandy à l'abricot	1 c. à s. de brandy à l'abricot
3 quartiers d'abricots	3 quartiers d'abricots

Mélanger le beurre, le sucre et les oeufs. Battre jusqu'à consistance homogène. Tamiser la farine et la poudre à pâte. Incorporer le lait. Dans un moule en verre foncé de papier ciré graissé, faire cuire à MAX. pendant 4 minutes et demie ou jusqu'à ce que le gâteau se dégage des parois. Couvrir d'un papier absorbant et laisser reposer pendant 5 minutes avant de démouler. Mélanger la confiture et le brandy et recouvrir le gâteau. Garnir d'abricots.

RENCONTRE APRÈS LE SPORT

Bordeaux rouge, rosé pétillant ou vin mousseux

Pour 6 à 8 personnes

POTAGE AU BROCOLI ET AUX POMMES DE TERRE

Métrique	Impérial
500 ml de bouillon de poulet	2 tasses de bouillon de poulet
500 ml de brocoli	2 tasses de brocoli
2 oignons moyens émincés	2 oignons moyens émincés
3 pommes de terre pelées et tranchées	3 pommes de terre pelées et tranchées
500 ml de lait	2 tasses de lait
1 ml de sel	1/4 c. à t. de sel
Poivre au goût	Poivre au goût
1 ml de thym	1/4 c. à t. de thym
30 ml de ciboulette	2 c. à s. de ciboulette

Dans une casserole, porter le bouillon de poulet à ébullition. Laver le brocoli. Séparer les bouquets et couper le pied en fines lanières. Incorporer les oignons, les pommes de terre et le brocoli au bouillon chaud. Couvrir et laisser mijoter pendant 10 à 15 minutes.

Réduire la soupe en purée en la passant au mélangeur . La remettre dans la casserole et ajouter le lait, le sel et le thym. Réchauffer en remuant, mais éviter de faire bouillir. Garnir de ciboulette et servir chaud.

MICRO-ONDES

Séchage des herbes fraîches

Séparer les feuilles de la tige. Étendre les feuilles sur du papier essuie-tout posé sur une plaque de carton. Couvrir d'une pellicule de plastique. Faire chauffer à MAX. pendant 20 secondes. Certaines herbes peuvent demander une période de séchage additionnelle de 10 secondes. Laisser reposer 10 minutes.

RAGOÛT DU BON VIEUX TEMPS

Métrique	Impérial
1 poulet de 1,5 kg	1 poulet de 3 lb
1,5 kg de porc en cubes	3 lb de porc en cubes
2 pattes de porc	2 pattes de porc
500 g de boeuf haché	1 lb de boeuf haché
500 g de de porc haché en boulettes	1 lb de de porc haché en boulettes
1 gousse d'ail hachée fin	1 gousse d'ail hachée fin
1 oignon haché fin	1 oignon haché fin
Farine brunie	Farine brunie
250 ml de pois verts	1 tasse de pois verts
250 ml de carotte coupées en dés	1 tasse de carottes coupées en dés
250 ml de pommes de terre coupées en dés	1 tasse de pommes de terre coupées en dés
15 ml de concentré de boeuf	1 c. à s. de concentré de boeuf
Persil	Persil

Dans une marmite, faire bouillir toutes les viandes et les désosser. Ajouter l'ail, le persil, l'oignon. Laisser mijoter pendant environ 4 heures. Tamiser la farine brunie au-dessus du ragoût. Ajouter les légumes et le concentré de boeuf. Mélanger à l'aide d'un fouet. Laisser mijoter pendant environ 30 minutes et servir avec des galettes de pommes de terre.

Potage au brocoli et aux pommes de terre

Tranches de poivrons farcies au fromage

TRANCHES DE POIVRONS FARCIES AU FROMAGE

3 poivrons verts
3 poivrons rouges
Bombe au fromage au
calvados (voir page 165)

Trancher la calotte de la partie supérieure des poivrons et les évider soigneusement à l'aide d'une cuillère. Les faire cuire pendant 3 à 4 minutes dans de l'eau bouillante salée et les passer sous l'eau froide. Égoutter.

Garnir avec la recette de Bombe au fromage au calvados.

Laisser prendre pendant 3 heures au réfrigérateur, trancher et servir avec une sauce tomate froide.

SALADE PRINCESSE

Métrique	Impérial
2 laitues Boston	2 laitues Boston
36 pointes d'asperges	36 pointes d'asperges
3 grosses tomates	3 grosses tomates
150 ml de vinaigrette	3/4 tasse de vinaigrette
2 poivrons rouges	2 poivrons rouges
90 ml de persil haché	6 c. à s. de persil haché

Couper la laitue en tranches de 1,25 cm (1/2 po) de largeur. Déposer en rang, dans chaque assiette : 1 tranche de laitue, 2 tranches de tomates, 3 pointes d'asperges. Entourer d'une bande de poivron tranché mince. Saupoudrer de persil.

Servir avec une sauce vinaigrette française.

TARTE AU RIZ

Métrique	Impérial
1 litre de lait	4 tasses de lait
150 ml de riz blanc	3/4 tasse de riz blanc
1 pincée de sel	1 pincée de sel
2 pincées de cannelle	2 pincées de cannelle
150 ml de sucre	3/4 tasse de sucre
3 jaunes d'oeufs	3 jaunes d'oeufs
30 ml de poudre à pudding	2 c. à s. de poudre à pudding
50 ml de lait froid	1/4 tasse de lait froid
3 blancs d'oeufs montés en neige	3 blancs d'oeufs montés en neige
1 oeuf battu avec	1 oeuf battu avec
15 ml de sucre à glacer	1 c. à s. de sucre à glacer

Foncer deux moules à tarte de pâte brisée (voir page 75, Tarte Pascaline) d'environ 3 mm (1/8 po) d'épaisseur.

Dans une casserole, porter le lait à ébullition, puis ajouter le riz. Ajouter le sel et laisser bouillir en remuant à l'aide d'une cuillère de bois. Lorsque le lait est monté, ajouter la cannelle et le sucre. Couvrir et laisser cuire pendant 30 minutes, jusqu'à ce que le riz soit bien tendre.

Délayer ensuite la poudre à pudding dans le lait froid. Ajouter les jaunes d'oeufs. Verser le mélange sur le riz en ébullition. Travailler au fouet jusqu'à consistance épaisse. Retirer du feu et incorporer les blancs d'oeufs montés en neige. Garnir les moules à tarte de ce mélange.

Tremper un pinceau dans l'oeuf battu, puis dans le sucre à glacer. Badigeonner les tartes de ce mélange.

Faire cuire au four à 180°C (350°F) pendant environ 30 minutes.

Donne 2 tartes de 20 cm (8 po).

Tarte au riz

REPAS DE MINUIT

Vin blanc léger, bordeaux blanc, rosé

Pour 6 à 8 personnes

MENU

Soupe de chou rouge aux pommes

Entrée de coeurs d'artichauts au cari

Rôti de veau aux pommes de Rougemont

Pommes de terre en escalopes

Tarte aux Oeufs

SOUPE DE CHOU ROUGE AUX POMMES

Métrique	Impérial
1 chou rouge émincé	1 chou rouge émincé
6 pommes épluchées, coupées en dés	6 pommes épluchées, coupées en dés
1,5 litre de bouillon de volaille	6 tasses de bouillon de volaille
50 ml de vinaigre	1/4 tasse de vinaigre
250 ml de jambon	1 tasse de jambon
125 ml de poitrine de porc fumé, coupée en dés	1/2 tasse de poitrine de porc fumé, coupée en dés
45 ml de beurre	3 c. à s. de beurre
1 oignon émincé fin	1 oignon émincé fin
30 ml de sucre	2 c. à s. de sucre

Dans une grande casserole, faire fondre le beurre et y faire rissoler les lardons. Ajouter le chou rouge, le jambon et l'oignon et faire cuire à l'étouffée pendant environ 10 minutes ou jusqu'à ce que le chou ait rendu toute son eau.

Ajouter les pommes, le vinaigre, le sucre et le bouillon de volaille. Faire cuire pendant environ 30 minutes. Servir.

MICRO-ONDES

Cuisson des artichauts

Retirer les petites feuilles du bas et couper la partie supérieure des feuilles extérieures. Badigeonner de jus de citron. Envelopper individuellement d'une pellicule de plastique. Faire cuire de 12 à 15 minutes ou jusqu'à ce que les feuilles du bas se détachent facilement. Laisser reposer de 3 à 5 minutes.

ENTRÉE DE COEURS D'ARTICHAUTS AU CARI

Métrique	Impérial
250 ml de crème légère (15%)	1 tasse de crème légère (15%)
300 ml de mayonnaise	1-1/4 tasse de mayonnaise
30 ml de poudre de cari	2 c. à s. de poudre de cari
2 ml de moutarde sèche	1/2 c. à t. de moutarde sèche
50 ml de vin blanc sec	1/4 tasse de vin blanc sec
5 ml de poudre d'ail	1 c. à t. de poudre d'ail
3 boîtes de coeurs d'artichauts	3 boîtes de coeurs d'artichauts
5 ml de sel	1 c.à t. de sel

Fouetter tous les ingrédients en un mélange homogène. Verser sur les coeurs d'artichauts disposés dans un plat à service. Garnir de feuilles de laitue.

Soupe de chou rouge aux pommes

Rôti de veau aux pommes de Rougemont

RÔTI DE VEAU AUX POMMES DE ROUGEMONT

Métrique

5 ml de sel
2 ml de poivre
10 ml de moutarde préparée
2 kg de rôti de veau
250 g de tranches de bacon
150 ml d'huile végétale
3 pommes coupées en quartiers
125 ml de carottes émincées
125 ml d'oignons émincés
125 ml de céleri émincé
125 ml de farine tout usage
625 ml de bouillon de boeuf

Impérial

1 c. à t. de sel
1/2 c. à t. de poivre
2 c. à t. de moutarde préparée
4 lb de rôti de veau
1/2 lb de tranches de bacon
3/4 tasse d'huile végétale
3 pommes coupées en quartiers
1/2 tasse de carottes émincées
1/2 tasse d'oignons émincés
1/2 tasse de céleri émincé
1/2 tasse de farine tout usage
2-1/2 tasses de bouillon de boeuf

Saler et poivrer le rôti de veau. Le badigeonner de moutarde, puis l'envelopper de tranches de bacon et le ficeler. Faire revenir la viande dans l'huile, la mettre dans une rôtissoire et la placer au four à 180°C (350°F) pendant 45 minutes. Ajouter au rôti les pommes, les carottes, les oignons et le céleri et continuer la cuisson pendant encore 20 minutes. Retirer le rôti de veau. Réserver.

Dégraisser la sauce et la saupoudrer de farine. La faire cuire pendant quelques instants sur la cuisinière. Ajouter le bouillon de boeuf. Faire réduire de moitié. Rectifier l'assaisonnement et filtrer la sauce.

Trancher le rôti et disposer les tranches dans un plat de service ou dans des assiettes. Napper de sauce et garnir de quartiers de pommes crues.

POMMES DE TERRE EN ESCALOPES

Métrique

6 à 8 pommes de terre pelées et coupées en tranches fines
1 oignon coupé en rondelles fines
750 ml de lait chaud
30 ml de beurre
Farine tout usage
Sel et poivre

Impérial

6 à 8 pommes de terre pelées et coupées en tranches fines
1 oignon coupé en rondelles fines
3 tasses de lait chaud
2 c. à s. de beurre
Farine tout usage
Sel et poivre

Dans un plat creux allant au four mettre les tranches de pommes de terre. Entre chaque couche, saupoudrer de farine, de sel et de poivre et placer quelques tranches d'oignons. Ajouter quelques noisettes de beurre.

Verser du lait chaud jusqu'au niveau de la préparation.

Faire cuire au four à 190°C (375°F) pendant 30 à 35 minutes ou jusqu'à ce que les pommes de terre soient tendres et bien dorées.

TARTE AUX OEUFS

Métrique

3 oeufs
2 ml de vanille
1 pincée de muscade
325 ml de lait tiède
150 ml de sucre
1 abaisse de pâte brisée

Impérial

3 oeufs
1/2 c. à t. de vanille
1 pincée de muscade
1-1/3 tasse de lait tiède
3/4 tasse de sucre
1 abaisse de pâte brisée

Battre les oeufs, ajouter le sucre, le lait, la vanille et la muscade.

Tapisser une abaisse de tarte. La faire cuire au four à 230°C (450°F) pendant 10 minutes. Réduire la chaleur à 180°C (350°F) et continuer la cuisson pendant environ 30 minutes, ou jusqu'à ce que les oeufs soient pris.

REPAS DE CHASSE

Blanc demi-sec, bordeaux rouge, rosé pétillant

Pour 6 à 8 personnes

MENU

Crème de poulet et de cailles à l'estragon

Fèves au lard à la perdrix

Épaule de chevreuil farcie sauce aux pommes

Légumes au four au bacon

Tarte chiffon à l'érable

CRÈME DE POULET ET DE CAILLES À L'ESTRAGON

Métrique
30 ml de beurre
30 ml de farine tout usage
375 ml de poulet cuit,
coupé en petits cubes
250 ml de chair de cailles
cuites au four, désossées,
puis coupées en morceaux
2 échalotes hachées
30 ml d'estragon haché
30 ml de crème épaisse
(35%)

Impérial
2 c. à s. de beurre
2 c. à s. de farine tout usage
1-1/2 tasse de poulet cuit,
coupé en petits cubes
1 tasse de chair de cailles
cuites au four, désossées,
puis coupées en morceaux
2 échalotes hachées
2 c. à s. d'estragon haché
2 c. à s. de crème épaisse
(35%)

Crème de poulet et de cailles à l'estragon

Dans une casserole, faire fondre le beurre et ajouter la farine. Faire cuire pendant quelques instants. Ajouter le bouillon de poulet et le lait. Amener à ébullition en remuant et laisser bouillir pendant 20 minutes. Ajouter le poulet, les cailles, les échalotes et l'estragon haché. Servir immédiatement.

Variante : pour rendre ce potage plus velouté, ajouter la crème juste avant de servir. On peut remplacer les échalotes par des poireaux.

FÈVES AU LARD À LA PERDRIX

Métrique
500 ml de fèves blanches
125 à 250 g de lard coupé en
gros dés
1 oignon moyen
50 ml de mélasse
50 ml de cassonade
50 ml de ketchup
5 ml de moutarde
3 perdrix
Sel

Impérial
2 tasses de fèves blanches
1/4 à 1/2 lb de lard coupé en
gros dés
1 oignon moyen
1/4 tasse de mélasse
1/4 tasse de cassonade
1/4 tasse de ketchup
1 c. à t. de moutarde
3 perdrix
Sel

Laisser tremper les fèves pendant 12 heures dans de l'eau froide. Les faire bouillir dans la même eau jusqu'à ce qu'elles soient gonflées. Mettre dans un pot en grès, ajouter le lard, l'oignon, le sel, la mélasse, la cassonade, le ketchup et la moutarde.

Couper chacune des perdrix en 6 morceaux et les mettre dans le pot en grès. Remplir d'eau jusqu'au niveau de la préparation. Faire cuire au four à 120°C (250°F) pendant 5 à 6 heures.

Variante : on peut remplacer la perdrix par du lièvre ou du poulet.

ÉPAULE DE CHEVREUIL FARCIE SAUCE AUX POMMES

Métrique
1 épaule de chevreuil
Lard salé
1 oignon
500 ml d'eau
500 ml de mie de pain
trempée dans
250 ml de bouillon de boeuf
1 oignon
1 oeuf
Muscade
Persil et sel

Impérial
1 épaule de chevreuil
Lard salé
1 oignon
2 tasses d'eau
2 tasses de mie de pain
trempée dans
1 tasse de bouillon de boeuf
1 oignon
1 oeuf
Muscade
Persil et sel

Fèves au lard à la perdrix

TARTE CHIFFON À L'ÉRABLE

Métrique	Impérial
125 ml de sirop d'érable	1/2 tasse de sirop d'érable
50 ml de lait	1/4 tasse de lait
5 ml de sel	1/4 c. à t. de sel
15 ml de gélatine sans saveur	1 c. à s. de gélatine sans saveur
30 ml d'eau froide	2 c. à s. d'eau froide
2 oeufs	2 oeufs
375 ml de crème	1-1/2 tasse de crème
5 ml de vanille	1 c. à t. de vanille
1 abaisse de pâte brisée cuite	1 abaisse de pâte brisée cuite

Délayer la gélatine dans l'eau froide. Séparer les oeufs et réserver.

Dans un bain-marie, faire chauffer le lait, le sirop d'érable et le sel. Y ajouter lentement les jaunes d'oeufs préalablement réchauffés. Faire chauffer la gélatine et l'incorporer au mélange. Remuer jusqu'à l'obtention d'un mélange homogène. Laisser refroidir.

Fouetter les blancs d'oeufs en neige. Fouetter la crème et y ajouter la vanille. Incorporer la moitié de la crème et les blancs d'oeufs en neige à la garniture refroidie. Déposer dans une abaisse déjà cuite. Décorer avec le reste de la crème fouettée et placer au réfrigérateur.

Parsemer de noix hachées ou de noix de coco râpée.

Légumes au four au bacon

Préparer une farce en mélangeant la mie de pain, le bouillon, l'oignon haché et l'oeuf. Désosser l'épaule de chevreuil et remplir la cavité avec la farce.

Coudre l'ouverture et mettre l'épaule de chevreuil dans une casserole foncée de lard salé et d'oignons. Ajouter de l'eau bouillante et faire cuire au four pendant 2 à 3 heures. Au besoin, ajouter de l'eau pendant la cuisson.

À la fin, faire réduire le bouillon et l'assaisonner. Servir tel quel ou accompagné de compote de pommes.

LÉGUMES AU FOUR AU BACON

Métrique	Impérial
250 g de bacon fumé	1/2 lb de bacon fumé
2 pommes de terre tranchées	2 pommes de terre tranchées
250 ml de carottes tranchées	1 tasse de carottes tranchées
250 ml de céleri tranché	1 tasse de céleri tranché
250 ml d'oignons tranchés	1 tasse d'oignons tranchés
2 tomates tranchées	2 tomates tranchées
Thym et paprika	Thym et paprika
Sel et poivre	Sel et poivre

Beurrer un plat allant au four et y déposer tous les ingrédients dans l'ordre, en couches successives. Au goût, ajouter une couche de bacon à mi-hauteur. Saler et poivrer. Ajouter le thym et le paprika. Faire cuire au four à 180°C (350°F) pendant 1 heure. Servir tiède.

REPAS DE CHASSE

Vin rouge léger, rhum glacé

Pour 6 à 8 personnes

MENU

Soupe au riz et à la perdrix
Tourtière au lièvre
Ragoût d'outardes
Macédoine de légumes à la marmelade d'oignons
Beignets au rhum

SOUPE AU RIZ ET À LA PERDRIX

Métrique	Impérial
1 perdrix	1 perdrix
1 petit oignon coupé en morceaux	1 petit oignon coupé en morceaux
150 ml de riz	3/4 tasse de riz
Fines herbes	Fines herbes
Persil et sarriette	Persil et sarriette
Sel et poivre	Sel et poivre

Faire cuire la perdrix dans une marmite d'eau bouillante avec du sel, un peu de poivre et un petit oignon coupé en morceaux. Retirer ensuite la perdrix de la marmite. Filtrer le bouillon, y ajouter environ 150 ml (3/4 tasse) de riz. Assaisonner de fines herbes. Faire cuire à feu doux.

Vers la fin de la cuisson, ajouter le persil et la sarriette. Désosser la poitrine de perdrix et la couper en cubes.

Les ajouter au bouillon et servir.

Soupe au riz et à la perdrix

TOURTIÈRE AU LIÈVRE

Métrique	Impérial
2 abaisses de pâte brisée	2 abaisses de pâte brisée
1 ou 2 lièvres	1 ou 2 lièvres
3 litres de bouillon de volaille	12 tasses de bouillon de volaille
500 g de porc haché	1 lb de porc haché
500 g de boeuf haché	1 lb de boeuf haché
3 gros oignons	3 gros oignons
2 grosses pommes de terre coupées en petits dés	2 grosses pommes de terre coupées en petits dés
Thym et persil haché	Thym et persil haché
Cannelle et clous de girofle	Cannelle et clous de girofle
Sel et poivre	Sel et poivre

Assaisonner le lièvre. Faire cuire d'abord au four à 200°C (400°F) pendant 30 minutes. Puis faire cuire dans du bouillon de volaille pendant 1 heure 30 minutes.

Faire cuire légèrement le porc et le boeuf avec les pommes de terre dans un peu d'eau.

Désosser le lièvre et l'ajouter à la viande hachée.

Recouvrir le fond et les bords d'un plat allant au four de pâte brisée. Y déposer le mélange de viande et les pommes de terre. Assaisonner. Recouvrir d'une seconde abaisse de pâte et faire cuire à 150°C (300°F) pendant environ 1 heure.

RAGOÛT D'OUTARDES

Métrique	Impérial
2 outardes	2 outardes
75 ml de lard salé coupé en tranches	1/3 lb de lard salé coupé en tranches
2 oignons moyens	2 oignons moyens
125 ml de céleri coupé en dés	1/2 tasse de céleri coupé en dés
150 ml de farine tout usage	2/3 tasse de farine tout usage
45 ml de persil	3 c. à s. de persil
125 ml de beurre	1/2 tasse de beurre

Vider les outardes et les faire bouillir pendant 1 heure dans de l'eau salée. Les égoutter et les couper en 8 morceaux chacune. Déposer dans une casserole avec le lard salé. Faire dorer à feu moyen l'oignon et un peu de céleri. Dégraisser et couvrir d'eau bouillante. Laisser mijoter pendant 1 heure ou jusqu'à ce que les morceaux soient tendres (les cuisses prennent plus de temps à cuire). Épaissir ensuite avec du beurre manié et ajouter le reste du céleri.

Servir avec des légumes et du riz brun.

Tourtière au lièvre et macédoine de légumes à la marmelade d'oignons

MACÉDOINE DE LÉGUMES À LA MARMELADE D'OIGNONS

Métrique	Impérial
250 ml de carottes	1 tasse de carottes
250 ml de haricots verts ou jaunes	1 tasse de haricots verts ou jaunes
250 ml de petits pois	1 tasse de petits pois
15 ml de graisse de rôti	1 c. à s. de graisse de rôti
250 ml de bouillon de volaille	1 tasse de bouillon de volaille
Persil frais ou fines herbes séchées	Persil frais ou fines herbes séchées
75 à 90 ml de marmelade d'oignons (voir le chapitre des canapés)	5 à 6 c. à s. de marmelade d'oignons (voir le chapitre des canapés)
Sel et poivre	Sel et poivre

Couper les légumes en dés. Les faire cuire séparément dans de l'eau bouillante pour préserver leur couleur et leur saveur et pour s'assurer qu'ils soient cuits juste à point. Les égoutter, les passer sous l'eau froide et les égoutter de nouveau.

Faire fondre la graisse de rôti dans une poêle et y faire revenir les légumes en remuant délicatement. Ajouter le bouillon et les fines herbes. Saler et poivrer. Laisser mijoter pendant quelques minutes.

Ajouter la marmelade d'oignons. Servir.

BEIGNETS AU RHUM

Métrique	Impérial
150 ml de raisins secs	3/4 tasse de raisins secs
150 ml de rhum	3/4 tasse de rhum
1-1/2 sachet de levure	1-1/2 sachet de levure
125 ml d'eau tiède	1/2 tasse d'eau tiède
1 litre de farine tout usage	4 tasses de farine tout usage
50 ml de sucre	1/4 tasse de sucre
1 pincée de sel	1 pincée de sel
Zeste de citron râpé	Zeste de citron râpé
75 ml de noix	5 c. à s. de noix
1 pincée de cannelle	1 pincée de cannelle
75 ml d'écorce de fruits confits	1/3 tasse d'écorce de fruits confits
Huile à friture	Huile à friture
Sucre	Sucre

Laisser tremper les raisins dans le rhum jusqu'à ce qu'ils gonflent. Faire dissoudre la levure dans de l'eau tiède. Dans un grand bol préalablement réchauffé, tamiser la farine. Creuser un puits au centre. Ajouter la levure, le sucre, le sel, le zeste de citron râpé, les noix, les raisins et le rhum, la cannelle et les écorces de fruits confits. Bien mélanger avec une cuillère de bois. Ajouter un peu d'eau au besoin.

Couvrir le bol d'un linge tiède et le laisser dans un endroit chaud pendant 4 heures, ou jusqu'à ce que la pâte ait doublé de volume.

Faire dégonfler la pâte d'un coup de poing et la pétrir jusqu'à ce qu'elle soit très lisse, en ajoutant un peu d'eau pour la rendre plus facile à manier.

Faire chauffer l'huile dans une friteuse profonde et y jeter graduellement de petits morceaux de pâte. Les retirer lorsqu'ils sont bien dorés et les égoutter. Saupoudrer de sucre ou de sucre à glacer. Servir.

Beignets au rhum

BRUNCH DES FERMIÈRES

Vin blanc sec, rosé pétillant

Pour 6 à 8 personnes

MENU

Amuse-papilles au kir
Pamplemousses farcis au saumon
Crème d'endives à la moutarde
Salade d'épinards aux merguez
Cretons
Mousse aux fraises et à la banane

PAMPLEMOUSSES FARCIS AU SAUMON

Métrique
6 petits pamplemousses
45 ml de mayonnaise
5 ml de câpres
Jus d'un demi-citron
2 boîtes de saumon

Impérial
6 petits pamplemousses
3 c. à s. de mayonnaise
1 c. à t. de câpres
Jus d'un demi-citron
2 boîtes de saumon

Enlever la calotte des pamplemousses, les vider et découper le rebord en dents de scie.

Mélanger les ingrédients et assaisonner. Farcir les pamplemousses. Disposer sur des feuilles de laitue et garnir de persil frais.

AMUSE-PAPILLES AU KIR

Métrique
1 litre de vin blanc sec
1 bouteille de «Ginger Ale»
Sirop ou crème de cassis

Impérial
4 tasses de vin blanc sec
1 bouteille de «Ginger Ale»
Sirop ou crème de cassis

Mélanger et servir glacé dans des verres à vin blanc.

Pamplemousses farcis au saumon

CRÈME D'ENDIVES À LA MOUTARDE

Métrique	Impérial
10 endives émincées	10 endives émincées
2 pommes de terre émincées	2 pommes de terre émincées
1 oignon émincé	1 oignon émincé
1,5 litre de bouillon de volaille	6 tasses de bouillon de volaille
125 ml de crème épaisse (35%)	1/2 tasse de crème épaisse (35%)
15 ml de jus de citron	1 c. à s. de jus de citron
5 ml de moutarde de Dijon	1 c. à t. de moutarde de Dijon
5 ml de thym	1 c. à t. de thym
30 ml de beurre	2 c. à s. de beurre
Quelques croûtons	Quelques croûtons
Sel et poivre	Sel et poivre

Badigeonner les endives de jus de citron. Dans une grande casserole, faire fondre le beurre. Ajouter les endives, les pommes de terre, l'oignon et le thym. Faire cuire pendant environ 7 minutes, à feu doux. Ajouter 1,5 litre (6 tasses) de bouillon de volaille et continuer la cuisson pendant 20 minutes. Passer au mélangeur pour liquéfier. Incorporer la moutarde et la crème. Saler et poivrer. Faire chauffer pendant 3 minutes avant de servir. Garnir de croûtons.

MICRO-ONDES

Cuisson des merguez

Disposer les merguez en chapelets sur plusieurs épaisseurs de papier essuie-tout. Couvrir d'un autre papier essuie-tout. Faire cuire à MAX. pendant 3 à 4 minutes. Laisser reposer quelques minutes avant de servir.

SALADE D'ÉPINARDS AUX MERGUEZ

Métrique	Impérial
5 merguez cuites et coupées en rondelles	5 merguez cuites et coupées en rondelles
2 sacs d'épinards hachés	2 sacs d'épinards hachés
2 tomates tranchées	2 tomates tranchées
3 oeufs durs hachés	3 oeufs durs hachés
125 ml de yogourt	1/2 tasse de yogourt
20 ml de jus de citron	4 c. à t. de jus de citron
3 échalotes hachées	3 échalotes hachées
Sel et poivre	Sel et poivre

Mélanger le yogourt, le jus de citron, l'échalote et les assaisonnements. Réserver. Dans un saladier, déposer les épinards, les rondelles de merguez et les oeufs durs. Décorer de rondelles de tomates. Napper de sauce au yogourt.

CRETONS

Métrique	Impérial
1 kg de porc coupé en cubes	2 lb de porc coupé en cubes
2 oignons hachés	2 oignons hachés
Poivre	Poivre
500 ml d'eau	2 tasses d'eau
2 gousses d'ail	2 gousses d'ail
125 ml de gruau	1/2 tasse de gruau
15 ml de sel	1 c. à s. de sel
2 ml d'épices mélangées	1/2 c. à t. d'épices mélangées
250 ml de lait	1 tasse de lait

Dans une casserole, mélanger tous les ingrédients. Faire cuire à l'étuvée pendant environ 1 heure ou jusqu'à ce que la viande se défasse facilement à l'aide d'une fourchette. Passer au mélangeur. Mettre au réfrigérateur.

Donne 1,5 kg (3 lb) de cretons.

MOUSSE AUX FRAISES ET À LA BANANE

Métrique	Impérial
375 ml de fraises fraîches bien mûres ou surgelées, sans sucre	1-1/2 tasse de fraises fraîches bien mûres ou surgelées, sans sucre
3 bananes	3 bananes
50 ml de jus d'orange	1/4 tasse de jus d'orange
45 ml de yogourt nature	3 c. à s. de yogourt nature

Déposer tous les ingrédients dans le contenant du mélangeur. Bien mélanger pour obtenir une mousse lisse et crémeuse. Décorer avec des noix de Grenoble, si désiré. Servir avec des biscuits (petits-beurre).

Mousse aux fraises et à la banane

BRUNCH DES FERMIÈRES

Bordeaux blanc, vin mousseux

Pour 6 à 8 personnes

PIZZA AU POULET MARINÉ ET AUX AVOCATS

Métrique	Impérial
1 pâte à pizza surgelée	1 pâte à pizza surgelée
4 poitrines de poulet désossées	4 poitrines de poulet désossées
Jus de 3 limettes	Jus de 3 limettes
Jus d'un citron	Jus d'un citron
15 ml de persil	1 c. à s. de persil
5 ml de thym	1 c. à t. de thym
5 ml d'origan	1 c. à t. d'origan
5 ml de basilic	1 c. à t. de basilic
5 ml de sel	1 c. à t. de sel
5 ml de poivre	1 c. à t. de poivre
5 ml de poivre de cayenne	1 c. à t. de poivre de cayenne
30 ml de beurre	2 c. à s. de beurre
125 ml d'huile d'olive	1/2 tasse d'huile d'olive
2 avocats coupés en dés	2 avocats coupés en dés
2 oignons émincés fin	2 oignons émincés fin
2 tomates coupées en rondelles	2 tomates coupées en rondelles
2 oeufs durs coupés en rondelles	2 oeufs durs coupés en rondelles
250 ml de crème sure	1 tasse de crème sure

Émincer les poitrines de volaille et mélanger dans un bol avec le jus des limettes et du citron. Ajouter le persil, le thym, l'origan, le basilic, le sel, le poivre, le poivre de cayenne et l'huile d'olive. Laisser mariner pendant 2 heures au réfrigérateur en remuant de temps à autre.

Faire dorer les oignons à la poêle dans 30 ml (2 c. à s.) de beurre. Réserver.

Déposer sur la pâte à pizza le poulet et un peu de jus de sa marinade. Ajouter ensuite les oignons, les oeufs durs et les tomates. Garnir d'avocats.

Faire cuire au four à 180°C (350°F) pendant environ 35 minutes. Servir avec un peu de crème sure.

Variante : à mi-cuisson, couvrir la pizza de fromage ricotta.

Coeurs de céleri

COEURS DE CÉLERI VINAIGRETTE

Métrique	Impérial
2 pieds de céleri	2 pieds de céleri
2 cubes de bouillon de poulet	2 cubes de bouillon de poulet
500 ml d'eau citronnée	2 tasses d'eau citronnée
150 ml de vinaigre blanc	3/4 tasse de vinaigre blanc
75 ml d'huile végétale	1/3 tasse d'huile végétale
75 ml de poivron vert haché	1/3 tasse de poivron vert haché
45 ml de poivre vert	3 c. à s. de poivre vert
5 ml de sucre	1 c. à t. de sucre
5 ml de sel	1 c. à t. de sel
3 ml de poivre	3/4 c. à t. de poivre
5 ml de moutarde sèche	1 c. à t. de moutarde sèche
1 laitue romaine	1 laitue romaine

Couper chacun des pieds de céleri en quatre, enlever le feuillage. Mettre dans l'eau citronnée. Ajouter les cubes de bouillon de poulet. Amener à ébullition et faire cuire pendant environ 1 heure.

Vinaigrette

Dans un bol, combiner le vinaigre blanc, l'huile, le poivron, le poivre vert, le sucre, le sel, le poivre et la moutarde sèche.

Dans un plat long, disposer les céleris et napper de vinaigrette. Mettre au réfrigérateur pendant au moins 4 heures. Servir sur un lit de laitue romaine.

Oeufs brouillés aux crevettes

Oeufs brouillés aux crevettes

Métrique	**Impérial**
8 oeufs	8 oeufs
250 g de crevettes hachées	1/2 lb de crevettes hachées
375 ml de sauce blanche	1-1/2 tasse de sauce blanche
50 ml de vin blanc sec	1/4 tasse de vin blanc sec
60 ml de beurre	4 c. à s. de beurre
1 échalote hachée	1 échalote hachée
10 ml de persil	2 c. à t. de persil
5 ml de paprika	1 c. à t. de paprika
Sel et poivre	Sel et poivre

Dans 30 ml (2 c. à s.) de beurre, faire revenir les crevettes, l'échalote et le persil. Assaisonner et laisser cuire pendant 4 minutes. Ajouter le vin et continuer la cuisson pendant encore 2 minutes. Ajouter ensuite la sauce blanche et le paprika. Réserver.

Battre les oeufs. Saler et poivrer, et faire cuire à feu vif en remuant constamment avec une cuillère de bois. Verser les oeufs brouillés dans un plat et napper de sauce aux crevettes. Servir.

Thé glacé

Métrique	**Impérial**
1 litre de thé	4 tasses de thé
1 citron	1 citron
105 ml de sucre à glacer	7 c. à s. de sucre à glacer
Glaçons	Glaçons

Laver le citron. Le couper en fines rondelles et le placer dans un pot à jus. Ajouter les glaçons, le sucre à glacer et le thé chaud. Mélanger. Mettre au réfrigérateur. Servir glacé.

Salade verte vinaigrette minceur

Métrique	**Impérial**
2 à 3 laitues frisées ou Boston	2 à 3 laitues frisées ou Boston
10 ml de fécule de maïs	2 c. à t. de fécule de maïs
150 ml d'eau	3/4 tasse d'eau
2 ml de sel	1/2 c. à t. de sel
2 ml d'oignon en poudre	1/2 c. à t. d'oignon en poudre
2 ml de graines de céleri	1/2 c. à t. de graines de céleri
2 ml de paprika	1/2 c. à t. de paprika
2 ml de moutarde sèche	1/2 c. à t. de moutarde sèche
50 ml de jus de citron	1/4 tasse de jus de citron
125 ml de ketchup	1/2 tasse de ketchup
15 ml d'huile végétale	1 c. à s. d'huile végétale
5 ml de sauce Worcestershire	1 c. à t. de sauce Worcestershire
15 ml de sucre	1 c. à s. de sucre

Faire cuire la fécule de maïs et l'eau jusqu'à épaississement. Mélanger aux autres ingrédients. Mettre au réfrigérateur. Verser sur les feuilles de laitue ou sur des légumes crus.

Gâteau à l'orange

Métrique	**Impérial**
125 ml de beurre	1/2 tasse de beurre
250 ml de sucre	1 tasse de sucre
2 oeufs	2 oeufs
Le jus et le zeste d'une orange	Le jus et le zeste d'une orange
150 ml d'eau chaude	3/4 tasse d'eau chaude
250 ml de raisins	1 tasse de raisins
250 ml de noix	1 tasse de noix
5 ml de vanille	1 c. à t. de vanille
500 ml de farine tout usage	2 tasses de farine tout usage
10 ml de soda à pâte	2 c. à t. de soda à pâte

Défaire le beurre en crème. Incorporer le sucre et les oeufs. Bien remuer entre chaque addition. Ajouter l'orange, passée au hachoir à viande ou râpée entièrement avec le jus et l'écorce. En alternant, ajouter au mélange la farine et l'eau. Ajouter les raisins, les noix saupoudrées de farine et la vanille. Faire cuire au four à 180°C (350°F) pendant 30 à 45 minutes.

Décorer de quartiers ou de rondelles d'oranges.

Gâteau à l'orange

BUFFET DES FERMIÈRES

Vin blanc demi-sec, bordeaux rouge, vin blanc sec, vin blanc mousseux

Pour 6 à 8 personnes

MENU

Champignons farcis aux cretons
Pain de ménage
Pâté de foie
Boulettes de viandes à la suédoise
Salade de saumon
Salade de pommes de terre aux graines de pavot
Salade de fruits au cheddar

CHAMPIGNONS FARCIS AUX CRETONS

Métrique
24 gros champignons
150 ml de fromage emmenthal râpé
150 ml de cretons (voir page 236, Cretons)
15 ml de beurre
Sel et poivre

Impérial
24 gros champignons
3/4 tasse de fromage émmenthal râpé
3/4 tasse de cretons (voir page 236, Cretons)
1 c. à s. de beurre
Sel et poivre

Détacher les pieds des champignons et les hacher fin. Saler et poivrer.

Dans une casserole, mettre le beurre et y faire fondre les pieds des champignons à feu doux, jusqu'à ce qu'ils aient rendu toute leur eau.

Incorporer aux cretons et remplir les têtes des champignons de ce mélange. Couvrir de fromage emmenthal et faire gratiner pendant quelques minutes.

PAIN DE MÉNAGE

Métrique
1 sachet de levure
250 ml d'eau tiède
250 ml de lait
250 ml d'eau froide
10 ml de sel
45 ml de sucre
20 ml de graisse
1,125 litre de farine tout usage

Impérial
1 sachet de levure
1 tasse d'eau tiède
1 tasse de lait
1 tasse d'eau froide
2 c. à t. de sel
3 c à s. de sucre
4 c. à t. de graisse
5 tasses de farine tout usage

Délayer la levure dans l'eau tiède. Laisser reposer pendant 20 minutes. Réserver. Faire chauffer le lait sans le laisser bouillir. Incorporer l'eau, le sel, le sucre, la graisse et la levure. Ajouter progressivement la farine. Laisser reposer sur une surface graissée pendant 30 minutes.

Pétrir la pâte. Laisser reposer de nouveau.

Entre-temps, graisser les moules à pain. Pétrir la pâte et la placer dans les moules. Laisser reposer jusqu'à ce qu'elle ait doublé de volume, pendant environ 3 heures.

Faire cuire au four à 180°C (350°F) pendant 30 minutes. Sortir du four et badigeonner de beurre.

PÂTÉ DE FOIE

Métrique
500 g de foie de veau ou foies de poulet
500 g de gras de lard salé
5 ml à t. de sel
2 ml de poivre
5 ml de moutarde sèche
4 feuilles de laurier

Impérial
1 lb de foie de veau ou foies de poulet
1 lb de gras de lard salé
1 c à t. de sel
1/2 c. à t. de poivre
1 c. à thé de moutarde sèche
4 feuilles de laurier

Foncer le haut d'un bain-marie de bardes de lard salé.

Rincer le reste de lard salé. Le mélanger au foie. Passer au

Champignons farcis aux creton

Pâté de foie

mélangeur. Incorporer le sel, le poivre et la moutarde sèche. Poser les feuilles de laurier dans le haut du bain-marie, puis y verser le mélange de foie et de lard. Couvrir et faire cuire au bain-marie pendant 4 heures. Mettre au réfrigérateur pendant 24 heures avant de démouler.

Cuisson au four : Tapisser le fond d'un plat en pyrex de bardes de lard et de 4 feuilles de laurier. Verser le mélange de foie et de lard. Mettre dans une casserole remplie d'eau et faire cuire au four à 180°C (350°F) pendant 2 heures. Laisser refroidir pendant 24 heures au réfrigérateur avant de démouler.

BOULETTES DE VIANDE À LA SUÉDOISE

Métrique	**Impérial**
750 g de boeuf haché	1-1/2 lb de boeuf haché
500 ml de chapelure fraîche	2 tasses de chapelure fraîche
250 g de porc haché	1/2 lb de porc haché
2 pommes de terre bouillies et écrasées	2 pommes de terre bouillies et écrasées
2 oeufs battus	2 oeufs battus
1 petit oignon haché fin	1 petit oignon haché fin
105 ml de farine tout usage	7 c. à s. de farine tout usage
10 ml de sel	2 c. à t. de sel
Pincée de poivre	Pincée de poivre
50 à 75 ml de beurre ou de margarine	1/4 à 1/3 tasse de beurre ou de margarine

Sauce

Métrique	**Impérial**
50 ml de beurre ou de margarine	1/4 tasse de beurre ou de margarine
50 ml de farine tout usage	1/4 tasse de farine tout usage
750 ml de consommé	3 tasses de consommé
150 ml de crème légère (15%)	3/4 tasse de crème légère (15%)
Sel et poivre	Sel et poivre
Quelques gouttes de concentré de boeuf	Quelques gouttes de concentré de boeuf

Mélanger ensemble le boeuf, la chapelure, le porc, les pommes de terre, les oeufs et l'oignon. Façonner en boulettes de 2,5 cm (1 po) de diamètre. Enrober de farine assaisonnée de sel et de poivre. Faire fondre le beurre à feu vif et y faire dorer les boulettes de tous côtés. Retirer du feu et laisser dans la poêle.

Préparer la sauce en faisant fondre 50 ml (1/4 tasse) de beurre à feu moyen dans une casserole. Ajouter 50 ml (1/4 tasse) de farine et laisser cuire pendant quelques minutes en remuant constamment. Ajouter la crème, les assaisonnements et suffisamment de concentré de boeuf pour colorer la sauce. Laisser mijoter pendant 5 minutes. La verser sur les boulettes et faire mijoter à feu doux pendant 40 à 50 minutes ou jusqu'à ce que les boulettes soient cuites.

Donne 6 douzaines de boulettes.

Salade de saumon

SALADE DE FRUITS AU CHEDDAR

Métrique	Impérial
150 ml de crème sure	3/4 tasse de crème sure
125 ml d'ananas haché et égoutté	1/2 tasse d'ananas haché et égoutté
50 ml de miel	1/4 tasse de miel
50 ml de noix hachées	1/4 tasse de noix hachées
500 ml de cheddar de Beauce en dés	2 tasses de cheddar de Beauce en dés
250 ml de fraises	1 tasse de fraises
250 ml de cerises	1 tasse de cerises
250 ml de raisins rouges ou verts	1 tasse de raisins rouges ou verts
250 ml de bleuets	1 tasse de bleuets
1 orange pelée et tranchée	1 orange pelée et tranchée
1 kiwi tranché	1 kiwi tranché

Dans un bol, mélanger tous les ingrédients sauf les noix. Couvrir et mettre au réfrigérateur pendant au moins trois heures. Incorporer les noix juste avant de servir.

Salade de fruits au cheddar

SALADE DE SAUMON

Métrique	Impérial
350 à 500 g de saumon frais ou en conserve	12 à 14 oz de saumon frais ou en conserve
2 pommes rouges, non pelées, coupées en dés	2 pommes rouges, non pelées, coupées en dés
45 ml de jus de citron	3 c. à s. de jus de citron
2 branches de céleri coupées en dés	2 branches de céleri coupées en dés
60 ml de yogourt nature	4 c. à s. de yogourt nature
6 à 8 feuilles de laitue	6 à 8 feuilles de laitue
30 ml de persil haché	2 c. à s. de persil haché

Égoutter le saumon et l'émietter.

Dans un bol, mélanger les pommes et le jus de citron. Incorporer le saumon, le céleri et le yogourt nature. Servir sur un lit de laitue. Saupoudrer de persil.

Variante : si le saumon est frais, le détailler en fines lanières. Assaisonner. Disposer dans un plat préalablement graissé. Mouiller légèrement de vin blanc sec. Couvrir. Faire cuire au four à 200°C (400°F) pendant environ 10 minutes. Déposer sur les feuilles de laitue. Saupoudrer de persil.

FÊTE DES FERMIÈRES

Bordeaux blanc, rosé mousseux

Pour 6 à 8 personnes

MENU

Potage aux légumes santé
Cretons de volaille
Paupiettes de veau
Salade verte à l'italienne
Brocoli et carottes gratinés
Gâteau Mathilde

CRETONS DE VOLAILLE

Procéder comme pour la recette de cretons (voir page 236), mais ajouter 750 g (1-1/2 lb) de poulet haché.

Faire cuire du pain aux fines herbes (voir page 25) en même temps que les cretons.

Variante : faire cuire de petits morceaux de poulet en même temps que les cretons. Les ajouter aux cretons.

POTAGE AUX LÉGUMES SANTÉ

Métrique	**Impérial**
45 ml de beurre	3 c. à s. de beurre
2 poireaux (partie blanche seulement) hachés	2 poireaux (partie blanche seulement) hachés
1 oignon moyen haché	1 oignon moyen haché
2 pommes de terre coupées en dés	2 pommes de terre coupées en dés
1 grosse carotte tranchée	1 grosse carotte tranchée
10 ml de sel	2 c. à t. de sel
1 ml de poivre	1/4 c. à t. de poivre
1 feuille de laurier	1 feuille de laurier
1,5 litre d'eau	6 tasses d'eau
50 ml de riz brun	1/4 tasse de riz brun
2 asperges surgelées, coupées en morceaux de 2,5 cm	2 asperges surgelées, coupées en morceaux de 1 po
1-1/2 sac d'épinards frais, hachés	1-1/2 sac d'épinards frais, hachés
500 ml de lait	2 tasses de lait
125 ml de crème légère (15%)	1/2 tasse de crème légère (15%)
Sel et poivre	Sel et poivre

Potage aux légumes santé

Dans une grande casserole, faire chauffer le beurre, y faire suer les poireaux et l'oignon, à feu doux pendant environ 5 minutes, en remuant de temps à autre. Ajouter les pommes de terre, la carotte, le sel, le poivre, la feuille de laurier, l'eau et le riz. Amener à ébullition. Réduire le feu, couvrir et laisser mijoter pendant 35 minutes.

Ajouter les asperges. Continuer la cuisson pendant 5 minutes. Ajouter les épinards et faire cuire encore pendant 5 minutes, jusqu'à ce que tous les légumes soient juste tendres. Faire chauffer le lait et l'incorporer au mélange.

Goûter, rectifier l'assaisonnement et retirer la feuille de laurier. Ajouter la crème. Remuer. Ne pas faire bouillir.

PAUPIETTES DE VEAU

Métrique	Impérial
750 g d'escalopes de veau assez grandes	1-1/2 lb d'escalopes de veau assez grandes
15 ml de beurre	1 c. à s. de beurre
1 petit oignon haché fin	1 petit oignon haché fin
1/2 branche de céleri haché très fin	1/2 branche de céleri haché très fin
250 ml de riz cuit ou	1 tasse de riz cuit ou
375 ml de mie de pain pressée	1-1/2 tasse de mie de pain pressée
1 oeuf battu	1 oeuf battu
Thym, marjolaine	Thym, marjolaine
2 tranches minces de lard salé	2 tranches minces de lard salé
Sel et poivre	Sel et poivre

Aplatir et amincir les escalopes de veau à l'aide d'un pilon. Entre-temps, faire fondre le beurre et y faire revenir l'oignon haché et le céleri. Ajouter la mie de pain ou le riz. Laisser refroidir. Incorporer l'oeuf légèrement battu et assaisonner.

Étendre la farce sur les tranches de veau, rouler, ficeler et enfariner légèrement.

Faire fondre les tranches de lard salé dans un poêlon. Y faire dorer les rouleaux de viande. Ajouter 500 ml (2 tasses) de bouillon de poulet. Assaisonner. Couvrir et mettre au four à 180°C (350°F) pendant 1 heure. Retirer les ficelles et servir.

BROCOLI ET CAROTTES GRATINÉS

Brocoli et carottes
Fromage râpé

Défaire le brocoli en bouquets et couper les carottes en morceaux. Les faire cuire dans une étuveuse jusqu'à ce qu'ils soient croustillants et tendres. Égoutter. Placer dans un plat à gratin. Faire une sauce béchamel (voir le chapitre des sauces) et étendre sur le brocoli et les carottes. Saupoudrer de fromage râpé. Faire gratiner au four et servir.

À droite : paupiettes de veau, brocoli et carottes gratinés

SALADE VERTE À L'ITALIENNE

Métrique	Impérial
2 à 3 laitues Boston	2 à 3 laitues Boston
125 ml de feuilles d'épinards et de céleri	1/2 tasse de feuilles d'épinards et de céleri
1 oignon haché	1 oignon haché
2 petites gousses d'ail broyées	2 petites gousses d'ail broyées
30 ml de citron	2 c. à s. de citron
15 ml d'huile de maïs	1 c. à s. d'huile de maïs
15 ml de mayonnaise	1 c. à s. de mayonnaise
3 ml de moutarde de Dijon	3/4 c. à t. de moutarde de Dijon
75 ml de fromage parmesan râpé	1/3 tasse de fromage parmesan râpé
5 ml d'origan	1 c. à t. d'origan
Sel et poivre	Sel et poivre

Mettre, dans un grand saladier, la laitue Boston avec les feuilles d'épinards et de céleri rincées et asséchées. Ajouter le reste des ingrédients. Mélanger et servir.

GÂTEAU MATHILDE

Métrique	Impérial
6 oeufs	6 oeufs
250 ml de sucre	1 tasse de sucre
15 ml d'eau froide	1 c. à s. d'eau froide
15 ml de jus de citron	1 c. à s. de jus citron
250 ml de farine à pâtisserie	1 tasse de farine à pâtisserie
1 pincée de sel	1 pincée de sel

Séparer les oeufs. Fouetter les blancs d'oeufs en neige en y ajoutant graduellement 125 ml (1/2 tasse) de sucre. Mélanger les jaunes et 125 ml (1/2 tasse) de sucre jusqu'à consistance épaisse. Incorporer l'eau froide et le jus de citron. Mélanger délicatement les blancs d'oeufs et les jaunes. Ajouter les ingrédients secs. Remuer.

Faire cuire dans un moule rectangulaire non beurré à 160°C (325°F) pendant environ 1 heure.

Crème pâtissière

Métrique	Impérial
250 ml de sirop d'érable pur	1 tasse de sirop d'érable pur
45 ml de sucre	3 c. à s. de sucre
500 ml de crème épaisse (35%)	2 tasses de crème épaisse (35%)
250 ml de lait	1 tasse de lait
4 jaunes d'oeufs	4 jaunes d'oeufs
45 ml fécule de maïs	3 c. à s. de fécule de maïs
15 ml de gélatine sans saveur	1 c. à s. de gélatine sans saveur
125 ml de beurre doux	2 tasses de beurre doux

Faire chauffer le sirop, la moitié du sucre et la crème sans laisser bouillir. Mélanger les jaunes d'oeufs, le reste du sucre, la fécule de maïs diluée dans le lait et la gélatine gonflée dans un peu d'eau chaude. Verser cette préparation dans le sirop et la crème. Ajouter le beurre. Mélanger avec un fouet. Retirer du feu dès le début de l'ébullition. Laisser refroidir.

L'HEURE DU THÉ

Pour 6 à 8 personnes

PAIN À LA BANANE ET À LA NOIX DE COCO

Métrique	Impérial
550 ml de noix de coco râpée	2-1/4 tasses de noix de coco râpée
75 ml de beurre	1/3 tasse de beurre
150 ml de sucre	3/4 tasse de sucre
500 ml de farine tout usage	2 tasses de farine tout usage
250 ml de bananes en purée	1 tasse de bananes en purée
2 oeufs	2 oeufs
45 ml de lait	3 c. à s. de lait
30 ml de sucre	2 c. à s. de sucre
2 ml d'essence d'amandes	1/2 c. à t. d'essence d'amandes
1 ml de vanille	1/4 c. à t.de vanille
5 ml de poudre à pâte	1 c. à t.de poudre à pâte
5 ml de soda à pâte	1 c. à t. de soda à pâte
2 ml de sel	1/2 c. à t. de sel

Faire chauffer le four à 180°C (350°F) et graisser un moule à pain de 23 cm x 12,5 cm x 7,5 cm (9 po x 5 po x 3 po)

Sur une plaque à biscuits, étendre 250 ml (1 tasse) de noix de coco et faire dorer au four en remuant de temps à autre. Laisser refroidir. Réserver.

Bien mélanger le beurre, 150 ml (3/4 tasse) de sucre et les oeufs. Incorporer le lait, l'essence d'amandes et la vanille.

Tamiser la farine, la poudre à pâte, le sel et le soda à pâte. En alternant, ajouter la farine au mélange en crème, ainsi que les bananes. Ajouter la noix de coco rôtie.

Mettre la pâte dans le moule à pain. Mélanger 30 ml (2 c. à s.) de sucre et 50 ml (1/4 tasse) de noix de coco râpée. En saupoudrer la pâte.

Faire cuire au four pendant 50 minutes ou jusqu'à ce qu'un cure-dents inséré au centre du pain en ressorte propre. Démouler et laisser refroidir sur une grille.

PAIN AUX AMANDES

Métrique	Impérial
125 ml d'amandes mondées, coupées en fines juliennes	1/2 tasse d'amandes mondées, coupées en fines juliennes
125 ml de beurre ramolli	1/2 tasse de beurre ramolli
250 ml de sucre	1 tasse de sucre
500 ml de farine tout usage	2 tasses de farine tout usage
125 ml de crème légère (15%)	1/2 tasse de crème légère (15%)
1 oeuf	1 oeuf
1 ml de poudre à pâte	1/4 c. à t. de poudre à pâte
1 ml de soda à pâte	1/4 c. à t. de soda à pâte
1 ml de sel	1/4 c. à t. de sel
2 ml d'essence d'amandes	1/2 c. à t. d'essence d'amandes
5 ml de zeste de citron râpé	1 c. à t. de zeste de citron râpé

Faire chauffer le four à 150°C (325°F) et graisser un moule à pain de 23 cm x 12,5 cm x 7,5 cm (9 po x 5 po x 3 po).

Sur une plaque à biscuits, étendre les amandes, et les faire dorer au four en remuant de temps à autre. Laisser refroidir. Réserver.

Défaire le beurre en crème. Ajouter progressivement le sucre, puis l'oeuf. Bien mélanger.

Tamiser la farine, la poudre à pâte, le sel et le soda à pâte En alternant avec la crème et l'essence d'amandes, ajouter au premier mélange. Incorporer le zeste de citron et les amandes grillées.

Mettre la pâte dans le moule à pain et faire cuire au four pendant 50 à 60 minutes ou jusqu'à ce qu'un cure-dents inséré au centre du pain en ressorte propre. Laisser refroidir pendant 10 minutes. Démouler sur une grille.

SCONES À LA CRÈME

Métrique	Impérial
310 ml de farine tout usage	1-1/4 tasse de farine tout usage
50 ml de beurre	1/4 tasse de beurre
150 ml de crème épaisse (35%)	3/4 tasse de crème épaisse (35%)
5 ml de poudre à pâte	1 c. à t. de poudre à pâte
2 ml de sel	1/2 c. à t. de sel
10 ml de vinaigre	2 c. à t. de vinaigre
1 oeuf	1 oeuf
Beurre	Beurre
Confiture	Confiture
45 ml de chapelure	3 c. à s. de chapelure

Pain à la banane et à la noix de coco et scones à la crème

Confiture aux trois fruits et petits biscuits chauds

Dans un bol, tamiser la farine, la poudre à pâte et le sel. Y ajouter le beurre et bien mélanger à l'aide d'une fourchette.

Fouetter la crème, l'oeuf et le vinaigre. Former un puits au centre de la pâte et y verser le mélange liquide. Mélanger doucement. La pâte doit rester molle.

Sur une planche enfarinée, aplatir la pâte pour en faire une abaisse d'environ 1 cm (1/2 po) d'épaisseur. La piquer avec une fourchette et y découper des ronds de 7,5 cm (3 po) de diamètre.

Saupoudrer une plaque à biscuits de farine. Y déposer les scones, saupoudrer de chapelure et les faire cuire à 150°C (300°F) pendant 15 minutes, ou jusqu'à ce qu'ils soient bien dorés. Servir chaud avec du beurre et des confitures.

PETITS BISCUITS CHAUDS

Métrique	Impérial
500 ml de farine tout usage	2 tasses de farine tout usage
50 ml de beurre	1/4 tasse de beurre
150 ml de lait	3/4 tasse de lait
75 ml de beurre fondu	1/3 tasse de beurre fondu
75 ml de sucre	1/3 tasse de sucre
30 ml de sucre	2 c. à s. de sucre
15 ml de poudre à pâte	1 c. à s. de poudre à pâte
5 ml de sel	1 c. à t. de sel
1 ml de muscade	1/4 c. à t. de muscade
1 oeuf	1 oeuf
2 ml de macis	1/2 c. à t. de macis

Faire chauffer le four à 230°C (450°F).

Dans un bol, tamiser la farine, 30 ml (2 c. à s.) de sucre, la poudre à pâte, le sel et la muscade. Incorporer 50 ml (1/4 tasse) de beurre à l'aide d'une fourchette.

Fouetter l'oeuf et le lait. Ajouter au mélange de farine, remuer et former une boule de pâte. Pétrir délicatement sur une planche enfarinée.

Travailler la pâte avec un rouleau à pâtisserie. En faire une abaisse de 1 cm (1/2 po) d'épaisseur. Découper des bis-cuits avec un emporte-pièce d'environ 2,5 cm (1 po) de diamètre. Les placer sur une plaque à biscuits non graissée et les faire cuire au four pendant 7 minutes, jusqu'à ce qu'ils soient légèrement dorés.

Passer seulement la moitié des biscuits dans le beurre fondu, puis dans un mélange de sucre et de macis. Servir chaud.

Variante : pour obtenir des biscuits non sucrés, éliminer le sucre et la muscade de la pâte et ne pas tremper les biscuits dans le beurre, le sucre et le macis.

CONFITURE AUX TROIS FRUITS

Métrique	Impérial
500 ml de fraises surgelées	2 tasses de fraises surgelées
1 orange moyenne	1 orange moyenne
250 ml d'ananas haché fin (pulpe et jus)	1 tasse d'ananas haché fin (pulpe et jus)
925 ml de sucre à fruits	3-3/4 tasses de sucre à fruits
150 ml d'eau	3/4 tasse d'eau
1 boîte de gelée en poudre (saveur au choix)	1 boîte de gelée en poudre (saveur au choix)
2 ml de zeste d'orange râpé	1/2 c. à t. de zeste d'orange râpé

Faire dégeler les fraises. Entre-temps, peler l'orange à vif, la défaire en tranches, puis retirer les pépins et les mem-branes de chaque tranche. Écraser les fraises et y ajouter l'orange coupée en petits morceaux.

Dans un grand bol, mettre 250 ml (1 tasse) de ce mé-lange. Y ajouter l'ananas et le sucre à fruits. Réserver.

Dans une casserole, mélanger l'eau et la gelée en poudre. Porter à ébullition et laisser bouillir pendant 1 minute en remuant constamment. Ajouter aux fruits et remuer pendant 3 minutes. Laisser reposer pendant 24 heures, ou jusqu'à ce que la confiture soit prise.

Peut se garder pendant 2 à 3 semaines au réfrigérateur ou plus longtemps au congélateur.

APRÈS LE BRIDGE

Bordeaux blanc, rouge léger, rosé

Pour 6 à 8 personnes

MENU

Champignons à l'ail

Saucisses en pâte

Sandwiches roulés au jambon

Sandwiches au poulet en ruban

Trempette au camembert

Pain d'épices

Vin chaud aux épices

CHAMPIGNONS À L'AIL

Métrique	Impérial
18 gros champignons	18 gros champignons
250 ml de fromage cheddar fort, râpé	1 tasse de fromage cheddar fort, râpé
15 ml de beurre ramolli	1 c. à s. de beurre ramolli
1 gousse d'ail broyée	1 gousse d'ail broyée

Laver les champignons et enlever les pieds. Creuser un peu l'intérieur des champignons. Les placer sur une plaque allant au four. Réserver.

Mélanger le cheddar, le beurre et l'ail et en farcir les champignons. Faire gratiner pendant environ 3 minutes jusqu'à ce que la garniture soit légèrement dorée. Servir très chaud.

Saucisses en pâte

SAUCISSES EN PÂTE

Métrique	Impérial
750 g de saucisses	1-1/2 lb de saucisses
Pâte gonflée	Pâte gonflée
1 jaune d'oeuf	1 jaune d'oeuf
15 ml d'eau	1 c. à s. d'eau

Faire mijoter les saucisses dans de l'eau bouillante pendant 5 minutes. Égoutter. Réserver.

Pâte gonflée

Métrique	Impérial
500 ml de farine tout usage	2 tasses de farine tout usage
5 ml de sel	1 c. à t. de sel
150 ml de beurre froid	3/4 tasse de beurre froid
2 ml de jus de citron	1/2 c. à t. de jus de citron
125 ml d'eau glacée	1/2 tasse d'eau glacée

Tamiser la farine et le sel. Ajouter le beurre en petits morceaux et travailler à la main pour bien l'enrober de farine. Creuser un puits au centre des ingrédients. Ajouter le jus de citron et 15 ml (1 c. à s.) d'eau. Mélanger avec une fourchette, sans écraser les morceaux de beurre. Continuer à ajouter l'eau par cuillerées et à travailler la pâte jusqu'à ce qu'elle soit ferme. Former une boule de pâte et mettre au réfrigérateur pendant quelques minutes.

Rouler la pâte pour obtenir une abaisse de 40 x 20 cm (16 x 8 po). La plier en trois de façon à obtenir un rectangle de 12,5 x 20 cm (5 x 8 po). Tourner le rectangle de 180° et rouler la pâte de façon à obtenir une abaisse de 40 x 20 cm (16 x 8 po). Plier de nouveau en trois. La retourner encore de 180°, la rouler et recommencer cette opération encore deux autres fois. Envelopper dans du papier ciré et mettre au réfrigérateur pendant 1 heure.

Faire chauffer le four à 190°C (375°F). Rouler la pâte pour obtenir une abaisse de 3 mm (1/8 po) d'épaisseur. Découper des carrés de 8 cm (3-1/2 po) de côté. Les badigeonner de moutarde et les rouler autour des saucisses. Humecter la pâte et la souder solidement. Laisser les rouleaux ouverts aux deux bouts. Déposer sur une plaque à biscuits, les joints en-dessous. Mélanger le jaune d'oeuf et l'eau et en badigeonner les rouleaux.

Faire cuire au four pendant 30 minutes ou jusqu'à ce que la pâte soit dorée et les saucisses bien cuites. Servir chaud.

Note: il est possible de se procurer de la pâte feuilletée chez le pâtissier.

SANDWICHES ROULÉS AU JAMBON

Métrique	Impérial
1,75 ml de jambon cuit, haché fin	7 tasses de jambon cuit, haché fin
1 pot de 375 g de relish de maïs à la moutarde ou	1 pot de 12 oz de relish de maïs à la moutarde ou
375 ml de petits cornichons sucrés à la moutarde, hachés fin	1-1/2 tasse de petits cornichons sucrés à la moutarde, hachés fin
250 ml de mayonnaise	1 tasse de mayonnaise
125 ml de sauce à salade sucrée	1/2 tasse de sauce à salade sucrée
4 pains à sandwiches non tranchés	4 pains à sandwiches non tranchés
500 ml de beurre ramolli	2 tasses de beurre ramolli
Olives et petits cornichons	Olives et petits cornichons

Bien mélanger le jambon et la relish et les hacher très fin au hachoir à viande.

Ajouter suffisamment de mayonnaise et de sauce à salade sucrée pour lier le mélange sans le rendre trop humide. Mettre au réfrigérateur.

Enlever les croûtes des pains. Couper chacun d'eux en 7 tranches minces. Beurrer chacune de ces tranches et les tartiner avec le mélange au jambon. Disposer une rangée d'olives ou de petits cornichons à une extrémité des tranches.

Rouler chaque tranche comme pour un gâteau roulé. Envelopper chacun des rouleaux dans une pellicule de plastique et mettre au réfrigérateur.

Couper chacun des rouleaux en 6. Servir.

SANDWICHES AU POULET EN RUBAN

Métrique	Impérial
1,5 litre de poulet cuit, haché fin	6 tasses de poulet cuit, haché fin
1 oignon moyen haché fin	1 oignon moyen haché fin
500 ml de céleri haché fin	2 tasses de céleri haché fin
250 ml d'amandes grillées, hachées fin	1 tasse d'amandes grillées, hachées fin
125 ml de sauce à salade sucrée	1/2 tasse de sauce à salade sucrée
1 litre de beurre ramolli	4 tasses de beurre ramolli
500 ml de mayonnaise	2 tasses de mayonnaise
5 ml de sel	1 c. à t. de sel
1 ml de poivre	1/4 c. à t. de poivre
2 pains à sandwiches tranchés, blancs	2 pains à sandwiches tranchés, blancs
2 pains à sandwiches tranchés, bruns	2 pains à sandwiches tranchés, bruns

Mélanger l'oignon et le poulet. Incorporer le céleri, les amandes, la mayonnaise, le sel, le poivre et suffisamment de sauce à salade pour lier le mélange sans le rendre trop humide. Rectifier l'assaisonnement. Mettre au réfrigérateur.

Beurrer les tranches de pain et étendre le mélange de poulet. Les superposer en faisant alterner le pain blanc et le pain brun. Couper les croûtes. Envelopper les sandwiches dans une pellicule de plastique. Mettre au réfrigérateur.

Avant de servir, couper chaque sandwich en 6 tranches transversales.

Sauce à salade sucrée

Métrique	Impérial
150 ml de sucre	3/4 tasse de sucre
150 ml de vinaigre blanc	3/4 tasse de vinaigre blanc
500 ml de lait	2 tasses de lait
2 oeufs	2 oeufs
45 ml de farine tout usage	3 c. à s. de farine tout usage
15 ml de moutarde en poudre	1 c. à s. de moutarde en poudre
5 ml de sel	1 c. à t. de sel

Dans une casserole, mettre le lait, le sucre, les oeufs, la farine, la moutarde et le sel. Remuer avec une cuillère de bois jusqu'à l'obtention d'un mélange homogène et lisse. Ajouter le vinaigre et le lait en remuant constamment. Amener à ébullition à feu moyen. Laisser bouillir pendant 1 minute. Ne pas cesser de remuer. Laisser refroidir.

Sandwiches au poulet en ruban

TREMPETTE AU CAMEMBERT

Métrique	Impérial
250 ml de fromage cottage en crème	1 tasse de fromage cottage en crème
125 ml de fromage à la crème	1/2 tasse de fromage à la crème
60 ml de crème épaisse (35%)	1/4 tasse de crème épaisse (35%)
125 g de camembert	1/4 lb de camembert
2 ml de sel assaisonné	1/2 c. à t. de sel assaisonné
0,5 ml de poivre	1/8 c. à t. de poivre
2 ml d'aneth séché	1/2 c. à t. d'aneth séché

Tamiser le fromage cottage. Incorporer le camembert en morceaux, le fromage à la crème et la crème. Bien mélanger au malaxeur jusqu'à ce que le mélange soit bien léger. Assaisonner. Mettre au réfrigérateur. Servir avec des croustilles ou des craquelins.

PAIN D'ÉPICE

Métrique	Impérial
75 ml de saindoux	1/3 tasse de saindoux
150 ml de cassonade	1/2 tasse de cassonade
175 ml de mélasse	3/4 tasse de mélasse
500 ml de farine tout usage	2 tasses de farine tout usage
250 ml d'eau bouillante	1 tasse d'eau bouillante
1 oeuf battu	1 oeuf battu
5 ml de gingembre en poudre	1-1/4 c. à t. de gingembre en poudre
1 ml de cannelle	1/4 c. à t. de cannelle
1 ml de clous girofle en poudre	1/4 c. à t. de clous girofle en poudre
2 ml de sel	1/2 c. à t. de sel
10 ml de soda à pâte	2 c. à t. soda à pâte
Crème fouettée sucrée	Crème fouettée sucrée

Faire chauffer le four à 180°C (350°F) et graisser un moule à gâteau de 23 x 23 x 5 cm (9 x 9 x 2 po).

Mélanger parfaitement le saindoux et la cassonade. Incorporer la mélasse et l'oeuf.

Tamiser la farine, le gingembre, la cannelle, les clous de girofle et le sel. Ajouter au premier mélange. Réserver.

Diluer le soda à pâte dans l'eau bouillante. L'ajouter à la pâte. Bien mélanger.

Verser dans le moule à gâteau et faire cuire au four pendant environ 30 minutes. Servir tiède ou froid. Garnir de crème fouettée.

VIN CHAUD AUX ÉPICES

Métrique	Impérial
1 litre d'eau	4 tasses d'eau
50 ml de sucre	1/4 tasse de sucre
125 ml de raisins	1/2 tasse de raisins
125 ml d'amandes mondées	1/2 tasse d'amandes mondées
2 bouteilles de vin rouge sec	2 bouteilles de vin rouge sec
1 ml d'angostura amer	1/4 c. à t. d'angostura amer
8 clous de girofle	8 clous de girofle
5 ml de quatre-épices	1 c. à t. de quatre-épices
2 ml de muscade en poudre	1/2 c. à t. de muscade en poudre
2 ml de gingembre en poudre	1/2 c. à t. de gingembre en poudre
2 bâtons de cannelle	2 bâtons de cannelle

Mélanger tous les ingrédients, sauf le vin rouge et les bâtons de cannelle. Mettre dans une casserole et porter à ébullition. Réduire le feu. Couvrir et laisser mijoter pendant 30 minutes. Filtrer. Faire chauffer de nouveau jusqu'à ébullition. Ajouter le vin. Faire chauffer sans laisser bouillir.

Servir chaud en offrant des bâtons de cannelle comme cuillères.

Vin chaud aux épices

Les festivités
en plein air

ÉPLUCHETTE

Bière ou vin blanc demi-sec, vin mousseux

Pour 6 à 8 personnes

MENU

Maïs bouilli
Aspic de chou
Hamburgers fourrés au brie sur le gril
Sauce à trempette miracle
Poires aux raisins

MAÏS BOUILLI

12 à 15 épis de maïs
Sel
Beurre

Faire cuire le maïs dans ses feuilles pendant environ 15 à 20 minutes. Égoutter, éplucher l'épi et le badigeonner de beurre. Saler.

Variante : ajouter un peu d'ail à l'eau de cuisson pour attendrir le maïs.

HAMBURGERS FOURRÉS AU BRIE SUR LE GRIL

Métrique	Impérial
1,5 kg de boeuf haché mi-maigre	3 lb de boeuf haché mi-maigre
2 oeufs	2 oeufs
60 ml de chapelure	4 c. à s. de chapelure
60 ml de lait	4 c. à s. de lait
5 ml de sel	1 c. à t. de sel
5 ml de poivre	1 c. à t. de poivre
15 ml de persil frais haché	1 c. à s. de persil frais haché
1 petit oignon haché	1 petit oignon haché
6 cornichons hachés	6 cornichons hachés
15 ml de sauce Worcestershire	1 c. à s. de sauce Worcestershire
250 g de brie tranché	1/2 lb de brie tranché

Bien mélanger tous les ingrédients. Façonner à la main des hamburgers. Y insérer une fine tranche de brie. Aplatir légèrement la viande pour que le brie fonde pendant la cuisson. Placer les hamburgers sur le gril. Badigeonner régulièrement la viande de sauce barbecue ou de concentré de boeuf ou de légumes.

Maïs bouilli et hamburgers fourrés au brie sur le gril

ASPIC DE CHOU

Métrique	Impérial
1 paquet de gelée en poudre au citron	1 paquet de gelée en poudre au citron
150 ml d'eau bouillante	3/4 tasse d'eau bouillante
500 ml de chou râpé fin	2 tasses de chou râpé fin
20 ml d'oignon haché	4 c. à t. d'oignon haché
30 ml de vinaigre	2 c. à s. de vinaigre
2 branches de céleri	2 branches de céleri
125 ml de carottes râpées	1/2 tasse de carottes râpées
150 ml de mayonnaise	3/4 tasse de mayonnaise
Sel et poivre	Sel et poivre

Faire dissoudre la gelée en poudre dans de l'eau bouillante et la mettre au réfrigérateur jusqu'à ce qu'elle commence à prendre. Ajouter la mayonnaise, bien mélanger et remettre au réfrigérateur pendant environ 15 minutes. Dans un autre bol, mélanger le reste des ingrédients. Incorporer au premier mélange. Verser dans un moule graissé et remettre au réfrigérateur jusqu'à ce que la gelée soit bien prise.

SAUCE À TREMPETTE MIRACLE

Métrique	Impérial
500 ml de crème épaisse (35%) ou 500 ml de yogourt nature	2 tasses de crème épaisse (35%) ou 2 tasses de yogourt nature
1 enveloppe de soupe à l'oignon	1 enveloppe de soupe à l'oignon
125 ml de sauce chili rouge	1/2 tasse de sauce chili rouge

Mélanger tous les ingrédients au mélangeur. Servir avec des biscuits, des craquelins, ou des légumes.

POIRES AUX RAISINS

Métrique	Impérial
2 boîtes de poires coupées en quartiers	2 boîtes de poires coupées en quartiers
30 ml de beurre	2 c. à s. de beurre
30 ml de sucre	2 c. à s. de sucre
Le jus des poires	Le jus des poires
45 ml de Tia Maria	3 c. à s. de Tia Maria
150 ml de raisins secs	3/4 tasse de raisins secs
60 ml d'amandes effilées	4 c. à s. d'amandes effilées

Mettre le beurre et le sucre dans un poêlon à feu moyen, réduire en caramel tout en mélangeant pendant 2 à 3 minutes. Incorporer le jus des poires. Ajouter les poires, le Tia Maria et faire flamber. Faire bouillir à petit feu pendant 3 minutes.

Ajouter les raisins secs et les amandes et laisser mijoter pendant encore 3 minutes. Servir avec de la crème glacée.

BARBECUE

Bordeaux blanc, kirsch glacé

Pour 6 à 8 personnes

MENU

Soupe à la laitue
Brochettes de fruits au cheddar
Filets de saumon en papillotes
Bouchées de tomates cerises farcies aux huîtres fumées
Salade de concombre tropicale
Coupe de bleuets au kirsch

SOUPE À LA LAITUE

Métrique	Impérial
2 pommes de terre moyennes coupées en petit dés	2 pommes de terre moyennes coupées en petits dés
105 ml d'oignons hachés	7 c. à s. d'oignons hachés
2 laitues	2 laitues
15 ml de ciboulette	1 c. à s. de ciboulette
1,25 litre de bouillon de poulet	5 tasses de bouillon de poulet
Sel et poivre	Sel et poivre

Faire cuire tous les ingrédients pendant environ 5 minutes. Ajouter le bouillon. Saler et poivrer. Laisser mijoter pendant 20 minutes. Passer le tout au mélangeur pour liquéfier. Réchauffer et servir.

BROCHETTES DE FRUITS AU CHEDDAR

Fromage cheddar jaune
Fromage cheddar blanc doux
Pommes
Oranges
Raisins verts
Cerises rouges ou fraises
fraîches
Feuilles de laitue

Couper le fromage jaune et le fromage blanc en gros dés. Ne pas peler les pommes, les couper en morceaux. Laver les raisins. Laver et égoutter les cerises. Peler les oranges et couper les tranches en deux.

Enfiler les dés de fromage et les fruits en alternant, sur des petites brochettes. Déposer sur des feuilles de laitue.

FILETS DE SAUMON EN PAPILLOTES

1 filet de saumon par
personne
Sel, poivre, persil
Beurre
Citron
1 oignon haché
Vin blanc sec

Placer chaque filet de saumon dans une feuille de papier aluminium. Saler et poivrer. Ajouter un peu de persil, une noisette de beurre, une fine tranche d'oignon, une fine tranche de citron et 15 ml (1 c. à s.) de vin blanc sec.

Fermer la papillote et faire cuire à four modéré pendant 20 minutes.

Variante : ajouter 30 ml (2 c. à s.) de vin blanc à la papillote. Faire cuire sur charbon de bois.

Soupe à la laitue

Salade de concombre tropicale

BOUCHÉES DE TOMATES CERISES FARCIES AUX HUÎTRES FUMÉES

Métrique	Impérial
15 tomates cerises	15 tomates cerises
1 boîte d'huîtres fumées	1 boîte d'huîtres fumées
1 paquet de fromage à la crème	1 paquet de fromage à la crème
Sel et poivre	Sel et poivre
Persil haché	Persil haché

Évider légèrement les tomates cerises avec un couteau à pamplemousse. Farcir chaque tomate d'une huître fumée.

Fouetter le fromage à la crème et l'assaisonner de sel et de poivre. En garnir chaque tomate. Saupoudrer de persil.

SALADE DE CONCOMBRE TROPICALE

Métrique	Impérial
2 concombres tranchés mince	2 concombres tranchés mince
250 ml de quartiers de mandarines	1 tasse de quartiers de mandarines
45 ml de ciboulette	3 c. à s. de ciboulette

Émincer les concombres, les éplucher, les saler, les mettre dans une passoire et les laisser dégorger pendant 1 heure. Placer les concombres dans un saladier. Y ajouter les mandarines et la ciboulette hachée. Napper de vinaigrette tropicale. Garnir de dés d'avocats ou de tranches de mangues.

Vinaigrette tropicale

Métrique	Impérial
250 ml d'huile végétale	1 tasse d'huile végétale
50 ml de cassonade	1/4 tasse de cassonade
50 ml de jus de citron	1/4 tasse de jus de citron
50 ml de jus d'orange	1/4 tasse de jus d'orange
15 ml de noix de coco râpée	1 c. à s. de noix de coco râpée
15 ml de vinaigre de vin	1 c. à s. de vinaigre de vin
5 ml de sel	1 c. à t. de sel

Bien mélanger tous les ingrédients. Servir avec des salades contenant des fruits. Donne environ 375 ml (1-1/2 tasse).

COUPE DE BLEUETS AU KIRSCH

Métrique	Impérial
1,5 litre de bleuets frais ou 2 boîtes de bleuets congelés	6 tasses de bleuets frais ou 2 boîtes de bleuets congelés
125 ml de sucre	1/2 tasse de sucre
500 ml de crème épaisse (35%)	2 tasses de crème épaisse (35%)
75 ml de kirsch ou de rhum blanc	1/3 tasse de kirsch ou de rhum blanc
Essence de vanille	Essence de vanille

Placer les bleuets dans le kirsch ou dans le rhum blanc avec 75 ml (1/3 tasse) de sucre. Mettre au réfrigérateur pendant 1 heure.

Entre-temps, fouetter la crème. Y ajouter le reste du sucre et quelques gouttes d'essence de vanille. Mélanger les bleuets et la crème. Servir sur glace.

BARBECUE

Bordeaux blanc, rosé pétillant

Pour 6 à 8 personnes

MENU

Potage aux légumes et aux pommes

Coupes d'artichauts

Poulet barbecue diabolo

Pommes de terre sauce aux fines herbes

Couronne de fruits et vinaigrette aux graines de pavot

Pommes à l'esquimau

POTAGE AUX LÉGUMES ET AUX POMMES

Métrique	Impérial
1 gros oignon	1 gros oignon
2 blancs de poireaux	2 blancs de poireaux
1 grosse pomme de terre épluchée	1 grosse pomme de terre épluchée
1 grosse carotte	1 grosse carotte
1/4 petit navet pelé	1/4 petit navet pelé
2 grosses pommes pelées	2 grosses pommes pelées
50 ml de beurre	1/4 tasse de beurre
1 litre de bouillon de poulet	4 tasses de bouillon de poulet
250 ml de crème légère (15%)	1 tasse de crème légère (15%)
Sel et poivre	Sel et poivre

Hacher grossièrement tous les légumes et les pommes. Réserver séparément. Dans une grande casserole, faire fondre le beurre et y cuire l'oignon et le poireau jusqu'à ce qu'ils soient tendres.

Ajouter le reste des légumes et les pommes. Faire cuire, en remuant, pendant 2 à 3 minutes. Ajouter le bouillon. Couvrir et laisser mijoter jusqu'à ce que tous les légumes soient tendres, soit pendant environ 20 minutes.

Verser dans le robot culinaire et réduire en purée fine; mettre la purée dans la casserole et ajouter la crème. Saler et poivrer. Réchauffer à feu doux, sans laisser bouillir. Garnir de ciboulette ou de persil.

COUPES D'ARTICHAUTS

Métrique	Impérial
2 paquets de maïs congelé	2 paquets de maïs congelé
125 ml de poivron vert coupé en dés	1/2 tasse de poivron vert coupé en dés
175 ml de carottes cuites, coupées en dés	3/4 tasse de carottes cuites, coupées en dés
30 ml d'oignon émincé	2 c. à s. d'oignon émincé
125 ml tasse de mayonnaise	1/2 tasse de mayonnaise
5 ml de poivre de cayenne	1 c. à t. de poivre de cayenne
Sel et poivre	Sel et poivre
6 à 8 artichauts	6 à 8 artichauts

Faire cuire le maïs; l'égoutter et le laisser refroidir. Dans un grand bol, mettre le maïs, le poivron vert, les carottes, l'oignon, la mayonnaise, le poivre de cayenne, le sel et le poivre. Bien mélanger et mettre au réfrigérateur.

Couper la tête des artichauts. Les évider soigneusement en enlevant les petites feuilles et le foin au centre des artichauts. Faire cuire dans de l'eau bouillante salée pendant 20 minutes. Égoutter et secouer. Laisser refroidir. Écarter les feuilles et, à l'aide d'une cuillère, remplir chaque artichaut de salade de maïs. Disposer dans un plat de service et servir.

Coupes d'artichauts

Poulet barbecue diabolo et pommes de terre sauce aux fines herbes

POULET BARBECUE DIABOLO

Métrique	Impérial
150 ml d'huile végétale	3/4 tasse d'huile végétale
1 oignon émincé fin	1 oignon émincé fin
2 gousses d'ail écrasées	2 gousses d'ail écrasées
1 boîte de tomates étuvées	1 boîte de tomates étuvées
30 ml de ketchup	2 c. à s. de ketchup
30 ml. de vinaigre	2 c. à s. de vinaigre
250 ml de bouillon de poulet	1 tasse de bouillon de poulet
30 ml de sauce Worcester-shire	2 c. à s. de sauce Worcester-shire
10 ml de moutarde de Dijon	2 c. à t. de moutarde de Dijon
10 ml de paprika	2 c. à t. de paprika
Le jus d'un citron	Le jus d'un citron
10 ml de cassonade	2 c. à t. de cassonade
30 ml de persil haché	2 c. à s. de persil haché
10 ml de poudre de thym, de muscade et de feuille de laurier mélangées	2 c. à t. de poudre de thym, de muscade et de feuille de laurier mélangées
8 poitrines de poulet	8 poitrines de poulet

Préparer la sauce barbecue : dans un poêlon, faire chauffer l'huile et y faire revenir l'oignon et l'ail pendant 5 minutes. Mettre les tomates dans une passoire. Ajouter la purée et tous les autres ingrédients aux oignons et à l'ail. Faire cuire pendant 20 à 30 minutes. Assaisonner et égoutter. Laisser refroidir.

Pratiquer des incisions dans les poitrines de poulet. Placer le poulet sur le gril. Retourner les poitrines à toutes les 5 à 6 minutes. Les badigeonner fréquemment de sauce barbecue. Faire cuire pendant 30 à 45 minutes. Réchauffer le restant de la sauce. Servir.

POMMES DE TERRE SAUCE AUX FINES HERBES

Métrique	Impérial
30 ml de beurre	2 c. à s. de beurre
1/2 poireau tranché	1/2 poireau tranché
1 oignon coupé en dés	1 oignon coupé en dés
50 ml de jambon cuit, coupé en dés	1/4 tasse de jambon cuit, coupé en dés
375 ml de bouillon de boeuf	1-1/2 tasse de bouillon de boeuf
30 ml de farine mélangée à 30 ml d'eau	2 c. à s. de farine mélangée à 2 c. à s. d'eau
Sel et poivre	Sel et poivre
15 ml de jus de citron	1 c. à s. de jus de citron
45 ml de persil haché	3 c. à s. de persil haché
45 ml de ciboulette hachée	3 c. à s. de ciboulette hachée
5 ml d'aneth haché	1 c. à t. d'aneth haché
5 ml d'estragon haché	1 c. à t. d'estragon haché
5 ml de thym haché	1 c. à t. de thym haché
12 pommes de terre cuites, coupées en dés	12 pommes de terre cuites, coupées en dés
125 ml de yogourt	1/2 tasse de yogourt
Branches d'herbes fraîches	Branches d'herbes fraîches

Dans un poêlon, faire fondre le beurre. Ajouter le poireau, l'oignon et le jambon. Faire cuire en remuant jusqu'à ce que l'oignon et le poireau soient transparents, pendant environ 5 à 7 minutes. Ajouter le bouillon et la pâte de farine et d'eau. Laisser mijoter et remuer jusqu'à ce que le mélange épaississe. Saler et poivrer. Ajouter le jus de citron, les herbes et les pommes de terre. Continuer la cuisson à feu doux pendant 4 minutes.

Ajouter le yogourt au moment de servir.

Couronne de fruits et vinaigrette aux graines de pavot

Métrique	Impérial
1 kg de raisins verts ou rouges en petites grappes de 4 à 5 grains	2 lb de raisins verts ou rouges en petites grappes de 4 à 5 grains
1 gros melon miel ou	1 gros melon miel ou
1 cantaloup	1 cantaloup
6 kiwis	6 kiwis
6 mandarines	6 mandarines
125 g de pistaches en écales	1/4 lb de pistaches en écales
125 g de noisettes en écales	1/4 lb de noisettes en écales
250 ml de fraises ou de cerises	1 tasse de fraises ou de cerises

Dans un grand plateau rond, disposer les grappes de raisins par groupes de 2 ou 3 en couronne, en laissant 5 cm (2 po) d'espace entre chaque groupe.

Couper le melon en quartiers; enlever les graines et, dans le sens de la longueur, couper chaque quartier en tranches de 1,25 cm (1/2 po) d'épaisseur.

Peler les kiwis et les trancher en rondelles.

Peler les mandarines et les séparer en quartiers.

Déposer le melon, les kiwis et les mandarines entre les raisins, en conservant la forme de la couronne et en réservant un espace pour les fraises ou les cerises.

Garnir la couronne de pistaches et de noisettes.

Disposer les fraises ou les cerises dans l'espace réservé.

Vinaigrette aux graines de pavot

Métrique	Impérial
50 ml de sucre	1/4 tasse de sucre
5 ml de sel	1 c. à t. de sel
5 ml de moutarde sèche	1 c. à t. de moutarde sèche
1 ml de graines de céleri	1/4 c. à t. de graines de céleri
75 ml de vinaigre blanc	1/3 tasse de vinaigre blanc
125 ml d'huile végétale	1/2 tasse d'huile végétale
20 ml de graines de pavot	4 c. à t. de graines de pavot

Mélanger le sucre, le sel, la moutarde, les graines de céleri et le vinaigre à l'aide d'un robot culinaire.

Ajouter graduellement l'huile en un filet continu. Fouetter constammment jusqu'à ce que le tout soit bien homogène. Incorporer les graines de pavot. Agiter vigoureusement avant d'utiliser. Mettre le bol de vinaigrette au centre du plateau et servir.

Pommes à l'esquimau

Métrique	Impérial
6 grosses pommes	6 grosses pommes
Le jus d'un citron	Le jus d'un citron
250 ml de framboises	1 tasse de framboises
30 ml de sucre	2 c. à s. de sucre
50 ml de kirsch, de rhum ou de liqueur de framboises	1/4 tasse de kirsch, de rhum ou de liqueur de framboises
45 ml de noix de coco râpée	3 c. à s. de noix de coco râpée
50 ml de poudre d'amandes	1/4 tasse de poudre d'amandes
125 ml de yogourt	1/2 tasse de yogourt
1 tasse de crème fouettée	1 tasse de crème fouettée
Amandes effilées	Amandes effilées

Bien laver les pommes et les polir avec un linge propre. Couper le dessus de chaque pomme et le badigeonner de jus de citron pour prévenir la décoloration. Réserver.

Évider soigneusement l'intérieur de chaque pomme en laissant 1,25 cm (1/2 po) d'épaisseur tout le tour. Badigeonner l'intérieur de jus de citron. Jeter les coeurs et les pépins. Couper la chair en dés.

Les mélanger au sucre, aux framboises, à la liqueur, à la noix de coco et à la poudre d'amandes. Ajouter le yogourt et mélanger. À l'aide d'une cuillère, remplir les pommes de ce mélange. Garnir de crème fouettée et d'amandes effilées, puis replacer la calotte sur chaque pomme.

Pommes à l'esquimau

MÉCHOUI

Bordeaux blanc, bordeaux rouge, kirsh glacé

Pour 6 à 8 personnes

MENU

Entrée de boulettes à la sauce barbecue
Côtelettes d'agneau sur le gril
Brochettes de légumes
Taboulé
Palombières
Gigot d'agneau persillé à la broche
sauce aux quarante gousses d'ail
Agneau à la broche
Brochettes d'agrumes glacées à la marmelade

Entrée de boulettes à la sauce barbecue

ENTRÉE DE BOULETTES À LA SAUCE BARBECUE

Métrique	Impérial
250 g de porc haché	1/2 lb de porc haché
250 g de boeuf haché	1/2 lb de boeuf haché
50 à 125 ml de chapelure	1/4 à 1/2 tasse de chapelure
125 ml de lait condensé ou de crème légère (15%)	1/2 tasse de lait condensé ou de crème légère (15%)
Sel, poivre et	Sel, poivre et
1 oignon moyen haché	1 oignon moyen haché

Mélanger tous les ingrédients et façonner en petites boulettes. Les déposer sur un plat allant au four.

Sauce

Métrique	Impérial
125 ml de ketchup	1/2 tasse de ketchup
50 ml de sauce chili	1/4 tasse de sauce chili
30 ml de moutarde de Dijon	2 c. à s. de moutarde de Dijon
1 gousse d'ail hachée	1 gousse d'ail hachée
10 ml de beurre	2 c. à t. de beurre
30 ml de sauce Worcestershire	2 c. à s. de sauce Worcestershire
2 gouttes de tabasco	2 gouttes de tabasco
30 ml de cassonade	2 c. à s. de cassonade
Sel et poivre	Sel et poivre

Mélanger tous les ingrédients de la sauce. Porter à ébullition pendant quelques minutes et verser sur les boulettes. Faire cuire au four à 160°C (325°F) pendant environ 30 minutes. Servir sur un lit de riz.

CÔTELETTES D'AGNEAU SUR LE GRIL

Métrique	Impérial
24 côtelettes d'agneau	24 côtelettes d'agneau
2 pincées de thym	2 pincées de thym
1 pincée de romarin	1 pincée de romarin
500 ml d'huile d'olive	2 tasses d'huile d'olive
2 feuilles de laurier	2 feuilles de laurier
3 gousses d'ail écrasées	3 gousses d'ail écrasées
1 oignon émincé	1 oignon émincé
Sel et poivre	Sel et poivre

Placer les côtelettes dans un grand plat. Ajouter tous les autres ingrédients et laisser mariner pendant 24 heures en les retournant de temps à autre.

Faire cuire sur le gril pendant environ 5 minutes de chaque côté. Servir.

Palombières

BROCHETTES DE LÉGUMES

2 épis de maïs cuits
1 boîte de pommes de terre
rondes, cuites
6 à 8 tomates cerises
2 courgettes
2 oignons
1 poivron vert

Couper les épis de maïs et les courgettes en morceaux de 2,5 cm (1po). Les faire cuire pendant 6 minutes dans de l'eau bouillante salée. Les passer sous l'eau froide pour les rafraîchir, puis les égoutter.

Couper les oignons en quartiers et les poivrons en dés de 2,5 cm (1po). Garnir chaque brochette en prenant soin de ne pas trop tasser les légumes. Les badigeonner d'huile assaisonnée de sel et de poivre. Faire cuire à feu moyen.

Variante : déposer tous les légumes sur une feuille de papier aluminium. Ajouter 30 ml (2 c. à s.) de beurre par brochette. Assaisonner de sel et de poivre. Fermer la papillote. Faire cuire sur le gril pendant environ 10 minutes.

TABOULÉ

Métrique	Impérial
250 g de semoule de blé (couscous)	1/2 lb de semoule de blé (couscous)
500 g de tomates coupées en dés	1 lb de tomates coupées en dés
250 g d'oignons hachés	1/2 lb d'oignons hachés
45 ml de menthe fraîche	3 c. à s. de menthe fraîche
45 ml de persil haché	3 c. à s. de persil haché
1 poivron vert coupé en petits dés	1 poivron vert coupé en petits dés
105 ml d'huile d'olive	7 c. à s. d'huile d'olive
Le jus de 2 citrons	Le jus de 2 citrons
Quelques gouttes de tabasco	Quelques gouttes de tabasco
Sel et poivre	Sel et poivre

Faire cuire la semoule en suivant les indications inscrites sur la boîte. Ajouter tous les ingrédients. Bien mélanger. Servir froid.

PALOMBIÈRES

Métrique	Impérial
375 ml d'échalotes françaises émincées	1-1/2 tasse d'échalotes françaises émincées
125 ml d'huile d'olive	1/2 tasse d'huile d'olive
15 ml de thym	1 c. à s. de thym
15 ml d'estragon	1 c. à s. d'estragon
30 ml de basilic	2 c. à s. de basilic
10 ml de sel	2 c. à t. de sel
5 ml de poivre	1 c. à t. de poivre

Mélanger tous les ingrédients la veille de votre barbecue. Laisser mariner. En badigeonner les viandes après la cuisson. Servir avec les grillades.

Variante : remplacer les échalotes par des oignons.

GIGOT D'AGNEAU PERSILLÉ À LA BROCHE SAUCE AUX QUARANTE GOUSSES D'AIL

Métrique	Impérial
1 gigot désossé de 3 kg	1 gigot désossé de 6 lb
375 ml de chapelure	1-1/2 tasse de chapelure
250 ml de persil haché	1 tasse de persil haché
45 ml de moutarde de Dijon	3 c. à s. de moutarde de Dijon
90 à 105 ml d'huile d'olive	6 à 7 c. à s. d'huile d'olive
1 oignon haché	1 oignon haché
15 ml de thym	1 c. à s. de thym
15 ml de romarin	1 c. à s. de romarin
15 à 30 ml de sel	1 à 2 c.à s. de sel
15 ml de poivre	1 c. à s. de poivre
45 gousses d'ail	45 gousses d'ail
375 ml de bouillon de boeuf	1-1/2 tasse de bouillon de boeuf
60 ml de beurre	4 c. à s. de beurre
Cresson	Cresson

Émincer 5 gousses d'ail. Avec un couteau, faire des incisions profondes dans le gigot et y glisser les morceaux d'ail.

Dans un petit bol, mélanger le sel, le poivre, le romarin et le thym. En couvrir le gigot, puis le badigeonner d'huile d'olive. Faire cuire doucement à la broche pendant environ 75 minutes. Badigeonner d'huile d'olive de temps à autre.

Entre-temps, mélanger dans un bol la chapelure, le persil, la moutarde et l'oignon haché. Mouiller légèrement d'huile d'olive. Recouvrir le gigot de ce mélange. Faire dorer.

Éplucher les 40 gousses d'ail et les faire légèrement revenir au beurre.

Ajouter le bouillon de boeuf et faire réduire à moitié.

Déposer le gigot sur un plat de service. Le garnir de cresson et des gousses d'ail. Verser le bouillon dans une saucière. Servir avec le gigot.

AGNEAU À LA BROCHE

Métrique	Impérial
1 agneau de 10 à 12,5 kg	1 agneau de 20 à 25 lb
150 ml de sel fin	3/4 tasse de sel fin
60 ml de thym séché	4 c. à s. de thym séché
1 botte de basilic frais	1 botte de basilic frais
ou	ou
30 ml de basilic séché	2 c. à s. de basilic séché
1 botte de romarin	1 botte de romarin
ou	ou
30 ml de romarin séché	2 c. à s. de romarin séché
20 gousses d'ail	20 gousses d'ail

Marinade

Métrique	Impérial
1,5 litre de bière	6 tasses de bière
300 ml d'huile d'olive	1-1/4 tasse d'huile d'olive
2 poivrons verts hachés	2 poivrons verts hachés
2 poivrons rouges hachés	2 poivrons rouges hachés
1 piment rouge fort haché	1 piment rouge fort haché
30 ml de basilic séché	2 c. à s. de basilic séché
15 ml de thym haché	1 c. à s. de thym haché
15 ml de romarin haché	1 c. à s. de romarin haché
3 feuilles de laurier écrasées	3 feuilles de laurier écrasées
20 gousses d'ail hachées	20 gousses d'ail hachées
30 ml de paprika	2 c. à s. de paprika
30 ml de concentré de boeuf	2 c. à s. de concentré de boeuf

Deux heures avant de commencer la cuisson de l'agneau, allumer un feu de bois à environ 2,15 m à 2,45 m (7 à 8 pieds) du lieu de cuisson de l'agneau. Alimenter le feu de façon à avoir, pendant toute la cuisson, une provision suffisante de braises ardentes. Voir les tours de main à la page 264.

Entre-temps, deux heures avant le méchoui, placer l'agneau sur la table et le frotter entièrement de sel fin, à l'intérieur comme à l'extérieur. À l'aide d'un couteau pointu, faire une incision à chaque patte et enfiler l'agneau sur la broche. Le piquer d'ail, de basilic et de romarin. Le frotter de thym à l'intérieur. Passer un fil métallique robuste (obtenu en coupant un cintre) dans les incisions et attacher très solidement l'agneau à la broche. Serrer la tige de métal à l'aide de pinces. Fixer autour des reins de l'agneau une bague métallique qui le soutiendra davantage.

S'assurer que l'agneau est bien attaché à la broche en le secouant vivement à quelques reprises. Ensuite, placer la broche sur les tréteaux. La vitesse de rotation idéale devrait être de 6 tours à la minute et l'espace entre l'agneau et les braises de 45 cm (1-1/2 pied). Placer deux fois plus de braises à l'arrière de l'agneau qu'à l'avant, car les cuisses prennent environ 1 heure de plus à cuire que le devant. Ne pas placer de braises sous le ventre de l'agneau, la chaleur se dégageant des deux monticules de braises sera suffisante pour cuire cette partie, qui sera prête en premier. Il faut prendre soin de ne pas laisser les flammes lécher la viande, car le goût et l'aspect deviendront alors désagréables.

Bien mélanger tous les ingrédients de la marinade. Chaque quart d'heure, badigeonner la viande généreusement. L'agneau doit être constamment luisant; aussitôt qu'il ne l'est plus, badigeonner de nouveau.

Pour un agneau de 10 à 12,5 kg (20 à 25 lb), la cuisson se situe entre 2 heures 30 minutes et 3 heures 30 minutes. Pour des gigots rosés, commencer à vérifier la cuisson lorsque la peau des gigots, au niveau de l'os, éclate. Piquer le couteau dans la partie la plus dodue des gigots et si le jus en sort rouge vif, c'est qu'ils sont encore saignants. Le jus d'un agneau rosé devrait être «rosé transparent». Il est très important que la chaleur soit douce et continue. S'il y a du vent, utiliser des briquettes de charbon de bois, le résultat sera tout aussi bon.

La cuisson terminée, il ne devrait pas rester de marinade. Pour 20 à 25 personnes.

Agneau à la broche

Préparation de l'agneau

1 Placer l'agneau sur une table recouverte de papier aluminium.

2 Frotter l'intérieur de l'agneau au sel.

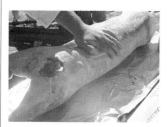

3 Frotter l'extérieur de l'agneau au sel.

4 Transpercer les pattes avant avec un couteau pointu.

5 Embrocher l'agneau.

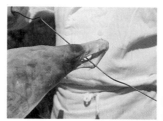

6 Enfiler une broche métallique dans les incisions et fixer très solidement les pattes à la broche.

7 Fixer une bague métallique autour des reins de l'agneau.

8 Fixer la broche sur les trétaux et commencer la cuisson.

BROCHETTES D'AGRUMES GLACÉES À LA MARMELADE

Métrique	Impérial
2 pamplemousses	2 pamplemousses
4 oranges	4 oranges
2 citrons	2 citrons
500 ml de marmelade d'agrumes	2 tasses de marmelade d'agrumes
125 ml de cassonade	1/2 tasse de cassonade
125 ml de jus d'orange	1/2 tasse de jus d'orange

Couper les fruits en quartiers et les enfiler sur des brochettes en évitant de trop les rapprocher. Réserver.

Dans une casserole, faire bouillir la marmelade d'agrumes, la cassonade et le jus d'orange jusqu'à l'obtention d'un sirop.

Déposer les brochettes sur le gril. Faire cuire doucement pendant environ 20 minutes. Badigeonner souvent de sirop pendant la cuisson.

Napper les brochettes de sirop et servir chaud, accompagnées de crème glacée à la vanille ou de coulis de framboises. Garnir de noix de coco râpée.

Brochettes d'agrumes glacées à la marmelade

PARTIE AUTOUR DE LA PISCINE

Vin blanc sec, bourgogne rouge, vin blanc demi-sec, porto glacé

Pour 6 à 8 personnes

MENU

Punch tropical
Galantine de saumon
Boeuf bouilli
Salade de courgettes et de crevettes
Spaghetti aux crevettes
Cantaloup surprise

PUNCH TROPICAL

Métrique	**Impérial**
500 ml de sucre	2 tasses de sucre
125 ml de jus de citron	1/2 tasse de jus de citron
3 grosses bouteilles de ginger ale	3 grosses bouteilles de ginger ale
750 ml de thé	3 tasses de thé
1 boîte de jus d'orange et de pamplemousse sucré	1 boîte de jus d'orange et de pamplemousse sucré

Faire bouillir le sucre et le thé pendant 5 minutes. Laisser refroidir. Ajouter les jus. Au moment de servir, ajouter le ginger ale et des glaçons. Garnir de fines tranches d'agrumes.

GALANTINE DE SAUMON

Métrique	**Impérial**
2 sachets de gélatine sans saveur	2 sachets de gélatine sans saveur
15 ml de sucre	1 c. à s. de sucre
1 ml de sel	1/4 c. à t. de sel
5 ml de moutarde sèche	1 c. à t. de moutarde sèche
50 ml d'eau froide	1/4 tasse d'eau froide
50 ml de vinaigre	1/4 tasse de vinaigre
250 ml de crème épaisse (35%) fouettée	1 tasse de crème épaisse (35%) fouettée
125 ml de mayonnaise	1/2 tasse de mayonnaise
500 ml de chair de saumon	2 tasses de chair de saumon
250 ml de céleri coupé en dés	1 tasse de céleri coupé en dés
15 ml de jus de citron	1 c. à s. de jus de citron

Bien mélanger la gélatine en poudre, le sucre, le sel et la moutarde. Réserver.

Dans le haut d'un bain-marie, à l'eau bouillante, incorporer l'eau froide au vinaigre. Ajouter le premier mélange et remuer. Laisser refroidir jusqu'à ce que la consistance soit comme celle d'un oeuf battu.

Ajouter, en remuant, la crème fouettée, la mayonnaise, la chair de saumon, le céleri, et le jus de citron.

Laisser prendre au réfrigérateur.

Punch tropical

Salade de courgettes et de crevettes

BOEUF BOUILLI

Métrique	**Impérial**
1,5 kg de boeuf (haut de côte)	3 lb de boeuf (haut de côte)
1 chou coupé en quartiers	1 chou coupé en quartiers
3 pommes de terre coupées en deux	3 pommes de terre coupées en deux
2 carottes	2 carottes
4 oignons coupés en deux	4 oignons coupés en deux
1 poireau coupé en deux	1 poireau coupé en deux
Sel et poivre	Sel et poivre
1 bouquet garni : persil, basilic, thym	1 bouquet garni : persil, basilic, thym
Persil haché	Persil haché
2 oignons hachés	2 oignons hachés

Placer le boeuf dans une grande casserole, le couvrir d'eau froide et porter à ébullition. Écumer. Mettre le boeuf de côté.

Rincer la casserole et y replacer la viande. Couvrir de nouveau d'eau froide. Ajouter le bouquet garni, le sel et le poivre. Porter à ébullition, puis réduire le feu et laisser mijoter pendant 2 heures et 15 minutes.

Trente minutes avant la fin de la cuisson, ajouter les légumes, sauf les oignons. Assaisonner au goût. Retirer successivement les divers légumes dès qu'ils sont cuits, et les placer dans un plat de service. Les arroser d'un peu de bouillon afin de les garder chauds.

Lorsque tous les légumes sont cuits, jeter le bouquet garni et ajouter le boeuf ainsi que le liquide de cuisson au plat de service. Garnir le boeuf de persil et d'oignons hachés.

SALADE DE COURGETTES ET DE CREVETTES

Métrique	**Impérial**
4 courgettes	4 courgettes
7 tomates cerises coupées en deux	7 tomates cerises coupées en deux
150 ml de poivrons verts ou rouges, coupés en dés	3/4 tasse de poivrons verts ou rouges, coupés en dés
45 ml d'oignon rouge haché ou d'échalote hachée	3 c. à s. d'oignon rouge haché ou d'échalote hachée
45 ml de vinaigre de riz	3 c. à s. de vinaigre de riz
45 ml d'huile d'olive	3 c. à s. d'huile d'olive
10 ml de sel	2 c. à t. de sel
1 gousse d'ail écrasée	1 gousse d'ail écrasée
5 ml de feuilles d'origan	1 c. à t. de feuilles d'origan
1 pincée de poivre fraîchement moulu	1 pincée de poivre fraîchement moulu
2 boîtes de crevettes ou 250 g de crevettes fraîches	2 boîtes de crevettes ou 1/2 lb de crevettes fraîches

Avec les dents d'une fourchette, percer les courgettes à divers endroits. Les faire cuire dans de l'eau bouillante salée pendant 15 minutes ou jusqu'à ce qu'elles soient tendres. Les passer sous l'eau froide.

Couper les courgettes dans le sens de la longueur et vider l'intérieur des deux moitiés. Mettre la pulpe dans un saladier et y ajouter les tomates, les poivrons et les oignons. Bien mélanger. Verser le mélange dans les courgettes évidées. Couvrir et mettre au réfrigérateur pendant au moins deux heures. Préparer la vinaigrette avec le reste des ingrédients et servir avec les courgettes.

SPAGHETTI AUX CREVETTES

Métrique	Impérial
500 g de spaghetti	1 lb de spaghetti
500 g de crevettes	1 lb de crevettes
45 ml de beurre	3 c. à s. de beurre
30 ml de pâte de tomates	2 c. à s. de pâte de tomates
1 gousse d'ail hachée	1 gousse d'ail hachée
1 pincée de poivre de cayenne	1 pincée de poivre de cayenne
50 ml de ciboulette hachée	1/4 tasse de ciboulette hachée
250 ml de crème épaisse (35%)	1 tasse de crème épaisse (35%)
45 ml d'oignon haché	3 c. à s. d'oignon haché
3 jaunes d'oeufs	3 jaunes d'oeufs
Sel	Sel

Faire cuire les pâtes et les égoutter. Les remettre dans une casserole et réserver.

Dans une autre casserole, faire fondre le beurre. Faire cuire les crevettes avec l'ail, l'oignon haché, le poivre de cayenne et la pâte de tomates pendant 7 minutes. Ajouter la crème et faire cuire pendant 3 minutes à pleine ébullition. Retirer du feu et ajouter le persil et la ciboulette.

Verser la sauce aux crevettes sur les pâtes. Réchauffer à feu doux pendant quelques minutes.

Retirer du feu et incorporer les jaunes d'oeufs. Servir.

CANTALOUP SURPRISE

Métrique	Impérial
1 cantaloup	1 cantaloup
125 g de raisins verts ou rouges	1/4 lb de raisins verts ou rouges
75 ml de fraises	1/3 tasse de fraises
30 ml de jus de fraises	2 c. à s. de jus de fraises
2 pêches en boîte émincées	2 pêches en boîte émincées
1 kiwi pelé et coupé en rondelles	1 kiwi pelé et coupé en rondelles
15 ml de kirsch	1 c. à s. de kirsch
Jus d'une demi-orange	Jus d'une demi-orange

Ouvrir le cantaloup en deux et en retirer les pépins. Détacher délicatement la chair du cantaloup et la couper en dés ou la façonner en petites boules.

Déposer la chair dans un bol. Ajouter tous les autres ingrédients. Bien mélanger et laisser mariner pendant 2 heures. Remplir le cantaloup évidé de ce mélange et servir.

Variante : enlever la calotte au haut du cantaloup et l'évider soigneusement. Préparer la salade de fruits en y ajoutant un sachet de gelée en poudre aux cerises.

Remplir le cantaloup. Laisser prendre la gelée au réfrigérateur, puis couper en tranches.

Cantaloup surprise

PARTIE AUTOUR DE LA PISCINE

Jus de fruit et vodka glacée, bordeaux blanc, punch au rhum

Pour 6 à 8 personnes

MENU

Soleil en salade
Sorbet à la carotte
Jambon glacé à l'orange
Salade de haricots verts et jaunes minceur
Salade de saucisses fumées
Dessert hawaïen

Sorbet à la carotte

SORBET À LA CAROTTE

Métrique	Impérial
150 ml de sucre	3/4 tasse de sucre
150 ml d'eau	3/4 tasse d'eau
500 ml de carottes cuites, égouttées et réduites en purée	2 tasses de carottes cuites, égouttées et réduites en purée
60 ml de jus de citron	4 c. à s. de jus de citron
30 ml de jus d'orange concentré, non reconstitué	2 c. à s. de jus d'orange concentré, non reconstitué
15 ml de cognac	1 c. à s. de cognac
15 ml de ciboulette hachée	1 c. à s. de ciboulette hachée

Faire fondre le sucre dans l'eau, à feu doux. Porter à ébullition. Retirer du feu dès les premiers bouillons et laisser refroidir à la température de la pièce.

Mélanger la purée de carottes, le jus de citron, le jus d'orange, le cognac et le cerfeuil. Ajouter le sirop à ce mélange. Saler, poivrer et bien remuer. Mettre en sorbetière et congeler ou mettre au réfrigérateur et fouetter très souvent lorsque le mélange commence à prendre.

Au moment de servir, déposer le sorbet dans des assiettes plates très froides et garnir de ciboulette hachée.

SOLEIL EN SALADE

Métrique	Impérial
3 pamplemousses	3 pamplemousses
4 oranges	4 oranges
2 avocats	2 avocats
150 ml de jus de citron	3/4 tasse de jus de citron
2 ml de sel	1/2 c. à t. de sel
5 ml de sucre	1 c. à t. de sucre

Éplucher délicatement les avocats, les couper en morceaux et les faire tremper dans le jus de citron.

Peler les oranges et les pamplemousses et les couper en tranches. Les répartir sur le bord d'un plat de service en alter-

nant les tranches de pamplemousse et d'orange.

Retirer l'avocat du jus de citron et le déposer au milieu du plat de service.

Ajouter le sel et le sucre au jus de citron et arroser les fruits. Servir.

JAMBON GLACÉ À L'ORANGE

Métrique	Impérial
1 tranche de jambon (prêt à servir) de 5 cm d'épaisseur	1 tranche de jambon (prêt à servir) de 2 po d'épaisseur
1 boîte d'ananas tranchés et égouttés	1 boîte d'ananas tranchés et égouttés
Glace	Glace
125 ml de moutarde	1/2 tasse de moutarde
125 ml de marmelade d'oranges	1/2 tasse de marmelade d'oranges
30 ml de cassonade	2 c. à s. de cassonade
1 pincée de clous de girofle moulus	1 pincée de clous de girofle moulus

Enlever l'excédent de gras qui borde la tranche de jambon et pratiquer des entailles à 2,5 cm (1 po) d'intervalle sur le pourtour de la tranche. Piquer quelques clous de girofle entre

(Suite à la page 270)

Salade de saucisses fumées

le gras qui reste et la partie maigre du jambon.

Déposer la tranche dans une assiette posée sur une soucoupe renversée. Couvrir d'une feuille de papier aluminium. Faire cuire au four à 175°C (350°F) en comptant environ 10 minutes par 500 g (livre).

Mélanger la moutarde, la marmelade, la cassonade et la pincée de clou de girofle moulu. Enrober les tranches d'ananas de ce mélange.

Retirer le jambon du four à mi-cuisson, le napper du reste de la glace et y disposer joliment des tranches d'ananas. Recouvrir avec le papier aluminium et remettre au four. À la fin de la cuisson, retirer du four et couvrir le plat d'une feuille de papier aluminium.

Laisser reposer 15 minutes.

SALADE DE HARICOTS VERTS ET JAUNES MINCEUR

Métrique	Impérial
250 ml de haricots verts	1 tasse de haricots verts
250 ml de haricots jaunes	1 tasse de haricots jaunes
1 oignon haché fin	1 oignon haché fin
50 ml de céleri haché fin	1/4 tasse de céleri haché fin
30 ml de persil	2 c. à s. de persil

Vinaigrette

Métrique	Impérial
2 ml de sel	1/2 c. à t. de sel
2 ml de poivre	1/2 c. à t. de poivre
5 ml de moutarde sèche	1 c. à t. de moutarde sèche
15 ml d'huile végétale	1 c. à s. d'huile végétale
2 ml de vinaigre	1/2 c. à t. de vinaigre

Mélanger tous les ingrédients 2 à 3 minutes avant de servir. Verser sur la salade. Bien remuer.

SALADE DE SAUCISSES FUMÉES

Métrique	Impérial
75 ml d'huile végétale	4 c. à s. d'huile végétale
20 ml de vinaigre	4 c. à t. de vinaigre
Sel et poivre	Sel et poivre
30 ml de mayonnaise	2 c. à s. de mayonnaise
3 ml de moutarde préparée	3/4 c. à t. de moutarde préparée
6 saucisses fumées, tranchées	6 saucisses fumées, tranchées
50 ml d'échalotes hachées	1/4 tasse d'échalotes hachées
125 ml de petits pois verts, égouttés	1/2 tasse de petits pois verts, égouttés
1/2 concombre pelé et coupé en dés	1/2 concombre pelé et coupé en dés
Feuilles de laitue	Feuilles de laitue

Dans un petit bol, mettre 60 ml (4 c.à s.) d'huile, le vinaigre, le sel, le poivre, la mayonnaise et la moutarde. Remuer jusqu'à ce que le mélange soit homogène. Mettre au réfrigérateur.

Faire chauffer 15 ml (1 c. à s.) d'huile et y faire revenir les tranches de saucisses. Retirer et réserver.

Faire cuire les échalotes dans le même poêlon pendant environ 1 minute, en remuant. Les ajouter aux tranches de saucisses et laisser refroidir.

Ajouter ensuite le concombre et les petits pois. Mettre au réfrigérateur. Au moment de servir, incorporer la vinaigrette à la salade. En garnir des feuilles de laitue.

Variante : ajouter quelques pommes de terre cuites, coupées en dés.

DESSERT HAWAÏEN

Métrique	Impérial
8 tranches de gâteau blanc	8 tranches de gâteau blanc
8 tranches d'ananas en conserve (les égoutter et réserver le sucre pour la sauce)	8 tranches d'ananas en conserve (les égoutter et réserver le sucre pour la sauce)
2 blancs d'oeufs	2 blancs d'oeufs
1 ml de crème de tartre	1/4 c. à t. de crème de tartre
50 ml de sucre	1/4 tasse de sucre
2 ml de vanille	1/2 c. à t. de vanille
0,5 ml d'essence d'amandes	1/8 c. à t. d'essence d'amandes
8 noix de Grenoble	8 noix de Grenoble

Disposer les tranches de gâteau blanc sur une plaque à biscuits graissée. Garnir chaque tranche d'une rondelle d'ananas.

Fouetter les blancs d'oeufs, la crème de tartre et le sucre en neige ferme. Ajouter les essences. Déposer sur les ananas et garnir de noix.

Faire passer sous le gril («broil») pendant 2 à 3 minutes ou jusqu'à ce que la meringue soit dorée.

Salade de haricots verts et jaunes minceur

REPAS DE PÊCHE

Vin blanc sec, rosé pétillant

Pour 6 à 8 personnes

BOUILLABAISSE ABITIBIENNE

Métrique	Impérial
500 ml de pommes de terre crues coupées en dés	2 tasses de pommes de terre crues coupées en dés
125 ml de céleri cru coupé en dés	1/2 tasse de céleri cru coupé en dés
50 ml de carottes crues coupées en dés	1/4 tasse de carottes crues coupées en dés
500 ml d'eau	2 tasses d'eau
5 ml de sel	1 c. à t. de sel
0,5 ml de poivre	1/8 c. à t. de poivre
75 ml d'oignon haché	1/3 tasse d'oignon haché
15 ml de beurre ou de margarine	1 c. à s. de beurre ou de margarine
750 g de filets de poisson (doré, brochet, morue aiglefin, sébaste)	1-1/2 lb de filets de poisson (doré, brochet, morue aiglefin, sébaste)
500 ml de lait	2 tasses de lait

Mélanger les légumes, l'eau et les assaisonnements. Couvrir et laisser mijoter. Ne pas égoutter.

Dans un poêlon faire dorer l'oignon dans le beurre et l'ajouter aux légumes. Couper le poisson en morceaux et l'ajouter aux légumes. Laisser mijoter pendant 15 minutes. Ajouter le lait et faire doucement chauffer. Ne pas faire bouillir. Servir.

Note : on peut faire un mélange de 2 ou 3 variétés de poissons. Bien s'assurer qu'il ne reste aucune arête dans les filets de poisson.

TRUITES FARCIES SUR LIT DE RIZ

Métrique	Impérial
625 ml de riz cuit	2-1/2 tasses de riz cuit
6 truites de 15 cm	6 truites de 6 po
3 tomates	3 tomates
75 ml de sauce soja	1/3 tasse de sauce soja
50 ml de sauce chili	1/4 tasse de sauce chili

Bouillabaisse abitibienne

Farce

Métrique	Impérial
1 poivron rouge haché fin	1 poivron rouge haché fin
1 poivron vert haché fin	1 poivron vert haché fin
150 ml de champignons hachés fin	3/4 tasse de champignons hachés fin
2 échalotes hachées fin	2 échalotes hachées fin
10 ml de beurre ou de margarine fondue	2 c. à t. de beurre ou de margarine fondue
15 ml de persil	1 c. à s. de persil
15 ml de jus de citron	1 c. à s. de jus de citron

Badigeonner les truites de sauce soja. Couper les tomates en quartiers.

Mélanger tous les ingrédients de la farce. Farcir les truites avec ce mélange et les envelopper dans du papier aluminium. Faire cuire au four à 175°C (350°F) pendant environ 35 minutes.

Lorsque les truites sont cuites, retirer le papier aluminium. Tapisser de riz une assiette et arroser de sauce chili. Déposer les truites au centre du lit de riz et garnir de tomates.

Sauce tartare

Métrique	Impérial
30 ml de beurre	2 c. à s. de beurre
30 ml de farine tout usage	2 c. à s. de farine tout usage
250 ml de lait	1 tasse de lait
15 ml de mayonnaise	1 c. à s. de mayonnaise
10 olives vertes hachées	10 olives vertes hachées
10 cornichons hachés	10 cornichons hachés
Persil haché fin	Persil haché fin
5 ml de vinaigre	1 c. à t. de vinaigre
Sel et poivre	Sel et poivre

Dans un bain-marie, faire fondre le beurre. Ajouter la farine et bien mélanger. Ajouter le lait froid d'un coup. Remuer constamment durant toute la cuisson. Assaisonner; ajouter les olives, les cornichons, le persil, la mayonnaise et le vinaigre. Servir chaud.

Laitue frisée à l'huile de noix

Métrique	Impérial
1 laitue frisée	1 laitue frisée
15 ml de moutarde de Dijon	1 c. à s. de moutarde de Dijon
5 ml de sel	1 c. à t. de sel
45 ml de vinaigre de vin	3 c. à s. de vinaigre de vin
30 ml d'échalotes hachées	2 c. à s. d'échalotes hachées
50 ml d'huile de noix	1/4 tasse d'huile de noix

Mettre la laitue dans un saladier. Faire une vinaigrette avec tous les autres ingrédients. Incorporer à la laitue.

On peut aussi ajouter quelques cuillerées à soupe de noix de Grenoble hachées, au goût.

Gâteau aux betteraves

Métrique	Impérial
375 ml de sucre	1-1/2 tasse de sucre
150 ml d'huile	3/4 tasse d'huile
50 ml d'eau chaude	1/4 tasse d'eau chaude
5 ml de vanille	1 c. à t. de vanille
3 jaunes d'oeufs	3 jaunes d'oeufs
500 ml de farine tout usage	2 tasses de farine tout usage
15 ml de poudre à pâte	1 c. à s. de poudre à pâte
5 ml de cannelle	1 c. à t. de cannelle
2 ml de quatre-épices	1/2 c. à t. de quatre-épices
1 pincée de sel	1 pincée de sel
500 ml de betteraves à moitié cuites, râpées fin	2 tasses de betteraves à moitié cuites, râpées fin
3 blancs d'oeufs fouettés en neige ferme	3 blancs d'oeufs fouettés en neige ferme

Mélanger le sucre, l'huile, l'eau, la vanille et les jaunes d'oeufs. Bien remuer le mélange. Tamiser ensemble les ingrédients secs. Toujours en remuant, les incorporer au mélange. Ajouter les betteraves, puis les blancs d'oeufs.

Verser la pâte dans un moule graissé. Faire cuire au four à 180°C (350°F) pendant environ 50 minutes, jusqu'à ce qu'une broche insérée au centre du gâteau en ressorte propre.

Laisser refroidir avant de servir.

Truites farcies sur lit de riz

REPAS DE PÊCHE

Vin blanc sec, bordeaux rouge, vin mousseux

Pour 6 à 8 personnes

MENU

Soupe aux légumes au lard
Filets de brochet du Lac Saint-Louis
Pommes de terre farcies
Salade de champignons aux bagues de poireaux
Tarte chiffon à la citrouille

SOUPE AUX LÉGUMES AU LARD

Métrique	Impérial
1 morceau de lard salé de 250 g	1 morceau de lard salé de 1/2 lb
1 cuisse de poulet	1 cuisse de poulet
1/2 jarret de boeuf de 2,5 cm d'épaisseur	1/2 jarret de boeuf de 1 po d'épaisseur
1 oignon coupé fin	1 oignon coupé fin
4 à 5 carottes	4 à 5 carottes
1/2 navet	1/2 navet
4 à 5 branches de céleri	4 à 5 branches de céleri
1 panais	1 panais
2 pommes de terre moyennes	2 pommes de terre moyennes
250 ml de chou râpé	1 tasse de chou râpé
2 feuilles de laurier	2 feuilles de laurier
30 ml de persil	2 c. à s. de persil
2 litres de bouillon	8 tasses de bouillon
ou	ou
d'eau chaude	d'eau chaude
Sel et poivre	Sel et poivre

Couper tous les légumes en petits dés.

Dans une casserole, faire fondre le lard et y ajouter les oignons. Laisser cuire pendant 5 minutes, à feu doux, jusqu'à ce qu'ils soient dorés.

Ajouter tous les ingrédients, sauf le chou et le bouillon. Couvrir et faire cuire à feu moyen jusqu'à ce que les légumes soient presque cuits. Ajouter le chou et le bouillon; continuer la cuisson à feu doux pendant encore 10 minutes.

Servir avec des petits pains chauds.

FILETS DE BROCHET DU LAC SAINT-LOUIS

Métrique	Impérial
2 filets de brochet (environ 750 g à 1 kg)	2 filets de brochet (environ 1-1/2 à 2 lb)
1 petit oignon émincé	1 petit oignon émincé
125 ml de lait	1/2 tasse de lait
150 ml de chapelure	3/4 tasse de chapelure
125 ml de fromage cheddar râpé	1/2 tasse de fromage cheddar râpé
2 branches de persil haché fin	2 branches de persil haché fin
Sel, poivre et thym	Sel, poivre et thym

Couper les filets en quatre. Les tremper dans le lait, puis les passer dans la chapelure. Déposer dans un plat beurré en pyrex. Ajouter le lait et la chapelure. Répandre le fromage. Mettre au four à 200°C (400°F) pendant 20 minutes ou jusqu'à ce que le poisson s'émiette sous la fourchette.

Servir avec des pommes de terre cuites au four, des haricots verts et des tranches de tomates.

Note : faire cuire au four à micro-ondes pendant 6 minutes.

Filets de brochet du Lac Saint-Louis

Salade de champignons aux bagues de poireaux

POMMES DE TERRE FARCIES

Métrique	Impérial
6 pommes de terre moyennes	6 pommes de terre moyennes
3 tranches de bacon cuit, très croustillant	3 tranches de bacon cuit, très croustillant
150 ml de beurre ramolli	3/4 tasse de beurre ramolli
125 ml de crème sure	1/2 tasse de crème sure
5 ml de sel	1 c. à t. de sel
1 pincée de paprika	1 pincée de paprika
Sel et poivre	Sel et poivre

Faire cuire les pommes de terre au four à 180°C (350°F) pendant environ 1 heure. Enlever une calotte sur le dessus des pommes de terre. À l'aide d'une cuillère, les évider et mettre la chair dans un bol en prenant bien soin de ne pas percer la peau. Émietter le bacon et le mélanger à la pulpe. Ajouter le beurre, la crème sure, le poivre et le sel. Remuer.

Remplir les pommes de terre de cette purée. Réchauffer au four pendant 10 à 12 minutes. Saupoudrer de paprika. Servir.

SALADE DE CHAMPIGNONS AUX BAGUES DE POIREAUX

Métrique	Impérial
500 g de champignons frais	1 lb de champignons frais
1 blanc de poireau	1 blanc de poireau
45 ml d'huile de tournesol	3 c. à s. d'huile de tournesol
45 ml d'eau	3 c. à s. d'eau
Épices mélangées	Épices mélangées
Le jus d'un citron	Le jus d'un citron
Herbes salées	Herbes salées

Couper les champignons en tranches, laver et trancher fin le poireau. Ajouter les assaisonnements et mélanger.

Laisser mariner la salade pendant au moins 15 minutes. Servir avec des tranches de pain grillées.

TARTE CHIFFON À LA CITROUILLE

Métrique	Impérial
1 sachet de gélatine sans saveur	1 sachet de gélatine sans saveur
125 ml de sucre	1/2 tasse de sucre
2 ml de sel	1/2 c. à t. de sel
2 ml de cannelle	1/2 c. à t. de cannelle
2 ml de quatre-épices	1/2 c. à t. de quatre-épices
1 ml de gingembre	1/4 c. à t. de gingembre
1 ml de muscade	1/4 c. à t. de muscade
150 ml de lait	3/4 tasse de lait
2 jaunes d'oeufs légèrement battus	2 jaunes d'oeufs légèrement battus
250 ml de citrouille	1 tasse de citrouille
2 blancs d'oeufs	2 blancs d'oeufs
125 ml de crème épaisse (35%) fouettée	1/2 tasse de crème épaisse (35%) fouettée
1 abaisse cuite	1 abaisse cuite

Mélanger les 7 premiers ingrédients dans une casserole. Ajouter le lait, les jaunes d'oeufs et la citrouille. Faire cuire à feu moyen, jusqu'à ébullition, et remuer jusqu'à dissolution de la gélatine. Retirer du feu et placer au réfrigérateur jusqu'à ce que le mélange commence à prendre.

Fouetter les blancs d'oeufs en neige et ajouter graduellement le sucre jusqu'à consistance ferme. Incorporer délicatement les blancs d'oeufs et la crème fouettée au premier mélange. Verser dans l'abaisse et laisser prendre au réfrigérateur.

Garnir de crème fouettée et de noix de Grenoble.

PIQUE-NIQUE D'ENFANTS

Pour 6 à 8 enfants

TREMPETTE AUX LÉGUMES

Métrique	Impérial
250 ml de mayonnaise	1 tasse de mayonnaise
250 ml de crème sure	1 tasse de crème sure
5 ml de persil	1 c. à t. de persil
5 ml de glutamate de sodium	1 c. à t. de glutamate de sodium
2 ml d'oignon émincé	1/2 c. à t. d'oignon émincé
2 ml de poudre d'ail	1/2 c. à t. de poudre d'ail
3 gouttes de sauce tabasco	3 gouttes de sauce tabasco
5 ml de graines de coriandre écrasées	1 c. à t. de graines de coriandre écrasées
15 ml de concentré de boeuf	1 c. à s. de concentré de boeuf

Bien mélanger tous les ingrédients. Servir avec des cornichons et des croustilles.

BROCHETTES DE SAUCISSES

Métrique	Impérial
24 saucisses cocktail	24 saucisses cocktail
2 poivrons rouges coupés en dés de 2,5 cm	2 poivrons rouges coupés en dés de 1 po
2 tomates coupées en quartiers	2 tomates coupées en quartiers
1 cube de fromage de 2,5 cm (par brochette)	1 cube de fromage de 1 po (par brochette)
1 morceau de cornichon à l'aneth	1 morceau de cornichon à l'aneth

Faire cuire les saucisses et les mettre sur une brochette, en alternant avec les autres ingrédients. Les envelopper dans du papier aluminium. Servir froid avec la trempette aux légumes.

SALADE DE POMMES DE TERRE AUX RADIS

Métrique	Impérial
6 pommes de terre	6 pommes de terre
12 radis émincés	12 radis émincés
60 ml de persil	4 c. à s. de persil
125 ml de mayonnaise	1/2 tasse de mayonnaise

Faire cuire les pommes de terre dans de l'eau bouillante salée et les laisser refroidir; les éplucher et les couper en cubes. Ajouter les radis. Incorporer la mayonnaise et le persil. Servir.

Brochettes de saucisses

275

SALADE DE CHOU

Métrique	Impérial
1 chou moyen	1 chou moyen
125 ml de relish	1/2 tasse de relish
10 ml de vinaigre	2 c. à t. de vinaigre
250 ml de mayonnaise	1 tasse de mayonnaise
50 ml de lait	1/4 tasse de lait
15 ml de sucre	1 c. à s. de sucre

Bien mélanger tous les ingrédients et mettre au réfrigérateur.

CARRÉS AU CARAMEL

Métrique	Impérial
35 caramels	35 caramels
1 petite boîte de lait condensé	1 petite boîte de lait condensé
250 ml de farine tout usage	1 tasse de farine tout usage
150 ml de cassonade	3/4 tasse de cassonade
2 ml de soda à pâte	1/2 c. à t. de soda à pâte
1 ml de sel	1/4 c. à t. de sel
150 ml de margarine	3/4 tasse de margarine
1 sac de brisures de chocolat semi-sucré	1 sac de brisures de chocolat semi-sucré

Faire fondre le lait condensé et les caramels à feu doux.
Dans un bol, mélanger les ingrédients secs.

Incorporer la margarine dans les ingrédients secs. Réserver 250 ml (1 tasse) de ce mélange pour la garniture. Verser le reste du mélange dans un plat graissé. Faire cuire au four à 160°C (325°F) pendant 10 à 12 minutes. Retirer et ajouter successivement les brisures de chocolat, puis le mélange de caramel fondu.

Répandre les ingrédients secs réservés sur le caramel et remettre au four pendant 15 à 20 minutes.

MICRO-ONDES

Sauce au caramel

Métrique	*Impérial*
250 ml de cassonade	*1 tasse de cassonade*
2 ml de farine	*1/2 c. à t. de farine*
10 ml de sirop de maïs	*2 c. à t. de sirop de maïs*
50 ml de beurre	*1/4 tasse de beurre*
1 pincée de muscade	*1 pincée de muscade*

Mélanger la cassonade et la farine dans un bol. Incorporer le lait et le sirop. Ajouter le beurre. Faire cuire à découvert à MAX. pendant 2 à 4 minutes ou jusqu'à ébullition. Bien remuer. Continuer la cuisson à MAX. pendant 3 minutes et demie. Ajouter la muscade. Servir immédiatement.

Carrés au caramel

PIQUE-NIQUE

Vin blanc sec, bordeaux rouge, vin mousseux

Pour 6 à 8 personnes

TREMPETTE AU CRABE

Métrique	Impérial
250 g de fromage «Philadel-phia»	1/2 lb de fromage «Philadel-phia»
170 g de chair de crabe bien égouttée	1/3 lb de chair de crabe bien égouttée
1 échalote	1 échalote
Quelques gouttes de sauce tabasco	Quelques gouttes de sauce tabasco
Quelques gouttes de jus de citron	Quelques gouttes de jus de citron
Quelques brins de persil haché	Quelques brins de persil haché

Bien mélanger tous les ingrédients. Servir avec des biscuits, des légumes et des petits pains.

SALADE D'ÉPINARDS

Métrique	Impérial
500 ml d'épinards hachés	2 tasses d'épinards hachés
2 tomates tranchées	2 tomates tranchées
2 oeufs durs	2 oeufs durs
75 ml de yogourt nature	1/3 tasse de yogourt nature
15 ml de jus de citron	1 c. à s. de jus de citron
1 échalote hachée	1 échalote hachée
Rondelles d'oignons	Rondelles d'oignons
Poivre et marjolaine	Poivre et marjolaine

Mélanger le yogourt, le jus de citron, l'échalote et les assaisonnements. Mettre les épinards dans un saladier, les saupoudrer d'oeufs durs écrasés et les décorer de tranches de tomates et de rondelles d'oignons. Verser la vinaigrette sur la salade.

TOMATES FARCIES AUX MOULES

Métrique	Impérial
4 grosses tomates	4 grosses tomates
125 ml de riz cuit	1/2 tasse de riz cuit
30 moules	30 moules
250 ml de mayonnaise	1 tasse de mayonnaise
250 ml de macédoine de légumes en boîte	1 tasse de macédoine de légumes en boîte

Couper les tomates en deux et les évider. Passer la chair au robot culinaire et verser le jus obtenu dans une grande casserole. Ajouter les moules, couvrir et laisser cuire à feu vif jusqu'à ce que les coquilles soient ouvertes.

Décortiquer et réserver. Passer le jus de cuisson à travers un papier essuie-tout. Utiliser ce jus pour faire cuire le riz. Ajouter de l'eau, au besoin. Laisser refroidir.

Mélanger les ingrédients et farcir les tomates.

Variante : remplacer la mayonnaise par du gruyère râpé. Faire cuire à 190°C (375°F) pendant 10 minutes.

Tomates farcies aux moules

PAIN DE VIANDE
VEAU ET JAMBON

Métrique	Impérial
500 g de veau haché	1 lb de veau haché
500 g de jambon haché	1 lb de jambon haché
2 oeufs	2 oeufs
60 ml de ketchup	4 c. à s. de ketchup
45 ml de poivron vert haché	3 c. à s. de poivron vert haché
3/4 d'une boîte de crème de champignons	3/4 d'une boîte de crème de champignons
50 à 125 ml de chapelure	1/4 à 1/2 tasse de chapelure

Dans un plat en pyrex, bien mélanger tous les ingrédients. Faire cuire au four à 180°C (350°F) pendant 1 heure.

Renverser le plat sur un papier aluminium. Jeter le liquide qui s'écoule. Laisser refroidir le pain de viande sur une grille, puis mettre au réfrigérateur.

Variante : placer des champignons au centre de la préparation avant de la mettre au four.

LÉGUMES MARINÉS

Métrique	Impérial
1 chou-fleur coupé en petits bouquets	1 chou-fleur coupé en petits bouquets
3 carottes coupées en bâtonnets de 7,5 cm	3 carottes coupées en bâtonnets de 3 po
2 branches de céleri coupées en dés de 2,5 cm	2 branches de céleri coupées en dés de 1 po
1 poivron vert coupé en lanières	1 poivron vert coupé en lanières
1 pot de piments marinés	1 pot de piments marinés
250 ml de haricots verts coupés en morceaux de 5 cm	1 tasse de haricots verts coupés en morceaux de 2 po
125 ml d'olives farcies	1/2 tasse d'olives farcies
150 ml de vinaigre	3/4 tasse de vinaigre
150 ml d'eau	3/4 tasse d'eau
125 ml d'huile	1/2 tasse d'huile
30 ml de sucre	2 c. à s. de sucre
5 ml de sel	1 c. à t. de sel
1 ml de poivre	1/4 c. à t. de poivre
2 ml d'origan	1/2 c. à t. d'origan

Mélanger tous les ingrédients dans une grande casserole. Porter à ébullition en remuant de temps à autre. Réduire le feu et laisser mijoter pendant 8 à 10 minutes à l'étouffée (les légumes seront tendres, mais croustillants). Laisser tiédir. Mettre au réfrigérateur pendant 24 heures. Remuer de temps à autre.

Se conserve pendant environ 1 mois.

Légumes marinés

CARRÉS AU CAFÉ

Métrique	Impérial
250 ml de farine tout usage	1 tasse de farine tout usage
2 ml de poudre à pâte	1/2 c. à t. de poudre à pâte
15 ml de café instantané	1 c. à s. de café instantané
2 ml de sel	1/2 c. à t. de sel
125 ml de beurre ou de margarine	1/2 tasse de beurre ou de margarine
125 ml de cassonade	1/2 tasse de cassonade
5 ml de vanille	1 c. à t. de vanille
50 ml de noix de Grenoble hachées	1/4 tasse de noix de Grenoble hachées
125 ml de brisures de chocolat	1/2 tasse de brisures de chocolat

Tamiser la farine, la poudre à pâte, le café instantané et le sel. Réserver. Mélanger le beurre, la cassonade et la vanille jusqu'à l'obtention d'un mélange crémeux. Incorporer au premier mélange. Ajouter les noix et le chocolat.

Verser dans un moule de 20 x 20 cm (8 x 8 po). Faire cuire au four à 180°C (350°F) pendant 25 à 30 minutes jusqu'à ce que le mélange soit bien doré.

Couper en carrés immédiatement.

Carrés au café

CRÈME CHARLOTTE

Métrique	Impérial
1 boîte de lait condensé	1 boîte de lait condensé
1-1/2 enveloppe de gélatine sans saveur	1-1/2 enveloppe de gélatine sans saveur
125 ml de sucre	1/2 tasse de sucre
2 ml de vanille	1/2 c. à t. de vanille
125 ml d'eau froide	1/2 tasse d'eau froide
125 ml d'eau bouillante	1/2 tasse d'eau bouillante

Mettre le lait condensé au congélateur jusqu'à ce qu'il soit presque gelé, soit au moins pendant 2 à 3 heures. Délayer la gélatine dans de l'eau froide. Dès qu'elle commence à prendre, ajouter l'eau bouillante.

Mélanger le lait avec le sucre et la vanille. Lorsque le mélange épaissit, ajouter la gelée et fouetter vigoureusement. Mettre au réfrigérateur jusqu'au moment de servir.

La cuisine internationale

CUISINE ALLEMANDE

Vin blanc sec, vin blanc du Rhin sec, vin d'Alsace mousseux

Pour 6 à 8 personnes

HEISSE BIERSUPPE

Métrique	Impérial
3 bouteilles de bière	3 bouteilles de bière
150 ml de sucre	3/4 tasse de sucre
4 jaunes d'oeufs	4 jaunes d'oeufs
90 ml de crème épaisse (35%) additionnée de jus de citron	6 c. à s. de crème épaisse (35%) additionnée de jus de citron
2 ml de cannelle en poudre	1/2 c. à t. de cannelle en poudre
2 ml de sel	1/2 c. à t. de sel
Poivre noir fraîchement moulu	Poivre noir fraîchement moulu

Dans une grande casserole, verser la bière. Y ajouter le sucre. Amener à ébullition à feu vif, en remuant constamment, jusqu'à la dissolution du sucre. Retirer du feu.

Dans un récipient, à l'aide d'un fouet, battre les jaunes d'oeufs. Y incorporer graduellement la crème. En fouettant, ajouter 60 ml (4 c. à s.) de bière, puis verser le mélange dans la casserole. Ajouter la cannelle, le sel et un peu de poivre. Faire cuire à feu moyen en remuant constamment, jusqu'à ce que la soupe épaississe. Ne pas laisser bouillir. Rectifier l'assaisonnement et servir.

GALETTES DE SAUCISSES ET DE POMMES DE TERRE

Métrique	Impérial
3 grosses pommes de terre non épluchées	3 grosses pommes de terre non épluchées
6 saucisses allemandes	6 saucisses allemandes
3 oeufs	3 oeufs
60 ml de beurre	4 c. à s. de beurre
Sel et poivre	Sel et poivre

Faire cuire à moitié les pommes de terre dans de l'eau salée. Les faire refroidir, puis les râper. Couper les saucisses en rondelles de 7,5 cm (3 po) d'épaisseur.

Dans une poêle anti-adhésive, faire fondre le beurre et y faire revenir les saucisses pendant environ 7 minutes. Ajouter les pommes de terre et les presser légèrement sur les saucisses. Faire cuire à feu moyen pendant environ 10 minutes.

Entre-temps, battre les oeufs. Les verser sur les pommes de terre et continuer la cuisson pendant 5 minutes ou jusqu'à ce que les oeufs soient cuits.

Renverser sur un plat de service. Servir.

Galette de saucisses et de pommes de terre

Choucroute au vin du Rhin

KÖNINGSBERGER KLOPSE

Métrique	Impérial
500 g de boeuf haché	1 lb de boeuf haché
125 ml de chapelure assaisonnée	1/2 tasse de chapelure assaisonnée
1 oeuf	1 oeuf
5 ml de zeste de citron	1 c. à t. de zeste de citron
250 ml d'eau	1 tasse d'eau
30 ml de bouillon de boeuf	2 c. à s. de bouillon de boeuf
15 ml de jus de citron	1 c. à s. de jus de citron
5 ml de fécule de maïs	1 c. à t. de fécule de maïs
20 ml d'eau froide	4 c. à t. d'eau froide
1 jaune d'oeuf	1 jaune d'oeuf

Bien mélanger la viande, la chapelure, l'oeuf et le zeste de citron. Façonner une douzaine de boulettes de viande. Dans une casserole moyenne, porter l'eau à ébullition, y faire dissoudre les cubes de bouillon. Déposer les boulettes dans le bouillon frémissant.

Faire cuire pendant 8 à 10 minutes. Retirer les boulettes et garder au chaud.

Ajouter le jus de citron au bouillon. Délayer la fécule de maïs dans l'eau froide, verser dans le bouillon chaud en remuant constamment. Poursuivre la cuisson jusqu'à épaississement. Ajouter un peu de ce mélange au jaune d'oeuf. Bien remuer. Incorporer au bouillon chaud. Retirer du feu et verser sur les boulettes de viande.

CHOUCROUTE AU VIN DU RHIN

Métrique	Impérial
1 kg de choucroute	2 lb de choucroute
12 saucisses allemandes coupées en deux	12 saucisses allemandes coupées en deux
500 g d'oignons	1 lb d'oignons
30 ml de graisse de porc	2 c. à s. de graisse de porc
2 pommes	2 pommes
250 g de lard fumé	1/2 lb de lard fumé
125 ml de vin blanc du Rhin	1/2 tasse de vin blanc du Rhin

Dans une marmite en terre, disposer la choucroute salée, les oignons, la graisse de porc, les pommes râpées et le lard fumé. Mouiller avec le vin et une quantité égale d'eau.

Une heure avant la fin de la cuisson, ajouter les saucisses et laisser mijoter à feu doux pendant au moins 3 heures.

BOHNENSALAT

Métrique	Impérial
45 ml de vinaigre de vin	3 c. à s. de vinaigre de vin
45 ml d'huile végétale	3 c. à s. d'huile végétale
125 ml de consommé de volaille	1/2 tasse de consommé de volaille
5 ml d'aneth frais	1 c. à t. d'aneth frais
5 ml de persil haché	1 c. à t. de persil haché
500 g de haricots verts frais	1 lb de haricots verts frais
1 brin de sarriette fraîche ou	1 brin de sarriette fraîche ou
1 ml de sarriette séchée	1/4 c. à t. de sarriette séchée
10 ml de sel	2 c. à t. de sel
Poivre noir	Poivre noir

Dans un bol, mélanger le vinaigre, l'huile végétale, le consommé, 5 ml (1 c. à t.) de sel et le poivre. Bien mélanger. Ajouter l'aneth et le persil. Couvrir.

Effiler les haricots et les couper en morceaux de 5 cm (2 po). Les mettre dans de l'eau bouillante avec 15 ml (1 c. à s.) de sel et la sarriette, et laisser bouillir pendant 15 minutes. Égoutter. Passer à l'eau froide et sécher avec une serviette en papier.

Disposer dans un plat de service. Napper de vinaigrette. Mettre au réfrigérateur pendant 1 heure avant de servir.

SACHERTORTE

Métrique	Impérial
250 ml de chocolat amer	1 tasse de chocolat amer
8 jaunes d'oeufs	8 jaunes d'oeufs
125 ml de beurre fondu	1/2 tasse de beurre fondu
10 blancs d'oeufs	10 blancs d'oeufs
1 pincée de sel	1 pincée de sel
150 ml de sucre	3/4 tasse de sucre
125 ml de farine à pâtisserie	1/2 tasse de farine à pâtisserie
125 ml de confiture d'abricots	1/2 tasse de confiture d'abricots

Faire fondre le chocolat au bain-marie. Beurrer et enfariner 2 moules à gâteaux de 20 cm (8 po) de diamètre. Travailler au fouet les jaunes d'oeufs. Y incorporer le beurre et le chocolat fondus.

Fouetter les blancs d'oeufs en neige ferme, en y ajoutant une pincée de sel. Ajouter le sucre et battre jusqu'à l'obtention d'une mousse ferme.

Incorporer le tiers des blancs montés en neige au premier mélange.

Progressivement, incorporer le reste des blancs d'oeufs. Ajouter la farine en pluie et remuer délicatement sans faire tomber les blancs d'oeufs.

Verser la pâte dans les moules et faire cuire au four à 180°C (350°F) pendant 30 minutes ou jusqu'à ce que les gâteaux soient gonflés et secs. Démouler. Laisser refroidir.

Glaçage

Métrique	Impérial
150 ml de chocolat mi-sucré	3/4 tasse de chocolat mi-sucré
250 ml de crème épaisse (35%)	1 tasse de crème épaisse (35%)
150 ml de sucre	3/4 tasse de sucre
1 oeuf	1 oeuf

Dans une casserole à fond épais, faire fondre le chocolat à feu très doux en remuant constamment. Incorporer la crème et le sucre et laisser cuire à petits bouillons sans remuer pendant 5 minutes. Battre l'oeuf, l'ajouter au mélange. Continuer la cuisson pendant 4 minutes. Laisser tiédir.

Montage

Tendre la confiture d'abricots sur un des gâteaux. Recouvrir de l'autre gâteau. Recouvrir du mélange au chocolat. Mettre au réfrigérateur pendant 3 heures jusqu'à ce que le glaçage durcisse. Sortir 30 minutes avant de servir.

Sachertorte

CUISINE CHINOISE

Vin rouge, bordeaux blanc, rosé pétillant sec

Pour 6 à 8 personnes

MENU

Potage aux oeufs battus
Côtes levées de porc cantonnaise
Poulet aux amandes
Aubergines aux fèves noires salées
Salade aux concombres marinés
Gelée d'amandes

POTAGE AUX OEUFS BATTUS

Métrique	Impérial
1,5 litre de bouillon de boeuf	6 tasses de bouillon de boeuf
4 oeufs battus	4 oeufs battus
2 ml de gingembre	1/2 c. à t. de gingembre
60 ml de persil haché	4 c. à s. de persil haché
Sel et poivre	Sel et poivre

Porter le bouillon à ébullition. Ajouter le gingembre, puis les oeufs battus en remuant constamment. Faire cuire à feu doux jusqu'à ce que les oeufs se séparent en filaments. Assaisonner. Verser dans des bols à soupe réchauffés. Parsemer de persil. Servir.

CÔTES LEVÉES DE PORC CANTONNAISE

Métrique	Impérial
1,5 kg de côtelettes de porc	3 lb de côtelettes de porc
1 petit oignon haché fin	1 petit oignon haché fin
5 ml de sel	1 c. à t. de sel
150 ml de bouillon de boeuf	3/4 tasse de bouillon de boeuf
30 ml de fécule de maïs	2 c. à s. de fécule de maïs
50 ml de vinaigre de cidre	1/4 tasse de vinaigre de cidre
30 ml de sauce soja	2 c. à s. de sauce soja
150 ml de cassonade	3/4 tasse de cassonade
2 ml de gingembre, de poudre d'ail et de poudre de cari mélangés	1/2 c. à t. de gingembre, de poudre d'ail et de poudre de cari mélangés
1 ml de clous de girofle	1/4 c. à t. de clous de girofle

Couper les côtes de porc fraîches (spareribs) en morceaux d'environ 5 cm (2 po) et les mettre dans une marmite. Ajouter un petit oignon haché fin et 5 ml (1 c. à t.) de sel. Couvrir d'eau et laisser mijoter à couvert pendant 45 minutes. Égoutter.

Délayer la fécule de maïs dans le vinaigre. Mélanger au bouillon. Remuer. Ajouter les autres ingrédients. Faire cuire en remuant sans arrêt jusqu'à épaississement. Ajouter les côtelettes de porc et laisser cuire jusqu'à ce qu'elles soient glacées et très chaudes. Servir avec une sauce aux prunes.

Variante : glacer les côtelettes de porc en les faisant cuire au four à 180°C (350°F) pendant 30 minutes.

Potage aux oeufs battus

285

POULET AUX AMANDES

Métrique	Impérial
45 ml d'huile végétale	3 c. à s. d'huile végétale
10 ml de sel	2 c. à t. de sel
3 poitrines de poulet désossées, émincées	3 poitrines de poulet désossées, émincées
30 ml de sauce soja	2 c. à s. de sauce soja
250 ml de céleri coupé en julienne de 5 cm	1 tasse de céleri coupé en julienne de 2 po
1 petit poivron vert coupé en dés de 2,5 cm	1 petit poivron vert coupé en dés de 1 po
1 petit oignon haché fin	1 petit oignon haché fin
1 boîte de champignons tranchés	1 boîte de champignons tranchés
1 boîte de pousses de bambou égouttées et tranchées	1 boîte de pousses de bambou égouttées et tranchées
250 ml de bouillon de poulet	1 tasse de bouillon de poulet
30 ml de fécule de maïs	2 c. à s. de fécule de maïs
50 ml d'amandes mondées, grillées	1/4 tasse d'amandes mondées, grillées.

Dans un poêlon, faire chauffer l'huile et le sel. Ajouter le poulet et faire frire pendant 3 minutes. Dégraisser le poêlon. Ajouter la sauce soja. Ajouter les légumes et le bouillon. Couvrir et faire mijoter pendant environ 5 minutes.

Délayer la fécule de maïs dans un peu d'eau froide et l'incorporer en remuant. Laisser cuire jusqu'à ce que la sauce devienne épaisse et transparente. Ajouter les amandes. Servir avec du riz blanc.

AUBERGINES AUX FÈVES NOIRES SALÉES

Métrique	Impérial
2 petites aubergines coupées en dés	2 petites aubergines coupées en dés
1/2 oignon tranché	1/2 oignon tranché
20 ml de purée de fèves noires	4 c. à t. de purée de fèves noires
2 gousses d'ail, coupées fin	2 gousses d'ail, coupées fin
2 ml de sucre	1/2 c. à t. de sucre
15 ml de sauce soja	1 c. à s. de sauce soja
2 ml de sel	1/2 c. à t. de sel
2 ml de fécule de maïs délayée dans un peu d'eau	1/2 c. à t. de fécule de maïs délayée dans un peu d'eau
20 ml d'huile végétale	4 c. à t. d'huile végétale

Faire blanchir les aubergines pendant 3 à 4 minutes. Les retirer, bien les égoutter et mettre de côté.

Réchauffer le wok avec 20 ml (4 c. à t.) d'huile végétale. Ajouter l'ail et la purée de fèves noires. Mélanger pendant 1/2 minute. Incorporer les aubergines blanchies et tous les autres ingrédients. Mélanger. Laisser cuire jusqu'à épaississement. Servir.

À gauche : quelques ingrédients de la cuisine chinoise
Ci-dessous : poulet aux amandes

Salade aux concombres marinés

SALADE AUX CONCOMBRES MARINÉS

Métrique	Impérial
2 ou 3 jeunes concombres moyens	2 ou 3 jeunes concombres moyens
250 g de crevettes cuites	1/2 lb de crevettes cuites
15 ml de sucre	1 c. à s. de sucre
15 ml de sel	1 c. à s. de sel

Marinade

Métrique	Impérial
5 ml de sauce soja	1 c. à t. de sauce soja
3 ml d'huile de sésame	3/4 c. à t. d'huile de sésame
45 à 60 ml de vinaigre	3 à 4 c. à s. de vinaigre
45 à 60 ml de sucre	3 à 4 c. à s. de sucre
2 ml de jus de gingembre	1/2 c. à t. de jus de gingembre
2 piments rouges chili	2 piments rouges chili
2 ml de poivre Sseu-tc'houan moulu	1/2 c. à t. de poivre Sseu-tc'houan moulu
Quelques gouttes de sauce tabasco	Quelques gouttes de sauce tabasco

Éplucher le concombre et le couper en rondelles minces. Préparer un mélange de sucre et de sel, y tremper les rondelles de concombres et mettre de côté pendant 30 minutes.

Rincer légèrement, égoutter et placer dans un bol. Préparer la marinade et la verser sur les concombres. Garnir de crevettes cuites. Mettre au réfrigérateur avant de servir.

GELÉE D'AMANDES

Métrique	Impérial
1 sachet de gélatine sans saveur	1 sachet de gélatine sans saveur
250 ml de lait en poudre	1 tasse de lait en poudre
250 ml de sucre	1 tasse de sucre
15 ml d'extrait d'amandes	1 c. à s. d'extrait d'amandes
1 litre d'eau	4 tasses d'eau

Dans une casserole, porter l'eau à ébullition et y faire dissoudre le sucre et la gélatine. Remuer régulièrement. Ajouter le lait en poudre et l'essence d'amandes. Bien mélanger.

Verser la préparation dans un moule et mettre au réfrigérateur. Laisser reposer avant de servir.

Cuisine chinoise

Saké chaud

Pour 6 à 8 personnes

Riz au poulet

Métrique	Impérial
500 ml d'eau	2 tasses d'eau
3 ml de sel	3/4 c. à t. de sel
625 ml de riz minute (suivre la préparation sur la boîte)	2-1/2 tasses de riz minute (suivre la préparation sur la boîte)

Préparer le riz. Porter l'eau à ébullition. Saler. Y ajouter le riz, couvrir et retirer du feu. Laisser reposer pendant 5 minutes. Remuer légèrement avec une fourchette.

Poulet

Métrique	Impérial
60 ml d'huile végétale	4 c. à s. d'huile végétale
325 ml de poivrons verts hachés	1-1/2 tasse de poivrons verts hachés
250 ml d'oignons tranchés fin	1 tasse d'oignons tranchés fin
75 ml de fécule de maïs	1/3 tasse de fécule de maïs
750 ml de bouillon de poulet	3 tasses de bouillon de poulet
45 ml de sauce soja	3 c. à s. de sauce soja
750 ml de poulet coupé en tranches ou en gros morceaux	3 tasses de poulet coupé en tranches ou en gros morceaux
2 grosses branches de céleri coupées en dés	2 grosses branches de céleri coupées en dés
375 ml de champignons frais ou en conserve	1-1/2 tasse de champignons frais ou en conserve

Dans un poêlon, faire chauffer l'huile. Y ajouter les légumes, et les faire revenir (ils doivent demeurer légèrement croquants). Ajouter le bouillon et faire chauffer jusqu'au point d'ébullition. Ajouter 50 ml (1/4 tasse) de fécule de maïs. Laisser épaissir, puis ajouter le poulet. Mélanger délicatement. Faire cuire au four à 160°C (325°F) pendant environ 10 minutes. Placer sur une assiette et entourer de riz.

Potage aux légumes

Métrique	Impérial
8 échalotes	8 échalotes
1/2 boîte de brocolis surgelés	1/2 boîte de brocolis surgelés
1 boîte de pousses de bambou ou de chataîgnes d'eau	1 boîte de pousses de bambou ou de chataîgnes d'eau
250 ml de céleri coupé en morceaux de 2,5 cm	1 tasse de céleri coupé en morceaux de 1po
1,5 litre de bouillon de poulet	6 tasses de bouillon de poulet
125 ml de vermicelles tournés	1/2 tasse de vermicelles tournés
250 ml de poulet cuit coupé en dés	1 tasse de poulet cuit coupé en dés
125 ml de champignons frais tranchés	1/2 tasse de champignons frais tranchés
15 ml de sauce soja	1 c. à s. de sauce soja
Sel et poivre	Sel et poivre

Trancher les échalotes dans le sens de la longueur et les couper en 4. Couper le brocoli en gros dés. Égoutter les pousses de bambou et les couper en dés ou trancher les châtaignes d'eau.

Dans une casserole, amener le bouillon à ébullition, à feu vif. Ajouter les vermicelles, les légumes et le poulet. Ramener à ébullition et laisser cuire pendant environ 6 minutes.

Ajouter la sauce soja et assaisonner.

Potage aux légumes à la chinoise

Foie de veau à la chinoise

FOIE DE VEAU À LA CHINOISE

Métrique
45 ml d'huile végétale
125 ml d'oignon haché
125 ml de céleri tranché en biais
125 ml de poivron rouge ou vert coupé en lanières
3 gousses d'ail écrasées
1 kg de foie coupé en lanières
45 à 60 ml de sauce soja

Impérial
3 c. à s. d'huile végétale
1/2 tasse d'oignon haché
1/2 tasse de céleri tranché en biais
1/2 tasse de poivron rouge ou vert coupé en lanières
3 gousses d'ail écrasées
2 lb de foie coupé en lanières
3 à 4 c. à s. de sauce soja

Dans un poêlon, faire chauffer l'huile. Y faire sauter les légumes jusqu'à ce qu'ils soient tendres. Retirer et réserver au chaud.

Faire ensuite sauter rapidement les morceaux de foie. Ajouter les légumes, arroser de sauce soja, bien mélanger. Servir avec du riz.

BROCOLIS À LA CHINOISE

Métrique
750 ml à 1 litre de brocolis coupés (fleur et tiges)
15 ml d'huile de tournesol
5 ml à 10 ml de gingembre frais émincé
1 à 2 gousses d'ail émincées
15 ml de sucre
2 ml de sel

Impérial
3 à 4 tasses de brocolis coupés (fleur et tiges)
1 c. à s. d'huile de tournesol
1 à 2 c. à t. de gingembre frais émincé
1 à 2 gousses d'ail émincées
1 c. à s. de sucre
1/2 c. à t. de sel

Faire cuire le brocoli à la vapeur dans une petite quantité d'eau salée pendant 3 à 4 minutes. Égoutter et passer à l'eau froide. Égoutter de nouveau et laisser reposer.

Dans un wok, faire chauffer l'huile, à feu doux. Ajouter le gingembre et l'ail, et faire cuire pendant environ 30 secondes. Ajouter le brocoli, l'eau, le sucre et le sel. Remuer continuellement avec une spatule pendant environ 2 minutes. Servir.

ÉVENTAIL CHINOIS EN SALADE

Métrique
2 tomates coupées en éventail (voir page 34, Tomates en éventail)
2 concombres moyens
2 courgettes moyennes
2 carottes
45 ml de persil haché
Vinaigrette au choix

Impérial
2 tomates coupées en éventail (voir page 34, Tomates en éventail)
2 concombres moyens
2 courgettes moyennes
2 carottes
3 c. à s. de persil haché
Vinaigrette au choix

Faire cuire les courgettes dans de l'eau bouillante salée pendant 3 à 4 minutes. Les passer sous l'eau pour les refroidir. Les tailler en tranches minces dans le sens de la longueur en prenant soin de les maintenir attachées à une des extrémités. Réserver.

Procéder de la même façon avec les concombres crus.

Éplucher les carottes et les couper en biais, en tranches fines. Les faire cuire dans de l'eau bouillante salée pendant environ 5 minutes. Les passer sous l'eau froide pour garder leur couleur.

Dans un grand plat de service, disposer les courgettes, les concombres et les tomates en éventail.

Ajouter les carottes et le persil. Napper de sauce vinaigrette.

LITCHIS SUR GLACE

Métrique
1 boîte de litchis égouttés et glacés
1 litre de glace concassée ou de crème glacée
8 à 12 fraises ou cerises

Impérial
1 boîte de litchis égouttés et glacés
4 tasses de glace concassée ou de crème glacée
8 à 12 fraises ou cerises

Prendre un long verre à whisky et le remplir de glace concassée ou de crème glacée. Déposer les fraises au centre. Entourer de litchis. Servir.

Éventail chinois en salade

CUISINE CRÉOLE

Vin blanc sec, rosé pétillant

Pour 6 à 8 personnes

BISQUE AUX TOULOULOUS (OU PETITS CRABES)

Métrique	Impérial
500 g de petits crabes	1 lb de petits crabes
1 carotte	1 carotte
1 gros oignon haché	1 gros oignon haché
Thym	Thym
Laurier	Laurier
2 ou 3 piments forts	2 ou 3 piments forts
105 ml de rhum blanc	7 c. à s. de rhum blanc
105 ml de vin blanc sec	7 c. à s. de vin blanc sec
125 ml de riz	1/2 tasse de riz
75 ml de crème épaisse (35%)	1/3 tasse de crème épaisse (35%)
Croûtons	Croûtons

Faire revenir dans du beurre les piments forts, la carotte et l'oignon, le thym et le laurier. Ajouter les crabes bien nettoyés. Lorsqu'ils sont bien rouges, les arroser de rhum blanc et les faire flamber. Couvrir d'eau et de vin blanc (à part égale). Laisser frémir pendant 30 minutes. Filtrer et réserver le jus. Y faire cuire le riz.

Entre-temps, piler au mortier les légumes et les touloulous. Passer la purée et le riz au tamis fin. Mouiller avec l'eau de cuisson du riz. Faire cuire à feu vif, en remuant bien, pendant 10 minutes. Passer encore au tamis.

Ajouter la crème. Faire revenir des croûtons dans du beurre. Servir avec la bisque aux touloulous.

TARTE AUX PATATES DOUCES

Métrique	Impérial
1 kg de patates douces	2 lb de patates douces
2 oeufs	2 oeufs
45 ml de farine tout usage	3 c. à s. de farine tout usage
20 ml de beurre	4 c. à t. de beurre
45 ml d'amandes	3 c. à s. d'amandes
1 goutte de vanille	1 goutte de vanille

Faire cuire des patates douces à l'étouffée. Les mettre en purée. Incorporer les jaunes d'oeufs, la farine, le beurre et les amandes broyées. Bien mélanger. Ajouter la vanille.

Les mettre dans une assiette à tarte beurrée et les faire dorer au four.

Bisque aux touloulous

Crème de maïs

JAMBON CRÉOLE

Métrique
1 jambon dans la fesse
1 banane par personne
Clous de girofle
625 ml de cassonade
250 ml de vinaigre de vin
2 boîtes d'ananas en tranches
250 ml de beurre ou de margarine
Poivre
Bouquet garni
Cognac

Impérial
1 jambon dans la fesse
1 banane par personne
Clous de girofle
2-1/2 tasses de cassonade
1 tasse de vinaigre de vin
2 boîtes d'ananas en tranches
1 tasse de beurre ou de margarine
Poivre
Bouquet garni
Cognac

Dans une grande casserole, placer le jambon, le bouquet garni et les clous de girofle. Le faire cuire en comptant 15 minutes par 500 g (1 lb). Égoutter. Laisser refroidir. Enlever la couenne et une partie du gras. Former des losanges et piquer un clou de girofle dans chacun d'eux. Poser le jambon dans un plat et faire cuire au four à 160°C (325°F) pendant 2 heures et 30 minutes.

Faire un sirop en mélangeant le vinaigre, la cassonade et 3 clous de girofle concassés. En arroser le jambon toutes les 15 minutes. Ajouter du jus d'ananas de temps à autre pour ne pas que la sauce se caramélise. Faire chauffer les ananas dans le beurre. Poivrer. Ajouter les bananes. Poivrer.

Servir le jambon entouré des tranches d'ananas et de bananes poivrées. Verser 45 ml (3 c. à s.) de cognac sur les fruits et flamber.

CRÈME DE MAÏS

Métrique
1-1/2 litre de lait
45 ml de sucre
1 goutte de vanille
250 ml de farine de maïs
4 jaunes d'oeufs
4 blancs d'oeufs montés en neige
250 ml de crème épaisse (35%)

Impérial
6 tasses de lait
3 c. à s. de sucre
1 goutte de vanille
1 tasse de farine de maïs
4 jaunes d'oeufs
4 blancs d'oeufs montés en neige
1 tasse de crème épaisse (35%)

Faire chauffer le lait, la moitié du sucre et la vanille. Entre-temps, placer les jaunes d'oeufs dans un bol. Y ajouter le sucre et travailler au fouet pendant 3 minutes. Incorporer la farine avec une spatule de bois.

Dès que le lait commence à bouillir, en verser la moitié sur ce mélange. Travailler au fouet en raclant bien les bords du bol. Verser ce mélange dans le lait.

Faire cuire à feu doux et travailler au fouet ou à la spatule de bois en traçant des «8». Retirer du feu, ajouter la crème et les blancs d'oeufs montés en neige. Mélanger délicatement. Servir.

Ananas au chocolat

SALADE CRÉOLE

Métrique	Impérial
2 laitues	2 laitues
2 poivrons verts coupés en petits dés	2 poivrons verts coupés en petits dés
2 poivrons rouges coupés en petits dés	2 poivrons rouges coupés en petits dés
3 tomates coupées en quartiers	3 tomates coupées en quartiers
375 ml de champignons émincés	1-1/2 tasse de champignons émincés
2 gousses d'ail hachées	2 gousses d'ail hachées
375 ml de riz cuit	1-1/2 tasse de riz cuit
Vinaigrette	Vinaigrette

Laver la laitue et la couper en morceaux. Bien l'égoutter et la mettre dans un bol. Ajouter les poivrons, les champignons, l'ail, les tomates, le riz et la vinaigrette. Mélanger et servir.

ANANAS AU CHOCOLAT

Métrique	Impérial
2 ou 3 bananes	2 ou 3 bananes
125 ml de crème épaisse (35%) vanillée et fouettée	1/2 tasse de crème épaisse (35%) vanillée et fouettée
1 ananas	1 ananas
75 ml de rhum	1/3 tasse de rhum
15 ml de sucre	1 c. à s. de sucre
Chocolat râpé	Chocolat râpé

Écraser les bananes et y incorporer la crème vanillée et fouettée.

Couper l'ananas en tranches épaisses. Les faire macérer dans le rhum et le sucre. Déposer une petite quantité de bananes à la crème au centre de chaque tranche. Couvrir de chocolat râpé. Placer au réfrigérateur. Servir très froid.

CUISINE DANOISE

Bourgogne rouge, vin blanc sec, vin mousseux

Pour 6 à 8 personnes

MENU

Brunkaalsuppe
(soupe au chou, à la danoise)
Smorrebrod à la viande
Fondue Dansk
Brunede kartofler
(pommes de terre caramélisées)
Hummersalat
(salade danoise de homard au cari)
Aeblekage
(gâteau aux pommes)

SMORREBROD À LA VIANDE

Prendre du pain de seigle beurré et le garnir :

de rosbif tranché, de rondelles de tomates et d'oignons frits garnis d'oeufs frits;

de pâté de foie à tartiner, garni de lamelles de champignons sautés et de 2 tranches de bacon. Servir avec des quartiers de tomate et 2 rondelles de concombre;

de sauce tartare avec des oignons et des cornichons tranchés, des câpres et du raifort frais râpé.

BRUNKAALSUPPE

Métrique	Impérial
125 ml de margarine ou de beurre	1/2 tasse de margarine ou de beurre
1 petit chou, déchiqueté	1 petit chou, déchiqueté
15 ml de sucre	1 c. à s. de sucre
2 boîtes de consommé de boeuf	2 boîtes de consommé de boeuf
2 boîtes d'eau	2 boîtes d'eau
5 ml de sel	1 c. à t. de sel
2 ml de poivre	1/2 c. à t. de poivre
15 ml de persil haché	1 c. à s. de persil haché

Dans une grande casserole, faire fondre la margarine ou le beurre. Y mettre le chou et remuer jusqu'à ce qu'il en soit bien enrobé. Saupoudrer de sucre. Faire revenir pendant 3 minutes, à petit feu, en remuant de temps à autre.

Ajouter le consommé de boeuf, l'eau, le sel et le poivre. Couvrir. Laisser mijoter à feu doux pendant environ 20 minutes, ou jusqu'à ce que le chou soit tendre. Parsemer de persil. Servir.

Brunkaalsuppe

FONDUE DANSK

Métrique	Impérial
1 gousse d'ail coupée en deux	1 gousse d'ail coupée en deux
375 ml de bière danoise	1-1/2 tasse de bière danoise
500 g de fromage Havarti râpé	1 lb de fromage Havarti râpé
10 ml de moutarde sèche	2 c. à t. de moutarde sèche
1 pain à croûte ferme, taillé en cubes	1 pain à croûte ferme, taillé en cubes
Sel et poivre	Sel et poivre

Frotter d'ail l'intérieur d'un caquelon à fondue en fonte émaillée. Mettre sur feu doux, verser la bière et faire bouillonner.

Mélanger le fromage et la moutarde. Ajouter à la bière une poignée à la fois. Remuer constamment en traçant des «8» jusqu'à ce que le mélange soit onctueux. Ajouter le sel. Placer sur le réchaud.

MICRO-ONDES

Cuisson de la fondue

Dans une casserole en verre, frotter d'ail les parois intérieures. Verser la bière et faire chauffer à MAX. pendant 2 minutes et demie ou jusqu'à ébullition. Retirer du four. Ajouter la moutarde et la moitié du fromage. Remuer en traçant des «8».

Faire cuire à MED. pendant 2 minutes. Ajouter le reste du fromage et remuer. Faire cuire à MED. pendant 2 minutes. Remuer jusqu'à consistance homogène. Transférer dans le caquelon.

Fondue Dansk

HUMMERSALAT

Métrique	Impérial
2 boîtes de homard	2 boîtes de homard
125 ml de mayonnaise	1/2 tasse de mayonnaise
125 ml de crème sure	1/2 tasse de crème sure
10 ml de jus de citron	2 c. à t. de jus de citron
5 ml de poudre de cari	1 c. à t. de poudre de cari
3 branches de céleri hachées	3 branches de céleri hachées
1 pommes évidée et coupée en dés	1 pommes évidée et coupée en dés
3 oeufs durs coupés en quartiers	3 oeufs durs coupés en quartiers
Feuilles de laitue	Feuilles de laitue

Bien égoutter le homard et ôter les membranes. Mélanger la mayonnaise, la crème sure, le jus de citron et le cari jusqu'à l'obtention d'une sauce lisse. Y ajouter le céleri, la pomme et le homard. Remuer délicatement.

Déposer la salade sur les feuilles de laitues. Garnir d'oeufs durs.

BRUNEDE KARTOFLER

Métrique	Impérial
1 kg de pommes de terre (non épluchées)	2 lb de pommes de terre (non épluchées)
125 ml de sucre	1/2 tasse de sucre
45 ml de beurre ou de margarine	3 c. à s. de beurre ou de margarine

Faire cuire les pommes de terre dans de l'eau bouillante. Les éplucher lorsqu'elles sont encore chaudes.

Dans une casserole, faire brunir le sucre et y ajouter la margarine en remuant constamment. Ajouter les pommes de terre. Les faire tourner délicatement pour qu'elles soient bien enrobées de caramel.

AEBLEKAGE

Métrique	Impérial
30 ml de sucre	2 c. à s. de sucre
2 ml de vanille	1/2 c. à t. de vanille
1 boîte de compote de pommes	1 boîte de compote de pommes
300 ml de chapelure	1-1/4 tasse de chapelure
125 ml de margarine fondue ou de beurre	1/2 tasse de margarine fondue ou de beurre
250 ml de crème épaisse (35%) fouettée	1 tasse de crème épaisse (35%) fouettée

Beurrer un plat allant au four. Mélanger le sucre, la vanille et la compote de pommes. Déposer dans le plat en alternant successivement une couche de chapelure et une couche de compote. Finir par une couche de chapelure. Napper de margarine fondue.

Faire cuire au four à 230°C (450°F) pendant environ 30 minutes. Garnir de crème fouettée. Servir chaud.

CUISINE ESPAGNOLE

Vin blanc demi-sec, bordeaux rouge, champagne espagnol

Pour 6 à 8 personnes

MENU

Gaspacho
Oeufs aux asperges d'Aranjuez
Côtelettes espagnoles
Artichauts à la mode de Galice
Salade andalouse
Natillas
(crème anglaise douce)

GASPACHO

Métrique	Impérial
125 ml de ciboulette émincée	1/2 tasse de ciboulette émincée
250 ml de persil	1 tasse de persil
125 ml de cerfeuil émincé	1/2 tasse de cerfeuil émincé
1 gousse d'ail écrasée	1 gousse d'ail écrasée
1 poivron vert coupé en dés	1 poivron vert coupé en dés
2 grosses tomates pelées, épépinées	2 grosses tomates pelées, épépinées
250 ml d'huile d'olive	1 tasse d'huile d'olive
150 ml de jus de citron	3/4 tasse de jus de citron
1 gros oignon espagnol tranché mince	1 gros oignon espagnol tranché mince
1 concombre coupé en dés	1 concombre coupé en dés
3 tranches de pain sec	3 tranches de pain sec
5 ml de tabasco	1 c. à t. de tabasco
Sel et poivre	Sel et poivre
Glaçons	Glaçons

Écraser et mélanger la ciboulette, le persil, le cerfeuil et l'ail. Ajouter le poivron vert et la tomate. Mélanger. Ajouter l'huile d'olive en filet, tout en remuant constamment. Ajouter le jus de citron, les oignons et le concombre. Saler et poivrer. Ajouter le tabasco. Émietter le pain sec et l'incorporer au mélange.

Mettre au réfrigérateur pendant 3 à 4 heures. Rectifier l'assaisonnement. Servir.

OEUFS AUX ASPERGES D'ARANJUEZ

Métrique	Impérial
400 ml d'asperges	1-3/4 tasse d'asperges
400 ml de petits pois frais écossés	1-3/4 tasse de petits pois frais écossés
1 gousse d'ail émincée	1 gousse d'ail émincée
75 ml d'huile végétale	5 c. à s. d'huile végétale
15 ml de farine tout usage	1 c. à s. de farine tout usage
6 oeufs	6 oeufs
Persil	Persil
Sel et poivre	Sel et poivre

Peler les asperges et les couper en morceaux. Ajouter les petits pois.

Faire frire la gousse d'ail dans l'huile. La retirer et la remplacer par les petits pois et les asperges. Couvrir. Laisser mijoter pendant environ 5 minutes. Saler et poivrer.

Saupoudrer légèrement de farine, mélanger et mouiller d'un peu d'eau. Remettre l'ail et continuer la cuisson jusqu'à ébullition.

Entre-temps, battre les oeufs et les verser sur le mélange d'asperges et de petits pois. Laisser cuire. Saupoudrer de persil. Garnir de croûtons. Servir.

Gaspacho

Côtelettes espagnoles

CÔTELETTES ESPAGNOLES

Métrique
4 côtelettes de porc
1 poivron émincé
3 oignons émincés
500 g de champignons frais
125 ml de ketchup
50 ml de sauce Worces-
tershire
125 ml de bouillon de
volaille

Impérial
4 côtelettes de porc
1 poivron émincé
3 oignons émincés
1 lb de champignons frais
1/2 tasse de ketchup
1/4 tasse de sauce Worcestershire
1/2 tasse de bouillon de
volaille

Dans un poêlon, faire chauffer de l'huile et du beurre et y faire dorer les côtelettes de porc. Réserver. Faire revenir les légumes.

Dans une casserole, placer les côtelettes de porc et les légumes. Ajouter la sauce, le ketchup et le bouillon de volaille. Faire cuire pendant 3 à 5 minutes ou jusqu'à ce que la viande et les légumes soient tendres.

ARTICHAUTS À LA MODE DE GALICE

Métrique
6 ou 8 petits artichauts
1 cube de bouillon
500 ml de vin blanc sec
Oignons hachés
Ail haché
Persil haché
15 ml de farine tout usage
Sel et poivre
Saindoux

Impérial
6 ou 8 petits artichauts
1 cube de bouillon
2 tasses de vin blanc sec
Oignons hachés
Ail haché
Persil haché
1 c. à s. de farine tout usage
Sel et poivre
Saindoux

Faire cuire les artichauts dans de l'eau bouillante salée pendant 20 minutes. Égoutter. Mettre dans une casserole. Couvrir de bouillon et de vin blanc à part égale et continuer la cuisson pendant environ 20 minutes.

Faire revenir dans du saindoux les oignons, l'ail et le persil. Saupoudrer de farine. Faire roussir. Saler et poivrer. Étendre sur les artichauts.

Natillas

SALADE ANDALOUSE

Métrique	Impérial
75 ml d'huile d'olive	1/3 tasse d'huile d'olive
50 ml de jus de citron	1/4 tasse de jus de citron
Poivre noir fraîchement moulu	Poivre noir fraîchement moulu
2 laitues Boston ou romaine	2 laitues Boston ou romaine
Quelques feuilles d'endives, coupées en petits morceaux	Quelques feuilles d'endives, coupées en petits morceaux
1 bouquet de cresson	1 bouquet de cresson
2 grosses tomates tranchées fin	2 grosses tomates tranchées fin
1 gros oignon rouge, tranché fin et séparé en rondelles	1 gros oignon rouge, tranché fin et séparé en rondelles
8 olives noires	8 olives noires
Sel	Sel

Bien mélanger l'huile et le jus de citron et assaisonner.

Dans un bol, mettre la laitue, les endives et le cresson. Verser la vinaigrette et remuer délicatement.

Disposer au centre d'un plat de service froid. Tout autour, faire alterner des tranches de tomates et des rondelles d'oignon. Servir.

NATILLAS

Métrique	Impérial
1 litre de lait	4 tasses de lait
2 bâtons de cannelle	2 bâtons de cannelle
5 oeufs	5 oeufs
3 jaunes d'oeufs	3 jaunes d'oeufs
150 ml de sucre	3/4 tasse de sucre
12 doigts de dame	12 doigts de dame
Cannelle moulue au goût	Cannelle moulue au goût

Dans une casserole épaisse, faire chauffer le lait et les bâtonnets de cannelle jusqu'au point d'ébullition. Retirer les bâtons de cannelle.

Dans un bol, fouetter les oeufs, les jaunes d'oeufs et le sucre jusqu'à ce que le mélange épaississe légèrement. Incorporer le lait en petit filet. Remettre dans la casserole. Faire cuire à feu doux, en remuant constamment. Ne pas laisser bouillir. Faire refroidir à la température de la pièce.

Verser dans des petits bols et saupoudrer de cannelle. Servir avec des doigts de dame.

CUISINE GRECQUE

Vin rouge grec, anis glacé

Pour 6 à 8 personnes

MENU

Potage au citron

Tarato

(aubergines au yogourtt)

Ragoût à la grecque

Haricots verts et rondelles d'oignon

Patatosalata

(salade de pommes de terre)

Soufflé à l'anis

POTAGE AU CITRON

Métrique	Impérial
1 litre de consommé de volaille	4 tasses de consommé de volaille
125 ml de riz	1/2 tasse de riz
4 oeufs	4 oeufs
2 citrons	2 citrons

Dans une casserole, amener le consommé à ébullition. Y ajouter le riz. Laisser cuire pendant 20 minutes. Dans une casserole, fouetter les oeufs jusqu'à ce qu'ils deviennent mousseux. Ajouter le jus de citron et le quart du bouillon chaud. Incorporer à la soupe doucement en remuant constamment et faire cuire pendant 3 à 5 minutes jusqu'à ce que la soupe épaississe légèrement. Surtout ne pas laisser bouillir pour éviter la coagulation des oeufs.

TARATO

Métrique	Impérial
500 g d'aubergines	1 lb d'aubergines
3 poivrons rouges	3 poivrons rouges
Huile végétale	Huile végétale
2 pots de yogourt nature	2 pots de yogourt nature
90 ml d'huile d'olive	6 c. à s. d'huile d'olive
1 citron	1 citron
3 gousses d'ail	3 gousses d'ail
Sel et poivre	Sel et poivre

Passer les poivrons coupés en dés et les aubergines à l'huile. Les faire griller. Enlever la peau. Broyer les pulpes.

Incorporer cette purée au yogourt. Ajouter le sel, le poivre, l'ail haché, l'huile d'olive et le jus de citron. Recouvrir d'un litre (4 tasses) d'eau bouillante et bien remuer. Laisser refroidir. Servir glacé.

Potage au citron

Ragoût à la grecque

RAGOÛT À LA GRECQUE

Métrique	Impérial
750 g de boeuf maigre coupé en cubes de 2,5 cm	1-1/2 lb de boeuf maigre coupé en cubes de 1po
30 ml de margarine	2 c. à s. de margarine
500 ml d'eau	2 tasses d'eau
250 ml d'oignons tranchés	1 tasse d'oignons tranchés
125 ml de pâte de tomates	1/2 tasse de pâte de tomates
30 ml de vinaigre blanc	2 c. à s. de vinaigre blanc
10 ml de vin rouge	2 c. à t. de vin rouge
5 ml de cassonade	1 c. à t. de cassonade
1 gousse d'ail	1 gousse d'ail
1 feuille de laurier	1 feuille de laurier
1 bâtonnet de cannelle	1 bâtonnet de cannelle
1 ml de clous de girofle moulus	1/4 c. à t. de clous de girofle moulus
1 ml de curcuma moulu	1/4 c. à t. de curcuma moulu

Dans une casserole, faire fondre la margarine. Y faire revenir les cubes de boeuf pendant environ 20 minutes. Ajouter les autres ingrédients. Bien mélanger.

Couvrir et laisser mijoter pendant 2 heures et demie en re-muant de temps à autre. Retirer l'ail, la feuille de laurier et le bâton de cannelle. Servir.

HARICOTS VERTS ET RONDELLES D'OIGNON

Métrique	Impérial
250 ml d'eau	1 tasse d'eau
1 oignon tranché fin	1 oignon tranché fin
1 kg de haricots verts, les bouts enlevés	2 lb de haricots verts, les bouts enlevés
125 ml de beurre	1/2 tasse de beurre
Jus de citron	Jus de citron
Sel et poivre	Sel et poivre

Dans une casserole, amener l'eau à ébullition. Y ajouter les tranches d'oignon défaites en rondelles. Incorporer les haricots verts, le beurre, le sel, le poivre et le jus de citron.

Faire bouillir pendant environ 20 minutes ou jusqu'à ce que les haricots soient bien tendres.

PATATOSALATA

Métrique	Impérial
125 ml d'huile d'olive	1/2 tasse d'huile d'olive
45 ml de vinaigre de vin	3 c. à s. de vinaigre de vin
5 ml d'origan broyé	1 c. à t. d'origan broyé
30 ml de persil haché	2 c. à s. de persil haché
1 oignon moyen tranché fin	1 oignon moyen tranché fin
5 grosses pommes de terre à pelure rouge	5 grosses pommes de terre à pelure rouge
Sel et poivre	Sel et poivre

Bien mélanger l'huile d'olive, le vinaigre, l'origan, le persil et l'oignon et laisser mariner.

Laver les pommes de terre non épluchées. Les faire cuire dans de l'eau salée pendant environ 40 minutes ou jusqu'à ce qu'elles soient tendres. Les retirer et les plonger dans de l'eau froide. Les éplucher pendant qu'elles sont encore chaudes, et les couper en tranches égales.

Verser la marinade sur les pommes de terre, bien remuer. Saler et poivrer.

SOUFFLÉ À L'ANIS

Métrique	Impérial
60 ml de beurre	4 c. à s. de beurre
30 ml de farine tout usage	2 c. à s. de farine tout usage
75 ml de lait	1/3 tasse de lait
1 pincée d'anis	1 pincée d'anis
30 ml de sucre	2 c. à s. de sucre
4 jaunes d'oeufs (les blancs fouettés en neige)	4 jaunes d'oeufs (les blancs fouettés en neige)
45 ml d'anisette (Ouzo)	3 c. à s. d'anisette (Ouzo)

Dans une casserole, faire fondre 30 ml (2 c. à s.) de beurre. Ajouter la farine, le lait parfumé à l'anis et le sucre. Faire chauffer à feu très doux.

Retirer du feu dès le premier bouillon. Ajouter les jaunes d'oeufs, 30 ml (2 c. à s.) de beurre et les blancs montés en neige. Mettre dans un moule à soufflé préalablement huilé et sucré.

Cuire au four à 190°C (375°F) pendant 30 minutes. Sortir du four. Arroser de 15 ml (1 c. à s.) d'alcool à l'anis (Ouzo).

Soufflé à l'anis

CUISINE GRECQUE

Vin blanc sec, rosé

Pour 6 à 8 personnes

MENU

Fassoulatha
(soupe aux fèves blanches)

Saganaki
(fromage frit)

Moussaka

Karota me anitho
(carottes à l'aneth)

Tsatziki
(salade de concombre au yogourt)

Kourkourti
(soupe épaisse aux amandes et aux groseilles)

FASSOULATHA

Métrique	Impérial
250 ml de grosses fèves blanches	1 tasse de grosses fèves blanches
1 litre d'eau	4 tasses d'eau
250 ml de céleri coupé en morceaux de 1,25 cm	1 tasse de céleri coupé en morceaux de 1/2 po
500 ml d'oignons émincés	2 tasses d'oignons émincés
4 carottes moyennes coupées en tranches de 1,25 cm	4 carottes moyennes coupées en tranches de 1/2 po
125 ml de persil haché	1/2 tasse de persil haché
15 ml de pâte de tomates	1 c. à s. de pâte de tomates
250 ml d'huile d'olive	1 tasse d'huile d'olive
15 ml d'origan broyé	1 c. à s. d'origan broyé
45 ml de vinaigre de vin	3 c. à s. de vinaigre de vin
Sel et poivre	Sel et poivre

Dans une casserole, verser l'eau. Ajouter les fèves et amener à ébullition. Réduire la chaleur et laisser mijoter pendant 1 heure.

Ajouter tous les autres ingrédients. Continuer la cuisson pendant 2 heures. Saler et poivrer.

Servir accompagné de pain grillé.

SAGANAKI

Métrique	Impérial
Tranches de fromage Kefalotyri ou Kasseri 0,5 mm d'épaisseur (environ 750 g pour 6 personnes)	Tranches de fromage Kefalotyri ou Kasseri, 1/4 po d'épaisseur (environ 1,5 lb pour 6 personnes)
2 jaunes d'oeufs	2 jaunes d'oeufs
30 ml d'eau	2 c. à s. d'eau
Farine tout usage	Farine tout usage
Huile d'olive	Huile d'olive
2 citrons coupés en quartiers	2 citrons coupés en quartiers

Mélanger les jaunes d'oeufs et l'eau. Tremper les tranches de fromage dans ce mélange, puis les passer légèrement dans la farine.

Dans un poêlon, faire chauffer de l'huile. Y faire revenir les tranches de fromage. Les faire égoutter et les disposer sur un plat de service. Arroser de jus de citron.

MOUSSAKA

Métrique	Impérial
1 aubergine épluchée et coupée en rondelles	1 aubergine épluchée et coupée en rondelles
500 g de boeuf haché (ou agneau haché)	1 lb de boeuf haché (ou agneau haché)
1 oignon moyen haché	1 oignon moyen haché
1 gousse d'ail émincée	1 gousse d'ail émincée
1 boîte de tomates	1 boîte de tomates
2 ml d'origan	1/2 c. à t. d'origan
5 ml de sel	1 c. à t. de sel
0,5 ml de poivre	1/8 c. à t. de poivre
15 ml d'huile d'olive	1 c. à s. d'huile d'olive
125 ml de fromage feta	1/2 tasse de fromage feta
2 oeufs légèrement battus	2 oeufs légèrement battus
Muscade	Muscade

Dans un grand poêlon, faire revenir la viande, l'oignon et l'ail jusqu'à ce que la viande soit dorée. Faire égoutter. Ajouter les tomates, l'origan, le sel et le poivre. Laisser mijoter pendant 10 minutes. Badigeonner les rondelles d'aubergine avec de l'huile d'olive et les faire dorer de chaque côté dans la poêle pendant 5 minutes. Dans une cocotte graissée, disposer alternativement des rondelles d'aubergine et une couche de sauce à la viande. Terminer par un mélange de fromage feta et d'oeufs battus. Saupoudrer de muscade.

Faire cuire au four à 180°C (350°F) pendant 2 heures.

Moussaka et Karota me anitho

Karota me Anitho

Métrique
250 ml d'eau
50 ml de vinaigre de vin
1 oignon moyen coupé en quartiers
2 ml de sel
15 ml d'aneth
6 grosses carottes épluchées et coupées en tranches épaisses

Impérial
1 tasse d'eau
1/4 tasse de vinaigre de vin
1 oignon moyen coupé en quartiers
1/2 c. à t. de sel
1 c. à s. d'aneth
6 grosses carottes épluchées et coupées en tranches épaisses

Dans une casserole, amener l'eau et le vinaigre à ébullition. Y mettre l'oignon, le sel, l'aneth et les carottes. Réduire le feu et laisser mijoter pendant 10 minutes. Laisser refroidir. Mettre au réfrigérateur. Dès que le liquide est très froid, égoutter et servir.

Tsatziki

Métrique
500 ml de yogourt nature
1 échalote émincée
5 ml de menthe
2 ml de sel
Poivre noir fraîchement moulu
1 pincée d'aneth
1 gousse d'ail écrasée
4 concombres

Impérial
2 tasses de yogourt nature
1 échalote émincée
1 c. à t. de menthe
1/2 c. à t. de sel
Poivre noir fraîchement moulu
1 pincée d'aneth
1 gousse d'ail écrasée
4 concombres

Mélanger le yogourt, les échalotes, la menthe, le sel, le poivre, l'aneth et l'ail.

Éplucher les concombres et les trancher en fines lamelles. Ajouter au premier mélange. Remuer délicatement. Mettre au réfrigérateur pendant 1 heure. Servir avec des tranches de pain grillé.

Kourkourti

Métrique
625 ml de blé entier
Eau
Sel, sucre et cannelle
250 ml d'amandes grossièrement hachées et blanchies
125 ml de groseilles séchées

Impérial
2-1/2 tasses de blé entier
Eau
Sel, sucre et cannelle
1 tasse d'amandes grossièrement hachées et blanchies
1/2 tasse de groseilles séchées

La veille, dans une grande casserole, verser le blé entier. Couvrir d'eau froide et laisser reposer.

Le lendemain, égoutter le blé. Le recouvrir d'eau fraîche. Porter à ébullition et laisser mijoter pendant environ 4 heures, jusqu'à ce que le blé soit tendre. Remuer fréquemment et ajouter de l'eau au besoin. Le bouillon doit devenir très épais. Égoutter et réserver le bouillon.

Dans un poêlon, verser le bouillon, le sel, le sucre et la cannelle. Incorporer, en remuant, les amandes, les groseilles et 250 ml (1 tasse) de blé bouilli. Servir chaud.

Tsatziki

306

CUISINE GRECQUE

Vin blanc demi-sec, vin rouge, vin grecque

Pour 6 à 8 personnes

MENU

Faki
(soupe aux lentilles)
Salata Melitzana
(entrée d'aubergines)
Tournedos à la grecque
Courgettes à l'ail
Salade Roseiki
Figues au vin grec

SALATA MELITZANA

Métrique	Impérial
1 grosse aubergine	1 grosse aubergine
1 oignon moyen émincé	1 oignon moyen émincé
1 gousse d'ail écrasée	1 gousse d'ail écrasée
5 ml de persil haché	1 c. à t. de persil haché
2 ml de menthe fraîche séchée	1/2 c. à t. de menthe fraîche séchée
125 ml d'huile d'olive	1/2 tasse d'huile d'olive
15 ml de vinaigre de vin	1 c. à s. de vinaigre de vin
Le jus d'un gros citron	Le jus d'un gros citron
Sel et poivre	Sel et poivre

Dans une casserole allant au four, placer les aubergines et en piquer le dessus avec une fourchette à 5 ou 6 endroits. Faire cuire à 180°C (350°F) pendant environ 45 minutes ou jusqu'à ce que la peau soit ridée.

Faire refroidir légèrement l'aubergine et la couper en deux dans le sens de la longueur. Détacher la chair et la passer au mélangeur. Ajouter l'oignon, l'ail, le persil et la menthe. Bien remuer.

Mélanger l'huile d'olive, le vinaigre et le jus de citron. Incorporer au mélange d'aubergine. Bien remuer. Saler et poivrer. Mettre au réfrigérateur. Servir avec des pains pitas.

MICRO-ONDES

Conseil pour obtenir plus de jus d'un citron

Placer un citron au four à MAX. pendant 30 secondes avant de le presser. Cette méthode s'applique aussi aux autres agrumes.

FAKI

Métrique	Impérial
1 paquet de lentilles (500 g)	1 paquet de lentilles (16 oz)
2 litres d'eau	8 tasses d'eau
125 ml d'huile d'olive	1/2 tasse d'huile d'olive
250 ml de céleri haché	1 tasse de céleri haché
125 ml de carottes râpées	1/2 tasse de carottes râpées
1 oignon coupé en quartiers	1 oignon coupé en quartiers
15 ml de pâte de tomates	1 c. à s. de pâte de tomates
3 gousses d'ail	3 gousses d'ail
2 feuilles de laurier	2 feuilles de laurier
Sel et poivre	Sel et poivre
Vinaigre	Vinaigre

Rincer les lentilles plusieurs fois et bien les égoutter. Dans une marmite, mettre tous les ingrédients. Amener à ébullition. Réduire le feu. Couvrir et laisser mijoter pendant 2 heures. Rectifier l'assaisonnement.

Mettre du vinaigre dans une burette. Servir avec le faki.

Faki

TOURNEDOS À LA GRECQUE

Métrique
6 tranches de bifteck dans le filet (3,5 cm d'épaisseur)
125 ml de beurre
50 ml de farine tout usage
150 ml de vin blanc sec
125 ml de persil haché
Le jus d'un citron
Sel et poivre

Impérial
6 tranches de bifteck dans le filet (1-1/2 po d'épaisseur)
1/2 tasse de beurre
1/4 tasse de farine tout usage
3/4 tasse de vin blanc sec
1/2 tasse de persil haché
Le jus d'un citron
Sel et poivre

Dans une poêle épaisse, faire fondre le beurre. Y faire saisir la viande. La retirer et la mettre dans un plat.

Verser la farine dans la poêle et bien mélanger. Laisser cuire pendant 2 minutes à feu doux en remuant constamment. Ajouter le vin. Remuer. Couvrir. Laisser mijoter pendant 5 minutes.

Remettre la viande, ajouter le persil et le jus de citron et laisser encore mijoter pendant 5 minutes. Servir.

MICRO-ONDES

Cuisson des betteraves en dés

Disposer uniformément les betteraves dans un récipient à couvercle. Ajouter un peu d'eau. Faire cuire à MAX. pendant 15 minutes ou jusqu'à tendreté. Laisser reposer quelques minutes et les égoutter avant de les incorporer aux restes des ingrédients de la recette.

SALADE ROSEIKI

Métrique
75 ml d'huile d'olive
45 ml de vinaigre
250 ml de carottes cuites coupées en dés
250 ml de betteraves cuites coupées en dés
2 pommes de terre cuites coupées en dés
250 ml de haricots verts coupés en dés
250 ml de pois verts
50 ml de persil haché
10 ml de câpres
Mayonnaise
Sel et poivre

Impérial
1/3 tasse d'huile d'olive
3 c. à s. de vinaigre
1 tasse de carottes cuites coupées en dés
1 tasse de betteraves cuites coupées en dés
2 pommes de terre cuites coupées en dés
1 tasse de haricots verts coupés en dés
1 tasse de pois verts
1/4 tasse de persil haché
2 c. à t. de câpres
Mayonnaise
Sel et poivre

Dans un bol, mettre tous les légumes. Mélanger l'huile et le vinaigre et verser cette sauce sur les légumes. Laisser mariner pendant environ 1 heure 30 minutes. Faire égoutter.

Ajouter le persil et incorporer environ 250 ml (1 tasse) de mayonnaise. Assaisonner. Garnir de câpres. Servir.

Tournedos à la grecque

COURGETTES À L'AIL

Métrique
6 courgettes coupées en tranches épaisses
250 ml d'eau
125 ml d'huile d'olive
50 ml de vinaigre de vin
Persil frais
1 gousse d'ail
Sel et poivre

Impérial
6 courgettes coupées en tranches épaisses
1 tasse d'eau
1/2 tasse d'huile d'olive
1/4 tasse de vinaigre de vin
Persil frais
1 gousse d'ail
Sel et poivre

Dans une casserole, mélanger tous les ingrédients. Amener à ébullition, puis réduire le feu. Laisser mijoter pendant environ 8 minutes. Rectifier l'assaisonnement. Laisser refroidir.

Servir chaud ou froid.

FIGUES AU VIN GREC

Métrique
24 figues mûres
500 ml de vin Mavrodaphne
500 ml de crème épaisse (35%)
50 ml de noix de Grenoble

Impérial
24 figues mûres
2 tasses de vin Mavrodaphne
2 tasses de crème épaisse (35%)
1/4 tasse de noix de Grenoble

Peler les figues et les piquer à l'aide d'une fourchette à 3 ou 4 endroits. Disposer dans un plat et arroser de vin. Mettre au réfrigérateur pendant 2 heures en remuant de temps à autre.

Égoutter les figues et réserver le vin. Déposer les figues sur un plat de service. Fouetter la crème et la disposer autour des figues. Garnir de noix. Servir le vin comme boisson d'accompagnement.

CUISINE HONGROISE

Vin blanc, bordeaux rouge, rosé

Pour 6 à 8 personnes

SANDWICHES AUX PETITS POIS

Métrique	Impérial
250 ml de petits pois verts	1 tasse de petits pois verts
150 ml de yogourt nature ferme	3/4 tasse de yogourt nature ferme
8 tranches de pain brun ou blanc beurrées et coupées en deux	8 tranches de pain brun ou blanc beurrées et coupées en deux
30 ml d'oignon haché	2 c. à s. d'oignon haché
10 ml d'ail haché	1 c. à t. d'ail haché
Poivre de cayenne	Poivre de cayenne
Sel et poivre	Sel et poivre

Réduire les petits pois en purée. Saler et poivrer généreusement. Faire refroidir. Incorporer le yogourt, l'oignon, l'ail et le poivre de cayenne. Tartiner les tranches de pain avec ce mélange, les rouler et les fixer à l'aide de cure-dents.

Pour 16 sandwiches.

HARCHO

Métrique	Impérial
500 g de poitrine d'agneau désossée et coupée en petits cubes	1 lb de poitrine d'agneau désossée et coupée en petits cubes
1,5 litre d'eau	6 tasses d'eau
5 ml de sel	1 c. à t. de sel
125 ml d'oignons hachés fin	1/2 tasse d'oignons hachés fin
50 g de beurre	4 c. à s. de beurre
30 ml de purée de tomates	2 c. à s. de purée de tomates
105 ml de riz	7 c. à s. de riz
1 gousse d'ail broyée	1 gousse d'ail broyée
50 ml de céleri haché fin	1/4 tasse de céleri haché fin
30 ml d'aneth haché fin	2 c. à s. d'aneth haché fin

Dans une casserole, mettre la viande et l'eau. Amener à ébullition et écumer régulièrement. Saler. Ajouter les oignons. Couvrir et laisser mijoter pendant 1 heure.

Dans une autre casserole, faire chauffer le beurre. Ajouter la purée de tomates. Mélanger et verser dans la soupe.

Incorporer le riz, l'ail et le céleri. Laisser mijoter pendant environ 20 minutes ou jusqu'à ce que le riz soit cuit. Saupoudrer d'aneth. Servir.

Sandwiches aux petits pois

GOULASCH

Métrique	Impérial
1,5 kg de boeuf coupé en cubes	3 lb de boeuf coupé en cubes
45 ml de graisse ou de margarine	3 c. à s. de graisse ou de margarine
4 oignons tranchés	4 oignons tranchés
15 ml de sel	1 c. à s. de sel
2 ml de poivre	1/2 c. à t. de poivre
2 ml de poudre d'ail	1/2 c. à t. de poudre d'ail
10 ml de paprika	2 c. à t. de paprika
15 ml de jus de citron	1 c. à s. de jus de citron
1 cube de bouillon de boeuf	1 cube de bouillon de boeuf
1 poivron vert coupé en dés	1 poivron vert coupé en dés
1 boîte de tomates	1 boîte de tomates
2 ml à 5 ml de curcuma	1/2 à 1 c. à t. de curcuma
500 à 750 ml d'eau	2 à 3 tasses d'eau
2 abaisses de pâte brisée	2 abaisses de pâte brisée

Faire revenir la viande dans la graisse jusqu'à ce qu'elle soit dorée. Ajouter les oignons. Saler et poivrer. Laisser frire en remuant constamment pendant environ 5 minutes. Couvrir. Réduire le feu. Continuer la cuisson pendant 20 à 30 minutes. Ajouter un peu d'eau, si nécessaire. Ajouter l'eau, le jus de citron, l'ail, le paprika et laisser mijoter pendant 40 minutes.

Lorsque la viande est tendre, ajouter le reste des ingrédients et continuer la cuisson pendant 20 minutes.

Foncer une assiette à tarte avec 1 abaisse de pâte brisée. Verser le mélange. Recouvrir de pâte à tarte. Faire cuire au four à 240°C (475°F) jusqu'à ce que la pâte soit dorée.

ASPERGES AU PAPRIKA

Métrique	Impérial
1 kg d'asperges	2 lb d'asperges
105 ml de crème sure	7 c. à s. de crème sure
1 tranche de mie de pain	1 tranche de mie de pain
1 pincée de sel	1 pincée de sel
1 pincée de sucre	1 pincée de sucre
Paprika	Paprika
Beurre	Beurre

Faire cuire les asperges dans de l'eau salée et sucrée pendant 30 minutes. Les égoutter. Beurrer un plat allant au four. En garnir le fond de crème sure et d'une cuillerée de mie de pain émiettée.

Disposer les asperges. Recouvrir d'un mélange de crème sure, de mie de pain, de paprika. Faire gratiner.

SALADE DE POIVRONS FRITS

Métrique	Impérial
500 g de poivrons verts	1 lb de poivrons verts
1 gros oignon	1 gros oignon
Huile et vinaigre	Huile et vinaigre
Persil haché	Persil haché
Estragon haché	Estragon haché
Sel et poivre	Sel et poivre

Couper les poivrons, les épépiner et les faire frire dans de l'huile pendant quelques minutes. Enlever la peau. Mélanger l'oignon, le persil, l'estragon, l'huile, le vinaigre, le sel et le poivre. Faire macérer les poivrons dans cette marinade pendant quelques heures. Servir.

Goulasch

Croissants aux noix

CROISSANTS AUX NOIX

Métrique	Impérial
5 ml de levure	1 c. à t. de levure
105 ml de lait	7 c. à s. de lait
500 ml de farine tout usage	2 tasses de farine tout usage
150 ml de beurre	3/4 tasse de beurre
90 ml de sucre	6 c. à s. de sucre
1 oeuf	1 oeuf

Garniture de la pâte

Métrique	Impérial
250 ml d'eau	1 tasse d'eau
250 ml de sucre	1 tasse de sucre
300 ml de noix de Grenoble moulues	1-1/4 tasse de noix de Grenoble moulues
5 ml de cannelle en poudre	1 c. à t. de cannelle en poudre
Zeste de citron râpé	Zeste de citron râpé
50 ml de biscuits secs écrasés	1/4 tasse de biscuits secs écrasés
2 oeufs	2 oeufs

Faire tiédir le lait. Saler. Y faire dissoudre la levure. Mélanger la farine, le beurre, le sucre, la levure diluée et l'oeuf. Pétrir et laisser reposer au réfrigérateur pendant quelques heures. Partager la pâte en 6. Façonner en boules et aplatir le plus possible avec un rouleau à pâtisserie en leur donnant une forme ovale.

Garniture

Mélanger les noix, la cannelle, le zeste de citron et les biscuits. Réserver. Mélanger l'eau et le sucre. Faire chauffer pour obtenir un sirop. Intégrer au premier mélange. Laisser refroidir. Séparer en 6 portions. Étendre sur les morceaux de pâte et les rouler pour obtenir de petits croissants.

Disposer sur une plaque à biscuits beurrée. Mélanger un jaune d'oeuf et un oeuf entier. En badigeonner les croissants et faire cuire au four à 160°C (325°F) pendant 30 minutes. Badigeonner de nouveau. Laisser sécher. Remettre au four pendant 30 minutes.

Donne 8 à 10 croissants.

Préparation des croissants

1 Partager la pâte en 6 boules.

2 Aplatir chaque boule en lui donnant une forme ovale.

3 Étendre la garniture aux noix sur la pâte.

4 Rouler les croissants.

5 Déposer dans une plaque beurrée et dorer à l'oeuf battu.

6 Saupoudrer du reste de la garniture et faire cuire.

311

CUISINE INDIENNE

Bourgogne rouge

Pour 6 à 8 personnes

MENU

Crevettes en potage
Riz à l'indienne aux poivrons
Chamignon
(boulettes d'agneau à la menthe)
Friture d'aubergines
Salade de tomates et de poivrons au cari
Petits gâteaux indiens

Riz à l'indienne aux poivrons

CREVETTES EN POTAGE

Métrique	**Impérial**
250 ml d'oignons hachés	1 tasse d'oignons hachés
30 ml d'huile végétale	2 c. à s. d'huile végétale
250 g de crevettes décortiquées	1/2 lb de crevettes décortiquées
5 ml de concentré de légumes	1 c. à t. de concentré de légumes
750 ml de bouillon de volaille	3 tasses de bouillon de volaille
30 ml de fécule de maïs	2 c. à s. de fécule de maïs
15 ml de cari	1 c. à s. de cari
Sel et poivre	Sel et poivre

Dans une casserole, faire chauffer l'huile. Y faire rissoler les oignons. Ajouter les crevettes décortiquées, le bouillon lié de fécule et le cari. Porter à ébullition et faire cuire jusqu'à épaississement. Rectifier l'assaisonnement.

MICRO-ONDES

Cuisson du riz

Dans une casserole en verre, mettre l'huile, les oignons, le persil, l'ail et les poivrons. Faire cuire à MAX. pendant 2 minutes et demie à 3 minutes et demie. Remuer à mi-temps.

Ajouter le bouillon. Couvrir et faire cuire à MED. pendant 14 minutes ou jusqu'à ce le riz soit cuit. Remuer toutes les 5 minutes. Laisser reposer pendant 5 minutes avant de servir.

RIZ À L'INDIENNE AUX POIVRONS

Métrique	**Impérial**
375 ml de riz	1-1/2 tasse de riz
Huile d'olive	Huile d'olive
2 oignons hachés	2 oignons hachés
45 ml de persil haché	3 c. à s. de persil haché
2 gousses d'ail hachées	2 gousses d'ail hachées
3 poivrons verts émincés	3 poivrons verts émincés
1 litre de bouillon de volaille	4 tasses de bouillon de volaille
Poivre de cayenne	Poivre de cayenne
Sel	Sel

Dans du beurre, faire sauter les poivrons. Réserver. Faire chauffer l'huile d'olive. Y verser le riz, les oignons, le persil et l'ail. Faire dorer et ajouter les poivrons. Remuer. Assaisonner de poivre de cayenne. Mouiller légèrement de bouillon et faire cuire à feu doux pendant environ 20 minutes.

CHAMIGNON

Métrique	Impérial
750 g d'agneau maigre haché	1-1/2 lb d'agneau maigre haché
60 ml d'amandes râpées	4 c. à s. d'amandes râpées
60 ml de pistaches râpées	4 c. à s. de pistaches râpées
30 ml de farine de pois chiches	2 c. à s. de farine de pois chiches
30 ml de farine tout usage	2 c. à s. de farine tout usage
15 ml de cari	1 c. à s. de cari
30 ml de beurre	2 c. à s. de beurre
Persil	Persil
Feuilles de menthe hachées	Feuilles de menthe hachées
Sel et poivre	Sel et poivre

Mélanger la viande, le persil, les feuilles de menthe, les amandes, les pistaches, le sel, le poivre et la farine de pois chiches. Façonner en boulettes. Faire revenir dans du beurre à feu doux jusqu'à ce qu'elles soient bien dorées. Saupoudrer de farine et mélanger. Ajouter un verre d'eau et le cari. Couvrir. Faire cuire doucement.

FRITURE D'AUBERGINES

Métrique	Impérial
1 kg d'aubergines	2 lb d'aubergines
2 ou 3 oignons	2 ou 3 oignons
45 ml de beurre	3 c. à s. de beurre
1 oeuf	1 oeuf
Pain de mie rassis ou chapelure	Pain de mie rassis ou chapelure
Poudre de cari	Poudre de cari
Sel	Sel

Laver les aubergines, les couper en deux dans le sens de la longueur et les faire tremper dans de l'eau fraîche. Évider en laissant 1,25 cm (1/2 po) de chair. Faire revenir les oignons dans du beurre. Hacher la chair des aubergines. Incorporer les oignons, le sel et le cari. Farcir les aubergines. Recouvrir d'oeuf et de mie de pain et faire frire.

Chamignon

SALADE DE TOMATES ET DE POIVRONS AU CARI

Métrique	Impérial
3 grosses tomates coupées en quartiers	3 grosses tomates coupées en quartiers
2 poivrons verts émincés	2 poivrons verts émincés
1 poivron rouge émincé	1 poivron rouge émincé
1 oignon émincé	1 oignon émincé
1 petit piment fort jaune, émincé fin	1 petit piment fort jaune, émincé fin
15 ml de cari	1 c. à s. de cari
250 ml de pois chiches	1 tasse de pois chiches

Dans un saladier, mélanger les tomates, les poivrons, l'oignon, le piment fort et les pois chiches.

Ajouter le cari à la sauce vinaigrette. Verser sur la salade. Rectifier l'assaisonnement. Se sert bien relevé.

PETITS GÂTEAUX INDIENS

Métrique	Impérial
250 ml de farine de froment	1 tasse de farine de froment
250 ml de farine de maïs	1 tasse de farine de maïs
250 ml de beurre	1 tasse de beurre
15 ml de levure	1 c. à s. de levure
250 ml de lait	1 tasse de lait
1 jaune d'oeuf	1 jaune d'oeuf
Muscade râpée	Muscade râpée
Vanille	Vanille
Cannelle en poudre	Cannelle en poudre
Sel	Sel

Faire une pâte avec les farines, le beurre, la levure, le lait, le sel, la vanille, la muscade et la cannelle. Pétrir.

Étaler la pâte au rouleau à pâtisserie sur une épaisseur de 1/2 cm (1/4 po). Découper des rondelles de pâte. Les badigeonner avec du jaune d'oeuf. Disposer sur une plaque à biscuits préalablement beurrée et faire cuire au four à 160°C (325°F) pendant environ 15 minutes.

Cuisine italienne

Vin rouge italien, bordeaux blanc, champagne

Pour 6 à 8 personnes

Menu

Soupe aux légumes à l'italienne
Cannelloni farcis aux crevettes
Poulet cacciatore
Lasagnes d'artichauts au gratin
Salade de champignons
Coupe de fruits au miel et à la limette

Cannelloni farcis aux crevettes

Soupe aux légumes à l'italienne

Métrique	Impérial
30 ml d'huile d'olive ou d'huile végétale	2 c. à s. d'huile d'olive ou d'huile végétale
30 ml de beurre	2 c. à s. de beurre
1 gros oignon émincé	1 gros oignon émincé
1 gousse d'ail écrasée	1 gousse d'ail écrasée
125 ml de céleri haché	1/2 tasse de céleri haché
125 ml de carottes hachées ou coupées en rondelles	1/2 tasse de carottes hachées ou coupées en rondelles
1/2 poivron vert haché	1/2 poivron vert haché
30 ml de persil haché	2 c. à s. de persil haché
5 ml de basilic	1 c. à t. de basilic
1 boîte de tomates italiennes ou de tomates ordinaires	1 boîte de tomates italiennes ou de tomates ordinaires
30 ml de pâte de tomates	2 c. à s. de pâte de tomates
1 boîte de bouillon de boeuf	1 boîte de bouillon de boeuf
750 ml d'eau	3 tasses d'eau
125 ml de coquillettes ou autres petites nouilles	1/2 tasse de coquillettes ou autres petites nouilles
250 ml de haricots rouges ou blancs, cuits, en conserve	1 tasse de haricots rouges ou blancs, cuits, en conserve
500 ml de chou émincé	2 tasses de chou émincé
Sel et poivre	Sel et poivre

Dans une grande casserole, faire chauffer l'huile et le beurre. Ajouter l'oignon, l'ail, le céleri, les carottes et le poivron vert et faire étuver sans toutefois laisser brunir les légumes. Ajouter le persil, le basilic, le sel et le poivre. Incorporer les tomates, la pâte de tomates, le bouillon et l'eau. Amener à ébullition, réduire le feu, couvrir et laisser mijoter pendant 20 minutes.

Ajouter les pâtes, couvrir et faire cuire jusqu'à ce qu'elles soient presque tendres. Ajouter les haricots et le chou. Couvrir et laisser mijoter encore pendant 30 minutes.

Si la soupe est trop épaisse, la diluer avec de l'eau jusqu'à consistance désirée. Goûter, rectifier l'assaisonnement.

Cannelloni farcis aux crevettes

Métrique	Impérial
32 cannelloni	32 cannelloni
375 ml de crevettes	1-1/2 tasse de crevettes
125 ml de chapelure	1/2 tasse de chapelure
2 gousses d'ail hachées	2 gousses d'ail hachées
60 ml de persil haché	4 c. à s. de persil haché
5 ml de basilic	1 c. à t. de basilic
15 ml de pâte de tomates	1 c. à s. de pâte de tomates
30 ml de beurre	2 c. à s. de beurre
250 ml de bouillon de volaille	1 tasse de bouillon de volaille
2 oeufs	2 oeufs
Sel et poivre	Sel et poivre
Vinaigrette maison légèrement réchauffée	Vinaigrette maison légèrement réchauffée

Faire cuire les cannelloni dans de l'eau bouillante salée. Les passer sous l'eau pour les refroidir, les égoutter et réserver.

Presser les crevettes dans un linge pour enlever toute leur eau. Mettre dans le robot culinaire avec tous les autres ingrédients à l'exception du beurre et de la vinaigrette. Mélanger jusqu'à l'obtention d'une mousse bien lisse. Verser la mousse de crevettes dans une poche à pâtisserie et en remplir les cannelloni. Les disposer côte à côte dans un plat à gratin légèrement beurré. Ajouter le bouillon de volaille et saupoudrer de chapelure et de petites noisettes de beurre.

Faire cuire au four à 180°C (350°F) pendant environ 30 minutes. Les sortir du four et les égoutter. Les napper de vinaigrette maison légèrement réchauffée. Garnir de basilic frais haché.

POULET CACCIATORE

Métrique	Impérial
1 poivron vert	1 poivron vert
1 poivron rouge	1 poivron rouge
2 oignons émincés	2 oignons émincés
2 boîtes de champignons	2 boîtes de champignons
15 ml d'ail haché	1 c. à s. d'ail haché
1 boîte de grosses tomates	1 boîte de grosses tomates
1/2 boîte de crème de tomates	1/2 boîte de crème de tomates
5 ml de sucre	1 c. à t. de sucre
30 ml de pâte de tomates	2 c. à s. de pâte de tomates
12 cuisses de poulet	12 cuisses de poulet
30 ml d'huile et de beurre	2 c. à s. d'huile et de beurre
5 ml de thym	1 c. à t. de thym
Sel et poivre	Sel et poivre

Dans une poêle à fond épais, faire chauffer le beurre et l'huile. Y faire dorer les cuisses de poulet sur tous les côtés. Laisser les cuisses dans la poêle et dégraisser partiellement.

Ajouter les oignons émincés, les champignons, les poivrons vert et rouge, les tomates et l'ail haché. Faire cuire pendant environ 10 minutes.

Ajouter la pâte de tomates et mélanger. Ajouter tous les autres ingrédients et laisser mijoter pendant environ 1 heure, à feu doux.

SALADE DE CHAMPIGNONS

Métrique	Impérial
750 g de champignons émincés	1-1/2 lb de champignons émincés
105 ml d'huile d'olive	7 c. à s. d'huile d'olive
30 ml de persil haché	2 c. à s. de persil haché
6 filets d'anchois lavés, épongés et hachés	6 filets d'anchois lavés, épongés et hachés
1 citron pressé	1 citron pressé
Sel et poivre	Sel et poivre

Placer les champignons dans un grand saladier. Incorporer tous les autres ingrédients et mélanger. Laisser mariner pendant 30 minutes avant de servir.

COUPE DE FRUITS AU MIEL ET À LA LIMETTE

Métrique	Impérial
2 pêches	2 pêches
ou	ou
2 nectarines	2 nectarines
1 petit melon cantaloup	1 petit melon cantaloup
250 ml de bleuets	1 tasse de bleuets
75 ml de miel	1/3 tasse de miel
45 ml de jus de lime frais	3 c. à s. de jus de lime frais
12 grains de poivre écrasés	12 grains de poivre écrasés

Découper les pêches ou les nectarines en quartiers. Couper le petit melon en dés. Mélanger les fruits en ajoutant les bleuets, le miel et le jus de lime frais. Couvrir et placer au réfrigérateur pendant 1 heure. Garnir de quelques grains de poivre écrasés.

LASAGNES D'ARTICHAUTS AU GRATIN

Métrique	Impérial
1 boîte de lasagnes	1 boîte de lasagnes
500 ml d'artichauts en boîte, coupés en morceaux	2 tasses d'artichauts en boîte, coupés en morceaux
2 tomates coupées en rondelles	2 tomates coupées en rondelles
2 oignons finement émincés	2 oignons finement émincés
500 ml de jus de tomate	2 tasses de jus de tomate
5 ml de thym	1 c. à t. de thym
75 ml d'huile d'olive	1/3 tasse d'huile d'olive
125 ml de chapelure	1/2 tasse de chapelure
125 ml de fromage mozzarella	1/2 tasse de fromage mozzarella
15 ml de paprika	1 c. à s. de paprika
Sel et poivre	Sel et poivre

Faire cuire les lasagnes dans de l'eau bouillante salée. Égoutter. Réserver.

Dans une casserole, faire chauffer l'huile. Y ajouter les artichauts et les oignons et laisser cuire pendant environ 8 minutes, à feu doux. Assaisonner et réserver.

Dans un plat allant au four, superposer en couches successives les lasagnes, les artichauts et les tomates. Terminer par le fromage, la chapelure et saupoudrer le tout de paprika. Faire cuire au four à 180°C (350°F) pendant 40 minutes.

Coupe de fruits au miel et à la limette

Poulet cacciatore

CUISINE ITALIENNE

Bourgogne blanc, poire William glacée

Pour 6 à 8 personnes

Pois chiches grillés

MINESTRONE

Métrique	Impérial
4 à 5 gousses d'ail hachées fin	4 à 5 gousses d'ail hachées fin
250 ml d'oignons hachés	1 tasse d'oignons hachés
45 ml d'huile (olive ou autre)	3 c. à s. d'huile (olive ou autre)
5 ml de sel	1 c. à t. de sel
250 ml de carottes coupées en petits dés	1 tasse de carottes coupées en petits dés
250 ml de céleri coupé en petits dés	1 tasse de céleri coupé en petits dés
250 ml d'aubergine ou de courgette coupée en dés	1 tasse d'aubergine ou courgette coupée en dés
5 ml d'origan	1 c. à t. d'origan
1 ml de poivre noir frais moulu	1/4 c. à t. de poivre noir frais moulu
5 ml de basilic déshydraté ou	1 c. à t. de basilic déshydraté ou
15 ml de basilic frais	1 c. à s. de basilic frais
250 ml de poivron vert coupé en petits dés	1 tasse de poivron vert coupé en petits dés
875 ml d'eau ou de fond de boeuf	3-1/2 tasses d'eau ou de fond de boeuf
500 ml de purée de tomates	2 tasses de purée de tomates
375 ml de pois cassés ou de pois chiches cuits	1-1/2 tasse de pois cassés ou de pois chiches cuits
45 ml de vin rouge sec	3 c. à s. de vin rouge sec
250 ml de tomates fraîches concassées	1 tasse de tomates fraîches concassées
125 ml de pâtes alimentaires fraîches	1/2 tasse de pâtes alimentaires fraîches
125 ml de persil frais haché	1/2 tasse de persil frais, haché
125 ml de fromage parmesan râpé	1/2 tasse de fromage parmesan râpé

Dans une marmite de 4 litres (16 tasses), faire revenir l'oignon et l'ail dans l'huile jusqu'à ce qu'ils soient tendres et transparents. Ajouter la moitié du sel, les carottes, le céleri et l'aubergine (la courgette s'ajoute en même temps que le poivron vert), l'origan, le poivre et le basilic. Couvrir. Laisser mijoter pendant 5 à 8 minutes. Ajouter le poivron vert, l'eau ou le fond de boeuf, la purée de tomates, les pois cuits et le vin. Continuer la cuisson pendant 15 minutes. Ajouter les tomates et le reste du sel. Remettre à frémir pendant 10 minutes avant de servir. Ajouter alors les pâtes et prolonger la cuisson pendant environ 10 minutes.

Garnir de persil et de parmesan frais, râpé. Servir immédiatement.

POIS CHICHES GRILLÉS

Métrique	Impérial
1 gousse d'ail pelée	1 gousse d'ail pelée
45 ml d'huile d'olive	3 c. à s. d'huile d'olive
500 g de pois chiches secs	1 lb de pois chiches secs
2 ml de sel	1/2 c. à t. de sel

Écraser la gousse d'ail avec le plat d'un couteau. La plonger dans l'huile d'olive.

Couvrir généreusement les pois chiches d'eau. Amener à ébullition. Après 2 minutes, les laisser tremper, hors du feu, pendant 1 heure. Égoutter et assécher.

Faire chauffer le four à 180°C (350°F). Déposer les pois chiches dans une grande lèchefrite. Retirer l'ail de l'huile et verser l'huile sur les pois chiches. Ils doivent en être bien enrobés. Saler et laisser cuire pendant 40 minutes. Éponger les pois chiches au sortir du four.

Servir comme amuse-gueule ou en entrée avec des radis.

ESCALOPES DE PORC À LA MILANAISE

Métrique
8 escalopes de porc minces
Farine tout usage
2 oeufs légèrement battus
300 ml de chapelure
150 ml de fromage parmesan râpé
90 ml d'huile et de beurre
5 ml de thym
Sel et poivre

Impérial
8 escalopes de porc minces
Farine tout usage
2 oeufs légèrement battus
1-1/4 tasse de chapelure
3/4 tasse de fromage parmesan râpé
6 c. à s. d'huile et de beurre
1 c. à t. de thym
Sel et poivre

Assaisonner les escalopes de sel, de poivre et de thym. Les enduire d'une fine couche de farine puis les tremper dans l'oeuf battu et dans la chapelure pour les paner uniformément. Faire frire dans un poêlon avec l'huile et le beurre pendant 5 à 6 minutes, à feu moyen, en les retournant une fois. Placer dans une lèchefrite, couvrir de parmesan râpé et continuer la cuisson au four à 180°C (350°F) pendant 10 à 15 minutes.

Servir avec des quartiers ou des rondelles de citron.

GRATIN DE POMMES DE TERRE FLORENTIN

Métrique
6 pommes de terre
250 g d'épinards
15 ml de beurre
Sel et poivre
30 ml de fromage mozzarella

Impérial
6 pommes de terre
1/2 lb d'épinards
1 c. à s. de beurre
Sel et poivre
2 c. à s. de fromage mozzarella

Faire cuire les pommes de terre au four à 180°C (350°F) pendant environ 1 heure.

D'autre part, faire cuire les épinards dans de l'eau bouillante et les hacher.

Évider les pommes de terre cuites. Ajouter le sel, le poivre, le beurre et les épinards à la chair des pommes de terre. Farcir les pommes de terre. Saupoudrer de fromage et faire gratiner.

Escalopes de porc à la milanaise

BROCOLI ALL'OLIO E LIMONE

Métrique
1 gros brocoli
105 ml d'huile d'olive
1 citron pressé (le jus seulement)
Sel et poivre

Impérial
1 gros brocoli
7 c. à s. d'huile d'olive
1 citron pressé (le jus seulement)
Sel et poivre

Diviser le brocoli en bouquets et couper les tiges à 8 cm (3-1/4 po) de longueur. Les mettre dans une casserole et les couvrir d'eau bouillante salée.

Faire cuire «al dente» pendant 5 minutes. Égoutter et dresser sur un plat de service. Mélanger le jus de citron, l'huile, le sel et le poivre. Napper le brocoli. Servir chaud ou froid.

MICRO-ONDES

Cuisson du brocoli

Disposer les bouquets vers le centre d'un plat. Arroser de 20 ml (4 c. à t.) d'eau. Couvrir d'une pellicule de plastique entrouverte. Faire cuire à MAX. pendant 8 minutes. Laisser reposer de 2 à 4 minutes. Égoutter.

POIRISSIMO

Métrique
6 poires fraîches
150 ml de poudre d'amandes
150 ml de sucre
Le jus d'un citron
125 ml de confiture de framboises
250 ml de coulis de framboises (voir page 100, Omelette norvégienne cardinale)
Crème glacée à la vanille

Impérial
6 poires fraîches
3/4 tasse de poudre d'amandes
3/4 tasse de sucre
Le jus d'un citron
1/2 tasse de confiture de framboises
1 tasse de coulis de framboises (voir page 100, Omelette norvégienne cardinale)
Crème glacée à la vanille

Éplucher les poires. Découper une calotte sur le dessus des poires et la réserver pour décorer. Vider les poires à l'aide d'un vide-pommes. Les faire cuire dans de l'eau sucrée citronnée; elles doivent demeurer légèrement fermes.

Mélanger la confiture de framboises et la poudre d'amandes jusqu'à l'obtention d'une pâte moyennement épaisse. Farcir les poires à l'aide d'une poche à pâtisserie. Replacer les calottes. Mettre au réfrigérateur pendant 2 à 3 heures.

Déposer chaque poire dans une assiette et en napper la moitié de coulis de framboises. Garnir de crème glacée à la vanille.

Poirissimo

CUISINE ITALIENNE

Bourgogne blanc, rosé

Pour 6 à 8 personnes

MINESTRA AUX CONCOMBRES ET À LA CRÈME

Métrique	Impérial
2 gros concombres pelés et coupés en dés	2 gros concombres pelés et coupés en dés
3 cornichons à l'aneth	3 cornichons à l'aneth
250 ml de crème épaisse (35%)	1 tasse de crème épaisse (35%)
45 ml de jus de citron	3 c. à s. de jus de citron
60 ml d'oignon râpé	4 c. à s. d'oignon râpé
15 ml d'aneth haché	1 c. à s. d'aneth haché
Sel et poivre	Sel et poivre

Dans le bol du robot culinaire, mettre les concombres, les cornichons et l'aneth. Mélanger jusqu'à l'obtention d'un mélange homogène.

Verser dans une soupière glacée. Incorporer le sel, le poivre, l'oignon râpé et le jus de citron. Blanchir de fines tranches de concombres en les plongeant dans de l'eau bouillante pendant 1 minute. Les passer sous l'eau froide et en garnir le minestra. Saupoudrer de ciboulette. Déposer quelques brins d'aneth.

MICRO-ONDES

Cuisson d'une omelette

Faire fondre 15 ml (1 c. à s.) de beurre dans une assiette à tarte à MAX. pendant 30 secondes. Battre 2 oeufs avec 30 ml (2 c. à s.) de lait. Assaisonner. Verser dans l'assiette et couvrir d'une pellicule de plastique. Faire cuire à MED. pendant 2 à 3 minutes ou jusqu'à ce que les oeufs commencent à prendre. Remuer après 1 minute. Laisser reposer à couvert pendant 2 minutes.

FRITATA

Métrique	Impérial
10 oeufs	10 oeufs
250 ml de fromage cottage (2%) bien écrasé	1 tasse de fromage cottage (2%) bien écrasé
30 ml de persil frais haché	2 c. à s. de persil frais haché
45 ml d'eau	3 c. à s. d'eau
2 ml de sel	1/2 c. à t. de sel
1 ml d'origan	1/4 c. à t. d'origan
2 courgettes moyennes	2 courgettes moyennes
Farine tout usage	Farine tout usage
75 ml d'huile végétale	1/3 tasse d'huile végétale
2 petites gousses d'ail hachées fin	2 petites gousses d'ail hachées fin

Dans un bol, mélanger les oeufs, le fromage cottage, le persil, l'eau, le sel et l'origan. Émincer la courgette en tranches de 5 mm (1/4 po) et saupoudrer ces tranches de farine.

Dans un poêlon anti-adhésif, faire revenir l'huile et l'ail. Ajouter les tranches de courgettes et les faire dorer de chaque côté.

Verser le mélange d'oeufs sur les tranches de courgettes. Laisser cuire pendant 1 minute. Couvrir et continuer la cuisson à feu moyen pendant 4 à 5 minutes.

Découper l'omelette en 6 pointes. Servir avec des craquelins, sur des assiettes réchauffées.

Minestra aux concombres et à la crème

PÉTONCLES À L'ITALIENNE

Métrique	Impérial
30 ml de beurre	2 c. à s. de beurre
30 ml d'échalotes	2 c. à s. d'échalotes
500 g de pétoncles	1 lb de pétoncles
250 ml de champignons tranchés	1 tasse de champignons tranchés
250 ml de bouillon de poulet	1 tasse de bouillon de poulet
1/2 citron (jus)	1/2 citron (jus)
1 ml de sel	1/4 c. à t. de sel
0,5 ml de poivre	1/8 c. à t. de poivre
15 ml de beurre	1 c. à s. de beurre
10 ml de farine tout usage	2 c. à t. de farine tout usage
50 ml de crème épaisse (35%)	1/4 tasse de crème épaisse (35%)
15 ml de ciboulette	1 c. à s. de ciboulette
125 ml de nouilles chaudes au beurre	1/2 tasse de nouilles chaudes au beurre

Dans un poêlon épais, faire fondre 30 ml (2 c. à s.) de beurre. Ajouter les échalotes, les pétoncles, les champignons, le bouillon et le jus de citron. Saler et poivrer.

Laisser chauffer jusqu'à ébullition. Réduire le feu et continuer la cuisson à feu doux pendant 5 minutes ou jusqu'à ce que les pétoncles soient tendres. Ne pas trop les faire cuire, car ils durciraient. Retirer les pétoncles et les champignons à l'aide d'une écumoire et les réserver au chaud. Continuer la cuisson à feu vif pour réduire de moitié le liquide de cuisson.

Mélanger 15 ml (1 c. à s.) de beurre et de farine. Ajouter graduellement au mélange chaud en remuant constamment jusqu'à ce que la sauce soit épaisse et lisse.

Ajouter la crème et amener au point d'ébullition, sans laisser bouillir.

Retirer du feu. Remettre les pétoncles et les champignons. Ajouter la ciboulette et rectifier l'assaisonnement.

Servir immédiatement sur des nouilles chaudes au beurre.

FETTUCCINE AU BEURRE

Métrique	Impérial
875 ml de fettuccine cuits	3-1/2 tasses de fettuccine cuits
125 ml de beurre	1/2 tasse de beurre
Le jus de 1/2 citron	Le jus de 1/2 citron
2 gousses d'ail hachées fin	2 gousses d'ail hachées fin
Sel et poivre	Sel et poivre

Faire cuire les fettuccine selon la méthode de cuisson habituelle.

Dans un autre plat, faire fondre assez de beurre pour enrober les fettuccine. Ajouter les gousses d'ail. Ajouter le jus de citron et mélanger. Saler et poivrer.

Verser sur les fettuccine.

Pétoncles à l'italienne et fettuccine au beurre

Salade César du boucher

SALADE CÉSAR DU BOUCHER

Métrique	**Impérial**
2 ml de filet d'anchois	1/2 c. à t. de filet d'anchois
15 ml de câpres	1 c. à s. de câpres
45 ml d'huile végétale	3 c. à s. d'huile végétale
5 ml de vinaigre de vin	1 c. à t. de vinaigre de vin
1 pincée de sucre	1 pincée de sucre
1 gousse d'ail	1 gousse d'ail
1 jaune d'oeuf	1 jaune d'oeuf
2 échalotes françaises	2 échalotes françaises
5 ml de moutarde de Dijon	1 c. à t. de moutarde de Dijon
Quelques gouttes de jus de citron	Quelques gouttes de jus de citron
Fromage parmesan	Fromage parmesan
Bacon émietté	Bacon émietté
Persil	Persil
Croûtons	Croûtons
Poivre	Poivre
Laitue romaine	Laitue romaine
250 ml de pepperoni tranché fin	1 tasse de pepperoni tranché fin
30 ml de beurre	2 c. à s. de beurre

Écraser les anchois, les câpres et l'ail. Incorporer le jaune d'oeuf, le vinaigre, le sucre, les échalotes, la moutarde et le citron. Ajouter l'huile en filet tout en remuant.

Faire revenir le pepperoni dans du beurre chaud, à feu vif. L'ajouter au premier mélange. Incorporer le reste des ingrédients. Servir immédiatement.

GÂTEAU FROMAGÉ DE LA SICILE

Métrique	**Impérial**
400 ml de fromage ricotta	1-3/4 tasse de fromage ricotta
400 ml de sucre	1-3/4 tasse de sucre
1 pincée de cannelle	1 pincée de cannelle
150 ml de chocolat amer émietté	3/4 tasse de chocolat amer émietté
500 ml de fruits confits	2 tasses de fruits confits
45 ml de pistaches hachées	3 c. à s. de pistaches hachées
1 gâteau éponge	1 gâteau éponge
Sucre à glacer	Sucre à glacer
60 ml de liqueur de marasquin	4 c. à s. de liqueur de marasquin

Dans un grand bol, fouetter le ricotta jusqu'à consistance homogène. Faire dissoudre le sucre dans 60 ml (4 c. à s.) d'eau sur feu doux et faire cuire jusqu'à ce qu'il change de couleur. L'ajouter au ricotta. Ajouter la cannelle et le chocolat et bien mélanger. Hacher la moitié des fruits confits et les incorporer au mélange. Ajouter les pistaches. Mélanger.

Couper le gâteau éponge en deux tranches épaisses et les imbiber de la liqueur de marasquin. Doubler de papier ciré un bol rond. Y placer une tranche de gâteau. Remplir avec le mélange de ricotta. Recouvrir de l'autre tranche de gâteau. Presser légèrement avec la lame d'un couteau. Mettre au réfrigérateur pendant quelques heures. Démouler. Saupoudrer de sucre à glacer et décorer de fruits confits.

CUISINE JAPONAISE

Saké chaud

Pour 4 à 6 personnes

SOUPE AUX POISSONS

Métrique	**Impérial**
2 litres de bouillon de poisson (très épicé)	8 tasses de bouillon de poisson (très épicé)
500 g de poisson d'eau salée	l lb de poisson d'eau salée
250 g de crevettes cuites et décortiquées	1/2 lb de crevettes cuites et décortiquées
12 huîtres	12 huîtres
2 oignons blancs	2 oignons blancs
3 à 4 poireaux émincés	3 à 4 poireaux émincés
4 oeufs	4 oeufs

Faire chauffer le bouillon. Y jeter le poisson coupé en cubes de 2,5 cm (1 po) sans arêtes, les crevettes, les huîtres préalablement passées à l'eau, les oignons blancs et les poireaux. Dès que la soupe bouillonne, y faire pocher un oeuf par personne. Servir.

SHIRO BAI

Métrique	**Impérial**
Huile végétale	Huile végétale
1 boîte d'escargots	1 boîte d'escargots
5 ml de saké	1 c. à t. de saké
2 ml de soja japonais	1/2 c. à t. de soja japonais
Glutamate de sodium	Glutamate de sodium
5 ml de gingembre frais écrasé	1 c. à t. de gingembre frais écrasé
500 ml de riz cuit	2 tasses de riz cuit

Huiler légèrement un poêlon. Faire chauffer. Ajouter les escargots. Couvrir et faire frire pendant 2 minutes en remuant fréquemment. Ajouter, en remuant, le saké, la sauce soja et quelques pincées de glutamate de sodium. Couvrir et faire cuire à feu vif pendant 20 secondes. Retirer du feu.

Envelopper le gingembre dans une mousseline à fromage (coton fromage). Presser le jus au-dessus des escargots. Remuer légèrement. Couper les escargots en deux et servir chaud sur un lit de riz.

Shiro Bai

324

Sukiyaki

SUKIYAKI

Métrique	Impérial
2 kg de boeuf coupé en lanières	4 lb de boeuf coupé en lanières
500 ml de bouillon de poulet	2 tasses de bouillon de poulet
ou	ou
1 boîte de consommé de boeuf	1 boîte de consommé de boeuf
3/4 boîte d'eau	3/4 boîte d'eau
75 ml de soja japonais	5 c. à s. de soja japonais
Oignons coupés en morceaux	Oignons coupés en morceaux
Céleri coupé en morceaux	Céleri coupé en morceaux
Poivron vert coupé en lanières	Poivron vert coupé en lanières
Ail haché	Ail haché
30 ml de fécule de maïs	2 c. à s. de fécule de maïs
125 ml d'eau	1/2 tasse d'eau
Sel et poivre	Sel et poivre

Faire revenir le boeuf. Ajouter le bouillon de poulet ou le consommé additionné d'eau. Ajouter la sauce soja et laisser mijoter à feu doux pendant 2 heures pour attendrir la viande.

Trente minutes avant de servir, ajouter les oignons, le céleri et le poivron vert. Saler et poivrer. Ajouter l'ail.

Laisser mijoter pendant encore 10 minutes. Délayer alors la fécule de maïs dans l'eau et incorporer au mélange. Continuer la cuisson pendant 10 minutes.

NAMEKO MIZORE-AE

Métrique	Impérial
2 boîtes de champignons en conserve	2 boîtes de champignons en conserve
5 radis pelés et râpés fin	5 radis pelés et râpés fin
10 ml de jus de citron	2 c. à t. de jus de citron
1 ml de sel	1/4 c. à t. de sel
5 ml de zeste de lime râpée	1 c. à t. de zeste de lime râpée

Dans une petite casserole, amener 500 ml (2 tasses) d'eau à ébullition. Ajouter les champignons et faire bouillir à nouveau. Égoutter. Plonger les champignons dans de l'eau froide. Égoutter de nouveau.

Dans un petit bol, mélanger les radis, le jus de citron et le sel. Incorporer les champignons.

Diviser en quatre portions, saupoudrer de zeste de lime et servir à la température de la pièce.

Salade de crabe et de concombres

Métrique
3 gros concombres
10 ml de sel
500 g de crabe frais ou en
conserve
45 ml de gingembre râpé

Impérial
3 gros concombres
2 c. à t. de sel
1 lb de crabe frais ou en
conserve
3 c. à s. de gingembre râpé

Sauce

Métrique
50 ml de jus de citron
50 ml de bouillon de
boeuf
30 ml de sucre
15 ml de soja japonais
2 ml de sel
Glutamate de sodium

Impérial
1/4 tasse de jus de citron
1/4 tasse de bouillon de
boeuf
2 c. à s. de sucre
3 c. à t. de soja japonais
1/2 c. à t. de sel
Glutamate de sodium

Éplucher les concombres en laissant un peu de peau pour la couleur. Les couper en deux, enlever les pépins et les trancher en fines rondelles.

Dans un petit bol, mélanger 125 ml (1/2 tasse) d'eau froide et 5 ml (1 c. à t.) de sel. Ajouter les tranches de concombres. Laisser macérer pendant 30 minutes à la température de la pièce. Égoutter et éponger.

Hacher le crabe. Séparer le concombre et le crabe en portions individuelles. Envelopper le gingembre dans une mousseline et la presser au-dessus de chacun des bols.

Dans une casserole, mélanger tous les ingrédients de la sauce. Amener à ébullition en remuant constamment. Retirer du feu et laisser refroidir.

Servir la sauce comme trempette avec la salade de crabe et de concombres.

Coupes de mandarines

6 mandarines fraîches ou en
conserve
Crème glacée aux fraises
6 cerises confites hachées
(vertes)

Peler les mandarines et les défaire en tranches. Garnir six bols de crème glacée aux fraises. Disposer les tranches de mandarines sur la crème glacée. Parsemer de cerises.

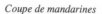
Coupe de mandarines

CUISINE MEXICAINE

Vin blanc sec, rosé

Pour 6 personnes

MENU

Crème de légumes à la mexicaine
Mousse aux concombres mexicaine
Pâté Montezuma
Pois et condiments à la mexicaine
Salade de carottes Veracruz
Gâteau nouveau monde

CRÈME DE LÉGUMES À LA MEXICAINE

Métrique	Impérial
1 litre de bouillon de poulet	4 tasses de bouillon de poulet
1 boîte de macédoine égouttée	1 boîte de macédoine égouttée
30 ml de pâte de tomates	2 c. à s. de pâte de tomates
30 ml de feuilles de céleri hachées fin	2 c. à s. de feuilles de céleri hachées fin
30 ml de beurre	2 c. à s. de beurre
Sel et poivre	Sel et poivre
1 pincée de poivre de cayenne	1 pincée de poivre de cayenne

Dans une casserole, verser et amener le bouillon de poulet à ébullition. Ajouter la macédoine et laisser cuire à découvert. Passer au mélangeur et verser dans la casserole. Ajouter la pâte de tomates, les feuilles de céleri, le sel, le poivre et le poivre de cayenne.

Faire cuire pendant 5 minutes à feu moyen en remuant de temps à autre. Incorporer 30 ml (2 c. à s.) de beurre et servir.

MOUSSE AUX CONCOMBRES MEXICAINE

Métrique	Impérial
1 sachet de gelée en poudre à la lime	1 sachet de gelée en poudre à la lime
150 ml d'eau bouillante	3/4 tasse d'eau bouillante
250 ml de fromage cottage	1 tasse de fromage cottage
250 ml de mayonnaise	1 tasse de mayonnaise
30 ml d'oignon râpé	2 c. à s. d'oignon râpé
150 ml de concombre râpé	3/4 tasse de concombre râpé
250 ml d'amandes écrasées	1 tasse d'amandes écrasées

Faire dissoudre la gelée en poudre dans de l'eau bouillante. Incorporer le fromage cottage, la mayonnaise et l'oignon. Ajouter le concombre et les amandes en pliant le mélange.

Verser dans un moule et mettre au réfrigérateur jusqu'à ce que la gelée soit prise.

Crème de légumes à la mexicaine

Pois et condiments à la mexicaine

POIS ET CONDIMENTS À LA MEXICAINE

Métrique	Impérial
2 paquets de petits pois verts surgelés	2 paquets de petits pois verts surgelés
30 ml de beurre ou de margarine	2 c. à s. de beurre ou de margarine
125 ml d'oignon émincé	1/2 tasse d'oignon émincé
3 poivrons rouges coupés en lanières de 2,5 cm	3 poivrons rouges coupés en lanières de 1 po
Sel et poivre	Sel et poivre

Faire cuire les pois jusqu'à ce qu'ils soient bien tendres. Entre-temps, dans un petit poêlon, faire chauffer le beurre. Y ajouter l'oignon et laisser cuire pendant environ 5 minutes. Mettre les poivrons rouges et remuer.

Égoutter les pois. Dans un bol, mélanger l'oignon, les poivrons et les pois. Saler et poivrer.

MICRO-ONDES

Cuisson des pois congelés

Percer le sac d'emballage des pois surgelés et le placer dans un plat en verre. Mettre au four et faire cuire à MAX. pendant 5 à 7 minutes.

PÂTÉ MONTEZUMA

Métrique	Impérial
500 g de lard haché	1 lb de lard haché
500 g de boeuf haché maigre	1 lb de boeuf haché maigre
1/2 poivron vert émincé	1/2 poivron vert émincé
2 oignons émincés	2 oignons émincés
125 ml de ketchup	1/2 tasse de ketchup
125 ml de relish	1/2 tasse de relish
125 ml de sauce chili	1/2 tasse de sauce chili
1 abaisse de tarte, cuite	1 abaisse de tarte, cuite
125 ml de fromage mozza-rella	1/2 tasse de fromage mozzarella
Beurre	Beurre

Dans une casserole, faire cuire le lard, le boeuf, le poivron et les oignons pendant 20 minutes. Ajouter le ketchup, la relish et la sauce chili.

Préparer une abaisse. Foncer un moule préalablement graissé. Verser le mélange dans cette abaisse. Saupoudrer de fromage râpé.

Recouvrir d'une autre abaisse et faire cuire au four à 190°C (375°F) pendant 40 à 45 minutes.

SALADE DE CAROTTES VERACRUZ

Métrique	Impérial
6 grosses carottes fraîches coupées fin ou râpées	6 grosses carottes fraîches coupées fin ou râpées
150 ml de raisins secs	3/4 tasse de raisins secs
300 ml de jus d'orange	1-1/4 tasse de jus d'orange
5 ml de sucre	1 c. à t. de sucre
2 ml de sel	1/2 c. à t. de sel

Mélanger tous les ingrédients. Mettre au réfrigérateur pendant au moins 30 minutes avant de servir.

GÂTEAU NOUVEAU MONDE

Métrique	Impérial
500 ml de farine tout usage	2 tasses de farine tout usage
500 ml de sucre à glacer	2 tasses de sucre à glacer
10 ml de soda à pâte	2 c. à t. de soda à pâte
250 ml de noix hachées	1 tasse de noix hachées
1 boîte d'ananas broyés avec le jus	1 boîte d'ananas broyés avec le jus
125 ml de fromage Philadel-phia	1/2 tasse de fromage Philadelphia
50 ml de margarine	1/4 tasse de margarine
250 ml de sucre	1 tasse de sucre
2 ml de vanille	1/2 c. à t. de vanille

Bien mélanger la farine, le sucre à glacer, le soda à pâte, les noix et les ananas avec le jus. Faire cuire au four à 180°C (350°F) pendant 45 minutes.

Bien mélanger le fromage, la margarine, le sucre à glacer et la vanille jusqu'à l'obtention d'une crème homogène.

Sortir le gâteau du four. Attendre pendant 10 minutes. Le napper de crème.

Pâté Montezuma

CUISINE RÉGIONALE

Vin blanc demi-sec, rosé

Pour 6 à 8 personnes

MENU

Soupe aux gourganes
Oeufs au gratin
Fricot de la Côte Nord
Casserole au chou et au céleri
Salade des Cantons
Renversé aux framboises

SOUPE AUX GOURGANES

Métrique	Impérial
1 litre d'eau	4 pintes d'eau
1 os à soupe (boeuf)	1 os à soupe (boeuf)
ou	ou
125 g de lard salé	1/4 lb de lard salé
1 gros oignon	1 gros oignon
Bouquet garni	Bouquet garni
500 ml de gourganes	2 tasses de gourganes
50 ml d'orge perlé	1/4 tasse d'orge perlé
Sel et poivre	Sel et poivre

Dans une casserole, verser l'eau. Y ajouter l'os ou le lard salé, l'oignon et les assaisonnements. Laisser bouillir pendant 1 heure et demie. Ajouter les gourganes et l'orge perlé. Laisser bouillir de nouveau pendant au moins 2 heures et demie.

OEUFS AU GRATIN

Métrique	Impérial
12 oeufs	12 oeufs
Sel	Sel
15 ml de beurre	1 c. à s. de beurre
150 ml de fromage gruyère râpé	3/4 tasse de fromage gruyère râpé
3 pincées de persil haché fin	3 pincées de persil haché fin

Faire chauffer le four à 200°C (400°F). Mettre le beurre et 75 ml (5 c. à s.) de fromage gruyère dans un plat à gratin. Déposer le plat au centre du four pendant 4 à 5 minutes.

Casser les oeufs dans le plat. Assaisonner et saupoudrer avec le reste du fromage. Faire cuire les oeufs au four à 190°C (375°F) pendant 5 minutes.

Fricot de la Côte Nord

FRICOT DE LA CÔTE NORD

Métrique	Impérial
500 ml d'oignon	2 tasses d'oignon
1,5 litre de pommes de terre cuites coupées en tranches	6 tasses de pommes de terre cuites coupées en tranches
750 g de morue ou de truite	1-1/2 lb de morue ou de truite
125 ml de crabe et de palourdes	1/2 tasse de crabe et de palourdes
45 ml de beurre	3 c. à s. de beurre
375 ml de sauce béchamel	1-1/2 tasse de sauce béchamel
50 ml de fromage parmesan ou de cheddar	1/4 tasse de fromage parmesan ou de cheddar
Persil	Persil
Sel et poivre	Sel et poivre

Faire dorer les oignons dans 45 ml (3 c. à s.) de beurre.

Préparer une béchamel (voir le chapitre des sauces).

Dans un plat de 10 cm (4 po) de hauteur, allant au four, déposer successivement 250 ml (1 tasse) d'oignon, 750 ml (3 tasses) de pommes de terre, la morue et/ou la truite, 250 ml (1 tasse) d'oignon, 750 ml (3 tasses) de pommes de terre, les palourdes et/ou le crabe, le persil, le sel, le poivre, la sauce béchamel et le fromage râpé.

Faire cuire au four à 190°C (375°F) pendant 30 à 40 minutes, selon l'épaisseur des morceaux de poisson.

COCOTTE DE CHOU ET DE CÉLERI

Métrique	Impérial
875 ml de chou haché	3-1/2 tasses de chou haché
250 ml de céleri haché	1 tasse de céleri haché
90 ml de beurre	6 c. à s. de beurre
30 ml de farine tout usage	2 c. à s. de farine tout usage
375 ml de lait	1-1/2 tasse de lait
2 ml de sel	1/2 c. à t. de sel
Pincée de poivre	Pincée de poivre
125 ml de chapelure	1/2 tasse de chapelure
Noix de Grenoble hachées fin ou	Noix de Grenoble hachées fin ou
Parmesan rapé	Parmesan râpé

Faire fondre 60 ml (4 c. à s.) de beurre et y faire revenir le chou et le céleri pendant 10 à 15 minutes en remuant fréquemment. Disposer dans un plat allant au four, préalablement beurré.

Faire fondre les 30 ml (2 c. à s.) de beurre qui restent et ajouter la farine, le lait et les assaisonnements. Faire cuire en remuant jusqu'à épaississement. Verser ce mélange sur le chou. Mélanger la chapelure et les noix ou le fromage. En parsemer le mélange. Faire cuire au four à 190°C (375°F) pendant environ 15 minutes.

SALADE DES CANTONS

Métrique	Impérial
750 ml de champignons frais coupés en tranches	3 tasses de champignons frais coupés en tranches
500 ml de fromage en grains	2 tasses de fromage en grains
1 petit oignon haché fin	1 petit oignon haché fin
1 tomate coupée en petits dés	1 tomate coupée en petits dés
1 carotte râpée	1 carotte râpée
1 branche de céleri coupée en dés	1 branche de céleri coupée en dés
30 ml de persil haché	2 c. à s. de persil haché
30 ml de jus de citron	2 c. à s. de jus de citron
15 ml de vinaigre	1 c. à s. de vinaigre
30 ml d'huile végétale	2 c. à s. d'huile végétale
1 ml de poudre d'ail	1/4 c. à t. de poudre d'ail
1 ml de marjolaine	1/4 c. à t. de marjolaine
1 ml de sel	1/4 c. à t. de sel
Pincée de poivre	Pincée de poivre
Feuilles de laitue	Feuilles de laitue

Dans un bol mélanger délicatement tous les légumes et le fromage. Dans un autre bol mélanger les ingrédients liquides et les assaisonnements pour obtenir une vinaigrette.

Juste avant de servir, verser la vinaigrette sur les légumes. Mélanger délicatement. Servir sur des feuilles de laitue.

RENVERSÉ AUX FRAMBOISES

Métrique	Impérial
400 ml de sucre	1-3/4 tasse de sucre
125 ml de beurre fondu	1/2 tasse de beurre fondu
150 ml de lait	3/4 tasse de lait
15 ml de jus de citron	1 c. à s. de jus de citron
400 ml de farine tout usage	1-3/4 tasse de farine tout usage
10 ml de poudre à pâte	2 c. à t. de poudre à pâte
500 ml de framboises surgelées	2 tasses de framboises surgelées
1 ml de sel	1/4 c. à t. de sel
6 oeufs	6 oeufs

Dans un bol, battre les oeufs, le sucre, le sel et le beurre fondu. Tamiser la farine et la poudre à pâte. Incorporer au mélange le jus de citron et le lait, et finalement les ingrédients secs.

Déposer les framboises dans un moule en pyrex de 25 x 15 x 5 cm (10 x 6 x 2 po) et les saupoudrer généreusement de sucre. Beurrer les parois et remplir de mélange.

Faire cuire au four à 175°C (375°F) pendant 40 minutes. Laisser tiédir et renverser sur un plat de service. Servir avec une crème anglaise (voir page 160, Île flottante aux fruits confits).

Gâteau renversé aux framboises

CUISINE RÉGIONALE

Bordeaux blanc, vin mousseux

Pour 6 à 8 personnes

SOUPE AUX HERBES SALÉES

Métrique	Impérial
10 ml d'herbes salées	2 c. à t. d'herbes salées
75 ml d'oignons hachés	5 c. à s. d'oignons hachés
150 ml de carottes râpées	3/4 tasse de carottes râpées
50 ml de beurre ou de saindoux	1/4 tasse de beurre ou de saindoux
1,5 litres d'eau	6 tasses d'eau
50 ml de riz	1/4 tasse de riz
30 ml de vermicelle	2 c. à s. de vermicelle
3 poireaux hachés	3 poireaux hachés
6 carottes hachées	6 carottes hachées
5 pincées de persil haché fin	5 pincées de persil haché fin
125 ml d'échalotes (partie verte) hachées fin	1/2 tasse d'échalotes (partie verte) hachées fin
125 ml de feuilles de céleri hachées fin	1/2 tasse de feuilles de céleri hachées fin
125 ml de ciboulette hachée fin	1/2 tasse de ciboulette hachée fin
125 ml de gros sel	1/2 tasse de gros sel
Sel et poivre	Sel et poivre

Mélanger tous les légumes et les fines herbes avec le gros sel et réserver.

Dans une casserole, mettre le beurre et faire suer le mélange de légumes, de fines herbes et d'herbes salées. Ajouter l'eau. Poivrer. Amener à ébullition. Ajouter le riz et le vermicelle. Faire bouillir pendant 20 minutes environ. Saler. Servir.

MUFFINS AUX CHAMPIGNONS

Métrique	Impérial
10 ml de beurre	2 c. à t. de beurre
375 ml de champignons frais hachés fin	1-1/2 tasse de champignons frais hachés fin
250 ml de farine tout usage ou	1 tasse de farine tout usage ou
250 ml de farine de blé entier	1 tasse de farine de blé entier
125 ml de fromage cheddar	1/2 tasse de fromage cheddar
15 ml de cassonade	1 c. à s. de cassonade
10 ml de poudre à pâte	2 c. à t. de poudre à pâte
1 oeuf battu	1 oeuf battu
100 ml de lait	1/2 tasse de lait
15 ml de beurre fondu	1 c. à s. de beurre fondu
Pincée de sel	Pincée de sel

Faire chauffer le four à 190°C (375°F). Beurrer 6 moules à muffins et les saupoudrer légèrement de farine.

Dans le beurre fondu, faire légèrement revenir les champignons. Les égoutter.

Tamiser les ingrédients secs. Les mélanger avec le cheddar. Dans un autre bol, mélanger l'oeuf battu avec le beurre fondu, le lait et les champignons. Incorporer les ingrédients secs au mélange liquide. Verser à la cuillère dans les moules à muffins. Faire cuire pendant 20 à 25 minutes.

Muffins aux champignons

Miroton à la bière

MIROTON À LA BIÈRE

Métrique	Impérial
1 kg de boeuf en cubes	2 lb de boeuf en cubes
50 ml de farine tout usage	1/4 tasse de farine tout usage
15 ml de paprika	1 c. à s. de paprika
2 ml de fines herbes	1/2 c. à t. de fines herbes
1 pincée de clous de girofle moulus	1 pincée de clous de girofle moulus
5 carottes moyennes coupées en rondelles	5 carottes moyennes coupées en rondelles
15 ml de fécule de maïs	1 c. à s. de fécule de maïs
90 ml d'huile végétale	6 c. à s. d'huile végétale
1 oignon	1 oignon
1 gousse d'ail hachée fin	1 gousse d'ail hachée fin
250 ml de bouillon de boeuf	1 tasse de bouillon de boeuf
1 petite bouteille de bière	1 petite bouteille de bière
6 branches de persil frais	6 branches de persil frais
1 boîte de champignons	1 boîte de champignons
24 petits oignons	24 petits oignons
ou	ou
6 gros oignons coupés en quatre	6 gros oignons coupés en quatre
Sel et poivre	Sel et poivre

Mélanger la farine, le sel, le poivre, le paprika. Enrober la viande de ce mélange. Faire chauffer l'huile. Y faire dorer l'oignon et l'ail. Ajouter la viande et le reste de la farine assaisonnée. Faire brunir pendant quelques minutes à feu vif. Ajouter le bouillon de boeuf. Remuer. Ajouter la bière, le persil, les clous de girofle et les fines herbes. Laisser mijoter à feu doux pendant 1 heure et demie.

Entre-temps, égoutter les champignons et réserver le jus. Ajouter les légumes. Rectifier l'assaisonnement. Faire cuire pendant environ 45 minutes. Épaissir avec la fécule de maïs diluée dans le jus des champignons. Vérifier l'assaisonnement. Servir avec des pommes de terre en purée.

BROCOLI AU GRATIN

Métrique	Impérial
500 ml de brocoli	2 tasses de brocoli
5 ml de beurre	1 c. à s. de beurre
125 ml de fromage râpé	1/2 tasse de fromage râpé
50 ml de panure	1/4 tasse de panure
Assaisonnements	Assaisonnements

Sauce béchamel

Métrique	Impérial
30 ml de beurre	2 c. à s. de beurre
30 ml de farine tout usage	2 c. à s. de farine tout usage
250 ml de lait	1 tasse de lait
1 ml de sel	1/4 c. à t. de sel

Faire cuire le brocoli dans de l'eau bouillante pendant 10 à 15 minutes. Égoutter le brocoli. Le défaire en bouquets et le couper en grosses tranches.

Entre-temps, faire fondre le beurre et y incorporer la farine. Verser le lait en filet en remuant constamment avec une cuillère de bois. Bien assaisonner. Laisser cuire pendant 20 minutes.

Beurrer un plat creux à gratin. Alterner le brocoli, le fromage et la sauce. Assaisonner entre chaque rang.

Couvrir de panure au beurre et faire gratiner au four.

SALADE DE POULET DE GRAND-MÈRE

Métrique

500 ml de poulet défait en petits morceaux
500 ml de céleri haché fin
125 ml de petits pois
125 ml d'olives coupées
125 ml de cornichons sucrés
Mayonnaise pour lier

Impérial

2 tasses de poulet défait en petits morceaux
2 tasses de céleri haché fin
1/2 tasse de petits pois
1/2 tasse d'olives coupées
1/2 tasse de cornichons sucrés
Mayonnaise pour lier

Mélanger tous les ingrédients. Ajouter la quantité de mayonnaise nécessaire pour bien lier la salade. Mettre au réfrigérateur. Servir frais.

CHAUSSONS AUX POMMES

Métrique

500 ml de farine tout usage
15 ml de poudre à pâte
5 ml de sel
125 ml de graisse végétale
375 ml de lait
6 pommes
90 ml de sucre
2 ml de cannelle
2 ml de muscade

Impérial

2 tasses de farine tout usage
1 c. à s. de poudre à pâte
1 c. à t. de sel
1/2 tasse de graisse végétale
1-1/2 tasse de lait
6 pommes
6 c. à s. de sucre
1/2 c. à t. de cannelle
1/2 c. à t. de muscade

Mélanger la farine, la poudre à pâte, le sel et la graisse végétale. Ajouter le lait. Bien mélanger. Étendre la pâte. Y découper 6 ronds.

Éplucher les pommes, les couper en quartiers et enlever les coeurs. Les faire cuire avec le sucre, la cannelle et la muscade pendant environ 20 minutes. Laisser refroidir. Déposer un peu de compote de pommes au centre de chaque cercle de pâte. Badigeonner le pourtour de lait. Refermer les chaussons et souder la pâte. Faire cuire au four à 150°C (325°F) pendant 30 minutes. Napper de sauce au caramel.

Sauce au caramel

Métrique

125 ml de cassonade
50 ml de sirop de maïs
250 ml de crème légère (15%)
30 ml de beurre
1 pincée de sel

Impérial

1/2 tasse de cassonade
1/4 tasse de sirop de maïs
1 tasse de crème légère (15%)
2 c. à s. de beurre
1 pincée de sel

Dans un chaudron, faire fondre tous les ingrédients à feu doux. Verser sur les pommes. Servir chaud ou froid.

Donne 6 chaussons.

Chaussons aux pommes

CUISINE RÉGIONALE

Vin blanc sec, bordeaux blanc rosé

Pour 6 à 8 personnes

PUNCH DE LA BEAUCE

Métrique	Impérial
125 ml de sirop d'érable	1/2 tasse de sirop d'érable
500 ml de jus d'orange	2 tasses de jus d'orange
125 ml de jus de cerise en pot	1/2 tasse de jus de cerise en pot
250 ml de jus de citron	1 tasse de jus de citron
125 ml de jus d'ananas	1/2 tasse de jus d'ananas
2 bouteilles de cidre non pétillant	2 bouteilles de cidre non pétillant
2 bouteilles de cidre mousseux, froid	2 bouteilles de cidre mousseux, froid

Dans un bol à punch, mettre des glaçons. Ajouter les six premiers ingrédients et laisser macérer pendant quelques heures. Ajouter le cidre mousseux préalablement refroidi. Garnir de fraises fraîches lavées, de tranches d'oranges et de tranches de bananes.

Variante : ajouter du calvados ou du brandy.

PAMPLEMOUSSES AU CRABE

1/2 pamplemousse par personne
2 boîtes de chair de crabe
Mayonnaise
Jus de citron
Poivre de cayenne
Paprika

Couper les pamplemousses en deux. Retirer la chair et la mélanger à la chair de crabe. Lier avec la mayonnaise, le jus de citron et une pincée de poivre de cayenne. Garnir les pamplemousses. Saupoudrer d'un peu de paprika. Servir très frais.

ORIGNAL À LA MODE DE CHEZ NOUS

Métrique	Impérial
1 kg d'orignal maigre, coupé en cubes	2 lb d'orignal maigre, coupé en cubes
500 ml d'oignons émincés	2 tasses d'oignons émincés
45 ml de gras	3 c. à s. de gras
10 ml de fines herbes	2 c. à t. de fines herbes
1 feuille de laurier	1 feuille de laurier
1 bouteille de bière	1 bouteille de bière
Sel et poivre	Sel et poivre

Dans un sac, enfermer la farine, les fines herbes, le sel, le poivre et la viande. Bien secouer. Dans un poêlon, faire chauffer le gras et y faire dorer les oignons. Ajouter la viande et la faire brunir. Verser la bière et recouvrir la viande d'eau. Ajouter la feuille de laurier. Laisser mijoter à feu doux pendant 2 heures. S'il reste trop de bouillon à la fin de la cuisson, ajouter 5 ml (1 c. à t.) de farine grillée délayée dans un peu d'eau et laisser bouillir pendant quelques secondes. Servir très chaud.

Punch de la Beauce

Pommes de terre au four beauceronnes

POMMES DE TERRE AU FOUR BEAUCERONNES

Métrique	Impérial
6 pommes de terre	6 pommes de terre
1 oignon haché fin	1 oignon haché fin
30 ml de beurre	2 c. à s. de beurre
15 ml d'huile végétale	1 c. à s. d'huile végétale
3 grosses tomates hachées	3 grosses tomates hachées
6 grosses gousses d'ail hachées fin	6 grosses gousses d'ail hachées fin
45 ml de persil haché	3 c. à s. de persil haché
Sel et poivre	Sel et poivre

Faire cuire les pommes de terre au four à 220°C (425°F) pendant 50 minutes. Dans un poêlon, faire fondre le beurre. Y ajouter l'huile et faire revenir l'oignon pendant 5 minutes. Ajouter les tomates, l'ail et le persil. Réserver.

Lorsque les pommes de terre sont cuites, les couper en deux et les évider. Écraser la chair de pommes de terre et l'incorporer au premier mélange. Remplir les pommes de terre et remettre au four à 200°C (400°F) pendant 15 à 20 minutes.

MICRO-ONDES

Cuisson des pommes de terre

Bien laver les pommes de terre. Les piquer à l'aide d'une fourchette et les placer en étoile sur un plat recouvert d'un papier absorbant. Faire cuire à MAX. pendant 14 minutes. Laisser reposer pendant 4 minutes avant de servir.

SALADE DE CONCOMBRES AU SAUMON FUMÉ

Métrique	Impérial
6 petites carottes	6 petites carottes
2 petits concombres	2 petits concombres
3 petits oignons	3 petits oignons
250 g de saumon fumé coupé en lanières	1/2 lb de saumon fumé coupé en lanières

Vinaigrette

Métrique	Impérial
30 ml d'huile de maïs	2 c. à s. d'huile de maïs
Sel, poivre et cari	Sel, poivre et cari

Couper les carottes, les concombres et l'oignon en fines tranches. Ajouter le saumon fumé. Préparer la vinaigrette et la verser sur les légumes. Bien mélanger. Laisser mariner pendant plusieurs heures au réfrigérateur.

MOUSSE À L'ÉRABLE

Métrique	Impérial
750 ml de sucre	3 tasses de sucre
250 ml d'eau froide	1 tasse d'eau froide
250 ml de sirop d'érable	1 tasse de sirop d'érable
3 blancs d'oeufs	3 blancs d'oeufs
Sel	Sel

Faire cuire le sucre, le sirop et l'eau jusqu'à l'obtention d'un léger fil. Fouetter les blancs d'oeufs en neige. Verser graduellement le sirop sur les blancs d'oeufs. Remuer constamment. Verser dans des coupes à sorbet. Garnir de noix.

CUISINE RÉGIONALE

Vin blanc sec, rosé

Pour 6 à 8 personnes

MENU

Soupe au chou et à la perdrix
Soufflé au cheddar fort
Paupiettes de soles farcies aux champignons
Nouilles et céleri au four
Salade de poulet exquise
Gâteau beauceron à l'érable

SOUPE AU CHOU À LA PERDRIX

Métrique	**Impérial**
1 perdrix	1 perdrix
2 litres d'eau	8 tasses d'eau
1 chou moyen	1 chou moyen
2 petites carottes	2 petites carottes
2 échalotes	2 échalotes
5 ml de thym	1 c. à t. de thym
125 ml de riz	1/2 tasse de riz
Sel et poivre	Sel et poivre

Faire bouillir la perdrix avec les échalotes, le sel, le poivre et le thym. Ajouter le chou, les carottes râpées et le riz. Faire bouillir jusqu'à ce que les légumes soient bien cuits.

SOUFFLÉ AU CHEDDAR FORT

Métrique	**Impérial**
150 ml de bière	3/4 tasse de bière
125 ml de beurre	1/2 tasse de beurre
ou de margarine	ou de margarine
5 ml de sel	1 c. à t. de sel
250 ml de farine tout usage	1 tasse de farine tout usage
4 oeufs	4 oeufs
105 ml de cheddar fort râpé	7 c. à s. de cheddar fort râpé

Dans une casserole, sur feu vif, faire chauffer la bière, le beurre et le sel, jusqu'à ce que le beurre fonde et que le mélange bouillonne. Réduire la chaleur à feu doux, ajouter la farine et mélanger avec une cuillère de bois jusqu'à ce que le mélange forme une boule et se détache des côtés de la casserole. Ajouter les oeufs, un à la fois, et battre vigoureusement pendant 1 minute après chaque addition.

Graisser un moule à soufflé et y laisser tomber la pâte en 5 boules. Saupoudrer de cheddar.

Faire cuire au four à 175°C (350°F) pendant environ 40 minutes ou jusqu'à ce que le soufflé soit doré. Laisser refroidir sur une grille. Servir.

Soufflé au cheddar fort

Paupiettes de sole farcies aux champignons

Métrique	Impérial
1 kg de filets de sole, de sébaste ou de doré	2 lb de filets de sole, de sébaste ou de doré

Farce aux champignons

Métrique	Impérial
45 ml de beurre	3 c. à s. de beurre
60 ml d'oignon haché	4 c. à s. d'oignon haché
1-1/2 boîte de champignons hachés	1-1/2 boîte de champignons hachés
5 ml d'estragon	1 c. à t. d'estragon
5 ml de sel	1 c. à t. de sel

Trancher les filets en languettes de 15 x 5 cm (6 x 2 po). Assaisonner des deux côtés. Rouler dans des moules à muffins bien graissés.

Dans une casserole, faire fondre le beurre à feu doux. Ajouter les autres ingrédients et laisser cuire jusqu'à ce que les légumes soient tendres. Égoutter. Déposer 30 ml (2 c. à s.) de cette farce dans chaque filet roulé. Faire cuire au four à 230°C (450°F) pendant 15 minutes.

Nouilles et céleri au four

Métrique	Impérial
750 ml de céleri coupé en morceaux de 5 mm d'épaisseur	3 tasses de céleri coupé en morceaux de 1/4 po d'épaisseur
125 ml d'eau bouillante salée	1/2 tasse d'eau bouillante salée
50 ml de beurre	1/4 tasse de beurre
1 boîte de châtaignes d'eau tranchées	1 boîte de châtaignes d'eau tranchées
1 boîte de crème de poulet non diluée	1 boîte de crème de poulet non diluée
1 boîte de 145 g de nouilles frites	1 boîte de 5 oz de nouilles frites
Sel et poivre	Sel et poivre

Faire chauffer le four à 200°C (400°F). Beurrer un plat allant au four.

Dans une casserole, amener l'eau salée à ébullition. Y faire cuire le céleri pendant environ 10 minutes. Retirer du feu. Ajouter les châtaignes et la crème de poulet. Mélanger délicatement. Saler et poivrer.

Étendre successivement dans le plat plusieurs couches de nouilles et de mélange. Couvrir. Faire cuire pendant 10 minutes. Enlever le couvercle et continuer la cuisson pendant 5 minutes.

Paupiettes de sole farcies aux champignons

338

Salade de poulet exquise

SALADE DE POULET EXQUISE

Métrique	Impérial
1 kg de poulet cuit et coupé en dés	2 lb de poulet cuit et coupé en dés
500 ml de pommes pelées, coupées en dés	2 tasses de pommes pelées, coupées en dés
250 ml de céleri coupé en dés	1 tasse de céleri coupé en dés
125 ml de crème épaisse (35%)	1/2 tasse de crème épaisse (35%)
50 ml de noix	1/4 tasse de noix
30 ml de mayonnaise	2 c. à s. de mayonnaise
30 ml de vinaigre	2 c. à s. de vinaigre
Sel et poivre	Sel et poivre
Jus de citron	Jus de citron

Arroser les pommes de jus de citron. Mélanger la mayonnaise, le vinaigre, le sel et le poivre jusqu'à l'obtention d'une sauce à salade. Fouetter la crème et l'incorporer à la sauce. Incorporer le poulet, le céleri, les pommes et les noix à la sauce en remuant délicatement.

Servir sur des feuilles de laitue. Garnir de rondelles d'œufs durs.

GÂTEAU BEAUCERON À L'ÉRABLE

Métrique	Impérial
250 ml de farine de blé entier	1 tasse de farine de blé entier
5 ml de cannelle	1 c. à t. de cannelle
5 ml de soda à pâte	1 c. à t. de soda à pâte
1 ml de sel	1/4 c. à t. de sel
125 ml d'huile végétale	1/2 tasse d'huile végétale
2 oeufs moyens	2 oeufs moyens
250 ml de sirop d'érable	1 tasse de sirop d'érable
250 ml de carottes râpées	1 tasse de carottes râpées
250 ml de pommes râpées	1 tasse de pommes râpées
125 ml de noix hachées	1/2 tasse de noix hachées
75 ml de noix de coco râpée	1/3 tasse de noix de coco râpée
50 ml de lait	1/4 tasse de lait
125 ml de sucre d'érable	1/2 tasse de sucre d'érable
1 ml de soda à pâte	1/4 c. à t. de soda à pâte
20 ml de beurre	4 c. à t. de beurre

Tamiser ensemble les ingrédients secs. Mélanger l'huile, les oeufs, le sirop, les carottes, les noix et la noix de coco. Incorporer graduellement les ingrédients secs. Verser dans un moule beurré de 23cm (9 po) de diamètre. Faire cuire au four à 180°C (350°F) pendant environ 40 minutes. Démouler le gâteau et le piquer à plusieurs endroits. Mettre le lait, le sucre, le soda et le beurre dans une casserole. Amener à ébullition. Faire cuire pendant 5 minutes. Verser chaud sur le gâteau.

Cuisine scandinave

Vin blanc sec, champagne

Pour 6 à 8 personnes

Menu

Norrländsk laxsoppa
(soupe au saumon de Norvège)

Fyllda skinkrulader
(roulades de jambon suédoises)

Kålpudding
(pudding au chou)

Carottes à la crème de Finlande

Krabbsallad
(salade de crabe suédoise)

Risgrynsgröt
(pudding au riz de Norvège)

Norrländsk laxsoppa

Métrique	Impérial
1 litre de liquide (jus d'une boîte de saumon additionné d'eau)	4 tasses de liquide (jus d'une boîte de saumon additionné d'eau)
45 ml d'orge	3 c. à s. d'orge
2 carottes moyennes coupées en dés	2 carottes moyennes coupées en dés
1 navet de taille moyenne coupé en dés	1 navet de taille moyenne coupé en dés
1 oignon moyen haché	1 oignon moyen haché
1 boîte de saumon rose	1 boîte de saumon rose
5 ml de sel	1 c. à t. de sel
30 ml de persil haché	2 c. à s. de persil haché
Poivre	Poivre

Dans une casserole, porter à ébullition le jus de saumon additionné d'eau. Ajouter l'orge et laisser bouillir pendant 30 minutes. Ajouter les légumes et continuer la cuisson pendant 10 à 15 minutes ou jusqu'à ce que les légumes soient tendres.

Incorporer le saumon. Saler et poivrer. Faire chauffer. Garnir de persil haché. Servir chaud.

Fyllda skinkrulader

Métrique	Impérial
250 ml de petits pois cuits	1 tasse de petits pois cuits
1 pomme coupée en dés	1 pomme coupée en dés
5 ml de jus de citron	1 c. à t. de jus de citron
30 ml de câpres	2 c. à s. de câpres
2 oeufs durs hachés	2 oeufs durs hachés
125 ml de crème épaisse (35%) fouettée	1/2 tasse de crème épaisse (35%) fouettée
125 ml de mayonnaise	1/2 tasse de mayonnaise
15 ml de raifort râpé	1 c. à s. de raifort râpé
1 paquet de 280 g de pointes d'asperges congelées, cuites et refroidies	1 paquet de 10 oz de pointes d'asperges congelées, cuites et refroidies
12 tranches de jambon bouilli (environ 275 g)	12 tranches de jambon bouilli (environ 3/4 lb)

Mélanger les petits pois, la pomme, le jus de citron, les oeufs et les câpres. Mettre au réfrigérateur.

Dans un bol, mélanger la crème, la mayonnaise et le raifort. Mettre au réfrigérateur.

Incorporer 125 ml (1/2 tasse) de garniture à la crème au premier mélange. Disposer environ 50 ml (1/4 tasse) du mélange sur la moitié des tranches de jambon. Rouler les tranches de jambon serré. Placer les asperges sur les autres tranches de jambon. Rouler serré. Servir avec le reste de la garniture.

Fyllda skinkrulader

Kålpudding

KÅLPUDDING

Métrique	Impérial
1 chou (750 g)	1 chou (1-1/2 lb)
500 g de boeuf haché	1 lb de boeuf haché
500 g de porc haché	1 lb de porc haché
45 ml de beurre	3 c. à s. de beurre
5 ml de sel	1 c. à t. de sel
2 ml de poivre	1/2 c. à t. de poivre
500 ml de pommes de terre en purée	2 tasses de pommes de terre en purée

Enlever le coeur du chou. Couper le chou en gros morceaux. Le faire cuire dans de l'eau bouillante salée pour l'attendrir. Laisser égoutter.

Dans une casserole, faire fondre le beurre. Y faire revenir le boeuf et le porc hachés.

Mélanger la viande cuite et les pommes de terre. Saler et poivrer.

Dans un plat allant au four, disposer successivement une couche de chou et une couche de viande. Couvrir. Faire cuire au four à 180°C (350°F) pendant 45 à 50 minutes.

KRABBSALLAD

Métrique	Impérial
2 boîtes (175 g) de chair de crabe	2 boîtes (6-1/2 oz) de chair de crabe
4 branches de céleri hachées	4 branches de céleri hachées
15 ml d'oignon râpé	1 c. à s. d'oignon râpé
30 à 45 ml de jus de citron	2 à 3 c. à s. de jus de citron
2 ml d'aneth frais haché	1/2 c. à t. d'aneth frais haché
150 ml de crème sure	3/4 tasse de crème sure
Feuilles de laitue	Feuilles de laitue
Poivre	Poivre

Égoutter la chair de crabe et l'émietter. Mélanger le crabe, le céleri, l'oignon, le jus de citron, l'aneth et la crème sure. Poivrer. Remuer délicatement. Disposer sur les feuilles de laitue.

CAROTTES À LA CRÈME DE FINLANDE

Métrique	Impérial
30 ml de beurre	2 c. à s. de beurre
45 ml de farine tout usage	3 c. à s. de farine tout usage
15 ml de sucre	1 c. à s. de sucre
1 pincée de poivre blanc moulu	1 pincée de poivre blanc moulu
250 ml de lait	1 tasse de lait
125 ml de crème et de lait (à part égale)	1/2 tasse de crème et de lait (à part égale)
500 g de carottes tranchées et cuites	1 lb de carottes tranchées et cuites
Persil haché	Persil haché

Dans une casserole, faire fondre le beurre. Ajouter la farine, le sucre et le poivre. Remuer jusqu'à l'obtention d'un mélange homogène. Retirer du feu. Verser en filet le lait et le mélange crème-lait. Remettre sur le feu. Laisser mijoter en remuant constamment jusqu'à épaississement.

Ajouter les carottes. Faire chauffer. Parsemer de persil haché.

RISGRYNSGRÖT

Métrique	Impérial
750 ml de riz cuit	3 tasses de riz cuit
1 litre de lait	4 tasses de lait
15 ml de beurre	1 c. à s. de beurre
0,5 ml de sel	1/8 c. à t. de sel
30 à 45 ml de sucre	2 à 3 c. à s. de sucre
50 ml de raisins secs	1/4 tasse de raisins secs

Dans une casserole épaisse, bien mélanger le riz et le lait. Couvrir. Faire cuire à feu très doux, jusqu'à ce que le lait soit tout absorbé. Remuer de temps à autre. Incorporer le beurre, le sel et le sucre. Mettre au réfrigérateur. Servir avec de la crème ou de la compote de pommes.

Risgrynsgröt

La cuisine
à l'improviste

LES MÉTHODES DE CONGÉLATION

La congélation est une technique moderne de conservation qui permet de servir, en toute saison, des aliments à l'état frais. Saisis par un froid intense (-25°C) (-10°F), les aliments conservent leur fraîcheur, leur couleur, leur saveur, leur texture et leurs vitamines.

LES RÈGLES

* Choisir des produits très frais et de première qualité.

* Préparer, cuisiner, emballer et stocker les aliments dans les meilleures conditions d'hygiène.

* Congeler les aliments à une température inférieure ou égale à -25°C (-10°F) afin de conserver toutes leurs propriétés.

* Effectuer rapidement la congélation afin de mieux conserver les aliments. Si le refroidissement est trop lent, l'eau contenue dans les aliments forme de gros cristaux de glace qui déchirent les membranes des cellules des légumes ou les fibres des tissus des viandes. Lors d'une congélation rapide, ces cristaux restent très petits.

* Baisser la température du congélateur à -25°C (-10°F) ou à -18°C (0°F) lorsque les aliments sont congelés, soit après environ 24 heures de stockage, et maintenir cette température.

* Éviter de congeler de trop grosses quantités à la fois.

* Placer les aliments à congeler tout autour du congélateur. Dès qu'ils sont bien congelés, les rassembler vers le milieu et les remplacer par d'autres aliments.

* Identifier chacun des aliments congelés.

* Consulter la brochure qui accompagne votre congélateur pour avoir plus de renseignements au sujet de la recongélation.

* Remplir le congélateur au maximum, car il conserve mieux le froid.

* Ne pas ouvrir le congélateur en cas de panne d'électricité. Si la panne est prévue, remplir les espaces vides du congélateur de bacs à glace ou de boîtes remplies d'eau. Si la panne dure plus de 6 heures, ne pas ouvrir le congélateur et le recouvrir de journaux et de couvertures. Si la panne dure plus de 12 heures, cuisiner ou consommer tous les aliments contenus dans le congélateur, et le nettoyer avant de le faire fonctionner de nouveau.

* Respecter le temps de conservation propre à chacune des denrées, sinon les aliments perdent leur saveur et leur valeur nutritive.

LES EMBALLAGES

Pour être vraiment conservés dans de bonnes conditions, les aliments doivent être bien protégés de l'air froid et sec du congélateur, sinon on remarque un dessèchement progressif des aliments. Il s'ensuit donc une diminution de poids, une perte de saveur et d'éléments nutritifs, et une altération de la couleur et du goût.

Un bon emballage contribue à la préservation des aliments, prévient leur déshydratation et la perte de leur valeur nutritive, et évite les transferts d'odeurs d'un aliment à un autre.

Les matériaux d'emballage doivent être de qualité alimentaire, c'est-à-dire qu'ils doivent résister à l'eau, à la vapeur, au gras, aux odeurs et au froid intense pendant plusieurs mois, et maintenir un certain degré d'humidité.

Les contenants doivent être de capacités et de formes variées. Par exemple, des contenants en aluminium avec couvercles dans lesquels on peut faire cuire les aliments, les congeler et les faire réchauffer; des boîtes et des verres en plastique avec couvercles pour congeler les liquides, les crèmes, les sauces; du papier aluminium épais pour congeler la viande ou remplacer les couvercles des contenants; des sacs de plastique de qualité alimentaire pour congeler les fruits et les légumes; du papier à congélation avec un côté ciré pour séparer des morceaux de viande; de la pellicule plastique qui adhère aux aliments et évite la formation de poches d'air.

Les aliments doivent être congelés le plus rapidement possible. Il est donc préférable de les congeler en petites quantités, en choisissant l'emballage qui offre le moins d'encombrement pendant le stockage.

LE SCELLAGE ET L'ÉTIQUETAGE

Avant de sceller hermétiquement un emballage, il faut évacuer le maximum d'air des emballages souples et éviter de remplir à ras bord les emballages rigides, car les liquides augmentent de volume lors de la congélation.

Chaque emballage doit être hermétiquement scellé, puis étiqueté. Il est conseillé de noter la nature de l'aliment, la quantité, le poids ou le nombre de portions, la date de congélation, la date limite de stockage et tout renseignement utile pour une utilisation ultérieure.

Pour faciliter les choses, on peut utiliser des étiquettes autocollantes «spécial congélation» de couleurs différentes pour chaque catégorie d'aliments. Inscrire les renseignements avec un stylo-feutre indélébile ou un crayon gras et tenir un inventaire des aliments congelés afin de les consommer en temps voulu et de connaître le contenu de votre congélateur.

ACCESSOIRES ET USTENSILES CONSEILLÉS POUR FACILITER UNE BONNE CONGÉLATION

Un couteau économe (épluche-légumes)

Un couteau à désosser

Des couteaux en acier inoxydable

Une tasse à mesurer

Une passoire

Une écumoire

Un pèse-sirop

Un mélangeur

Un minuteur

Une balance

Une planche à découper

Un autocuiseur (presto)

Une étuveuse avec panier égouttoir

Des casseroles en acier inoxydable

Un thermomètre

Un couteau-scie

Un thermomètre à aiguille.

Des contenants en plastique

Des contenants en aluminium

De la pellicule plastique

Du papier aluminium

Des sacs à congélation

Des étiquettes autocollantes résistant au froid

Un stylo-feutre indélébile ou un crayon gras

Un tableau-inventaire des denrées congelées

IMPORTANT

Tous les ustensiles et les contenants utilisés doivent être parfaitement propres. Les contenants doivent être parfaitement étanches. L'aluminium est poreux; il peut noircir certains aliments.

LA PRÉPARATION DES ALIMENTS

Les légumes

Les légumes doivent être frais, mûrs et fermes, et être congelés le plus tôt possible. L'idéal est d'avoir des légumes fraîchement cueillis.

Il faut les trier, les éplucher, les laver, les couper et les faire blanchir afin d'éviter qu'ils ne s'oxydent. Une fois blanchis, il faut les emballer dès qu'ils sont refroidis (voir le tableau de blanchiment des légumes, p. 347).

* Certains légumes n'ont pas besoin d'être blanchis : les **tomates**, les **courgettes**, les **poivrons**, les **concombres** et les **citrouilles.**

* Les **pommes de terre** crues et les salades ne peuvent pas se congeler.

* Les **brocolis**, les **choux-fleurs** et les **choux de Bruxelles** doivent être trempés dans de l'eau salée pendant 15 minutes avant d'être blanchis.

* Les **fines herbes** se congèlent très bien. Les laver, les assécher et les hacher. Les congeler ensuite sur une plaque à biscuits et les emballer.

* Il est possible de faire congeler les légumes immédiatement après les avoir lavés à l'eau très froide. Par contre, leur durée de conservation sera seulement d'environ 2 mois.

Les fruits

Les fruits doivent être bien mûrs et d'excellente qualité. Ils peuvent être congelés entiers, en morceaux, en compotes, en sorbets, etc. Il y a cependant trois principales façons de congeler les fruits :

À sec, c'est-à-dire sans sucre ni sirop, pour les **bleuets**, les **mûres**, la **rhubarbe**, les **framboises**, les **groseilles,** etc.

Au sucre sec, c'est-à-dire en alternant des couches de fruits et des couches de sucre, puis en mélangeant pour que les fruits soient bien enrobés de sucre

Au sirop, c'est-à-dire que les fruits sont d'abord placés dans des contenants, puis recouverts de sirop en tenant compte de l'espace nécessaire à la dilatation lors de la congélation. Le sirop sera plus ou moins sucré, selon l'acidité des fruits et le goût de chacun. (Voir le tableau de densité du sirop de sucre, p. 347.)

* Lorsque les fruits sont très juteux, il est fortement conseillé d'utiliser du sucre sec (1 tasse de sucre pour 5 tasses de fruits).

* Dénoyauter les **cerises** avec un dénoyauteur avant de les congeler.

* Couper les **abricots** et les **prunes** en deux, enlever les noyaux, les saupoudrer de sucre et les congeler ou encore les blanchir, les placer dans des contenants et les recouvrir de sirop de sucre additionné d'un peu de jus de citron.

* Couper les **pêches** en deux, enlever les noyaux et la peau. Les congeler de la même façon que les abricots et les prunes.

* Choisir des **poires** fermes et juteuses. Les éplucher, les couper en quartiers, ôter le coeur, les placer dans des contenants et les recouvrir de sirop de sucre additionné d'un peu de jus de citron.

* Peler les **pommes**, les couper en quartiers, ôter le coeur

et les couper en tranches. Placer les tranches dans un contenant en saupoudrant chaque couche de pommes de sucre et de jus de citron. Placer une feuille de papier aluminium entre chacune des couches.

* Peler et couper les **melons** en tranches, enlever toute la partie fibreuse, saupoudrer de sucre et emballer individuellement dans du papier aluminium. Faire congeler, puis regrouper dans des sacs en plastique.

* Les **jus de fruits** se congèlent très bien dans des contenants à cubes de glace.

* Les **fraises** et les **framboises** se congèlent très bien sans sucre. Les laver, les assécher, puis les placer dans des sacs en polythène.

Les viandes

Il est préférable de congeler des viandes maigres et dégraissées. La graisse animale rancit rapidement, donc une viande grasse se conserve moins longtemps. Plusieurs petits paquets se congèlent mieux qu'un gros, et il ne faut pas oublier qu'un produit décongelé doit être consommé immédiatement.

* Les **steaks**, les **escalopes**, les **côtelettes**, les **gigots**, les **rôtis**, etc. seront emballés séparément dans du papier aluminium en prenant soin de doubler la couche de papier aluminium à l'emplacement des os pour éviter que le papier ne se perce. Les faire congeler séparément, puis les regrouper.

* Le **boudin** et les saucisses doivent être trempés pendant 1 minute dans de l'eau bouillante avant d'être emballés dans du papier aluminium. Faire congeler et regrouper dans des sacs de plastique.

* Les **abats** (foie, rognons, cervelle, ris de veau) doivent être placés dans de l'eau froide pendant 2 heures, égouttés, puis emballés individuellement dans du papier aluminium. Les faire congeler et les regrouper dans des sacs de plastique.

Les volailles et le gibier

Les volailles se conservent mieux que le gibier. Le gibier sera congelé sans être faisandé. Utiliser les abats pour en faire des bouillons à congeler utiles pour les sauces.

Les poissons et les coquillages

Les poissons doivent être très frais et préparés rapidement. Il faut les écailler, les vider, leur couper la tête et les nageoires. Couper les gros poissons en morceaux ou en filets.

Emballer individuellement dans du papier aluminium, bien sceller, faire congeler et regrouper dans des sacs de plastique. Les coquillages doivent être ouverts, rincés à l'eau claire, puis placés dans des contenants profonds remplis d'eau salée avant d'être congelés. Les crevettes peuvent se congeler cuites ou crues.

Les produits laitiers

* Le **lait** pasteurisé et homogénéisé se congèle très facilement.

* La **crème** fraîche épaisse se congèle bien. Il est recommandé de la fouetter légèrement avant de la mettre dans les contenants. Fermer hermétiquement et congeler.

* Le **beurre** doux congelé se conserve plus longtemps que le beurre salé.

* Le **fromage** doit être congelé en petites portions, parce qu'il sèche rapidement après la congélation. Le fromage râpé se conserve plus longtemps que le fromage en morceaux.

Les oeufs

Il faut mélanger légèrement les oeufs et les saler ou les poivrer avant de les mettre dans les contenants et de les faire congeler.

Les pâtes, les pains et les gâteaux

Les **pâtes à tartes** ou autres se conservent très bien au congélateur. Par contre, il faut doubler la dose de levure lorsqu'il s'agit de pâtes à faire lever après la congélation; on ne doit pas sucrer les pâtes avant de les congeler et on doit congeler les fonds de tarte et les garnitures séparément. Les **pains**, les **brioches**, les **biscuits** secs, etc. se congèlent bien à condition de les faire congeler lorsqu'ils sont encore tièdes. Les **gâteaux** à pâte sèche se congèlent très bien. Certains gâteaux, recouverts de glaçage ou de crème, doivent être emballés dans du papier aluminium après avoir été congelés. Un glaçage au beurre se congèle mieux qu'un glaçage aux oeufs et un gâteau non glacé se conserve plus longtemps qu'un gâteau glacé.

Les plats cuisinés

Presque tous les plats cuisinés peuvent être congelés. Par contre, certains principes doivent être respectés.

* Tous les produits utilisés doivent être très frais et de première qualité.

* Diminuer les corps gras et utiliser du beurre, de l'huile d'arachide ou de l'huile d'olive. N'ajouter la crème et un peu de beurre qu'avant de servir.

* Diminuer la farine, le sel et les épices qui prolongent le temps nécessaire à la congélation et raccourcissent le temps de stockage. Rectifier l'assaisonnement juste avant de servir.

* Réduire le temps de cuisson du tiers, en tenant compte du réchauffage.

* Lier les sauces au moment du réchauffage.

* Tenir compte du fait que les liquides prennent de l'expansion en gelant; ne pas remplir les contenants à ras bord.

* Refroidir les plats le plus vite possible avant de les congeler. Pour ce faire, les placer au réfrigérateur jusqu'à ce qu'ils refroidissent et les congeler immédiatement après.

Les sandwiches

Les sandwiches contenant une garniture à la viande, au poisson, à la volaille ou au fromage se garderont au congélateur pendant 2 semaines. Placer les sandwiches congelés dans la boîte à lunch; ils seront très frais à l'heure du repas. Ne pas utiliser de mayonnaise, de laitue, de tomates ou de concombres.

La décongélation

Tous les produits, en petites quantités, peuvent être cuisinés sans décongélation. Les produits en plus grosses quantités, comme les rôtis, les gigots, etc. peuvent être décongelés au four et cuits par la suite, sans intervalle de temps entre les deux opérations. Si cela est impossible, le produit sera mis, dans son emballage, au réfrigérateur jusqu'à ce qu'il soit dégelé. Seuls les gâteaux cuits, à pâte sèche et sans garniture et les gâteaux aux fruits peuvent être dégelés à la température ambiante. Les légumes sont meilleurs décongelés dans de l'eau bouillante.

Tableau de densité de sucre par litre (4 tasses) d'eau

Sirop léger (20%)	250 ml de sucre	1 tasse de sucre
Sirop moyen (30%)	500 ml de sucre	2 tasses de sucre
Sirop épais (40%)	750 ml de sucre	3 tasses de sucre
Sirop très épais (50%)	1,125 ml de sucre	4-1/2 tasses de sucre

Mélanger d'abord le sucre et l'eau, puis porter à ébullition. Laisser mijoter pendant environ 3 minutes. Laisser refroidir avant d'utiliser.

Sirop léger : pommes, framboises, raisins, poires, abricots.

Sirop moyen : bleuets.

Sirop épais : cerises, ananas, prunes et pêches.

Sirop très épais : rhubarbe, canneberges.

Temps de blanchiment des légumes

Artichauts coupés (sans foin)	3 minutes
Asperges	3 minutes
Aubergines	3 minutes
Brocolis	3 minutes
Carottes	2 minutes
Céleris	3 minutes
Champignons	2 minutes
Choux de Bruxelles	4 minutes
Choux-fleurs	3 minutes
Choux hachés	4 minutes
Épinards	1 minute
Haricots verts ou jaunes	2 minutes
Navets	5 minutes
Oignons (petits)	2 minutes
Petits pois	1 minute
Poireaux	4 minutes
Pois des neiges	3 minutes

Tableau des durées de conservation des aliments congelés

Aliments crus	à -18C° (0°F)	à -25°C (-10°F)
Légumes		
Légumes verts	8 mois	16 mois
Fines herbes	8 mois	16 mois
Asperges	10 mois	18 mois
Artichauts	10 mois	18 mois
Aubergines	10 mois	18 mois
Carottes	10 mois	18 mois
Céleris	10 mois	18 mois
Choux-fleurs	10 mois	18 mois
Navets	10 mois	18 mois
Choux	12 mois	18 mois
Choux de Bruxelles	12 mois	18 mois
Courgettes	5 mois	10 mois
Tomates	5 mois	10 mois
Poivrons	5 mois	10 mois
Fruits		
Abricots	6 à 8 mois	12 mois
Cerises	6 à 8 mois	12 mois
Pêches	6 à 8 mois	12 mois
Prunes	6 à 8 mois	12 mois
Fruits au sirop	6 à 8 mois	10 mois
Compotes	6 à 8 mois	10 mois
Autres fruits	8 à 10 mois	15 mois
Viandes		
Viandes maigres	8 à 10 mois	16 à 18 mois
Viandes grasses	4 à 5 mois	8 mois
Abats (foie, coeur, cervelle, rognons, ris de veau)	3 mois	3 mois
Boudin	1 mois	1 mois
Saucisses	1 mois	3 mois
Volailles maigres (poulet, pintade, etc.)	10 mois	15 mois
Volailles grasses (canard, oie, etc.)	4 mois	6 mois

Tableau des durées de conservation des aliments congelés

Aliments crus	à -18C° (0°F)	à -25°C (-10°F)
Dinde	6 mois	10 mois
Poulet	6 mois	10 mois
Lapin	3 à 4 mois	5 à 6 mois
Gibiers	3 à 4 mois	5 à 6 mois
Poissons		
Poissons à chair grasse	1 à 2 mois	3 mois
Poissons à chair maigre	3 mois	5 mois
Crevettes	4 mois	6 mois
Coquillages	4 mois	6 mois
Produits laitiers		
Lait pasteurisé ou homogénéisé	3 mois	5 mois
Beurre doux pasteurisé	8 mois	12 à 15 mois
Crème épaisse (35%)	3 mois	5 mois
Fromage cheddar	6 à 8 mois	10 mois
Fromage à la crème	4 à 5 mois	6 à 8 mois
Crèmes (desserts)	2 mois	3 à 4 mois
Oeufs légèrement battus	4 à 6 mois	18 mois
Pâtes		
Pâtes crues à la levure ou au levain	1 mois	18 mois
Autres	2 mois	18 mois

Tableau des durées de conservation des aliments congelés

Les plats cuisinés	à -18C° (0°F)	à -25°C (-10°F)
Légumes		
Légumes sans gras	3 mois	6 mois
Légumes avec gras	1 à 2 mois	3 à 4 mois
Potages sans gras	3 mois	6 mois
Potages avec gras	1 à 2 mois	3 à 4 mois
Viandes		
Blanquettes de veau	3 mois	5 mois
Boeufs bourguignon	3 mois	5 mois
Fricassées	1 mois	2 mois
Sautées	1 mois	2 mois
Sauces à la viande	1 mois	2 mois
Rôtis	3 mois	5 mois
Bouillons de viande	1 mois	1-1/2 mois
Bouillons de volaille	1 mois	1-1/2 mois
Volailles	3 mois	5 mois
Poissons		
Poissons cuits	1 mois	2 mois
Poissons panés	1 mois	2 mois
Croquettes	1 mois	2 mois
Produits laitiers		
Crème pâtissière au beurre	3 semaines	1 mois
Crème pâtissière aux oeufs	3 semaines	1 mois
Crèmes glacées	1 mois	2 mois
Sorbets au jus de fruits	3 mois	5 mois
Pâtisseries		
Biscuits secs	6 mois	10 à12 mois
Génoises	6 mois	10 à 12 mois
Brioches	6 mois	10 à 12 mois
Gâteaux garnis	1 mois	1-1/2 mois
Gâteaux roulés	1 mois	1-1/2 mois

Tableau des durées de conservation des aliments congelés

Les plats cuisinés	à -18C° (0°F)	à -25°C (-10°F)
Gâteaux glacés	1 mois	2 mois
Pâtes		
Crêpes farcies	1 mois	2 mois
Pâtés	1 mois	2 mois
Pizzas	1 mois	2 mois
Tartes	1-1/2 mois	2 mois
Pains	1-1/2 mois	3 mois
Croissants	1-1/2 mois	3 mois
Brioches	1-1/2 mois	3 mois
Feuilletés	1-1/2 mois	3 mois

LES REPAS À CONGELER

BOEUF AFRICAIN

Métrique
1 kg de boeuf en cubes
2 oignons coupés en dés
1 poivron vert coupé en dés
5 branches de céleri coupées en dés
1 boîte de crème de tomates
250 ml d'eau froide
1 boîte de tomates pelées
5 ml de poivre
2 gousses d'ail ou du sel d'ail
10 à 12 carottes tranchées en rondelles
75 ml de cassonade
50 ml de vinaigre
30 ml de sauce Worcestershire
1 boîte de champignons (réserver le jus)
30 ml de beurre
45 ml d'huile végétale

Impérial
2 lb de boeuf en cubes
2 oignons coupés en dés
1 poivron vert coupé en dés
5 branches de céleri coupées en dés
1 boîte de crème de tomates
1 tasse d'eau froide
1 boîte de tomates pelées
1 c. à t. de poivre
2 gousses d'ail ou du sel d'ail
10 à 12 carottes tranchées en rondelles
1/3 tasse de cassonade
1/4 tasse de vinaigre
2 c. à s. de sauce Worcestershire
1 boîte de champignons (réserver le jus)
2 c. à s. de beurre
3 c. à s. d'huile végétale

Faire revenir les légumes dans le beurre. D'autre part, faire sauter les cubes de boeuf dans l'huile jusqu'à ce qu'ils soient bien dorés. Dégraisser. Ajouter les légumes cuits et tous les autres ingrédients. Faire cuire au four à 180°C (350°F) pendant 1 heure. Servir avec des pommes de terre bouillies.

Se congèle en plus ou moins grosse quantité.

BOEUF BOUILLI

Métrique
1,5 kg de boeuf (haut de côte)
1 chou coupé en quartiers
3 pommes de terre coupées en deux
2 carottes
4 oignons coupés en deux
1 poireau coupé en deux
Sel et poivre
1 bouquet garni : persil, basilic, thym et persil haché
2 oignons hachés

Impérial
3 lb de boeuf (haut de côte)
1 chou coupé en quartiers
3 pommes de terre coupées en deux
2 carottes
4 oignons coupés en deux
1 poireau coupé en deux
Sel et poivre
1 bouquet garni : persil, basilic, thym, persil haché
2 oignons hachés

Placer le boeuf dans une grande casserole, le couvrir d'eau froide et porter à ébullition. Écumer. Mettre le boeuf de côté. Rincer la casserole et y replacer la viande. Couvrir à nouveau d'eau froide. Ajouter le bouquet garni, le sel et le poivre. Porter à ébullition puis réduire le feu et laisser mijoter pendant 2 heures 15 minutes.

Trente minutes avant la fin de la cuisson, ajouter les légumes, sauf les oignons. Assaisonner au goût. Retirer successivement les divers légumes dès qu'ils sont cuits et les placer dans un plat de service. Les arroser d'un peu de bouillon afin de les garder chauds.

Lorsque tous les légumes sont cuits, jeter le bouquet garni et ajouter le boeuf ainsi que le liquide de cuisson au plat de service. Garnir le boeuf de persil et d'oignons hachés.

BOEUF BOURGUIGNON

Métrique
1 à 2 kg de boeuf en cubes
45 ml de beurre
12 petits oignons ou
3 gros oignons
2 carottes coupées en morceaux
1 gousse d'ail
2 branches de céleri
1 feuille de laurier
2 ml de thym
Vin rouge non sucré
250 g de lard salé ou
250 ml de bouillon ou d'eau
30 ml de concentré de boeuf
30 ml de purée de tomates
250 g de champignons
60 ml de farine tout usage
Persil

Impérial
2 à 4 lb de boeuf en cubes
3 c. à s. de beurre
12 petits oignons ou
3 gros oignons
2 carottes coupées en morceaux
1 gousse d'ail
2 branches de céleri
1 feuille de laurier
1/2 c. à t. de thym
Vin rouge non sucré
1/2 lb de lard salé ou
1 tasse de bouillon ou d'eau
2 c. à s. de concentré de boeuf
2 c. à s. de purée de tomates
1/2 lb de champignons
4 c. à s. de farine tout usage
Persil

Faire revenir les légumes dans le beurre, sauf les champignons. Saupoudrer la viande de farine et faire rissoler. Ajouter tous les assaisonnements. Mouiller à la hauteur de la viande avec le vin coupé d'eau ou de bouillon. Couvrir et laisser mijoter à feu doux pendant environ 3 heures.

Ajouter les champignons 30 minutes avant la fin de la cuisson.

Laisser refroidir et congeler.

BOULETTES EN SAUCE

Métrique	Impérial
500 g de boeuf haché maigre	1 lb de boeuf haché maigre
5 ml de sel	1 c. à t. de sel
5 ml de chapelure	1 c. à t. de chapelure
Poivre au goût	Poivre au goût
1 ml de thym ou de sarriette	1/4 c. à t. de thym ou de sarriette
75 ml de jus de tomates	1/3 tasse de jus de tomates
1 boîte de sauce tomate	1 boîte de sauce tomate
2 ml de sucre	1/2 c. à t. de sucre
15 ml d'huile végétale ou de beurre	1 c. à s. d'huile végétale ou de beurre

Mélanger tous les ingrédients. Façonner en boulettes et faire cuire pendant environ 15 minutes. Laisser refroidir avant la congélation.

Donne environ 20 boulettes.

CAROTTES EN RAGOÛT

Métrique	Impérial
30 ml d'huile d'olive	2 c. à s. d'huile d'olive
1 oignon d'Espagne émincé	1 oignon d'Espagne émincé
4 carottes émincées	4 carottes émincées
30 ml de farine tout usage	2 c. à s. de farine tout usage
500 ml d'eau	2 tasses d'eau
Sel et poivre	Sel et poivre

Dans une sauteuse, à feu moyen, faire chauffer l'huile. Ajouter l'oignon émincé et le faire revenir pendant 4 minutes. Ajouter les carottes et la farine, mélanger et continuer la cuisson jusqu'à ce que la farine brunisse. Ajouter l'eau. Saler, poivrer et amener le tout à ébullition. Faire cuire pendant 16 à 18 minutes. Saupoudrer de persil haché au moment de servir.

Laisser refroidir et congeler.

CARRÉS AUX DATTES

Métrique	Impérial
375 ml de farine	1-1/2 tasse de farine
50 ml de sucre	1/4 tasse de sucre
5 ml de poudre à pâte	1 c. à t. de poudre à pâte
5 ml de sel	1 c. à t. de sel
3 oeufs non battus	3 oeufs non battus
250 ml de sirop de maïs	1 tasse de sirop de maïs
5 ml de vanille	1 c. à t. de vanille
50 ml d'huile végétale	1/4 tasse d'huile végétale
250 ml de noix hachées	1 tasse de noix hachées
1 boîte de dattes dénoyautées, hachées	1 boîte de dattes dénoyautées, hachées

Tamiser les 4 premiers ingrédients. Dans un bol, fouetter les oeufs. Ajouter le sirop de maïs, la vanille et l'huile végétale. Incorporer les noix et les dattes hachées. Bien mélanger. Incorporer les ingrédients secs tamisés d'un seul coup. Déposer dans un plat préalablement graissé. Faire cuire au four à 180°C (350°F) pendant environ 40 minutes. Laisser refroidir et couper en carrés. Saupoudrer de sucre à glacer.

CASSEROLE AU BOEUF ET AUX MACARONI

Métrique	Impérial
150 ml de crème légère (15%)	3/4 tasse de crème légère (15%)
250 ml de chapelure	1 tasse de chapelure
5 ml de glutamate de sodium	1 c. à t. de glutamate de sodium
1 oeuf	1 oeuf
5 ml de sel	1 c. à t. de sel
5 ml de moutarde en poudre	1 c. à t. de moutarde en poudre
1 ml de thym	1/4 c. à t. de thym
1 oignon émincé	1 oignon émincé
500 g de boeuf haché	1 lb de boeuf haché
500 g de macaroni coupés	1 lb de macaroni coupés
15 ml de beurre	1 c. à s. de beurre
15 ml de persil haché	1 c. à s. de persil haché
250 ml de cheddar râpé	1 tasse de cheddar râpé
Sel et poivre	Sel et poivre

Dans un bol, mélanger le lait, la chapelure, l'oeuf, les assaisonnements et l'oignon. Ajouter la viande et mélanger avec une fourchette. Verser la préparation dans un moule préalablement graissé de 30 x 20 x 5 cm (12 x 8 x 2 po). Faire cuire au four à 180°C (350°F) pendant environ 30 minutes.

Entre-temps, faire cuire les macaroni et les égoutter. Saler et poivrer. Ajouter le beurre et le persil. Bien mélanger. Saupoudrer la moitié du fromage sur la viande chaude, verser les macaroni et saupoudrer de fromage.

Passer sous le gril (broil) pour faire fondre le fromage jusqu'à ce que la surface soit bien dorée.

Congeler en quantités plus ou moins grosses.

COQ AU VIN

Métrique	Impérial
1 poulet de 2 à 2,25 kg	1 poulet de 4 à 5 lb
30 ml de beurre	2 c. à s. de beurre
24 petits oignons	24 petits oignons
65 g de lard salé, coupé en cubes	1/8 lb de lard salé coupé en cubes
1 c. à s. de farine tout usage	1 c. à s. de farine tout usage
50 ml de cognac chaud	1/4 tasse de cognac chaud
250 ml bouillon poulet	1 tasse de bouillon de poulet
250 ml de vin rouge	1 tasse vin rouge
5 ml de thym et de marjolaine	1 c. à t. de thym et de marjolaine
1 feuille de laurier	1 feuille de laurier
12 champignons	12 champignons
1 carotte entière	1 carotte entière
Sel et poivre	Sel et poivre

Préparer le poulet et le découper en portions individuelles. Faire revenir les petits oignons dans le beurre et faire fondre le lard. Laisser rissoler. Égoutter les oignons et les lardons. Réserver.

Enfariner le poulet, l'assaisonner et le faire dorer. Arroser de cognac et flamber. Ajouter les oignons et les lardons. Verser le vin et le bouillon. Saupoudrer de fines herbes. Ajouter la feuille de laurier, vérifier l'assaisonnement. Ajouter la carotte.

Laisser cuire pendant environ 1 heure et demie, jusqu'à ce que la viande soit suffisamment cuite. Ajouter les champignons sautés en dernier.

Présenter sur un plat de service garni de triangles de croûtons à l'ail et de bouquets de persil.

COQUILLES SAINT-JACQUES

Métrique	Impérial
500 ml de sauce béchamel	2 tasses de sauce béchamel
250 g de crevettes	1/2 lb de crevettes
250 g de pétoncles	1/2 lb de pétoncles
Poissons au goût	Poissons au goût
250 ml de pommes de terre en purée	1 tasse de pommes de terre en purée
300 ml de fromage râpé	1-1/4 tasse de fromage râpé

Préparer la sauce béchamel (voir le chapitre des sauces). Y ajouter les crevettes, les pétoncles et le poisson. Déposer le mélange dans des plats allant au four, en forme de coquilles.

À l'aide d'une douille à pâtisserie, entourer le mélange d'une couronne de pommes de terre en purée. Saupoudrer le centre de fromage râpé. Faire cuire au four à 220°C (425°F) jusqu'à ce que la surface soit dorée. Laisser refroidir.

Envelopper individuellement dans une pellicule de plastique.

Pour 6 à 8 personnes.

CRÈME BAVAROISE AVEC ESSENCE DE GRAND MARNIER

Métrique	Impérial
8 jaunes d'oeufs	8 jaunes d'oeufs
4 oeufs	4 oeufs
500 g de sucre	1 lb de sucre
1,125 litre de lait	4-1/2 tasses de lait
20 ml de gélatine sans saveur	4 c. à t. de gélatine sans saveur
500 ml de crème fouettée	2 tasses de crème fouettée
50 ml de fruits confits	1/4 tasse de fruits confits
Essence de Grand Marnier	Essence de Grand Marnier

Faire chauffer le lait, le sucre, les jaunes d'oeufs battus et la gélatine. Laisser refroidir jusqu'à consistance épaisse. Ajouter la crème fouettée et mélanger. Ajouter l'essence de Grand Marnier et les fruits confits au goût. Verser dans des petits ramequins. Laisser prendre.

Recouvrir les ramequins d'une pellicule de plastique avant de les congeler.

CÔTELETTES DE PORC AU FOUR

Métrique	Impérial
4 côtelettes de porc épaisses	4 côtelettes de porc épaisses
1 boîte de crème d'oignon	1 boîte de crème d'oignon
1 boîte de soupe d'eau	1 boîte de soupe d'eau
1 ml de poivre	1/4 c. à t. de poivre
0,5 ml de clous de girofle pulvérisés	1/8 c. à t. de clous de girofle pulvérisés
0,5 ml de cannelle	1/8 c. à t. de cannelle

Faire brunir les côtelettes de porc des deux côtés. Mélanger la soupe et l'eau. Verser sur les côtelettes de porc. Faire mijoter pendant 20 minutes, sans couvrir, jusqu'à ce que la sauce épaississe. Assaisonner. Couvrir et faire cuire au four à 180°C (350°F) pendant environ 1 heure, jusqu'à ce que les côtelettes soient tendres.

Laisser refroidir avant de congeler.

GALETTE À L'ANIS

Métrique	Impérial
125 ml de graisse végétale	1/2 tasse de graisse végétale
125 ml de margarine	1/2 tasse de margarine
375 ml de sucre	1-1/2 tasse de sucre
2 oeufs	2 oeufs
10 ml de poudre à pâte	2 c. à t. de poudre à pâte
750 ml de farine tout usage	3 tasses de farine tout usage
250 ml de lait	1 tasse de lait
5 ml soda à pâte	1 c. à t. soda à pâte
5 ml de vanille	1 c. à t. de vanille
15 à 30 ml d'anis	1 à 2 c. à s. d'anis

Mélanger tous les ingrédients. Étendre la pâte avec les mains sur une épaisseur d'environ 5 mm (1/4 po). Ajouter un peu de farine si la pâte colle. La découper en rondelles à l'aide d'un verre ou d'un emporte-pièce. Faire cuire au four à 200°C (400°F) pendant 10 à 15 minutes.

Donne environ 2 douzaines de biscuits. Laisser refroidir et congeler.

GÂTEAU À LA MÉLASSE

Métrique	Impérial
1 oeuf	1 oeuf
125 ml de sucre	1/2 tasse de sucre
125 ml de mélasse	1/2 tasse de mélasse
150 ml de lait	3/4 tasse de lait
1 ml de sel	1/4 c. à t. de sel
5 ml de soda à pâte	1 c. à t. de soda à pâte
5 ml de poudre à pâte	1 c. à t. de poudre à pâte
500 ml de farine tout usage	2 tasses de farine tout usage

Battre l'oeuf. Ajouter le sucre et la mélasse. Bien mélanger. Ajouter progressivement les ingrédients secs et bien mélanger après chaque addition. Faire cuire au four à 180°C (350°F) pendant 30 minutes.

Laisser tiédir avant de congeler.

Gâteau soupe aux tomates

Métrique	Impérial
500 ml de farine tout usage	2 tasses de farine tout usage
10 ml de poudre à pâte	2 c. à t. de poudre à pâte
5 ml de soda à pâte	1 c. à t. de soda à pâte
2 ml de clous de girofle moulus	1/2 c. à t. de clous de girofle moulus
5 ml de cannelle	1 c. à t. de cannelle
5 ml de muscade	1 c. à t. de muscade
125 ml de graisse végétale	1/2 tasse de graisse végétale
250 ml de sucre	1 tasse de sucre
250 ml de crème de tomates	1 tasse de crème de tomates
125 ml de noix	1/2 tasse de noix
250 ml de raisins secs	1 tasse de raisins secs

Tamiser la farine, la poudre à pâte, le soda à pâte, les clous de girofle, la muscade et la cannelle. Faire fondre la graisse. Ajouter le sucre et fouetter jusqu'à la formation d'une mousse. Ajouter les ingrédients secs en alternant avec la soupe. Incorporer les noix et les raisins secs. Verser dans un moule préalablement graissé. Faire cuire à 180°C (350°F) pendant 50 à 60 minutes.

Laisser refroidir avant de congeler.

Légumes gratinés

Métrique	Impérial
500 g de carottes ou de brocoli ou de courgettes ou de choux-fleurs	1 lb de carottes ou de brocoli ou de courgettes ou de choux-fleurs
500 ml d'eau salée	2 tasses d'eau salée
5 ml de thym	1 c. à t. de thym
250 ml de sauce béchamel	1 tasse de sauce béchamel
75 ml de chapelure	1/3 tasse de chapelure
50 ml de beurre	1/4 tasse de beurre

Couper les légumes en tranches ou les défaire en bouquets. Les faire cuire dans de l'eau bouillante. Ajouter du sel et du thym. Égoutter et garder l'eau de cuisson. Déposer les légumes dans des ramequins individuels préalablement graissés. Réserver.

Préparer une sauce béchamel (voir le chapitre des sauces) avec l'eau de cuisson et du lait. Napper les légumes de sauce. Saupoudrer de chapelure. Parsemer de noisettes de beurre. Faire gratiner au four à 180°C (350°F) pendant environ 30 minutes. Laisser refroidir avant de congeler.

Macaroni aux champignons

Métrique	Impérial
1 kg de macaroni	2 lb de macaroni
1 oignon haché	1 oignon haché
500 ml de champignons tranchés	2 tasses de champignons tranchés
250 ml de restes de jambon coupé en dés	1 tasse de restes de jambon coupé en dés
1 boîte de crème de champignons	1 boîte de crème de champignons

Dans une casserole, faire revenir les champignons et les oignons. Y ajouter le jambon. Faire cuire jusqu'à ce que le jambon soit doré. Ajouter le macaroni cuit, la crème de champignons diluée dans un peu de lait et mélanger. Saler, poivrer et ajouter une pincée de paprika. Recouvrir de fromage râpé. Faire cuire au four à 180°C (350°F) pendant environ 20 minutes. Passer sous le gril (broil) pendant 5 minutes.

Pour 6 à 8 personnes.

Macaroni sauce à la viande

Métrique	Impérial
30 ml d'huile végétale	2 c. à s. d'huile végétale
1 gros oignon coupé fin	1 gros oignon coupé fin
1 poivron vert haché fin	1 poivron vert haché fin
500 g de boeuf haché	1 lb de boeuf haché
1 gousse d'ail	1 gousse d'ail
2 branches de céleri coupées fin	2 branches de céleri coupées fin
2 boîtes de jus de tomates	2 boîtes de jus de tomates
1 boîte de tomates pelées	1 boîte de tomates pelées
2 boîtes de pâte de tomates	2 boîtes de pâte de tomates
2 ml de romarin	1/2 c. à t. de romarin
2 ml de marjolaine	1/2 c. à t. de marjolaine
1 ml de piments rouges hachés	1/4 c. à t. de piments rouges hachés
4 feuilles de laurier	4 feuilles de laurier
5 ml de persil	1 c. à t. de persil
1 kg de macaroni	2 lb de macaroni

Dans une casserole, faire mijoter les 6 premiers ingrédients pendant 10 minutes. Ajouter le reste des ingrédients et continuer la cuisson à feu doux pendant 3 heures.

Entre-temps, faire cuire des macaroni dans de l'eau bouillante salée. Les égoutter. Les intégrer à la sauce. Laisser refroidir avant de congeler.

Muffins au son

Métrique	Impérial
250 ml de farine tout usage	1 tasse de farine tout usage
5 ml de poudre à pâte	1 c. à t. de poudre à pâte
2 ml de soda à pâte	1/2 c. à t. de soda à pâte
2 ml de sel	1/2 c. à t. de sel
250 ml de son	1 tasse de son
75 ml de noix hâchées	1/3 tasse de noix hachées
1 oeuf	1 oeuf
45 ml de miel	3 c. à s. de miel
150 ml de lait sur	3/4 tasse de lait sur
45 ml de beurre fondu	3 c. à s. de beurre fondu

Dans un bol, tamiser la farine, la poudre à pâte, le soda et le sel. Ajouter le son et les noix. Bien mélanger. Mélanger ensemble l'oeuf, le miel et le lait sur. Ajouter à ce mélange les ingrédients secs d'un seul coup. Ajouter le beurre.

Verser dans les moules à muffins préalablement graissés et faire cuire au four à 220°C (425°F) pendant environ 15 minutes.

Bien laisser refroidir avant de congeler. Donne environ 2 douzaines de muffins.

PAIN DE VIANDE AUX LÉGUMES

Métrique	Impérial
1 kg de boeuf haché	2 lb de boeuf haché
125 ml d'oignons hachés	1/2 tasse d'oignons hachés
125 ml de céleri haché	1/2 tasse de céleri haché
125 ml de champignons tranchés	1/2 tasse de champignons tranchés
50 ml de poivrons hachés	1/4 tasse de poivrons hachés
1 boîte de crème de céleri ou de champignons	1 boîte de crème de céleri ou de champignons
125 ml de fromage râpé	1/2 tasse de fromage râpé

Bien mélanger tous les ingrédients. Façonner un pain et le déposer dans un plat allant au four. Saupoudrer de fromage râpé. Faire cuire au four à 160°C (325°F) pendant 1 heure.

Laisser refroidir avant de congeler.

PAIN DE VIANDE AIGRE-DOUX

Métrique	Impérial
1 pot de sauce aigre-douce	1 pot de sauce aigre-douce
1 kg boeuf haché	2 lb de boeuf haché
1 oignon haché	1 oignon haché
250 ml de chapelure	1 tasse de chapelure
125 ml de riz cuit	1/2 tasse de riz cuit
375 ml de bouillon de boeuf	1-1/2 tasse de bouillon de boeuf
2 oeufs légèrement battus	2 oeufs légèrement battus
5 ml de sel	1 c. à t. de sel
30 ml de sauce soja	2 c. à s. de sauce soja
5 ml de persil	1 c. à t. de persil
1 ml de poivre	1/4 c. à t. de poivre
2 ml de glutamate de sodium	1/2 c. à t. de glutamate de sodium

Dans un bol, mélanger le boeuf, l'oignon, la chapelure, le riz, le bouillon, les oeufs, la sauce soja, le persil et les épices. Façonner un pain et le placer dans un moule.

Faire chauffer la sauce aigre-douce, en badigeonner le pain de viande. Faire cuire au four à 180°C (350°F) pendant environ 60 minutes.

Pour 6 à 8 personnes.

PAIN DE VIANDE

Métrique	Impérial
150 ml de chapelure	2/3 tasse de chapelure
250 ml de lait	1 tasse de lait
750 g de boeuf haché	1-1/2 lb de boeuf haché
2 oeufs bien battus	2 oeufs bien battus
125 ml d'oignon râpé	1/2 tasse d'oignon râpé
5 ml de sel	1 c. à t. de sel
1 ml de poivre	1/4 c. à t. de poivre
2 ml de sauge ou de marjolaine	1/2 c. à t. de sauge ou de marjolaine
45 ml de cassonade	3 c. à s. de cassonade
50 ml de ketchup	1/4 tasse de ketchup
1 ml de muscade	1/4 c. à t. de muscade
5 ml de moutarde	1 c. à t. de moutarde

Faire tremper la chapelure dans le lait pendant 20 minutes. Dans un petit bol, mélanger la cassonade, le ketchup, la muscade et la moutarde jusqu'à consistance veloutée. Incorporer la chapelure aux autres ingrédients et bien remuer.

Verser dans un moule à pain préalablement beurré. Recouvrir du mélange piquant et faire cuire au four à 180°C (350°F) pendant 1 heure. Laisser refroidir sur une grille avant de congeler.

Bien emballer dans une pellicule de plastique.

PAIN DE VIANDE AU BACON ET AUX TOMATES

Métrique	Impérial
1 boîte de crème de tomates	1 boîte de crème de tomates
125 ml de chapelure	1/2 tasse de chapelure
1/4 d'un oignon	1/4 d'un oignon
15 ml de sauce Worcestershire	1 c. à s. de sauce Worcestershire
1 oeuf battu	1 oeuf battu
750 g de boeuf haché	1-1/2 lb de boeuf haché
125 ml de persil	1/2 tasse de persil
5 ml de sel	1 c. à t. de sel
1 pincée de poivre	1 pincée de poivre
Bacon pour couvrir	Bacon pour couvrir

Mélanger la moitié de la crème de tomates aux autres ingrédients. Façonner un pain et le mettre dans un moule préalablement beurré.

Faire cuire au four à 180°C (350°F) pendant 1 heure. Verser le reste de la soupe sur le pain de viande et recouvrir de bacon. Continuer la cuisson pendant 20 minutes.

Laisser refroidir. Emballer soigneusement.

Pour 6 à 8 personnes.

PARMENTIÈRES DE POISSONS AU GRATIN

Métrique	Impérial
6 pommes de terre moyennes cuites au four	6 pommes de terre moyennes cuites au four
300 ml de poissons ou crustacés (sole, saumon, morue, homard, pétoncles, crevettes)	1-1/4 tasse de poissons ou crustacés (sole, saumon, morue, homard, pétoncles, crevettes)
125 ml de sauce béchamel plutôt claire	1/2 tasse de sauce béchamel plutôt claire
250 ml de fromage râpé	1 tasse de fromage râpé
1 pincée de poivre de cayenne	1 pincée de poivre de cayenne

Envelopper des pommes de terre de même grosseur dans du papier aluminium et faire cuire au four à 180°C (350°F) pendant environ 1 heure et demie. Vérifier la cuisson de temps à autre.

Retirer les pommes de terre du papier, les éplucher et les évider soigneusement à l'aide d'une petite cuillère à parisienne. Réduire la pulpe en purée et réserver.

Faire la béchamel et, en fin de cuisson, y incorporer la

purée et les morceaux de poissons. Continuer la cuisson pendant quelques minutes. Retirer du feu et incorporer le fromage à l'aide d'une spatule de bois. Remuer jusqu'à ce qu'il soit entièrement fondu. Farcir les pommes de terre et les mettre au réfrigérateur.

Envelopper les parmentières dans une pellicule de plastique et les congeler.

Pour servir, les mettre sur une plaque avec un peu d'eau et faire cuire à 160°C (325°F) pendant environ 35 minutes.

Ne pas faire dégeler les parmentières auparavant. Remouiller la plaque si nécessaire. Servir gratiné.

PÂTÉ AU POULET

Métrique	Impérial
1 litre de poulet en morceaux	4 tasses de poulet en morceaux
2 abaisses de 22 cm	2 abaisses de 9 po
1 oignon	1 oignon
125 ml de poivron vert	1/2 tasse de poivron vert
125 ml de carottes coupées en dés	1/2 tasse de carottes coupées en dés
125 ml de céleri	1/2 tasse de céleri
125 ml de petits pois	1/2 tasse de petits pois
250 ml de bouillon de poulet	1 tasse de bouillon de poulet
250 ml de sauce béchamel	1 tasse de sauce béchamel

Faire cuire les légumes dans le bouillon de poulet. Entre-temps, faire la sauce béchamel (voir le chapitre des sauces). Incorporer le poulet, les légumes et le bouillon de poulet. Verser le mélange dans l'abaisse. Couvrir de pâte brisée.

Faire cuire au four à 120°C (450°F) pendant environ 35 minutes.

Congeler en un seul pâté ou en pâtés individuels.

RAGOÛT SORCIÈRE

Métrique	Impérial
1 à 2 tranches de bacon	1 à 2 tranches de bacon
1 oignon moyen	1 oignon moyen
75 ml de champignons tranchés	1/3 tasse de champignons tranchés
1/2 poivron vert	1/2 poivron vert
125 g de boeuf haché	1/4 lb de boeuf haché
50 ml de haricots verts	1/4 tasse de haricots verts
250 ml de tomates en conserve	1 tasse de tomates en conserve
50 ml de riz cuit	1/4 tasse de riz cuit
125 ml de fromage râpé	1/2 tasse de fromage râpé
Thym, poivre et origan	Thym, poivre et origan

Faire cuire le bacon, puis le couper en morceaux. Dans la graisse du bacon, faire revenir l'oignon, les champignons et le poivron vert, pendant quelques minutes.

Ajouter la viande et laisser cuire pendant 10 minutes. Ajouter les haricots verts, les tomates, le riz et le bacon. Assaisonner et laisser mijoter pendant 30 minutes. Saupoudrer de fromage râpé.

Se congèle en plus ou moins grosse quantité.

SAUCE À SPAGHETTI

Métrique	Impérial
1 kg de boeuf haché	2 lb de boeuf haché
250 ml d'oignons hachés	1 tasse d'oignons hachés
250 ml de céleri haché	1 tasse de céleri haché
250 ml de carottes râpées	1 tasse de carottes râpées
1 boîte de crème de tomates	1 boîte de crème de tomates
1 boîte de pâte de tomates	1 boîte de pâte de tomates
1 boîte de jus de tomates	1 boîte de jus de tomates
125 ml d'eau	1/2 tasse d'eau
30 ml de sauce Worcestershire	2 c. à s. de sauce Worcestershire
5 ml de thym	1 c. à t. de thym
5 ml de poivrons hachés	1 c. à t. de poivrons hachés
2 feuilles de laurier	2 feuilles de laurier
30 ml de sucre	2 c. à s. de sucre
Une pincée de poudre de cari	Une pincée de poudre de cari
Une pincée de soda à pâte	Une pincée de soda à pâte
30 ml d'huile végétale	2 c. à s. d'huile végétale
45 ml de beurre	3 c. à s. de beurre
Sel et poivre	Sel et poivre

Faire chauffer l'huile et le beurre. Y faire suer les légumes. Ajouter la viande et les épices. Laisser mijoter à feu moyen pendant environ 2 heures. Laisser refroidir. Mettre la sauce dans plusieurs contenants.

TOMATES FARCIES

Métrique	Impérial
15 ml de sucre	1 c. à s. de sucre
6 grosses tomates mûres et	6 grosses tomates mûres et
90 ml de riz non cuit	6 c. à s. de riz non cuit
45 ml de beurre	3 c. à s. de beurre
750 g de veau, porc et boeuf hachés, mélangés	3 tasses de veau, porc et boeuf hachés, mélangés
1 oignon moyen haché	1 oignon moyen haché
2 gousses d'ail hachées	2 gousses d'ail hachées
30 ml de persil	2 c. à s. de persil
15 ml de basilic	1 c. à s. de basilic
1 pincée de thym	1 pincée de thym
Sel et poivre	Sel et poivre

Retirer le pédoncule des tomates et découper la calotte. Réserver. Évider les tomates et hacher grossièrement la pulpe. Réserver. Sucrer l'intérieur des tomates et les retourner sur un plat pendant environ 1 heure pour les faire dégorger.

Entre-temps, faire fondre le beurre dans une casserole et y faire revenir l'oignon à feu moyen pendant environ 1 minute. Ajouter la viande, l'ail, le thym, le persil, le basilic et la pulpe de tomate. Assaisonner. Continuer la cuisson jusqu'à ce que la viande soit cuite et légèrement grillée. Laisser tiédir.

Étaler 15 ml (1 c. à s.) de riz au fond de la tomate. Farcir de viande et recouvrir d'une calotte. Faire cuire au four à 160°C (325°F) pendant environ 1 heure. Sortir du four et laisser refroidir. Déposer les tomates farcies dans un moule à tartelette de grandeur appropriée et envelopper d'une pellicule de plastique. Congeler. Pour servir, faire cuire au four à 160°C (325°F) sans faire dégeler les tomates auparavant.

L'art d'apprêter les restes

L'ART D'APPRÊTER
LES RESTES

COQUILLES DE POISSONS
AU FROMAGE

Métrique	Impérial
750 g de restes de poissons cuits	1-1/2 lb de restes de poissons cuits
375 ml de sauce béchamel épaisse	1-1/2 tasse de sauce béchamel épaisse
375 ml de cheddar ou de gruyère râpé	1-1/2 tasse de cheddar ou de gruyère râpé
Paprika	Paprika

Faire bouillir la sauce béchamel, puis la laisser tiédir. Garnir les coquilles Saint-Jacques ou un plat à gratin préalablement beurré, de morceaux de poissons. Couvrir de sauce béchamel. Saupoudrer généreusement de fromage râpé, puis de paprika pour obtenir une belle couleur de gratin. Faire cuire au four à 160°C-180°C (325°F-350°F) pendant environ 30 minutes. Servir.

Pour 6 à 8 personnes.

COURGES D'AUTOMNE FARCIES

Métrique	Impérial
3 courges moyennes	3 courges moyennes
625 ml de pain émietté	2-1/2 tasses de pain émietté
250 ml de viande cuite (au choix)	1 tasse de viande cuite (au choix)
1 oignon haché fin	1 oignon haché fin
30 ml de beurre fondu	2 c. à s. de beurre fondu
30 ml de ketchup aux tomates	2 c. à s. de ketchup aux tomates
10 ml de sauce Worcestershire	2 c. à t. de sauce Worcestershire
Bouillon de boeuf pour mouiller	Bouillon de boeuf pour mouiller
Sel et poivre	Sel et poivre

Essuyer les courges et trancher en deux dans le sens de la longueur. Retirer les graines et les filaments. Verser un peu de beurre dans chacune des cavités des courges. Saupoudrer l'intérieur de sel et de poivre. Déposer dans un plat de verre et faire cuire au four à 200°C (400°F) pendant 30 à 40 minutes ou jusqu'à ce que la chair des courges soit tendre.

Entre-temps, dans un bol, mélanger le pain émietté, la viande, l'oignon et le ketchup. Ajouter la sauce Worcestershire. Verser suffisamment de bouillon pour humecter le tout . Remplir les moitiés de courge de ce mélange et remettre au four pendant environ 15 minutes. Servir.

DIVAN DE POULET

Métrique	Impérial
1 chou-fleur coupé en bouquets	1 chou-fleur coupé en bouquets
250 à 500 ml de poulet cuit	1 à 2 tasses de poulet cuit
1 boîte de crème de céleri	1 boîte de crème de céleri
15 ml de lait	1 c. à s. de lait
125 ml de fromage râpé	1/2 tasse de fromage râpé

Faire cuire les bouquets de chou-fleur dans de l'eau bouillante salée en veillant à ce qu'ils restent fermes. Égoutter et disposer dans un plat allant au four. Ajouter les morceaux de poulet. Recouvrir d'un mélange de lait et de crème de céleri. Saupoudrer de fromage râpé. Faire cuire au four à 180°C (350°F) jusqu'à ce que le fromage soit bien doré.

Variante : déposer le poulet sur un lit de haricots ou de bouquets de brocoli ou encore mélanger deux sortes de légumes. Utiliser des crèmes d'asperges ou de champignons.

Pour 6 personnes.

DINDE AU GRATIN

Métrique	Impérial
500 ml de riz	2 tasses de riz
500 ml de bouillon de poulet	2 tasses de bouillon de poulet
500 à 750 ml de dinde	2 à 3 tasses de dinde
1 boîte de crème de champignons	1 boîte de crème de champignons
125 ml de mayonnaise	1/2 tasse de mayonnaise
125 ml de lait	1/2 tasse de lait

Amener le bouillon de poulet à ébullition. Y faire cuire le riz. Déposer dans un plat allant au four. Recouvrir des restes de dinde coupée en morceaux. Réserver.

Mélanger la crème de champignons, la mayonnaise et le lait. Verser sur la dinde. Saupoudrer de fromage râpé. Faire cuire au four à 190°C (375°F) jusqu'à ce que le fromage soit bien doré.

Pour 6 à 8 personnes.

FRICASSÉE AU POULET ET AUX ASPERGES

Métrique	Impérial
750 ml de poulet cuit coupé en cubes	3 tasses de poulet cuit coupé en cubes
250 ml de petits pois congelés	1 tasse de petits pois congelés
250 ml de carottes	1 tasse de carottes
125 ml de persil haché fin	1/2 tasse de persil haché fin
125 ml de céleri	1/2 tasse de céleri
125 ml de poivron vert	1/2 tasse de poivron vert
500 g d'asperges	1 lb d'asperges
500 ml de lait écrémé	2 tasses de lait écrémé

Dans un bol, mélanger le poulet, les petits pois, les carottes, le céleri et le poivron vert. Combiner les asperges et le lait dans un malaxeur et mélanger à grande vitesse pendant 3 minutes.

Verser dans la casserole et porter à ébullition. Ajouter le mélange de poulet et de légumes. Faire cuire à feu moyen pendant 4 minutes.

Pour 6 à 8 personnes.

GALETTE DE POMMES DE TERRE ET DE VIANDE HACHÉE

Métrique	Impérial
500 ml de purée de pommes de terre	2 tasses de purée de pommes de terre
2 oeufs	2 oeufs
250 g de viande hachée	1/2 lb de viande hachée
1 pincée de thym	1 pincée de thym
1/2 oignon haché	1/2 oignon haché
2 gousses d'ail hachées	2 gousses d'ail hachées
45 ml de beurre	3 c. à s. de beurre
Fromage râpé	Fromage râpé
75 ml d'huile végétale	5 c. à s. d'huile végétale

Faire fondre doucement le beurre. Mélanger la viande avec l'oignon, l'ail et le thym. Assaisonner. Faire revenir pendant environ 10 minutes à feu doux. Retirer du feu et incorporer la purée. Ajouter les oeufs et bien mélanger. Faire chauffer l'huile dans une poêle pouvant aller au four. Ajouter le mélange de purée-oeufs-viande et bien aplatir. Faire cuire au four à 180°C (350°F) pendant environ 30 minutes. Saupoudrer de fromage. Servir.

Pour 4 personnes.

JAMBON AU RIZ

Métrique	Impérial
750 ml de tomates	3 tasses de tomates
125 ml de riz non cuit	1/2 tasse de riz non cuit
500 ml d'eau	2 tasses d'eau
750 ml de jambon (restes)	3 tasses de jambon (restes)
1 oignon haché fin	1 oignon haché fin
Fromage râpé	Fromage râpé

Dans une casserole, amener les tomates et l'eau à ébullition. Verser le riz et continuer la cuisson jusqu'à ce qu'il soit cuit. Incorporer le jambon. Verser le mélange dans un plat allant au four. Saupoudrer de fromage râpé. Mettre au four à 180°C (350°F) pendant 20 minutes.

Pour 6 personnes.

GÂTEAU SAUCISSON

Métrique	Impérial
400 g de gâteau sec	3-1/2 tasses de gâteau sec
300 ml de sucre à glacer	1-1/4 tasse de sucre à glacer
60 ml de cacao	4 c. à s. de cacao
30 ml de sucre	2 c. à s. de sucre
60 ml de noix hachées	4 c. à s. de noix hachées
125 ml de rhum	1/2 tasse de rhum
150 ml de beurre	3/4 tasse de beurre

Écraser le gâteau sec et le réduire en miettes. Ajouter le sucre à glacer, le cacao, le sucre et les noix hachées. Verser le rhum sur ce mélange. Bien lier avec le beurre. Donner à cette pâte la forme d'un saucisson.

Envelopper dans une feuille de papier aluminium et mettre au congélateur pendant 3 heures. Servir glacé, coupé en fines tranches.

GRATIN DE DINDE ET BROCOLI

Métrique	Impérial
Restes de dinde en morceaux ou deux poitrines de dinde cuite	Restes de dinde en morceaux ou deux poitrines de dinde cuite
1 boîte de crème de poulet	1 boîte de crème de poulet
1 boîte de lait condensé	1 boîte de lait condensé
250 ml de fromage gruyère râpé	1 tasse de fromage gruyère râpé
Brocoli en morceaux	Brocoli en morceaux
Noisettes de beurre	Noisettes de beurre
Sel et poivre	Sel et poivre

Déposer les morceaux de dinde dans un plat allant au four. Couvrir de crème de poulet diluée. Ajouter les noisettes de beurre. Déposer les morceaux de brocoli cuit et saupoudrer de fromage râpé. Passer sous le gril (broil) pendant quelques minutes puis continuer la cuisson au four à 180°C (350°F) pendant 15 minutes.

Pour 6 personnes.

HACHIS PARMENTIER

Métrique	Impérial
500 ml de boeuf bouilli	2 tasses de boeuf bouilli
1 oignon haché gros	1 oignon haché gros
Farine tout usage	Farine tout usage
125 ml de vin blanc sec	1/2 tasse de vin blanc sec
125 ml de bouillon de boeuf	1/2 tasse de bouillon de boeuf
45 ml de pâte de tomates	3 c. à s. de pâte de tomates
500 ml de purée de pommes de terre	2 tasses de purée de pommes de terre
Sel et poivre	Sel et poivre

Hacher le boeuf bouilli froid en petites bouchées. Faire rissoler l'oignon dans un grand poêlon. Saupoudrer de farine et mouiller de vin blanc sec et de la moitié du bouillon. Ajouter la viande, la pâte de tomates, le sel et le poivre. Laisser mijoter pendant 45 minutes.

Délayer la purée de pommes de terre dans le bouillon qui reste. Dans un plat à gratin, disposer une couche de hachis de viande et recouvrir d'une couche de purée; alterner les couches en terminant avec une couche de purée. Faire gratiner.

Verser un peu de beurre fondu à mi-cuisson quand le gratin forme une belle croûte dorée.

Note : on peut aussi badigeonner la croûte avec un oeuf battu.

GRATIN DE POISSON

Métrique	Impérial
Restes de poisson	Restes de poisson
2 oignons hachés fin	2 oignons hachés fin
150 ml de champignons frais coupés en rondelles	3/4 tasse de champignons frais coupés en rondelles
2 gousses d'ail	2 gousses d'ail
Persil haché fin	Persil haché fin
Farine	Farine
125 ml de lait	1/2 tasse de lait
125 ml de crème épaisse (35%)	1/2 tasse de crème épaisse (35%)
Chapelure	Chapelure
30 ml de beurre	2 c. à s. de beurre
Sel et poivre	Sel et poivre

Émietter les restes de poisson à la fourchette. Faire fondre les oignons dans du beurre chaud à feu doux, sans les colorer.

Dans un autre poêlon, faire sauter les champignons. Lorsqu'ils ont perdu leur eau, ajouter le poisson émietté. Incorporer l'ail écrasé et le persil haché. Ajouter les oignons à ce mélange. Saupoudrer de farine et remuer à feu vif à l'aide d'une cuillère de bois. Mouiller avec le lait et laisser épaissir pour obtenir une béchamel épaisse. Assaisonner de sel et de poivre. Verser la crème fraîche et remuer délicatement.

Beurrer un plat à gratin et y verser cette préparation. Saupoudrer de chapelure et laisser couler un peu de beurre fondu. Faire gratiner pendant 10 à 15 minutes. Servir.

NOUILLES AU JAMBON
OU AU PORC

Métrique	Impérial
625 ml de jambon ou de porc cuit, coupé en cubes	2-1/2 tasses de jambon ou de porc cuit, coupé en cubes
1,5 litre de nouilles cuites	6 tasses de nouilles cuites
1 oignon haché fin	1 oignon haché fin
1 poivron haché fin	1 poivron haché fin
250 ml de champignons frais	1 tasse de champignons frais
1 boîte de tomates écrasées	1 boîte de tomates écrasées
1 boîte de crème de tomates	1 boîte de crème de tomates
5 ml de cassonade	1 c. à t. de cassonade
125 ml de cheddar râpé	1/2 tasse de cheddar râpé
Sel et poivre	Sel et poivre

Faire revenir dans le beurre l'oignon, le poivron et les champignons. Saler et poivrer. Ajouter la viande et le reste des ingrédients. Laisser cuire pendant 30 minutes. Entre-temps, faire cuire les nouilles dans de l'eau bouillante salée. Les égoutter et les ajouter au premier mélange. Incorporer le fromage. Servir dès que le fromage est fondu.

Pour 6 à 8 personnes.

NOUILLES À L'OIGNON

Métrique	Impérial
1 litre de nouilles cuites	4 tasses de nouilles cuites
45 ml de beurre	3 c. à s. de beurre
2 oignons émincés	2 oignons émincés
Sel et poivre	Sel et poivre
75 ml de fromage parmesan	1/3 tasse de fromage parmesan

Dans le beurre fondu, faire revenir, à feu doux, les oignons émincés jusqu'à ce qu'ils soient uniformément bruns. Ajouter les nouilles et réchauffer en remuant constamment. Assaisonner. Ajouter le parmesan quand les nouilles sont bien chaudes. Servir.

Pour 4 personnes.

OEUFS À LA SAUCE TOMATE

Métrique	Impérial
4 oeufs cuits, coupés en deux	4 oeufs cuits, coupés en deux
375 ml de coulis de tomates (voir p. 370)	1-1/2 tasse de coulis de tomates (voir p. 370)
15 ml de sucre	1 c. à s. de sucre
15 ml de persil haché	1 c. à s. de persil haché
5 ml de basilic	1 c. à t. de basilic
1 pincée de thym	1 pincée de thym
50 ml de mozzarella	1/4 tasse de mozzarella
Sel et poivre	Sel et poivre

Dans une poêle, amener le coulis de tomates à ébullition. Ajouter le persil, le basilic et le thym. Saler et poivrer. Disposer les oeufs dans la sauce et laisser cuire jusqu'à ce que le coulis ait une consistance assez épaisse. Placer le tout dans un plat allant au four et couvrir légèrement de mozzarella. Faire gratiner à (broil). Servir.

Pour 2 personnes.

OMELETTE AUX CRETONS

Métrique	Impérial
10 oeufs	10 oeufs
150 ml de cretons	3/4 tasse de cretons
20 ml de persil haché	4 c. à t. de persil haché
2 tomates cuites, coupées en dés	2 tomates cuites, coupées en dés
Sel et poivre	Sel et poivre

Faire cuire les cretons pendant quelques minutes à feu moyen pour éliminer le maximum de gras. Les égoutter et réserver.

Battre les oeufs. Assaisonner. Ajouter les cretons et les

tomates bien égouttées. Rectifier l'assaisonnement et faire cuire l'omelette. Servir avec une salade verte.

Note : il est plus facile de faire deux omelettes de 5 oeufs chacune qu'une omelette de 10 oeufs.

Pour 6 à 8 personnes.

OMELETTE AUX POMMES

4 pommes défraîchies, non
pelées, tranchées en ron-
delles
Sucre à glacer
4 oeufs

Dans une casserole à couvercle, saupoudrer le sucre et y déposer les rondelles de pommes. Recouvrir et secouer pour bien enduire les rondelles de sucre.

Huiler des ramequins et y déposer les rondelles de pommes bien caramélisées. Fouetter les oeufs en omelette et les verser sur les pommes. Faire cuire au four à 200°C (400°F) et surveiller la cuisson. Retirer du four quand l'omelette est cuite à point. Renverser chaque ramequin sur une assiette et servir chaud.

PÂTÉ AU JAMBON À LA DINDE

Métrique	Impérial
1 boîte de crème de poulet	1 boîte de crème de poulet
250 ml de dinde cuite coupée en dés	1 tasse de dinde cuite coupée en dés
250 ml de jambon cuit coupé en dés	1 tasse de jambon cuit coupé en dés
10 ml de persil séché	2 c. à t. de persil séché
50 ml de lait	1/4 tasse de lait
5 ml de poivre	1 c. à t. de poivre
0,5 ml clous de girofle écrasés	1/8 c. à t. de clous de girofle écrasés
250 ml de petits pois en conserve	1 tasse de petits pois en conserve
250 ml de farine tout usage	1 tasse de farine tout usage
5 ml de poudre à pâte	1 c. à t. de poudre à pâte
2 ml de sel	1/2 c. à t. de sel
250 ml de pommes de terre cuites	1 tasse de pommes de terre cuites
75 ml de graisse végétale	1/3 tasse de graisse végétale
1 oeuf	1 oeuf

Dans une casserole, faire chauffer la crème de poulet et le lait. Ajouter le jambon, la dinde, le persil, le poivre et les clous de girofle. Dans un plat de 20 cm (8 po) allant au four, déposer la moitié du mélange, recouvrir d'une couche de petits pois, puis de l'autre moitié du mélange. Réserver.

Dans un bol, tamiser la farine, la poudre à pâte et le sel. Ajouter les pommes de terre réduites en purée et refroidies, la graisse végétale et l'oeuf battu. Bien mélanger.

Mettre au réfrigérateur pendant 1 heure jusqu'à ce que la pâte soit ferme. Façonner une boule, puis l'abaisser à 5 mm (1/4 po) d'épaisseur avec le rouleau à pâtisserie. Déposer l'abaisse sur le pâté. Enduire ses doigts de farine et gaufrer les bords du pâté. Faire quelques incisions sur le dessus et faire cuire au four à 220°C (425°F) pendant environ 30 minutes.

Pour 6 à 8 personnes.

PÂTÉ AU POULET

Métrique	Impérial
750 ml poulet en cubes	3 tasses de poulet en cubes
250 ml de champignons	1 tasse de champignons
50 ml de poivron vert coupé en petits dés	1/4 tasse de poivron vert coupé en petits dés
250 ml de petits pois	1 tasse de petits pois
250 ml de carottes cuites, coupées en dés	1 tasse de carottes cuites, coupées en dés
125 ml de chou de Siam cuit, coupé en dés	1/2 tasse de chou de Siam cuit, coupé en dés
125 ml de céleri cuit, coupé en dés	1/2 tasse de céleri cuit, coupé en dés
500 ml de bouillon de poulet	2 tasses de bouillon de poulet
250 ml de crème légère (15%)	1 tasse de crème légère (15%)
50 ml de farine tout usage	1/4 tasse de farine tout usage
10 ml de sel	2 c. à t. de sel
2 ml de poivre	1/2 c. à t. de poivre
1 ml paprika	1/4 c. à t. de paprika

Faire revenir les champignons dans du beurre. Ajouter le bouillon de poulet, la crème, le sel, le poivre, le paprika, et les légumes. Laisser mijoter pendant 5 minutes. Épaissir avec du beurre manié et ajouter le poulet.

Verser le mélange dans l'abaisse. Badigeonner de lait. Faire cuire au four à 220°C (425°F) pendant 10 minutes, puis à 190°C (375°F) pendant environ 20 minutes.

Pour 6 à 8 personnes.

PETIT FLAN À LA RATATOUILLE

Métrique	Impérial
615 ml de ratatouille froide	2-1/2 tasses de ratatouille froide
5 oeufs	5 oeufs
45 ml de persil haché	3 c. à s. de persil haché
Sel et poivre	Sel et poivre

Dans une petite casserole, faire chauffer la ratatouille pour l'assécher. Remuer constamment avec une spatule de bois. Retirer du feu, laisser tiédir et mettre au réfrigérateur pendant au moins 1 heure.

La placer ensuite dans le robot-culinaire et la réduire en purée. Incorporer les oeufs un par un. Ajouter le persil et assaisonner.

Beurrer des petits moules en pyrex, puis les remplir avec le mélange. Déposer les moules sur une plaque allant au four. Mettre de l'eau à mi-hauteur des moules et faire cuire au four à 160°C (325°F) pendant environ 40 minutes.

Servir chaud ou froid avec une sauce tomate.

Pour 6 personnes.

POIREAUX AU JAMBON

Métrique	Impérial
2 poireaux cuits, coupés en deux	2 poireaux cuits, coupés en deux
4 tranches de jambon	4 tranches de jambon
4 tranches de fromage	4 tranches de fromage
250 ml de sauce béchamel	1 tasse de sauce béchamel
Sel et poivre	Sel et poivre

Sur chaque tranche de jambon, déposer une tranche de fromage, puis les demi-poireaux. Rouler chaque tranche de jambon. Les déposer dans un plat à gratin préalablement beurré. Napper de sauce. Faire cuire au four à 180°C (350°F) pendant 20 minutes.

Pour 4 personnes.

PUDDING AU PAIN

Métrique	Impérial
4 à 5 tranches de pain légèrement beurrées, coupées en gros dés	4 à 5 tranches de pain légèrement beurrées, coupées en gros dés
375 ml de lait	1-1/2 tasse de lait
2 oeufs	2 oeufs
50 ml de sucre	1/4 tasse de sucre
5 ml de vanille	1 c. à t. de vanille
250 ml de raisins secs	1 tasse de raisins secs

Mélanger les 5 derniers ingrédients et ajouter le mélange au pain. Faire cuire au four à 180°C (350° F) pendant environ 1 heure et demie. Pour éviter que le dessus du pudding soit trop sec, placer un bol d'eau dans le four. Servir avec du sirop d'érable.

Pour 6 personnes.

PUDDING GÂTEAU PERDU

Métrique	Impérial
1 litre de gâteau blanc ou au chocolat, défait en morceaux	4 tasses de gâteau blanc ou au chocolat, défait en morceaux
625 ml de lait	2-1/2 tasses de lait
4 oeufs	4 oeufs
125 ml de sucre	1/4 tasse de sucre
5 ml de vanille	1 c. à t. de vanille
125 ml de raisins secs	1/2 tasse de raisins secs
125 ml de fruits confits	1/2 tasse de fruits confits

Dans un plat légèrement beurré, placer les morceaux de gâteau, les fruits confits et les raisins secs.

Dans une casserole, porter le lait et la vanille à ébullition. Travailler au mélangeur les oeufs et le sucre jusqu'à l'obtention d'une pâte bien épaisse. Y verser le lait bouillant en fouettant constamment.

Verser le mélange sur les morceaux de gâteau et faire cuire au bain-marie, dans le four, à 150°C-160°C (300°F-325°F) pendant environ 40 minutes.

SALADE DE BOEUF MEXICAINE

Métrique	Impérial
1 kg de rôti de boeuf froid	2 lb de rôti de boeuf froid
150 ml de petits cornichons non sucrés	3/4 tasse de petits cornichons non sucrés
1 poivron rouge émincé	1 poivron rouge émincé
1 poivron vert émincé	1 poivron vert émincé
1 oignon moyen haché	1 oignon moyen haché
2 gousses d'ail hachées	2 gousses d'ail hachées
75 ml de persil frais haché	1/3 tasse de persil frais haché
250 ml de maïs en grain	1 tasse de maïs en grain
125 ml de vinaigrette moutardée	1/2 tasse de vinaigrette moutardée

Couper le rôti en fines tranches, puis en lanières. Placer dans un saladier. Ajouter tous les autres ingrédients. Arroser de vinaigrette. Bien mélanger. Rectifier l'assaisonnement. Servir.

SALADE FORESTIÈRE

Métrique	Impérial
300 g de gros macaroni coupés, cuits	2-1/2 tasses de gros macaroni coupés, cuits
400 g de thon	14 oz de thon
1 boîte de champignons	1 boîte de champignons
1 citron	1 citron
125 ml de fromage gruyère	1/2 tasse de fromage gruyère
Olives noires	Olives noires
250 ml de vinaigrette	1 tasse de vinaigrette

Égoutter le thon et les champignons. Trancher le thon en petits morceaux. Rincer les champignons et les arroser de jus de citron. Couper le gruyère en petits dés. Mettre dans un grand saladier les macaroni, les champignons, le gruyère coupé en dés et le thon émietté. Arroser de vinaigrette et bien mélanger. Décorer d'olives noires.

Pour 6 personnes.

SOUPE DE POULET AUX CREVETTES

Métrique	Impérial
500 ml de poulet cuit coupé en dés	2 tasses de poulet cuit coupé en dés
45 ml de beurre	3 c. à s. de beurre
250 ml de crevettes	1 tasse de crevettes
1,25 litre de bouillon de volaille	5 tasses de bouillon de volaille
1/2 oignon émincé	1/2 oignon émincé
2 gousses d'ail hachées	2 gousses d'ail hachées
60 ml de persil haché	4 c. à s. de persil haché
15 ml de persil	1 c. à s. de persil
5 ml de thym	1 c. à t. de thym
2 ml de poivre de cayenne	1/2 c. à t. de poivre de cayenne

Dans une casserole, faire fondre le beurre. Y faire revenir l'oignon sans le colorer. Ajouter les crevettes et laisser cuire pendant 5 minutes. Ajouter l'ail, le persil, le thym et le poivre de cayenne. Réserver. Amener le bouillon à ébullition. Ajouter le poulet et les crevettes. Faire cuire pendant 3 minutes et servir.

Ajouter du riz cuit et du cari, si désiré.

Pour 6 personnes.

SOUFFLÉ DE POMMES DE TERRE

Métrique	Impérial
500 ml de purée de pommes de terre	2 tasses de purée de pommes de terre
125 ml de crème légère (15%)	1/2 tasse de crème légère (15%)
5 jaunes d'oeufs	5 jaunes d'oeufs
5 blancs d'oeufs montés en neige	5 blancs d'oeufs montés en neige
Sel et poivre	Sel et poivre

Amener la crème à ébullition et l'incorporer à la purée de pommes de terre. Ajouter les jaunes d'oeufs et les travailler pendant 1 minute, à feu vif. Retirer. Incorporer à la purée les blancs d'oeufs montés en neige ferme. Beurrer des petits moules en pyrex. Les remplir aux deux tiers. Faire cuire au four à 160°C (325°F) pendant 30 minutes.

Pour 6 personnes.

TARTELETTES MAÎTRE FROMAGER

Métrique	Impérial
250 ml de restes de fromages divers	1 tasse de restes de fromages divers
500 ml de lait	2 tasses de lait
60 ml de beurre	4 c. à s. de beurre
60 ml de farine tout usage	4 c. à s. de farine tout usage
1/2 oignon piqué d'un clou de girofle	1/2 oignon piqué d'un clou de girofle
2 ml de poivre de cayenne	1/2 c. à t. de poivre de cayenne
1 ml de muscade	1/4 c. à t. de muscade
Sel et poivre	Sel et poivre
Pâte brisée	Pâte brisée

Dans une casserole, faire fondre le beurre sans le faire mousser. Ajouter la farine et laisser cuire à feu doux pendant 3 minutes en remuant constamment avec une cuillère de bois. Retirer du feu. Porter le lait à ébullition et l'incorporer au roux avec un fouet. Ajouter l'oignon. Assaisonner. Continuer la cuisson à feu très doux pendant environ 10 minutes. Retirer du feu. Ajouter le fromage et remuer jusqu'à ce qu'il soit fondu.

Remplir des tartelettes non cuites aux trois quarts. Faire cuire au four à 180°C (350°F) pendant 30 minutes. Servir chaud ou froid.

Pour 6 à 8 tartelettes.

TARTINES AU POULET

Métrique	Impérial
6 tranches de pain	6 tranches de pain
30 ml de beurre	2 c. à s. de beurre
500 ml de sauce béchamel	2 tasses de sauce béchamel
250 ml de champignons émincés	1 tasse de champignons émincés
250 ml de poulet cuit haché	1 tasse de poulet cuit haché
2 oeufs	2 oeufs
Sel et poivre	Sel et poivre

Beurrer un large plat allant au four et y disposer les 6 tranches de pain en les espaçant légèrement les unes des autres. Faire la béchamel et y incorporer les 2 oeufs à l'aide d'une spatule de bois. Faire cuire à feu vif pendant 1 minute en remuant constamment. Réserver.

Mettre le beurre à brunir et y faire rissoler les champignons. Égoutter et les ajouter à la sauce. Ajouter le poulet et bien mélanger. Assaisonner. Étaler une couche de sauce tiède sur les tranches de pain. Faire cuire au four à 180°C (350°F) pendant 15 minutes. Servir.

TARTE AU BOEUF BOUILLI

Métrique	Impérial
500 ml de boeuf bouilli aux légumes	2 tasses de boeuf bouilli aux légumes
45 ml de beurre	3 c. à s. de beurre
1 gros oignon	1 gros oignon
2 tomates en conserve hachées	2 tomates en conserve hachées
1 pincée de thym	1 pincée de thym
1 assiette à tarte en aluminium garnie d'une abaisse de pâte brisée non cuite	1 assiette à tarte en aluminium garnie d'une abaisse de pâte brisée non cuite
150 ml de fromage râpé	3/4 tasse de fromage râpé

Dans une casserole, faire fondre le beurre et y faire dorer l'oignon haché et les tomates. Y ajouter les légumes et le boeuf grossièrement hachés. Laisser cuire pendant 5 minutes. Verser le mélange dans l'abaisse. Couvrir de fromage râpé et faire cuire au four à 180°C (350°F) pendant 30 minutes.

TRANCHES DE PORC PANÉES

Métrique	Impérial
750 g de rôti de porc cuit	1-1/2 lb de rôti de porc cuit
75 ml de beurre	5 c. à s. de beurre
2 oeufs	2 oeufs
125 ml de lait	1/2 tasse de lait
Farine assaisonnée	Farine assaisonnée

Découper le reste de rôti en fines tranches. Passer chacune des tranches dans la farine, puis successivement dans le mélange de lait et oeufs (aussi assaisonné) et dans la chapelure. Faire fondre le beurre et faire revenir les tranches de rôti jusqu'à ce que la chapelure soit croquante.

Servir avec une sauce aux champignons (voir le chapitre des sauces).

Pour 6 personnes.

Les sauces

LES GRANDS FONDS
DE BASE

CONSOMMÉ

Métrique	Impérial
1 kg d'os de veau bien charnus (du jarret de préférence)	2 lb d'os de veau bien charnus (du jarret de préférence)
2-1/2 litres d'eau froide	10 tasses d'eau froide
2 oignons non pelés, coupés en quatre	2 oignons non pelés, coupés en quatre
2 carottes	2 carottes
3 branches de céleri	3 branches de céleri
2 tomates	2 tomates
3 gousses d'ail écrasées (non épluchées)	3 gousses d'ail écrasées (non épluchées)
5 ml de thym	1 c. à t. de thym
1 feuille de laurier	1 feuille de laurier
5 branches de persil	5 branches de persil
30 ml d'huile végétale	2 c. à s. d'huile végétale

Faire blanchir les os dans de l'eau bouillante pendant 5 minutes puis les rincer à l'eau froide. Les poser ensuite sur une plaque allant au four et les badigeonner d'huile. Les faire légèrement colorer au four à 200°C (400°F) pendant 5 minutes.

Dégraisser la plaque et mettre tous les ingrédients ainsi que les os dans une grande casserole. Faire cuire pendant environ 4 heures. Remouiller de temps à autre, mais ne jamais remuer le consommé. Le passer doucement au travers d'une mousseline à fromage humide.

CONSOMMÉ CLARIFIÉ

Il faut clarifier le bouillon pour qu'il soit transparent et clair.

Compter 1 blanc d'oeuf par litre (4 tasses) de consommé. Procéder ainsi : battre 1 blanc d'oeuf avec 15 ml (1 c. à s.) d'eau froide. Ajouter la coquille d'oeuf brisée en morceaux. Verser dans le bouillon froid et amener à ébullition en remuant constamment. Laisser bouillir doucement pendant 2 à 3 minutes. Réduire le feu et continuer la cuisson pendant encore 20 minutes. Passer au tamis.

Note : si le consommé est trop clair, en rectifier la couleur avec un peu de concentré de boeuf. Un beau consommé doit laisser voir le fond du bol. S'il reste une fine pellicule de graisse sur le consommé, passer un papier essuie-tout juste sur la surface du bouillon lorsque celui-ci est encore tiède, pour absorber tout le gras. Sert à tous les consommés au porto ou aux pâtes, comme base pour les soupes chinoises et comme bouillon pour les fondues chinoises.

FOND BLANC DE VOLAILLE

Métrique	Impérial
1,25 kg d'os de volaille concassés	2-1/2 lb d'os de volaille concassés
1 carotte	1 carotte
2 oignons	2 oignons
3 branches de céleri	3 branches de céleri
1 navet blanc épluché	1 navet blanc épluché
1 blanc de poireau	1 blanc de poireau
2 tomates	2 tomates
3 gousses d'ail écrasées	3 gousses d'ail écrasées
5 ml de thym	1 c. à t. de thym
1 feuille de laurier	1 feuille de laurier
6 branches de persil	6 branches de persil
20 grains de poivre	20 grains de poivre
5 ml de gros sel	1 c. à t. de gros sel
1 clou de girofle	1 clou de girofle
5 ml de gingembre (facultatif)	1 c. à t. de gingembre (facultatif)
125 ml de pieds de champignons	1/2 tasse de pieds de champignons

NOTE : il est toujours préférable de blanchir les os ou les carcasses, quelques minutes dans de l'eau bouillante, puis de les rincer à l'eau froide. Cette opération permet de nettoyer les os, afin d'obtenir un fond blanc très clair.

Dans une grande casserole, amener de l'eau à ébullition, ajouter les os de volaille coupés en morceaux et laisser bouillir pendant environ 3 minutes. Rincer les os à l'eau froide et les mettre dans une grande casserole. Ajouter les tomates entières, le navet blanc, l'ail écrasé, le thym, le sel, la feuille de laurier, le persil, le poivre en grains et les pieds de champignons. Couper les oignons en quartiers et planter le clou de girofle dans un des quartiers. Couper le poireau en quatre dans le sens de la largeur ainsi que la carotte et les branches de céleri. Ajouter aux autres légumes. Verser l'eau froide. Porter à ébullition. Continuer la cuisson pendant 2 heures à feu très doux.

Tout au long de la cuisson, récupérer le fond au travers d'un tamis le plus fin possible ou d'une mousseline à fromage.

Laisser reposer pendant 2 heures à la température de la pièce et mettre au réfrigérateur. Au moment de servir, absorber la fine couche de graisse qui se sera peut-être formée à la surface du fond blanc à l'aide d'un essuie-tout.

Sert à mouiller les potages, les sauces de bases et certaines cuissons au four.

FOND BRUN DE VOLAILLE

Métrique	Impérial
1,25 kg d'os de volaille concassés	2-1/2 lb d'os de volaille concassés
2 carottes	2 carottes
2 oignons	2 oignons
3 branches de céleri	3 branches de céleri
2 tomates	2 tomates
6 gousses d'ail non-épluchées et écrasées	6 gousses d'ail non-épluchées et écrasées
5 ml de thym	1 c. à t. de thym
105 ml de pâte de tomates	7 c. à s. de pâte de tomates
1 feuille de laurier	1 feuille de laurier
7 branches de persil	7 branches de persil
4 litres d'eau	16 tasses d'eau

Il est possible de blanchir les os des fonds bruns, bien que cette opération soit moins importante pour un fond brun qu'elle ne l'est pour un fond blanc.

Dans une grande plaque allant au four, à bords assez hauts, réunir les os de volaille concassés, les carottes, les oignons, les tomates et l'ail. Mettre au four à 200°C (400°F) jusqu'à ce que le tout soit bien doré, en remuant de temps à autre. Ajouter la pâte de tomates. Bien mélanger et remettre au four pendant environ 20 minutes.

Sortir la plaque du four et y ajouter un peu d'eau pour décoller les os. Mettre le mélange dans une casserole, ajouter l'eau et porter à ébullition. Laisser frémir. Ajouter le thym, le laurier et le persil. Écumer souvent la surface du fond brun avec une écumoire ou une louche et laisser mijoter pendant environ 3 heures. Mouiller de temps à autre.

Laisser reposer et passer au travers d'un tamis très fin ou d'une double mousseline à fromage humide. Refroidir et mettre au réfrigérateur. Enlever le gras figé à la surface du fond brun avant de l'utiliser.

Sert au déglaçage des poêles, et à mouiller les sauces brunes, les ragoûts et les plats en sauce brune.

FOND BLANC DE VEAU

Métrique	Impérial
1,25 kg d'os de veau concassés	2-1/2 lb d'os de veau concassés
2 carottes	2 carottes
2 oignons	2 oignons
3 branches de céleri	3 branches de céleri
2 tomates	2 tomates
5 gousses d'ail écrasées	5 gousses d'ail écrasées
5 ml de thym	1 c. à t. de thym
1 feuille de laurier	1 feuille de laurier
20 grains de poivre	20 grains de poivre
5 branches de persil	5 branches de persil
4 litres d'eau froide	16 tasses d'eau froide

Faire blanchir les os dans de l'eau bouillante salée pendant environ 3 minutes puis les rincer à l'eau froide. Mettre dans une grande casserole avec tous les autres ingrédients. Pour la cuisson, procéder de la même façon que pour le fond blanc de volaille, mais laisser cuire pendant environ 3 heures et demie. Rajouter du liquide de temps à autre. Réserver et

mettre au réfrigérateur une fois refroidi.

Donne environ 2 à 3 litres (8 à 12 tasses) de fond blanc.

FOND BRUN DE VEAU

Métrique	Impérial
1,25 kg d'os de veau concassés	2-1/2 lb d'os de veau concassés
2 carottes	2 carottes
2 oignons	2 oignons
2 tomates	2 tomates
6 gousses d'ail écrasées	6 gousses d'ail écrasées
5 ml de thym	1 c. à t. de thym
1 feuille de laurier	1 feuille de laurier
20 grains de poivre	20 grains de poivre
7 branches de persil	7 branches de persil
4 litres d'eau froide	16 tasses d'eau froide

Faire blanchir les os de veau dans de l'eau bouillante pendant environ 3 minutes. Procéder ensuite comme pour le fond brun de volaille, mais laisser cuire pendant 4 à 5 heures en ajoutant de l'eau de temps à autre.

Sert à déglacer les poêles et à mouiller plusieurs sauces composées, les plats en sauce brune, les ragoûts et les cuissons au four (viandes ou légumes braisés)

FUMET DE POISSON

Métrique	Impérial
1 kg de parures et d'arêtes de poisson	2 lb de parures et d'arêtes de poisson
2 oignons émincés	2 oignons émincés
3 branches de céleri émincées	3 branches de céleri émincées
1 blanc de poireau émincé	1 blanc de poireau émincé
1/2 carotte émincée	1/2 carotte émincée
1 tomate	1 tomate
250 ml de pieds de champignons	1 tasse de pieds de champignons
5 ml de thym	1 c. à t. de thym
1 feuille de laurier	1 feuille de laurier
6 branches de persil	6 branches de persil
60 à 90 ml de vin blanc sec	4 à 6 c. à s. de vin blanc sec
1/2 citron sans l'écorce	1/2 citron sans l'écorce
10 grains de poivre	10 grains de poivre
30 ml de beurre	2 c. à s. de beurre
1-1/2 litre d'eau	6 tasses d'eau

Dans une grande casserole, faire fondre le beurre sans le laisser brunir. Ajouter les arêtes et les parures de poisson, les légumes et tous les autres ingrédients, à l'exception du vin blanc et de l'eau. Couvrir et faire suer jusqu'à ce que les légumes aient rendu toute leur eau. Attention : les arêtes et le poisson ne doivent pas brunir.

Ajouter ensuite le vin blanc et l'eau. Laisser mijoter pendant environ 40 minutes à feu très doux. Ne pas mélanger durant la cuisson. Passer au tamis très fin ou au travers d'une double mousseline à fromage humide. Laisser reposer et mettre au réfrigérateur. Enlever la pellicule de graisse avant l'utilisation *(suite page 370)*.

Sert à mouiller pour la cuisson des poissons pochés, la sauce veloutée de poisson, la base pour les sauces de poisson, la soupe chinoise ou la soupe de fruits de mer.

BISQUE DE HOMARD

Métrique	Impérial
1 kg de carcasses de homards concassées	2 lb de carcasses de homards concassées
1 carotte émincée fin	1 carotte émincée fin
2 oignons émincés fin	2 oignons émincés fin
3 branches de céleri émincées fin	3 branches de céleri émincées fin
6 gousses d'ail épluchées	6 gousses d'ail épluchées
3 tomates coupées en morceaux	3 tomates coupées en morceaux
75 ml de beurre	5 c. à s. de beurre
45 ml de pâte de tomates	3 c. à s. de pâte de tomates
45 ml de farine	3 c. à s. de farine
7 branches de persil	7 branches de persil
5 ml de thym	1 c. à t. de thym
1 feuille de laurier	1 feuille de laurier
30 ml de poivre en grains écrasé	2 c. à s. de poivre en grains écrasé
50 ml de vin blanc sec	1/4 tasse de vin blanc sec
5 ml de poivre de cayenne	1 c. à t. de poivre de cayenne
5 ml de paprika	1 c. à t. de paprika
30 ml de cognac	2 c. à s. de cognac
250 ml de crème épaisse (35%)	1 tasse de crème épaisse (35%)
3 litres de fumet de poisson ou d'eau	12 tasses de fumet de poisson ou d'eau

Dans une grande casserole faire fondre le beurre et y faire revenir vivement les carcasses de homards et tous les légumes. Poivrer. Quand tout est bien coloré, ajouter la pâte de tomates et bien mélanger. Ajouter la farine et faire cuire pendant 2 minutes en remuant constamment. Ajouter le vin blanc et le cognac, remuer et faire flamber.

Ajouter ensuite le fumet de poisson ou l'eau, le paprika, le poivre de cayenne, le laurier et le thym. Assaisonner. Laisser mijoter pendant environ 2 à 3 heures en écumant souvent la surface du bouillon. Remouiller de temps à autre. À la fin de la cuisson, passer au tamis et réserver.

Si le bouillon est trop clair, le remettre sur le feu et le laisser cuire jusqu'à la consistance désirée. Juste avant de l'utiliser, ajouter la crème et faire bouillir pendant 2 à 3 minutes. Rectifier l'assaisonnement et servir.

Note : doit être assez relevé.

Sert pour les sauces au poisson, les soupes de crevettes, les plats en sauce accompagnant les poissons. Se congèle très bien.

BOUILLON DE LÉGUMES

Métrique	Impérial
2 oignons émincés	2 oignons émincés
2 branches de céleri émincées fin	2 branches de céleri émincées fin
2 carottes émincées fin	2 carottes émincées fin
1 feuille de laurier	1 feuille de laurier
7 branches de persil	7 branches de persil
5 ml de thym	1 c. à t. de thym
10 grains de poivre	10 grains de poivre
30 ml de beurre	2 c. à s. de beurre
5 ml de sel	1 c. à t. de sel
2-1/2 litres d'eau	10 tasses d'eau

Dans une casserole, faire fondre le beurre et y ajouter tous les ingrédients sauf le sel et l'eau. Couvrir et laisser cuire pendant 10 à 15 minutes, à feu doux. Remuer de temps à autre. Ajouter l'eau et le sel et continuer la cuisson pendant 45 minutes à 1 heure. Passer au tamis fin ou au travers d'une double mousseline à fromage humide.

Sert à mouiller les crèmes de légumes et les soupes aux légumes.

COULIS DE TOMATES

Métrique	Impérial
6 grosses tomates bien mûres	6 grosses tomates bien mûres
1 oignon émincé fin	1 oignon émincé fin
3 gousses d'ail hachées	3 gousses d'ail hachées
60 ml de persil haché	4 c. à s. de persil haché
45 ml de pâte de tomates	3 c. à s. de pâte de tomates
250 ml de jus de tomates	1 tasse de jus de tomates
5 ml d'origan	1 c. à t. d'origan
5 ml de thym	1 c. à t. de thym
15 ml de basilic	1 c. à s. de basilic
30 ml de sucre	2 c. à s. de sucre
5 ml de tabasco	1 c. à t. de tabasco
30 à 45 ml d'huile d'olive	2 à 3 c. à s. d'huile d'olive
Sel et poivre	Sel et poivre

Mettre les tomates dans de l'eau bouillante pendant 2 minutes. Les passer sous l'eau froide et les peler. Les couper en deux et enlever les pépins, puis les couper en petits morceaux.

Dans une casserole, faire légèrement chauffer l'huile d'olive et y ajouter les oignons et les tomates. Laisser cuire doucement jusqu'à ce que les légumes aient perdu toute leur eau. Ne pas les faire colorer. Ajouter l'ail et bien mélanger pendant 30 secondes. Ajouter ensuite la pâte de tomates, le jus de tomate et tous les autres ingrédients. Faire cuire à feu très doux pendant 30 minutes. Laisser refroidir et passer au robot culinaire.

Si le coulis est trop clair, le laisser mijoter jusqu'à l'obtention de la consistance désirée.

Sert à accompagner les pâtes. Se sert dans les vinaigrettes, comme sauce légère pour les poissons pochés, dans plusieurs sauces et soupes. Peut aider à rehausser le goût et la couleur de plusieurs plats. Se garde pendant plusieurs jours au réfrigérateur.

LES LIAISONS

BEURRE MANIÉ

Métrique	Impérial
75 ml de beurre	5 c. à s. de beurre
75 ml de farine tout usage	5 c. à s. de farine tout usage

Dans un petit bol, travailler le beurre en pommade. Ajouter la farine et mélanger à la main. Ce beurre est uniquement utilisé en petite quantité comme liaison d'appoint.

Par exemple, lorsqu'une sauce n'est pas assez épaisse, la porter à ébullition et ajouter un peu de beurre manié. Mélanger à l'aide d'un fouet. Attendre environ une minute entre chaque addition de beurre manié.

FARINE TORRÉFIÉE OU GRILLÉE

Métrique	Impérial
250 ml de farine tout usage	1 tasse de farine tout usage

Sur une plaque à biscuits, étaler la farine et la faire cuire à 180°C (350°F) en remuant souvent jusqu'à ce qu'elle brunisse.

Pour lier un liquide, placer la farine dans un fin tamis et la laisser tomber en neige sur le liquide en ébullition. L'incorporer au fouet.

Il est aussi possible de délayer la farine torréfiée dans du bouillon ou de l'eau puis de verser ce mélange dans le liquide en ébullition pour l'épaissir.

ROUX BLANC

Métrique	Impérial
75 ml de farine tout usage	5 c. à s. de farine tout usage
90 ml de beurre	6 c. à s. de beurre

Dans une petite casserole à fond épais, faire fondre doucement le beurre sans le faire mousser. Ajouter la farine graduellement en l'incorporant à l'aide d'une cuillère de bois.

La texture du roux blanc doit être lisse et absolument dépourvue de grumeaux.

Faire cuire pendant environ 5 minutes à feu modéré en remuant doucement et fréquemment afin d'éviter que le roux ne se colore. Laisser refroidir et réserver.

Donne une quantité suffisante de roux blanc pour lier un litre (4 tasses) de liquide. S'ajoute au consommé, au fond de volaille, au fumet de poisson, au bouillon de légumes, etc.

ROUX BRUN

Métrique	Impérial
75 ml de farine tout usage	5 c. à s. de farine tout usage
105 ml d'huile végétale	7 c. à s. d'huile végétale

Le roux brun sert à lier les sauces brunes. Procéder comme pour un roux blanc, mais faire cuire la farine plus longtemps en remuant régulièrement jusqu'à l'obtention d'une teinte brune. Éviter que le roux n'adhère aux parois de la casserole, car il pourrait alors développer un goût de brûlé.

Le roux brun se cuit très bien au four à 160°C (325°F). Cependant, il doit être surveillé de près et remué aussi souvent que s'il était fait sur le feu. Sa couleur doit être uniforme et sa texture, légèrement ferme et non grumeleuse.

L'UTILISATION DES ROUX

Qu'il s'agisse de roux blancs ou de roux bruns, ils doivent toujours être utilisés froids.

Verser le liquide brûlant sur le roux froid et mélanger avec un fouet jusqu'à épaississement. Si la sauce n'est pas suffisamment épaisse, y incorporer un peu de beurre manié.

LES SAUCES DE BASE LIÉES AU ROUX BLANC

BEURRE CLARIFIÉ

Métrique	Impérial
250 g de beurre	1/2 lb de beurre

Pour bien réussir les sauces hollandaise et béarnaise, utiliser du beurre clarifié.

Dans une petite casserole, faire fondre le beurre à feu très doux. Le laisser reposer et à l'aide d'une louche, enlever le petit lait qui se forme à sa surface.

Filtrer ensuite le beurre au travers d'une mousseline double à fromage. Ne pas filtrer le dépôt au fond de la casserole afin d'obtenir un beurre très clair.

Ce beurre brûle beaucoup moins vite que le beurre entier. Peut être utilisé pour la cuisson des aliments.

BÉCHAMEL

Métrique	Impérial
1 litre de lait	4 tasses de lait
150 ml de roux blanc	3/4 tasse de roux blanc
1/2 oignon émincé, piqué d'un clou de girofle	1/2 oignon émincé, piqué d'un clou de girofle
10 ml de sel	2 c. à t. de sel
5 ml de poivre blanc	1 c. à t. de poivre blanc
2 ml de muscade râpée	1/2 c. à t. de muscade râpée

Dans une casserole, préparer le roux. Faire cuire pendant environ 5 minutes puis laisser refroidir. Porter le lait à ébullition et le verser graduellement sur le roux froid en travaillant avec un fouet. Ajouter l'oignon, le sel, le poivre et la muscade. Laisser cuire à petit bouillon pendant 15 à 20 minutes. Réserver.

Badigeonner le dessus de la sauce avec un morceau de beurre afin d'éviter la formation d'une croûte. La béchamel peut être plus ou moins épaisse selon son utilisation. Par exemple, elle sera plus épaisse pour un croque-mitaine que pour des choux-fleurs au gratin.

Ajouter un peu de crème pour la raffiner.

VELOUTÉ DE CONSOMMÉ

Métrique	Impérial
1 litre de consommé de veaù clarifié	4 tasses de consommé de veau clarifié
125 ml de roux blanc	1/2 tasse de roux blanc
150 ml de crème épaisse (35%)	3/4 tasse de crème épaisse (35%)

Procéder comme pour les veloutés précédents en ajoutant un peu plus de crème. Le velouté de consommé doit être plus clair que les autres veloutés. Il peut aussi servir de sauce de base s'il a suffisamment réduit.

Variante : ajouter des champignons sautés et des pointes d'asperges cuites pour obtenir un excellent potage.

VELOUTÉ DE POISSON

Métrique	Impérial
1 litre de fumet de poisson	4 tasses de fumet de poisson
150 ml de roux blanc	3/4 tasse de roux blanc
125 ml de crème épaisse (35%)	1/2 tasse de crème épaisse (35%)

Procéder comme pour le velouté de volaille. Sauce de base servant à tous les poissons pochés ou bouillis.

Note : si la sauce ne doit pas être utilisée immédiatement, attendre le moment de servir pour y ajouter la crème.

VELOUTÉ DE VOLAILLE

Métrique	Impérial
1 litre de fond de volaille ou de bouillon	4 tasses de fond de volaille ou de bouillon
150 ml de roux blanc	3/4 tasse de roux blanc
125 ml de crème épaisse (35%)	1/2 tasse de crème épaisse (35%)

Faire le roux dans une casserole et le laisser refroidir. Amener 1 litre (4 tasses) de fond blanc de volaille à ébullition et le verser sur le roux froid en travaillant au fouet. Laisser cuire doucement pendant une dizaine de minutes en fouettant de temps à autre. Ajouter ensuite la crème en mélangeant au fouet. Laisser bouillir pendant environ 1 minute et retirer du feu. Passer le velouté au tamis fin. Assaisonner au goût.

Sauce de base servant à plusieurs sauces composées qui accompagnent les volailles.

LES SAUCES DÉLICATES ÉMULSIONNÉES

SAUCE BÉARNAISE

Métrique	Impérial
5 jaunes d'oeufs	5 jaunes d'oeufs
375 ml de beurre clarifié	1-1/2 tasse de beurre clarifié
75 ml de vinaigre de vin	5 c. à s. de vinaigre de vin
4 échalotes hachées	4 échalotes hachées
5 ml de poivre en grains écrasé	1 c. à t. de poivre en grains écrasé
15 ml d'estragon haché	1 c. à s. d'estragon haché
10 ml de persil haché	2 c. à t. de persil haché
5 ml de ciboulette	1 c. à t. de ciboulette
5 ml de sel	1 c. à t. de sel
2 ml de poivre de cayenne	1/2 c. à t. de poivre de cayenne
Le jus de 1/4 de citron	Le jus de 1/4 de citron

Préparer le beurre clarifié et le réserver dans un endroit relativement frais. Dans une casserole, mettre le vinaigre de vin, les échalotes, le poivre, l'estragon, le persil et la ciboulette. Faire cuire à feu vif jusqu'à ce qu'il ne reste plus que la moitié du liquide. Laisser refroidir avant d'y ajouter les jaunes d'oeufs. Travailler alors comme une sauce hollandaise. Passer la sauce au tamis et ajouter le sel, le poivre de cayenne et le jus de citron.

Toujours garder la sauce dans un endroit frais sous couvert.

Servir avec les grillades de poisson ou de viande.

Variante : ajouter de la pâte de tomates légèrement chauffée pour obtenir la sauce.

Donne environ 250 ml (1 tasse) de sauce.

SAUCE HOLLANDAISE

Métrique	Impérial
4 jaunes d'oeufs	4 jaunes d'oeufs
250 ml de beurre clarifié	1 tasse de beurre clarifié
5 ml de sel	1 c. à t. de sel
5 ml de poivre de cayenne	1 c. à t. de poivre de cayenne
Le jus de 1/4 de citron	Le jus de 1/4 de citron
5 ml de sauce anglaise	1 c. à t. de sauce anglaise
30 à 45 ml d'eau	2 à 3 c. à s. d'eau

Mettre les jaunes d'oeufs dans un bol métallique. Placer ce bol au-dessus d'une casserole remplie d'eau froide pour faire un bain-marie. Faire chauffer en fouettant les jaunes d'oeufs constamment. Ne pas faire bouillir l'eau de la casserole. Le bol métallique doit pouvoir se tenir à la main.

Fouetter continuellement afin d'éviter que les jaunes d'oeufs ne se coagulent. Le mélange doit épaissir et gonfler. Travailler jusqu'à ce que chaque mouvement du fouet laisse une trace au fond du bol. Retirer alors du bain-marie et incorporer le beurre clarifié en filet en fouettant continuellement.

Cette sauce doit être consistante tout en restant légère. Passer la sauce au tamis et assaisonner. Ajouter la sauce anglaise et le jus de citron. Conserver dans un endroit légèrement chaud, par exemple à côté de la cuisinière.

Se sert avec le saumon poché, les autres poissons bouillis et les asperges fraîches bouillies. Peut être utilisée pour glacer les plats. En masquer légèrement un poisson et le passer sous le gril (broil) en surveillant attentivement la cuisson.

Note : cette sauce ne doit jamais bouillir.

Donne environ 300 ml (1-1/4 tasse) de sauce.

SAUCE MOUSSELINE

Métrique	Impérial
250 ml de sauce hollandaise	1 tasse de sauce hollandaise
50 ml de crème épaisse (35%) fouettée et salée	1/4 tasse de crème épaisse (35%) fouettée et salée

Préparer la sauce hollandaise et, en fin de cuisson, y incorporer délicatement la crème à l'aide d'une spatule de caoutchouc.

Servir avec les poissons bouillis et les asperges fraîches bouillies.

Donne environ 300 ml (1-1/4 tasse) de sauce.

SAUCE MALTAISE

Métrique	Impérial
250 ml de sauce hollandaise	1 tasse de sauce hollandaise
Le jus d'une orange	Le jus d'une orange
Zeste d'une orange blanchi	Zeste d'une orange blanchi
5 ml de sucre	1 c. à t. de sucre
Le jus de 1/6 de citron	Le jus de 1/6 de citron

Blanchir le zeste d'orange dans de l'eau bouillante pendant 2 minutes. Laisser refroidir.

Faire la sauce hollandaise et, en fin de cuisson, ajouter le jus d'orange, le jus de citron, le sucre et le zeste d'orange.

Servir avec les poissons pochés ou bouillis, et particulièrement avec le saumon et les asperges vertes ou blanches bouillies.

Donne environ 250 ml (1 tasse) de sauce.

LES SAUCES

SAUCE À L'ÉCHALOTE

Métrique
1/2 litre de fond brun lié
250 ml d'échalotes sèches hachées
30 ml de beurre
1 pincée de thym
250 ml de vin blanc sec
30 ml de persil haché
Sel et poivre

Impérial
2 tasses de fond brun lié
1 tasse d'échalotes sèches hachées
2 c. à s. de beurre
1 pincée de thym
1 tasse de vin blanc sec
2 c. à s. de persil haché
Sel et poivre

Dans une casserole, faire fondre le beurre et y ajouter les échalotes et le thym. Faire cuire à feu doux jusqu'à ce que les échalotes soient légèrement dorées. Verser le vin blanc et le laisser s'évaporer presque entièrement avant d'ajouter le fond brun. Laisser cuire encore pendant 2 minutes. Ajouter le persil, le sel et le poivre.

Servir avec le boeuf grillé et les poissons.

SAUCE À LA CRÈME D'ÉCHALOTES

Procéder de la même façon que pour la sauce à l'échalote, mais doubler la quantité d'échalotes et passer ensuite la sauce dans le robot culinaire pour la liquéfier.

SAUCE AU CARAMEL D'ORANGES

Métrique
250 ml de fond brun lié
125 ml de porto
Le jus de 2 oranges
Le jus de 1/2 citron
30 ml de sucre

Impérial
1 tasse de fond brun lié
1/2 tasse de porto
Le jus de 2 oranges
Le jus de 1/2 citron
2 c. à s. de sucre

Dans une petite casserole à fond épais, mélanger le sucre, le jus d'orange et de citron et le porto. Porter à ébullition et continuer la cuisson jusqu'à ce que le mélange prenne l'apparence d'un sirop léger. Ajouter le fond brun lié et faire bouillir jusqu'à consistance désirée.

Servir avec les viandes blanches comme la volaille, le porc, le veau et la dinde. Garnir de quelques quartiers d'oranges juste avant de servir.

SAUCE AU CARI

Métrique
1 litre de fond blanc de volaille
45 ml de beurre
45 ml de farine tout usage
1 oignon émincé
1 branche de céleri émincée
1 petite carotte
1 pomme épluchée, émincée
125 ml d'ananas coupés en dés
1 poire épluchée, émincée
125 ml de «coco lopez»
15 ml de poudre de cari
15 ml de paprika
5 ml de poivre de cayenne
5 ml de gingembre moulu
2 ml de muscade
Sel et poivre

Impérial
4 tasses de fond blanc de volaille
3 c. à s. de beurre
3 c. à s. de farine tout usage
1 oignon émincé
1 branche de céleri émincée
1 petite carotte
1 pomme épluchée, émincée
1/2 tasse d'ananas coupés en dés
1 poire épluchée, émincée
1/2 tasse de «coco lopez»
1 c. à s. de poudre de cari
1 c. à s. de paprika
1 c. à t. de poivre de cayenne
1 c. à t. de gingembre moulu
1/2 c. à t. de muscade
Sel et poivre

Dans une grande casserole, faire fondre le beurre et y faire revenir l'oignon, le céleri, la carotte, la pomme, l'ananas et la poire jusqu'à ce qu'ils soient légèrement dorés. Saupoudrer la farine et bien mélanger pendant environ une minute. Verser le fond blanc et remuer à la cuillère de bois, jusqu'à ébullition. Ajouter alors le cari, le paprika, le poivre de cayenne, le gingembre, la muscade, le sel et le poivre. Continuer la cuisson pendant environ 30 minutes à feu très doux, en raclant bien le fond de la casserole pour éviter que la sauce ne brûle. Passer la sauce au tamis. Ajouter un peu de crème pour raffiner la sauce.

Servir avec les poissons, les crustacés, les volailles et les oeufs.

SAUCE AU COULIS DE POIVRONS

Métrique
1/2 litre de velouté de volaille ou de poisson
2 poivrons verts ou rouges
1 pincée de thym
1 gousse d'ail hachée
30 ml d'huile d'olive ou de beurre
5 ml de tabasco
Sel et poivre

Impérial
2 tasses de velouté de volaille ou de poisson
2 poivrons verts ou rouges
1 pincée de thym
1 gousse d'ail hachée
2 c. à s. d'huile d'olive ou de beurre
1 c. à t. de tabasco
Sel et poivre

Couper les poivrons en deux et les débarasser des pépins. Les couper en petits dés et les placer dans le robot culinaire avec le thym, l'ail et l'huile d'olive. Bien travailler jusqu'à l'obtention d'une purée liquide. Verser dans une casserole et faire cuire doucement jusqu'à ce que l'eau des poivrons se soit évaporée. Entre-temps, amener le velouté de volaille ou de poisson à ébullition. Y incorporer la purée de poivrons à l'aide d'un fouet.

Servir avec les volailles, les crustacés et les poissons.

SAUCE AU JAMBON ET AUX LARDONS

Métrique	Impérial
1/2 litre de velouté de consommé	2 tasses de velouté de consommé
125 g de jambon cuit coupé en petits cubes	1/4 lb de jambon cuit coupé en petits cubes
125 g de poitrine de porc fumée, coupée en lardons	1/4 lb de poitrine de porc fumée, coupée en lardons
30 ml d'échalotes hachées	2 c. à s. d'échalotes hachées
45 ml de persil	3 c. à s. de persil
15 ml de beurre	1 c. à s. de beurre
Sel et poivre	Sel et poivre

Dans une casserole, faire fondre le beurre et y faire revenir le jambon et les lardons jusqu'à ce qu'ils soient bien dorés. Dégraisser et ajouter les échalotes. Remuer pendant 30 secondes. Ajouter le velouté de consommé. Laisser cuire pendant quelques minutes.

Ajouter le persil, le sel, le poivre et servir avec une poitrine de poulet, un rôti de veau ou une tranche de jambon bien épaisse, revenue à la poêle.

SAUCE AU PISTOU

Métrique	Impérial
250 ml de coulis de tomates	1 tasse de coulis de tomates
75 ml de basilic frais haché	5 c. à s. de basilic frais haché
45 ml d'ail haché	3 c. à s. d'ail haché
45 à 75 ml d'huile d'olive	3 à 5 c. à s. d'huile d'olive
Sel et poivre	Sel et poivre

Dans le robot culinaire, hacher le basilic, l'ail et y incorporer l'huile d'olive. Placer dans une casserole et faire cuire pendant environ 1 minute. Retirer du feu. Entre-temps, amener le coulis de tomates à ébullition. L'incorporer au premier mélange en fouettant légèrement.

Servir avec les poissons, les pâtes alimentaires ou les crustacés.

Variante : ajouter un peu de sauce au pistou à la sauce vinaigrette ou l'incorporer à une soupe de légumes.

SAUCE AUX CHAMPIGNONS

Métrique	Impérial
1/2 litre de fond brun de veau non-lié	2 tasses de fond brun de veau non-lié
1/2 litre de champignons émincés fin	2 tasses de champignons émincés fin
30 ml de beurre	2 c. à s. de beurre
20 ml de farine tout usage	4 c. à t. de farine tout usage
125 ml de vin blanc sec	1/2 tasse de vin blanc sec
250 ml de crème épaisse (35%)	1 tasse de crème épaisse (35%)
Sel et poivre	Sel et poivre

Dans une casserole, faire fondre le beurre et y ajouter les champignons émincés. Laisser cuire jusqu'à ce qu'ils aient rendu toute leur eau et qu'ils soient bien dorés. Ajouter la farine et mélanger pendant une minute. Verser le vin blanc et continuer la cuisson pendant deux minutes. Ajouter le fond brun. Faire cuire jusqu'à consistance désirée. Ajouter la crème et prolonger la cuisson pendant quelques minutes. Assaisonner et servir.

Accompagne toutes sortes de mets.

SAUCE AUX ESCARGOTS

Métrique	Impérial
250 ml de velouté de poisson ou de volaille	1 tasse de velouté de poisson ou de volaille
12 escargots émincés	12 escargots émincés
30 ml de beurre	2 c. à s. de beurre
50 ml de coulis de tomates	1/4 tasse de coulis de tomates
45 ml de porto	3 c. à s. de porto
50 ml de crème épaisse (35%)	1/4 tasse de crème épaisse (35%)
15 ml d'échalotes sèches hachées	1 c. à s. d'échalotes sèches hachées
1 gousse d'ail hachée	1 gousse d'ail hachée
15 ml de persil haché	1 c. à s. de persil haché
5 ml de poivre de cayenne (ou au goût)	1 c. à t. de poivre de cayenne (ou au goût)
Sel et poivre	Sel et poivre

Dans une casserole, faire fondre le beurre et y faire revenir les escargots pendant quelques minutes, à feu moyen. Ajouter les échalotes et continuer la cuisson pendant environ 30 secondes. Ajouter l'ail haché et mélanger. Arroser de porto et flamber. Ajouter le velouté de poisson ou de volaille, le coulis de tomates, le poivre de cayenne, le sel et le poivre. Laisser cuire jusqu'à consistance désirée. Ajouter la crème et laisser cuire pendant 2 à 3 minutes.

Servir avec le saumon ou la volaille.

SAUCE AUX PETITS OIGNONS

TOMATINE

Métrique	Impérial
1/2 litre de velouté de poisson	2 tasses de velouté de poisson
20 petits oignons	20 petits oignons
30 ml de beurre	2 c. à s. de beurre
1 grosse tomate bien ferme	1 grosse tomate bien ferme
30 ml de persil haché	2 c. à s. de persil haché
Sel et poivre	Sel et poivre

Découper la peau de la tomate à environ 3 mm (1/8 po) d'épaisseur. Tailler la peau en petits dés et réserver. Conserver le reste de la tomate pour un autre usage.

Dans une casserole, faire suer les petits oignons et les dés de tomate dans du beurre pendant environ 5 minutes, sans les colorer. Verser le velouté de poisson et faire bouillir pendant environ 2 minutes. Ajouter le persil, le sel et le poivre.

S'utilise pour accompagner les poissons blancs pochés ou bouillis.

SAUCE BACON TOMATE

Métrique	Impérial
250 g de bacon cuit, croustillant et haché fin	1/2 lb de bacon cuit, croustillant et haché fin
1 gros oignon haché	1 gros oignon haché
375 ml de coulis de tomates (voir p. 370)	1-1/2 tasse de coulis de tomates (voir p. 370)
5 ml de sucre	1 c. à t. de sucre
10 ml de vinaigre	2 c. à t. de vinaigre
2 ml de basilic	1/2 c. à t. de basilic
1 ml de clou de girofle	1/4 c. à t. de clou de girofle
1 ml de glutamate de sodium	1/4 c. à t. de glutamate de sodium
Sel et poivre	Sel et poivre

Faire revenir l'oignon dans le poêlon avec le bacon. Ajouter les autres ingrédients et laisser mijoter pendant 5 minutes.

Servir avec du veau ou des saucisses.

SAUCE BÉARNAISE

Métrique	Impérial
5 jaunes d'oeufs	5 jaunes d'oeufs
375 ml de beurre clarifié	1-1/2 tasse de beurre clarifié
75 ml de vinaigre de vin	5 c. à s. de vinaigre de vin
4 échalotes hachées	4 échalotes hachées
5 ml de poivre en grains écrasé	1 c. à t. de poivre en grains écrasé
15 ml d'estragon haché	1 c. à s. d'estragon haché
10 ml de persil haché	2 c. à t. de persil haché
5 ml de ciboulette	1 c. à t. de ciboulette
5 ml de sel	1 c. à t. de sel
2 ml de poivre de cayenne	1/2 c. à t. de poivre de cayenne
Le jus de 1/4 de citron	Le jus de 1/4 de citron

Préparer le beurre clarifié et le réserver dans un endroit relativement frais. Dans une casserole, mettre le vinaigre de vin, les échalotes, le poivre, l'estragon, le persil et la ciboulette. Faire cuire à feu vif jusqu'à ce qu'il ne reste plus que la moitié du liquide. Laisser refroidir avant d'y ajouter les jaunes d'oeufs. Travailler alors comme pour la sauce hollandaise. Passer la sauce au tamis et ajouter le sel, le poivre de cayenne et le jus de citron.

Garder toujours la sauce dans un endroit frais sous couvert.

Servir avec les grillades de poisson ou de viande.

Variante : ajouter de la pâte de tomates légèrement chauffée pour obtenir la sauce.

Donne environ 250 ml (1 tasse) de sauce.

SAUCE BARBECUE

Métrique	Impérial
1 oignon tranché mince	1 oignon tranché mince
30 ml de beurre ou d'huile végétale	2 c. à s. de beurre ou d'huile végétale
30 ml de vinaigre	2 c. à s. de vinaigre
30 ml de cassonade	2 c. à s. de cassonade
50 ml de jus de citron	1/4 tasse de jus de citron
250 ml de ketchup	1 tasse de ketchup
45 ml de sauce Worcestershire	3 c. à s. de sauce Worcestershire
5 ml de moutarde préparée	1 c. à s. de moutarde préparée
250 ml d'eau	1 tasse d'eau
125 ml de persil frais haché	1/2 tasse de persil frais haché
5 ml de sel	1 c. à t. de sel
5 ml de paprika	1 c. à t. de paprika

Faire revenir l'oignon dans le beurre jusqu'à ce qu'il soit tendre. Ajouter tous les autres ingrédients et laisser mijoter pendant 30 minutes.

Servir avec des côtes levées et des ailes de poulet, ou en badigeonner les grillades pendant la cuisson.

SAUCE DANOISE

Métrique	Impérial
1/2 litre de velouté de poisson (voir p. 372)	2 tasses de velouté de poisson (voir p. 372)
125 ml de saumon fumé haché	1/2 tasse de saumon fumé haché

Faire bouillir le velouté de poisson tout doucement. Placer le saumon dans le robot culinaire et mélanger jusqu'à ce qu'il forme une mousse assez lisse. Verser un peu de velouté de poisson sur le saumon et mélanger rapidement. Incorporer le saumon fumé au velouté de poisson à l'aide d'un fouet. Laisser cuire pendant une à deux minutes et servir.

Se marie bien au saumon poché ou à la truite saumonière.

SAUCE DUXELLES

Métrique	Impérial
1/2 litre de velouté de volaille, de poisson ou de consommé	2 tasses de velouté de volaille, de poisson ou de consommé
350 g de champignons hachés	3/4 lb de champignons hachés
30 ml de beurre	2 c. à s. de beurre
15 ml d'échalotes hachées	1 c. à s. d'échalotes hachées
30 ml de vin blanc sec	2 c. à s. de vin blanc sec
30 ml de persil	2 c. à s. de persil
1 pincée de thym	1 pincée de thym
125 ml de crème épaisse (35%)	1/2 tasse de crème épaisse (35%)
Sel et poivre	Sel et poivre

Porter doucement le velouté de votre choix à ébullition. Entre-temps, préparer la duxelles de champignons.

Dans une casserole à fond épais, faire fondre le beurre et y faire revenir les échalotes et les champignons hachés, jusqu'à ce qu'ils aient perdu leur eau. Ajouter alors le thym et le vin blanc. Faire cuire en remuant jusqu'à évaporation du vin (la duxelles ne doit pas colorer). Ajouter la crème et faire bouillir jusqu'à ce que la duxelles soit bien épaisse. Mélanger au velouté.

Se sert avec presque toutes les viandes et les poissons.

SAUCE GASPACHO

Métrique	Impérial
1/4 litre de gaspacho (voir recette au menu «Espagne»)	1 tasse de gaspacho (voir recette au menu «Espagne»)
1/2 litre de velouté de volaille ou de poisson	2 tasses de velouté de volaille ou de poisson

Se prépare comme la sauce ratatouille.

Accompagne aussi bien le blanc de poulet que le poisson, le homard ou les pétoncles chauds.

SAUCE HOMARDINE

Métrique	Impérial
375 ml de bisque de homard	1-1/2 tasse de bisque de homard
125 ml de morceaux de homard coupés en dés	1/2 tasse de morceaux de homard coupés en dés
30 ml de beurre	2 c. à s. de beurre
15 ml d'échalotes	1 c. à s. d'échalotes
1 gousse d'ail hachée	1 gousse d'ail hachée
30 ml de cognac	2 c. à s. de cognac
50 ml de crème épaisse (35%)	1/4 tasse de crème épaisse (35%)
Sel et poivre	Sel et poivre

Dans une petite casserole, faire fondre le beurre et y faire revenir les morceaux de homard. Ajouter ensuite les échalotes et l'ail haché, remuer un peu, ajouter le cognac et flamber. Verser la bisque de homard et la crème. Faire cuire jusqu'à consistance désirée. Assaisonner et servir.

Servir avec du poisson, des crustacés, des volailles ou du veau.

SAUCE MORNAY

Métrique	Impérial
1/2 litre de sauce béchamel	2 tasses de sauce béchamel
3 jaunes d'oeufs	3 jaunes d'oeufs
125 ml de fromage gruyère râpé	1/2 tasse de fromage gruyère râpé

Faire la sauce béchamel. Y ajouter les jaunes d'oeufs et travailler vivement à la cuillère de bois à feu moyen pendant environ 1 minute. Retirer du feu et incorporer le fromage.

S'utilise pour gratiner les plats de légumes, les crêpes aux asperges et les poissons au gratin.

SAUCE MOUTARDE

Métrique	Impérial
250 ml de velouté de volaille	1 tasse de velouté de volaille
30 ml de moutarde de Dijon	2 c. à s. de moutarde de Dijon
45 ml d'échalotes hachées	3 c. à s. d'échalotes hachées
30 ml de beurre	2 c. à s. de beurre
75 ml de vin blanc sec	1/3 tasse de vin blanc sec
125 ml de crème épaisse (35%)	1/2 tasse de crème épaisse (35%)
1 pincée de thym	1 pincée de thym
Sel et poivre	Sel et poivre

Dans une casserole, faire fondre le beurre et y ajouter les échalotes. Les faire suer jusqu'à ce qu'elles aient rendu toute leur eau. Ajouter la moutarde, bien mélanger et verser le vin blanc. Faire cuire à feu vif en mélangeant jusqu'à ce que les deux tiers du vin se soient évaporés. Ajouter alors le thym et le fond brun et continuer la cuisson jusqu'à consistance désirée. Ajouter la crème et faire cuire pendant quelques minutes. Assaisonner et servir avec le porc, le veau, les steaks, les rognons et le poulet.

Il est important d'ajouter la moutarde au bouillon ou au vin blanc avant de la lier au fond brun, sinon elle granulera dans la sauce.

SAUCE RATATOUILLE

Métrique	Impérial
125 g de ratatouille froide	1/4 lb de ratatouille froide
30 ml d'huile d'olive	2 c. à s. d'huile d'olive
1/2 litre de velouté de volaille ou de poisson	2 tasses de velouté de volaille ou de poisson
Sel et poivre	Sel et poivre

Mettre la ratatouille dans le robot culinaire et mélanger jusqu'à l'obtention d'une mousse bien lisse. Verser ensuite dans une casserole et lier avec un peu d'huile d'olive ou de beurre. Porter le velouté à ébullition et y incorporer la mousse de ratatouille.

Servir avec le poulet et les poissons blancs.

LES BEURRES COMPOSÉS

BEURRE À L'AIL

Métrique
250 g de beurre
6 à 8 gousses d'ail hachées
30 ml de persil
Le jus de 1/4 d'un citron
1 pincée de sel
1 pincée de poivre moulu

Impérial
1/2 lb de beurre
6 à 8 gousses d'ail hachées
2 c. à s. de persil
Le jus de 1/4 d'un citron
1 pincée de sel
1 pincée de poivre moulu

Travailler le beurre en pommade et le placer dans le robot culinaire. Incorporer tous les autres ingrédients. Enrouler dans une feuille de papier aluminium et mettre au réfrigérateur.

Détailler en rondelles et placer sur les viandes grillées, plus particulièrement le boeuf.

L'utiliser pour beurrer des canapés auxquels on ajoutera un escargot, le tout passé au four quelques instants; pour beurrer des petits croûtons ou pour raffiner des sauces accompagnant des crevettes, des homards ou des truites grillées.

BEURRE À LA MOUTARDE

Métrique
250 g de beurre
30 ml de moutarde de Dijon
30 ml d'échalotes hachées
1 pincée de thym
1 gousse d'ail hachée
30 ml de persil haché
5 ml de poudre de cari

Impérial
1/2 lb de beurre
2 c. à s. de moutarde de Dijon
2 c. à s. d'échalotes hachées
1 pincée de thym
1 gousse d'ail hachée
2 c. à s. de persil haché
1 c. à t. de poudre de cari

Travailler le beurre en pommade et le placer dans le robot culinaire. Incorporer tous les autres ingrédients. Rouler dans une feuille de papier aluminium et mettre au réfrigérateur.

Faire fondre sur des steaks grillés et des saucisses cuites sur le barbecue.

BEURRE D'AMANDES

Métrique
250 g de beurre
125 g d'amandes réduites en poudre
2 pincées de sel

Impérial
1/2 lb de beurre
1/4 lb d'amandes réduites en poudre
2 pincées de sel

Procéder comme pour le beurre de noisettes. Se marie parfaitement bien à la truite en papillote ou à la poêle.

BEURRE AUX FINES HERBES

Métrique
250 g de beurre
15 ml de persil haché
5 ml de thym
5 ml d'estragon
5 ml de basilic
5 ml de concentré de boeuf
Le jus de 1/2 citron
2 pincées de sel
1 pincée de poivre
5 ml de tabasco (au goût)

Impérial
1/2 lb de beurre
1 c. à s. de persil haché
1 c. à t. de thym
1 c. à t. d'estragon
1 c. à t. de basilic
1 c. à t. de concentré de boeuf
Le jus de 1/2 citron
2 pincées de sel
1 pincée de poivre
1 c. à t. de tabasco (au goût)

Travailler le beurre en pommade. Le placer dans le robot culinaire. Incorporer tous les autres ingrédients. Enrouler le beurre dans une feuille de papier aluminium. Mettre au réfrigérateur. Se congèle très bien pendant 2 à 3 mois.

Détailler en rondelles et servir avec le poisson ou les rognons ou encore l'incorporer aux sauces pour poissons.

BEURRE D'ANCHOIS

Métrique
250 g de beurre non salé
125 g de filets d'anchois
Le jus de 1/4 d'un citron
Quelques gouttes de tabasco
3 à 4 olives noires dénoyautées
15 ml de persil
Sel et poivre

Impérial
1/2 lb de beurre non salé
1/4 lb de filets d'anchois
Le jus de 1/4 d'un citron
Quelques gouttes de tabasco
3 à 4 olives noires dénoyautées
1 c. à s. de persil
Sel et poivre

Travailler le beurre en pommade et le placer dans le robot culinaire. Incorporer tous les autres ingrédients.

Mélanger jusqu'à l'obtention d'une pâte lisse. Rouler le beurre dans du papier aluminium et mettre au réfrigérateur.

L'utiliser pour beurrer les canapés et les poissons grillés, pochés ou cuits à la poêle.

BEURRE D'ÉCHALOTES

Métrique
250 g de beurre
75 ml d'échalotes sèches hachées
15 ml de moutarde de Dijon
Le jus de 1/4 d'un citron
15 ml de persil haché
1 pincée de thym
Sel et poivre

Impérial
1/2 lb de beurre
5 c. à s. d'échalotes sèches hachées
1 c. à s. de moutarde de Dijon
Le jus de 1/4 d'un c[itron]
1 c. à s. de persil ha[ché]
1 pincée de thym
Sel et poivre

Travailler le beurre en pommade et le placer dans [le robot] culinaire. Incorporer tous les autres ingrédients. Enr[ouler le] beurre dans un papier aluminium et le mettre au réfrig[érateur].

Détailler en rondelles et les déposer sur un demi-h[omard] bouilli ou sur une entrecôte grillée bien chaude.

BEURRE DE CREVETTES

Métrique
250 g de beurre
250 g de crevettes décortiquées
5 ml de pâte de tomates
1 gousse d'ail hachée
5 ml de sel
30 ml d'échalotes hachées
5 ml de poivre
5 ml de poivre de cayenne
Le jus de 1/4 d'un citron

Impérial
1/2 lb de beurre
1/2 lb de crevettes décortiquées
1 c. à t. de pâte de tomate[s]
1 gousse d'ail hachée
1 c. à t. de sel
2 c. à s. d'échalotes hachées
1 c. à t. de poivre
1 c. à t. de poivre de cayenne
Le jus de 1/4 d'un citron

Travailler le beurre en pommade et le placer dans le robot culinaire. Déposer les crevettes dans un linge propre et presser pour essorer toute l'eau qu'elles contiennent. Ajouter ensuite les crevettes et tous les autres ingrédients au beurre. Bien incorporer et enrouler dans un papier aluminium. Mettre au réfrigérateur.

Sert pour beurrer des canapés aux crevettes, pour raffiner des sauces, pour agrémenter le poisson grillé, bouilli ou poché.

BEURRE DE HOMARD

Métrique
350 g de carcasses de homards concassées
250 g de beurre
1 litre d'eau

Impérial
3/4 lb de carcasses de homards concassées
1/2 lb de beurre
4 tasses d'eau

Broyer les carcasses de homards le plus fin possible. Les placer dans une cocotte, ajouter le beurre et l'eau. Amener à ébullition et laisser cuire pendant 10 minutes à feu moyen. Continuer la cuisson au four à 180°C (350°F) pendant environ 15 à 20 minutes jusqu'à ce que l'eau soit presque complètement évaporée. Sortir du four et passer le reste du liquide au travers d'une double mousseline à fromage. Récupérer le liquide dans un contenant de plastique et le

mettre au congélateur pendant quelques heures. (Le beurre, une fois figé, se sépare de l'eau.) L'égoutter et le placer au réfrigérateur.

Sert à raffiner une sauce veloutée de poisson ou encore une bisque de homard. Peut se conserver au congélateur pendant 2 à 3 mois.

[BEURRE] DE NOISETTES

Impérial
1/2 lb de beurre
4 c. à s. de noisettes hachées fin
Sel et poivre

[Travailler le beurre en] pommade. Le placer dans le robot [culinaire. Incorporer tous l]es autres ingrédients. [... l]e poulet grillé.

[BEURRE DE] SAUMON FUMÉ

Impérial
1/2 lb de beurre
1/4 lb de saumon fumé
1 c. à t. de pâte de tomates
Le 1/4 du jus d'un citron
Sel et poivre

Travailler le beurre en pommade. Le placer dans le robot culinaire. Incorporer tous les autres ingrédients. Bien mélanger. Enrouler le beurre dans une feuille de papier aluminium et mettre au réfrigérateur.

S'utilise pour beurrer les canapés ou pour raffiner les sauces accompagnant le saumon ou la truite.

BEURRE DE TOMATES

Métrique
250 g de beurre
30 ml de pâte de tomates
15 ml de persil haché
30 ml d'échalotes sèches hachées
2 à 3 gousses d'ail
2 ml de thym
5 ml de basilic frais ou séché, haché
5 ml de sucre
Sel et poivre

Impérial
1/2 lb de beurre
2 c. à s. de pâte de tomates
1 c. à s. de persil haché
2 c. à s. d'échalotes sèches hachées
2 à 3 gousses d'ail
1/2 c. à t. de thym
1 c. à t. de basilic frais ou séché, haché
1 c. à t. de sucre
Sel et poivre

Dans un robot culinaire, placer le beurre ramolli et tous les autres ingrédients. Travailler le tout pour obtenir un beurre lisse et de couleur uniforme.

Pour conserver le beurre, l'étaler en ligne droite sur une feuille de papier aluminium. Rouler ensuite le papier aluminium autour du beurre et serrer chaque extrémité du rouleau de papier pour bien tasser le beurre. Mettre au réfrigérateur.

Peut se couper en rondelles et se poser sur du poisson grillé, poché ou bouilli; peut servir à beurrer des canapés.

Les canapés
et les décorations

LES CANAPÉS ET LES DÉCORATIONS

CANAPÉS À LA MARMELADE D'OIGNONS

Métrique	Impérial
500 g d'oignons émincés	1 lb d'oignons émincés
250 ml de sucre	1 tasse de sucre
100 ml de vinaigre	1/4 tasse de vinaigre
1/2 bouteille de vin rouge	1/2 bouteille de vin rouge

Faire cuire les oignons émincés le plus finement possible dans une casserole avec tous les autres ingrédients, à feu très doux. Arrêter la cuisson quand les oignons sont rouges foncés et qu'ils ont l'aspect d'une marmelade.

Déposer sur de petites toasts grillées.

CANAPÉS À L'ÉCHALOTE

Métrique	Impérial
24 mini-biscottes	24 mini-biscottes
125 ml de beurre d'écha-lotes (voir p. 379, les beurres composés)	1/2 tasse de beurre d'écha-lotes (voir p. 379, les beurres composés)
8 échalotes sèches émincées	8 échalotes sèches émincées
30 ml de beurre	2 c. à s. de beurre
30 ml de persil haché	2 c. à s. de persil haché

Confectionner le beurre d'échalotes et en tartiner les mini-biscottes. Émincer les échalotes. Les faire revenir dans du beurre, puis les égoutter. Laisser refroidir et en garnir les canapés.

CANAPÉS AU CRESSON

Métrique	Impérial
125 ml de beurre	1/2 tasse de beurre
1 botte de cresson	1 botte de cresson
30 ml de jus de citron	2 c. à s. de jus de citron
2 oeufs durs coupés en tranches à l'aide d'un coupe-oeuf	2 oeufs durs coupés en tranches à l'aide d'un coupe-oeuf
Sel et poivre	Sel et poivre

Faire blanchir les feuilles de cresson en les faisant bouillir dans de l'eau salée pendant environ 1 minute. Refroidir sous l'eau du robinet et bien les égoutter. Placer le cresson cuit dans le robot culinaire avec le beurre en pommade, le sel, le poivre et le jus de citron. Travailler le tout jusqu'à l'obtention d'un mélange homogène.

Beurrer des mini-biscottes ou des craquelins de beurre de cresson et garnir d'une tranche d'oeuf. Décorer de cresson haché, si désiré.

CANAPÉS AU ROQUEFORT

Métrique	Impérial
24 mini-biscottes	24 mini-biscottes
125 ml de roquefort	1/2 tasse de roquefort
125 ml de beurre	1/2 tasse de beurre
Persil frais	Persil frais

Dans le robot culinaire, travailler le roquefort et le beurre. Tartiner les mini-biscottes de ce mélange et décorer d'un brin de persil.

CANAPÉS AUX ANCHOIS

Métrique	Impérial
24 mini-biscottes	24 mini-biscottes
125 ml de beurre d'anchois (voir p. 378)	1/2 tasse de beurre d'anchois (voir p. 378)
2 oeufs durs hachés	2 oeufs durs hachés
24 filets d'anchois coupés en deux sur le sens de la longueur	24 filets d'anchois coupés en deux sur le sens de la longueur

Tartiner les mini-biscottes d'une mince couche de beurre d'anchois et recouvrir d'oeufs durs hachés. Croiser 2 bandes d'anchois sur les canapés. Décorer de brins de persil frais.

CANAPÉS AUX ASPERGES

Métrique	Impérial
12 mini-biscottes	12 mini-biscottes
24 pointes d'asperges	24 pointes d'asperges
125 ml de mayonnaise	1/2 tasse de mayonnaise
1 poivron rouge	1 poivron rouge
Sel et poivre	Sel et poivre

Tartiner les mini-biscottes ou les craquelins de mayonnaise et garnir chaque canapé de 2 pointes d'asperges. Garnir de deux bâtonnets de poivrons rouges croisés.

CANAPÉS AUX OEUFS DE SAUMON

Oeufs de saumon
Craquelins

Beurrer des craquelins. Étendre une couche d'oeufs de saumon.

CANAPÉS AU SAUMON FUMÉ

Métrique	Impérial
3 douz. de mini-biscottes	3 douz. de mini-biscottes
250 ml de saumon fumé	1 tasse de saumon fumé
50 ml de yogourt nature	1/4 tasse de yogourt nature
2 échalotes sèches hachées	2 échalotes sèches hachées
30 ml de ciboulette émincée fin	2 c. à s. de ciboulette émincée fin
30 ml de jus de citron	2 c. à s. de jus de citron
Sel et poivre	Sel et poivre

Dans le robot culinaire, réunir tous les ingrédients à l'exception de la ciboulette et bien mélanger. Placer le mélange dans un petit bol et incorporer la ciboulette avec une cuillère. Mettre le mélange dans une poche à pâtisserie munie d'une douille cannelée et couvrir les mini-biscottes du mélange.

Décorer d'un cornichon coupé en éventail (voir p. 387) ou de 3 brins de ciboulette.

CANAPÉS AUX OEUFS ET AUX AVOCATS

Métrique	Impérial
6 oeufs durs hachés	6 oeufs durs hachés
2 avocats hachés	2 avocats hachés
2 pincées de poivre de cayenne	2 pincées de poivre de cayenne
1 oignon haché fin	1 oignon haché fin
45 ml de persil haché	3 c. à s. de persil haché
30 ml de vinaigre	2 c. à s. de vinaigre
5 ml de sel	1 c. à t. de sel

Mélanger tous les ingrédients jusqu'à l'obtention d'un mélange homogène. Mettre au réfrigérateur.

Entre-temps, découper des tranches de pain avec un emporte-pièces. Les faire griller. Les tartiner de mélange. Décorer d'une olive noire et d'un brin de persil.

CANAPÉS AUX OIGNONS ET AU PARMESAN

Métrique	Impérial
125 ml d'oignons émincés fin	1/2 tasse d'oignons émincés fin
125 ml de mayonnaise	1/2 tasse de mayonnaise
30 ml de parmesan râpé	2 c. à s. de parmesan râpé
24 mini-biscottes	24 mini-biscottes

Mélanger la mayonnaise et le parmesan râpé. Déposer une rondelle d'oignon sur une mini-biscotte, recouvrir généreusement de mayonnaise et de parmesan. Faire cuire au four à 190°C (375°F) pendant 10 minutes, jusqu'à ce que la garniture ait gonflé et doré. Faire attention que les canapés ne brûlent pas. Servir chaud.

Variante: servir sur une rondelle de pain grillé d'un seul côté. Placer la garniture sur le côté non grillé du pain.

CANAPÉS À LA PÂTE DE CHAMPIGNON

Métrique	Impérial
500 ml de champignons émincés fin	2 tasses de champignons émincés fin
1 petit oignon haché fin	1 petit oignon haché fin
60 ml de beurre	4 c. à s. de beurre
2 tranches de bacon haché	2 tranches de bacon haché
250 ml de tomates hachées	1 tasse de tomates hachées
2 oeufs battus	2 oeufs battus
5 ml de sel	1 c. à t. de sel
15 ml de poivre de cayenne	1 c. à s. de poivre de cayenne

Dans un poêlon, faire fondre le beurre et y faire revenir l'oignon. Ajouter le bacon, les tomates et les champignons. Laisser mijoter pendant environ 15 minutes. Passer au mélangeur. Incorporer les oeufs et faire cuire à feu doux jusqu'à épaississement, en remuant constamment. Refroidir au réfrigérateur. Servir sur des toasts. Garnir de quartiers de petits champignons et de persil.

CANAPÉS AUX CREVETTES

Métrique	Impérial
750 ml de crevettes décortiquées et coupées fin (réserver les têtes et les carapaces)	2-1/2 tasses de crevettes décortiquées et coupées fin (réserver les têtes et les carapaces)
45 ml de beurre	3 c. à s. de beurre
2 ml de farine tout usage	1/2 c. à t. de farine tout usage
2 jaunes d'oeufs battus	2 jaunes d'oeufs battus
Jus de citron	Jus de citron
Poivre de cayenne	Poivre de cayenne
45 ml d'eau	3 c. à s. d'eau

Faire cuire les têtes et les carcasses dans de l'eau pendant 30 minutes. Filtrer à travers une double mousseline à fromage et réserver.

Faire fondre le beurre et y incorporer la farine et le poivre de cayenne. Remuer et faire un roux avec le jus de crevettes réservé.

Porter à ébullition. Ajouter les crevettes et faire réchauffer. Ajouter le jus de citron au goût. Retirer du feu. Lier avec les jaunes d'oeufs. Étendre sur les toasts. Garnir d'une petite crevette. Servir chaud.

CITRON DENTS DE LOUP

1 Placer le citron sur le côté.

2 Planter le couteau en biais dans le citron.

3 Planter le couteau en sens contraire.

4 Défaire le citron.

ORANGE ET CITRON CANNELÉS

1 Couper la tête et la base des fruits.

2 Canneler sur toute la hauteur du fruit à l'aide d'un canneleur.

3 Émincer fin.

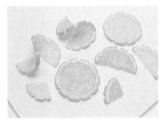

4 Détailler au goût.

KIWI FARCI

1 Éplucher le kiwi.

2 Le couper en deux.

3 Évider légèrement à l'aide d'une cuillère à parisienne.

4 Farcir les kiwis de coulis de framboises pour garnir un gâteau au fromage par exemple.

PANIER D'ORANGE

1 Pratiquer 2 incisions verticales à 1,25 cm (1/2 po) de distance jusqu'à la moitié de l'orange.

2 Pratiquer des incisions en dents de loup sans tailler l'anse du panier.

3 Détacher les morceaux.

4 Évider la chair de l'anse. Décorer d'une cerise.

PAPILLON D'ORANGE

1 Couper l'orange en deux dans le sens de la hauteur.

2 Couper chaque demie en fines tranches.

3 Réunir 2 tranches.

4 Tailler des antennes dans l'écorce. Les disposer dans la courbure des tranches. Décorer d'une cerise.

POMME GLACÉE AU FOUR

1 Couper une pomme en deux dans le sens de la hauteur; l'éplucher et l'évider.

2 Émincer fin la pomme en laissant les tranches attachées à un bout.

3 Beurrer et sucrer un plat allant au four. Y placer les pommes et les faire cuire à 220°C (450°F) pendant 10 minutes.

4 Déployer la pomme, à l'envers ou à l'endroit.

SUPRÊMES D'ORANGE

1 Couper la base et la tête du fruit.

2 Peler à vif sans laisser de peau blanche.

3 Glisser la lame d'un couteau entre chaque membrane des quartiers.

4 Retirer les suprêmes.

GRAPPE DE RAISINS CARAMEL

1 Faire un caramel avec de l'eau et du sucre.

2 Tailler de petites grappes de raisins.

3 Tremper les grappes dans le caramel. Bien les enrober.

4 Réserver sur une assiette huilée (ne pas mettre au réfrigérateur).

COPEAUX DE CAROTTE

1 Éplucher une grande carotte.

2 Tailler des lamelles de carotte avec le couteau économe.

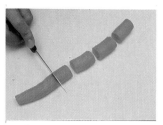

3 Rouler et farcir de tomates coupées en dés.

4 Enrouler une julienne de légumes dans un copeau.

LOSANGES DE CAROTTE

1 Couper la carotte dans le sens de la longueur en fines lamelles.

2 Superposer les lamelles et égaliser les côtés.

3 Faire cuire pendant 1 minute dans de l'eau sucrée, puis les rafraîchir à l'eau glacée.

4 Tailler les lamelles en biais pour obtenir des losanges. Former une fleur. Garnir d'un demi-radis.

CHRYSANTHÈME DE CAROTTE

1 Tailler des morceaux de carottes.

2 Faire cuire pendant 10 minutes dans de l'eau bouillante, puis les rafraîchir à l'eau glacée.

3 Placer 2 bâtonnets de chaque côté et couper la carotte jusqu'aux bâtonnets.

4 Déployer la fleur et garnir le centre d'un brin de persil.

FLEUR DE CÉLERI

1 Émincer la branche de céleri en biais le plus fin possible.

2 Faire tremper pendant 2 à 3 heures dans un bol d'eau avec des glaçons.

3 Éponger les tranches de céleri.

4 Former la fleur et garnir d'un demi-radis.

FLEUR DE COEURS DE PALMIERS

1 Utiliser des coeurs de palmiers d'égale grosseur.

2 Tailler en biais, en fines tranches.

3 Former la fleur et garnir d'une olive noire.

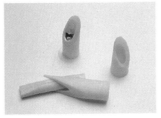

4 Évider et couper le milieu en biais. Placer debout et garnir de mayonnaise.

ÉVENTAIL DE CORNICHONS

1 Couper de fines tranches en les laissant attachées à un bout.

2 Déployer le cornichon.

3 Couper une julienne de cornichon;

4 ou le couper en biais, en tranches fines.

CHAÎNE DE CONCOMBRE

1 Trancher des rondelles de concombre.

2 Évider et inciser chaque rondelle.

3 Assembler la chaîne en cachant les maillons le plus possible.

4 Farcir chaque rondelle d'une julienne de légumes marinés.

PAPILLON DE COURGETTE

1 Couper la courgette en deux dans le sens de la longueur.

2 Couper en morceaux de 5 cm (2 po). Faire blanchir pendant 4 minutes dans de l'eau bouillante.

3 Passer à l'eau froide et émincer chaque morceau en les laissant attachés à un bout.

4 Déployer les morceaux et les réunir pour former le papillon. Garnir d'une tomate cerise.

COURGETTE CANNELÉE

1 Couper la courgette en morceaux de 5 cm (2 po) de long.

2 Canneler chaque morceau avec un canneleur.

3 Trancher en rondelles et les blanchir pendant 1 minute dans de l'eau bouillante. Refroidir à l'eau.

4 Utilisation: rondelles, demi-rondelles, quartiers de rondelles, tambourins, fleur de courgette.

ÉVENTAIL DE COURGETTE

1 Couper la courgette en morceaux de 5 à 8,5 cm (2 à 3 po) de longueur.

2 Couper chaque morceau en deux dans le sens de la longueur. Faire blanchir pendant 3 minutes.

3 Refroidir à l'eau froide. Émincer fin en laissant les lamelles attachées à un bout.

4 Déployer en éventail.

JULIENNE DE LÉGUMES

1 Peler la carotte.

2 Couper en morceaux de 5 cm (2 po) de longueur; égaliser les 4 côtés et couper en fines tranches.

3 Superposer les tranches et émincer fin.

4 Couper la courgette en morceaux de 5 cm (2 po) de longueur.

5 Enlever la peau de la courgette.

6 Émincer fin.

7 Émincer en fins bâtonnets des tranches de navet.

8 Faire cuire pendant 4 minutes dans de l'eau bouillante salée et refroidir à l'eau glacée.

CHIFFONNADE DE LAITUE

1 Retirer le coeur d'une feuille bien verte.

2 Rouler la laitue bien serrée.

3 Émincer fin.

4 Aérer.

BARQUETTES DE NAVET FARCI

1 Éplucher le navet et le tailler pour obtenir un gros cube.

2 Tailler des rectangles et les faire cuire 7 minutes dans de l'eau bouillante salée. Refroidir.

3 Creuser à l'aide d'une cuillère à parisienne.

4 Farcir au choix. Ici, à l'oignon rouge haché.

FLEUR D'OIGNON ROUGE CUIT

1 Éplucher l'oignon en ne coupant presque pas la queue.

2 Couper en six dans le sens de la hauteur.

3 Faire cuire dans de l'eau bouillante et les refroidir à l'eau. Conserver les trois premières rangées.

4 Former la fleur et garnir le centre d'une tomate cerise ou d'un radis.

FLEUR D'OIGNON ROUGE CRU

1 Éplucher l'oignon uniformément.

2 Émincer en fines rondelles.

3 Former la fleur.

4 Garnir d'une rondelle de carotte et d'un demi-radis.

OIGNON ROUGE FARCI

1 Éplucher bien uniformément l'oignon.

2 Couper l'oignon en deux.

3 Évider les demi-oignons avec une cuillère à parisienne.

4 Farcir au choix. Ici, aux dés de coeurs de palmiers.

FLEUR DE POIREAU

1 Utiliser le pied du poireau et couper à environ 5 cm (2 po) de longueur.

2 Émincer fin d'un côté.

3 Émincer fin de l'autre côté.

4 Faire tremper pendant 1 heure dans de l'eau glacée et garnir d'un brin de persil.

OIGNON VERT FROU-FROU

1 Éplucher l'oignon vert.

2 N'utiliser que le pied et couper à 7,5cm (3 po) de longueur.

3 Couper fin en laissant les lamelles attachées à un bout.

4 Bien égoutter avant d'utiliser.

POMME DE TERRE WILLIAMINE

1 Préparer une purée de pommes de terre sèche qui boule bien.

2 Séparer en boules d'égale grosseur.

3 Façonner en forme de poire en utilisant le tranchant de la main.

4 Paner à l'anglaise et enfoncer un brin de spaghetti en guise de queue. Faire frire.

RADIS

1 Placer un radis entre 2 bâtonnets et émincer fin. Faire tremper dans de l'eau glacée pendant 2 heures.

2 Tailler en dents de loup et faire tremper dans de l'eau glacée.

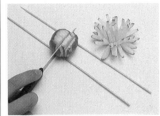

3 Placer un radis entre 2 bâtonnets et émincer dans un sens, puis dans l'autre.

4 Placer le radis entre 2 bâtonnets et couper en 8. Faire tremper dans de l'eau glacée.

ROSE DE TOMATE

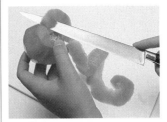

1 Éplucher fin et d'un seul morceau toute la pelure de la tomate.

2 Enrouler la pelure sur elle-même.

3 Retourner la pelure.

4 Décorer au goût.

DÉS ET LOSANGES DE TOMATE

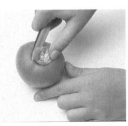

1 Retirer le pédoncule et éplucher seulement la peau.

2 Couper en quartiers.

3 Tailler en fines lanières.

4 Couper en dés ou en biais. Assembler les losanges en forme de fleur.

FILS DE CARAMEL

1 Faire un caramel avec de l'eau et du sucre.

2 Tremper une fourchette dans le caramel, 2 minutes après l'avoir retiré du feu.

3 Faire un mouvement de va-et-vient très rapide.

4 Récupérer les fils dans une assiette et réserver. Ne pas mettre au réfrigérateur.

COPEAUX DE CHOCOLAT

1 Faire fondre le chocolat au bain-marie.

2 Étaler le chocolat sur une plaque à biscuits et mettre au réfrigérateur.

3 Râcler avec une spatule sans trop appuyer pour obtenir de larges copeaux.

4 Utiliser une cuillère pour obtenir de plus petits copeaux.

PAPILLOTES

1 Plier un rectangle de papier en deux.

2 Couper au ciseau de minces lanières en les laissant toutes attachées les unes aux autres.

3 Rouler la papillote et la fixer à l'aide d'une agrafeuse, ou d'un ruban adhésif.

4 Ouvrir la papillote pour lui donner plus de volume.

ÉTOILE DE CRÈME SURE

1 Former un grand cercle en faisant couler un mince filet de crème.

2 Former un second cercle et un plus petit au centre.

3 Traverser les cercles en allant vers le centre.

4 Traverser les cercles en allant vers l'extérieur.

FEUILLES DE PÂTE D'AMANDES

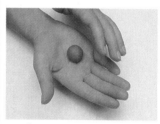

1 Former une petite boule.

2 Lui donner une forme de cigare.

3 Aplatir et donner la forme d'une feuille à l'aide d'un couteau.

4 Tracer des nervures en pressant légèrement avec la lame du couteau.

GRAPPE DE PÂTE BRISÉE

1 Former 9 boules d'égale grosseur.

2 Confectionner la feuille et tracer les nervures avec la lame d'un petit couteau.

3 Confectionner la tige.

4 Assembler les éléments en grappe sur une tarte ou un pâté en croûte.

BORDURE DE SUCRE

1 Couper un quartier de citron.

2 Entailler légèrement le quartier de citron avec un couteau.

3 Placer le verre vers le bas et glisser la bordure du verre dans l'entaille. Faire tourner le verre.

4 Tremper la bordure dans le sucre.

HÉRISSON EN PÂTÉ DE FOIE

1 Donner la forme d'un oeuf à 60 ml (4 c.à.s.) de pâté de foie.

2 À l'aide d'une spatule métallique trempée dans de l'eau chaude, égaliser les côtés.

3 Faire griller des amandes émincées au four.

4 Piquer les amandes pour imiter un hérisson. Utiliser une olive noire pour les yeux et le museau.

DÉCOR DE SUCRE À GLACER

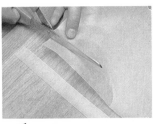

1 Tailler 2 bandes de papier.

2 Placer en croix sur la surface désirée.

3 Poudrer de sucre à glacer.

4 Retirer les bandes de papier.

Les friandises
cadeaux

LES FRIANDISES CADEAUX

PETITS SABLÉS DE NOËL

Métrique	Impérial
250 ml de margarine	1 tasse de margarine
50 ml de sucre	1/4 tasse de sucre
500 ml de farine tout usage	2 tasses de farine tout usage
375 ml de noix de coco	1-1/2 tasse de noix de coco
150 ml de cerises au marasquin rouges ou vertes, hachées	2/3 tasse de cerises au marasquin rouges ou vertes, hachées
50 ml de raisins secs ou de raisins de Corinthe	1/4 tasse de raisins secs ou de raisins de Corinthe
75 ml de noix de Grenoble	1/3 tasse de noix de Grenoble
1 boîte de lait condensé sucré	1 boîte de lait condensé sucré

Travailler la margarine et le sucre jusqu'à consistance crémeuse. Incorporer la farine et mélanger jusqu'à l'obtention d'une pâte grumeleuse. Presser cette pâte uniformément dans le fond d'un moule carré de 22 cm (9 po) préalablement graissé. Faire cuire au four à 180°C (350°F) pendant 20 minutes.

Mélanger le reste des ingrédients. Étendre le mélange uniformément sur la croûte cuite. Faire cuire au four pendant 35 minutes ou jusqu'à ce que la garniture soit dorée et foncée. Laisser complètement refroidir et couper en bâtonnets de 1,25 x 7,5 cm (1/2 x 3 po).

Saupoudrer de sucre à glacer tamisé.

BILLES AU CHOCOLAT

Métrique	Impérial
250 ml de dattes coupées fin	1 tasse de dattes coupées fin
250 ml de noix de coco	1 tasse de noix de coco
250 ml de noix coupées fin	1 tasse de noix coupées fin
250 ml de sucre à glacer	1 tasse de sucre à glacer
150 ml de beurre d'arachide	3/4 tasse de beurre d'arachide
1 oeuf	1 oeuf
1 ml de vanille	1/4 c. à t. de vanille
1 sac de brisures de chocolat semi-sucré	1 sac de brisures de chocolat semi-sucré

Mélanger les dattes, la noix de coco et les noix avec le sucre à glacer. Ajouter les autres ingrédients. Bien mélanger à l'aide du robot culinaire si possible.

Biscuits fourrés à la crème chocolatée, biscuits sablés au chocolat, riz soufflé à la guimauve, bouton d'or à la crème, sucre à la crème Nicole, fudge et billes au chocolat

Façonner des petits cylindres ou des boules de la grosseur d'une bille. Faire fondre le chocolat à feu doux. Enrober les cylindres ou les boules de chocolat fondu et les déposer sur du papier ciré.

Mettre au réfrigérateur pendant 3 heures.

BISCUITS FOURRÉS À LA CRÈME CHOCOLATÉE

Métrique	Impérial
250 ml de chocolat râpé semi-sucré	1 tasse de chocolat râpé semi-sucré
125 ml de crème épaisse (35%)	1/2 tasse de crème épaisse (35%)
Pâte à langues de chat (voir p. 400)	Pâte à langues de chat (voir p. 400)

Huiler une plaque à biscuits et façonner de petites pastilles de pâte à langues de chat d'environ 3 cm (1-1/2 po) de diamètre. Faire cuire et réserver.

Dans une casserole, amener la crème à ébullition, puis la retirer du feu. Incorporer doucement le chocolat râpé avec la spatule de bois. Refroidir au réfrigérateur. Façonner ensuite des petites boules. Les placer entre 2 pastilles de langues de chat et presser légèrement entre le pouce et l'index. Remettre au réfrigérateur.

BISCUITS SABLÉS AU CHOCOLAT

Métrique	Impérial
500 ml de farine à pâtisserie	2 tasses de farine à pâtisserie
250 ml de sucre	1 tasse de sucre
350 ml de beurre doux en pommade	1-1/4 tasse de beurre doux en pommade
3 oeufs	3 oeufs
3 jaunes d'oeufs	3 jaunes d'oeufs
5 ml de sel	1 c. à t. de sel
1 paquet de chocolat semi-sucré	1 paquet de chocolat semi-sucré

Dans un bol, travailler les oeufs, les jaunes d'oeufs, le sucre et le beurre jusqu'à l'obtention d'un mélange homogène. Mélanger le sel et la farine. Incorporer progressivement au premier mélange sans trop travailler la pâte. Celle-ci doit être collante sans être élastique.

Mettre la pâte dans une poche à pâtisserie et former des rosaces ou des petits fours d'environ 5 cm (2 po) de long. Décorer de quartiers de cerises au marasquin et faire cuire au four à 180°C (350°F) pendant 10 à 15 minutes. Sortir du four et laisser refroidir à la température de la pièce.

Faire fondre le chocolat dans un bol placé au-dessus d'une casserole d'eau bouillante, puis le retirer du feu. Travailler avec la spatule de bois jusqu'à ce que le chocolat soit tiède. Y tremper les bouts des biscuits, faire égoutter le surplus de chocolat et déposer sur du papier ciré.

Variante : aligner les biscuits sur une plaque à biscuits, tremper une cuillère de bois dans le chocolat et la promener au-dessus des biscuits.

BOULES AUX FRUITS

Métrique	Impérial
750 ml de sucre à glacer	3 tasses de sucre à glacer
250 ml de dattes hachées fin	1 tasse de dattes hachées fin
500 ml de noix de coco	2 tasses de noix de coco
250 ml de beurre d'arachide	1 tasse de beurre d'arachide
2 oeufs	2 oeufs
250 ml de noix hachées	1 tasse de noix hachées
1/3 de plaquette de paraffine	1/3 de plaquette de paraffine
227 ml de brisures de chocolat	8 oz de brisures de chocolat

Bien mélanger tous les ingrédients et façonner des petites boules. Au bain-marie, faire fondre 227 ml (8 oz) de brisures de chocolat dans 1/3 de plaquette de paraffine. Rouler les boules dans ce dernier mélange et les déposer sur une feuille de papier ciré. Laisser refroidir et servir.

BOULES SURPRISES

Métrique	Impérial
1 paquet de fromage à la crème	1 paquet de fromage à la crème
30 ml de lait	2 c. à s. de lait
500 ml de sucre à glacer tamisé	2 tasses de sucre à glacer tamisé
2 carrés de chocolat non sucré	2 carrés de chocolat non sucré
1 ml de vanille	1/4 c. à t. de vanille
1 pincée de sel	1 pincée de sel
750 ml de guimauves miniatures	3 tasses de guimauves miniatures
250 ml de noix de coco râpée	1 tasse de noix de coco râpée

Mélanger le fromage à la crème et le lait. Réserver. Faire fondre au bain-marie les carrés de chocolat. Ajouter la vanille et le sel. Incorporer graduellement le sucre à glacer et le chocolat fondu au mélange de fromage-lait. Incorporer les guimauves.

Laisser tomber le mélange par cuillerées à thé combles dans la noix de coco et bien en enrober les boules. Déposer sur une plaque à biscuits et laisser refroidir au réfrigérateur.

BOUTONS D'OR À LA CRÈME FOUETTÉE

Métrique	Impérial
125 ml de beurre	1/2 tasse de beurre
250 ml d'eau	1 tasse d'eau
3 oeufs	3 oeufs
500 ml de crème épaisse (35%)	2 tasses de crème épaisse (35%)
1 ml de sel	1/4 c. à t. de sel
250 ml de farine tout usage	1 tasse de farine tout usage
250 ml de sucre	1 tasse de sucre
50 ml d'eau	1/4 tasse d'eau

Faire chauffer l'eau et le beurre jusqu'à ébullition. Retirer du feu. Incorporer la farine et le sel en remuant pendant 1 à 2 minutes. Laisser refroidir.

Casser les oeufs un par un. Bien mélanger après chaque addition. Graisser une plaque à biscuits et façonner des boules d'environ 5 cm (2 po) de diamètre. Faire cuire au four à 220°C (425°F) pendant 15 minutes. Réduire la chaleur du four à 190°C (375°F) et continuer la cuisson pendant 5 minutes.

Sortir les boules et laisser refroidir. Creuser un trou dans chaque chou et garnir de crème.

Faire un caramel avec le sucre et l'eau. Réserver pendant 2 minutes hors du feu, puis tremper le dessus du chou dans le caramel. Déposer le chou sur une assiette légèrement huilée. Attendre quelques minutes avant de le retourner.

CARRÉS À L'ANANAS

Métrique	Impérial
250 ml de farine tout usage	1 tasse de farine tout usage
5 ml de poudre à pâte	1 c. à t. de poudre à pâte
1 ml de sel	1/4 c. à t. de sel
125 ml de beurre	1/2 tasse de beurre
2 oeufs	2 oeufs
15 ml de lait	1 c. à s. de lait
1 boîte d'ananas broyés	1 boîte d'ananas broyés
50 ml de beurre fondu	1/4 tasse de beurre fondu
250 ml de sucre	1 tasse de sucre
250 ml de noix de coco râpée	1 tasse de noix de coco râpée
5 ml de vanille	1 c. à t. de vanille

Tamiser la farine. Ajouter la poudre à pâte et le sel. Couper le beurre dans le mélange. Ajouter 1 oeuf battu avec le lait. Mélanger. Verser dans un moule préalablement beurré de 20 x 20 cm (8 x 8 po). Égoutter les ananas et les étendre sur le mélange. Battre l'oeuf, y incorporer le beurre fondu, le sucre, la noix de coco et la vanille. Verser sur les ananas. Faire cuire au four à 180°C (350°F) pendant 40 à 45 minutes.

Laisser refroidir et détailler en carrés.

CARRÉS AU BEURRE D'ARACHIDE

Métrique	Impérial
250 ml de sucre	1 tasse de sucre
250 ml de sirop de maïs	1 tasse de sirop de maïs
1,5 litre de céréales «Special K»	6 tasses de céréales «Special K»
375 ml de beurre d'arachide	1-1/2 tasse de beurre d'arachide
1 sac de brisures de chocolat semi-sucré	1 sac de brisures de chocolat semi-sucré
1 sac de brisures de caramel	1 sac de brisures de caramel

Verser le sucre et le sirop dans une casserole. Amener à ébullition et laisser bouillir pendant quelques minutes. Retirer du feu.

Dans un bol, mélanger les céréales et le beurre d'arachide. Incorporer au premier mélange. Bien mélanger. Déposer dans un moule de 22 x 34 cm (9 x 13 po). Mettre au réfrigérateur.

Entre-temps, faire fondre au bain-marie les brisures de chocolat et de caramel. Verser sur le premier mélange. Mettre au réfrigérateur. Détailler en carrés.

CARRÉS AU SIROP D'ÉRABLE

Métrique	Impérial
125 ml de beurre	1/2 tasse de beurre
50 ml de sucre d'érable	1/4 tasse de sucre d'érable
250 ml de farine tout usage	1 tasse de farine tout usage
1 ml de macis ou de muscade	1/4 c. à t. de macis ou de muscade

Garniture

Métrique	Impérial
150 ml de sucre d'érable	2/3 tasse de sucre d'érable
250 ml de sirop d'érable	1 tasse de sirop d'érable
2 oeufs battus	2 oeufs battus
50 ml de beurre	1/4 tasse de beurre
1 ml de sel	1/4 c. à t. de sel
125 ml de noix hachées	1/2 tasse de noix hachées
2 ml d'essence d'érable	1/2 c. à t. d'essence d'érable
30 ml de farine tout usage	2 c. à s. de farine tout usage

Mélanger le beurre, le sucre d'érable, la farine et les épices à la fourchette. Déposer ce mélange dans un moule carré de 17 x 17 cm (7 x 7 po). Faire cuire au four à 160°C (325°F) pendant 10 minutes.

Entre-temps verser le sucre et le sirop dans une casserole. Porter à ébullition. Laisser mijoter pendant 5 minutes. Retirer du feu et laisser tiédir. Battre les oeufs, puis ajouter le sirop tiède. Bien mélanger et ajouter le reste des ingrédients. Verser sur la pâte encore chaude. Remettre au four à 180°C (350°F) pendant 30 minutes.

Laisser refroidir sans démouler et découper en carrés.

CARRÉS AU SIROP D'ÉRABLE

Métrique	Impérial
125 ml de beurre ramolli	1/2 tasse de beurre ramolli
50 ml de cassonade	1/4 tasse de cassonade
250 ml de farine	1 tasse de farine

Mélanger tous les ingrédients et les déposer au fond d'un moule de 20 x 20 cm (8 x 8 po). Faire cuire au four à 180°C (350°F) pendant 8 minutes.

Garniture

Métrique	Impérial
150 ml de cassonade	3/4 tasse de cassonade
250 ml de sirop d'érable	1 tasse de sirop d'érable
50 ml de beurre	1/4 tasse de beurre
2 oeufs	2 oeufs
1 pincée de sel	1 pincée de sel
125 ml de noix	1/2 tasse de noix
2 ml d'essence d'érable	1/2 c. à t. d'essence d'érable
30 ml de farine tout usage	2 c. à s. de farine tout usage

Faire bouillir le sirop et la cassonade pendant 5 minutes. Retirer du feu et laisser refroidir.

Ajouter les oeufs battus et les autres ingrédients. Verser sur la pâte déjà cuite et continuer la cuisson au four à 180°C (350°F) pendant 30 minutes.

Laisser refroidir et couper en carrés.

CARRÉS AU CITRON

Métrique	Impérial
400 ml de biscuits écrasés	1-3/4 tasse de biscuits écrasés
150 ml de farine tout usage	3/4 tasse de farine tout usage
150 ml de beurre	3/4 tasse de beurre
125 ml de noix de coco rapée	1/2 tasse de noix de coco rapée
15 ml de poudre à pâte	1 c. à s. de poudre à pâte
125 ml de sucre granulé	1/2 tasse de sucre granulé
15 ml de lait	1 c. à s. de lait

Défaire le beurre en crème. Y ajouter le sucre et le lait, puis les autres ingrédients. Étendre un peu plus de la moitié du mélange dans une lèchefrite bien beurrée en pressant légèrement.

Recouvrir de crème au citron. Ajouter le reste du mélange. Faire cuire au four à 180°C (350°F) pendant 30 minutes. Détailler en carrés.

CARRÉS AU SUCRE

Métrique	Impérial
125 ml de beurre	1/2 tasse de beurre
250 ml de chapelure Graham	1 tasse de chapelure Graham
250 ml de chocolat en grains semi-sucré	1 tasse de chocolat en grains semi-sucré
250 ml de noix de coco	1 tasse de noix de coco
250 ml de noix hachées	1 tasse de noix hachées
300 ml de lait condensé sucré	1 boîte de lait condensé sucré

Faire fondre le beurre, le verser dans un moule carré et bien graisser les côtés du moule. Ajouter les autres ingrédients les uns à la suite des autres. Faire cuire au four à 180°C (350° F) pendant 25 minutes.

Faire refroidir, couper en carrés.

CARRÉS SANTÉ

Métrique	Impérial
2 gros oeufs	2 gros oeufs
250 ml de cassonade	1 tasse de cassonade
50 ml d'huile végétale	1/4 tasse d'huile végétale
250 ml de farine de blé entier	1 tasse de farine de blé entier
3 ml de poudre à pâte	3/4 c. à t. de poudre à pâte
375 ml de carottes râpées	1-1/2 tasse de carottes râpées
1 ml de sel	1/4 c. à t. de sel
45 ml de beurre	3 c. à s. de beurre
50 ml de crème fouettée	1/4 tasse de crème fouettée
0,5 ml de sel	1/8 c. à t. de sel
125 ml de cassonade	1/2 tasse de cassonade
2 ml de vanille	1/2 c. à t. de vanille
125 ml de sucre à glacer tamisé	1/2 tasse de sucre à glacer tamisé

Mélanger les 7 premiers ingrédients pour obtenir la même consistance qu'un gâteau. Faire cuire à 180°C (350°F) pendant 30 minutes.

Dans une casserole, incorporer tous les autres ingrédients sauf le sucre à glacer. Amener à ébullition et laisser bouillir pendant 1 minute. Ajouter le sucre à glacer et étendre sur le gâteau. Détailler en petits carrés.

FRIANDISE AUX NOIX ET AU CHOCOLAT

Métrique	Impérial
1 paquet de chocolat semi-sucré	1 paquet de chocolat semi-sucré
1 boîte de lait condensé sucré	1 boîte de lait condensé sucré
30 ml de beurre ou de margarine	2 c. à s. de beurre ou de margarine
500 ml de noix	2 tasses de noix
1 paquet de guimauves miniatures	1 paquet de guimauves miniatures

Dans une casserole épaisse, faire fondre à feu doux dans le lait condensé, les grains de chocolat et le beurre. Retirer du feu.

Dans un grand bol, mélanger les noix et les guimauves. Incorporer le mélange de chocolat. Étendre la préparation sur une plaque à biscuits de 22 x 34 cm (9 x 13 po) tapissée de papier ciré. Mettre au réfrigérateur pendant 2 heures ou jusqu'à ce que le mélange soit ferme. Démouler, enlever le papier ciré et couper en carrés.

Couvrir et conserver à la température ambiante.

FUDGE

Métrique	Impérial
500 ml de sucre brun	2 tasses de sucre brun
500 ml de sucre blanc	2 tasses de sucre blanc
50 ml de sirop de maïs	1/4 tasse de sirop de maïs
150 ml de lait condensé	3/4 tasse de lait condensé
45 ml de beurre doux	3 c. à s. de beurre doux
45 ml de cacao	3 c. à s. de cacao

Dans une casserole à fond épais, réunir tous les ingrédients. Amener à ébullition et laisser bouillir pendant 4 minutes. Retirer du feu et travailler à la spatule de bois en faisant des 8 pendant environ 10 minutes ou jusqu'à ce que le fudge ait épaissi. Verser dans un moule beurré de 20 x 20 cm (8 x 8 po). Mettre au réfrigérateur. Détailler en ronds ou en carrés ou façonner des boules.

FUDGE 5 MINUTES

Métrique	Impérial
30 ml de beurre	2 c. à s. de beurre
325 ml de sucre	1-1/3 tasse de sucre
150 ml de lait condensé	2/3 tasse de lait condensé
500 ml de guimauves miniatures	2 tasses de guimauves miniatures
375 ml de brisures de chocolat	1-1/2 tasse de brisures de chocolat
250 ml de noix de Grenoble	1 tasse de noix de Grenoble
5 ml de vanille	1 c. à t. de vanille

Dans une casserole, amener à ébullition le beurre, le sucre et le lait condensé. Laisser bouillir pendant 5 minutes, à feu moyen. Ajouter, en remuant constamment, les guimauves, les brisures de chocolat et la vanille. Incorporer les noix de Grenoble. Verser dans un moule carré, laisser refroidir et détailler en petits carrés.

LANGUES DE CHAT

Métrique	Impérial
125 g de beurre doux en pommade	1/4 lb de beurre doux en pommade
125 g de sucre	1/4 lb de sucre
125 ml de blancs d'oeufs	1/2 tasse de blancs d'oeufs
125 g de farine tout usage	1/4 lb de farine tout usage

Dans un bol, travailler au fouet le beurre, le sucre et les blancs d'oeufs jusqu'à l'obtention d'un mélange lisse. Ajouter ensuite la farine. Mettre la pâte dans une poche à pâtisserie avec une petite douille unie et dresser en bâtonnets de 5 cm (2 po) de longueur sur une plaque à biscuits huilée. Ne pas trop rapprocher les bâtonnets les uns des autres, car ils s'étaleront à la cuisson. Faire cuire à 190°C (375°F) ou jusqu'à ce que le tour des langues de chats soit doré. Réserver dans un endroit sec.

MACARONS AU COCO

Métrique	Impérial
2 blancs d'oeufs	2 blancs d'oeufs
625 ml de noix de coco râpée	2-1/2 tasses de noix de coco râpée
5 ml de vanille	1 c. à t. de vanille
125 ml de crème légère (15%)	1/2 tasse de crème légère (15%)

Battre les blancs d'oeufs jusqu'à ce qu'ils deviennent fermes. Ajouter la noix de coco, la crème et la vanille. Bien mélanger. Façonner en petites boules fermes. Déposer sur une plaque à biscuits légèrement beurrée. Faire cuire au four à 190°C (375°F) pendant 15 minutes. Ajouter de la crème, du sucre ou de la noix de coco au goût.

MACARONS OU BOULES À LA NOIX DE COCO

Métrique	Impérial
250 ml de dattes hachées	1 tasse de dattes hachées
125 ml de sucre	1/2 tasse de sucre
5 ml de sel	1 c. à t. de sel
125 ml de beurre	1/2 tasse de beurre
15 ml de lait	1 c. à s. de lait
1 oeuf battu	1 oeuf battu
750 ml de «Rice Krispies»	3 tasses de «Rice Krispies»
2 ml de vanille	1/2 c. à t. de vanille
Noix de coco râpée	Noix de coco râpée

Défaire le beurre en crème. Y ajouter le sucre, le lait, le sel et l'oeuf. Bien mélanger et y ajouter les dattes. Faire cuire à feu doux en remuant constamment pendant 2 minutes.

Retirer du feu et ajouter la vanille et les «Rice Krispies». Laisser refroidir pendant environ 1/2 heure. Façonner des petites boules, puis les rouler dans la noix de coco râpée.

Déposer au réfrigérateur.

RIZ SOUFFLÉ À LA GUIMAUVE

Métrique	Impérial
750 ml de riz soufflé	3 tasses de riz soufflé
500 ml de guimauves	2 tasses de guimauves
50 ml de beurre doux	1/4 tasse de beurre doux
5 ml de cannelle	1 c. à t. de cannelle

Dans une casserole, faire fondre à feu moyen, le beurre, les guimauves, et la cannelle en travaillant constamment à la spatule de bois. Quand le mélange est homogène, ajouter le riz soufflé et bien incorporer. Verser dans un moule préalable-

ment beurré et mettre au réfrigérateur. Détailler en ronds ou en carrés.

Variante : remplacer la cannelle par 30 ml (2 c. à s.) de cacao.

SUCRE À LA CRÈME À L'ÉRABLE

Métrique	Impérial
250 ml de sirop d'érable	1 tasse de sirop d'érable
750 ml de cassonade	3 tasses de cassonade
250 ml de sucre	1 tasse de sucre
45 ml de farine tout usage	3 c. à s. de farine tout usage
30 ml de poudre à pâte	2 c. à s. de poudre à pâte
250 ml de lait	1 tasse de lait
250 ml de crème épaisse (35%)	1 tasse de crème épaisse (35%)
15 ml de beurre	1 c. à s. de beurre
10 ml de vanille	2 c. à t. de vanille
125 ml de noix et d'amandes hachées gros	1/2 tasse de noix et d'amandes hachées gros

Dans une grande casserole, combiner le sirop d'érable, la cassonade, le sucre, la farine, la poudre à pâte, le lait et la crème. Faire cuire à feu moyen en remuant constamment jusqu'à ébullition. Continuer la cuisson jusqu'à 115°C (240°F) au thermomètre à bonbons, ou jusqu'à ce qu'une goutte versée dans de l'eau froide forme une boule molle. Laisser refroidir pendant 15 minutes, puis ajouter le beurre, la vanille et les noix. Remuer jusqu'à ce que le mélange soit uniforme et étaler immédiatement dans un moule préalable-ment beurré, à environ 2,5 cm (1 po) d'épaisseur.

Note : si le mélange est trop ferme, faire chauffer de nouveau en ajoutant 10 ml (2 c. à t.) de crème et en remuant jusqu'à consistance désirée.

SUCRE À LA CRÈME NICOLE

Métrique	Impérial
500 ml de cassonade	2 tasses de cassonade
500 ml de sucre blanc	2 tasses de sucre blanc
50 ml de sirop de maïs	1/4 tasse de sirop de maïs
150 ml de lait condensé	3/4 tasse de lait condensé
45 ml de beurre doux	3 c. à s. de beurre doux
5 ml d'essence de vanille	1 c. à t. d'essence de vanille

Dans une casserole à fond épais, réunir tous les ingrédients. Amener à ébullition et laisser bouillir pendant 4 minutes. Retirer du feu et travailler à la spatule de bois en faisant des 8 pendant environ 10 minutes ou jusqu'à ce que le sucre à la crème soit plus consistant.

Verser dans un moule préalablement beurré d'environ 20 x 20 cm (8 x 8 po). Mettre au réfrigérateur. Détailler en ronds ou en carrés ou façonner des petites boules. Garnir d'une amande émincée, grillée.

Les vins

LES VINS À TABLE

Le vin, produit vivant par excellence, contribue à personnaliser un bon repas et est toujours apprécié lors d'un événement festif. La gastronomie contemporaine recommande, de façon générale, l'usage de deux plats principaux et de deux vins de bonne qualité, soit un blanc pour les hors-d'oeuvre et le poisson et un rouge pour les viandes et les fromages.

CHOIX DES VINS

Le choix des vins est très grand et il existe quelques règles de base quant à la manière de boire le vin. Bien que certaines d'entre elles puissent être supprimées, on devrait cependant veiller à ce que certains points soient respectés.

On ne sert pas de vin avec des hors-d'oeuvre, des salades et des mets à la vinaigrette, des fromages à la crème, des desserts au chocolat et des fruits frais acides. Il est alors préférable de boire de l'eau. Certains mets sont peu recommandés avec les vins rouges, tels les crustacés, les plats en sauce blanche ou au madère, les fromages blancs et les plats sucrés.

ACCORD DES PLATS ET DES VINS

Il n'y a pas si longtemps, la coutume québécoise exigeait que le vin rouge accompagne les viandes rouges et que le vin blanc soit dégusté avec les viandes blanches et les poissons. Toutefois, de nos jours, les vins blancs se marient agréablement aux mets et sauces de goût plus délicat tandis que les vins rouges agrémentent les plats un peu plus relevés.

En règle générale, les vins légers sont servis avec des plats légers et les vins corsés avec des plats relevés. Il est à noter que les vins rouges sont à éviter avec les coquillages et les poissons et que les vins blancs liquoreux ne doivent pas être servis avec les gibiers.

Dans un même ordre d'idée stricte, on servait les vins rouges chambrés. C'est devenu une question de goût personnel; vous avez le loisir d'offrir le vin comme bon vous semble en vous fiant à votre jugement ou tout simplement en demandant conseil à votre fournisseur.

Orientez aussi vos pas vers le comptoir des vins étrangers; les vins espagnols, portugais et australiens sont excellents et d'un goût fort intéressant.

Au début de chaque menu, nous vous suggérons des vins d'accompagnement. Vous pouvez cependant choisir vos vins selon vos préférences. De ce fait, nous ne vous donnerons ici que quelques conseils.

ORDRE DE DÉGUSTATION

1. **Vins apéritifs** (Pineau des Charentes, muscadet, vins du Rhin et de la Moselle, martini, vins mousseux bruts, champagne)

2. **Vins de table** (bordeaux, beaujolais, chablis, bourgogne, champagne)

3. **Vins de dessert** (ceux-ci sont ordinairement plus liquoreux et sont en général des vins)

Les champagnes et les vins mousseux bruts sont très appréciés en apéritifs. Un vin blanc sec accompagne merveilleusement les entrées et les hors-d'oeuvre; par contre, s'il s'agit de pâtés, d'entrées avec sauce à la viande ou de viande, il est préférable d'offrir un vin rouge.

Les fruits de mer, les poissons et le poulet en sauce blanche sont habituellement servis avec le vin blanc sec; les viandes et le gibier, avec un vin rouge plus ou moins corsé. Les fromages sont mis en valeur par un vin rouge léger ou plus puissant choisi selon la nature du fromage et, avec les desserts, un vin doux, un mousseux ou un vin liquoreux, terminera très bien le repas.

Les vins blancs se servent avant les rouges, les vins jeunes avant les vieux, les vins frais avant les chambrés, les vins secs avant les doux et les vins légers avant les corsés.

Les meilleurs vins seront, de toute évidence, dégustés avant les vins plus ordinaires. Un vin léger (Moulin à Vent, Fleuri) accompagnera à merveille un plat lourd. Inversement, un vin lourd (Pommard) se savourera d'autant plus que le mets qu'il côtoie sera léger. En règle générale, il est recommandé de servir le vin en partant du plus léger pour enchaîner graduellement avec les plus corsés.

Selon un vieux principe, on ne doit jamais mélanger la grappe et le grain pour éviter les maux de tête. Exemple : un apéritif à base de grain (gin) ne fait pas bon ménage, en fin de repas, avec un digestif à base de grappe (cognac).

SERVICE

La température

Il est très important d'accorder aux vins quelques instants de préparation avant de les servir.

Ainsi, il faut servir les vins rouges chambrés, c'est-à-dire à la température de la pièce, soit 19°C au maximum. Par contre, les vins rouges que l'on boit jeunes se servent de préférence frais. On présente souvent le vin rouge trop chaud, et son bouquet en est alors altéré. Quant aux vins rosés, on les servira frais, à une température variant de 6°C à 12°C, suivant leur âge. Les vins blancs seront eux aussi servis frais, en général entre 10°C et 12°C, mais non pas froids et encore moins frappés ou glacés. Ils doivent donner une impression d'aimable fraîcheur lorsqu'on les déguste.

Les champagnes et les mousseux se serviront frais, mais non glacés, soit à une température variant de 5°C à 10°C. Les champagnes doux et nouveaux doivent être consommés très frais, alors que les vieux champagnes se dégustent à la température de la cave. On servira les vins blancs de liqueur (muscats, malaga, etc.) à une température variant de 6°C à 8°C, et le porto blanc, à une température légèrement inférieure à celle de la pièce.

COMMENT RAFRAÎCHIR, CHAMBRER ET DÉCANTER LE VIN

Le rafraîchissement

Pour rafraîchir le vin, il n'y a rien de mieux que de placer la bouteille dans une glacière ou un seau à glace bien rempli d'eau et de glaçons. Si on place le vin au réfrigérateur ou on l'expose à l'extérieur en hiver, il faut bien s'assurer que la température ne soit pas trop basse. Il est toujours possible d'accélérer les effets du récipient à glace en y versant une poignée de sel, mais il vaut mieux éviter ce procédé.

Le chambrage

Chambrer une bouteille reste encore le meilleur moyen de présenter et de savourer le vin dans toutes ses subtilités. Le processus consiste ordinairement, quarante-huit heures avant sa dégustation, à amener progressivement le vin à la température de la pièce en évitant de l'approcher systématiquement de la cuisinière, du radiateur, ou de toute autre source de chaleur. Malheureusement, à notre époque, nous vivons dans des pièces surchauffées et le vin chambré est très souvent servi à une température de plus de 20°C, nous empêchant ainsi d'en apprécier toutes les nuances et les qualités.

Si le vin n'est pas trop froid, la seule chaleur des mains suffira à le réchauffer dans le verre. En cas d'urgence, on peut tremper la bouteille pendant environ dix secondes dans de l'eau chaude, puis l'envelopper dans une serviette pendant environ cinq minutes.

La décantation

Décanter est une opération qui consiste à séparer le vin du dépôt qui peut se retrouver au fond d'une bouteille et s'effectue, avant la dégustation, de la façon suivante :

* Rincer la carafe à l'eau tiède et bien égoutter.
* Verser un verre à liqueur de vin; agiter en tous sens et rejeter.
* Déboucher la bouteille à l'aide d'un tire-bouchon à lames.
* Placer un entonnoir de verre sur la carafe.
* Verser lentement en laissant l'air pénétrer librement.
* Relever la bouteille avant que le dépôt atteigne le goulot.

LES VERRES

Il existe un très grand choix de verres, mais il ne faut jamais perdre de vue que tout, dans un verre, doit concourir à mette le vin en valeur.

Le verre idéal est en cristal ou en demi-cristal. Il est transparent et uni, de sorte que l'on peut juger de la couleur du

---

PETIT LEXIQUE DU VIN

Voici quelques termes ou expressions les plus utilisées pour définir les impressions que l'on ressent lorsqu'on déguste un vin.

Acide : contenant beaucoup d'acide
Alcoolisé : contenant beaucoup d'alcool
Amer : ayant une saveur rude et désagréable
Âpre : rude, difficile à avaler
Bouqueté : exhalant finement son parfum
Capiteux : riche en alcool
Cassé : trouble, sans saveur
Commun : sans race
Complet : équilibré
Corsé : un goût prononcé
Court : de saveur faible et surtout fugace
Délicat : ayant plusieurs qualités combinées de telle sorte qu'aucune ne domine
Doux : tendre et sucré
Dur : désagréable au palais
Faible : qui contient très peu d'alcool
Fin : provenant de cépages sélectionnés et se distinguant par la délicatesse de leur sève, leur vinosité, leur arôme et leur bouquet agréable, leur goût franc et leur robe limpide
Frais : procure une agréable sensation de fraîcheur
Fruité : qui a la saveur de raisin frais
Gouleyant : se boit facilement
Léger : peu de corps, peu de couleur, peu alcoolisé
Liquoreux : ayant une saveur douce, sucrée, plaisante, ressemblant à de la liqueur
Moëlleux : velouté, qui flatte le palais
Passé : qui est devenu trop vieux, qui a perdu toutes ses qualités
Puissant : très corsé
Racé : de grande classe
Robe : couleur du vin
Sec : pauvre en sucre
Souple : tendre et moëlleux
Spiritueux : riche en alcool
Velouté : très fin et très moëlleux
Vert : trop acide, trop jeune

---

vin; il est haut sur pied, environ 5 cm (2 po) et son assise est stable. Ses parois sont le plus mince possible et se referment légèrement vers le haut, permettant ainsi d'apprécier le bouquet du vin. On doit pouvoir y verser environ 90 ml à 120 ml (3 oz à 4 oz) sans avoir à le remplir à plus de la moitié de la hauteur.

Le verre à vin blanc, quant à lui, est légèrement plus petit. Comme le vin blanc doit se boire frais, il est préférable de le servir en petites quantités pour qu'il n'ait pas le temps de se réchauffer.

Les champagnes et les vins mousseux se servent habituellement dans les flûtes à champagne afin de maintenir l'effervescence des vins et leurs arômes. Par contre, ils peuvent occasionnellement être servis dans des verres tulipes. Il est recommandé de changer de verre à chaque vin et de boire une gorgée d'eau entre chaque vin. Le verre doit être parfaitement propre et sans odeur de détergents ou autres. Il est donc préférable de le rincer tout simplement à l'eau chaude pour le laver et de le laisser égoutter plutôt que de l'essuyer.

Les outils

LES INGRÉDIENTS DE BASE

Établie en fonction des recettes présentées dans cet ouvrage, voici la liste des ingrédients à avoir sous la main.

Alcool :

cognac
kirsch
rhum
vin (blanc sec, rouge sec, etc.)

Conserves :

bouillons (de boeuf, de légumes, de volaille)
coeurs d'artichauts
consommé de boeuf
crabe
crèmes d'asperge, de céleri, de champignon, etc.
crevettes
fonds d'artichauts
filets d'anchois
fruits (ananas, mandarines, pêches, poires, etc.)
jus (fruits, légumes, tomates, etc.)
lait condensé
légumes (haricots, petits pois, tomates, etc.)
pâte de tomates
soupes (de légumes, de poisson, etc.)

Divers :

bacon
lard (maigre, salé)
beurre
brisures de chocolat
câpres
cerises au marasquin
chocolat non sucré
citrons
concentrés (de boeuf, de légumes, de volaille)
confitures (abricots, fraises, framboises, etc.)
cornichons
craquelins
crèmes (épaisse, légère, sure)
essences (d'amandes, de vanille, etc.)
fromages (cheddar, gruyère, parmesan, etc.)
fruits confits (en saison seulement)
gelées en poudre (avec saveur, sans saveur)
graisse végétale
gruau
huiles (d'olive, végétale, de maïs, etc.)
ketchup
margarine
marmelade d'oranges
mayonnaise
mélasse

Divers (suite)

miel
moutardes (douce, forte)
noix (amandes, noix de Grenoble, etc.)
noix de coco râpée
olives (farcies, noires, vertes)
pâtes alimentaires (fettuccine, lasagne, spaghetti, etc.)
raisins secs
relish
riz (à grains longs, sauvage, etc.)
saindoux
sauces (chili, soya, tabasco, Worcestershire, etc.)
saucisses cocktail
sirops (d'érable, de maïs, etc.)
tapioca
vinaigres (blanc, de vin, d'estragon, etc.)

Épices :

basilic
cannelle
cari
clous de girofle
coriandre
cumin
feuilles de laurier
graines de pavot
gingembre
herbes salées
macis
marjolaine
muscade
persil séché
poivres (blanc, de cayenne, de Jamaïque, noir, etc.)
paprika
poudres (d'ail, d'oignon, de céleri, etc.)
quatre-épices
romarin
sarriette
thym

Ingrédients secs :

cacao
chapelure
crème de tartre
farines (à patisserie, tout usage, etc.)
fromage râpé (parmesan)
glutamate de sodium (accent)
moutarde sèche
poudre à pâte
soda à pâte
sucres (à fruit, à glacer, en poudre, etc.)

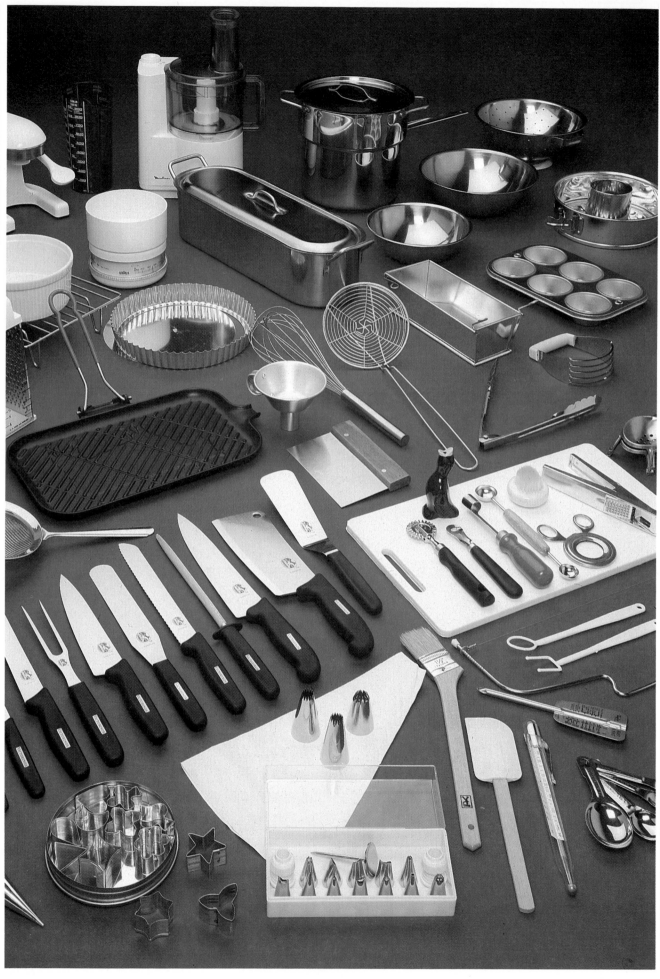

ACCESSOIRES ET USTENSILES POUR LA CUISINE CONVENTIONNELLE

LISTE DES USTENSILES ET DES APPAREILS LES PLUS UTILES

1. Bain-marie
2. Casseroles 4 litres
3. Grilloir rectangulaire
4. Bols à mélanger de dimensions variables
5. Moule à gâteau à tube, à fond amovible
6. Moule à tarte à fond amovible
7. Moule à muffins
8. Moule à pain
9. Moule à soufflé en porcelaine
10. Pesée
11. Presse-fruits
12. Tasse à mesurer
13. Robot culinaire
14. Passoire
15. Chinois
16. Égouttoir (friture)
17. Fouet
18. Entonnoir
19. Râpe
20. Pince en inox
21. Coupe pâte
22. Raclette
23. Ensemble de couteaux et ustensiles

   De gauche à droite:
   - couteau à peler
   - couteau à dépecer
   - fourchette
   - couteau de chef
   - spatule
   - couteau à pain
   - aiguisoir (fusil)
   - couteau d'office
   - couperet
   - spatule
24. Poche et douilles
25. Emporte-pièces
26. Entonnoir de fer
27. Ensemble à glaçage
28. Pinceau à badigeonner
29. Spatule en caoutchouc

30. Thermomètre à confiserie
31. Cuillères à mesurer
32. Thermomètre à viande
33. Coupe-gâteau
34. Planche à découper
35. Roulette à pâte
36. Zesteur
37. Vide-pomme
38. Cuillère à melon
39. Brosse à champignon
40. Cuillère et fourchette à chocolat
41. Ciseaux à oeufs
42. Presse-ail
43. Pochoir à oeuf

ACCESSOIRES ET USTENSILES POUR LA CUISINE AU FOUR À MICRO-ONDES

LISTE DES USTENSILES LES PLUS UTILES

1. Moule en couronne et cannelé

2. Moule à muffins

3. Plat de cuisson en vitro-céramique rectangulaire avec couvercle

4. et 5. Plats de cuisson à double compartiment avec ou sans couvercle, en céramique ou en plastique

6. et 7. Plats de cuisson en verre de capacité variable 2 à 4 litres (8 à 16 tasses) carrés ou ronds

8. Plat de plastique pour la cuisson à l'étouffée

9. Casserole en vitro-céramique

10. Plat de décongelation et de rôtissage

11. Plat de cuisson pour bacon (clayette)

12. Plat à brunir

13. Plat de cuisson à l'étouffée

14. Plat de cuisson à deux faces, l'une de surface lisse, l'autre à cannelure pour faciliter le drainage

15. Plat de cuisson en verre à couvercle de plastique

16. et 17. Plats de cuisson à usages multiples

18., 19. et 20. Plats de cuisson et de remisage, de formats variés, pour cuire séparément les aliments ou préparer des portions individuelles

21. Plats de cuisson sous vapeur idéal pour conserver le jus de cuisson; utile aussi pour le maïs soufflé

22. Tablette permettant de maximiser l'utilisation d'espace dans le four

23. Tasse à mesurer, aussi utile pour réchauffer les liquides

AUTRES ACCESSOIRES UTILES

• Sacs à rôtir

• Sacs à bouillir

• Pellicule de plastique

• Papier essuie-tout

• Papier ciré

• Thermomètre à four micro-ondes

• Assiettes à tarte

• Moule à soufflé, à pain

• Moule à quiche

Les techniques micro-ondes

LES TECHNIQUES
DE CUISSON

CUISSON PAR MICRO-ONDES

Il est important de bien comprendre ce que sont les micro-ondes et comment fonctionne un four à micro-ondes. Les micro-ondes représentent une forme d'énergie à haute fréquence semblable à celle utilisée par la radio, mais leur longueur d'ondes est plus courte. Dans un four à micro-ondes, l'énergie est réfléchie, transmise et absorbée.

Réflexion

Les micro-ondes sont réfléchies par le métal, comme une balle rebondit sur un mur. Il n'est donc pas recommandé d'utiliser des contenants en métal, car ils ne permettent pas la cuisson uniforme des aliments et peuvent ainsi endommager le four.

Transmission

Les micro-ondes traversent certains matériaux (papier, verre, plastique) comme les rayons de soleil traversent une vitre. Ces substances ne subissent aucune modification de parcours, puisqu'elles n'absorbent ni ne réfléchissent les micro-ondes.

Absorption

Les micro-ondes pénètrent les aliments d'environ 2 cm à 4 cm (3/4 à 1/2 po) sur toute leur surface, puis sont absorbées. Dès qu'elles entrent en contact avec l'humidité, le gras ou le sucre, les molécules des aliments sont activées et se déplacent très rapidement. Ce faisant, elles entrent en contact avec d'autres molécules et s'y frottent. Il se produit donc, au niveau moléculaire, de la chaleur par friction, un peu comme la chaleur qui se dégage lorsqu'on se frotte énergiquement les mains l'une contre l'autre. Ces parties commencent à se réchauffer, propageant lentement la chaleur aux autres régions, jusqu'au centre des aliments. Dès que la cuisson est terminée, les micro-ondes quittent les aliments cuits.

Les contenants

Comme nous l'avons vu, les plats en métal ne sont pas recommandés. Les contenants dont les matériaux laissent passer les micro-ondes sont préférables. L'énergie traverse ainsi les contenants pour réchauffer la nourriture et non le contenant. En fait, le plat de cuisson ne doit pas devenir plus chaud que l'aliment cuit. Le contenant couvert, cependant, deviendra un peu plus chaud, car il emprisonne la vapeur produite pendant la cuisson. Plusieurs ustensiles et couvercles utilisés dans un four conventionnel peuvent aussi l'être dans un four à micro-ondes. Des papiers et certains contenants en plastique peuvent servir à réchauffer les aliments à une température de service, mais ils se déformeront ou fondront s'ils demeurent trop longtemps en contact avec de la nourriture trop chaude.

Pour vérifier si un contenant s'utilise dans un four à micro-ondes, placer le contenant dans le four. Verser 125 ml à 250 ml (1/2 à 1 tasse) d'eau dans un verre et le poser dans le contenant ou à côté de celui-ci. Faire chauffer le four à MAX. pendant 1 à 2 minutes. Si le contenant devient plus chaud que l'eau, il ne devrait pas être utilisé dans le four à micro-ondes. Attention : ce test ne s'applique pas aux contenants en plastique.

TYPES DE CUISSON

Il existe divers types de fours à micro-ondes. Certains offrent en plus la cuisson par convection et d'autres, la cuisson au gril.

La cuisson par convection

Le four à convection permet de faire cuire et rôtir les aliments grâce à un élément qui chauffe l'air et l'assèche. De plus, un ventilateur fait circuler l'air chaud, assurant ainsi une cuisson uniforme et efficace.

La cuisson combinée

La cuisson combinée est le mode de cuisson idéal pour faire rôtir les viandes et les volailles. Elle peut aussi être utilisée pour la cuisson des plats mijotés et autres... Cette méthode fait automatiquement alterner la cuisson par micro-ondes et la cuisson par convection. Les aliments brunissent et cuisent souvent plus vite que dans un four conventionnel.

La cuisson au gril

La cuisson au gril n'est recommandée qu'avec des viandes de première qualité et bien persillées (parsemées d'infiltrations graisseuses) afin de prévenir le dessèchement. Cette cuisson se fait à haute température. L'aliment est placé à proximité de la source de chaleur.

Accessoires livrés avec un four à micro-ondes

Un four à micro-ondes est habituellement livré avec plusieurs accessoires. Il est important de bien les utiliser.

La lèchefrite et la clayette

La lèchefrite est utilisée pour faire griller les viandes, les volailles et les poissons. La clayette permettra aux aliments d'être plus croustillants parce qu'ils ne reposeront pas dans la graisse ou dans leur jus de cuisson. Pour faciliter leur nettoyage, vaporiser la clayette et la lèchefrite d'un enduit végétal empêchant les aliments de coller.

La grille

La grille sera utilisée lors de la cuisson par convection et de la cuisson au four. Elle peut se placer à deux niveaux dans le four et n'est pas recommandée pour la cuisson combinée et la cuisson par micro-ondes.

La grille à rissoler

La grille à rissoler est utile à la cuisson des viandes et des volailles. Elle doit être placée dans un plat de cuisson à l'épreuve de la chaleur au four à micro-ondes et peut être utilisée pour la cuisson aux micro-ondes.

La sonde thermique

La sonde est un instrument qui ressemble à un thermomètre et qui sert à mesurer la chaleur des aliments durant la cuisson aux micro-ondes.

Ustensiles de cuisson

Bien que l'on retrouve, sur le marché, une panoplie de plus en plus importante d'accessoires pour four à micro-ondes, il est possible d'utiliser de nombreux ustensiles que l'on retrouve dans une cuisine.

Le verre, la céramique, la porcelaine

Les verres résistants à la chaleur et sans décorations de métal peuvent être presque tous utilisés. Cependant, les verres trop délicats peuvent se fêler à cause de la chaleur transmise par les aliments.

Plusieurs marques d'ustensiles en verre peuvent être utilisés dans un four à micro-ondes : Pyrex[R] sans garniture métallique, Fire King[R] de Anchor Hocking, Glassbake[R] de Jeannette Glass, Glass Ovenware [R] de Helle Designs et Federal Glass.

Certains articles de table pouvant être utilisés dans un four conventionnel peuvent aussi l'être dans un four à micro-ondes, tels Temper-Ware[R] de Lenox.

Attention : les ustensiles utilisés ne doivent pas avoir de garnitures en métal. Le vernis qui les recouvre ne doit être ni fendillé ni ébréché. Les anses des tasses ou autres ne doivent pas être collées.

Les bocaux et les bouteilles

Les bocaux et les bouteilles sont utiles pour réchauffer les aliments, non pour les faire cuire. Il est bien important, dans un tel cas, d'enlever le couvercle de métal avant l'utilisation. Par contre, il faut éviter de les utiliser pendant la cuisson combinée ou la cuisson par convection.

Les plats à brunir

Les plats à brunir s'utilisent pour saisir les viandes. Le fond de ces plats est couvert d'un enduit spécial qui absorbe les micro-ondes. Il devient alors très chaud et permet de saisir la viande. Il faut préchauffer le plat d'après les instructions du manufacturier ou selon les indications données dans la recette, faire cuire la viande selon ses préférences et utiliser des mitaines pour sortir le plat du four. Il n'est pas recommandé d'utiliser la sonde thermométrique avec un plat à brunir.

Le métal

Tous les contenants en métal sont à éliminer car ils réfléchissent les micro-ondes, empêchant ainsi une cuisson uniforme des aliments. Ils peuvent seulement être utilisés pour la cuisson par convection.

L'aluminium

L'aluminium réfléchit lui aussi les micro-ondes. Par contre, le papier aluminium peut être utilisé dans certains cas pour ralentir la cuisson de certaines parties d'aliments comme les ailes de poulet, etc.

Les contenants doublés d'aluminium

Quels qu'ils soient, les contenants doublés de papier aluminium sont à éviter pour la cuisson dans un four à micro-ondes.

Les emballages de plats cuisinés, surgelés

Les plats cuisinés et surgelés présentés dans un emballage spécial peuvent être réchauffés au four à micro-ondes s'ils ne mesurent pas plus de 2 cm (3/4 po) de profondeur. Ils peuvent être réchauffés par micro-ondes et par la méthode de convection, mais non par la méthode combinée. Il est préférable de réchauffer un seul plat à la fois et d'éviter qu'il ne touche les parois du four.

Les brochettes en métal

Les brochettes en métal peuvent être utilisées pour la cuisson micro-ondes et la cuisson combinée. Le volume d'aliments doit être supérieur au volume du métal, et les brochettes ne doivent pas se toucher ou toucher aux parois du four car cela pourrait provoquer des étincelles. Il est préférable d'utiliser des brochettes en bois. Celles-ci peuvent aussi être utilisées pour la cuisson combinée.

Les contenants en plastique

Certains contenants en plastique allant au congélateur peuvent s'utiliser dans un four à micro-ondes en autant qu'ils portent les mentions «Pour cuisson micro-ondes seulement» ou «Pour cuisson conventionnelle ou micro-ondes». Les contenants résistant à la chaleur portant la mention «Pour cuisson micro-ondes seulement» peuvent aussi servir à la cuisson combinée ou à la cuisson par convection. Il faut cependant éviter d'utiliser les contenants en plastique avec les aliments contenant beaucoup de sucre ou de matières grasses ou pour une période prolongée de cuisson.

Sacs de cuisson

Les sacs de cuisson pour la cuisson conventionnelle peuvent aussi être utilisés dans un four à micro-ondes. Ils sont idéals pour maintenir l'humidité des grosses pièces de viande.

Insérer tout d'abord l'aliment dans le sac, puis fermer celui-ci à l'aide d'une attache en nylon, d'une ficelle ou d'une lanière coupée à l'extrémité du sac. Percer quelques trous dans le haut du sac pour permettre l'évaporation et le placer dans un plat de cuisson allant au four à micro-ondes.

Attention : ne pas utiliser d'attaches métalliques recouvertes de papier ou de plastique.

Ne jamais utiliser de sacs de rangement en plastique pour faire cuire les aliments.

Autres

Les serviettes, les assiettes et les verres en papier, les essuie-tout, le papier ciré, le papier ou les sacs pour congélateur peuvent être utilisés pour la cuisson micro-ondes, mais non pas pour la cuisson combinée ou la cuisson par convection. Les aliments doivent contenir peu de graisse et leur durée de cuisson doit être courte.

Les contenants en papier recouverts de cire sont à éviter, car la cire pourrait fondre sur les aliments.

Attention : il est important de ne pas utiliser de papier recyclé car il contient des impuretés qui risquent d'endommager le four en provoquant des étincelles.

La paille, l'osier et le bois

Les paniers en paille ou en osier peuvent être utilisés dans un four à micro-ondes pour faire réchauffer du pain, par exemple, mais ils ne doivent pas être utilisés avec la cuisson combinée ou la cuisson par convection. Par contre, il faut éviter d'utiliser des contenants en bois (bols à salade, planche à découper, etc.) car, sur des périodes prolongées, les micro-ondes assèchent le bois.

Les thermomètres

Des thermomètres pour four à micro-ondes sont disponibles dans le commerce; il ne faut pas utiliser de thermomètres pour four conventionnel. Ces derniers peuvent cependant être utilisés pendant la cuisson par convection. Il

est à noter qu'aucun thermomètre ne peut être utilisé pendant la cuisson combinée.

LA DIMENSION ET LA FORME DES CONTENANTS

Les contenants de forme ronde permettent une cuisson uniforme parce que l'énergie pénètre également de tous côtés.

Les contenants carrés ou rectangulaires permettent aux micro-ondes de pénétrer davantage par les côtés, ce qui peut entraîner des aliments trop cuits.

Les contenants en forme de couronne sont parfaits lorsque les aliments ne peuvent être remués pendant la cuisson. Ces contenants permettent à l'énergie de pénétrer les aliments tout autour, au centre, au-dessus et en-dessous. La cuisson se fait plus rapidement et plus uniformément.

Les contenants ayant des parois verticales permettent de répartir également les aliments, donc une cuisson plus uniforme. Les contenants aux parois inclinées sont à éviter, car certaines parties des aliments seront trop cuites.

La profondeur des contenants est très importante lors de la cuisson. Par exemple, les aliments placés dans un contenant très large d'une capacité de 2 litres (8 tasses) prendront moins de temps à cuire aux micro-ondes que dans un contenant plus étroit et plus profond, de même capacité. Une quantité plus grande de nourriture est exposée dans le contenant plus large et le temps de cuisson est alors réduit.

LES COUVERCLES

Le couvercle en verre

Le couvercle en verre aide à retenir la vapeur et à accélérer la cuisson. Il est surtout utilisé pour la cuisson d'aliments qui requièrent peu ou pas d'humidité, comme les légumes.

La pellicule de plastique

La pellicule de plastique forme un couvercle bien ajusté qui retient la chaleur et permet une cuisson rapide. Cette pellicule peut servir de plat de cuisson lorsqu'elle enveloppe hermétiquement un légume contenant de l'eau, comme un chou-fleur ou un épi de maïs. Elle peut également remplacer un couvercle en verre ou être utilisée pour empêcher les éclaboussures ou encore pour permettre à la vapeur de s'échapper en repliant légèrement une des extrémités.

Ne pas utiliser de pellicule de plastique pendant la cuisson combinée ou la cuisson par convection.

Le papier ciré

La feuille de papier ciré entre une casserole et un couvercle en verre forme un couvercle plus hermétique, permettant de retenir davantage l'humidité et la chaleur et de réduire l'évaporation.

L'EAU, LE SEL, LA GRAISSE ET LE SUCRE RÉAGISSENT AUX MICRO-ONDES

L'eau, le sel, la graisse et le sucre attirent l'énergie des micro-ondes, modifiant la cuisson des aliments qui en contiennent. Certains points sont à surveiller lors de la cuisson de ces aliments aux micro-ondes.

L'eau

L'eau attire l'énergie des micro-ondes, permettant aux légumes à haute teneur en humidité de bien réagir aux micro-ondes. Il est conseillé d'ajouter un tout petit peu d'eau pour faire cuire des légumes à haute teneur en humidité, qu'ils soient frais ou congelés. Cependant, trop d'eau absorbera trop d'énergie et ralentira la cuisson des aliments

Le sel

Le sel peut causer des marques de brûlures sur les aliments s'il est directement incorporé. Pour éviter ceci, il est recommandé de dissoudre le sel dans une petite quantité d'eau, puis de verser le liquide sur les aliments ou, encore mieux, de saler les aliments à la sortie du four.

La graisse

La graisse peut ralentir la transmission d'énergie de la viande et en prolonger ainsi la cuisson. Il est conseillé d'enlever le plus possible le gras qui entoure un rôti, par exemple.

Le sucre

Le sucre attire les micro-ondes. De ce fait, les parties recouvertes de sucre cuiront plus rapidement que les autres. Il faut donc éviter de trop exposer ces parties aux micro-ondes.

POUR UNE MEILLEURE CUISSON AU FOUR À MICRO-ONDES

Plusieurs facteurs sont à considérer pour assurer une bonne cuisson des aliments au four à micro-ondes. En voici quelques-uns.

Les petits morceaux cuisent plus rapidement que les gros. Pour une cuisson plus uniforme, trancher les aliments en morceaux égaux. Les aliments de même forme cuisent aussi plus uniformément.

Choisir des moules ronds ou en forme de couronne pour une cuisson plus uniforme.

Les aliments lourds et compacts prennent plus de temps à cuire que les aliments poreux.

De petites quantités à la fois cuisent plus rapidement que de grandes quantités. Lorsque la quantité d'aliments est augmentée, le temps de cuisson doit l'être aussi.

Les aliments à haute teneur en humidité cuisent mieux aux micro-ondes si on leur ajoute une petite quantité d'eau. Par contre, une trop grande quantité d'eau en surplus ralentit la cuisson. Les aliments à faible teneur en humidité ne cuisent pas bien au four à micro-ondes.

Les aliments cuits dans un four à micro-ondes continuent à cuire après avoir été sortis du four. Certains aliments ne semblent pas tout à fait cuits, mais la cuisson se poursuivra pendant la période d'attente. Il faut toujours vérifier la cuisson après le temps minimum requis pour la cuisson.

Les aliments qui ne cuisent pas bien au four à micro-ondes comprennent les aliments à faible teneur en humidité et ceux qui requièrent une chaleur sèche. Ne pas utiliser le four à micro-ondes pour faire des conserves, faire de la friture ou faire cuire des oeufs dans leur coquille.

Les os et les matières grasses affectent la cuisson. Les os conduisent irrégulièrement la chaleur tandis que les matières grasses absorbent plus rapidement les micro-ondes et peuvent amener une surcuisson des viandes.

Les aliments qui sont à la température de la pièce prennent moins de temps à cuire que ceux qui sortent du réfrigérateur ou du congélateur.

COMMENT PLACER LA NOURRITURE DANS UN FOUR À MICRO-ONDES

La façon de placer les aliments dans le four à micro-ondes modifie leur cuisson. Voici quelques renseignements à cet effet.

Placer les parties les plus fines des aliments vers le centre d'un plat rectangulaire ou carré (par exemple, dans le cas des filets de poisson). Les parties les plus épaisses recevront ainsi plus d'énergie.

Placer les parties les plus tendres des aliments vers le centre du plat afin d'éviter qu'elles ne reçoivent trop d'énergie et qu'elles ne cuisent trop ((par exemple, dans le cas de brocolis, des asperges).

Choisir des aliments de même grosseur et les disposer à une égale distance les uns des autres autour du plat, en évitant d'en placer au centre ou de les superposer (par exemple, dans le cas des pommes de terre, des champignons, etc.). Ceci permettra aux aliments de cuire uniformément.

Placer les plus petits morceaux des aliments au centre du plat (par exemple, dans le cas d'un poulet coupé en morceaux). Ceci permettra aux aliments de cuire plus uniformément.

Lorsque les aliments sont placés sur le plateau du four, les micro-ondes devraient pénétrer toutes les parties des aliments, qu'il y en ait plusieurs ou un seul. Au besoin, il y aura une directive dans la recette.

COMMENT MANIPULER LES ALIMENTS

En plus de savoir comment disposer les aliments dans le four, d'autres techniques peuvent aider à mieux répartir la chaleur et à assurer une cuisson plus uniforme.

Couvrir les aliments pendant la cuisson pour retenir la chaleur et l'humidité et accélérer la cuisson. Par contre, toujours être très prudent lorsqu'il faut enlever un couvercle, afin d'éviter les risques de brûlures par la vapeur.

Remuer les aliments pour mieux répartir la chaleur et réduire le temps de cuisson. Cette opération se fait habituellement à mi-cuisson et de l'extérieur du plat vers le centre, c'est-à-dire en ramenant les parties les plus cuites vers le centre.

Tourner le plat, plutôt que de remuer la nourriture. Cette technique favorise une répartition uniforme de la chaleur lorsqu'il est impossible de remuer les aliments.

Retourner les aliments lorsqu'il s'agit d'aliments en morceaux ou en tranches, comme des darnes de saumon, ou des aliments entiers, comme un chou-fleur.

Replacer les aliments, c'est-à-dire les changer de place à l'intérieur du même plat puisque les aliments placés aux extrémités du plat reçoivent plus d'énergie que ceux qui sont placés au centre.

Protéger les coins d'un plat ou les parties des aliments qui cuisent plus rapidement en les recouvrant de papier aluminium pour éviter la surcuisson. Le papier aluminium devrait être à au moins 2,5 cm (1 po) des parois du four.

Le temps d'attente après la cuisson permet aux aliments de continuer de cuire par conduction de la chaleur. Les aliments plus denses, comme les rôtis, les volailles, etc. requièrent habituellement un temps d'attente plus long. Ce temps d'attente est nécessaire pour terminer la cuisson au centre sans que l'extérieur ne soit trop cuit.

La vapeur crée souvent une pression sous la peau, la pelure ou la membrane de certains aliments. Afin de permettre à la vapeur de s'échapper, il est recommandé de: percer la membrane du jaune d'oeuf et le blanc plusieurs fois avec un cure dents; percer les huîtres et les palourdes plusieurs fois à l'aide d'un cure-dents; piquer tous les légumes entiers avec une fourchette; couper une bande de pelure d'environ 2,5 cm (1 po) sur les pommes et les pommes de terre nouvelles avant de les faire cuire; percer la peau des saucisses à l'aide d'une fourchette avant de les faire cuire.

APPARENCE DES ALIMENTS CUITS AU FOUR À MICRO-ONDES

Certaines viandes ou volailles brunissent facilement notamment celles qui demandent entre 10 à 15 minutes de cuisson. Par contre, les aliments qui cuisent plus rapidement n'ont pas le temps de brunir. Il est donc possible d'en améliorer l'apparence en les badigeonnant de sauce ou d'un mélange avant la cuisson (sauce Worcestershire, sauce soja, etc.) et en utilisant des plats à brunir.

Les gâteaux et les pains n'ont pas le temps de brunir parce qu'ils cuisent trop rapidement. Il est alors possible de remplacer le sucre par de la cassonade ou de saupoudrer la surface d'épices foncées avant la cuisson.

VÉRIFICATION DE LA CUISSON

La vérification de la cuisson des aliments cuits dans un four à micro-ondes se fait de la même manière que lorsqu'ils sont cuits dans un four conventionnel.

Les gâteaux sont cuits lorsqu'un cure-dents planté au centre en ressort sec ou lorsque le gâteau se décolle des parois du moule.

Le poulet est cuit lorsque le pilon se détache facilement et lorsque le jus est clair et non rosé.

La viande est cuite lorsque les fibres se séparent facilement avec une fourchette.

Le poisson est cuit lorsqu'il est opaque et qu'il s'effrite facilement.

LA DÉCONGÉLATION

La décongélation des aliments dans un four à micro-ondes se fait très rapidement et empêche la croissance rapide de bactéries qui peut survenir lorsqu'on fait dégeler des aliments à la température ambiante. Le fait de dégivrer la viande rapidement juste avant de la faire cuire réduit la perte d'humidité. Voici quelques techniques de décongélation des aliments.

Placer l'aliment dans un plat ou sur une grille et le recouvrir de papier ciré. Ceci permettra à la chaleur de se répandre tout autour de l'aliment et de le décongeler plus rapidement et plus uniformément.

Recouvrir les parties les plus petites et les plus fines d'une légère couche de papier aluminium pour éviter qu'elles ne commencent à cuire. On reconnaît un début de cuisson pendant la décongélation lorsqu'une partie de l'aliment change de couleur et devient tiède.

Réarranger, tourner ou remuer les aliments pour distribuer la chaleur uniformément. Lorsque le genre d'aliment le permet, retirer la partie des aliments qui est décongelée, puis continuer la décongélation. Les aliments contenus dans un sac peuvent être remués en pliant le sac.

Un temps d'attente peut être nécessaire pour terminer la décongélation après la période recommandée. Ce temps d'attente permettra à la chaleur de se répandre et de décongeler les parties qui ne le sont pas complètement. Les aliments denses, compacts ou délicats ont souvent besoin d'un plus grand temps d'attente après la décongélation.

Les gâteaux, les petits pains, les fruits et les légumes surgelés ne prennent que quelques minutes pour décongeler.

Les pâtisseries danoises et les petits pains doivent être enveloppés dans du papier essuie-tout avant d'être décongelés.

COMMENT RÉCHAUFFER LES METS ET LES RESTES

Le four à micro-ondes offre plusieurs avantages en ce qui concerne le réchauffage des mets. Ils peuvent être préparés à l'avance et cuits à la dernière minute; les aliments gardent leur saveur et leur texture et les restes ont meilleur goût. De plus, il est facile de réchauffer un repas complet pour une personne dans une assiette de service. Cependant, il y a certaines règles à respecter.

Les aliments doivent être bien disposés dans le plat, c'est-à-dire que les morceaux les plus minces et les moins épais seront placés au centre du plat, comme dans le cas du poulet en morceaux. Tous les morceaux seront à la même température. Le plat sera recouvert et tourné une fois durant la cuisson.

Certains plats ne peuvent être remués pendant la période de réchauffage. Ils seront alors tournés plusieurs fois pour permettre une cuisson uniforme. Les brioches devraient être placées sur une serviette en papier ou sur un papier essuie-tout qui absorbera toute l'humidité. Disposer le papier essuie-tout dans le fond d'un plat ou d'un panier s'il faut réchauffer plusieurs brioches à la fois. Faire attention de ne pas trop chauffer.

Les plats mijotés doivent être couverts et remués de temps à autre pendant le réchauffage pour distribuer la chaleur uniformément.

Les pains et les sandwiches doivent être enveloppés dans des serviettes en papier ou dans du papier essuie-tout avant d'être réchauffés. Le papier qui entoure le pain absorbe l'humidité, maintient la surface du pain sèche. Faire attention de ne pas trop chauffer, car le pain durcira.

Les viandes tranchées se réchauffent plus rapidement et plus uniformément que les gros morceaux de viande. Disposer les tranches bien à plat sur une assiette et les couvrir d'un papier ciré. Pour prévenir le dessèchement, napper de sauce ou de jus de cuisson avant de réchauffer. Placer le côté épais des côtelettes sur le pourtour de l'assiette. Napper de sauce et couvrir de papier ciré. Réchauffer.

Les plats saupoudrés de chapelure doivent être couverts d'une feuille de papier ciré afin de garder la chapelure croustillante.

FAIRE FONDRE ET RAMOLLIR

Pour faire fondre 1 à 3 carrés de chocolat, les placer dans un petit bol, faire chauffer le four à 7 (MEDIUM HIGH) et y placer le bol pendant 3-1/2 à 4 minutes. Pour faire fondre 5 carrés de chocolat, laisser le bol dans le four pendant 4-1/2 à 5 minutes.

Pour faire fondre 15 à 60 ml (1 à 4 cuillerées à soupe) de beurre, le placer dans une tasse à mesurer ou dans un petit bol, faire chauffer le four à MAX. et y placer le bol pendant 45 secondes à 1-1/4 minute. Pour faire fondre 50 à 125 ml (1/4 à 1/2 tasse) de beurre, laisser le bol pendant 1-1/4 à 1-3/4 minutes.

Pour faire fondre de la confiture ou de la gelée, déposer la quantité nécessaire dans un petit bol. Placer dans le four à HIGH pendant 30 à 60 secondes.

Pour ramollir le fromage en crème, le déballer, le déposer dans une assiette ou dans un bol, et le mettre au four à MAX. jusqu'à ce qu'il soit bien mou; 125 ml (1/2 tasse) pendant 30 secondes et 250 ml (1 tasse) pendant 45 secondes.

Pour ramollir très légèrement la crème glacée, retirer tout le papier aluminium du contenant et mettre dans le four pendant 15 à 30 secondes par pinte.

ADAPTATION DE RECETTES TRADITIONNELLES AUX MICRO-ONDES

L'adaptation des recettes au four à micro-ondes est très facile. Il suffit souvent de simples modifications, par exemple de la quantité de liquides à ajouter, du temps de cuisson requis, etc. Voici quelques conseils et quelques exemples types pour modifier vos recettes.

* Les recettes choisies doivent contenir des aliments qui se cuisent bien au four à micro-ondes.

* Les aliments à haute teneur en humidité tels les légumes, les fruits, la volaille, le poisson, demandent moins de liquide lorsqu'ils sont cuits aux micro-ondes.

* Les plats mijotés se cuisent habituellement bien aux micro-ondes. Les aliments riches tels les bonbons, les gâteaux, etc. se cuisent très bien aux micro-ondes à cause de leur forte teneur en gras et en sucre.

* Réduire les liquides du quart lors de la cuisson aux micro-ondes. Il sera toujours possible d'en rajouter au besoin.

* Diminuer les assaisonnements, surtout le sel, les épices et les herbes qui ont un goût très prononcé comme le poivre de cayenne et l'ail. Les petites quantités d'assaisonnements peuvent demeurer les mêmes. Il est toujours préférable de rectifier l'assaisonnement après la cuisson.

* Utiliser de petites quantités de beurre ou d'huile pour donner plus de saveur aux aliments mais non pour les empêcher de coller.

* Modifier le temps de cuisson en se basant sur des recettes aux micro-ondes similaires.

PLANIFICATION D'UN REPAS AUX MICRO-ONDES

Préparer d'abord les aliments qui n'ont pas besoin d'être servis chauds, par exemple, les gâteaux, les puddings, la volaille, etc. Préparer ensuite les aliments qui peuvent être facilement réchauffés juste avant d'être servis, par exemple, la sauce à spaghetti, les soupes, les ragoûts, etc.

Profiter de la période d'attente des grosses pièces, comme des rôtis, pour faire cuire les aliments qui demandent peu de temps de cuisson, par exemple les amuse-gueule, le pain, etc.

Envelopper certains aliments, par exemple, les pommes de terre, dans du papier aluminium pendant la période d'attente afin qu'ils restent chauds plus longtemps.

Faire cuire en tout dernier les petits pains ou les légumes qui se réchauffent très rapidement .

Tableau de décongélation des viandes et des poissons

Aliment	Forme	Quantité	Temps à allure Décongelation	Temps de repos
Boeuf	Rôti de côtes roulé	750 g (1-1/2 lb)	10 min	10 min
	Rôti de palette	1250 g (3 lb)	15 min	10 min
	Boeuf en cubes	1250 g (3 lb)	15 min	10 min
	Viande à ragoût	500 g (1 lb)	8 min	5 min
	Viande hachée	750 g (1-1/2 lb)	10 min	5 min
	Viande à hamburger	500 g (1 lb)	5 min	5 min
Veau	Côtelettes	125 g (4 oz)	2 min	3 min
	Viande hachée	500 g (1 lb)	10 min	5 min
Volaille	Entière	500 g (1 lb)	5 min	5 min
	Ailes	1 kg (2 lb)	14 min	5 min
	Cuisses	750 g (1-1/2 lb)	8 min	5 min
	Pilons	500 g (1 lb)	10 min	5 min
	Poitrines	500 g (1 lb)	10 min	5 min
Porc	Rôti	1250 g (3 lb)	12 min	5 min
	Côtelettes	1250 g (3 lb)	15 min	10 min
	Côtes levées	1 kg (2 lb)	12 min	5 min
	Longe	750 g (1-1/2 lb)	10 min	5 min
Poissons	Entier	1 kg (2 lb)	10 min	5 min
	Filets	750 g (1-1/2 lb)	8 min	Aucun
	Pétoncles	500 g (1 lb)	5 min	Aucun
	Homard	500 g (1 lb)	5 min	5 min
		750 g (1-1/2 lb)	6 min	5 min

Note : la température des congélateurs est variable. Si l'aliment n'est pas complètement décongelé après le temps de repos, le remettre au four à micro-ondes quelques minutes de plus.

Tableau de cuisson des légumes frais

Légume	Quantité Poids Nombre	Forme	Durée de cuisson à MAX		
			500 W	**600 à 650 W**	**700 W**
Artichauts	2 moyens	Entiers	15 min	12 min	10 min
Asperges	500 g (1 lb)	Entières	12 min	10 min	9 min
Aubergine	250 g (1/2 lb)	Entière	7 min	6 min	5 min
Betteraves	500 g (1 lb)	Tranches	25 min	20 min	15 min
Brocoli	500 g (1 lb)	Bouquets	10 min	8 min	7 min
Carottes	500 g (1 lb)	Rondelles	12 min	10 min	8 min
		Morceaux de 5 cm (2 po)	14 min	12 min	10 min
Céleri	6 branches	Morceaux de 7,5 cm (3 po)	10 min	8 min	7 min
Céleri rave	500 g (1 lb)	Émincé	10 min	8 min	7 min
Champignons	500 g (1 lb)	Émincés	6 min	4 min	3 min
Chou	1 moyen	8, 10 morceaux	12 min	10 min	9 min
		Entier	14 min	12 min	11 min
Chou-fleur	1 moyen	Bouquets	12 min	10 min	9 min
Choux de Brux.	500 g (1 lb)	Entiers	7 min	6 min	5 min
Courge	2 morceaux de 250 g (8 oz)		7 min	6 min	5 min
	4 morceaux de 250 g (8 oz)		12 min	10 min	9 min
Courgette	1 moyenne	En moitiés	10 min	8 min	6 min
Endives	500 g (1 lb)	Coupées en 2	10 min	8 min	6 min
Épinards	500 g (1 lb)	Entiers	6 min	4 min	3 min
Fenouil	500 g (1 lb)	Émincé	10 min	8 min	6 min
Haricots	500 g (1 lb)	Morceaux de 5 cm (2 po)	16 min	14 min	13 min
Maïs	4 épis	Entiers	12 min	10 min	9 min
	2 tasses	En grains	10 min	9 min	8 min
Navet	500 g (1 lb)	Tranches de 7,5 cm (3 po)	10 min	9 min	8 min
Oignons	4 moyens	Entiers	10 min	9 min	8 min
	250 g (1/2 lb)	Hachés	8 min	7-1/2 min	7 min
Poireaux	500 g (1 lb)	Émincés	10 min	9 min	7 min
Poivrons	500 g (1 lb)	Émincés	8 min	7-1/2 min	7 min
Pommes de terre	2 moyennes	Entières	8-1/2 min	8 min	7-1/2 min
	4 moyennes		15 min	14 min	13 min
	4 moyennes	Tranches de 5 cm (2 po)	12 min	10 min	9 min

Tableau de cuisson des légumes surgelés

Légume	Poids	Durée de cuisson à MAX		
		500 W	**600 à 650 W**	**700 W**
Congélation-maison				
Carottes	500 g (1 lb)	15 min	12 min	10 min
Choux de Bruxelles	250 g (1/2 lb)	8 min	6 min	5 min
Chou-fleur	250 g (1/2 lb)	10 min	8 min	7 min
Épinards	250 g (1/2 lb)	8 min	6 min	5 min
Haricots	250 g (1/2 lb)	8 min	6 min	5 min
Petits pois	500 g (1 lb)	15 min	12 min	10 min

Suggestions

* Ajouter 30 ml (2 c. à s.) d'eau et couvrir. À mi-cuisson, remuer et ajouter, au goût, les assaisonnements.

Emballages commerciaux

Type d'emballage

Boîte de carton	200 à 340 g (7 à 12 oz)	10 min	8 min	7 min
Assiette ou récipient d'aluminium	285 g (10 oz)	10 min	8 min	7 min
Sac de cuisson	255 à 340 g (9 à 12 oz)	8 min	6 min	5 min
Sac de plastique ordinaire	500 g (16 oz)	14 min	12 min	11 min

Recommandations

* Faire cuire directement à l'état congelé. Retirer l'emballage extérieur et cuire dans la boîte.

* Retirer de l'emballage original et faire cuire à couvert dans un récipient en verre. Remuer 1 fois à mi-cuisson.

* Perforer le sac avant la cuisson. Redistribuer les légumes à mi-cuisson.

* Faire cuire à couvert dans un récipient en verre. Remuer 1 fois au cours de la cuisson.

Tableau de cuisson des poissons, coquillages et crustacés

Aliment	Quantité Poids Nombre	Forme	Durée de cuisson à MAX		
			500 W	**600 à 650 W**	**700 W**
Poisson	500 g (1 lb)	**Filets minces** 7 mm (1/4 po)	5 min	4-1/2 min	4 min
		Filets moyens 14 mm (1/2 po)	6-1/2 min	5-1/2 min	5 min
		Filets épais 28 mm (1 po)	9 min	8 min	7 min
		Steaks moyens 14 mm (1/2 po)	7-1/2 min	6-1/2 min	6 min
		Steaks épais 28 mm (1 po)	10 min	9 min	8 min
	1 kg (2 lb)	**Entier**	15 min	13-1/2 min	12 min
Crabe	1 kg (2 lb)	**Pinces**	6 min	5-1/2 min	5 min
Crevettes	500 g (1 lb)	**Avec écailles**	5 min	4-1/2 min	4 min
		Décortiquées	6 min	5-1/2 min	5 min
Homard	1 kg (2 lb)	**Entier**	10 min	9 min	8 min
	500 g (1 lb)	**Queues**	6 min	5-1/2 min	5 min
Palourdes	6 grosses	**Coquilles**	5 min	4-1/2 min	4 min
Langoustes	500 g (1 lb)	**Entières**	6 min	5-1/2 min	5 min
Pétoncles	500 g (1 lb)	**Entières**	5 min	4-1/2 min	4 min

Suggestions

* Vérifier que les poissons soient complètement décongelés. Faire cuire à découvert.
* Disposer le poisson uniformément dans le plat en plaçant les plus minces et les plus petites parties au centre.

Tableau de cuisson des viandes

Aliment	Quantité Poids Nombre	Forme Cuisson	Durée de cuisson à MAX		
			500 W	600 à 650 W	700 W
Boeuf	250 g (1 lb)	**Steak**			
		- très saignant	2-1/2 min	2-1/4 min	2 min
		- saignant	3 min	2-3/4 min	2-1/2 min
		- médium	3-1/2 min	3-1/4 min	3 min
		- bien cuit	4-1/2 min	4-1/4 min	4 min
	Par 500 g (1 lb)	**Rôti**			
		- très saignant	13 min	11 min	10-1/2 min
		- saignant	16 min	13-1/2 min	12 min
		- médium	18 min	15 min	13-1/2 min
		- bien cuit	20 min	17-1/2 min	15-1/2 min
	500 g (1 lb)	**Haché**			
		- médium	6 min	5-1/2 min	5 min
Veau	4 moyennes	**Côtelettes**			
		- médium	6 min	5 min	4 min
	Par 500 g (1 lb)	**Rôti**			
		- médium	20 min	17 min	15 min
Porc	500 g (1 lb)	**Côtelettes**			
		- médium	15 min	13-1/2 min	12 min
		- bien cuit	17 min	15-1/2 min	15 min
	Par 500 g (1 lb)	**Rôti**			
		- médium	17 min	15 min	13 min
		- bien cuit	19 min	17 min	15 min
	Par 500 g (1 lb)	**Jambon**			
		- médium	13 min	12 min	11 min
	250 g (1/2 lb)	**Bacon tranché**			
		- croustillant	5-1/2 min	5 min	4-1/2 min
Agneau	4 moyennes	**Côtelettes**			
		- médium	6 min	5 min	4 min
	Par 500 g (1 lb)	**Cuisse ou épaule**			
		- médium	17 min	15 min	13 min
		- bien cuit	21 min	18 min	15 min

Tableau de cuisson des volailles

Aliment	Quantité Poids Nombre	Forme	Durée de cuisson à RÔTIR (ROAST)		
			500 W	600 à 650 W	700 W
Poulet	500 g (1 lb)	**En morceaux**	10 min	9 min	8 min
	150 g (1/4 lb) x 2	**Entier**	29 min	27 min	25 min
	1,5 kg (3 lb)	**Escalopes**	6 min	5 min	4 min
Dinde	Par 500 g (1 lb)	**Quarts**	10 min	9 min	8 min
	Par 500 g (l lb)	**Entière**	14 min	12 min	11 min
Cailles	500 g (l lb)	**Entières**	9 min	8 min	7 min
	1 k g (2 lb)	**Entières**	13 min	12 min	11 min
Canard	500 g (1 lb)	**Poitrines**	8 min	7 min	6 min
	2 kg (4 lb)	**Entier**	20 min	18 min	17 min
Oie	Par 500 g (1 lb)	**Entière**	11 min	9 min	8 min

Suggestions

* Disposer dans un plat en verre en plaçant la peau du poulet en-dessous.
* Faire cuire à MEDIUM-HIGH pour un poulet de plus de 1,5 kg (3 lb) et prolonger, si nécessaire, le temps de cuisson.
* Faire cuire les escalopes sur une assiette ou en papillote de papier ciré.
* Après avoir retiré du four, attendre de 5 à 10 minutes avant de servir la dinde.
* Répartir le temps de cuisson en 4 périodes et tourner la dinde 3 fois à intervalles réguliers. Couvrir de papier ciré jusqu'aux 15 dernières minutes.
* Farcir si désiré.
* Pour une viande plus rosée, abréger les cuissons correspondantes de 2 minutes.
* Étaler une confiture d'abricots à la mi-cuisson.

La planification
d'une réception

LA PLANIFICATION D'UNE RÉCEPTION

Recevoir est une fête. Une fête qui exige une certaine préparation, garantie de votre réussite en tous points.

Les grandes célébrations, les petits événements, les anniversaires importants, les prétextes inventés, bref, tout peut justifier l'accueil chez vous de parents, d'amis et de connaissances pour un bon gueuleton bien arrosé, dans une ambiance dont on se souviendra.

Le souci du détail est donc de rigueur : de l'élaboration du menu à la présentation des plats en passant par la décoration de la table, le choix des teintes et des couleurs, les éclairages.

L'atmosphère générale qui en résultera témoignera du succès de votre entreprise.

Examinons donc ensemble la démarche à suivre jusqu'à ce que la fête commence.

Il faut vous simplifier la tâche le plus possible; vous éviterez un stress inutile et vous pourrez ainsi mieux jouir de toute la préparation de la réception.

1. Définissez l'événement

C'est une tâche tout à fait particulière que de préparer une réception chez soi. Il faut avant tout définir l'événement, l'occasion que vous désirez célébrer. C'est le point déterminant de l'ambiance, des invités qui seront conviés et du type de service. Les impératifs d'un repas servi assis sont différents de ceux d'un buffet.

Le brunch

Le samedi ou le dimanche, entre 11 h 30 et 13 h 30, après une grasse matinée ou une randonnée à byclette, le brunch est l'occasion de rencontrer des amis. Prévoyez une ambiance décontractée, un fond de musique et un décor qui ensoleillera la plus grise des journées.

Repas de fête

Le weekend ou les soirs de semaine, le repas de fête est un charmant prétexte pour se retrouver entre amis, en famille ou pour souligner l'anniversaire d'un parent. L'heure d'arrivée des invités sera en fonction de ce que l'on désire faire ensuite. Copieux mais simple, ce repas exige une préparation avant l'arrivée des invités.

Le thé

Une formule pour les fins d'après-midi vers 16 h, idéale pour boucler une journée passée entre amis, un goûter de ma-riage ou pour débuter une soirée au théâtre. On y sert habituellement un léger goûter sucré mais on peut aussi copier le «high tea» des Anglais en y ajoutant quelques sandwiches et charcuteries. Comme pour le café ou le vin, le choix du thé est important. Évitez de servir du thé en sachets. Offrez plutôt des thés de meilleure qualité tels, les thés du Ceylan, des Indes ou de la Chine. Leurs goûts sont plus délicats.

Les anniversaires d'enfants

Les enfants adorent recevoir. C'est l'occasion pour eux d'apprendre à préparer une réception et à s'occuper de leurs invités. Un goûter l'après-midi est la formule la plus simple. La préparation du carton d'invitation sera bien sûr l'affaire des enfants. Prévoyez des jeux de charades, de mimes, ou des concours de dessins car les enfants se lassent vite. Le goûter servira de pause entre les périodes de jeu.

Le cocktail

Le cocktail est une façon ingénieuse de recevoir plusieurs invités sans se préoccuper de l'insoluble problème de les faire asseoir. Il crée de plus un certain effet. On y sert «un verre» et des canapés chauds et froids. Comptez au moins 15 à 20 pièces par personne. Prévenez vos invités d'arriver entre 18 h et 22 h.

Le buffet

Le buffet est souvent la seule solution pour servir un très grand nombre d'invités. Il remplace le repas du midi ou du soir et peut être servi à l'extérieur comme à l'intérieur. Les quantités prévues doivent être généreuses.

2. Sélectionnez les invités

Les gens qui se retrouveront à votre table tiendront un rôle primordial dans la réussite de votre réception. À vous de bien les sélectionner de façon à mettre en contact des gens qui feront régner l'harmonie. Il est toujours intéressant de rassembler des personnalités différentes mais compatibles.

Le nombre de vos convives dépendra tout d'abord de vos objectifs personnels; vous devez toutefois tenir compte de certaines contingences telle une salle à dîner fort petite. Un repas en plein air permet évidemment de recevoir en grand nombre. Plus les convives seront nombreux, plus vous aurez à faire, ne l'oubliez pas.

Lorsque vous aurez défini le caractère que vous désirez

conférer à la fête et complété la liste de vos invités, empressez-vous de les prévenir. Afin d'éviter les mauvaises surprises, prenez-vous y à 10 ou 15 jours d'avance.

Vous pouvez transmettre votre invitation par un simple coup de téléphone. Cependant, vous pouvez confectionner un carton aux couleurs et thème de la fête. Assurez-vous de réunir tous ces renseignements:

* votre nom
* le nom de l'invité (facultatif)
* l'événement
* la date
* l'heure
* l'endroit
* la tenue vestimentaire

Voici quelques exemples:

Madame ————————————————
recevra pour le souper d'anniversaire de son mari, Roland
le samedi 5 janvier à 20 heures
dans leur demeure

———————— *rue* ————————————

Tenue libre
RSVP au 000-0000

M. Mme ————————————————
auront l'honneur de recevoir

(nom de l'invité(e) écrit à la main

pour le cocktail de fiançailles de leur fils
Michel
dans leur demeure
———————— *rue* ————————————
le vendredi 10 octobre entre 19 h et 22 h 30

Tenue de soirée   *RSVP 000-0000*

---

3. Choisissez le menu

La composition des menus est un élément important dont il faut tenir compte dès que vous aurez pris la décision de recevoir.

Les menus proposés et élaborés dans le livre «La Table en Fête» ont été conçus de manière à conserver un équilibre heureux dans les mets.

Il faut toujours les choisir de façon à ne pas surcharger les estomacs, encombrer les foies ou endormir les convives par un repas trop lourd. Vous noterez aussi la variation et la variété dans les légumes d'accompagnement : trop souvent, les coutumes québécoises joignent invariablement et systématiquement les pommes de terre au repas alors que tous les autres légumes blancs, verts ou jaunes accompagnent fort bien un plat.

Tenez compte aussi des convictions et des contraintes de vos convives; il serait mal venu de servir des mets à base de porc à un végétarien ou une truite... à une personne allergique au poisson.

À l'heure de la bonne santé et de la bonne forme, nous devenons de plus en plus gourmet, de moins en moins gourmand. Un repas se compose généralement de :

Hors-d'oeuvre : crudités - pâtés, mousse (ou entrée)

Potage

Plat de résistance : viande - poisson - volaille

Salade : note rafraîchissante

Fromages : pâte molle, pâte ferme, fort ou doux

Dessert

Un repas s'arrose ... évidemment. «La Table en Fête» vous propose à chaque menu, quelques suggestions de vins.

4. Concevez la décoration

Imagination, initiative, bon goût, simplicité ou brin de folie... tout vous est permis.

L'événement que vous désirez célébrer possède ses caractéristiques propres; peut-être évoque-t-il dans votre esprit des clichés inévitables? Citons en exemple le rouge, le vert et le gui pour identifier Noël. Votre conception personnelle de la fête dégagera vos «états d'âme» et guidera l'évolution de la réalisation de l'ambiance.

Vous devez tenir compte des couleurs dominantes de la pièce où vous recevrez. Trouvez ensuite votre ligne directrice: une texture, un gadget, l'inspiration d'un film. Pourquoi pas?

L'essentiel est de ne pas rompre l'harmonie indispensable au mariage des étapes et des éléments : le type de réception, la décoration de la table, la vaisselle choisie, la présentation des mets. Tous les éléments sélectionnés doivent être mis en valeur.

Dressez une liste des objets et couleurs inhérentes à la circonstance.

Faites de cet événement une vraie fête pour vous-même. Partez à la recherche: un noël autrichien, une réception grecque, un baptême italien. Autres pays, autres moeurs.

Soyez à l'aise dans toutes vos décisions. Ainsi, le jour ou le soir venu, vous pourrez profiter pleinement de ces instants.

L'éclairage

L'éclairage fait le décor... du moins son intensité peut-elle créer intimité ou donner à la fête toute son éclat. À vous de jouer au fil des heures et le régler selon votre bon vouloir.

Les bougies ont une lumière diffuse et vibrante et sont en général le premier choix.

La lingerie de table

Lorsque vous arrêterez votre choix sur la nappe, assurez-vous qu'elle corresponde bien au type d'événement ainsi qu'à l'environnement général. Vous pouvez dès lors choisir les serviettes semblables à votre nappe ou coordonnées. Il vous sera facile de les mettre en valeur, soit par le pliage ou par un anneau, un ruban, une fleur.

La vaisselle

Les boutiques et magasins offrent un vaste choix de vaisselle aux couleurs et formes diverses que vous prendrez plaisir à agencer selon votre goût ou vos besoins. Il n'est pas nécessaire d'acheter un service complet; un ou plusieurs éléments coordonnés peuvent rajeunir ou égayer ce que vous possédez déjà. Il faut avant tout maintenir l'harmonie.

Le couvert

Autrefois (il n'y a pas si longtemps), on sortait la «coutellerie en argent» pour recevoir les invités. Aujourd'hui, c'est tout un jeu de couleurs et de matières qui enjolive la décoration et s'assortit facilement au service de vaisselle.

La disposition des ustensiles importe également. Chaque couvert étant distancé de ses voisins d'au moins 60 cm (2 pi), on retrouve l'assiette au centre, la fourchette à gauche, le couteau à droite, les dents des fourchettes tournées vers la nappe et le tranchant des lames des couteaux vers l'assiette. Les ustensiles à dessert se retrouvent entre l'assiette et le ou les verres avec les manches dans le sens où ils seront pris en main. Sur une «table à l'anglaise», par contre, tous les ustensiles se retrouvent à gauche et à droite de l'assiette principale suivant l'ordre logique de leur utilisation, c'est-à-dire que les derniers à être utilisés seront les plus près de l'assiette. Dans ce cas, les fourchettes et cuillères sont posées sur le dos. Cela encombre un peu la table mais facilite le service.

Le centre de table

Le centre de table est un élément important car, comme son nom l'indique, il est au beau milieu de la table, à la vue de tous les convives. Il ne doit être trop imposant pour nuire aux conversations. Un bouquet ou une plante verte, un élément représentatif de la célébration, tel qu'une poupée folklorique ou une citrouille, satisfera pleinement aux exigences. En sélectionnant des objets en rapport avec la circonstance et en les réunissant de manière à réaliser un effet intéressant, vous pourrez confectionner un centre de table personnalisé.

Vous pouvez tenir compte des saisons et confectionner un centre aux couleurs d'automne, par exemple, si tel est le cas.

Vous pouvez aussi opter pour une décoration individuelle face à chaque convive, délaissant ainsi le traditionnel centre de table.

Il n'est pas nécessaire de payer fort cher pour un bouquet ou une plante. Vous pouvez facilement trouver des fleurs à prix modique que vous agrémenterez d'une touche personnelle : branches de sapin, branchages peints de couleurs différentes, saupoudrés de payettes, écorces.

Les autres éléments

Au niveau de l'éclairage, les candélabres, bougeoirs ou lampions créent un effet tamisé agréable.

Si de mini-présents doivent être remis, vous pouvez les placer devant chaque convive en prenant soin de choisir le papier d'emballage aux couleurs prédominantes de la fête.

Il est aussi amusant de rédiger le menu à la main et de le placer face à chaque couvert.

La vue d'ensemble

Il est important de posséder des plats de service aux matériaux divers qui mettront en valeur les mets que vous présenterez, sans en altérer le goût. Ils doivent se coordonner aisément à la nappe, à la vaisselle et aux couverts choisis. Décoratifs et utilitaires, tels doivent être leurs attributs.

La table

Nappe et napperons assortis ou agencés
Service :   Assiette à pain
                Assiette à entrée
                Assiette principale
                Bol à soupe et son assiette
                Assiette à dessert

Couvert :   Fourchette à entrée
                Fourchette à mets principal
                Couteau ordinaire
                Si nécessaire :   Couteau à bifteck
                                Fourchette à crustacés et coquillages ou à fondue
                                Pince à homard
                                Fourchette et couteau à poisson, si nécessaire
                                Fourchette à salade
                                Couteau à beurre

Verres :   Vin blanc (plus haut, à col étroit)
                Vin rouge (type ballon, à col évasé)
                Eau
                Bière (flûte grand format)
                Champagne (flûte petit format)
                Digestif

Tasses :   Café régulier (tasse)
                Café espresso (quart de tasse)
                Café moka (demi-tasse)
                Thé (tasse)
                Infusion (grande tasse)

Les plats de service

Plat à soufflé
Ramequins individuels
Soupière
Plats de service de formes et grandeurs différentes pour viandes, poissons, crudités
Coquillage St-Jacques
Assiette à escargots
Saladier avec bols individuels
Bol pour salade de fruits
Cloche à fromages

Saucière
Carafe
Bol à punch avec tasses de service
Légumier

Le service de table

Louches (soupe-sauce)
Pelle à gâteau
Couteaux à dépecer, fourchettes
Cuillère et fourchette à salade
Fourchette et couteau à poisson
Couteau à pain
Corbeille à pain
Beurriers individuels

Les plats de service ont comme avantage principal de permettre le service à la table.

Liste sommaire des accessoires

Salière et poivrière
Sous-couteau
Moutardier
Huilier
Dessous de plat ou de bouteille
Corbeille à pain
Panier à bouteille
Seau à bouteille
Seau à glaçons
Chauffe-plat
Théière
Cafetière de service
Réchaud pour la cafetière
Rince-doigts
Brosse de table ou ramasse-miettes

Divers

Il serait désirable d'avoir quelques éléments de service typiques des pays qu'on célèbre, le cas échéant. Voici une liste d'éléments divers pour la décoration de la table de réception.

Chandeliers et bougies de couleurs et formes différentes
Lampions individuels
Confettis
Masques
Rubans
Papiers d'emballage
Choux
Trompettes
Chapeaux
Dentelles
Fleurs
Ballons
Crécelles
Petites boîtes et sacs
Gui

Cocottes (pommes de pin)
Feuilles mortes
Fougères
Chocolats
Cadeaux enveloppés
Paniers en osier
Tire Ste-Catherine
Bonbons, suçons
Trèfles
Coeurs
Cartes
Coquillages et coraux
Bibelots
Bijoux
Verres en carton
Nappes différentes
Plumes d'oiseaux
Petits drapeaux de divers pays
Poupées folkloriques
Payettes
Neige artificielle
Eléments saisonniers

Le souci du détail

Le souci du détail permet de trouver la parcelle, l'étincelle qui personnifiera et signera l'ensemble; l'élément qui vous fera reconnaître. Le choix du voisinage des invités, l'éclairage subtil, le pliage d'un napperon... ces menus détails qui créeront et alimenteront votre atmosphère.

5. Planifiez dans quel ordre vous prévoyez asseoir vos invités

Tenez compte des sujets d'intérêt de chacun. Les hôtes peuvent s'asseoir en bout de table ou parmi les invités.

6. Préparer le compte-à rebours

Utilisez l'aide-mémoire pour vous aider à planifier votre réception. Il ne restera plus qu'à effectuer le compte-à-rebours. Dégagez-vous le plus possible des responsabilités de dernière minute en ce qui concerne les achats et la préparation des plats.

Confectionnez la veille tout ce qui gardera sa fraîcheur : certains desserts, les potages, etc.

Assurez-vous que tout est bien en place : les napperons bien repassés et bien pliés; les menus manuscrits individuels face à chaque couvert, etc.

Le livre «La Table en Fête», abondamment illustré, vous aidera à trouver certains détails amusants pour la décoration de votre table de réception.

Tout est question de personnalité : la vôtre, celle de vos convives, celle de l'événement.

En définitive, c'est la fusion des trois qui déterminera l'ambiance et la réussite de votre «fête».

Maintenant, à vous de jouer!

LEXIQUE

Abaisse : pâte étalée sur une égale épaisseur à l'aide d'un rouleau à pâtisserie.

Al dente : expression italienne décrivant la consistance que doivent avoir les pâtes alimentaires lorsqu'elles sont cuites : un peu fermes, juste cuites au centre et pas trop collantes.

À l'étouffée : voir étuver.

Allonger : augmenter le volume en ajoutant du liquide.

Amandes mondées : amandes décortiquées après avoir été ébouillantées.

Aromates : tout ce qui donne de la saveur aux aliments pendant la cuisson (fines herbes, épices, oignons, etc.).

Aromatiser : donner plus de saveur à un plat en y ajoutant un arômate.

Arroser : verser graduellement du liquide sur un aliment afin qu'il ne se dessèche pas pendant la cuisson.

Aspic : viande, volaille ou légumes cuits, entourés de gelée transparente et refroidis dans des moules pour leur donner la forme voulue.

Badigeonner : enduire d'un autre aliment.

Bain-marie : récipient contenant de l'eau dans lequel ou au-dessus duquel on place un récipient contenant un mélange à cuire ou à réchauffer. Sans contact direct avec le feu.

Bardes : minces tranches de lard gras.

Béchamel : sauce blanche, crémeuse, faite de lait lié avec un roux.

Beurre clarifié : beurre dont on a éliminé l'eau, les matières lactiques solides et le sel.

Beurre manié : mélange à part égale de beurre et de farine travaillé à froid.

Blanchir : plonger un aliment dans de l'eau bouillante pendant quelques minutes afin de l'attendrir, d'en enlever l'âcreté ou de faciliter l'enlèvement des peaux.

Bouquet garni : mélange de persil, de thym et de laurier utilisé pour aromatiser les sauces et les ragoûts.

Braiser : faire cuire à couvert et à feu doux une viande et/ou des légumes arrosés d'un peu de liquide.

Brochette : plat de viande ou autres ingrédients embrochés et grillés. Petite broche servant à faire griller ou rôtir des petits morceaux de viande.

Caquelon : plat à fondue.

Caraméliser : faire chauffer du sucre et un peu d'eau jusqu'à ce que le sucre devienne brun et sirupeux. Laisser évaporer des jus de viande ou de légumes jusqu'à l'obtention d'un caramel doré au fond de la poêle.

Chapons : petits croûtons.

Chiffonnade : feuilles de légumes découpées en fines lanières.

Cocotte : récipient de cuisson avec couvercle, habituellement en émail, en métal ou en terre cuite.

Coeur d'artichaut : partie tendre et comestible qui reste après avoir enlevé les feuilles de l'artichaut.

Combiner : mélanger parfaitement jusqu'à ce que les ingrédients soient bien incorporés.

Concasser : réduire en petits morceaux.

Croûtons : petits cubes de pain frits dans du beurre ou dans de l'huile.

Déglaçage : verser un liquide dans un récipient après avoir fait revenir des légumes ou de la viande afin de mélanger le «gratin» à une sauce.

Dégorger : laisser tremper des légumes dans du sel pour qu'ils rendent leur eau.

Dégraisser : enlever la graisse qui se trouve à la surface d'un liquide (jus ou bouillon).

Délayer : amener à une consistance plus liquide.

Disposer : placer.

Dissoudre : décomposer entièrement.

Dresser : disposer les aliments.

Écume : substance mousseuse qui se forme à la surface d'un liquide lorsqu'on le porte à ébullition.

Écumer : enlever l'écume qui monte à la surface.

Écumoire : ustensile de cuisine composé d'un disque aplati, percé de trous, monté sur un manche servant à égoutter les aliments.

Égoutter : débarrasser de tout liquide.

Émincer : couper en tranches très minces.

Épices mélangées : mélange de cannelle, de muscade, de clou de girofle, de quatre-épices et de coriandre (parfois de gingembre).

Étuver : faire cuire doucement des légumes et de la viande dans une casserole hermétiquement fermée.

Façonner : donner la forme de.

Fait-tout : récipient en métal avec couvercle et deux poignées utilisé pour faire mijoter les plats braisés.

Fariner : saupoudrer un aliment de farine afin qu'il ne colle pas.

Filtrer : laisser égoutter à travers un papier essuie-tout ou une mousseline à fromage pour enlever toute substance solide.

Fines herbes : mélange d'herbes aromatiques fraîches : persil, ciboulette, estragon, etc.

Flamber : enflammer un liquide pour en faire évaporer l'alcool.

Foncer : couvrir le fond d'un récipient dans lequel on fait braiser une viande.

Foin : partie filandreuse non-comestible des artichauts située au-dessus du fond.

Fond : base de sauces et de ragoûts préparée en faisant mijoter les abats et les carcasses de volaille, les os de viande ou autre, dans de l'eau avec des légumes, des herbes ou des condiments.

Fraiser : pétrir une pâte sous la paume de la main, en la poussant devant soi pour la rendre lisse.

Frémir : liquide juste au-dessous du point d'ébullition. La surface du liquide tremble, mais ne fait pas de bulles.

Fricassée : plat braisé dont le liquide de cuisson est lié avec un mélange d'oeuf et de crème.

Galantine : charcuterie à base de viandes froides désossées, que l'on sert dans sa gelée.

Glace : bouillon, fond ou autre, réduit au maximum par ébullition.

Glacer : badigeonner un morceau de viande de jus épais ou le recouvrir de sauce et le passer à feu très chaud pour qu'il dore instantanément sur le dessus et prenne un aspect luisant.

Glutamate de sodium : «Accent».

Graduellement : petit à petit.

Gratin : couche de fromage ou de chapelure dont on recouvre les mets avant de les faire dorer au four sous un gril (broil). Partie de certains mets (légumes, viande) qui reste collée au fond des récipients dans lesquels ils cuisent.

Gratiner : cuire un plat préalablement recouvert de chapelure ou de fromage.

Grumeaux : masse de farine, de sel, de sucre, etc. dans une pâte ou une sauce.

Homogène : mélangé ou réparti de façon uniforme.

Imbiber : imprégner d'un liquide.

Infuser : mettre dans l'eau bouillante.

Incision, faire une : faire une entaille avec la pointe d'un couteau.

Incorporer : ajouter un ou plusieurs ingrédients à un mélange.

Julienne : légumes ou autres aliments coupés en fines lanières.

Lier : donner de l'épaisseur à un liquide avec des jaunes d'oeuf battus ou un mélange de beurre et de farine.

Liquéfier : rendre liquide des aliments en les passant au mélangeur.

Macérer : mettre des aliments à tremper dans un liquide aromatisé.

Marinade : mélange d'huile, d'herbes aromatiques et d'un ingrédient acide (vin, jus de citron, vinaigre) dans lequel on fait tremper les viandes avant leur cuisson.

Mariner : plonger les aliments dans une marinade afin de les attendrir et de les parfumer.

Mélangeur : appareil servant à mélanger divers aliments.

Mijoter : faire cuire à feu lent (ou au four à température modérée) au-dessous du point d'ébullition.

Miroton : sorte de ragoût préparé avec des restes de viande et des oignons.

Mouiller : voir arroser.

Napper : recouvrir d'une couche de crème, de sauce, etc.

Panner : passer des aliments dans du jaune d'oeuf, puis dans de la chapelure avant de les faire cuire.

Parer : débarrasser un aliment des éléments inutiles.

Parsemer : couvrir par endroits.

Plier : rabattre délicatement sur lui-même.

Pocher : faire cuire un aliment en le faisant complètement baigner dans un liquide frémissant sans atteindre le point d'ébullition.

Poêlon : casserole de métal ou de terre à manche dans laquelle on fait revenir ou mijoter les aliments.

Pois des neiges : pois mange-tout, «snow peas».

Purée de tomates : tomates pelées et épépinées passées dans un tamis ou dans un mélangeur.

Quatre-épices : baie séchée dont le goût rappelle à la fois le clou de girofle, le poivre, le gingembre et la muscade.

Rafraîchir : plonger les aliments chauds dans de l'eau froide ou les passer sous l'eau froide pour les refroidir.

Ramequin : petit plat utilisé pour la cuisson au four ou au bain-marie.

Réduire : diminuer le volume d'un liquide par ébullition et par évaporation dans un récipient non couvert pour l'épaissir et en augmenter la saveur.

Réserver : mettre à part (pour utiliser plus tard).

Rissoler : faire dorer des viandes, des volailles ou des légumes dans un corps gras, à feu vif.

Robot culinaire : appareil à utilisations multiples (moudre, mélanger, hacher, etc.).

Rôtissoire : plat en métal ou en terre servant à faire rôtir la viande.

Roux : mélange cuit de farine et de beurre que l'on utilise pour épaissir une sauce, une soupe, etc.

Saisir : mettre des légumes au four chaud sans eau ni matière grasse.

Saindoux : graisse de porc fondue.

Saké : vin de riz, blanc, japonais.

Sauce soja : sauce obtenue par la fermentation des graines de soja, de blé, de levure, de bière et de sel.

Saucière : récipient dans lequel on sert les sauces, les jus et les crèmes.

Saupoudrer : parsemer un plat en couches égales, de farine, de fromage, de sucre ou d'autres aliments.

Sauter : faire dorer au beurre ou à l'huile un aliment dans une casserole pour le saisir.

Sucre vanillé : sucre parfumé à la vanille.

Suer, faire : débarrasser les légumes de leur eau en les faisant cuire à feu doux avec un peu de matière grasse dans une casserole fermée.

Superposer : disposer par étage.

Tamiser : passer la farine ou les autres aliments à travers un tamis ou une passoire afin d'aérer ou d'enlever les morceaux granulés.

Transférer : passer d'un récipient à un autre.

Wok : grande poêle creuse et bombée pour faire la cuisine chinoise.

Zeste : partie externe de l'écorce des agrumes que l'on râpe.

INDEX

445

Aide-mémoire

La Table en Fête vous propose de faire largement usage de la fiche «Aide-mémoire» (voir page ci-contre) lors de la préparation de vos fêtes et de vos réceptions. Conçue dans le but de vous aider à mieux planifier l'organisation de votre temps et de vos ressources, vous serez ainsi plus en mesure de savourer pleinement la présence de vos invités.

Découpez sur la ligne pointillée et photocopiez au besoin.

LA TABLE EN FÊTE

Aide-mémoire

L'ÉVÉNEMENT

jour ——————— date ——————— heure ———————

Formule   **Activités principales**

☐ intérieur   ☐ extérieur   ———————————————

☐ assis   ☐ buffet   ———————————————

                                   ———————————————

L'INVITATION

transmise par: ☐ téléphone   ☐ faire-part   Date ———————

                    ☐ autre

LES INVITÉS   Nombre ———————

LE MENU   page ———————   ### LES BOISSONS

☐ Canapés   ☐ Plat principal et   ☐ Apéritif
                    légumes d'accompagnement
———————   ———————   ☐ Vin

———————   ———————   ☐ Bière

☐ Entrée   ———————   ☐ Digestif

———————   ———————   ☐ Café

☐ Potage/soupe   ☐ Salade   ☐ Thé

———————   ☐ Tisane

☐ Fromage   ☐ Dessert   ☐ Lait

———————   ☐ Jus

———————   ☐ Eau minérale

                                                  ☐ Boissons gazeuses

LES ACHATS	
Article	**Quantité**

☐ Fleurs

LE BUDGET	
Total	

LES PRÉPARATIFS

La table

☐ Nappe

☐ Serviettes

☐ Vaisselle

☐ Verres

☐ Couvert et ustensiles

☐ Fleurs

☐ Centre de table

☐ Chandelles

☐ Plats de service

☐ Réchaud

☐ Table de desserte

☐ Tire-bouchon

☐ Rince doigts

☐ Carton de menu

☐ Plan de table et ordon-
nancement des invités

La maison

☐ Rangement

☐ Vestiaire

☐ Éclairage

☐ Température

☐ Musique

☐ Tables et chaises

☐ Décoration

Autres

☐ Garde des enfants

☐ Cadeaux

☐ Pièce pour les enfants
(jeux, jouets, livres, vidéo)

NOTES

LA TABLE EN FÊTE
Aide-mémoire

L'ÉVÉNEMENT

jour _____ date _____ heure _____

Formule **Activités principales**

☐ intérieur ☐ extérieur _____

☐ assis ☐ buffet _____

_____

L'INVITATION

transmise par: ☐ téléphone ☐ faire-part Date _____

☐ autre

LES INVITÉS Nombre _____

LE MENU page _____

☐ Canapés ☐ Plat principal et légumes d'accompagnement

_____ _____

_____ _____

☐ Entrée _____

_____ _____

☐ Potage/soupe ☐ Salade

_____

☐ Fromage ☐ Dessert

_____ _____

LES BOISSONS

☐ Apéritif

☐ Vin

☐ Bière

☐ Digestif

☐ Café

☐ Thé

☐ Tisane

☐ Lait

☐ Jus

☐ Eau minérale

☐ Boissons gazeuses

LES ACHATS	
Article	**Quantité**
☐ Fleurs	

LE BUDGET	
Total	

LES PRÉPARATIFS

La table

☐ Nappe

☐ Serviettes

☐ Vaisselle

☐ Verres

☐ Couvert et ustensiles

☐ Fleurs

☐ Centre de table

☐ Chandelles

☐ Plats de service

☐ Réchaud

☐ Table de desserte

☐ Tire-bouchon

☐ Rince doigts

☐ Carton de menu

☐ Plan de table et ordon-
nancement des invités

La maison

☐ Rangement

☐ Vestiaire

☐ Éclairage

☐ Température

☐ Musique

☐ Tables et chaises

☐ Décoration

Autres

☐ Garde des enfants

☐ Cadeaux

☐ Pièce pour les enfants
(jeux, jouets, livres, vidéo)

NOTES

LA TABLE EN FÊTE
Aide-mémoire

L'ÉVÉNEMENT

jour _____ date _____ heure _____

Formule

☐ intérieur   ☐ extérieur

☐ assis   ☐ buffet

Activités principales

_____

_____

_____

L'INVITATION

transmise par: ☐ téléphone   ☐ faire-part   Date _____

☐ autre

LES INVITÉS

Nombre _____

LE MENU

page _____

☐ Canapés

_____

_____

_____

☐ Entrée

_____

☐ Potage/soupe

_____

☐ Fromage

_____

☐ Plat principal et légumes d'accompagnement

_____

_____

_____

_____

☐ Salade

☐ Dessert

_____

LES BOISSONS

☐ Apéritif

☐ Vin

☐ Bière

☐ Digestif

☐ Café

☐ Thé

☐ Tisane

☐ Lait

☐ Jus

☐ Eau minérale

☐ Boissons gazeuses

LES ACHATS

Article	Quantité

☐ Fleurs

LE BUDGET

Total	

LES PRÉPARATIFS

La table

☐ Nappe

☐ Serviettes

☐ Vaisselle

☐ Verres

☐ Couvert et ustensiles

☐ Fleurs

☐ Centre de table

☐ Chandelles

☐ Plats de service

☐ Réchaud

☐ Table de desserte

☐ Tire-bouchon

☐ Rince doigts

☐ Carton de menu

☐ Plan de table et ordon-
nancement des invités

La maison

☐ Rangement

☐ Vestiaire

☐ Éclairage

☐ Température

☐ Musique

☐ Tables et chaises

☐ Décoration

Autres

☐ Garde des enfants

☐ Cadeaux

☐ Pièce pour les enfants
(jeux, jouets, livres, vidéo)

NOTES

LA TABLE EN FÊTE
Aide-mémoire

L'ÉVÉNEMENT

jour ———————— date ———————— heure ————————

Formule   **Activités principales**

☐ intérieur   ☐ extérieur   ————————

☐ assis   ☐ buffet   ————————

————————

L'INVITATION

transmise par: ☐ téléphone   ☐ faire-part   Date ————————

☐ autre

LES INVITÉS   Nombre ————————

LE MENU   page ————

☐ Canapés   ☐ Plat principal et légumes d'accompagnement

————————

————————

☐ Entrée

————————

————————

————————

☐ Potage/soupe   ☐ Salade

————————

☐ Fromage   ☐ Dessert

————————

LES BOISSONS

☐ Apéritif

☐ Vin

☐ Bière

☐ Digestif

☐ Café

☐ Thé

☐ Tisane

☐ Lait

☐ Jus

☐ Eau minérale

☐ Boissons gazeuses

LES ACHATS	
Article	**Quantité**
☐ Fleurs	

LE BUDGET	
Total	

LES PRÉPARATIFS

La table

☐ Nappe

☐ Serviettes

☐ Vaisselle

☐ Verres

☐ Couvert et ustensiles

☐ Fleurs

☐ Centre de table

☐ Chandelles

☐ Plats de service

☐ Réchaud

☐ Table de desserte

☐ Tire-bouchon

☐ Rince doigts

☐ Carton de menu

☐ Plan de table et ordonnancement des invités

La maison

☐ Rangement

☐ Vestiaire

☐ Éclairage

☐ Température

☐ Musique

☐ Tables et chaises

☐ Décoration

Autres

☐ Garde des enfants

☐ Cadeaux

☐ Pièce pour les enfants (jeux, jouets, livres, vidéo)

NOTES

LA TABLE EN FÊTE
Aide-mémoire

L'ÉVÉNEMENT

jour _____ date _____ heure _____

Formule   **Activités principales**

☐ intérieur   ☐ extérieur   _____

☐ assis   ☐ buffet   _____

                                        _____

L'INVITATION

transmise par: ☐ téléphone   ☐ faire-part   Date _____

                  ☐ autre

LES INVITÉS   Nombre _____

LE MENU   page _____   ### LES BOISSONS

☐ Canapés   ☐ Plat principal et   ☐ Apéritif
                   légumes d'accompagnement
_____   ☐ Vin
                 _____
_____   ☐ Bière
                 _____
☐ Entrée   _____   ☐ Digestif

                 _____   ☐ Café

                                                         ☐ Thé

☐ Potage/soupe   ☐ Salade   ☐ Tisane

                                                         ☐ Lait

☐ Fromage   ☐ Dessert   ☐ Jus

_____   _____   ☐ Eau minérale

                                                         ☐ Boissons gazeuses

LES ACHATS	
Article	**Quantité**
☐ Fleurs	

LE BUDGET	
Total	

LES PRÉPARATIFS

La table

☐ Nappe

☐ Serviettes

☐ Vaisselle

☐ Verres

☐ Couvert et ustensiles

☐ Fleurs

☐ Centre de table

☐ Chandelles

☐ Plats de service

☐ Réchaud

☐ Table de desserte

☐ Tire-bouchon

☐ Rince doigts

☐ Carton de menu

☐ Plan de table et ordonnancement des invités

La maison

☐ Rangement

☐ Vestiaire

☐ Éclairage

☐ Température

☐ Musique

☐ Tables et chaises

☐ Décoration

Autres

☐ Garde des enfants

☐ Cadeaux

☐ Pièce pour les enfants
(jeux, jouets, livres, vidéo)

NOTES

LA TABLE EN FÊTE

Aide-mémoire

L'ÉVÉNEMENT

jour _____ date _____ heure _____

Formule   **Activités principales**

☐ intérieur   ☐ extérieur   _____

☐ assis   ☐ buffet   _____

_____

L'INVITATION

transmise par: ☐ téléphone   ☐ faire-part   Date _____

☐ autre

LES INVITÉS

Nombre _____

LE MENU   page _____

☐ Canapés   ☐ Plat principal et
                      légumes d'accompagnement
_____   _____
_____   _____
_____   _____
☐ Entrée   _____
_____   _____

☐ Potage/soupe   ☐ Salade
_____   _____

☐ Fromage   ☐ Dessert
_____   _____
_____   _____

LES BOISSONS

☐ Apéritif

☐ Vin

☐ Bière

☐ Digestif

☐ Café

☐ Thé

☐ Tisane

☐ Lait

☐ Jus

☐ Eau minérale

☐ Boissons gazeuses

LES ACHATS

Article	Quantité

☐ Fleurs

LE BUDGET

Total	

LES PRÉPARATIFS

La table

☐ Nappe

☐ Serviettes

☐ Vaisselle

☐ Verres

☐ Couvert et ustensiles

☐ Fleurs

☐ Centre de table

☐ Chandelles

☐ Plats de service

☐ Réchaud

☐ Table de desserte

☐ Tire-bouchon

☐ Rince doigts

☐ Carton de menu

☐ Plan de table et ordon-
nancement des invités

La maison

☐ Rangement

☐ Vestiaire

☐ Éclairage

☐ Température

☐ Musique

☐ Tables et chaises

☐ Décoration

Autres

☐ Garde des enfants

☐ Cadeaux

☐ Pièce pour les enfants
(jeux, jouets, livres, vidéo)

NOTES

LA TABLE EN FÊTE

Aide-mémoire

L'ÉVÉNEMENT

jour ———————— date ———————— heure ————————

Formule **Activités principales**

☐ intérieur ☐ extérieur ————————————

☐ assis ☐ buffet ————————————

————————————

L'INVITATION

transmise par: ☐ téléphone ☐ faire-part Date ————————

☐ autre

LES INVITÉS

Nombre ————————

LE MENU page ————————

☐ Canapés ☐ Plat principal et
légumes d'accompagnement
————————

———————— ————————

———————— ————————

☐ Entrée ————————

———————— ————————

☐ Potage/soupe ☐ Salade

————————

☐ Fromage ☐ Dessert

———————— ————————

LES BOISSONS

☐ Apéritif

☐ Vin

☐ Bière

☐ Digestif

☐ Café

☐ Thé

☐ Tisane

☐ Lait

☐ Jus

☐ Eau minérale

☐ Boissons gazeuses

LES ACHATS	
Article	**Quantité**

☐ Fleurs

LE BUDGET	
Total	

LES PRÉPARATIFS

La table

☐ Nappe

☐ Serviettes

☐ Vaisselle

☐ Verres

☐ Couvert et ustensiles

☐ Fleurs

☐ Centre de table

☐ Chandelles

☐ Plats de service

☐ Réchaud

☐ Table de desserte

☐ Tire-bouchon

☐ Rince doigts

☐ Carton de menu

☐ Plan de table et ordon-
nancement des invités

La maison

☐ Rangement

☐ Vestiaire

☐ Éclairage

☐ Température

☐ Musique

☐ Tables et chaises

☐ Décoration

Autres

☐ Garde des enfants

☐ Cadeaux

☐ Pièce pour les enfants
(jeux, jouets, livres, vidéo)

NOTES

LA TABLE EN FÊTE

Aide-mémoire

L'ÉVÉNEMENT

jour _____ date _____ heure _____

Formule   **Activités principales**

☐ intérieur   ☐ extérieur   _____

☐ assis   ☐ buffet   _____

_____

L'INVITATION

transmise par: ☐ téléphone   ☐ faire-part   Date _____

☐ autre

LES INVITÉS   Nombre _____

LE MENU   page _____   ### LES BOISSONS

☐ Canapés   ☐ Plat principal et   ☐ Apéritif
                    légumes d'accompagnement
_____   ☐ Vin
                 _____
_____   ☐ Bière
                 _____
☐ Entrée   _____   ☐ Digestif
                 _____
_____   ☐ Café

                                                   ☐ Thé

☐ Potage/soupe   ☐ Salade   ☐ Tisane

_____   _____   ☐ Lait

☐ Fromage   ☐ Dessert   ☐ Jus

_____   _____   ☐ Eau minérale

                                                   ☐ Boissons gazeuses

LES ACHATS

Article	Quantité

☐ Fleurs

LE BUDGET

Total	

LES PRÉPARATIFS

La table

☐ Nappe

☐ Serviettes

☐ Vaisselle

☐ Verres

☐ Couvert et ustensiles

☐ Fleurs

☐ Centre de table

☐ Chandelles

☐ Plats de service

☐ Réchaud

☐ Table de desserte

☐ Tire-bouchon

☐ Rince doigts

☐ Carton de menu

☐ Plan de table et ordon-
nancement des invités

La maison

☐ Rangement

☐ Vestiaire

☐ Éclairage

☐ Température

☐ Musique

☐ Tables et chaises

☐ Décoration

Autres

☐ Garde des enfants

☐ Cadeaux

☐ Pièce pour les enfants
(jeux, jouets, livres, vidéo)

NOTES

LA TABLE EN FÊTE
Aide-mémoire

L'ÉVÉNEMENT

jour _____ date _____ heure _____

Formule

☐ intérieur   ☐ extérieur

☐ assis   ☐ buffet

Activités principales

_____

_____

_____

L'INVITATION

transmise par: ☐ téléphone   ☐ faire-part

☐ autre

Date _____

LES INVITÉS

Nombre _____

LE MENU   page _____

☐ Canapés

_____

_____

☐ Entrée

_____

☐ Potage/soupe

☐ Plat principal et légumes d'accompagnement

_____

_____

_____

_____

☐ Salade

_____

☐ Fromage   ☐ Dessert

_____   _____

_____   _____

LES BOISSONS

☐ Apéritif

☐ Vin

☐ Bière

☐ Digestif

☐ Café

☐ Thé

☐ Tisane

☐ Lait

☐ Jus

☐ Eau minérale

☐ Boissons gazeuses

465

LES ACHATS

Article	Quantité

☐ Fleurs

LE BUDGET

Total	

LES PRÉPARATIFS

La table

☐ Nappe

☐ Serviettes

☐ Vaisselle

☐ Verres

☐ Couvert et ustensiles

☐ Fleurs

☐ Centre de table

☐ Chandelles

☐ Plats de service

☐ Réchaud

☐ Table de desserte

☐ Tire-bouchon

☐ Rince doigts

☐ Carton de menu

☐ Plan de table et ordon-
nancement des invités

La maison

☐ Rangement

☐ Vestiaire

☐ Éclairage

☐ Température

☐ Musique

☐ Tables et chaises

☐ Décoration

Autres

☐ Garde des enfants

☐ Cadeaux

☐ Pièce pour les enfants
(jeux, jouets, livres, vidéo)

NOTES

LA TABLE EN FÊTE
Aide-mémoire

L'ÉVÉNEMENT

jour _____ date _____ heure _____

Formule   **Activités principales**

☐ intérieur   ☐ extérieur   _____

☐ assis   ☐ buffet   _____

_____

L'INVITATION

transmise par: ☐ téléphone   ☐ faire-part   Date _____

☐ autre

LES INVITÉS   Nombre _____

LE MENU   page _____   **LES BOISSONS**

☐ Canapés   ☐ Plat principal et   ☐ Apéritif
                    légumes d'accompagnement
_____   ☐ Vin
_____   _____
                                                  ☐ Bière
                 _____
                                                  ☐ Digestif
☐ Entrée   _____
                                                  ☐ Café
_____   _____
                                                  ☐ Thé

                                                  ☐ Tisane
☐ Potage/soupe   ☐ Salade
                                                  ☐ Lait
_____   _____
                                                  ☐ Jus

☐ Fromage   ☐ Dessert   ☐ Eau minérale

_____   _____   ☐ Boissons gazeuses

LES ACHATS	
Article	**Quantité**

☐ Fleurs

LE BUDGET	
Total	

LES PRÉPARATIFS

La table

☐ Nappe

☐ Serviettes

☐ Vaisselle

☐ Verres

☐ Couvert et ustensiles

☐ Fleurs

☐ Centre de table

☐ Chandelles

☐ Plats de service

☐ Réchaud

☐ Table de desserte

☐ Tire-bouchon

☐ Rince doigts

☐ Carton de menu

☐ Plan de table et ordon-
nancement des invités

La maison

☐ Rangement

☐ Vestiaire

☐ Éclairage

☐ Température

☐ Musique

☐ Tables et chaises

☐ Décoration

Autres

☐ Garde des enfants

☐ Cadeaux

☐ Pièce pour les enfants
(jeux, jouets, livres, vidéo)

NOTES

LA TABLE EN FÊTE

Aide-mémoire

L'ÉVÉNEMENT

jour _____ date _____ heure _____

Formule   **Activités principales**

☐ intérieur   ☐ extérieur   _____

☐ assis   ☐ buffet   _____

_____

L'INVITATION

transmise par: ☐ téléphone   ☐ faire-part   Date _____

☐ autre

LES INVITÉS   Nombre _____

LE MENU   page _____   ### LES BOISSONS

☐ Canapés   ☐ Plat principal et   ☐ Apéritif
                      légumes d'accompagnement
_____   ☐ Vin
                   _____
_____   ☐ Bière
                   _____
☐ Entrée   _____   ☐ Digestif

_____ _____   ☐ Café

☐ Potage/soupe   ☐ Salade   ☐ Thé

_____ _____   ☐ Tisane

☐ Fromage   ☐ Dessert   ☐ Lait

_____ _____   ☐ Jus

                                                     ☐ Eau minérale

                                                     ☐ Boissons gazeuses

LES ACHATS	
Article	**Quantité**
☐ Fleurs	

LE BUDGET	
Total	

LES PRÉPARATIFS

La table

☐ Nappe

☐ Serviettes

☐ Vaisselle

☐ Verres

☐ Couvert et ustensiles

☐ Fleurs

☐ Centre de table

☐ Chandelles

☐ Plats de service

☐ Réchaud

☐ Table de desserte

☐ Tire-bouchon

☐ Rince doigts

☐ Carton de menu

☐ Plan de table et ordonnancement des invités

La maison

☐ Rangement

☐ Vestiaire

☐ Éclairage

☐ Température

☐ Musique

☐ Tables et chaises

☐ Décoration

Autres

☐ Garde des enfants

☐ Cadeaux

☐ Pièce pour les enfants (jeux, jouets, livres, vidéo)

NOTES

LA TABLE EN FÊTE
Aide-mémoire

L'ÉVÉNEMENT

jour _____ date _____ heure _____

Formule

☐ intérieur   ☐ extérieur

☐ assis   ☐ buffet

Activités principales

_____

_____

_____

L'INVITATION

transmise par: ☐ téléphone   ☐ faire-part

☐ autre

Date _____

LES INVITÉS

Nombre _____

LE MENU

page _____

☐ Canapés

_____

_____

☐ Entrée

_____

☐ Potage/soupe

☐ Plat principal et légumes d'accompagnement

_____

_____

_____

_____

☐ Salade

☐ Fromage   ☐ Dessert

_____   _____

LES BOISSONS

☐ Apéritif

☐ Vin

☐ Bière

☐ Digestif

☐ Café

☐ Thé

☐ Tisane

☐ Lait

☐ Jus

☐ Eau minérale

☐ Boissons gazeuses

LES ACHATS	
Article	**Quantité**
☐ Fleurs	

LE BUDGET	
Total	

LES PRÉPARATIFS

La table

☐ Nappe

☐ Serviettes

☐ Vaisselle

☐ Verres

☐ Couvert et ustensiles

☐ Fleurs

☐ Centre de table

☐ Chandelles

☐ Plats de service

☐ Réchaud

☐ Table de desserte

☐ Tire-bouchon

☐ Rince doigts

☐ Carton de menu

☐ Plan de table et ordon-
nancement des invités

La maison

☐ Rangement

☐ Vestiaire

☐ Éclairage

☐ Température

☐ Musique

☐ Tables et chaises

☐ Décoration

Autres

☐ Garde des enfants

☐ Cadeaux

☐ Pièce pour les enfants
(jeux, jouets, livres, vidéo)

NOTES

NOTES

LA TABLE EN FÊTE
Aide-mémoire

L'ÉVÉNEMENT

jour _____ date _____ heure _____

Formule   **Activités principales**

☐ intérieur   ☐ extérieur   _____

☐ assis   ☐ buffet   _____

_____

L'INVITATION

transmise par: ☐ téléphone   ☐ faire-part   Date _____

☐ autre

LES INVITÉS   Nombre _____

LE MENU   page _____   ## LES BOISSONS

☐ Canapés   ☐ Plat principal et   ☐ Apéritif
                    légumes d'accompagnement
_____   ☐ Vin
                  _____
_____   ☐ Bière
                  _____
☐ Entrée   _____   ☐ Digestif
                  _____
_____   ☐ Café
                  _____
☐ Potage/soupe   ☐ Salade   ☐ Thé

                                                   ☐ Tisane
_____   _____
                                                   ☐ Lait
☐ Fromage   ☐ Dessert
                                                   ☐ Jus
_____   _____
                                                   ☐ Eau minérale

                                                   ☐ Boissons gazeuses

LES ACHATS	
Article	**Quantité**
☐ Fleurs	

LE BUDGET	
Total	

LES PRÉPARATIFS

La table

☐ Nappe

☐ Serviettes

☐ Vaisselle

☐ Verres

☐ Couvert et ustensiles

☐ Fleurs

☐ Centre de table

☐ Chandelles

☐ Plats de service

☐ Réchaud

☐ Table de desserte

☐ Tire-bouchon

☐ Rince doigts

☐ Carton de menu

☐ Plan de table et ordonnancement des invités

La maison

☐ Rangement

☐ Vestiaire

☐ Éclairage

☐ Température

☐ Musique

☐ Tables et chaises

☐ Décoration

Autres

☐ Garde des enfants

☐ Cadeaux

☐ Pièce pour les enfants (jeux, jouets, livres, vidéo)

NOTES

LA TABLE EN FÊTE
Aide-mémoire

L'ÉVÉNEMENT

jour _____ date _____ heure _____

Formule   **Activités principales**

☐ intérieur ☐ extérieur _____

☐ assis ☐ buffet _____

_____

L'INVITATION

transmise par: ☐ téléphone ☐ faire-part   Date _____

☐ autre

LES INVITÉS
Nombre _____

LE MENU
page _____

☐ Canapés ☐ Plat principal et
légumes d'accompagnement

_____   _____

_____   _____

☐ Entrée   _____

_____   _____

☐ Potage/soupe ☐ Salade

_____   _____

☐ Fromage ☐ Dessert

_____   _____

LES BOISSONS

☐ Apéritif

☐ Vin

☐ Bière

☐ Digestif

☐ Café

☐ Thé

☐ Tisane

☐ Lait

☐ Jus

☐ Eau minérale

☐ Boissons gazeuses

LES ACHATS	
Article	**Quantité**
☐ Fleurs	

LE BUDGET	
Total	

LES PRÉPARATIFS

La table

☐ Nappe

☐ Serviettes

☐ Vaisselle

☐ Verres

☐ Couvert et ustensiles

☐ Fleurs

☐ Centre de table

☐ Chandelles

☐ Plats de service

☐ Réchaud

☐ Table de desserte

☐ Tire-bouchon

☐ Rince doigts

☐ Carton de menu

☐ Plan de table et ordonnancement des invités

La maison

☐ Rangement

☐ Vestiaire

☐ Éclairage

☐ Température

☐ Musique

☐ Tables et chaises

☐ Décoration

Autres

☐ Garde des enfants

☐ Cadeaux

☐ Pièce pour les enfants (jeux, jouets, livres, vidéo)

NOTES

LA TABLE EN FÊTE

Aide-mémoire

L'ÉVÉNEMENT

jour _____ date _____ heure _____

Formule   **Activités principales**

☐ intérieur   ☐ extérieur   _____

☐ assis   ☐ buffet   _____

                                        _____

L'INVITATION

transmise par: ☐ téléphone   ☐ faire-part   Date _____

                  ☐ autre

LES INVITÉS   Nombre _____

LE MENU   page _____

☐ Canapés   ☐ Plat principal et
                         légumes d'accompagnement
_____
                       _____
_____
                       _____
☐ Entrée
                       _____
_____
                       _____

☐ Potage/soupe   ☐ Salade

_____   _____

☐ Fromage   ☐ Dessert

_____   _____

LES BOISSONS

☐ Apéritif

☐ Vin

☐ Bière

☐ Digestif

☐ Café

☐ Thé

☐ Tisane

☐ Lait

☐ Jus

☐ Eau minérale

☐ Boissons gazeuses

LES ACHATS	
Article	**Quantité**
□ Fleurs	

LE BUDGET	
Total	

LES PRÉPARATIFS

La table

□ Nappe
□ Serviettes
□ Vaisselle
□ Verres
□ Couvert et ustensiles
□ Fleurs
□ Centre de table
□ Chandelles
□ Plats de service
□ Réchaud
□ Table de desserte
□ Tire-bouchon
□ Rince doigts
□ Carton de menu
□ Plan de table et ordon-nancement des invités

La maison

□ Rangement
□ Vestiaire
□ Éclairage
□ Température
□ Musique
□ Tables et chaises
□ Décoration

Autres

□ Garde des enfants
□ Cadeaux
□ Pièce pour les enfants (jeux, jouets, livres, vidéo)

NOTES

LA TABLE EN FÊTE

Aide-mémoire

L'ÉVÉNEMENT

jour _____ date _____ heure _____

Formule   **Activités principales**

☐ intérieur   ☐ extérieur   _____

☐ assis   ☐ buffet   _____

_____

L'INVITATION

transmise par: ☐ téléphone ☐ faire-part   Date _____

☐ autre

LES INVITÉS   Nombre _____

LE MENU   page _____

☐ Canapés   ☐ Plat principal et
                    légumes d'accompagnement
_____
                 _____
_____
                 _____
☐ Entrée   _____
_____   _____

☐ Potage/soupe   ☐ Salade

☐ Fromage   ☐ Dessert

_____   _____

LES BOISSONS

☐ Apéritif

☐ Vin

☐ Bière

☐ Digestif

☐ Café

☐ Thé

☐ Tisane

☐ Lait

☐ Jus

☐ Eau minérale

☐ Boissons gazeuses

LES ACHATS

Article	Quantité

☐ Fleurs

LE BUDGET

Total	

LES PRÉPARATIFS

La table

☐ Nappe

☐ Serviettes

☐ Vaisselle

☐ Verres

☐ Couvert et ustensiles

☐ Fleurs

☐ Centre de table

☐ Chandelles

☐ Plats de service

☐ Réchaud

☐ Table de desserte

☐ Tire-bouchon

☐ Rince doigts

☐ Carton de menu

☐ Plan de table et ordon-nancement des invités

La maison

☐ Rangement

☐ Vestiaire

☐ Éclairage

☐ Température

☐ Musique

☐ Tables et chaises

☐ Décoration

Autres

☐ Garde des enfants

☐ Cadeaux

☐ Pièce pour les enfants (jeux, jouets, livres, vidéo)

NOTES